신공화주의

비지배 자유와 공화주의 정부

나남
nanam

한국연구재단 학술명저번역총서
서양편 312

신공화주의

비지배 자유와 공화주의 정부

2012년 6월 25일 발행
2012년 6월 25일 1쇄

지은이_ 필립 페팃
옮긴이_ 곽준혁
발행자_ 趙相浩
발행처_ (주) 나남
주소_ 413-756 경기도 파주시 교하읍
출판도시 518-4
전화_ (031) 955-4600 (代)
FAX_ (031) 955-4555
등록_ 제 1-71호(1979.5.12)
홈페이지_ http://www.nanam.net
전자우편_ post@nanam.net
인쇄인_ 유성근(삼화인쇄주식회사)

ISBN 978-89-300-8546-5
ISBN 978-89-300-8215-0 (세트)
책값은 뒤표지에 있습니다.

'한국연구재단 학술명저번역총서'는 우리 시대 기초학문의 부흥을 위해
한국연구재단과 (주)나남이 공동으로 펼치는 서양명저 번역간행사업입니다.

신공화주의

비지배 자유와 공화주의 정부

필립 페팃 지음 | 곽준혁 옮김

나남
nanam

한국어판 머리말

내 책의 번역서를 한국 독자들에게 소개하게 되어 너무나도 기쁘다. 이 번역서의 출간은 한국에서 자유와 정부에 대한 신(新)공화주의적 사유에 대한 관심이 증가하고 있다는 표시이기 때문이다. 그래서 나는 이 번역서의 출간과 그것이 의미하는 바를 모두 기쁘게 받아들인다.

공화주의 사상에는 세 가지 핵심적 주제가 있다. 첫 번째 주제는 자유와 비지배의 동일시다. 여기에서 비지배란 타인의 의지에 종속됨이 없는 상태를 말한다. 두 번째 주제는 법의 지배에 근거해 정치를 조직해야 한다는 신념이다. 이때 법의 지배란 어느 누구 또는 어떤 집단에게도 최종적인 권력을 부여함이 없이, 시민들의 자유를 효과적으로 보호하는 것을 의미한다. 예를 들면, 각기 다른 행위자들이 권력을 나누어 갖는 혼합정체와 같은 것을 지칭한다. 그리고 세 번째가 시민적 견제력의 회복이다. 개인이든 집단이든, 공식적 채널이든 비공식적 채널이든, 시민들은 정부 당국자들이 재직기간 동안 업무를 어떻게 수행했는지 공개적으로 설명하도록 강제할 수 있어야 한다는 것이다.

하나의 이상으로서 비지배 자유는 풍부하면서도 매우 부담스러운 주제다. 왜냐하면 비지배 자유는 단순히 개인적 선택의 영역에서 타인의 간섭이 부재한 상태만을 요구하지 않기 때문이다. 비지배 자유는 개인적 선택의 영역에서 〔실제로 간섭이 없더라도〕 간섭할 수 있는 타인의 위협적인 권력에 그 누구도 종속되지 않는 상태를 요구하기 때문이다. 따라서 공화주의 정부는 다음과 같은 노력들을 통해 그러한 이상을 신장시켜야 한다. 비지배 자유를 유지하는 데 필요한 법적, 경제적, 그리고 교육적 기반들을 제공해야 하고, 모든 시민들의 사회적·의료적 안전을 보장해야 하며, 그리고 다른 사람과의 관계에서 누군가를 특별히 취약하게 만드는 여러 관계로부터 시민들을 보호해야 한다.

신공화주의의 다른 두 가지 주제들〔법의 지배와 시민의 견제력〕은 국가가 시민들을 위해 무엇을 해야 하는가가 아니라 국가가 어떻게 구성되어야 하는가에 관련된 것들이다. 지배하는 국가가 되지 않도록 하기 위해, 두 가지 주제들은 국가가 이른바 내가 '견제적 민주주의'(*contestatory democracy*)라고 부르는 형태로 조직되도록 요구한다. 시민들 중에 그 어떤 집단, 정부의 기관들 중 그 어떤 당국자도 정책을 수립하는 데 지배적 통제를 행사해서는 안 된다. 정책이 어떤 영역에서 수행되더라도, 정책은 차별의 가능성을 막는 법의 지배라는 제약에 순응해야 한다. 그리고 정기적인 선거를 통해 시민들이 공개적으로 제기하는 일반적 견제를 극복하지 못한다면, 어떤 정책도 수행되어서는 안 된다. 개개인이 법원이나 의회에 가져가거나, 제도 법정이나 여론 법정을 통해 행해지는 보다 특수한 견제도 견뎌내야 한다.

개인적 자유의 이상을 해석함에서, 그리고 민주주의의 제도적 이상을 구체화하는 데 있어, 신공화주의는 보다 높은 수준의 길을 계획

한다. 자유는 단순히 간섭의 회피와 동일시되는 지금의 관행으로부터 반드시 구제되어야 한다. 민주주의는 단순히 선거라는 기제와 동일시되는 지금의 풍토로부터 벗어나야 한다. 자유와 민주주의에 대한 이러한 두 가지 이상은 대한민국의 헌정적 열망에도 두드러지게 등장한다. 신공화주의가 대한민국에서 자유와 민주주의가 어디로 가야 하는지에 관한 지적이고 공적인 토론을 촉진시키는 데 도움이 되기를 소망한다.

끝으로 이 책을 번역한 곽준혁 교수에게 고마움을 표하고 싶다. 그는 내게 한국어 번역서가 필요하다는 점을 주지시켜 주었고, 직접 번역하는 수고까지 감수했으며, 공화주의 이상의 실현에 대한 열정으로 나를 고무시켰다. 그의 공화주의 전문가로서의 식견과 마키아벨리 전공자로서의 통찰력이 내 책의 한국어 번역을 더욱 돋보이게 만들었을 것이라는 점을 믿어 의심하지 않는다.

2012년 5월

필립 페팃

옮긴이 머리말

1

인식의 전환은 경험적 연구만큼이나 이론적 탐구로부터 시작된다. 이론(*theoria*)이라는 단어가 '여행하다', '보다', 그리고 '해석하다'의 뜻을 가진 관찰자(*theoros*)라는 말에서 파생되었듯이, 현상에 대한 치밀한 분석만큼 주어진 현상을 새롭게 조명할 사고의 방식을 찾는 작업이 우선적으로 요구된다. 특히 기존의 제도를 수정하려 하거나, 새로운 것으로 대체하려는 사람들에게 이론적 탐구는 필수적이다. 델포이 신전에 신탁(神託)을 받으러 가는 사람처럼, 문제의 재생산을 막기 위해서는 직면한 문제에 대한 현상적 집착을 넘어 근원부터 찾아가는 노력이 필요하기 때문이다. 보다 직접적으로 말하자면, 이미 익숙한 사고방식으로부터의 자발적인 일탈, 진지한 자기반성, 그리고 사려 깊은 재해석의 반복적 수행 없이는 당면한 문제에 얽힌 직접적인 이해관계가 그 문제가 반영하는 절박한 사회경제적 요구를 압도하는 것을 막을 방도가 없다.

그러나 정치이론의 생명력은 세상을 바로 바라보는 것만큼 세상을 바꾸는 것과 불가분의 관계를 갖고 있다. 비록 세상을 바꾸려는 노력이 폭력과 사회공학으로 전락한 경우가 있다고 하더라도, 정치이론의 존재이유는 '교조적 재생산'이 아니라 '가능한 최선의 실현'에 달려 있음을 부인하기 힘들다. 어떤 정치이론가가 전자에만 매달린다면, 그는 마키아벨리가 자신의 시대에 플라톤학파와 아리스토텔레스학파의 교조적 재생산에만 몰입했던 이론가들에게 붙인 '잘못된 상상'(*falsa immaginazione*)이라는 조소를 피할 수 없을 것이다. 한편 어떤 정치이론가가 후자를 위해 전자에 몰입한다면, 즉 세상을 자신의 방식대로 바꾸기 위해 자신의 이론을 선전하는 것에만 열심이라면, 그는 스트라우스(Leo Strauss)가 계몽주의적 대중선동을 통해 정치권력을 장악하려는 정치철학자들에게 퍼부었던 '악의 교사'라는 비난을 피할 수 없을 것이다. '잘못된 상상'과 '악의 교사'라는 위험으로부터 스스로를 보호하면서, 그리고 자율성과 다양성이라는 오늘날 민주주의의 기본적 요구들을 만족시키면서, 가능한 최선을 실현시키는 방법은 무엇일까?

첫째, 정치이론이 제시하는 가능한 최선이 민주적 심의를 보다 풍부하게 만들 수 있어야 한다. 아무리 훌륭한 정치이론이라고 할지라도 그 가능한 최선이 특정 집단 또는 개인의 탁월함에 의존할 때, 그 이상의 실현은 비민주적이거나 아니면 시대착오적일 수밖에 없다. 사실 이상적 지도자나 제왕적 권력의 행사를 요구하는 정치이론이 후퇴한 지는 오래되었다. 아울러 정치학 영역에서 카리스마적 지도자와 충성스러운 추종자의 관계는 더 이상 환영받지 못한다. 대신 유권자의 의견을 전달만 하는 수동적 리더십과 기만적 선동마저 용인하는 전제적 리더십을 방지할 시민적 견제력(*contestability*), 그리고 대중으로부터 시작되지만 대중의 직접적 요구를 초월해서 미래적 전망을 구성해내는 사려(*phronesis*)가 민주적 리더십의 내용으로 등장하는 것이다. 동일한 맥락에서, 자유주의의 상호존중이나 공화주의의 비지배 자유는 모두 민주적 심의의 환경을 풍성하게 만들 수 있는 내재적 설득력을 갖춘 이상들이라고 할 수 있다.

둘째, 가능한 최선의 실현을 의도하는 정치이론은 현실적 삶의 세계로부터 유리되어서는 곤란하다. 소크라테스 이후 정치철학이 계승해온 '올바름'이나 '좋은 삶'에 대한 추구를 포기하라는 말이 아니다. 자연이 부여한 인간의 한계를 성찰함으로써 획득되는 규범적 절제와 도덕적 조화가 현실성이 없다는 말도 아니다. 인간의 욕망이 갖는 자연성, 그리고 이러한 자연성이 만들어 내는 질서로부터 좋은 정치체제에 대한 구상을 시작하는 것이 가능한 최선의 실현에 필요하다는 것이다. 또한 상식적 추론을 통해 이해가 가능해야 하며, 익숙한 방식을 거스르지 않으면서도 고민을 유도할 수 있어야 한다는 것이다. 유사한 맥락에서 페팃은 비지배 자유를 '현실주의적 공화주의 이상'(*realistic republican ideal*)이라고 부른다. 비지배 자유를 모두가 추구하고 소중히 여기는 동기부여적 이상이자, 개념이 생소하더라도 스스로의 경험을 통해 내용을 파악할 수 있는 인지적 이상으로 간주한 것이다.[1] 최소한 페팃의 비지배 자유는 마키아벨리의 '사물에 대한 효과적 지식'(*la verità effetuale della cosa*)이 가능한 최선의 실현에서 의미하는 바를 부정하지는 않은 셈이다.

마지막으로 정치이론의 실효성은 그것이 제시하는 이상이 조정원칙(*regulative principle*)으로서 역할을 수행할 수 있느냐에 달려있다. 이때 조정원칙이란 두 가지 역할로 개념화된다. 첫째는 특수한 맥락

1) José Luis Martí & Philip Pettit, *A Political Philosophy in Public Life: Civic Republicanism in Zapatero's Spain* (Princeton and Oxford: Princeton University Press, 2010), pp. 147~150.

에서 다루어지는 개별사안에서 어떤 정의(*justice*)가 요구되는지를 인도하는 역할이고, 둘째는 심의의 내용을 채우기 위해 어떤 원칙들이 필요한지를 밝히는 역할이다. 즉, 공리주의의 효용과 같이 다른 모든 원칙들을 파생시키고 그 내용을 좌우하는 제1원칙(*the first principle*)이 아니라, 기초원칙임에도 불구하고 심의의 내용을 미리 규정하지 않고 상황이 요구하는 여러 원칙의 필요를 각인시키는 원칙인 것이다. 이런 맥락에서 볼 때, 최근 페팃이 비지배 자유를 '조정적 이상'(*regulative ideal*)이라고 표현하는 것은 매우 환영할 만한 일이다.[2] 왜냐하면 최초에 그가 비지배 자유를 모든 가치들을 포괄하는 최상의 이상으로 묘사함으로써 일원론적 독선이라는 비난을 피하기 어려웠기 때문이다. 즉, 페팃은 신(新)공화주의가 어떤 고정된 이데올로기나 이상국가의 청사진을 제공하기보다, 각각의 사회가 처한 정치적 환경과 문화적 유산에 따라 상이한 적용을 가질 수 있는 조정원칙으로서의 역할을 수행할 것이라 믿고 있는 것이다.

페팃의 신(新)공화주의가 '가능한 최선'의 실현이라는 측면에서 갖는 적실성을 가장 잘 파악한 사람은 스페인의 자파테로(José Luis Zapatero) 총리일 것이다. 2000년 스페인 사회노동당(PSOE)의 당수로 선출되면서부터, 그는 페팃의 신(新)공화주의가 자신의 정치적 문법이자 사회노동당이 사회민주주의를 대신해서 선택해야 할 올바른 길이라고 천명했다. 이러한 행동은 한편으로는 영국의 블레어(Tony Blair) 총리가 주창한 '제3의 길'과 같은 신자유주의와의 불편한 동거를 거부했기에 주목받았고, 다른 한편으로는 실용이 강조되는 시대에 정치인이 자신의 이념적 색깔을 분명히 했다는 점에서 주

2) *Ibid.*, pp. 151~160.

목받았다. 그는 2004년 4월 총리가 되었고, 페팃의 방문이 7월에 성사되자 본격적으로 신(新)공화주의의 정치적 원칙에 기초한 정책들을 내놓기 시작했다.[3] 페팃은 스페인 대중들의 공화주의에 대한 일반적 편견을 극복하기 위해 '공화주의' 대신 '시민주의'(*civicism*)라는 명칭을 사용하도록 권하고, 2008년 14명의 전문가로 구성된 위원회의 일원으로 사회노동당의 정강을 바꾸는 작업에 참여하는 등, 지금까지 자파테로 총리에게 많은 조언을 주고 있다. 페팃과 자파테로 총리의 정치적 실험은 아직 끝나지 않았지만, 우리는 서양 정치철학사에서 매우 드문 철학과 정치의 결합을 경험하는 것이다.

2

자유주의가 어느 사회의 지배적 이념이라는 것 자체는 정치사회적 문제가 될 수 없다. 자유주의가 지향하는 여러 가치들이 좋은 사회를 만들기 위한 숙제로 여전히 간주되고 있고, 자유주의에 기초한 제도들은 지금도 독재와 폭압 속에 살아가는 사람들에게 희망을 주고 있으며, 자유주의는 그 어떤 정치이념보다 풍부한 자기교정 능력을 역사 속에서 증명했기 때문이다. 그러나 모든 것을 자유주의의 틀 안에서 해석하고 적용하려는 습관이 굳어지거나, 신자유주의의 병폐에 대한 지적마저도 자유주의에 대한 도전으로 여기는 고집이 상식이 된다면, 이런 사회에서 지배적 이념으로서 자유주의는 정치사회적 문제가 될 수 있다. 어쩌면 이런 사회에서 자유주의는 그것이 지향하는 가치들을 이미 상실했을지도 모르고, 이런 사회에서 자유주의는 그

3) *Ibid.*, pp. 69~94.

것이 제공한 정치적 상상력조차도 편협한 경계와 익숙한 편견 속에 가두어버렸을지도 모를 일이기 때문이다.

이런 맥락에서 볼 때, 최근 '공정사회'와 관련된 논쟁들은 우리의 관심을 끌기에 충분하다. 왜냐하면 '공정사회'라는 화두가 전달하는 우리 사회의 문제점들과 해결책들이 거의 대부분 자유주의의 틀 안에서만 해석되고 적용되는 경향을 보이기 때문이다. 크게 세 가지 측면에서 그렇다. 첫째, '기회의 균등'이 공정성을 판단하는 가장 중요한 잣대로 거론되고 있다는 사실이다. 사실 '개천에서 용이 날 수 없는 사회'라는 불만은 오래전부터 우리 사회의 빈곤 대물림과 경제 양극화를 온건하게 대변하고 있었다. 그러나 이러한 불만을 초래한 문제들은 '기회의 균등'만으로는 해결할 수 없다. 균등하게 주어진 '기회'를 선택하고 향유할 수 있는 '최소한의 능력' 또는 '가능성' (*capability*)의 평등이 동시에 요구된다는 것이다.[4] 그럼에도 불구하고, 한국사회는 좀처럼 '기회의 균등'으로부터 '가능성의 평등'으로 관심을 이전하려 하지 않는다. 만약 공정 (*fairness*) 이라는 단어가 자유주의적 입장에서 사회정의의 문제를 해결하려고 했던 롤즈(John Rawls)의 전유물이 아니라면, 공정사회의 회복을 '기회의 균등'에서만 찾는 것은 '개인의 선택'과 '절차적 합리성'에 초점을 두는 자유주의의 이념적 경계와 언어적 관행에 지나치게 집착한 느낌을 준다.

---

4) 신자유주의의 폐해가 중산층의 붕괴와 빈부의 양극화를 심화시키기 시작한 시점부터, 센 (Amartya Sen) 과 너스바움 (Martha Nussbaum) 으로 대표되는 영미학계의 자유주의자들은 '기회'보다 '가능성'에 초점을 맞춘 자유주의적 평등관을 대안으로 제시했다. 이와 관련해서는 곽준혁, 《경계와 편견을 넘어서: 우리시대 정치철학자들과의 대화》(한길사, 2010), pp. 276~283 참조.

둘째, '공정성' 회복을 위한 방법의 하나로 정부가 개인 또는 특정 계층의 '자선적 희생'을 요구한다는 것이다. 이를 두고 일각에서는 정부의 요구를 반(反)시장적이고 반(反)자유주의적이라고까지 비난한다. 그 정치적 의도는 다양한 해석이 가능하겠지만, 정부의 호소는 자유주의를 넘어선 것이 아니라 자유주의적이다. 만약 자유지상주의자들처럼 사적 자유의 극단적 보장을 시장주의라고 국한하면 모를까, 개개인의 선택과 자발성에 기초해서 공정한 경쟁과 패자에 대한 배려를 요구하는 정부를 반(反)시장적이라고 단정하는 것은 지나친 처사라고 할 수 있다. 또한 사회안전망의 구축을 위한 부담을 함께 나누자고 설득하기보다, 개인적 공감에 호소하거나 도덕적 부담을 통해 사회지도층의 희생을 유도하는 행위를 반(反)자유주의적이라고 말할 수는 없다. 부담을 가하는 기제가 법이나 일관된 원칙이 아니라 여론에 의지하기 때문에, 압박을 받는 개인과 특정 집단이 반(反)자유주의적 마녀사냥에 상처를 입을 가능성이 상대적으로 클 수는 있다. 그러나 개인의 자발적 자선(*charity*)과 지도층의 모범에 호소하는 태도를 반(反)자유주의적이라고 비난할 근거는 없다. 오히려 공적 헌신에 대한 자유주의 이외의 여러 다양한 접근들이 함께 검토되지 못하는 것이 아쉬울 뿐이다.

셋째, '공정사회'가 지향할 방향을 제시해주었다고 자주 언급되는 샌들(Michael Sandel)의 《정의란 무엇인가?》(*Justice, What's the Right Thing to do?*)를 대부분 자유주의적 틀 안에서 이해하고 있다는 사실이다. 인문학 서적으로는 드물게 대중적 호응을 얻고 있기에, 여러 매체에서 그의 책을 '공정사회'와 관련시켜 언급하는 것을 쉽게 볼 수 있다. 그러나 그 어느 언급에서도, 이 책의 저자가 자유주의의 자유나 공리주의의 행복보다 시민적 덕성(德性)을 우선적으로 강조하는 공동체주의자(共同體主義者)라는 점을 지적하는 경우를 찾기 어렵다. 아니 공동체주의가 자유주의와는 다른 인식론적 전제와 정치사회적 정의를 지향한다는 것 자체를 인지하지 못한 것은 아닐까 라는 생각마저 든다. 기회의 균등, 지도층의 모범, 약자에 대한 배려는 앞서 언급한 바대로 자유주의적 '공정'의 원칙에 기초한 설득기제다. 반면 샌들의 아리스토텔레스와 관련된 서술에서 볼 수 있듯이, 그는 자유주의의 '공정'이 기초하는 사회로부터 독립된 보편적 가치체계나 절차나 정의의 중립성(*neutrality*)에 매우 회의적이다.5) 다만 심의를 통해 지속적으로 토론하고 설득해야 한다는 것, 그리고 정의의 문제는 논쟁적일 수밖에 없다는 것을 인정한다는 점에서, 일반적으로 자유주의가 공동체주의에 퍼붓는 전체주의적 발상이라는 비난으로부터 다소 자유로울 뿐이다.

'공정사회'든 '정의'든, 한국사회가 '가능한 최선'에 대해 고민하고 있다는 것은 참으로 다행스러운 일이다. 그리고 잃어버린 자유주의적 가치들을 다시 숙의해 보는 것도 참 바람직한 일이다. 그러나 또 다른 인식의 전환도 필요하다. 아주 오래되고 낡은 틀로 정치적 상상력의 지평을 옥죄지는 않았는지 돌아볼 필요가 있다는 것이다. 이미 영미학계는 신(新)공화주의의 주장을 폭넓게 받아들였다. 그 결과 지금은 자유주의와 공화주의의 논쟁이 활발하게 전개되고 있다. 그리고 그 중심에 페팃의 공화주의가 있다. 쉽지 않은 책이지만, 그리고 면밀한 독서와 긴 호흡이 요구되는 책이지만, 이 번역서를 통해

5) Sandel, Michael, *Justice: What's the Right Thing to Do?* (New York: Farrar, Straus and Giroux, 2009), pp. 186~195.

한국 사회의 '공정사회' 논의가 한 단계 더 성숙될 수 있으리라 역자가 기대하는 이유가 여기에 있다.

3

'공화국'(*res publica*)이라는 개념은 그 자체가 매우 정치적인 창조물이다. 이전에는 존재하지도 않았던 '민족'이라는 말이 1900년대 일본으로부터 도입된 이후 한국 사회에서 이렇듯 강력한 힘을 갖고 있는 것처럼, '공중의 것' 또는 '인민의 것'으로 번역되는 '공화국'이 갖는 의미도 시대적 요구와 삶의 조건에 따라 매우 다르게 해석되었다.

그러나 바쁜 일상 속에서 우연히 찾은 옛날 사진으로부터 삶의 활기를 되찾듯이, 최초로 '공화국'을 정치적 삶의 내용으로 구체화했던 로마공화국의 경험으로부터 우리는 새로운 정치적 전망을 얻게 된다. 그 첫 번째가 로마공화국이 상정했던 '공중'(*populus*)의 의미다. 즉, '공중의 것'이 '공화국'이라면, 로마공화국에서는 무엇을 '공중'이라고 불렀느냐는 것이다. 키케로의 서술을 따르면, 로마인들은 '공중'을 단순한 군집(*coetus*)과 구별된 결속(*societus*)으로 이해했다. 아울러 이러한 결속은 정의에 대한 합의와 공유된 이익을 통해 형성되고, 공중의 관심사를 토론할 심의기구와 서로간의 신뢰가 기초할 공통의 법적 토대가 필요하다고 믿었다(*De Republica* 1.39, 1.41, 3.43). 즉, 로마인들에게 '공중'은 법과 공통의 관심사를 심의할 수 있는 자격을 갖춘 자유로운 시민들의 결속이었다. 이러한 '공중'에 대한 정의로부터 신(新)공화주의자들은 로마인들이 당연시한 시민들의 자유에 다시 관심을 갖게 되었고, 시민으로서 향유해야 할 최소조건으로 로마공화국의 비지배 자유를 우리의 시야 안으로 다시 끌어들인 것이다.

두 번째는 로마공화국이 발현하고자 했던 공유되는 '것'(*res*)의 내용이다. 일반적으로 우리는 공유되는 것을 권리의 총체로 이해하려는 경향을 강하게 갖고 있다. '대한민국은 민주공화국이다'라는 말 속에 담겨진 선언적 의미가 사회변혁을 위한 운동의 이유로서 인민주권과 상통하는 것도, 개인의 절대적 자유를 신봉하는 자유방임주의자들이 '공중의 것'이라는 표현을 통해 사적 영역의 보호를 위한 어떤 제도적 장치를 기획하는 것도, 넓게 보면 권리에 초점을 맞추는 우리의 근대적 습관에서 비롯된 것일지도 모른다. 반면 로마공화국의 시민들은 '공중의 것'을 권리만큼이나 의무의 측면에서 바라보려고 무척 노력했다. 공중의 것을 그 어느 누구에게도 속하지 않는 모두의 것으로 해석하고, 이를 위한 책임을 서로 나누고 의무를 교환하는 것을 공유의 내용으로 이해했던 것이다. 공적 부담을 나누면서, 서로에 대한 의무의 교환에 등가적 대가를 요구하지 않는 시민적 연대가 공유의 핵심이었다. 이것으로부터 신(新)공화주의자들은 공동체에 대한 무조건적 헌신과는 구별되는 시민성(*civility*)을 꿈꾸게 된 것이다.

세 번째는 '공동체'(*communitas*)와 구별되는 '공화국'의 특징이다. 일반적으로 로마인들은 후자를 정치적 삶을 구성하는 법적 장치 또는 헌정체제로 이해했고, 전자는 서로에게 부과된 의무의 교환에서 비등가적 상호성을 감당하도록 요구하는 도덕적 지침으로 이해했다. 물론 후자도 전자가 강조하는 의무의 상호교환이나 구성원들 사이의 상호성에 기초한 연대를 강조한다. 그러나 공동체에 대한 헌신이나 공동체에 대한 소속감을 이유로 비지배 자유라는 조건을 포기할 이유도 없고, 전자에서 보이듯 구성원이면 누구나 직관적으로 인지할 수 있는 공공선이 있다거나 전체적 지침과 개인의 선호가 갈등할 때에는 주저함이 없이 전체를 선택하라는 암시도 없다. 여기에서 신(新)공화주의는 자유주의보다는 훨씬 부담스럽지만, 공동체주의보다는 덜 부담스러운 관계적 개념들을 발견한다. 공동의 적이 있어야만 협력한다는 자유주의적 홉스(Hobbes)의 비관적 전망보다는 포괄적이지만, 인간은 정치적 동물일 뿐만 아니라 공동체 안에 있을 때에만 그 본성이 발현된다는 공동체주의의 아리스토텔레스(Aristotélès)적 해석보다 법적·정치적 차원에 더 관심을 기울인 것이다.

페팃의 저서는 비지배 자유가 가져다주는 변화에 대한 열망을 차분하게 삶의 세계로 돌려놓을 수 있으리라 생각한다. 로마공화국의 시민들이 비지배 자유를 법적 테두리 안에서 벌어지는 진지한 토론으로 전환시켰듯이, 지배와 피지배라는 권력관계로 세상을 바라보려는 비관적 현실주의를 비지배적 상호성의 희망적 현실주의로 되돌릴 수 있으리라 생각한다. 아울러 사건마다 즉흥적으로 형성되는 다중의 운동성을 파괴하지 않으면서도, 자칫 방향 없이 휘두르는 주먹다짐이 될 수 있는 분풀이에 시민적 책임성을 요구할 수 있는 법적 근거를 제공할 것이다. 운동에 선행되는 사려, 사람에 대한 애정을 상실하지 않는 변혁, 그리고 말하기만큼이나 듣는 것이 민주주의에 중요하다는 것을 덤으로 던져줄 것이다.

4

페팃의 공화주의 이론을 접하게 된 것은 박사논문을 마친 2002년 여름이다. 그 누구보다 고전연구의 현대적 적용을 옹호했던 연구자였지만, 정작 박사논문을 쓰는 동안 공화주의와 관련된 논의들을 파악할 시간적 여유를 갖지 못했다. 많은 시간을 마키아벨리의 저서들과 연관성이 있는 고전들, 그리고 아리스토텔레스와 키케로의 핵심 저서들을 읽고 이해하는 데 투자할 수밖에 없었던 것이다. 두 가지 이유 때문이었다. 지도교수님이 텍스트 해석의 정밀도에 누구보다 엄격하신 분이셨고, 마키아벨리의 정치사상이 1990년대 영미학계의 '고전적 공화주의'의 부활에 미친 영향과 무관하게 그의 저작들을 면밀하게 검토하고 싶은 생각이 내게 있었기 때문이었다. 그래서 간혹 학회나 모임에서 박사논문의 일부를 발표할 때, 나는 내 해석을 자유주의와 공화주의의 두 대립 축에서 놓고 이해하려는 사람들이 못내 불편했다. 지금은 이렇게 말하기가 부끄럽지만, 그때 나는 자유주의도 공화주의도 아닌 마키아벨리의 '진정한 역사에 대한 지식'(*vera cognizione delle storie*)에 기초했을 뿐이라고 거침없이 말하고는 했다.

이렇게 텍스트에 몰입되었던 나를 고전적 공화주의로 이끌어 주신 분은 역설적이게도 지도교수님이셨다. 박사논문의 심사를 마치고 난 뒤, 선생님은 내게 여러 권의 책을 선물로 주셨다. 당신의 저서를 제외하고는 모두 공화주의와 관련된 책들이었다. 이를 계기로 나는 수년 동안 급성장한 공화주의와 관련된 논의들을 알게 되었고, 그동안 가두어두었던 제도사상사와 정치이론에 대한 열정을 꺼내들었다. 유학 초기부터 많은 시간을 할애한 제도사상사 공부가 도움이 되었고, 고전 연구의 현대적 적용을 위해 틈틈이 모아둔 자료도 유용했다. 그러나 무엇보다 역자의 공화주의 연구에 도움을 준 것은 박사논문을 쓰는 동안 축적된 텍스트에 대한 꼼꼼한 이해였다. 고전적 공화주의의 재검토는 역자가 연구한 고전들과 사상가들의 이해가 없이는 수박

겉핥기가 될 수밖에 없는 과제였다. 이런 과제에 나는 나도 모르게 준비되어 있었던 것이다.

한국에서 공화주의와 관련된 강의를 시작하면서, 가장 난감했던 문제는 관련 고전들과 사상가들을 짧은 시간에 소개하는 것이었다. 고전을 부분 독해할 경우에 나타날 오해를 최소화하고, 학생들의 상상력을 다치지 않는 선에서 공화주의 이론들을 살펴봐야 했다. 여러 학기 이런 과정을 거치면서, 나는 페팃의 저서가 갖는 장점을 알게 되었다. 고전에 대한 해박한 지식이 없더라도, 정치사상사의 복잡한 계보를 모르더라도, 공화주의의 핵심적 주장에 대한 이해와 논쟁을 가능하게 하는 책이라는 것을 알게 된 것이다. 이런 이유에서 한국연구재단에 번역과제를 신청하게 되었고, 이제 완역하여 출판사에 보내게 되었다.

지금까지 대학원 공화주의 세미나에 참여해서 많은 도움을 준 대학원 학생들, 번역된 것들을 꼼꼼히 토론해가며 가독성을 높여준 지도학생들에게 깊은 고마움을 전하고자 한다. 오역으로부터 자유로운 번역서는 없겠지만, 천학비재하고 게으른 역자의 잘못으로 이들의 성의가 빛바래지는 않았으면 한다. 끝으로 한국사회의 담론을 고려해서 '신(新)공화주의'로 자신의 이론을 명명하는 것까지 동의하고, 바쁜 시간에도 늘 누구보다 먼저 역자의 요구를 즐겁게 받아들였던 페팃의 학자적 진지함과 인간적 품위에 존경을 표하는 바이다.

2012년 5월

곽 준 혁

머리말

나는 《공통의 의식》(*The Common Mind*, 1993)이라는 책에서 반집합주의적(*anti-collectivist*)이면서 반원자주의적(*anti-atomist*)인 사회철학을 주장한 바 있다. 무엇보다 그 철학은 개인이 집적된 사회세력의 노리개일 뿐이라는 생각을 거부하기에 반집합주의적이다. 개인은 역사적 사활을 건 게임에서 한갓 숫자에 불과하거나, 역사적 숙명을 향한 행진에 볼모잡힌 인질이 아니기 때문이다. 동시에 그 철학은 그럼에도 불구하고 고립된 개인이라는 것은 본질적으로 허구일 뿐이라고 주장하기에 반원자주의적이다. 사람들은 단순한 인과관계를 넘어 생각하는 능력을 위해 서로 의존하며, 그렇기에 그들은 본질적으로 사회적 산물들이다. 나는 앞선 책의 말미에서 이 철학이 갖는 정치이론적 함의들을 대략 그려보았고, 이러한 견해를 갖는 사람들이면 누구나 느낄 공화주의의 매력들을 언급했다. 이번 책에서는 그 함의들을 명시적으로 토론하지 않겠다. 그러나 내가 이번 책을 앞선 책의 후편으로 간주하고 있다는 점은 분명히 해야겠다. 《공통의 의식》의 많은 논평자들은 공화주의에 대한 보다 풍부한 설명을 원했고, 공화주의와 자유주의의 차이에 대한 보다 상세한 설명을 원했다. 나는 이 책이 그들이 원하던 바를 제공하기를 희망한다.

나는 10년 전 즈음에 공화주의를 발견했다. 그 당시 나는 브레이스웨이트(John Braithwaite)와 함께 형사사법제도와 정치이념에 대한 연구를 하고 있었고, 특히 자유의 이상형에 대한 연구에 몰입해 있었다. 여기서 우리는 정치적 자유에 대한 전통적 공화주의의 사유방식을 자각하게 되었다. 그래서 우리는 그 자유가 어떻게 특성상 본질적으로는 사회적인 것—공화국에서 시민권에 준하는 것—으로 간주되면서, 동시에 그 자유를 향유하는 개인에게 심리적으로 안정된 상태를 줄 수 있는 명백히 주관적인 가치로 이해될 수 있는지를 고민했다. 그때 우리는 두 가지를 중점에 두면 자유에 대한 이러한 사유방식에 도달할 수 있다는 것을 깨달았다. 첫째, 공공선을 위해 기획된 제한된 간섭(*constrained interference*)—그 누구도 다툴 수 없는 법적 제재와 같은 것—과 자의적 간섭(*arbitrary interference*)은 크게 다르다는 점이다. 둘째, 자의적 간섭을 요행으로 피하는 것—말하자면 그 힘이 당신의 힘과 다행히 같을 경우—과 자의적 간섭에 취약하지 않도록 만드는 것 사이에는 큰 차이가 있다는 점이다. 이 두 가지에 중점을 두면, 타인의 자의적 간섭에 비교적 잘 견딜 수 있음과 동시에 사람들 사이에서 안전하게 삶을 영위할 수 있는 사회적 상태(*social status*)로 자유를 이해하는 것이 매우 자연스러워진다. 그래서 이러한 접근에서 자유는 비(非)지배(*non-domination*)로 간주된다. 여기에서 비지배란 자의적 기준에서 행해지는 외부적 간섭에 개인이 영향을 받지 않고 다소 두드러지게 안전한 조건(*condition*)을 말한다.

이러한 자유의 관념은 즉각 나의 상상력을 사로잡았다. 아마도 이러한 의미의 자유가 나의 경험을 이해할 수 있도록 해주었기 때문일 것이다. 나는 신부가 되려고 엄격한 기관들 속에서 수년의 시간을 보냈었다. 이 기관들은 고프만(Erving Goffman)의 표현에 따르면 '총체적 제도'(*total institution*, 개개인이 조직의 권위에 철저하게 복속되거나 좌우되는 기관 — 역자)라고 묘사된다는 것을 이후에 알게 되었다. 그러한 학교들과 신학교들은 내게 학습과 동료애를 알 수 있는 훌륭한 기회를 제공한 반면, 우리가 처한 바를 알고 변덕스러운 판단에 복속되지 않을 확신을 갖고 권위들을 견제할 수 있도록 가르치지는 않았다. 반대로 그 기관들은 체계적 취약성을 가르쳤고, 지배자의 의지에 무방비 상태로 우리를 팽개쳐 두었으며, 종종 그렇게 실천하도록 만들기까지 했다. 나는 그러한 훈련에 내재된 복종과는 정반대의 길로 갔고, '비지배 자유'라는 관념은 내게 무엇이 잘못된 것인지를 만족스럽게 설명할 수 있는 방법을 제공했다. 그 기관들은 비자유(*unfreedom*)를 함양시키려 했었던 것이다. 왜냐하면 그 기관들은 학생들을 수동적이고, 주저하며, 스스로의 입장을 불신하도록 만들기 위해 고안된 것이었기 때문이다. 1790년대에 월스턴크래프트(Mary Wollstonecraft)는 여성들의 복종이 그들을 굽실거리며 아양을 떨어 목적을 성취하는 동물로 전락시킨 방식에 대해 쓴 적이 있다. 아마도 그녀는 우리에 대해서도 그렇게 썼을 것이다.

복종의 경험은 매우 광범위하게 퍼져 있다. 따라서 나는 독자들이 나와 다음의 관점을 공유하기를 원한다. 즉, 당신이 타인에게 지배당하지 않도록 요구하고, 그럼으로써 당신이 타인들을 감찰하도록 만들어줄 수 있는 자유에 반드시 매력을 느낄 것이라는 점이다. 그런 희망에서 나는 전통 공화주의자들이 자유의 반대를 노예상태 또는 종속이라고 주장했을 때, 그리고 타인의 자의적 의지에 무방비한 상태를 피해야 할 가장 큰 해악이라고 기술했을 때, 그들이 실로 이렇게 자유를 이해했다는 확신에 고무되었다. 나는 사상사를 연구하는 사람이 아니다. 그래서 나는 미국 독립전쟁과 프랑스 혁명까지 전해 내려오는 공화주의 사상에서 되풀이되는 주제를 이해하는 데 오랜 시간이 걸렸다. 그 주제는 바로 자유는 타인이 자의적인 권력을 박탈당했을 때에만 성취될 수 있는 지위(*status*)라는 점을 강조한다. 특히 18세기 말 시민권이 재산을 가진 남성을 넘어 확대되자 이러한 자유의 개념이 한물 간 것으로 인식되었다는 점이 흥미를 끈다. 이때 이전 공화주의의 방식으로 모든 시민들을 자유롭게 만들 수 없다는 생각이 풍미했던 것이다. 그리고 당시 통념에서 여성과 노예들에게까지 비지배 자유를 부여하는 것이 가능하리라 생각하기는 어려웠을 것이다. 따라서 만약 자유가 모든 시민들에게 하나의 이상으로 부여되려면, 자유는 다소 덜 부담스러운 항목으로 재인식되어야 했다. 내가 주장하는바, 실제로 그렇게 재인식되어졌다.

그러나 이 책은 대안적 자유 개념을 그것의 역사적 부침에 대한 설명과 함께 제시하는 것에 그치지 않는다. 만약 우리가 국가의 목적을 비지배 자유의 신장에 둔다면, 다시 말해 우리가 공화주의의 이상을 다시 전용한다면, 우리는 하나의 주도적 정치철학의 윤곽을 이해할 수 있을 것이다. 비지배 자유는 매력적인 제도적 함의들을 가지고 있다. 나는 이 책에서 보다 상세한 경험적 연구에 앞서 가능한 선에서 공화주의의 핵심교훈을 그리려고 한다. 제시된 제도적 함의들 중 일부는 평등, 공동체, 시민적 덕성, 헌정주의와 정부의 견제와 같은 친숙한 공화주의 주제들과 연관성을 갖고 있다. 반면 공화국이 반드시 추구해야 할 정책들과 반드시 갖추어야 할 민주주의의 형태에 대한 주장과 같은 것은 다소 놀라울 것이다. 비지배 자유는 자칫 국가에 대한 파당적 요구로 보일 수 있는 정책들에 보편적 판단근거를 제공함으로써, 풍부하고 심지어는 급진적인 정책들까지 지지한다. 그리고 비지배 자유는 주로 동의(*consent*)에 내주었던 자리를 견제력(*contestability*)이 대체하는 민주주의를 지지한다. 여기에서는 정부가 시민들이 요구한 바를 수행하기만 하면 자의적이어도 되는 것이 아니라, 정부가 무엇을 하든지 시민들이 항상 견제할 수 있는 것이 무엇보다 중요하다.

나는 이 책에 담긴 생각들을 발전시키고 출간하기까지 여러 방식으로 많은 사람들의 도움을 받았다. 재치 있게 아니면 진지하게 아담스(Phillip Adams)와 핀(Paul Finn)은 공화주의적 자유와 정부에 대한 내 견해를 변호하기 위해 상세한 책을 쓰도록 나를 자극했다. 스키너(Quentin Skinner)는 공화주의 사상을 배태한 역사서로 나를 인도했을 뿐만 아니라 너무나도 필요했던 격려와 책의 초고에 유용한 코멘트들을 해줌으로써 내게 용기를 불어넣어 주었다. 브레넌(Geoffrey Brennan)은 내 주장이 발전되는 각 단계마다 캐물었고, 게다가 평가에 기초한 규제(*regard-based regulation*)—이 책 마지막 두 장에서 중요하게 다루고 있다—에 관한 연구에 조력해 주었다. 그리고 그는 공화주의가 하나의 특별하고 의미심장한 기여를 하는 것처럼 느끼도록 만들어주었다. 그러나 공화주의 주제에 대한 나의 생각과 저작을 구성하는 데 그 누구보다 기여한 사람은 바로 브레이스웨이트다. 그는 내가 경험적이고 실천적인 주제들과의 연관성을 상실하지 않았다는 확신을 갖도록 도와주면서, 이 책에서 다룬 거의 모든 주제에 대한 내 생각을 다듬어 주었다.

오클랜드(Auckland) 대학의 철학자들과 정치학자들은 1994년 내가 그 대학에서 재단 방문자로 가진 일련의 초청강의에서 책의 전반부에 대한 일관되고 날카로운 지적들을 해주었다. 1996년 내가 운 좋게 프랑스대학 학사원(the Institut Universitaire de France)이 후원하는 방문학자로 프랑스 캉(Caen) 대학에서 가진 강연과 스위스 뇌샤텔(Neuchâtel) 대학에서 가진 강연의 청중들이 보여준 반응도 큰 도움을 주었다. 또한 네덜란드 로테르담의 에라스무스(Erasmus) 대학에서 1996년 5월에 발표했을 때 네덜란드 동료들의 지적에 정말 많이 배웠다. 그들이나 또 다른 청중들 중에 내게 유용한 지적들을 해준 모든 사람들의 이름을 호명하지 않음을 용서하기 바란다.

이 책과 관련된 생각들을 놓고 항상 토론할 준비가 되어 있던 동료들과 학생들에게도 큰 도움을 받았다. 특별히 말로 할 수 없이 많은 것을 가르쳐 준 잭슨(Frank Jackson)과 스미스(Michael Smith)뿐만 아니라 게이튼(Moira Gatens), 하콘센(Knud Haakonsen), 카진스카나이(Elisa Kaczynska-Nay), 파커(Christine Parker), 러셀(Deborah Russell), 웨스트(Caroline West), 그리고 윌리엄스(John Williams)에게 감사한다. 이 책에서 부각된 주장에 대해 때때로 장문의 코멘트를 해준 많은 사람들에게도 은혜를 입었다. 브래든미첼(David Braddon-Mitchell), 버크(Paul Bourke), 브레이스웨이트(Valerie Braithwaite), 브라이언(Andrew Brien), 코디(Tony Coady), 더드(Susan Doddes), 피어존(John Ferejohn), 굿윈(Bob Goodin), 힌데스(Barry Hindess), 헌트(Ian Hunt), 이바이즌(Duncan Ivison), 쿠카타스(Chandran Kukathas), 맥린(Douglas MacLean), 밀러(David Miller), 멀리건(Kevin Mulligan), 네이젤(Tom Nagel), 파스퀴노(Pasquale Pasquino), 필프(Mark Philp), 라벤스크

로프트(Ian Ravenscroft), 파비안 스피츠(Jean-Fabien Spitz), 얼(John Uhr), 벌키(Catherine Valcke), 웨스트(David West), 월프(Susan Wolf) 등이 그들이다. 타이핑을 해준 트래드웰(Chris Treadwell), 그리고 편집자인 버튼(Tim Barton), 바이엇(Dominic Byatt), 그리고 아마드(Sophie Ahmad) 씨께도 감사드린다. 이 책을 내 아이들 로리(Rory)와 오웬(Owen)에게 내 아내와 나의 이름으로 바친다. 만약 아내 에이린(Eileen McNally)이 내가 쓴 바에 대한 책임을 부인한다 하더라도, 그녀는 내가 이 책을 저술하는 동안 함께 헌정할 만큼 충분히 나를 도와주었다는 것을 결코 부인할 수 없을 것이다.

《공통의 의식》의 책머리에서 나는 캔버라에 있는 호주국립대학(the Australian National University)의 사회과학대학만큼 책을 쓰기에 적절하고 후원적인 환경은 없었다고 말했었다. 이 책에서도 똑같은 말을 할 수 있다. 이 대학의 학제적 강도, 호주 내외의 최고 연구비를 제공해 준 사람들과 인맥, 그리고 학교 관계자들과 학생들이 보여준 지적 관대함, 이런 것들이 공화주의 이론에 대한 연구 내내 나를 지탱해 준 귀한 자산들이다. 여기에 내가 소속되어 있다는 것이 행운이고 행복하다.

1996년 5월

캔버라에서

신공화주의

비지배 자유와 공화주의 정부

차 례

서론

1. 관념과 정치

정치의 세계에서 일어나는 일들이 그 세계에서 널리 통용되는 규범적 관념의 함수라고 생각하는 것은 유토피아적 환상일지도 모른다. 정책의 결과로 나타나는 형태와 제도의 양식들이 정착되는 모습은 그 이상적인 배치에 대한 고민에 의해서 결정되는 만큼, 관련 당사자들의 이해관계와 경험적 질문—예를 들어 선거와 제도를 통해 무엇이 실현가능한가—에 대한 그들의 견해에 의해서도 결정되기 때문이다.

그러나 정치적 삶에서 무엇보다 중요한 것이 바로 규범적 관념이다. 왜냐하면 정치인이나 공직자들은 정책이 정당하다는 것을 보여줄 수 있는 한에서만 이에 대한 지지를 얻을 수 있기 때문이다. 즉, 절차나 정도의 차이는 있겠지만, 정책이 합의된 공약에 의해 추진된다는 것을 보여줄 수 있는 한에서 지지를 얻을 수 있다는 말이다. 동유럽 공산주의의 몰락에서 이러한 점이 잘 드러난다. 체제가 지향하는 이상이 더 이상 공감대를 얻지 못하거나 제대로 추진되지 못하면서 공통적 인식의 문제가 발생하자, 비밀경찰로도 더 이상 체제를 유지할 수 없었던 것이다.

물론 정치적 삶에서 통용되는 규범적 관념들 중에는 공산주의 사회에서 널리 수용되었던 관념들처럼 잘 조직된 것이 별로 없다. 오늘날 선진 민주주의 국가에서 이러한 관념들은 두드러진 정책결정 이슈들 주변에서 소용돌이치는 여러 가지 상이한 조류들로 나타나기 때문이다. 때때로 이 조류들은 서로 합류하여 하나의 방향으로 정책에 추진력을 부여하기도 하지만, 서로 충돌하여 혼란스럽고 예측할 수 없는 패턴을 만들어내기도 한다.

우리의 정책결정 주변에서 소용돌이치는 주요한 조류들은 쉽게 확인된다. 그 중 하나는 어떤 선호이든 사회적으로 표출되는 선호를 충족시키는 것을 중요하게 다루는 경제학적 관념들로 이루어진 조류이다. 사람들은 이러한 조류를 사회로 가져와 선호 충족을 최대한 보장하기 위한 효율적 원리들을—주로 시장원리와 같은—고안할 필요성을 다룬다. 인간의 보편적 권리가 좁게 해석되어야 하는지, 아니면 넓게 해석되어야 하는지에 대한 관념들이 형성하는 조류도 있다. 이 조류는 정치제도들이 이러한 보편적 권리의 향유를 존중하고 촉진시켜야 한다는 요구에 관한 것이기도 하다. 또 다른 조류로 복지나 공정성, 평등과 같은 주제를 우선시하거나, 빈곤과 착취, 종속과 압제와 같이 서로 상응하는 불만에 주목하는 관념들로 이루어진 것이 있다. 여기에서는 가치가 부여된 다양한 결과들의 집합 가운데 어느 하나를 구현하는 체제가 옹호된다. 물론 민주주의적 관념들로 이루어진 조류도 있다. 여기에 속하는 관념들은 민주주의 전통에서 다수의견을 바라보는 것처럼, 인민의 의지 또는 최소한 인민이 선출한 대표의 의지로부터 도출된 정책이나 양식이라면 무엇이든 다소 배타적으로 정당성과 연관시킨다.

현대정치의 소용돌이 속에서 이러한 조류들은 정당성을 획득하기 위해 경쟁하는 언어나 담론들로 표현되기도 한다. 이러한 조류들은 이론이나 이데올로기가 아니라 언어 또는 담론이다. 왜냐하면 이러한 조류들을 언급할 때, 구체적인 정책에 대해 서로 의견을 달리하면서 논쟁하는 것이 허용되기 때문이다. 이들 사이에서 공유되는 가정들은 차이점을 담아낼 수 있는 공간을 남겨둘 정도로 충분히 추상적이며, 이러한 차이점들에 대한 논쟁에 제한을 설정할 수 있을 정도로 충분히 밀접하게 연관되어 있다. 따라서 대화의 방향이 미리 결정되지 않아도 대화가 가능하다. 이러한 조류들은 앞으로 언급할 자유와 같은 공통의 관용어들을 공유하지만, 정치적 비판과 제도적 장치를 정당화하기 위해 경쟁하는 체계들로 정착된다는 점에서 충분히 구분된다.

2. 정치 철학

정치가 불가피하게 이런저런 사상의 조류 속에서 규범적인 언어로 구현된다고 가정해 보자. 다시 말해서 정치에는 대화라는 측면—부분적인 측면—이 항상 존재한다고 가정해 보자. 과연 이런 가정이 규범적 정치이론가, 혹은 여러분이 이 말을 더 선호한다면, 정치철학자의 역할에 대해서 무엇을 말해주는가?

정치철학자들이 다른 어떤 일을 할 수 있건 간에, 그들에게 한 가지 명백한 과제는 정치적 토론과 정당성에 대한 언어들을 검토하고, 이러한 언어들이 기초하는 다양한 가정들에 대해 비판하며, 언어들 상호간에, 그리고 상이한 시공간에서 사용된 언어들간에 얼마나 일관성이 있는지를 탐구하고, 정치적 논쟁의 틀을 이룰 수 있는 새롭고 보다 광범위한 개념들을 모색하는 것이다.

이는 평범하면서도 흥분되는 과제다. 관련된 논쟁의 소란스러움 속에서 주목받지 못한 채 지나쳐버리는 것들을 철학자가 한 걸음 뒤로 물러서서 탐구하도록 자극한다는 점에서는 흥미진진하다. 이 작업을 통해 여러분은 정치적 이슈에 대해 토론하면서 자신이 선택하는 언어를 진정 자신의 것으로 만들 수 있다. 논쟁의 중재자에게 휩쓸리거나 습관적으로 주의를 놓치지 않고 특정 언어가 함의하는 전제에 대해서 깨닫게 되며 이를 자신의 사고와 융합할 수 있게 된다. 철학자의 관점에서 탐구되지 않은 언어는 정치학의 언어든, 윤리학의 언어든, 자유의지의 언어든, 아니면 양심의 언어든 말할 가치가 없다. 원치 않은 가정들을 너무 많이 지닐 수 있기 때문이다. 여타 철학적 과업에서와 마찬가지로 여기서 말하는 즐거움이란 내 자신이 통제당할 수도 있는 사고들을 어느 정도 관리하면서, 사유의 수단을 나 스스로가 지배하는 즐거움이다.

그러나 지금 언급한 작업은 평범하기도 하다. 왜냐하면 철학자 개인이 통찰과 숙달의 과정에서 무엇을 성취하든, 그가 보여줄 수 있는 것은 특정한 시간에 특정한 공론장에서 벌어지는 대화에 있어 하나의 기여일 뿐이기 때문이다. 그리고 이 대화는 대화의 방향을 설정하려는 그들의 그 어떤 노력에도 불구하고 예상치 못한 방향으로 흘러갈 것이 분명하다. 오늘날 선진 민주주의 국가에서 볼 수 있는 것처럼 정치에서 대화는 진화와 변화를 끊임없이 거듭하고 있다. 이는 마치 지금은 이 언어 또는 저 언어가 세상의 주목을 끄는 것, 그리고 논의의 방향이 지금은 여기에서, 또 저기로 바뀌는 것과도 같다. 어느 한 개인도, 따라서 어느 한 명의 철학자도 매우 평범한 역할 이상을 하리라 기대할 수는 없다. 오직 한정된 범위에 있는 사람들만이 자신의 주장을 들을 수 있으리라 기대할 수 있을 뿐이다. 혹시 또 다른 청중들도 듣게 된다면 그것은 아마 그 사람들이 우연하게 관련된 것들을 얘기하고 있기 때문일 것이다. 철학자들의 주장은 대화라는 폭포수를 이루는 한 부분일 뿐이다.

자신이 성취하려는 것의 한계를 인식하는 것은 철학자들에게 매우 중요한 일이다. 만약 철학자가 자신의 주장을 통해 정치철학을 마무리하겠다는 야망, 즉 다른 모든 주장들을 잠재워버리겠다는 야망을 가지고 일상적인 정치적 대화의 영역에 들어온다면, 그들의 환상은 허물어질 수밖에 없다. 그리고 이는 보편적인 대화의 가능성에 대한 절망과 회의주의적 자세를 야기할 수 있다. 이로 인해 이론가들은 정치에서 진정한 대화는 없으며 오직 노골적인 권력놀음만이 존재한다고 생각할 수도 있다. 현대의 많은 이론가들이 생각하듯이 말이다. 정치적 논쟁과 의견교환은 보여주기 위한 의례적인 깃발 흔들기 이상이 될 수 없다고 생각할 수도 있다. 공적인 대화를 자신들의 이성적 판단이 지닌 근거에 따르도록 할 수 없다는 것을 깨닫게 되면서, 그들은 공적인 대화가 이성적이지 않다고 결론을 내린다. 공적인 대화에서 이성은 신속하게 이행되지도, 완벽하게 이행되지도, 내재적 추동력으로 이행되지도, 그리고 단숨에 전면적으로 이행되지도 않는다고 말이다.

예를 들어, 이러한 이론가들은 지난 2백 년간의 발전들을 바라보면서 대화를 통한 합의나 대화의 영향력을 보여주는 어떠한 증거들도 인정하려 하지 않는다. 그들은 오래되고 간헐적으로 나타나긴 했지만 아직까지도 영향력이 있는 논의들, 예를 들어 노예제 철폐, 독점선거구 개혁, 의무교육 제공, 참정권 확대, 여성의 의회진출 보장, 사회보장제도 도입, 병원의 체계적 조직화, 공공보건계획의 확대와 같은 이슈를 둘러싸고 여러 국가에서 벌어졌던 논의들에 주목하지 못한다. 이러한 발전이 지니고 있는 가치나, 이러한 발전이 부분적이나마 이성적인 요구나 분노의 결과로 이뤄졌다는 사실을 냉소적으로 바라볼 수 있는 근거를 찾는 것이 마치 자신들이 지닌 전문적 식견의 발로인 것처럼 여긴다.

철학자 한 명이 혼자서 많은 일을 할 수 없다는 말이 정치철학이 의미있는 것들을 성취할 수 없음을 뜻하지는 않는다. 정치철학자들의 성찰에서 전적으로 유리된 정치적 대화의 미래는 삭막하고 오싹한 시나리오와 같다. 왜냐하면 정치적 대화에서 사용되는 용어들이 체계적으로 질문되고 서로 연관되며, 때때로 새로워지거나 대체되는 것은 주로 이러한 이론가들의 작업 덕분이기 때문이다. 이러한 종류의 지속적인 성찰이 없는 대화는 교조적인 주장과 반론의 혼란 속으로 급속히 빠져들 것이다. 정치철학자들이 존재하지 않았다면, 우리가 그들을 만들어내야 했을 것이다.

3. 공화주의로의 전환

정치의 본질, 또는 최소한 정치의 대화적 측면과 정치철학의 역할에 대해서는 충분히 논의했다. 그렇다면 내가 이 책에서의 논의를 통해 달성하고자 하는 것은 무엇인가?

나는 정치철학 분야의 동료들에게, 그리고 나아가서는 정치철학에 가끔 관심을 보이는 보다 일반적인 청중들에게, 현대의 논쟁에서 충분히 주목받지 못했던 일종의 불만과 이상을 상기시키고 싶다. 여기서의 불만은 지배받는 것에 대한 불평으로, 그리고 이상은 자유롭고자 하는 비전으로 구체화할 것이다. 비지배 자유라는 지배와 자유에 관한 언어가 우리가 민주주의와 결부시키는 수많은 핵심적 제도와 헌법을 형성했던 유구한 공화주의 사상의 전통과 관련되어 있음을 보여주고 싶다. 그리고 현대의 정치적 논쟁에서 이 언어가 다시 필요한 이유는 충분하다고 주장하려 한다. 비지배 자유를 위해 요구되는 것에 근거해서 정치를 사고할 때, 우리는 기품있는 국가와 시민사회를 기대하는 것이 타당하다는 것을 보여주는 매우 풍부하고 설득력 있는 그림을 얻게 될 것이다.

여기서 내가 고려하는 불만은 타인에게 좌우되어 살아가야 한다는 것에 대한 불만이며, 타인이 자의적으로 여러분을 강요할 수 있는 위치에 있다는 해악에 노출된 채 삶을 영위해야 한다는 것에 대한 불만이다. 특히 이는 여러분이 타인에 의해 지배받고 있다는 사실을 각자가 목격하고 있고, 각자가 목격하고 있다는 것도 서로가 인지하는 위치에 있는 경우에 갖게 된다. 이러한 불만은 남편에게 자의적으로 구타를 당할 수 있는 처지에 놓여 있지만 이를 개선할 수 없음을 깨닫는 아내에 의해서 표출되며, 고용주에게 감히 불평할 수 없는 피고용인, 그리고 사소하건 심각하건 간에 고용주가 지속적으로 가할 수 있는 광범위한 혹사에 노출된 피고용인에 의해 표출된다. 이는 또한 극도의 빈곤과 파멸을 피하기 위해 채권자나 은행직원의 관대함에 의존해야만 하는 채무자에 의해서도, 자녀들이 식권을 받고 못 받고의 여부가 담당직원의 변덕에 좌우될 수 있다고 깨닫는 복지 의존자에 의해서도 표출된다.

현대의 사상은 이러한 위치에 놓여 있는 개인들이 실제로 강제되거나 방해받지 않는 한 자유롭다고 주장한다. 그러나 간섭여부에 상관없이 이들은 분명 불만을 가지고 있다. 총구가 이들을 향해 겨눠져 있지 않더라도 이들은 타인의 존재의 그늘 속에서 살아간다. 그들은 타인의 반응이 지닌 불확실성 속에서, 타인의 기분에 항상 촉각을 곤두세워야 한다는 요구 속에서 살아간다. 그들은 타인의 눈을 똑바로 쳐다보지 못하는 자신이 지닌 취약성 때문에 품위가 손상될 수도 있고, 심지어는 타인의 비위를 맞추기 위해 아첨하고 비굴해질 수밖에 없는 처지에 놓여 있음을 깨닫는다.

내가 주장하고자 하는 바는, 자유에 대한 유구한 공화주의적 사고의 전통에서는 이렇게 지배받는 위치에 있는 개인들이 자유롭지 않다는 것이 명백하다는 점이다. 지배하는 자가 자신의 손을 묶어둔다 할지라도 예속이 없는 지배는 없다. 자유롭지 않다는 것은 구속되어 있다는 것을 의미하지 않는다. 반대로 공정한 법체계, 즉 자의적이지 않은 정부에 의한 구속이 여러분을 자유롭지 않게 하는 것도 아니다. 자유롭지 않다는 것은 자의적 영향력, 다시 말해 잠재적으로 변덕스러운 의지, 혹은 잠재적으로 타인의 특수한 판단에 종속된다는 것을 의미한다. 자유는 이러한 종속과 의존으로부터의 해방을 요구한다. 자유를 위해서는 동료 시민들과 눈높이를 맞춰 설 수 있는 능력과 누구도 다른 사람에게 자의적으로 간섭하는 권력을 가지지 않겠다는 인식을 공유하는 것이 필요하다.

내가 말하는 보다 오래된 공화주의적 전통은 로마공화정 시대의 키케로[1]와 《로마사 강론》의 '신성한 마키아벨리'(*the divine Machiavel*),[2] 그리고 르네상스 시대 이탈리아 여러 공화국의 여타 저술가들, 영국 내전과 영국공화정 시대[3]부터 등장한 해링턴[4]을 위시한 일군의 인

1) 〔역주〕 키케로(Marcus Tullius Cicero, B.C. 106~B.C. 43). 고대 로마의 정치가이자 법률가, 문학가이자 철학자이다. 로마의 가장 위대한 웅변가 중 하나로 꼽히며 카이사르와 반목하여 정계에서 쫓겨나 문필에 종사했다. 카이사르가 암살된 뒤에 안토니우스를 탄핵한 후 원한을 사서 안토니우스의 부하에게 암살되었다. 수사학의 대가이자 고전 라틴 산문의 창조자이다. 주요 저작으로는 《웅변가》(*De Oratore*), 《의무론》(*De Officiis*), 《공화정》(*De Republica*) 등이 있다.

2) 〔역주〕 마키아벨리(Niccolò Machiavelli, 1469~1527). 피렌체의 가난한 귀족 집안에서 태어나 1498년부터 피렌체의 제 2 서기관장직(書記官長職)으로 내정과 군사를 담당하였으며, 대사로도 활약하였다. 1512년 메디치가(家)가 피렌체로 복귀하자, 한때 음모에 가담한 죄명으로 체포된 후 관직에서 물러났으며, 실의 속에서 독서와 저술활동에 전념하였다. 본문에서의 언급은 마키아벨리의 대표작으로 간주되는 《군주》(*De Principatibus*)와 《로마사 강론》(*Discorsi*)에서 갈등을 통한 자유로운 공화정체로의 이행과 비지배 자유원칙을 통한 시민의식의 고취 사이의 내재적 연계성을 발견함으로써 공화주의 전통 안에서 새로운 전기가 마련되었다는 판단에 기초한다.

3) 〔역주〕 영국공화정(*English Commonwealth*). 청교도혁명으로 국왕 찰스 1세를 처형한 올리버 크롬웰이 1649년 5월 19일 영국을 'Commonwealth and Free state'라 선언함으로써 성립되었다. 그러나 1653년 12월 16일 크롬웰이 쿠데타로 의회를 해산하고, 종신직(終身職)인 호국경(護國卿 : *Lord Protector*)에 취임함으로써 공화정은 막을 내렸다.

4) 〔역주〕 해링턴(James Harrington, 1611~1677). 잉글랜드 노샘프턴셔주 업턴 출생. 명문귀족의 장남으로 태어나 옥스퍼드대학에서 칠링워스의 영향을 받았다. 대학을 중퇴하고 1630~1642년 유럽대륙에 건너가 30년 전쟁에 종군하고, 대륙 여러 나라를 편력하며 각국의 언어·정치·

물들, 그리고 18세기 영국과 미국, 프랑스에서 공화정 또는 커먼웰스를 주장했던 이론가들과 관련이 깊다. 이 중에서도 나는 17세기 후반에서부터 18세기에 영국과 미국의 정치사상을 지배했던 '공화파'[5]에 주로 초점을 맞춘다. 이들은 비지배 자유, 즉 자의성에서 벗어나는 것으로서 자유의 이상을 추종했으며, 오늘날까지도 남아있는 정치적 성찰과 사고의 습성을 형성하는 데 기여했다. 그들이 반복적으로 피력하는 독특한 주장은, 대체로 국가와 헌법 덕분에 인민이 비지배 자유를 누린다는 점에서 비지배 자유의 명분이 국가와 관리들에게 달려있지만, 관리들 역시 본질적으로 비지배 자유에 위협적인 존재이며, 인민은 '이러한 악당들을 정직하게 만들기' 위해 노력해야만 한다는 것이다. 자유의 대가는 영원한 경계(*eternal vigilance*)이다.

사회제도를 연구하였다. 귀국 후 1647년에 혁명의회의 위원으로서 국왕 찰스 1세와의 평화교섭에 나섰으나 실패하였다. 국왕 처형 후인 1656년에 저서 《오시아나 공화국》(*The Commonwealth of Oceana*)을 출판하여 공화주의를 주장하였다. 이 저서에서 그는 17세기의 영국은 중산계급에까지 토지가 널리 분배·소유되어왔기 때문에 민주주의·문화주의의 정치형태가 적합하다고 주장했고 정치를 결부시켜서 고찰하는 새로운 정치학의 방법을 제시하였다. 또한 정치제도에는 법의 지배가 관철될 필요가 있으며 전 국민적 규모로 입법부를 구성하고, 입법·행정·사법에 종사하는 사람은 추첨으로 선출해 2년마다 교대함으로써 권력의 부패나 집중화를 방지할 것을 제창하였다. 이러한 생각은 오늘날의 권력분립주의의 원형이 되었으며, 미국의 정치제도에 커다란 영향을 끼쳤다.

5) 〔역주〕 공화파(*Commonwealthmen*). 18세기 초 영국의 프로테스탄트계의 종교, 정치, 경제적 개혁가 집단이다. 영국뿐만 아니라 미국의 공화주의에도 큰 영향을 미쳤다. 가장 유명한 인물로는 1720년과 1723년 사이에 《카토의 편지》(*Cato's Letter*)를 쓴 트렌차드(John Trenchard)와 고든(Thomas Gordon)을 들 수 있다. 그들은 영국 정치에 만연한 부패와 도덕의 부재를 신랄하게 비판했으며 시민적 덕성만이 전제와 파멸에서 국가를 보호할 수 있다고 주장했다.

비지배 자유의 이상에 환호할 때, 전통적 공화파와 공화주의자들은 이것이 오직 재산을 소유한 엘리트, 즉 주류 남성들의 이상이라고만 생각했다. 왜냐하면 그들은 모두 남성, 결국 그 시대를 살아갔던 남성이었기 때문이다. 그러나 현대사회의 구성원 모두에 해당되는 보편적 이상으로 비지배 자유의 이상을 적절하게 재해석하고 재소개해야 할 이유는 너무도 많다. 앞으로 이 책에서 분명해지겠지만 적어도 나의 확신은 그러하다. 나는 비지배 자유의 개념이 우리가 이미 공유하는 많은 개념에 들어맞고, 우리가 지닌 많은 제도들 속에 이미 새겨져 있는 열망들을 끄집어내며, 품위있는 국가와 시민사회가 그 구성원들에게 무엇을 해주어야 하는지에 대해 설득력 있는 근거를 명확하게 제시해준다고 생각한다.

오늘날 민주주의 정치의 세계에는 많은 정당화(*legitimation*)의 언어들이 존재한다고 앞서 언급하였다. 이러한 언어들의 두드러진 특징들 중 하나는 이들 모두가 이러저러한 점에서 자유의 개념에 호소하고 있다는 점이다. 이들 모두는 자유와 같은 공통의 관용어를 공유하고 있다. 경제학의 언어는 자유시장에서 타인들과 어떤 계약이든 맺을 수 있는 자유에 우리의 관심을 모으고, 권리의 언어는 자유롭게 사고하고 표현하며 움직일 수 있는 권리 등에 초점을 맞추며, 복지와 공정성, 평등의 언어, 또는 빈곤과 착취, 종속의 언어는 자유를 향유하거나 실효성 있게 만들기 위한 필요조건들을 명확히 한다. 또한 민주주의적 정당화의 언어는 자유로운 인민이 자유롭게 결정할 수 있다는 사실의 정당성과 개인들이 집단적 자유를 공유하는 방식에 대해서 지속적으로 다룬다.

이렇듯 중복되는 자유라는 관용어는 우리 모두, 또는 최소한 서구식의 민주주의에 동질감을 느끼는 사람들 모두가 자연스럽게 자유의 개념에 친숙해져 있음을 보여주는 중요한 지표이다. 우리가 어떻게 해석하든지 간에, 이 개념은 우리의 사고에서 일종의 진언(眞言)과 같은 위치를 차지하고 있다. 이러한 사실은 공화주의적 자유의 이상에 대한 나의 주장이 골동품 수집 내지는 분석적 관심 이상의 것이라는 점을 의미한다. 나는 전통적인 공화주의적 자유의 이상이 정치적 요구들에 대한 설득력 있는 주장을 뒷받침하고 통합한다고 생각한다. 만약 국가와 사회가 구성원들의 비지배 자유를 장려한다면 대다수의 다른 관심사들도 자연스럽게 커져갈 것이다. 이런 주장에 대해 사람들이 뭐라고 얘기하건, 자유라는 개념이 핵심이라는 말은 최소한 이 개념에 사람들이 주목해야 한다는 것을 의미한다. 자유에 관한 나의 주장이 틀릴 수는 있지만, 분명한 것은 지루하지 않다는 점이다.

비지배 자유에 관한 주장이 나만의 고유한 것이 아니라는 점을 언급할 필요가 있다. 공화주의 사상의 전통이 관념과 이상들의 풍부한 원천이라는 사실을 발견한 이는 나 혼자가 아니다. 포콕[6] (1975)과 스키너[7] (1978; 1983; 1984) 같은 역사학자들은 지난 20년 동안 이

6) 〔역주〕 포콕(J. G. A. Pocock, 1924~). 미국 존스홉킨스대학 정치학과 교수. 르네상스 인문주의 연구의 권위자인 바론(Baron, 1955)과 고전적 공화주의 연구에 한 획을 그은 아렌트(Hannah Arendt)의 영향을 받아 시민적 덕성과 정치영역의 활동적 참여를 강조하는 시민적 공화주의를 주장한 바 있다. 역사학자로서 정체성을 가지고 있는 포콕은 르네상스의 시민적 인문주의와 그 자신이 정의한 아리스토텔레스주의를 결합하고, 18세기 영국의 급진적 휘그 전통에 미국 혁명사상을 접목시킴으로써 이른바 공화주의적 종합(*Republican Synthesis*)을 통해 자유주의적인 미국 헌정배경의 수정을 주장했다.

7) 〔역주〕 퀜틴 스키너(Quentin Skinner, 1940~). 영국 런던대학 퀸메리 칼리지 인문학 석좌교수. 케임브리지대학 정치학과 교수, 근대사 왕립석좌교수를 역임했다. 마키아벨리의 자유(*libertà*)의 개념을 가지고 개인의 자율성과 시민적 덕성을 조화시키려는 신로마 공화주의(*Neo-Roman Republicanism*)를 주장했다. '타인의 자의적인 의지로부터의 자유'로 정의되는 마키아벨리의 자유의 개념이 개체의 자율성과 전체의 공공선을 동

전통을 소개했을 뿐만 아니라 이러한 전통이 현대정치에 대해 얼마나 새로운 시각을 제시할 수 있는가를 보여주었다. 특히 스키너는 공화주의 전통이 우리에게 자유에 대한 새로운 이해를 가져다준다고 주장했고, 제1장에서 언급하는 것처럼 나의 주장은 바로 여기에 기반하고 있다. 반면 선스타인[8] (1990a; 1993a; 1993b)과 같은 법사상가들은 1800년대 후반에 공화주의 전통이 미국에서 전개되었던 독특한 방식에 주목하였다. 그들은 이러한 전통이 미국 헌법에 대한 특유의 해석을 제시하며, 보다 일반적으로 정부의 역할에 대한 통찰력 있는 견해를 제공한다는 주장을 뒷받침하는 강력한 사례를 제시하였다. 나는 이 책의 후반부에서 선스타인의 작업들과의 다양한 연관성을 제시할 것이다. 나와 적극적으로 공동연구를 한 브레이스웨이트[9]와 같

시에 보장할 수 있는 정치적 원칙을 제공할 수 있으며, 그가 구상한 혼합정체가 참여를 통해 불가피하게 나타나는 갈등을 해소할 수 있는 제도적 모델을 제공할 수 있다고 주장한다.

8) 〔역주〕 캐스 선스타인(Cass Sunstein, 1954~). 미국 하버드대학 법대 교수. 오랫동안 시카고대학 정치학과와 법대 교수를 역임하다 2008년 가을부터 하버드대학으로 옮겨 강의하고 있다. 미국 연방주의자들이 자유주의와 공화주의를 모두 포용한 자유주의적 공화주의자(*liberal republican*)였다고 주장한다. 그는 특히 심의민주주의에 주목하여 ① 정치의 목적은 선호를 집합하는 것이 아니라 심의를 통해 경쟁하는 사회세력간의 균형을 잡는 것이고, ② 정치과정에의 접근에 있어 모두가 동등해야 하며, ③ 토론을 통해 점진적으로 합의에 이른다는 것 자체가 하나의 조정원칙이 되어야 하고, ④ 시민의 활동적인 정치참여를 통한 견제와 시민의식의 고양을 공화주의 원칙으로 제시한다. Cass Sunstein, "Beyond the Republican Revival," *The Yale Law Journal* 97(8), pp. 1558~1564 (1988) 참조. 이에 대한 비판적 고찰로는 곽준혁, "민주주의와 공화주의: 헌정체제의 두 가지 원칙," 〈한국정치학회보〉 제39집 8호(2005)를 볼 것.

9) 〔역주〕 존 브레이스웨이트(John Braithwaite). 범죄학자. 호주국립대학

은 범죄학자들과 범죄규제이론가들은, 형사사법제도와 같은 규제적 시스템 도입의 필요성과 이러한 필요를 가장 잘 충족시킬 수 있는 방법을 제시해야 한다는 기대감 모두를 구체화하는 데 있어 설득력 있는 사상을 공화주의 전통에서 발견한다(Ayres and Braithwaite, 1992). 이들은 공화주의적 학문의 연계를 만들기 시작한 사람들 중에, 그리고 때때로 공화주의적 이상을 적극적으로 제시하는 많은 사람들 중 일부에 불과하다.[10]

규제제도 네크워크(the Regulatory Institutions Network: RegNet)의 창시자이자 연방 펠로. 경영규제 및 범죄문제 연구를 오랫동안 진행했으며, 반응적 규제(*responsive regulation*) 및 회복적 정의(*restorative justice*)에 대한 연구로 잘 알려져 있다. 페팃과는 *Not Just Desert: A Republican Theory of Criminal Justice*(Oxford: Oxford University Press, 1990) 등의 공저가 있다.

10) Nicolet(1982), Ferry and Renaut(1985), Michelman(19896), Elkin(1987), Pagden(1987), Weintraub(1988), Taylor(1989), Oldfield(1990), Bock et al.(1990), Rahe(1992), Fontana(1994), Hutton(1995), Blom(1995), Spitz(1995a), Viroli(1992; 1995)를 보라. Pettit(1996c)도 참고할 것.

4. 공화주의, 민중주의, 자유주의

스키너, 선스타인, 브레이스웨이트와 같은 이론가들이 스스로를 공화주의자로 규정하고 나도 자신을 공화주의자라고 부를 때, 이때의 공화주의 전통은 다음과 같은 전통, 궁극적으로는 민중주의(*populism*) 전통과 구분되어야 한다는 점을 언급할 필요가 있다. 즉, 인민의 민주적 참여를 최고의 선 중 하나로 바라보고, 공동체주의적 입장에 서서 인민의 참여를 전제하는 밀접하고 동질적인 사회가 바람직하다고 주장하는 감상적 전통과 다르다는 것이다(Philp, 1996). 이 책에서 구체화되는 공화주의 전통은 본질적으로 민중주의적이지 않으며, 우리가 나중에 살펴볼 것처럼 공동체주의적이지도 않다. 공화주의적 자유가 제4장에서 설명되는 의미에서는 공동체주의적 이상이긴 하지만, 이는 현대의 다원적 사회와 양립가능하다. 또한 공화주의 전통은 민주적 참여의 가치와 중요성을 인정하지만, 이를 근본적인 가치로 여기지는 않는다. 민주적 참여는 공화정에서 본질적일 수 있지만, 이는 비지배 자유의 향유를 증진하는 데 필요하기 때문이지 참여 그 자체가 매력이 있어서가 아니다. 공화주의에서 자유는 적극적 자유에서처럼 민주적 참여의 권리가 아니기 때문이다.

이러한 점을 강조하는 것은 중요하다. 왜냐하면 '공화주의자'라는 용어가 그동안 아렌트[11](1958, 1973)의 영향하에 공동체주의적이고

11) 〔역주〕 한나 아렌트(Hannah Arendt, 1906~1975). 독일 태생의 유대인 철학사상가. 제1, 2차 세계대전 등 세계사적 사건을 두루 겪으며 전체주의에 대해 통렬히 비판했다. 사회적 악과 폭력의 본질을 깊이 연구하여 《인간의 조건》(*The Human Condition*) 등을 집필하였다. 아렌트의 공화주의에 대한 평가는 엇갈리는데, 한편으로는 보수의 원조로, 다른 한편으로는 민주주의 이론의 정신적 지주로 평가받는다. 이 두 가지 평

민중주의적인 접근과 자주 연관되었기 때문이다(Viroli, 1992: 286~287). 이러한 입장에서는 집합적 존재로서의 인민은 주인으로, 국가는 하인으로 간주된다. 그리고 인민은 오직 절대적으로 필요할 경우에만 대표와 관리들에게 의존해야 한다. 의회를 통해서건 아니면 국민투표를 통해서건 상관없이 직접민주주의는 체제상 선호되는 선택이다. 이와는 반대로 공화파적 또는 공화주의적 입장은 인민을 개인적인 의미에서뿐만 아니라 집단적으로도 위탁자로, 국가를 수탁자로 간주한다. 특히 인민은 국가가 비자의적인 통치의 분배를 보장한다고 믿는 존재로 그려진다. 이러한 점에서 직접민주주의는 자의성의 궁극적 형태인 다수의 전제를 담보할 수도 있기 때문에 매우 나쁜 체제일 수도 있다. 민주주의적 통제의 기제는 바람직한 것이며 없어서도 안 될 것이지만, 그것이 본질적으로 또는 궁극적으로 좋은 정부를 담보하는 것은 아니다.

공화주의에 대한 민중주의적 대안에 대해서는 많은 논의를 했다. 그렇다면 내가 그리는 공화주의 전통은 자유주의적 정치개념으로 대변되는 어쩌면 좀더 확실한 대안과 어떠한 관계에 있는가?

내가 앞으로 주장하겠지만, 공화주의 전통은 종교적이고 서로 연관된 다수의 분파를 초월하는 토대 위에 존속가능한 국가와 시민사회를 조직하는 것이 가능하다는 가정을 자유주의와 공유한다. 이러한 점에서 많은 자유주의자들은 공화주의 전통이 자신들의 것이라고 주장할 것이다. 그러나 지난 2백 년 넘게 발전되는 동안 가장 영향력

가 모두 '정치적인 것'(*the political*)의 복원으로 현대사회가 실패한 시민적 삶을 회복시켜야 한다는 공화주의적 주장에서 비롯되었다. 그리스와 로마의 시민적 용기(*andreia*)와 공동체에 대한 애착(*philopoli*)의 강조가 군사적이고 제국적 집착마저 정당화시키는 보수의 화신으로 비쳐진다면, 공론(*endoxa*)과 시민의 정치적 참여에 대한 요구는 심의민주주의와 참여민주주의의 핵심적인 기초를 제공하고 있다고 평가받는다.

있는 형태의 자유주의는 간섭의 부재로서의 자유라는 소극적 자유의 개념과 결합되었다. 또한 타인에 대해 지배적 권력을 가진 사람들이 그러한 권력을 행사하지 않고 또 행사할 것 같지 않다면 본질적으로 압제적이라 할 수 없다는 가정을 지녀왔다. 권력 또는 지배에 대한 이러한 상대적 무관심으로 자유주의는 앞에서 언급한 가정 및 직장, 선거구 등에서의 관계들을 용인하게 되었다. 하지만 공화주의자들이라면 이러한 관계를 지배와 예속의 전형이라고 비난할 것이 분명하다. 또한 이는 자유주의자들이 다른 많은 사람들처럼 빈곤과 무지, 불안정과 같은 이슈에 관심을 가지고 있다면, 그것은 불간섭 자유에 대한 자신들의 믿음과는 별개로, 기본적 필요가 충족되어야 한다거나 사람들간에 어느 정도 평등이 구현되어야 한다는 믿음 때문이라는 것을 의미했다.

내가 여기서 그리는 것처럼 자유주의는 광범위하다(Ryan, 1993). 나는 자유주의자들이 불간섭 자유를 받아들이는 사람들이라고 생각한다. 또한 중도좌파 자유주의자들과 중도우파 자유주의자들을 구분한다. 전자는 불간섭을 단지 형식적인 것이 아니라 실제 효력을 지니도록 만들어야 한다고 주장하거나, 불간섭이라는 가치에 더해 평등이나 빈곤의 타파와 같은 가치들을 수용하는 사람들이다. 반면에 후자는 형식적이고 법적인 실체로 불간섭을 확립하는 것으로 충분하다고 생각하는 전통적 자유주의자 또는 자유지상주의자들이다(Machan and Rasmussen, 1995). 그러나 나는 다수의 중도좌파 자유주의자들이 이런 식의 구분을 반기지 않을 것이라는 점을 언급하고자 한다(Larmore, 1993: 제7장; Holmes, 1995). 이들은 자신들의 자유주의가 자유지상주의자들보다는 공화주의적 입장과 공통점을 더 많이 가지고 있다고 생각하며(Ackerman, 1991: 29~30), 아마도 민중주의, 공화주의, 자유주의라는 분류법 대신 민중주의, 공화주의/자유주의,

자유지상주의라는 분류를 채택하기 원할 것이기 때문이다.

이러한 대안적 분류에 짚고 넘어가야 할 내용이 있다. 정부의 민중주의적 이미지에서는 인민을 주인으로, 국가를 하인으로 간주하는 반면, 공화주의적 또는 공화파적 이미지에서는 인민을 위탁자로, 국가를 수탁자로 간주한다고 앞서 언급했다. 중도좌파 자유주의자들은 대부분 이러한 위탁자/수탁자 이미지를 옹호할 것이다. 이러한 대안적 분류법이 지닌 한 가지 매력은 자유지상주의가 인민과 국가 간의 관계에서 제3의 전혀 다른 이미지와 관련될 수 있다는 점이다. 스스로를 자유지상주의자라고 규정하는 사람들은 인민을 원자화된 개인들의 집합—집단적 정체성이 없는 집합—이라고 생각하는 경향이 있다. 또한 국가를 자기의 원자화된 관심사를 추구하는 개인들에게 편의를 제공하는 기제 이상이 아니라고 표상하기도 한다. 이 모델은 주인과 하인 관계도, 위탁자와 수탁자 관계도 아닌, 원자화된 개인의 집합과 이들의 개인적 만족을 보장하는 기구로 개인과 국가의 관계를 바라보는 모델이다. 다양한 차원으로 깊게 파고드는 분류법을 좋아하는 사람들에게 가장 유용한 분류는 아마도 민중주의자, 공화주의자/자유주의자, 그리고 자유지상주의자라는 분류일 것이다.

그러나 이를 고려한다고 해도, 나는 자유주의는 중도좌파 자유주의자와 자유지상주의자를 모두 포함하는 광범위한 교파라는 입장을 견지하고자 한다. 왜냐하면 나의 우선적 관심은 이론가들이 얼마나 상이하게 자유를 규정짓느냐에 있기 때문이고, 스스로를 자유주의자라고 규정짓는 대부분의 이론가들—모두는 아니지만 대부분이다(Gaus, 1983; Raz, 1986)—은 불간섭이라는 소극적 의미로 자유를 이해하기 때문이다. 분명 그들은 비지배라는 공화주의적 방식으로 자유를 규정짓지 않는다. 중도좌파 자유주의자들은 이 책에서 제시되는 공화주의적 견해가 지니는 제도적 함의들에서 매력을 느낄 것이다.

그러나 그들 대다수는 공화주의적 입장이 여기서는 독특한 토대로부터 지지된다는 점을 인정할 준비가 되어 있어야 한다. 이 토대는 해링턴이나 로크, 몽테스키외, 매디슨처럼 자유주의자들이 동경하는 공화파 전통에 속하는 사람들에게는 아마도 친숙하겠지만, 자유주의적 의식이 강한 저술에서 일반적으로 인식되는 토대와는 다른 것이다.

일부 사상사를 전공하는 학자들은 공화주의 전통이 자유주의나 민중주의적 전통과 구분되며, 이를 규정하는 단어가 필요하다는 나의 주장에 배어 있는 당당함을 꺼려할지도 모른다. 이 책이 독특한 역사적 기원을 지닌 자유의 개념에서 출발하고 서론에서 이러한 측면이 강조되긴 하지만, 사상사에서 다뤄지는 수많은 논쟁적 주제들이 이 책과 필수불가결하게 관련된 것은 아니다. 예를 들어 공화주의는 전통이라는 호칭을 가질 만하지 못할 수도 있고, 그 정도로 충분히 일관되거나 연관되지 않을 수도 있다. 강자의 권력과 구별되는 국가의 권력에 대한 새로운 17세기적 관심에는 단절이 존재하기 때문에 이를 잇는 단일한 전통을 발견할 수 없을지도 모른다(Pasquino, 출판예정; Michelman, 1986; Manent, 1987 참조). 혹은 내가 여기서 하나의 전통으로 제시한 것들을 상이한 시기 또는 요소에 따라 다시 나눌 수 있는 또 다른 근거들이 있을지도 모른다. 그러나 내가 이런 종류의 구체적인 질문들에 신경 쓸 필요는 없다.

엄밀히 말해 내가 주장하는 바는 자의적인 통제로부터의 면제로 자유를 표현하는 것이 역사 속의 많은 저자들에게서 발견되고, 자유라는 이상에 대한 독특하고도 도전적인 개념이며, 따라서 현대 정치철학에서 충분히 논의될 가치가 있다는 점이다. 물론 내가 공화주의 사상에 대해 언급할 때는 이보다 더 나아갈 것이다. 나는 비지배 자유에 대한 믿음이 매우 상이한 철학적 배경을 지닌 서로 다른 시기의 사상가들을 한데 묶는 통합적 주제라고 생각한다. 그리고 이 주제에 대한 확신이 법과 정부의 성격, 공공기관에 대한 견제와 통제, 덕성의 배양과 부패방지 등에 있어 이들 사상가 사이에서 공유된 제도적 관심들을 양산해낸다고 제안할 것이다. 그러나 이러한 역사적 측면은 이 책에서 부수적이다. 만약 사상사 학자들이 오류라고 주장한다면, 그들은 보다 실질적인 역사적 제안들을 역사의 단순화라고 치부해야만 한다. 이러한 단순화는 나의 철학적 주장에 색깔을 입히지 않고서는 정당화될 수 없다.

5. 공화주의 옹호

나는 왜 민중주의자와 자유주의자들 — 우파적이든 좌파적이든 — 이 공화주의적 접근에 귀를 기울이기를 기대하는가? 정치에 대한 모든 거대한 담론들은 보다 특수한 제도적 문제들에 대한 판단들이 도출되는 공리, 또는 일련의 공리들을 제공한다. 이때의 공리들은 정초주의적 도식[12]에서처럼 독특한 정당화의 토대를 제시할 필요는 없지만, 직관을 체계화하는 데 있어 좋은 출발점이어야 한다. 그렇다면 이러한 접근들은 두 가지 측면에서 판단될 수밖에 없다. 하나는 그 공리(들)가 자체적으로 지닌, 그리고 이들이 응용되는 조직화 역할에서 지닌 매력의 측면이고, 다른 하나는 이러한 공리들에서 도출되는 이론들의 적용가능성과 타당성의 측면이다. 이러한 도식은 이 책에서 나중에 설명되듯이 롤즈[13] (1971)의 성찰적 균형[14]과 잘 들어맞는다.

---

12) 〔역주〕 정초주의(*Foundationalism*). 기정사실을 처음부터 옳다고 믿고 다루는 사고방식.

13) 〔역주〕 존 롤즈(John Rawls, 1921~2002). 미국의 철학가이자 정치이론가. 20세기 영미 철학계에서 가장 영향력 있는 정치철학자의 하나이자 존 스튜어트 밀 이후 가장 영향력 있는 자유주의의 옹호자로 여겨진다. 미국 볼티모어에서 태어나 1950년 프린스턴대학에서 철학박사 학위를 받은 후 코넬대학과 매사추세츠 공대를 거쳐 1962년부터 하버드대학 철학과 교수로 재직했다. 《정의론》(*A Theory of Justice*), 《정치적 자유주의》(*Political Liberalism*), 《공정으로서의 정의》(*Justice as Fairness: A Restatement*) 등의 수많은 저서들을 내놓았다.

14) 〔역주〕 성찰적 균형(*reflective equilibrium*)은 일반적 원칙들과 특수한 판단들 사이에서의 상호적 심의를 통한 조정과정에 의해 도달되는 상태로, 일련의 신념들이 균형을 이루거나 일관적으로 나타나는 상태를 지칭한다. 이 개념은 정의에 관한 롤즈의 이론에서 정의의 원칙들에 도달하는 방법으로 제시된다. John Rawls, *A Theory of Justice*(Cambridge:

나는 공화주의 이론은 그 출발점인 공리에서 경쟁하는 모든 이론들보다 나은 점을 지녀야 한다고 믿는다. 인민 개인의 선택이 지닌 힘에 초점을 맞춘다는 점에서 불간섭 자유라는 소극적 자유의 개념과 많은 공통점들을 지니는 한, 공화주의적 자유의 개념은 자유주의자들에게 호소할 수 있어야 한다. 또한 내가 주장하는 것처럼, 비지배적인 정부가 보통사람들의 이익과 사고를 좇아야 할 필요성이 있는 한 민중주의자들에게도 호소할 수 있어야 한다. 왜냐하면 이는 민주적 자율(*self-mastery*)이라는 적극적이고 민중주의적인 자유의 개념 저변에 깔린 관념이기 때문이다. 공화주의 사상의 중심에 있는 공리는 최신의 개념이 아니며, 정의와 평등과 같이 논쟁적인 비전을 담고 있기 때문에 매력적으로 느껴지는 개념도 아니다. 이는 관심을 가지는 모든 사람들에게 호소할 수 있을 만큼, 그 자체적으로 충분히 전통적이며 온건하다.

비록 공화주의 이론이 전통적이고 온건한 출발점에서 체계화되긴 하지만, 이로부터 도출할 수 있는 정부제도에 대한 정리에서는 너무나 풍부하고 도전적이다. 공화주의 이론은 우파 자유주의자들이 만족하는 척하는 허약하고 냉혹한 정부의 손에 우리를 떠넘기지 않는다. 민중주의자들이 묵인할 수밖에 없는, 잠재적으로 전제적 지배체제인 개입주의적 다수결주의의 지배 또한 옹호하지 않는다. 이 책에서 보여주듯이 공화주의 이론은 중도좌파 자유주의자들의 직관 대부분에 대응하는 공리를 제시하면서, 그들이 수용하는 방향과 가장 가깝게 우리를 이끈다. 이러한 경쟁적 공리화는 두 가지 이점을 지닌다. 첫째, 좌파 자유주의자들이 일반적으로 옹호하는 것보다 덜 논쟁적인 토대에서 출발한다. 이를테면 우파 자유주의자들과 논쟁을 벌

Harvard University Press, 1971) 참조.

일 수 있는 공통적 배경을 제공한다는 것이다. 둘째, 공화주의적 공리화는 공유된 직관들도 매우 독특하지만 설득력 있게 발전시킨다. 예를 들면, 뒤에 가서 분명해지겠지만 공화주의 이론은 평등주의적이고 공동체주의적이기까지 한 직관들을 정당화하는 매력적인 방법을 제시한다. 그리고 동의의 개념을 견제력의 개념으로 대체하는, 민주적 제도들을 재고(再考)하는 흥미로운 길을 제시한다.

6. 책의 구성

마지막으로 이 책의 구성에 대해서 언급하겠다. 제 1장에서는 공화주의적 자유의 개념이 어떻게 출현하고 정착되었는지, 그리고 미국혁명을 둘러싼 논쟁 속에서 가장 주목할 만한 성공의 순간에 어떻게 쇠퇴하였는지에 대해서 설명한다. 불간섭 자유의 개념이 비지배 자유의 개념을 대신하게 된 것은 바로 이 시기였으며, 지배적 정치철학으로서 자유주의가 공화주의를 대신하게 된 것도 바로 이 시기였다. 제 2장에서는 비지배 자유의 개념을 형식적으로 조직하고 불간섭 자유와 핵심적 요소들을 대조하면서, 비지배 자유의 개념에 관한 철학적 명료화 작업을 한다. 그리고 제 3장에서는 국가의 지도이상으로서 비지배 자유가 지닌 유용성에 대해서 논한다. 제 4장에서는 자유(*liberté*), 평등(*égalité*), 박애(*fraternité*)라는 3개의 연관된 프랑스어 단어 속에서 비지배 자유와 이와 연관된 가치들 간의 연관성을 그린다. 이 장은 비지배 자유가 지닌 평등주의적이고 공동체주의적인 특징을 제시하고, 정치적 이상으로서 반드시 가져야 할 호소력을 보여주려는 취지이다.

앞부분의 4개의 장은 뒤이어 국가와 시민사회의 조직에서 제도적 세분화를 다루는 나머지 4개의 장으로 이어지면서, 비지배 자유라는 대의가 가능할 뿐만 아니라 실제로 작용하고 있음을 보여준다.

제 5장은 서로 다른 수준의 자원과 도미니움(*dominium*)[15]으로 인

---

15) 〔역주〕 페팃이 사용하는 도미니움(*dominium*)과 임페리움(*imperium*)의 구분은 다분히 로마법 전통에 기초하고 있다. 로마법체계에서 지배와 통치는 모두 권력(*potestas*)으로 이해될 수 있지만, 전자는 사적인 소유 또는 지배를 지칭하고, 후자는 정치적 통제 또는 관리의 정당성 유무와 관

하여 상호간 행사할 수 있는 자의적인 종류의 간섭으로부터 개인들과 집단들이 보호받으려면, 근대국가에서 무엇이 필요한가를 다룬다. 그리고 제 6장은 그러한 공화주의 국가가 비지배를 성공적으로 증진시키고, 도미니움과 짝을 이루는 단어인 임페리움(*imperium*)과 결합된 지배형태로 나타나지 않기 위해서는 무엇이 필요한가에 대해서 다룬다.

제 5장이 도미니움을 통제하는 데 있어서 공화주의 국가의 목표들—국가가 확인해야 할 대의이자 약속해야 할 정책들—에 대해서 설명한다면, 제 6장은 공화주의 국가가 임페리움을 통제하려 할 때 반드시 지녀야 할 형태에 대한 설명을 한다. 특히 이러한 위험을 방지하기 위해 요구되는 헌정주의와 민주주의에 대해서 설명한다. 제 7장에서는 궁핍과 남용에 대한 조정적 견제를 제시하면서 이러한 공화주의적 목표들과 형태들의 실현을 역동적 또는 안정적이게끔 하기 위해서 무엇이 이루어져야 하는가에 대해 살펴본다. 그리고 제 8장은 만약 공화주의 국가가 도미니움 및 임페리움과 관련된 목적들을 달성하려 한다면 공화주의적 가치가 굳게 뿌리내린 시민사회의 형태와 반드시 연결되어야 한다는 것을 주장함으로써 논의를 마무리한다. 이는 공화주의 국가가 이러한 문제를 혼자서 해결하리라 기대할 수는 없기

련되는 것을 지칭함으로 뚜렷이 구분되었다. 이러한 구분을 비지배와 연관시킨다면, 어떤 사람이 타인의 자의적 의지에 따라 좌우된다면 지배(*dominium*) 또는 다른 사람의 소유가 된 노예상태(*potestate domini*)라고 말할 수 있고, 자의적 지배로부터의 자유는 곧 주권적 통치(*imperium*)를 통해 자유가 보장받는 공화적 권위(*auctoritas*)를 언급한다고 말할 수 있다. 종종 지배(*dominium*)는 소유의 법적 권한보다 물리적 점유(*possessio*)를 의미하기도 했고, 통치(*imperium*)는 로마 집정관의 권위를 언급할 때 영토 또는 통치영역을 의미하기도 했기에, 둘의 차이는 다소 뚜렷했다고 말할 수 있다. 이러한 구분은 봉건법 시대부터 붕괴되었다.

때문이다. 시민사회와의 이러한 연결은 비록 최후까지 해결되지 않을지라도 제일 중요한 부분이다. 이 책에서 앞의 일곱 장만을 읽는 사람은 공화주의가 옹호하는 가장 중요한 측면 중 하나를 빠뜨리는 우를 범할 것이다.

제1부

공화주의적 자유

Republican Freedom

제 1 장

소극적 자유와 적극적 자유 이전의 자유

1. 소극적 자유와 적극적 자유

정치사회적 조직에 대한 지금의 논의들은 벌린(1958)[1]에 의해 널리 알려진 자유의 구분에 지대한 영향을 받는다. 이는 18세기 후반의 전통(Lind, 1776)에 따라, 그가 소극적(*negative*) 자유와 적극적(*positive*) 자유라고 말한 구분을 의미한다.

벌린이 이해하는 것처럼 소극적 자유는 간섭의 부재와 연관된다.

---

1) 〔역주〕 이사야 벌린(Isaiah Berlin, 1909~1997). 라트비아 리가의 유대인 가정에서 출생. 1932년 영국 옥스퍼드대학 뉴 칼리지에서 철학강사로 강단에 서기 시작했으며 1957년부터 동 대학 교수로 재직했다. 초기에 벌린은 분석철학 등 순수철학에 전념했으나 제 2차 세계대전이 끝나면서 그의 관심은 정치학과 정치이론, 그리고 지성사 분야로 옮겨갔다. 벌린의 정치철학은 주로 점점 전체주의화되고 기계화되어가는 사회에서 개인의 자유와 자유의지 문제에 초점을 두고 있다. 이 책에서 인용되는 그의 논문 "자유의 두 가지 개념"(*Two Concepts of Liberty*)은 1958년 옥스퍼드대학의 치철리 기념교수 취임강의였다. 정치사상사와 자유의 개념을 체계적으로 연구한 20세기 최고의 석학 중 한 사람인 벌린은 6개 국어에 능통한 놀라운 속도의 담화가로, 전 세계 청중을 사로잡은 강연자로, '자유의 개념에 내포된 복잡성을 발견함으로써 정치철학을 재편한' 사상가로 평가된다.

여기에서의 간섭은 납치나 구금과 같은 물리적 강제에 의한 것뿐만 아니라, '돈이냐 생명이냐' 또는 '돈이냐 마름(*bailiff*) 이냐'와 같은 확실한 위협을 통한 강제에서도 잘 드러나는 것처럼 다소 의도적인 개입이다. "어느 누구도 나의 행동에 간섭하지 않는 한"(Berlin, 1958: 7) 나는 소극적으로 자유롭다. 다시 말해 방해받지 않고 강제되지 않는 선택을 누리는 정도까지 나는 자유롭다는 것이다.

벌린에 따르면 적극적 자유는 간섭의 부재와 단지 타인으로부터 내버려지는 것 이상(以上)을 요구한다. 여기에서 행위자에게는 자기 자신을 통제하고 관리하는 데 있어 능동적 역할이 요구된다. 그리고 이때 행위자들이 동일시하는 바로 그 존재(*the self*)는 모든 개인 안에 잠재된 보다 크거나 보다 작은 자아들에 대해 책임을 져야 한다. "나 자신으로부터 분리된 인간의 전형을 통해 자율(*self-mastery*)"을 성취한다는 점에서 적극적으로 자유롭다(Berlin, 1958: 19).

벌린의 이러한 구분은 소극적 자유를 타당한 이상으로 여기고 적극적 자유의 적절성에 대해 심각한 의심을 품는 현대 이론가들의 신념을 형성하였다. 적극적 자유의 자율이라는 이상은 일견 매력적으로 보이지만, 불길한 방식으로 쉽게 해석된다고 벌린은 주장했다. 즉, 국가의 훈련에 의해 열등한 자아의 통제를 가능하게 하거나, 국가정신이라는 보다 거대한 전체로 동화되면서 분리되어 있고 원자화된 자아를 초월하게 된다거나, 또는 공공의 이익이 무엇인지를 밝히고 깨닫게 하는 자기결정적 정체를 이루는 한 부분이 됨으로써, 분화된 개인적 의지를 억압할 수 있다는 식의 이상으로 쉽게 해석될 수 있다는 것이다.

벌린이 단지 소극적 자유를 매력적으로 보이게 하고 적극적 자유를 불길한 것처럼 보이게 한 것만은 아니었다. 그는 대다수의 근대적이고 현실적인 사상가들이 소극적 의미의 자유를 받아들였던 반면, 자유의 적극적 해석은 보다 오래되고 보다 의심스러운 근원과 연관되어 있다는 생각도 불어넣었다. 그는 홉스(Hobbes), 벤담(Bentham), 밀(Mill)과 같은 '영국의 고전적 정치철학자들'에게서, 몽테스키외(Montesquieu), 콩스탕(Constant), 토크빌(de Tocqueville)과 같은 프랑스 계몽주의의 선각자들에게서, 그리고 제퍼슨(Jefferson), 페인(Paine)과 같은 미국의 영웅들에게서 소극적 자유의 개념을 발견한다. 요컨대 근대 자유주의의 신전에서 소극적 자유의 개념을 발견한 것이다. 반면 헤르더(Herder), 루소(Rousseau), 칸트(Kant), 피히테(Fichte), 헤겔(Hegel), 마르크스(Marx)와 같은 대륙의 낭만주의자들, 불교도, 기독교도, 스토아학파와 같은 종교적이고 의사종교적인 집단들, 그리고 자코뱅과 공산주의자와 같은 급진적이고 심지어는 전체주의적이기까지 한 정치사상가들과 적극적 자유를 연관시킨다.

이와 같은 영웅/반영웅의 시나리오를 발전시키면서 벌린은 고대의 자유를 근대적 자유와 분리하는 전통과 조우하였다(Spitz, 1995a). 여기서는 적극적 자유가 과거의 것 — 고대인들의 자유 — 인 반면, 소극적 자유는 진정 근대적인 이상이라는 점이 명확히 제시된다. 또한 소극적 자유는 지금 우리 모두가 공감할 수 있는 계몽주의의 가치인 반면, 적극적 자유는 반계몽주의를 열렬히 애호했던 낭만주의자들과 같은 전근대 시기의 신봉자들에게나 호소될 수 있는 이상으로 간주된다. 고대/근대의 구분은 19세기 초 콩스탕[2] (1988)의 유명한 논문

2) 〔역주〕 벤저민 콩스탕(Benjamin Constant, 1767~1830). 프랑스의 정치가·소설가. 스위스 로잔 출생. 1815년부터 1830년까지의 프랑스혁명 후반기에 정치평론가 겸 정치가로 프랑스 정치에 적극적으로 참여했다. 그는 뛰어난 웅변가였으며 독립파(*independents*)로 알려진 좌파 자유주의 진영의 리더였다. 고전적 자유주의 사상가로서 그는 대규모의 상업적 사회에서 자유의 현실적 모델로, 고대 로마보다 영국으로 눈을 돌렸다. 고대의 자유와 근대의 자유를 구분하면서, 전자는 공공의회에서의 토론과

"고대인의 자유와 근대인의 자유"(*The Liberty of the Ancients and the Liberty of the Moderns*)에 의해서 유명해졌다. 콩스탕의 근대적 자유는 벌린의 소극적 자유이고, 그의 고전적 자유, 즉 민주적으로 스스로를 통치하는 공동체에 속할 수 있는 자유는 벌린의 다양한 적극적 자유의 개념 중 가장 유명한 유형이다. 근대적 자유는 자신의 사적 의지의 지배에 남겨지는 것이며, 고전적 자유는 민주적으로 결정된 공적 의지의 지배를 공유하는 것이다. 그 특징상 근대적 이상은 자유주의적이며, 고전적 이상은 민중주의적이다(Riker, 1982).

나는 소극적/적극적 자유의 구분이 정치사상에 나쁜 영향을 끼친다고 믿는다. 이는 자세한 내용은 차치하고서라도, 자유를 이해하는 데 단지 두 가지 방법만 있다는 철학적 오해를 지속시켰다. 하나는 자유란 개인의 선택에 대한 외부의 방해가 없는 상태라는 것이고, 다른 하나는 자율과 자기실현을 촉진하는 기제들의 존재, 보통은 실행(Taylor, 1985: essay 8; Baldwin, 1984)과 연관된 것이다. 특히 대중의 공통된 의지를 형성하는 데 있어 개인을 타인들과 통합하게 하는 참여적인 투표기제들의 존재 및 실행과 연관된다.

소극적/적극적 자유의 구분 속에서, 개인적 자유와 민중주의적 자유 간의 이러한 철학적 이분법을 따르는 역사적 담화가 지속되었다. 이러한 담화 속에서 근대 이전의 자유를 언급하는 사람들의 관심은 대부분의 경우 민주적 멤버십과 참여, 그리고 이러한 멤버십을 통해 얻게 되는 성취 등에 쏠려 있다. 예를 들어 온화하고 향수에 젖은 반계몽주의적 시각과 같이 고대 아테네의 시민들에게서 완벽하게 실현

투표를 통해 시민들에게 정치에 직접 영향력을 행사할 수 있는 권리를 주는 참여적이고 공화주의적인 자유를 의미하는 반면, 후자는 시민적 자유, 법의 지배, 그리고 국가 간섭으로부터의 자유의 소유에 근거를 둔 자유를 의미한다고 주장했다.

되었을지도 모르는 성취에 대한 관심이다(Arendt, 1973; MacIntyre, 1987를 Finley, 1973; Fustel de Coulanges, 1920와 대조). 반면 근대적 자유를 언급하는 사람들의 관심은 각 개인이 자신만의 방식을 영위할 수 있는 행위의 사적 영역이라는 이상을 옹호하면서 공적 참여라는 이상을 거부하는, 보다 개인주의적인 사회의 산물로 보인다. 만약 민주적 참여가 이러한 자유의 철학 내에서 옹호된다면, 그 자체로 좋기 때문이 아니라 개인의 보호라는 목적에 유용하기 때문이다.

나는 이러한 철학적이고 역사적인 대립들이 오해되고 오도되었으며, 특히 자유와 그 자유의 제도적 요구사항들을 이해하는 데 있어 근본적으로 상이한 제 3의 방식이 지닌 철학적 타당성과 역사적 진실을 숨기고 있다고 믿는다. 나는 이러한 제 3의 접근을 공화주의(共和主義)적이라고 명명한다. 그리고 이 장의 목적은 여러 가능한 대안들이 그려진 역사적이고 철학적인 지도 위에 공화주의를 위치시키는 것이다(Spitz, 1995b 참조).

내가 언급하고자 하는 공화주의는 최근 일군의 역사학자들(Fink, 1962; Raab, 1965; Baron, 1966; Pocock, 1975; Skinner, 1978; Pagden, 1987; Oldfield, 1990; Bock et al., 1990; Fontana, 1994)의 관심의 초점이 되어온 유구하며 광범위한 공화주의 전통이다. 이 전통은 특히 키케로라는 이름과 결합된 고대 로마에 그 기원을 둔다.[3] 그후 마키아벨리의 헌정주의적 사고에서 강력하게 모습을 드러내면

3) 〔역주〕 고전적 공화주의의 전통이 반드시 키케로에서만 그 기원을 찾을 수 있는 것은 아니다. 여기에 대해서는 다양한 논의가 존재한다. 최근 아리스토텔레스의 시민적 공화주의적 해석에 대한 반론을 제기하고, 아리스토텔레스로부터 고전적 공화주의의 근원과 키케로적 공화주의의 기원을 찾는 입장들이 늘고 있다. 이러한 신(*neo*)아리스토텔레스주의 또는 아리스토텔레스에 대한 자유주의적 해석에서는 아리스토텔레스의 정치적 우애(*philia politike*)를 자유로운 시민들간의 호혜적 관계로 파악한다.

서 르네상스 시대에 소생하였고, 최초의 근대적 유럽 정체(政體)들이었던 북부이탈리아 공화국들의 자아상에 중요한 역할을 담당하였다. 공화주의 전통은 근대 서구정치를 지배했던 언어를 제공했고 네덜란드 공화국,[4] 영국 내전,[5] 그리고 미국 혁명과 프랑스혁명에 이르는 시기에 특히 두드러지게 나타났다.

이러한 보다 근대적인 공화주의 전통의 넓은 범주에는 해링턴, 몽테스키외, 그리고 아마 토크빌까지도 포함될 것이다. 만약 루소의 작업이 비민중주의적으로 해석된다면(Spitz, 1995a 참조), 루소 또한 여기에 포함된다. 내 견해로는 당연히 그래야 한다. 그러나 공화주의의 전통의 가장 설득력 있는 적용은 이런 유명한 저자의 저작에서가 아니라 《카토의 편지》(*Cato's Letters*)[6] (Trenchard and Gordon, 1971),

---

4) 〔역주〕 네덜란드 공화국(Dutch Republic, 1588~1795). 스페인의 통치(1568~1609)에서 독립한 네덜란드 북부의 7개주로 이루어졌으며, 스페인에 대항한 여러 지방들이 그들의 군사력을 강화하기 위해 1579년에 결성한 위트레흐트 동맹에서 비롯되었다. 남부의 여러 지방(뒤에 벨기에와 룩셈부르크)은 스페인이 다시 차지했고 나머지 위트레흐트조약 가맹주들은 하나의 신생독립국이 되었다. 그 뒤 2세기 동안 권력이 분산되었던 이 나라의 정치 지배권은 홀란트와 오라녜 공국(公國)이 번갈아 장악했다. 오라녜 공들은 총독직에 있으면서 중앙집권을 표방했다. 내부적으로 이러한 정치적 긴장상황이었으면서도 공화국은 17세기에 상승일로를 걸었다. 이 '황금기'에 공화국은 그 자원에 어울리지 않게 세계적인 식민제국으로 발전해 프랑스의 루이 14세에 대항하는 연합전에서 두드러진 역할을 했고, 국제경제의 중심지로 떠오르면서 예술가·저술가·과학자들이 모여드는 세계문화의 중심지가 되었다. 네덜란드 공화국은 18세기에 국력상승 때와 비슷한 속도로 빠르게 쇠퇴했다. 오랜 내전으로 국력이 약해져 함대는 방치되었고, 침체상태에 빠진 식민지는 영국에게 침식당했다. 네덜란드 민주혁명의 영향과 프랑스 군대의 침입으로 공화국은 1795년에 붕괴했다.

5) 〔역주〕 영국에서 의회세력과 군주정세력 간에 발생한 내전(1642~1651).

《연방주의 교서》(*The Federalist Papers*)[7] (Madison et al., 1987)와 같

6) 〔역주〕《카토의 편지》라고 불리는 에세이들은 카토라는 고대 로마인의 이름을 필명으로 한, 2명의 영국인에 의해서 쓰여졌다. 이 에세이들은 공화파 전통에서는 기념비적인 저술로 평가받는다. 후에 이 2명의 저자는 존 트렌차드(John Trenchard)와 토마스 고든(Thomas Gordon)으로 밝혀졌다. 144개의 에세이들은 1720년부터 1723년 사이에 초기에는 〈런던 저널〉(*London Journal*)에, 후기에는 〈브리티시 저널〉(*British Journal*)에 실렸다. 전제정에 대해 비난하고, 양심의 자유와 언론의 자유 원칙을 옹호한 이 글들은 대개 로크에 의해서 전개된 개념들을 널리 퍼뜨리는 역할을 담당했다. 이 글들은 한데 모아져 《시민적 자유와 종교적 자유에 관한 에세이》(*Essays on Liberty, Civil and Religious*)로 출판되었다. 약 한 세대 후에 그들의 주장들은 미국 식민지주의자들에게 지대한 영향을 끼쳤다. 카토라는 이름의 원형은 줄리우스 시저의 정적이었고 공화주의 원칙의 옹호자였던 카토(Cato the Younger, B.C. 46~B.C. 95)이다.

7) 〔역주〕《연방주의 교서》는 새로운 미국 헌법안과 공화정의 성격에 관한 85편의 연작논설이다. 논설 전편은 고대 로마공화국 최초의 공화주의 정치가 중 한 사람인 푸블리우스 발레리우스 푸블리콜라(Publius Valerius Publicola)에 대한 경의의 표시를 담은 '퍼블리어스'(Publius)라는 필명으로 발표되었다. 일부 논문의 필자에 관해서는 한때 학자들간에 논쟁이 벌어지기도 했다. 그러나 거의 모든 역사가들이 기존의 역사적 증거에다 현대의 컴퓨터 분석을 첨가하여 추측한, 다음과 같은 필자 추정에 동의하고 있다. 즉, 알렉산더 해밀턴(Alexander Hamilton)이 1, 6~9, 11~13, 15~17, 21~36, 59~61, 65~85편을, 제임스 매디슨(James Madison)이 10, 14, 18~20, 37~58, 62~63편을, 그리고 존 제이(John Jay)가 2~5, 64편을 썼다는 것이다. 여기에 담긴 논설들은 새로운 연방제도 및 중앙정부 내의 주요 부서들에 관해 완벽한 해설을 담고 있다. 또한 1781년의 연맹규약에 따른 기존 정부가 결함이 있으며, 새 헌법안은 시민의 자유를 침해하는 일 없이 그 약점을 해결해주리라는 점을 강조했다. 특히 매디슨은 10번 논설에서 공화정이 작은 나라에서만 가능하다는 당시의 통념을 정면으로 거부하면서, 대규모의 이질적 주민들이 거주하는 광대한 지역에서 안정과 자유, 정의의 성취가 가능하다고 주장했고, 51번 논설에서는 권력분립의 필요성에 대해 설명하고 있다.

은 저술에서 종종 발견된다. 이 중 전자는 영국 혁명기에서부터 19세기 후반까지 영국에서 대두되었던 이른바 공화파 전통과 연관이 있다(Robbins, 1959; Fink, 1962; Raab, 1965). 두 저술 중 우리에게 보다 잘 알려져 있는 후자는 미국 혁명의 기저에 깔려있는 이념, 즉 대서양을 건너온 공화주의의 탁월한 결정체이다(Bailyn, 1967).

공화주의 전통은 부분적으로는 그와 같은 대가들에 대한 존경심에 의해서, 로마공화국의 이상과 교훈들에 대한 공유된 열정에 의해서, 특정 제도들을 적절하게 지니는 것의 중요성에 대한 강조에 의해서 시대를 넘어 통합되었다. 이러한 제도로는, 자주 제시되는 것처럼 인간의 제국이 아닌 법의 제국이라든지, 서로 다른 권력들이 견제하고 균형을 이루는 혼합정체라든지, 사람들이 공직에 봉사하려 하고 또 정직하게 봉사하게 하는 이른바 시민적 덕성의 체제 등을 들 수 있다. 결국, 공화주의 전통을 통합하는 데 있어서 가장 중요한 역할을 담당한 것은 독특한 방식으로 자유를 개념화하는 경향이라고 할 수 있을 것이다. 그러나 이는 내가 이 책의 처음에서부터 당연시하고자 한 것은 아니었다. 지금부터 다뤄져야 할 내용이다.

반군주주의(*anti-monarchism*)는 과거 공화주의 전통의 특징 중 하나였다. 특히 영국 내전기와 미국혁명, 프랑스혁명 이후에 더욱 그러한 모습을 보였다. 그러나 공화주의자들은 오직 군주가 필수불가결하게 절대권력을 추구하고, 자신들이 존중하는 자유의 종류를 침범할 것이라 생각될 때만 반군주주의자가 되었다. 그렇기 때문에 그들은 18세기 영국에서 목격되는 헌정주의적 군주제에 매우 만족해했다. 이 때의 영국은 몽테스키외(1989: 70)의 명시적 언급에 나와 있듯이 "공화정이 군주정의 형태 속에 숨겨져 있는 국가"였다(Rahe, 1992: 524). 내가 공화주의자로 분류해야 할 사람들 중 다수는 전략적 이유에서건 다른 이유에서건 자신들을 일컬을 때 반군주주의자라는 용어를 사용하지 않았다. 몽테스키외가 그랬던 것처럼 그들은 조금 덜 급진적인 색채를 뒤집어쓰는 것을 선호했다.

공화주의가 17세기에 영국에서 등장하기 시작했을 때, 그 주제들에 대한 분위기는 매우 호의적이었다. 영국에서 중반기(*middle ages*) 이후 법정들과 보통법이 발전되었을 때(Berman, 1983), 이들은 분산화되고 비주의주의적[8]인 체제를 가정했기 때문에, 법 앞에서 인민의 권리 — 종종 기술된 것처럼 인민의 고전적 권리들 — 와 심지어는 강자에 대한 인민의 법 앞에서의 권리에 확고한 기반을 제공하였다. 공화주의는 고전적이고 의심할 나위 없는 기반 위에 구축된 헌법하에, 즉 법의 제국에서 살아간다는 느낌을 인민에게 제공했던 것이다(Blackstone, 1978: 127~128; Pocock, 1987; Blom, 1995: 49도 참조). 이러한 법적 배경은 〔공화파 전통이 자라날 수 있는 풍족한 분위기를 제공했던〕 독립적인 공화주의 사상만큼이나 19세기 공화파 전통이 발전하는 데 있어 중요했을지도 모른다. 이는 보다 새로운 공화주의

8) 〔역주〕 비주의주의(*non-voluntarism*): 주의주의가 아닌 것. 주의주의는 지성(*intellect*)보다 의지(*voluntas*)에 더 중요한 역할을 부여하는 형이상학적, 심리학적 이론체계를 말한다. 신을 사랑하는 의지를 강조한 성 아우구스티누스(St. Augustine)의 비(非)아리스토텔레스적 생각, 모든 다른 능력들에 대한 의지의 우월성과 절대적 자유를 주장한 중세 후기 스콜라 철학자 둔스 스코투스(John Duns Scotus)의 탈토마스주의적 생각, 그리고 종교에서 합리적 명제를 영혼의 이성으로 대체한 파스칼 등과 같은 기독교 철학자들이 대표적이다. 칸트의 행위를 선택하는 의지에 대한 무조건적 도덕법칙으로서 정언명령은 윤리적 주의주의를 의미한다. 형이상학적 주의주의는 19세기 독일철학자 쇼펜하우어에 의해 주창되었는데, 그는 의지를 현실 배후에 있는 단일하고, 비이성적이며(*irrational*), 무의식적인 힘인 것으로 생각했다. 실존주의적 주의주의는 니체의 권력에 대한 의지라는 주장에서 잘 나타난다. 이러한 의지로 인해 인간은 스스로를 초인(*superman*)으로 재창조할 것이라는 것이다.

는 절대적 권력에 대항하는 보루로서 관습적이고 법적이며 헌정주의적인 권리의 개념을 핵심으로 하는 법적인 틀을 항상 지니고 있었다는 것을 의미한다(Tully, 1993: 261~262; 그리고 Ingram, 1994를 참조하시오).

제1장에서 앞으로 전개될 논의는 총 6개의 절로 구성된다. 제2절에서는 소극적 자유와 적극적 자유 간의 구분에 의해 설명되지 않는 철학적 영역이 존재한다는 것과, 그곳에 비지배 자유의 개념이라는 제3의 독특한 접근을 위한 여지가 남겨져 있다는 점이 드러난다. 제3절에서는 전통적 정설에 반대하고 최근의 학문적 경향과 궤를 같이 하면서, 적극적 자유식 접근의 한 예라고 구분될 수 없는 공화주의적 개념이 소개된다. 제4절과 제5절에서는 이러한 개념이 불간섭 자유라는 소극적 개념이 아니라 공화주의 전통에 서 있는 저자들 사이에서 수용된 비지배 자유라는 개념임이 틀림없다는 주장의 근거를 제시할 것이다. 제6절에서는 불간섭 자유의 개념이 18세기 말에 이르러서 어떻게 기존의 공화주의적 관념을 대체하게 되었는지를 보여줄 것이며, 제7절에서는 공화주의적 사고의 방식을 약화시키고 〔불간섭 자유라는〕 새로운 개념이 승리하는 데 기여한 주장들에 대해 간략하게 설명할 것이다.

내가 말하는 이야기에는 하나의 반전(反轉)이 있다. 근대적 사고로 알려진 소극적인 불간섭 자유를 고안해 낸 사람들은 미국 혁명과 미국 혁명이 가져다 줄 희망찬 새 시대에 환호했던 사람들이 아니라, 오히려 혁명에 반대하고 영국 왕정의 이익을 옹호하려 했던 사람들이었다는 것이다. 이와는 반대로 비지배 자유라는 공화주의적 개념에 의해 추동된 사람들은 바로 혁명을 환영하고 옹호했던 이들이었다. 그리고 비지배 자유는 결국 〔불간섭 자유라는〕 근대주의적 관념에 의해 대체되고 만다.

2. 제3의 개념 : 비지배 자유

비지배 자유를 소개하는 최선의 방법은 아마도 적극적 자유와 소극적 자유로 나눈 벌린의 분류가 어느 정도 분명한 제3의 가능성을 배제하고 있다는 점을 살펴보는 것일 수 있다. 그는 적극적 자유는 자율(*mastery over the self* : 전형적 인간형을 통한 자기규율 — 역자) 이며, 소극적 자유는 타인에 의한 간섭의 부재라고 생각했다. 그러나 자율과 간섭은 동일한 결과에 도달할 수 없다. 그렇다면 자유가 소극적 개념에서처럼 〔~의〕 부재에 있지만, 간섭의 부재가 아니라 타인에 의한 지배의 부재에 있다는 중간적 해석은 무엇인가? 이러한 제3의 해석은 존재가 아니라 부재에 초점을 맞춘다는 점에서 소극적 자유와 개념적으로 하나의 공통점을 가지고 있으며 간섭이 아니라 지배에 초점을 맞춘다는 점에서 적극적 자유와 공통점을 가지고 있을 것이다.

그러나 벌린의 분류방식이 제3의 가능성을 허용한다는 점을 살펴보는 것이 하나의 작업이라면, 그러한 가능성이 의미 있다고 입증하는 것은 또 다른 작업이다. 나는 이것이 의미 있다고 생각한다. 제1장의 나머지 부분에서는 공화주의 전통이 이러한 지배의 부재(*non-mastery*) 로서의 자유, 또는 내가 선호하는 표현으로는 비지배(*non-domination*) 자유의 개념과 정교하게 결합되어 있다는 것에 대해 논의할 것이다. 그러나 이러한 논의에 앞서 비지배 개념이 우리에게 의미 있는 가능성을 던져준다는 주장을 입증할 필요가 있다. 특히 비지배 개념은 다른 두 개념에 결부되어 있는 것들과 구별되는 가능성을 우리에게 던져준다는 점을 명확하게 할 필요가 있다.

타인에 의한 지배의 부재가 어떻게 자율이라는 적극적 이상과 구분되는지를 살펴보는 것은 문제가 되지 않는다. 왜냐하면 타인에 의한 지배의 부재가 자율의 달성을 보장하는 것은 분명 아니기 때문이다. 그러나 비지배가 타인에 의한 불간섭이라는 소극적 이상과 어떻게 구분되는지를 알아보는 것에는 문제가 있을 수 있다. 왜냐하면 지배가 실제로 간섭과 다른 것인지의 여부가 명확하지 않을 수도 있기 때문이다.

내가 여기서 이해하는 것처럼, 지배의 대표적 예로는 주인과 노예 또는 주인과 하인의 관계를 들 수 있다. 궁극적으로 이러한 관계는 지배하는 쪽이 지배받는 쪽의 선택을 자의적 근거로 간섭할 수 있다는 것을 의미한다. 특히 영향을 받는 사람에게 공유될 필요가 없는 이익이나 의견에 근거하여 간섭할 수 있다는 것이다. 이때 지배하는 쪽은 처벌받지 않고 마음대로 간섭할 수 있다. 즉, 어느 누구의 허락도 어떠한 조사나 처벌도 받을 필요가 없다. 제2장에서 다뤄질 것처럼 지배나 심지어 간섭에 대한 분석을 더 깊이 하지 않고도 약간의 고찰만으로 지배와 간섭이 직관적으로 서로 상이한 해악이라는 것을 분명히 알 수 있다.

이 둘의 차이는 간섭 없는 지배와 지배 없는 간섭이 가능하다는 사실에서 나타난다. 극단적인 예로 내가 누군가의 노예라고 할 때, 나는 선택에서 실질적으로 아무런 간섭을 받지 않고도 타인에 의해 지배받을 수 있다. 물론 내 주인은 친절하고 간섭하지 않는 사람일 수도 있다. 아니면 나는 하고 싶은 것을 마음대로 하면서 처벌받지 않을 수 있을 정도로 약삭빠르거나 아첨하는 사람일 수도 있다. 나에게 주인이 있는 한 나는 지배를 받지만, 주인이 간섭하지 않는 한 불간섭을 누린다.

간섭 없이 지배당할 수 있는 것처럼, 지배 없이 간섭당할 수도 있다. 이는 노예나 신민과 같은 방식으로 다른 사람과 관계를 맺지 않더라도 가능하다. 예를 들어, 나에 대한 타인 혹은 기관(*agency*)의 간섭이 내 이익의 증진을 보장할 때에만, 그리고 이 경우에도 내가 공유하는 의견에 따를 것을 약속하는 조건하에서만 허용된다고 가정해 보자. 그 사람이 이러한 조건을 만족시킬 때에는 간섭할 수 있지만, 그렇지 않은 경우에는 간섭하는 것을 제한받거나 간섭하려는 시도를 억제하는 처벌에 구속되어 있다고 가정해 보자. 이는 아마도 제3자가 그 사람의 행위를 단속하거나, 나 스스로 그와 경쟁할 수 있는 위치에 있는 경우일 것이다. 이러한 경우에는 간섭을 지배의 행사로 볼 수 없다. 그 사람은 나를 간섭하지만, 자의적인 근거에서 간섭하는 것은 아니기 때문이다. 여기서 그려진 사람은 나에게 주인으로서가 아니라 내 일에서 마치 변호사와 같은 역할을 하는 대리인과 같은 관계에 있다.

간섭 없이 지배할 수 있는 것처럼, 지배하지 않으면서도 간섭할 수 있다. 첫 번째 가능성은 간섭하지 않는 주인의 경우로 설명할 수 있고, 두 번째 가능성은 지배하지 않는 간섭자로 설명할 수 있다. 일단 누군가가 다른 사람의 일에 자의적으로 간섭할 수 있는 능력을 가지고 있다면 지배가 성립하기 때문에 지배는 간섭 없이도 발생할 수 있다. 이때 실제로 누군가가 간섭하느냐의 여부는 중요하지 않다. 간섭 또한 지배 없이 발생할 수 있다. 왜냐하면 간섭이 자의적 간섭능력의 행사와 결부될 필요는 없으며, 이보다 훨씬 더 제한된 능력의 행사만 있더라도 간섭은 이뤄지기 때문이다.

간섭과 지배가 상이한 해악이라면, 불간섭과 비지배는 상이한 이상이다. 이들간의 차이는 우리가 간섭의 유무와 지배의 유무의 경우를 가정할 때 이르게 되는 4개의 시나리오가 〔각각의 이상에서〕 순위 매김되는 상이한 방식들로 잘 요약된다. 지배와 간섭이 모두 없는 경우, 불간섭과 비지배라는 이상 모두 성취될 수 있다. 반대로 간섭과 지배가 모두 있는 경우, 두 이상은 모두 성취될 수 없다. 그러나 지배와 간섭 중 하나는 있지만, 다른 하나는 존재하지 않는다면 두 가지 이상의 실현은 별개의 것이 된다. 간섭하지 않는 주인의 경우처럼 지배는 있지만 간섭이 없다면, 오직 비지배 이상에 의해서만 그러한 상황을 비판할 수 있다. 반대로 지배하지 않는 간섭자의 경우처럼 간섭은 있지만 지배가 없다면, 불간섭 이상에 의해서만 그러한 상황을 비판할 수 있을 것이다. 앞으로 드러날 것처럼 이러한 대조는 다소 가볍긴 하지만, 비지배와 불간섭 간의 차이를 설명하는 첫걸음으로 유용할 수 있다. 이를 요약하면 다음과 같다.

간섭과 지배 모두 없는 경우: 두 가지 이상에서 모두 좋은 상태
간섭과 지배 모두 있는 경우: 두 가지 이상에서 모두 나쁜 상태
지배는 있지만 간섭은 없는 경우: 비지배 이상에서만 나쁜 상태
간섭은 있지만 지배는 없는 경우: 불간섭 이상에서만 나쁜 상태

불간섭과 비지배 이상 간의 차이를 밝히는 두 번째 방법에 대해서 언급하는 것도 의미가 있을 것이다(Pettit, 1993a; 1993b). 불간섭을 누리는 것은 현실세계에서 강제를 피하는 것이라 할 수 있다. 현실적으로 나타날 수 있는 선택들의 적절한 범위 내에서는 누구도 이러저러한 방식을 선택하라고 강요하지 않는다. 만약 이런 선택들 중 하나를 정해야 하는 상황이라면 방해나 협박, 또는 처벌 없이 스스로 결정을 내릴 수 있을 것이다. 그렇다면 이러한 불간섭의 세계를 비지배의 세계로 만들기 위해서는 무엇이 필요할까? 많은 것이 필요하지 않은 경우도 있다. 간섭이 자의적인 동기에서 행해지지 않고 지배라는 형태를 띠고 있지 않다면, 약간의 간섭을 받고 있다고 하더라도 비지배라는 사실을 훼손시키는 것은 아니다. 그러나 또 다른 결정적인 경우, 이런 불간섭의 세계—특히 자의적인 권력에 의한 간섭이 없는 세계—가 비지배의 세계가 되기 위해서는 보다 많은 것이 필요하다.

즉, 우연에 의해서가 아니라 강자로부터의 안전을 확보함으로써 〔자의적인 권력에 의한 간섭이 없는〕 불간섭의 세계가 되어야 한다.

여러분이 현실세계에서 누리는 불간섭은 상당히 불확실한 우연에 의한 것일 수 있다. 예를 들어, 권력을 지닌 몇몇이 여러분에게 호의를 가지고 있을 수도 있고, 여러분이 이러한 강자들을 피하고 있을 수도 있으며, 그들의 비위를 잘 맞추고 있을 수도 있다. 이러한 점에서 여러분은 불간섭을 누리고 있다고 할 수 있지만, 강자로부터 일정 정도의 안전을 확보한 채 누리고 있는 것은 아닐 것이다. 이는 확고부동하게 또는 탄력적(*resilient*)으로 불간섭을 누린다고 볼 수 없다. 이러한 조건들이 변한다고 생각해 보자. 즉, 여러분이 강자에게 호의를 얻지 못하거나, 운이 나쁘거나, 혹은 교활하지 못하는 등의 경우에는 즉각적인 간섭, 특히 자의적인 근거에서 간섭이 뒤따른다. 강자들은 수많은 방식으로 당신을 강요하기 시작할 것이다. 이 경우 여러분이 현실세계에서 강자로부터의 불간섭을 누린다고 얘기할 수는 있다. 하지만 우리가 쉽게 직면할 수 있는, 여러 우연적인 조건들이 다양하게 존재하는 일련의 세계들 속에서 누리는 것은 아니다. 다시 말해 여러분은 불간섭을 탄력적으로 누리고 있지 못하다.

불간섭의 이상이 이러한 우연성을 내재하고 있을 때, 비지배의 이상은 이를 거부한다. 왜냐하면 타인에게 지배받지 않고 그의 자의적인 간섭능력에 종속되어 있지 않다면, 현실세계에서 누리는 불간섭이란 당연한 것이며 이를 탄력적으로, 또는 안전하게 즐길 것이기 때문이다. 앞 문단에서 제시된 시나리오에서는 간섭할 수 있는 권력을 가진 자들이 분명 존재하기 때문에 불간섭의 향유는 불안하다. 만약 그들이 간섭하지 않는다면, 그들이 여러분에게 호의를 가지거나, 여러분이 강자를 피할 수 있거나, 아니면 그들을 달랠 수 있기 때문이다. 그러나 비지배의 향유가 단순히 불간섭을 누리는 것과 가장 결정적으로 다른 점은 분명 어떤 개인도 타인에 대해 그러한 권력을 가지고 있지 못하다는 사실이다. 만약 여러분에 대한 호의가 줄어들거나 여러분이 덜 교활해지는 등 그들이 여러분을 싫어하게 되더라도 불간섭의 향유에는 여전히 아무런 영향을 주지 못할 것이다. 여러분은 다른 사람들이 꾀하는 어떠한 간섭으로부터도 보호받을 것이다. 만약 여러분이 〔강자들의〕 호감을 끌려고 하지 않거나 비위를 맞추려 하지 않아서 그들의 미움을 받게 되더라도 여러분이 누리는 불간섭에는 아무런 영향도 미치지 못할 것이다. 〔비지배의 이상하에서〕 여러분은 타인이 의도하는 어떠한 간섭으로부터도 보호받을 것이다.

여러분이 지배받고 있지 않다면, 현실세계에서뿐만 아니라 앞서 언급한 것과 같은 우발적 상황들이 좀더 나쁜 방향으로 달라질 수 있는 가능성이 있는 세계에서까지도 자의적인 권력에 의한 간섭의 부재를 누리게 된다. 불간섭이라는 이상을 받아들이는 사람들은 지배를 받건 안 받건 상관없이 선택할 수 있다는 사실, 즉 〔선택에〕 간섭받지 않는다는 사실에 가치를 부여한다. 비지배의 이상을 수용하는 사람들은 자신의 선택권이 지배받지 않는다는 사실에 가치를 부여하긴 하지만, 선택할 수 있다는 사실 그 자체에 반드시 가치를 부여하지는 않는다. 그들은 자의적이지 않은 간섭의 결과로 선택이 제한되는 것은 개의치 않지만, 개인의 교활함이나 매력 또는 아첨은 품위를 떨어뜨리는 경멸적인 유산이라고 여기면서 그 대가로 누리는 선택들을 혐오할 것이다. 〔불간섭의 이상을 받아들이는〕 첫 번째 집단은 선택의 종류는 상관하지 않고 취할 수 있는 선택의 양에 초점을 맞추는 반면, 〔비지배의 이상을 받아들이는〕 두 번째 집단은 올바른 선택, 지배받지 않는 선택이라는 선택의 질에만 관심이 있다.

지금까지 불간섭과 자율이라는 이상간의 이분법이 비지배의 이상이라는 제 3의 가능성을 위한 실로 명백한 여지를 남겨두고 있다는 논의를 충분히 다뤘다. 하지만 아직 질문이 하나 남아있다. 비지배를 자유의 한 이상, 특히 정치적이고 사회적인 자유의 이상이라고 생각하는 것은 과연 설득력이 있는가? 특히 불간섭과 자율의 조건들을 자유의 이상이라고 간주하고자 하는 사람들도 이를 타당하게 여길 것인가?

비지배를 자유의 한 이상이라고 간주하는 것의 타당성은 자유의지의 경쟁적 개념들에 구조적인 공통점이 있는 것처럼(O'Leary-Hawthorne and Pettit, 1996), 비지배라는 정치적 자유의 개념과 정치적 자유의 소극적 개념에도 구조적인 공통점이 있다는 사실(MacCallum, 1967 참조)에서 드러난다. 소극적 자유의 맥락에서는 개인이 자유롭다면 자신의 행위가 의도적인 강제나 방해와 같은 간섭으로부터 면제된다. 이때 면제는 그들이 이러한 간섭의 부재를 즐긴다는 것을 의미한다. 개인이 비지배를 누린다면, 그들은 자신의 행위에 대한 자의적인 간섭으로부터 면제되며, 이 경우 면제는 타인들이 그들에게 자의적으로 간섭할 수 없다는 것을 의미한다. 즉, [비지배를 누릴 때 개인은] 모든 종류의 간섭으로부터 면제받는 것이 아니라 오직 자의적인 간섭으로부터 면제받는다. 그리고 개인이 누리는 면제는 단지 간섭의 부재와 연관되는 것이 아니라 간섭을 행사하는 이들의 무능력과 연관된다. 다음과 같은 표현을 좋아한다면, 이를 간섭의 '탄력적 부재'라고 할 수 있을 것이다.

불간섭의 조건에서 이러한 변종들은 자유의 한 이상으로 간주될 수 있는 대안을 우리에게 제시하는가? 정치적이고 사회적인 자유를 설명하는 여러 방식들 중, 비지배 자유의 개념이 필요하고 또 충분하다고 주장하는 것이 설득력이 있는가? 비지배가 필요하다는 주장은, 만약 한 개인의 행위가 지배받고 있고 타인들의 자의적 간섭을 수시로 받는 위치라면 그 사람은 자유롭지 못하다는 것이다. 특히 자율을 자유의 이상이라고 간주하는 것 또한 타당하다고 생각하는 사람들이라면 이러한 주장을 거의 부정할 수 없다. 필요성 주장은 누군가가 어떤 행위를 할 때 자유로우려면 자신이 스스로의 주인이 되어야 한다는 주장과 유사하지만, 이보다 약하게 그들이 최소한 타인의 지배에 종속되어서는 안 된다는 것을 요구한다.

비지배가 충분하다는 주장은 만약 개인의 어떤 행위가 지배받지 않는다면 — 자의적 간섭에 종속되지 않는다면 —, 비자의적 간섭이나 비의도적 방해를 얼마나 많이 겪든지 간에 자유를 유지한다는 것을 의미한다. 이는 특히 불간섭을 자유의 하나의 이상이라고 말하는 것도 가능하다고 생각하는 사람들이라면 거의 부정할 수 없다. 왜냐하면 이는 어떤 사람의 행위가 자유로우려면 타인들이 의도적으로 끼어들지 않는다는 것으로 충분하다는 주장 — 자신의 무능력이나 자연세계에서 발생하는 불가항력적 일들과 같이 의도적이지 않은 심각한 방해들에 구속되어도 〔자유에는〕 상관없다는 주장 — 보다 조금 더 강한 것일 뿐이기 때문이다. 만약 비의도적 방해가 자유의 한 이상에서 용인될 수 있다면, 다른 이상에서도 행위자의 이익과 사고를 따르는 비자의적인 간섭 — 의도적 방해나 강제 — 이 용인될 수 있지 않겠는가? 이러한 비자의적 간섭은 결국 누군가가 자기 임의로 저지를 수 있는 간섭과는 명백하게 다른 것이다.[9]

나의 결론은 중간적인 제 3의 대안이 불간섭과 자율의 이상 사이에

---

9) 불간섭 자유의 개념에서 자연적 또는 비의도적 방해하에 있는 사람들은 간섭을 겪지 않는다. 이러한 사람들은 행위의 자유를 완전히 누리지 못하는 것(*unfree*)은 아니지만 행위가 차단되어 자유롭게 하지 못한다고 — 자유가 없다고(*non-free*) — 설명될 수 있기 때문이다(Pettit, 1989b). 그리고 우리가 다음 장에서 언급하겠지만 비지배 자유의 개념에서는, 이러한 방해물 또는 그에 상당하는 비자의적 간섭하에 있는 사람들 또한 선택할 자유가 없다 — 자유를 누리지 못하는 것이 아니라 자유가 없다 — 고 설명될 수 있다.

존재한다는 것으로 그치지 않는다. 자유의 다른 이상들처럼, 이러한 자유의 대안적 조건을 정치적·사회적 자유의 하나의 이상으로 간주하는 것 또한 전적으로 가능하다. 이렇게 정립된 관점을 바탕으로 공화주의 전통으로 돌아가 왜 이러한 전통이 다른 두 개념이 아니라 제3의 자유의 개념과 연관되어야 하는지 살펴보자.

3. 공화주의의 자유 개념은 적극적 자유가 아니다

벌린과 콩스탕의 틀을 따른다면, 공화주의를 이해하는 일반적 방법은 다른 무엇보다도 적극적 자유, 특히 민주적 참여의 자유에 높은 가치를 두는 전통이라고 이해하는 것이다. 공화주의 전통에서 민주적 참여의 중요성이 확고하지는 않더라도 꾸준하게 강조되긴 하지만, 그 주된 관심은 분명 간섭과 연관된 각종 해악들을 피하는 데 있다. 이것이 최근 스키너를 비롯한 몇몇 사상가들의 업적에서 발전되어온 주제이다.[10] 간섭이 지닌 해악들에 대한 강조가 불간섭 자유에 대한 믿음과 결합된 것인지, 아니면 내가 믿는 것처럼 비지배 자유에 대한 믿음과 결합된 것인지와 같은 질문을 던지기에 앞서 먼저 간섭에 대해서 살펴볼 필요가 있다.

간섭이 지닌 해악에 대한 강조는 로마의 리베르타스(*libertas*)[11]라

---

10) 이러한 시각은 스키너(1983; 1984)가 마키아벨리와 같은 공화주의자들이 적극적 자유의 개념을 가지고 있었던 것이 아니라 특유의 소극적 개념을 가지고 있었다고 주장하면서 처음 구체적으로 옹호되었다(Spitz, 1995b도 참고; Pattern, 1996). 스키너의 연구가 없었다면 나는 제3의 자유의 개념을 공화주의 전통에서 발견할 수 있으리라는 생각을 전혀 할 수 없었을 것이다. 스키너는 마키아벨리와 여타 공화주의자들은 불간섭의 명분이 무엇을 요구하는가에 대한 특유의 가정을 가지고 불간섭 자유에 관심이 있었다고 자신의 관점을 피력하기는 하지만, 공화주의자들이 비지배에 관심이 있었다는 나의 주장은 그의 연구가 지닌 의도와 잘 맞는다. 내 주장을 발전시키는 데 크게 의존했던 프라이스(Richard Price)와 프리스틀리(Joseph Priestley)의 저술들에 관심을 갖게 해준 스키너에게 신세를 졌다. 그는 또한 이 장의 후반부에 가서 중요하게 다뤄지는 페일리(William Paley)의 자유에 대한 저술에 관심을 갖게끔 해줬다.

11) 〔역주〕 라틴어 *libertas*는 자유인을 지칭하는 *liber*라는 말에서 온 것으로, 엄밀하게 말하면 다른 사람의 소유가 되지 않은(*potestate domini*) 시민이

는 개념에 그 기원을 둔다. 많은 저자들도 이 점을 강조하지만(Wirszubski, 1968; Nippel, 1994), 아마도 핏킨(Hanna Pitkin, 1988: 534~535)[12]이 가장 두드러질 것이다. "로마의 민중은 민주주의를 위해서가 아니라 보호를 위해서 투쟁했고, 공적 권력을 위해서가 아니라 개인의 안전을 위해서 투쟁했다. 물론 그들은 이러한 안전이 공적, 제도적으로 보장되기를 원했다. 그러나 리베르타스는… '수동적이고', '방어적이며', '너무 소극적'이었다." 이러한 반복은 다음과 같은 사실에서 드러난다. 모든 설명에서 리베르타스, 즉 자유가 키비타스(*civitas*),[13] 즉 시민성과 동일한 것이긴 했지만(Wirszubski, 1968: 3; Crawford, 1993: 1), 로마인들은 멀리 떨어진 식민지의 사람들이 투표할 수는 없어도 시민이 될 수 있고 시민으로서의 자유를 누릴 수 있었다는 점을 인식하는 데 아무 어려움이 없었다. 이들은 키베스 시

향유하는 모든 것을 의미한다. 페팃은 이러한 로마법적 정의를 타인의 자의적 의지로부터의 자유로 명명한 것이다. 보다 상세한 내용은 Chaim Wirszubski, *Libertas as a Political Idea at Rome during the Late Republic and Early Principate*(Cambridge: Cambridge Univ. Press, 1950) 참조.

12) 〔역주〕 한나 핏킨(Hanna Pitkin, 1931~). 정치철학자이자 정치이론가. 미국 캘리포니아 버클리대학 정치학과 명예교수. 그녀의 관심분야는 고대에서 근대를 아우르는 유럽정치사상에서부터 보통언어철학, 텍스트분석, 심리분석, 정치이론과 사회이론에서의 성/젠더의 문제에 이르기까지 매우 다양하다. 대표 저서로는 *The Concept of Representation*(1967), *Wittgenstein and Justice*(1972, 1984, 1992) 등이 있다.

13) 〔역주〕 로마법체계에서 키비타스(*civitas*)는 동일한 법 아래 삶을 영위하는 모든 사람들을 지칭하는 집합적 의미가 있었는데, 현대적 의미로는 시민, 국가, 공동체로 이해될 수 있다. 그리스의 폴리스(*polis*)와 같이 다른 정치공동체에 종속되지 않은 자유인의 공동체를 지칭하던 키비타스도 로마제국에서는 그 내용이 변화했다. 로마제국시대 키비타스는 도시공동체가 아니라 제국의 가장 낮은 단위의 자율적 집합체를 지칭했고, 특히 로마의 지배에 있는 점령지의 자치체를 의미하는 말로 통용되었다.

네 수프라기오(*cives sine suffragio*),[14] 즉 투표권이 없는 시민들이라고 불렀다(Crawford, 1993: 110).

간섭의 해악에 대한 강조는 근대초기 공화주의 사상의 중요한 설계자인 마키아벨리의 저술 속에도 남아있다(Colish, 1971: 349). 이러한 점은 스키너(1983; 1984)에 의해 설득력 있게 주장되었고, 최근에는 다른 학자들(Guarini, 1990)에 의해서도 옹호되었다. 로마의 평민들이 보호 또는 개인의 안전을 추구했다고 핏킨이 말하는 것처럼, 마키아벨리는 일반적으로 자유에 대한 인민의 열망은 지배하려는 욕구가 아니라 오히려 지배받지 않으려는 욕구에 기인한다고 생각했다(Machiavelli, 1965: 204). "그들의 일부는 지배하기 위해서 자유롭기를 원하지만, 셀 수 없을 정도로 많은 대다수의 사람들은 안전하게 살기 위해서 자유를 원한다. 왜냐하면 어떤 방식으로 만들어지든 간에 모든 공화국에서는 40 또는 50명의 시민들조차도 권위를 지닌 지위를 차지할 수 없기 때문이다"(Machiavelli, 1965: 237).[15]

---

14) 〔역주〕 키베스 시네 수프라기오(*cives sine suffragio*)는 로마공화국 초기에 시민을 이분해서 불렀던 말에서 유래한다. 로마공화국의 시민은 두 계급으로 나뉘었다. 첫 번째 시민계급은 키비타스 옵티모 유레(*civitas optimo jure*)로 공적 활동과 사적 활동이 모두 보장된 계급이고, 두 번째 시민계급은 키비타스 미누토 유레(*civitas minuto jure*) 또는 키베스 시네 수프라기오(*civies sine suffragio*)라고 불린 집단으로 최소한의 시민적 권리만 가진 투표권 없는 시민들을 지칭했다.

15) 파스키노(Pasquale Pasquino)는 곧 출판될 예정인 책에서 마키아벨리가 두 가지 자유의 개념을 가지고 있다고 주장한다. 하나는 권력자들의 것이고 다른 하나는 일반인들의 것이다. 만약 그가 옳다면 우리는 마키아벨리가 자유의 비적극적인 개념을 오직 일반인들을 위한 이상으로서 받아들였다고 생각해야 한다. 이러한 가능성을 지적해 준 데 대하여, 그리고 제1장의 후반에 언급되는 메이틀랜드(F. W. Maitland)의 저술에 주목하게 한 데 대해서도 파스키노에게 감사한다.

자유롭고 안전한 삶은 인간에게 어떤 이득을 주는가? 마키아벨리(1965: 236)는 "아무 걱정 없이 그가 소유한 것을 자유롭게 향유하고, 그의 여자들과 자녀들의 명예[의 훼손]에 대한 공포를 느끼지 않으며, 남에게 의지하지 않더라도 두려워하지 않을 수 있는 힘"이라고 대답한다. 마키아벨리에게 이러한 이득은 민주적 조건들 속에서 가장 잘 보장되겠지만(1965: 315), 모든 것들이 잘 작동했던 로마공화정 이후의 시기에 대한 연구를 위해 당시의 군주를 초대하면서 언급했듯이, 그는 이러한 이득은 군주제하에서도 달성될 수 있다는 점을 분명히 했다.

> 좋은 황제들에 의해 통치되는 곳에서는, 평화와 정의로 가득 찬 세상과 안전한 시민들 가운데서 군주의 안전을 볼 수 있을 것입니다. 그리고 권위를 지닌 원로원, 명예를 지닌 행정관, 부와 고귀함과 높은 덕성을 향유하는 부유한 시민들을 볼 수 있을 것입니다. 또한 최고의 평온함과 지고의 선을 볼 수 있을 것이고, 다른 한편으로는 모든 증오와 방종, 부패, 야망이 사라지는 것을 볼 수 있을 것입니다. 모든 사람이 자기가 원하는 의견을 피력하고 지지받을 수 있는 황금기를 볼 수 있을 것입니다(Machiavelli, 1965: 222; Colish, 1971 도 참조).

이렇듯 참여를 성취하는 것보다 간섭을 피하는 것에 초점을 맞추는 것은 마키아벨리가 지대한 영향을 끼친 이후의 공화주의 전통에도 적재적소에 남아 있다. 해링턴은 민주적 통제가 자유에 있어 중요하다고 본 점에서 마키아벨리를 따르긴 하지만, 인민의 자유는 통치에의 참여와 별개의 것으로 구성된다는 점을 명확히 했다. 그는 자유로운 사람 또는 시민들이 "자유를 성취"했을 때, 그들이 성취하는 것은 "스스로 살아가는 것"이라고 말한다(1992: 75; 이외에도 Maitland, 1981:

109~110; Nippel, 1994: 21 참조). 종종 해링턴은 대중민주주의를 적극적으로 경시한다. "인민의 정신은 제정된 법이나 명령들에 의해서 신뢰할 수 있을 정도로 현명해질 뿐, 자유와 함께 있을 경우에는 신뢰할 수 없다. 따라서 신뢰는 인민의 정신에 있는 것이 아니라 그러한 명령들의 틀에 있다"(Pocock, 1977: 737). 이 문장에서 드러나는 불신은 "무례한 군중들의 소음과 고함소리"를 적극적으로 외면한(Worden, 1991: 457) 밀턴[16]과, 얼마 후 "나는 순수 민주주의에 대해서 전혀 아는 바가 없다. 만약 그런 것이 존재한다 해도 옹호할 생각이 전혀 없다"라고 언급한 시드니(Algernon Sidney, 1990: 189)[17]와 같은 당대 공화주의자들에게서도 보인다.

간섭을 피하고 개인적 자립을 달성하는 것의 중요성에 대한 강조는 미국 혁명을 고취시키고 옹호했던 사람들을 포함하여, 해링턴이 영향

---

16) 〔역주〕 존 밀턴(John Milton, 1608~1674). 영국 역사에서 가장 위대한 시인의 하나로 꼽힌다. 영국 르네상스 시대의 최고 걸작으로 손꼽히는 《실낙원》의 저자. 청교도 신앙을 지닌 부유한 공증인의 아들로 태어나 케임브리지대학을 졸업, 영어와 라틴어로 많은 작품을 썼다. 1638년부터 약 2년간 이탈리아 여행중 갈릴레오 등 저명한 학자들과 교류한 후 영국으로 돌아와 영국교회를 개혁하려는 장로교 운동을 지지하였고, 의회에 의해 자행된 언론검열에 반발하여 언론의 자유를 옹호하는 팸플릿 *Areopagitica*를 집필했다. 영국 국교회가 점점 의식화되는 것에 환멸을 느끼고 공직에 투신, 크롬웰 정부에서 약 10년간 장관을 지내면서 크롬웰과 공화정을 옹호하였다.

17) 〔역주〕 알제르논 시드니(Algernon Sidney, 1623~1683). 영국 태생의 정치가이자 정치이론가. 레스터 백작의 아들로 태어나 영국 내전기에 의회군에 참여했지만, 올리버 크롬웰에 대해서는 비판적 입장을 취했다. 영국에서 공화정 확립을 위한 지원을 얻기 위해 프랑스, 네덜란드와 협상을 벌이기도 했던 그는 이후 스튜어트 왕조가 복고되자 해외로 망명하였으나, 후에 영국으로 다시 돌아와 반역죄로 처형당했다. 미국 혁명 이론가들의 공화주의 사상에 큰 영향을 끼친 인물로 평가된다.

을 미친 공화파들의 저작들에서 반복되어 나타난다. 《카토의 편지》가 그 좋은 예이다.

> 따라서 참되고 공정한 자유는 자신의 내면의 자연스럽고 이성적이며 신앙적인 명령을 따를 수 있는 모든 인간의 권리이다. 또한 이러한 자유는 타인에 대한 편견에 따라 행동하지 않는다는 전제하에서 자신이 하려고 하는 바를 생각하고, 자기가 생각한 대로 행동할 권리이며, 자신의 돈을 스스로 사용하고, 자기 노동의 산물을 자기방식대로 소비하며, 스스로의 만족과 이익을 위해 일할 권리이다 (Trenchard and Gordon, 1971: ii. 248).

내가 이 책의 제 2부에서 주장하겠지만, 이후의 공화파 전통에서는 민주적 의사결정의 중요성에 대한 강조가 커져간다. 미국〔혁명〕의 대의를 옹호했던 휘그당원 프라이스[18] (1991: 25) 는 만약 통치하는 사람들이 "유권자들의 통제하에 있지 않다면, 자유라는 바로 그 관념은 사라질 것이고, 대표들을 선택하는 권력은 단지 특정한 기간마다 그들 자신과 공동체 전체의 주인집단을 선택하는 — 소수에게만 주어진

---

18) 〔역주〕 리처드 프라이스(Richard Price, 1723~1791). 웨일스 태생의 신학자, 도덕철학자, 정치철학자. 미국 독립전쟁과 프랑스혁명에 대한 열렬한 지지자인 동시에 자유주의자였다. 그의 저서 *Observations on the Nature of Civil Liberty, the Principles of Government, and the Justice and Policy of the War with America* (1776) 는 출판한 지 며칠이 안 되어서 수천 부가 팔리면서 뜨거운 찬반양론을 일으켰고, 그를 영국에서 가장 유명한 사람으로 만들었다. 이 당시 그의 주요 비판자는 요크의 대주교였던 윌리엄 마크햄(William Markham), 존 웨슬리(John Wesley), 에드먼드 버크(Edmund Burke) 등 보수파의 거두들이었다. 가장 절친한 친구 중 한 사람이었던 프리스틀리와는 도덕과 형이상학에서 정반대의 입장이었지만, 후에 유니테리언주의(*Unitarians*) 라는 이름으로 함께 불렸다.

—권력에 지나지 않는다"고 주장했다. 그러나 프라이스도, 그리고 휘그 진영의 어느 누구도 자유를 민주적 통제에 참여하는 과정으로 정의하지는 않았다. 프라이스의 절친한 친구인 프리스틀리[19]가 민주적 권력으로서의 투표권을 정치적 자유라고 주장한 것은 사실이다. 그러나 그는 프라이스와 마찬가지로 정치적 자유와 시민적 자유를 구분했으며, 그러한 권력은 시민적 자유를 위한 하나의 수단이지, 반드시 필수불가결한 것은 아니라고 주장했다. "인민이 더 많은 정치적 자유를 가질 때, 그들의 시민적 자유는 더욱 안전해진다"(Priestley, 1993: 33; 141 참고).

프리스틀리와 프라이스에게 그러했던 것처럼, 이는 다른 사람들에게도 마찬가지였다. 페인(1989: 168)[20]이 1792년에 서술한 것처럼 "공화정은 대중의 집단적 이익뿐만 아니라 개인적 이익을 위해서 수립되고 이끌어지는 정부와 다르지 않다. 그것은 어떤 특정한 형태와 반드시 연관되는 것은 아니지만, 국민이 〔그 정부를〕 지지하는 대가

19) 〔역주〕 조셉 프리스틀리(Joseph Priestley, 1733~1804). 영국의 화학자, 철학자, 교육자. 일산화탄소의 발견자이며 산소의 발견자 중 한 사람이기도 하다. 프랑스혁명의 옹호자, 특히 시민적, 종교적 자유의 열렬한 지지자였다. 버크의 *Reflections on the Revolution in France*(1790)를 공개적으로 비판하여 혁명에 반대하는 대중의 분노를 사기도 하였다. 프랑스혁명이 진전됨에 따라 그는 더욱 군중들의 증오의 표적이 되었고, 결국 가족과 함께 미국으로 이주하여 미국 철학학회를 포함한 많은 학회로부터 환영을 받았다.

20) 〔역주〕 토마스 페인(Thomas Paine, 1737~1809). 영국 태생의 팸플릿 집필자, 혁명가, 지식인. 그는 *Rights of Man*에서 프랑스혁명과 공화주의 원칙을 옹호함으로써 역사상 위대한 정치선동가라는 명성을 얻었다. 그는 유럽사회에 존재하는 불만의 근본적인 이유를 분석하고, 전횡적인 정부의 해악과 가난, 문맹, 실업, 전쟁 등에 대한 치유책을 찾는 작업을 했다. 그는 왕정에 맞서 공화정의 중요성을 역설했고 대중교육과 빈민구제, 노인연금, 실업구제를 위한 공공사업계획의 윤곽을 마련했다.

로 기대하는 목적을 보장하도록 최고로 잘 고안된 대의정과 가장 자연스럽게 연결된다."《연방주의 교서》의 저자들은 대의민주주의를 공화국의 개념정의에 포함시켰다(Madison et al., 1987: 126). 그러나 그들은 민주적 대표는 단지 '시민적 자유'를 증진시키는 수많은 방법 중 하나에 지나지 않는다고 주장했다. 권력분산처럼 그들은 민주적 대표를 "공화정의 우수성을 유지하고, 결함을 줄이거나 제거하는 강력한 수단들"의 목록에 포함시킨 것이다(Madison et al., 1987: 119).

주목해야 할 중요한 점은 우리가 지금까지 보아온 저자들, 즉 광범위한 공화주의 사상의 전통에 서 있는 저자들은 민주적 통제 — 참여적이거나 대의적인 — 의 기제들에 대한 접근이 아니라, 간섭과 연관된 해악들을 피할 수 있는 상태로 자유가 정의된다고 여긴다는 점이다. 민주적 통제는 공화주의 전통에서 물론 중요하지만, 그 중요성은 자유와의 개념적 연관성에서 생기는 것이 아니라, 그것이 자유를 증진시키는 수단이라는 사실에 있다.

한 가지 짚고 넘어갈 것이 있다. 일반적으로 공화주의 사상가들이 민주적 참여나 대표성을 자유의 개념상 핵심요소가 아니라 자유의 보호책으로 간주하는 것은 사실이지만, 민주주의에 대한 강조가 커져감에 따라 일부 개인들은 전통적 대열에서 이탈하여, 자유가 민주적인 자치(*self-rule*) 그 이상도 이하도 아니라는, 전적으로 민중주의적인 입장을 지향하기도 했다. 루소의 사상은 비록 다른 측면에서는 공화주의적이고 매력적이긴 하지만(Spitz, 1995a), 아마도 이러한 민중주의적 시각을 유행시킨 책임을 피할 수 없을 것이다. 민중주의적 선회는 하나의 새로운 발전이었고, 민주적 자치의 이상이 불간섭의 소극적 자유의 이상에 대한 주요 대안으로 지지되었을 때, 아니면 적어도 자유에 관한 개념들 중 주요한 대안으로 옹호되었을 때 비로소 완성형에 이르렀다. 많은 사람들이 그러했던 것처럼 공화주의적 전통을 민중주의적이라고 생각하는 것은 공화주의의 이상을 보이지 않게 만드는 바로 그 이분법을 유지시키는 것이 될 것이다.

위대한 역사학자인 메이틀랜드[21]는 생전에 출판되지 않은 그의 초기작품에서 위의 주장을 세밀하게 보강하는 이야기를 펼치고 있다. 그는 민주적 측면의 강조가 등장했음을 말하면서, 다음과 같이 주장한다. 17세기부터 등장한 민주주의—그가 통치의 전통적 이론이라고 불렀던—에 대한 확신의 증가는 국가의 자의적 권력을 제거하려는 관심에 의해 유발되었지만, 이러한 관심은 이와는 부합하지 않는 다수결주의적 민주주의에 대한 옹호로 귀착되는 경향이 있었다는 것이다.

> 만약 그 전통적 이론이 이상적으로 완벽한 민주주의—다수가 법으로 만들기를 원하는 것은 모두 법으로 만들어지고, 이를 제외한 다른 어떤 것도 법으로 제정되지 않는 국가—로 귀착된다면, 결국 그것은 권력의 자의적 실행이 가장 확실하게 나타나는 정부형태를 만들어낼 것이다. 이렇게 전개되면 전통적 이론은 '시민적 자유의 독트린'이라고 불리는 명성을 상실하게 될 것이다. 왜냐하면 이러한 전통적 이론에서는 자의적 구속의 형태들에 대해 저항하는 것이 불가능하기 때문이다(Maitland, 1981: 84).

---

21) 〔역주〕 윌리엄 메이틀랜드(Frederic William Maitland, 1850~1906). 영국의 법학자. 1888년부터 케임브리지대학의 역사학과에 재직하였고, 법학이론과 영국법사가 주된 관심분야였다. 몸은 매우 허약했지만, 그의 방대한 지식과 연구, 탁월한 이해력은 법학자이자 역사학자로서 그의 명성을 높였다.

4. 공화주의적 비지배 자유의 개념 : 자유 대 노예

공화주의 전통이 지닌 주요 특징들이 민주적 참여라는 적극적 의미에서의 자유가 아니라 주로 간섭에 반대되는 의미에서의 자유와 연관되어 있었다는 주장은 충분히 이야기했다. 이제는 결정적인 질문을 해야 할 때다. 간섭을 피하는 것의 중요성에 대한 공화주의의 강조는 불간섭 자유에 대한 믿음에서 기인하는가, 아니면 비지배 자유에 대한 믿음에서 기인하는가? 나는 비지배로서의 자유에 대한 믿음에서 기인한다고 주장할 것이다.

비지배 자유의 개념이 우리가 공화주의 전통에서 발견하는 자유의 관점이라고 생각하는 데에는 두 가지 근거가 있다. 첫 번째는 〔자유주의라는〕 근대주의적 접근과는 대조적으로 공화주의 전통에서 자유는 항상 리베르(*liber*)와 세르부스(*servus*), 즉 시민과 노예 간의 대조를 통해 표현된다는 것이다. 자유의 조건은 노예와는 달리 타인의 자의적 권력에 종속되지 않는 사람, 다시 말하면 타인에 의해 지배받지 않는 사람의 지위로 설명된다. 그렇기 때문에 실질적 간섭이 없어도 자유의 손실은 있을 수 있다고 간주된다. 간섭하지 않는 주인의 시나리오에서처럼 간섭이 없어도 노예화와 지배는 있을 수 있다는 것이다.

이 절에서는 비지배 자유의 개념이 공화주의적 시각이라는 주장을 뒷받침하는 첫 번째 근거를 탐색하고, 다음 절에서는 두 번째 근거를 다룬다. 두 번째 근거는 공화주의 전통에서 자유는 실질적 간섭 없이도 상실될 수 있는 것과 마찬가지로, 지배하지 않는 간섭자의 시나리오에서처럼 사람들이 지배받지 않아 자유를 누리고 있더라도 간섭은 있을 수 있다고 설명된다는 것이다. 공화주의자들이 그렸던 지배하지 않는 간섭자는 앞으로 우리가 볼 것처럼, 잘 조직된 공화국에서 누리는 법률과 정부였다.

공화주의 전통에서는 자유를 노예상태의 반대라고 규정하고, 타인의 자의적 의지에 노출되고 타인의 처분에 따라 살아가는 것을 중대한 해악으로 간주하는 데에는 이견이 없다. 로마시대의 공화주의식 표현에서 자유로운 사람을 의미했던 **리베르**(*liber*)의 반대말은 노예라는 의미의 **세르부스**(*servus*)였다. 노예는 주인이 시키는 대로 살았던 반면, 자유로운 사람은 이와는 극단적인 반대지위를 누렸다. 자유로운 사람은 누구나 데려갈 수 있는 **세르부스 시네 도미노**(*servus sine domino*), 즉 주인 없는 노예[22] 이상의 존재였다. **리베르**(*liber*)는 당연히 간섭에 대한 보호 속에 포함되는 모든 것을 지닌 시민, **키비스**(*civis*)였다(Wirszubski, 1968). 한편에는 노예상태 또는 예속, 그리고 다른 한편에는 자유를 놓는 대조는 로마공화정의 경험이 만들어낸 자유의 오랜 수사가 지닌 가장 특징적인 모습일 것이다(Patterson, 1991). 노예는 실질적 간섭에 의해서가 아니라 본질적으로 지배에 의해서 특징되기 때문에 이〔러한 대조〕는 매우 중요하다. 노예의 주인이 전적으로 인자하고 관대한 사람이라고 밝혀지더라도 그 주인은 여전히 노예를 지배한다. 〔이와 같이〕 자유를 노예상태와 대조하는 것은 자유가 불간섭이 아니라 비지배에 있다고 보는 명확한 근거가 된다.

마키아벨리는 폭정에 종속되는 것과 식민지화를 노예상태와 동일시하면서 자유/예속의 대조법에 큰 가치를 두는 사람들 중 하나이다(Colish, 1971: 333). 예를 들어, 그는 자유롭게 살아가는 도시들과 노예상태로 살아가는 도시를 대조하곤 한다. 그에 의하면 이 세상에서 자유롭게 살아가는 모든 도시 및 지역들이 얻을 수 있는 이점은

---

22) 〔역주〕 *servus sine domino*는 다른 사람에 의해 지배 또는 소유되지 않은 노예를 의미했다. 즉, 어떤 의무도 갖지 않았지만, 어떤 시민적 권리도 향유할 수 없는 집단의 사람을 의미한다.

아주 많다.

> 〔자유로운 도시 및 지역들〕은 많은 것을 얻는다. 왜냐하면 그 도시의 구성원들에게는 결혼이 보다 자유롭고 매력적이기 때문이다. 모든 사람들은 자신의 유산이 갈취당할 것에 대한 두려움 없이 자기가 낳아서 기를 수 있을 만큼 아이들을 낳을 것이고, 이에 따라서 인구는 늘어간다. 그들이 아는 것은 자신이 자유롭게 태어났고 노예가 아닐 뿐만 아니라 자신의 능력에 따라서는 저명한 사람이 될 수도 있다는 것이다… 이런 모든 것의 반대경우는 〔구성원들이〕 노예로서 살아가는 나라들에서 일어난다(Machiavelli, 1965: 33).

그러나 자유와 예속, 자유인과 노예로 양극화된 언어가 실제로 공화주의에서 자리 잡기 시작한 것은 공화주의의 유산이 영국과 미국에서 발전될 무렵이었다. 해링턴(1992: 269)은 인간이 자유롭기 위해서는 물질적 기반이 필요하다는 점을 강조하는 맥락에서 이러한 대조를 분명히 한다. "스스로의 힘으로 살 수 없는 사람은 종이 될 수밖에 없으며, 자기 스스로 살 수 있는 사람은 자유인이 될 수 있다." 해링턴에게 자유를 누리지 못하는 것의 극단은 노예처럼 타인의 의지 — 타인의 자의적 의지 — 에 따라 살아가야만 하는 것이었으며, 자유의 핵심은 이러한 의존과 취약성을 견뎌내야 하는 것이 아니었다. 그는 이러한 언어를 사용하여, 자의적 통치에 종속되어 살아가는 터키인과 공화국인 루카의 시민을 대조한다. "가장 높은 파샤[23] 일지라도 자신의 재산뿐만 아니라 이성의 측면에서 군주의 의지하에 놓인 차용인인 반면, 토지를 소유한 루카의 시민은 가장 천한 이라 할지라도 이 둘을 모두 가진 자유인이다"(Harington, 1992: 20). 여기에서 가장 중

23) 〔역주〕 터키나 북부아프리카의 군 장교 또는 관리를 일컬음.

요한 구절은 "군주의 의지하에 놓인"이라는 구절이다. 아무리 군주가 관대하다고 할지라도 그의 친절과 호의에 의존한다는 사실, 그의 지배하에서 살아간다는 사실은 자유의 부재를 의미한다.

해링턴의 영향을 받은 공화파 전통은 자유/노예의 대립에 큰 의미를 부여했다. 그렇기 때문에 시드니(1990: 17)는 1680년대에 "자유는 오로지 타인의 의지로부터의 독립으로 이루어지며, 우리는 노예라는 명칭을 자신의 인신도 재화도 처분할 수 없는, 이 모든 것을 주인의 의지에 따라 누리는 사람이라고 해석한다"고 서술할 수 있었다. 그리고 한 세기 후 《카토의 편지》의 저자들은 이러한 주제에 대해 다음과 같은 아주 설득력 있는 진술을 내놓을 수 있었다.

> 자유는 자신이 생각하는 대로 살아가는 것이며, 노예란 순전히 타인의 처분에 따라 살아가는 것이다. 노예의 삶을 견딜 수 있는 사람에게 이는 불확실성과 비참함, 때로는 폭력에 대한 불안, 때로는 폭력적인 죽음에 대한 좀처럼 사라지지 않는 공포가 지속적으로 존재하는 상태이다(Trenchard and Gordon, 1971: ii. 249~250).

이러한 논지는 휘그의 전통에 서 있는 다른 사람들뿐만 아니라 볼링브로크 경[24]과 같은 토리당원의 저술에서도 반복되었다. 진정한 이유에서건 전략적 이유에서건 그는 휘그 논지의 대부분을 원용해 월

---

24) 〔역주〕 볼링브로크 경(Lord Bolingbroke, 1678~1751). 영국의 정치가이자 정치철학자. 토리당원이었지만, 자유와 공화주의를 앞장서서 주장하였다. 그의 저작들은 오랜 기간 무시되었다가, 20세기 후반에 들어서 볼테르 및 존 애덤스, 토마스 제퍼슨, 제임스 매디슨과 같은 미국의 사상가들에게 주요한 영향을 끼친 것으로 알려지면서 다시 주목받았다. 당시 그의 저작들은 신대륙에서 널리 읽혔으며 그 사상은 미국 공화주의의 형성에서부터 미국 혁명을 완성한 후 헌법제정에 이르기까지 지대한 영향을 미쳤다.

폴 경[25]의 휘그 정부에 대해 비판했다(Skinner, 1974; Pagden, 1987). 이러한 논지들 중 유명한 것이 자유의 역사는 노예화와 해방의 역사라는 주장이었다. 스키너(1974: 117)가 볼링브로크에 대한 설명에서 밝히는 것처럼, "자유와 그 상실의 원인에 대한 연구는 필연적으로 민중적 자유의 상태에서 절대주의에의 예속이라는 전철을 밟은 다양한 유럽국가들의 역사에 대한 연구이다."

18세기 초 대부분의 공화파는 스튜어트 왕조의 절대주의로부터의 해방을 축하하는 데, 그리고 정부의 국내적 음모를 비판하는 데 자유와 예속이라는 수사를 사용하였다. 비판의 대상이 휘그정부였다는 점은 그들에게 아무런 문제가 되지 않았다. 권력이란 항상 위험한 것이며, 항상 경계해야 할 필요가 있었기 때문이다(Robbins, 1959: 120). 그러나 18세기가 전개되면서 새로운 명분이 공화파들의 시야에 들어오기 시작했다. 바로 미대륙 식민지들이 지닌 명분, 특히 이는 자신들이 통제력을 행사할 수 없는 정부의 과세에 대한 저항이었다. 영국 의회라는 외부의 의지, 그리고 잠재적으로 자의적인 의지의 처분에 따라 사는 사람들이 바로 거기에 있었다. 공화파 전통의 신봉자들에게 그들은 노예의 사슬에 묶여 있어 자유를 누리지 못하는 사람들이었다. 이러한 시각을 대표하는 보다 온건한 연설가가 프리스틀리였다. 다음은 특정 의무들이 담긴 새로운 제안들에 반대하는 미국의 불만을 담은 1769년의 성명이다(Priestley, 1993: 140).

질문: 그 사람들의 가장 큰 불만이 무엇입니까?

---

25) 〔역주〕 로버트 월폴 경(Sir Robert Walpole, 1676~1745). 영국의 휘그 정치가. 영국 최초의 수상으로 널리 인정된다. 당시 그의 위치가 법적으로 명시되었던 것은 아니었지만, 그는 실질적으로 내각에 커다란 영향을 미쳤다. 조지 1세와 2세 시기에 영국을 사실상 통치했다.

> 대답: 자신들은 세금을 내지 않으면서 편의만을 추구하는 영국의회에 의해 과세된다는 사실입니다. 만약 이러한 조치가 취해진다면 식민지의 주민들은 역사 속에서 보이는 많은 사람들처럼 전적으로 예속상태에 빠질 것입니다. 1페니를 내라고 〔식민지 주민들에게〕 강요할 수 있는 영국사람들이 가진 바로 그 권력에 의해 〔식민지 주민들은〕 가지고 있는 마지막 페니를 내라고 강요당할 수도 있기 때문입니다. 그렇다면 한쪽에는 자의적인 세금부과만이 존재할 것이고 다른 한쪽에는 초라한 탄원만이 있을 것입니다.

프리스틀리의 진술이 극단적인 것처럼 보이지만, 프라이스가 쓴 글들과 대서양 건너 미국에 대한 그의 논평 앞에서는 무색해진다. 프라이스(1991: 85)는 미국인들이 처한 상황을 어떠한 자의적 통제에도 구속되지 않은 자유로운 시민들의 상황과 대조하면서, 이들의 상황을 가장 비극적으로 채색했다. "마치 멍에에 길들여진 가축처럼 그들의 힘은 족쇄 채워지고, 인간에게 가장 고결한 행동의 원천 일부가 그 안에서 쓸모없는 것으로 여겨진 채, 그들은 가장 재미있는 일들에 대해서 언급하거나 심지어는 생각하는 것조차도 두려워하면서, 그들의 주인인 불쌍한 피조물을 지속적으로 쳐다보며 한 방향으로 내몰린다."

프리스틀리와 프라이스가 영국에서 쓴 글들은 미국으로 건너와 자유 대 노예라는 본격적인 구도 속에서 완벽하게 보완되었다(Bailyn, 1965; Reid, 1988). 이러한 논의를 설명하기 위해서는 다음의 한 구절이면 충분할 것이다. 1772년 5월 보스턴에서 의결된 지침이다.

> 외부의 권력이 우리를 통치하는 권리를 주장하고 있고, 수년에 걸쳐 우리에게서 불법적인 세금을 강탈해감에 따라 우리는 자유로운 백성에서 천한 노예로 전락했다. 우리가 그들의 노예가 아닌 한 영국은 우리의 동의 없이 돈을 강탈해 갈 권리를 가질 수 없다는 것은

가장 평범한 견해에서 볼 때도 명백하다(Reid, 1988: 92에서 인용).

공화주의 전통에서 자유/예속의 주제에 대한 이러한 논의는 자유가 불간섭으로서가 아니라 비지배로 다뤄졌다는 주장을 뒷받침하는 것이다. 주인들이 친절할 수도 있고 노예에게 실질적인 간섭을 하지 않을 수도 있다는 점은 공화주의 전통에서는 상식적이다. 예를 들어, 시드니(1990: 441)는 1600년대 말에 "세상에서 최악의 주인을 섬기는 사람뿐만 아니라 세상에서 가장 좋고 친절한 주인을 섬기는 자 또한 노예이다"라고 서술할 수 있었다. 또한 프라이스(1991: 77~78)는 한 세기 후에 "주인들의 권력하에 있는 한, 사적인 삶을 살아가는 개인들은 아무리 공정하고 친절하게 대접받는다고 할지라도 자유롭다고 부를 수 없다"고 덧붙였다. 그러나 친절한 주인의 노예, 즉 어떤 간섭도 겪지 않는 노예조차 자유를 누리지 못한다면, 자유는 단지 간섭의 부재가 아니라 지배의 부재를 의미해야만 한다.

이러한 사상적 입장은 프리스틀리가 미국 식민지 주민들을 대신하여 제기한 불만에서 다소 분명해 보인다. 그가 주장하듯이 영국의 의회가 그 최후의 페니까지 자의적으로 세금을 부과할 수 있었다는 것은, 지금은 1페니만 부과하고 있고, 프리스틀리가 덧붙였을 것처럼, 최후의 페니까지는 세금을 부과하려 하지 않았을지라도 미국인들이 자유를 누리지 못하고 있다는 증거이다. 단지 타인의 능력에 노출되었다는 사실, 그리고 그런 식으로 지배받는다는 사실은 프리스틀리에게 미국인들이 자유를 누리지 못한다는 것을 의미했다(Paine, 1989: 24~25도 참고).

5. 공화주의의 비지배 자유 개념 : 법, 그리고 자유

공화주의적 자유의 개념, 특히 자유와 노예상태를 대조하는 공화주의적 방식에서는 자유가 실질적인 간섭이 없이도 상실될 수 있다는 것에 대해서 논의했다. 이는 공화주의적 자유의 개념을 불간섭이 아니라 비지배로 규정하는 사고에 첫 번째 토대이다. 이제 이러한 관점을 지지하는 두 번째 토대로 논의를 옮겨보자. 두 번째 논의는 공화주의적 자유의 개념하에서는 자유의 상실이 전혀 없더라도 간섭이 일어날 수 있다는 것 또한 사실이라는 점이다. 특히 간섭이 자의적이지 않고 지배형태로 나타나지 않을 때, 즉 간섭받는 사람들의 이익과 의견에 의해서 통제되고 그들의 의견을 따르는 동시에 그들의 이익에 이바지할 때, 간섭은 자유의 상실 없이도 발생한다.

간섭 없는 지배라는 주제가 간섭하지 않는 주인에 의해서 행사되는 지배에 대한 공화주의적 믿음과 결합한다면, 적절하게 제정된 법에 대한 공화주의의 강조에서 지배 없는 간섭이라는 주제가 나온다. 즉, 인민의 일반적 이익과 사고에 체계적으로 응답하는 법은 간섭이라는 형태로 나타나지만, 인민의 자유를 훼손시키지 않는다. 이때의 법은 지배하지 않는 간섭자이다. 공화주의자들은 근대주의적 방식과 달리, 법은 인민을 강제하고 그들의 자유를 줄이는 반면 법이 초래하는 것 이상의 간섭을 방지함으로써 그 손실을 보상한다고 말하지는 않는다. 오히려 적절하게 제정된 법은 이와 같이 보상을 논하는 입장, 즉 이 보 전진을 위한 일 보 후퇴라는 입장의 토대를 잠식한다는 점에서 자유를 구성하는 요소인 것이다. 초기 공화주의적 독트린에 따르면 적절한 국가의 법, 특히 공화국의 법은 시민들에 의해서 향유되는 자유를 창조하며 이러한 법은 나중에 〔자유의 손실을〕 보상하는 조치에서도 자유를 침해하지 않는다.

공화주의자들의 입장은 시민권, 즉 키비타스(*civitas*)로서의 자유 개념에서 나온다. 시민권은 적절한 법을 지닌 정체(政體)에서만 필연적으로 존재하는 상태이다. 공화주의 전통에 속하는 한 논평자가 말한 것처럼 "키비타스의 주요 특징은 법의 지배라는 점이다"(Viroli, 1990: 149). 그러나 모든 공화주의자들은 로마법하에서는 시민권과 자유를 서로 동등한 것으로 간주한다. "로마에서, 그리고 로마인과 관련해서 완전한 리베르타스(*libertas*)는 키비타스와 동일하다"(Wirszubski, 1968: 3; Crawford, 1993: 1도 참조). 그리고 공화주의 전통에서 자유는 적합한 법적 정체하에서만 존재하는 상태로 여겨진다. 통치자들이 누리는 권위가 법에 의해 만들어지는 것처럼 시민들이 공유하는 자유 역시 법이 만들어낸다.

물론 법은 인민의 공통된 이익과 사고를 존중하고 이상적인 법의 이미지를 따를 때, 다시 말해 어떤 한 개인 또는 한 집단의 자의적 의지의 도구가 아닐 때에만 이러한 역할을 한다. 공화주의 전통에 의하면 법이 의지의 도구가 될 때 우리는 시민들이 노예가 되고 자유를 완전히 빼앗긴 정체, 즉 절대적인 왕이 존재하는 폭정하에서 살게 된다. 각각의 시민들은 해링턴의 말처럼 "군주의 의지하에 놓인" 삶을 살게 되고, 명령을 내리는 개인 또는 집단의 무제한적 권력에 의해 완전히 지배당하게 된다.

자유가 비지배에 있다면 법이 인민의 자유를 만든다는 공화주의적 시각은 타당하다. 좋은 법은 자체적으로 새로운 지배권력을 발생시키지 않으면서, 다시 말해 정부의 임페리움이 수반할 수 있는 지배를 발생시키지 않으면서 인민을 지배로부터 구제한다. 법이 존재하지 않을 경우 자의적인 권력을 가질 수 있는 사람들의 자원이나 도미니움으로부터 인민을 보호할 수도 있다. 법에 의해서 인정되는 정치적 권위들은 잠재적 지배자를 의미하지만, 공화주의는 이러한 잠재적 지배자들이 적절한 헌법하에 있을 때, 다시 말해 적절한 대표, 공직의 순환, 권력의 분립 등의 메커니즘이 적재적소에 존재할 때, 자체적으로 적절하게 제한되고 타인에 대한 자의적 권력을 가지지 않을 것이라는 입장을 거듭 천명한다(Oldfield, 1990). 법은 필연적으로 간섭과 연관되고 그 본질상 강압적이긴 하지만 이때의 간섭은 자의적이지 않다. 또한 법적인 권위들은 오직 시민 공통의 이익을 추구하고 이러한 것들을 시민들 사이에서 얻어지는 의견들을 따르는 방식으로 추구할 때에만 간섭할 자격과 능력을 가질 것이다.

자유가 비지배를 의미할 때 타당성을 가지는 것은 비단 자유를 시민권과 일치시키는 공화주의적 등식—그렇기 때문에 법이 자유를 창출하는 데 이바지한다는 시각—만이 아니다. 이와 연관되어, 시민이 자유로울 수 있는 조건들은 도시나 국가가 자유로울 수 있는 조건들과 동일하다는 공화주의적 주장도 자유가 비지배를 의미할 때 타당성을 지닌다(Harrington, 1992: 8과 비교). 법과 관습이 타인에게 자의적인 권력을 휘두르는 사회 안팎의 사람들을 강제하기에 충분하다고 가정해 보자. 그리고 그러한 법과 관습이 곧 자의적인 권력을 발생시키지는 않는다고 가정해 보자. 우리는 이러한 상황하에 사는 사람들이 자유롭다고 말할 수도 있다. 또는 공평하게 이러한 상황이 자유로운 정체, 자유로운 조직과 정부의 형태를 의미한다고 말할 수도 있을 것이다. 왜 공화주의자들이, 어떻게 개인의 자유를 달성할 것인지에 관심을 가지는 만큼이나 어떻게 자유로운 통치체를 이룰 것인가에 초점을 두는지 이해할 만하다.

법이 자유를 창조하거나, 또는 창조할 수 있다는 공화주의적 시각은 17세기에 들어 홉스(Thomas Hobbes)의 강력한 도전을 받았다. 잠시 동안 유행했던 절대주의 전통에 속하기는 했지만, 홉스는 공화주의 사상에 대항하는, 꽤 독창적이고 장기적으로 영향을 떨친 방식을 고안해냈다(Tuck, 1993).

홉스는 비지배가 아니라 불간섭 자유를 제시하는 것에서부터 시작한다. 그는 《리바이어던》(*Leviathan*)에서 "자유로운 사람은 그의 힘과 그가 발휘할 수 있는 지혜에 의해서 자신이 하고자 하는 바를 행하는 데 있어 방해받지 않는 사람이다"(Hobbes, 1968: 262)라고 말했다. 홉스에 의하면, 오직 물리적으로 강요받을 때만 인민들은 방해를 받아 엄밀한 의미에서 자유를 누리지 못한다. 그러나 그는 물리적 수단에 의해서가 아니라 위협에 의해 강요되는 속박 때문에 인민이 자유를 누리지 못하는 경우도 존재한다는 것을 인정한다. 이러한 것들은 "깨부수는 것이 어려워서가 아니라 그 위험성에 의해서 유지되는" 것들이다(Hobbes, 1968: 264). 결론은 자유는 강요의 부재에 있다는 것이다. 다시 말해 물리적 강요의 부재로서의 자유, 좀더 넓은 의미로 그가 일컫는 신민의 자유는 위협에 의한 강요의 부재로서의 자유이다(홉스의 자유에 대해서는 Skinner, 1990a를 참조).

자유에 대한 이러한 사고는 그 당시에는 매우 참신한 것이었다. 홉스는 이에 입각해 법은 장기적으로 얼마나 자비로운지에 상관없이 그 자체적으로 인민의 자유를 항상 침범한다고 주장하였다. 홉스는 자신이 적절하다고 생각한 강제의 부재로서의 자유는 국가의 본질에 상관없이 국가에 의해 부여되는 강압적인 법에 의해 항상 침해된다고 보았다. 결론적으로 인민은 법이 침묵할 때에만, 그리고 법이 강제하지 않을 때에만 자유를 지닌다는 것이다. "그렇기 때문에 신민의 자유는 그들의 행동을 규제하는 데 있어서 주권이 묵과하는 경우에만 존재한다"(Hobbes, 1968: 264).

이러한 관찰을 바탕으로 홉스는 공화국의 시민들은 자유롭고 전제정의 신민은 자유롭지 않다는 사고, 또는 공화국이 자유로운 정체이며 전제정은 자유롭지 않은 정체라는 독특한 공화주의적 사고를 비웃었다. 이러한 두 종류의 국가 각각에서 신민은 법에 의해서 전적으로 강요되지 않는다는 동일한 의미에서 자유를 지닌다. 그리고 이 두 종류의 국가 각각은 다른 국가들에 자유롭게 저항하거나 침범할 수 있다는 공통적 의미에서만 스스로 자유롭다. 홉스는 공화국 루카와 전제정 콘스탄티노플 간의 대조를 통하여 이 점을 지적한다.

> 요즘 루카 시의 탑에는 큰 글씨로 리베르타스(LIBERTAS)라는 단어가 적혀 있다. 하지만 〔루카의 시민이〕 루카 공화국의 업무로부터 콘스탄티노플에서보다 더 많은 자유와 면제를 받는다고 추측할 수 있는 사람은 없다. 정치체제가 군주적이건 민중적이건 간에 자유〔의 측면에서〕는 다르지 않다(Hobbes, 1968: 266).

홉스는 자유에 대한 이러한 이해와 법과 자유의 관계에 대한 함의를 제시함에서 공화주의 사상의 전통에 강력하게 도전하였다. 이러한 도전의 궁극적인 목표는 권위주의 정부의 옹호였고, 이는 어떠한 법도 특별히 자유와 연관되지 않는다고 주장할 수 있는 좋은 근거가 되었다. 또한 이는 권위주의적 리바이어던의 법이 전통적 공화주의적 입장에서 보았을 때 잘못된 것으로 부정될 수 없다는 것과, 권위주의적 국가에 대한 그의 옹호론이 공감을 얻을 수 있었다는 것을 의미했다. 이러한 그의 주장은 웃어넘길 수 있는 것은 아니었다. 홉스는 그후 수세기 동안 널리 읽혔지만, 그의 독자들 중 대다수가 공화주의적 사고방식에 천착해 있었다는 것은 놀라운 사실이다. 가장 주목할 만한 예외가, 비록 홉스와는 다른 입장에 서 있지만, 또 다른 권위주의 사상가인 필머 경[26]이다. 필머 경은 완벽한 자유란 법의

---

26) 〔역주〕 로버트 필머 경(Sir Robert Filmer, 1588~1653). 영국의 정치

부재를 필요로 할 것이라고 주장하였다. 그에 의하면 "자유를 억제하는 것을 제외하면 법이라 할 수 없다"(Filmer, 1991: 268). 그는 이어 "그러나 그러한 자유는 어떤 공화국에서도 발견되지 않는다. 왜냐하면 다른 어떤 곳보다 〔공화국에서는〕 인민의 재산에 대한 법이 더 많고, 그 결과 자유도 더 적기 때문이다"라고 덧붙였다(p. 275).

홉스가 제기한 도전은 해링턴을 위시한 공화주의 진영에서는 만만하고 흥미롭게 받아들여졌다(Gwyn, 1965: 12). 해링턴은 《리바이어던》이 출판된 지 몇 년 후에 그의 저서 《오시아나》(*Oceana*)에서 이에 대해 언급하였다. 루카와 콘스탄티노플에 대한 구절을 인용하면서 그는 홉스의 주장이라고 생각한 부분에 대한 조롱을 멈추지 않는다.

> 산이 코앞으로 다가왔는데도 우리는 아직 주저하고 있다! 왜냐하면 루카인들이 루카의 **법으로부터**(*from*) 갖는 자유와 면제가 투르크인들이 콘스탄티노플의 법으로부터 갖는 것보다 많지 않다고 말하는 것과, 루카인들이 루카의 법에 의해서 갖는 자유가 투르크인들이 콘스탄티노플의 법에 **의해서**(*by*) 갖는 자유보다 많지 않다고 말하는 것은 다분히 다른 진술이기 때문이다 (Harrington, 1992: 20).

이론가. 켄트 주 이스트서튼의 에드워드 필머 경의 아들로 태어나 케임브리지의 트리니티 칼리지에서 수학, 찰스 1세에게 기사작위를 수여받았다. 그는 왕정의 열렬한 옹호자였으며, 그의 집은 의회파에 의해 10번이나 불법점거를 당했다고 전해진다. 국왕과 하원 사이의 대논쟁이 발생할 때 이미 그는 중세적 왕당파 사상을 지녔으며, 가장 극단적인 왕권신수론자로 분류되었다. 그의 주장은, 하느님의 권위가 아담에게 전해졌으며, 그 후로 이 세상의 모든 삶과 죽음을 관장하는 절대권력은 노아를 거쳐 현재의 군주에게까지 가부장적으로 전해졌다는 것이다. 그의 왕권신수설은 로크가 자신의 주장을 전개하면서 주요 비판의 대상으로 삼았던 것이기도 하다.

해링턴에게는 법으로부터의 자유가 큰 의미를 지니지 않는 데 반해, 적절한 의미에서의 자유란 법에 의한 자유, 즉 시민권이라는 의미에서의 자유이다. 그에 따르면 법으로부터의 자유는 어떤 정부와도 연관해서 얘기할 수 있지만, 법에 의한 자유는 오직 특정 국가, 실제로는 오직 공화국과 그와 유사한 체제에 연관해서만 얘기할 수 있다. 그는 우리가 앞서 이미 주목한 〔루카인과 터키인 간의〕 대조를 통해 자신의 메시지를 다음과 같이 강조한다. "가장 높은 파샤일지라도 그 재산뿐만 아니라 이성의 측면에서 군주의 의지하에 놓인 차용인인 반면, 토지를 소유한 루카인은 가장 비천한 이라 할지라도 이 둘을 모두 가진 자유인이며 법을 제외하고는 어떤 것에 의해서도 통제받지 않는다는 사실은 잘 알려져 있다." 여기서 해링턴이 말하고자 하는 바는, 루카에서는 어느 누구도 그들에 대해 자의적 권력을 갖지 못하도록 보장함으로써, 법이 시민을 자유롭게 한다는 것이다. 이러한 사실은 콘스탄티노플에서 신민에게, 심지어는 파샤에게 일어나는 것과 극명하게 대조된다.

그러나 루카의 법 그 자체가 자의적인 의지를 부과하는 것이라면 어떻게 될까? 해링턴은 친숙한 공화주의적 구절로, 루카의 법은 "인간의 제국이 아니라 법의 제국이다"라고 말한다(Harrington, 1992: 8). 그가 계속해서 언급하는 것처럼 보다 구체적으로 루카의 법은 "모든 개별적 인간들이 자신들의 개인적 자유를 보호하려는 목적만을 위해 제정된 것이다(그렇다면 그들은 자신들에게 감사할 것이다). 이로 인해 공화국에 자유가 찾아온다." 이러한 추가적 언급에서 그는 두 가지 작업을 하고 있다. 첫째, 만약 법에 의한 자유가 루카에 존재한다면, 이는 그 법이 개인들의 보호 또는 자유를 위해 그들 자신에 의해 제정되었기 때문임을 분명히 하였다. 따라서 그들은 오직 자신들만을 비난할 수 있거나, 해링턴이 말했듯이 그들 스스로에게 고마워

할 수도 있다. 둘째, 홉스에게는 미안한 얘기지만, 우리가 루카 공화국의 자유에 대해 언급할 때 공화국이란 다른 국가들에 저항하고 그들을 막아낼 자유가 있는 국가가 아니라(다른 국가들에 대해 자유롭게 저항하고 방어한다는 의미가 아니라) 시민들을 위한 자유를 창조하는 데 적합한 법을 지닌 국가를 의미한다는 점을 그는 분명히 한다.

휘그 또는 공화파 전통과 궁극적으로 미국 혁명을 유도한 〔공화주의〕 전통은 홉스와 〔해링턴이〕 주고받은 이러한 논쟁에서 주저 없이 해링턴의 편을 든다. 우리가 보았듯이 공화주의 전통에서 자유의 반대로 제시되는 것은 모든 종류의 강제가 아니라 지배 또는 노예상태이다. 그 결과 이 전통에서는 법이 그 안에서 살아가는 사람들의 자유를 불가피하게 감소시킨다는 주장이 거의, 또는 전혀 없다. 이와는 반대로 올바른 법은 자유의 원천으로 여겨진다.[27)]

로크는 비록 그의 합리적이고 계약론적 시각의 독창성으로 인해 특이한 위치에 서 있지만, 공화파 전통의 좋은 예이다(Robbins, 1959: 58~67: Tully, 1993). 그리고 로크는 법과 자유에 대한 논쟁에서 분명 해링턴과 같은 입장에 있다. 그는 "절대적이고 자의적인 권력으로부터의 자유"는 본질적인 것, 그리고 노예상태와 대조적인 것이라고 주장한다(Locke, 1965: 325). 그리고 필머와는 명백히 반대되는 입장에서 법은 자유를 창조한다고 주장한다. "〔법이라는〕 해악은 오직 수렁과 절벽으로부터 우리를 보호해주는 울타리라고 불릴 만하다. … 법의 목적은 자유를 폐기하거나 구속하는 것이 아니라 보존하고 확장하

27) 이에 대한 분명한 (그리고 아마 우연한) 반대자가 알제르논 시드니이다. 그는 공화주의적 자유를 "타인의 의지로부터의 독립"(1990: 17)이라고 간주하지만, 사회생활은 사회를 벗어나 누릴 수 있는 종류의 독립을 끊임없이 훼손한다고 생각했던 것 같다(p. 31). 이〔러한 차이〕는 그가 공화주의자들 중에서 예외적으로 모든 정부는 "자의적 권력"을 지닌다(p. 570)고 생각했기 때문일 것이다.

는 것이다"(Locke, 1965: 348).[28]

프라이스(1991: 27)는 법과 자유, 또는 보다 일반적으로 정부와 자유라는 주제에서 특히 직설적이다. "공공의 자유를 외부의 침해로부터 보호하는 동시에 사적인 상해로부터 개인의 자유를 보호하는 것이 모든 정의로운 정부의 목적이다. 따라서 나는 사적인 자유를 침해하는 것이 정부의 본질에 속한다고 말하는 것은 엄밀하게 말해 옳다고 생각하지 않는다." 그리고 다시 "그렇기 때문에 정의로운 정부는 자유를 침해하는 것이 아니라 확립한다. 〔또한〕 인간의 권리들을 빼앗는 것이 아니라 보호하고 공고히 한다"(p. 81)고 언급한다. 프라이스는 법과 자유의 관계에 대한 이러한 입장을 비지배 자유와 명시적으로 연결시킨다. "시민 또는 공동체를 자유롭다고 부를 수 있는 〔근거〕는 단순히 자유를 소유했다는 … 사실이 아니라, … 자유로운 정부로부터 발생하고 이를 빼앗아갈 다른 권력이 존재하지 않을 때 생기는 자유의 소유에 대한 안전이다"(Price, 1991: 82).

자유와 법, 또는 좀더 일반적으로 자유와 권위에 대한 프라이스의 입장은 18세기 영국과 미국에서는 상식적인 것이었다. 법 없이 자유는 없으며 — 즉, 적절하고 시민적인 의미에서의 자유는 법 없이 존재하지 않으며 —, 영국의 현존 헌법하에서 수립된 법적 질서는 특히 자유를 만들어내는 데 매우 적합하다는 것이 당시의 일반적 견해였다. 에반스[29](1775: 20)는 다음과 같이 적절하게 핵심을 지적한다.

---

28) 로크는 자신이 본문에서 언급된 공화주의 사상의 영향을 받았다는 증거를 보여주고 있기는 하지만, 법이 자유를 침해하지 않는다는 그의 주장은 ① 자유롭다는 것은 이성에 종속되어 있다는 견해, ② 법은 이상적으로 이성의 지배를 의미한다는 견해의 영향을 받았을 수도 있다.

29) 〔역주〕 칼렙 에반스(Caleb Evans, 1737~1791). 영국의 침례교 성직자이자 교육자. 브리스톨 침례교 아카데미의 교장을 역임하면서 능력 있는 복음주의 성직자를 양성하는 데 힘썼다. 그는 아카데미를 교회로부터 분

"법의 목소리가 자유의 목소리라는 점은 영국 헌법의 탁월한 본질이다. 영국의 법은 자유의 법이다."

많은 이들이 그러했듯, 에반스의 생각은 1740년대에 출판된, "정치적 자유가 헌법의 직접적인 목적인 세계에서 단 하나뿐인 국가"(몽테스키외, 1989: 156)라는 영국에 대한 몽테스키외의 논평에 친숙한 사람들에게는 자연스러웠을지도 모른다. 몽테스키외〔의 저작〕는 18세기 영국과 미국에서 광범위하게 읽혔고, 블랙스톤 경[30]이 1760년대에 출판한 영국법에 대한 기념비적인 주석서에 지대한 영향을 주었다. 블랙스톤(1978: 126)은 다음과 같이 썼다. "법은 신중하게 고안될 때 결코 자유를 파괴하지 않으며 오히려 자유를 창출한다. 왜냐하면 (로크가 잘 관찰한 것처럼) 법이 없는 곳에는 자유도 없기 때문이다."

리하고, 개인과 교회 양측으로부터 지원받아 건전한 재정적 기틀을 만들어 신앙심 깊은 사제 후보자를 양성하였다. 그의 이런 개혁적 움직임은 영국과 웨일즈 지역의 여타 침례교 학교들에까지도 지대한 영향을 끼쳤다. 그의 제자인 윌리엄 스터튼(Willian Staughton)은 미국으로 건너가 조지워싱턴대학의 전신인 컬럼비아 칼리지(Columbia College)를 설립하였다.

30) 〔역주〕 윌리엄 블랙스톤 경(Sir William Blackstone, 1723~1780). 영국의 법률가이자 법학교수. 옥스퍼드대학 졸업 후 동 대학의 펠로를 거쳐 웨스트민스터 법정에서 근무하였지만 별다른 성공을 거두지 못한 채 다시 옥스퍼드대학으로 돌아와 법학교수를 역임했다. 본문에서 언급되는 주석서인 《영국법 주해》(*Commentaries on the Laws of England*)는 보통법에 대한 역사적이고 분석적인 저작이다. 이 책은 미국 대법원에서 광범위하게 인용되었으며, 특히 독립전쟁 이전의 역사적 논쟁들에 관련해서는 독보적인 위치를 지녀왔다. "10명의 범죄자가 도망치는 것은 1명의 무고한 이가 고통받는 것보다 낫다"는 블랙스톤의 공식(*Blackstone Formulation*)은 미국의 보통법 법정에서 널리 받아들여지고 있다.

6. 불간섭 자유의 부상

공화주의 전통에서는 자유를 불간섭이 아니라 비지배로 간주했다는 점은 충분히 강조했다. 이 둘 중 어떠한 개념을 옹호하더라도 간섭과 지배가 모두 존재한다면 인간이 자유를 누리지 못한다는 점에는 동의할 것이다. 그들은 또한 간섭도, 지배도 없을 때 인간이 자유롭다는 점에도 똑같이 동의할 것이다. 이들의 구별은 간섭과 지배가 나뉘는 바로 그 지점에서 이루어지며 이는 첫째, 간섭은 없으나 지배는 있는 간섭하지 않는 지배자의 시나리오와 둘째, 간섭은 있으나 지배는 없는 지배하지 않는 간섭자—이상적인 법—의 시나리오이다. 바로 앞의 두 절의 논의에서 우리는 공화주의자들이 이 두 시나리오 모두를 비지배 자유에 부합하는 방식으로 바라보고 있다는 점을 살펴보았다. 친절한 지배자는 신민들을 실제로 간섭하지는 않지만, 이들을 지배하면서 자유를 빼앗는다. 잘 조직된 법은 신민들을 간섭하지만, 지배하지 않기에 그들의 자유를 빼앗지 않는다.

자유를 공화주의 전통에서처럼 비지배로 보지 않고 불간섭이라고 주장한 최초의 인물이 홉스라는 점은 앞에서 확인했다. 그에게 자유란 물리적 강제와 위협에 의한 강제의 부재였다. 이러한 주장을 통해 그가 자유는 공화주의적 법률—또는 권위주의적이지는 않은 법률—의 산물이라는 공화주의적 사고에 도전할 수 있었다는 점도 앞서 언급했다. 그러나 나는 이와 같은 홉스의 사상을 따랐던 사람으로 오직 한 명만을 언급했다. 바로 또 다른 권위주의자인 로버트 필머 경이다. 그렇다면 홉스적 자유의 개념이 통용되기 시작한 것은 언제였을까? 불간섭 자유가 비지배 자유의 이상을 대체한 것은 과연 언제였을까?

내 주장은 불간섭 자유가 홉스와 필머 같은 일련의 사상가들의 저술에서 처음으로 주목받기 시작했다는 것, 그리고 이들은 법이란 강제이기 때문에 불간섭 자유의 관점에서 볼 때 공화주의 정부 혹은 권위주의적이지 않은 정부를 신성시할 것이 전혀 없다고 주장하는 데 관심이 있었다는 것이다. 내가 염두에 두는 사상가들은 모두 미국 독립의 명분에 대해서 반대했고, 특히 그러한 명분을 구체화한 공화주의의 수사에 반대했다.

이러한 입장을 취했던 이들 중 가장 좋은 예가 린드(John Lind)일 것이다. 그는 1770년대 중반, 당시 영국 수상이었던 노스 경(Lord North)을 변호하는 팸플릿 집필자로 활동했다. 린드는 수많은 저작 — 프라이스의 주장을 반박하며 익명으로 출간된 《프라이스 박사에게 보내는 세 편지》(*Three Letters to Dr Price*) (Lind, 1776)를 포함해서 — 에서 미국 독립의 명분에 대해 체계적으로 반박했다. 비록 홉스를 거론하지는 않았지만, 그의 주장은 자유란 "강제의 부재 이상도 이하도 아니다"라는 홉스의 핵심적 가정에서 출발한다. 이때 강제는 물리적이거나 도덕적일 수도, 물리적 구속이나 억제를 수반할 수도, "고통스런 사건에 대한 위협"과 결합된 구속 또는 억제와 연관될 수도 있다. 그는 자유를 이런 식으로 이해하는 것은 프라이스의 저술에서 발견되는 자유 대 노예상태라는 대조를 한편에는 자유, 다른 한편에는 구속 또는 억제 — 한마디로 말해 간섭 — 라는 매우 상이한 대비로 대체함을 의미한다는 것을 잘 알고 있었다.

자유를 홉스식으로 개념화하면서 린드는, 홉스가 그랬던 것처럼, 모든 법은 인간의 자유를 침해하는 것이라고 주장했다. "법이란 모두 강제적이다. 이들은 구속 또는 억제의 효과를 지니며 우리로 하여금 무엇을 하게 하거나 하지 못하게 강요한다. 내 재산을 지키는 법이 당신에게는 구속이며, 당신의 재산을 지키는 법은 나에게는 구속이다." 린드에 따르면, 자유로운 국가에서 최고의 권력(입법부)은 타인들을 구속 또는 억제하는 한에서만 각자의 자유를 보호한다. 이런 구속 또는 억제를 통해 "법이 적용되는 다른 모든 신민들은 제약을 받지만" 각자에게는 자유가 주어진다.

홉스는 리바이어던의 신민들이 공화정의 시민보다 자유의 측면에서 더 나빠질 수 없다는 주장을 하기 위해 그의 자유의 개념을 사용했다. 홉스는 〔리바이어던의〕 신민들이 다른 의미에서 더 좋아질 수도 있다고 생각했다. 두 체제 모두에서 인민은 법적 재량에 맡겨진 일부 영역을 지닌다는 의미에서 자유를 가진다. 린드는 비슷한 맥락에서 미대륙 식민지에 거주하는 영국의 신민들이 영국 본토의 신민들보다 더 자유롭지도, 덜 자유롭지도 않다고 주장하면서 이 개념을 사용한다. 식민지의 법률체계에서 자유와 근본적으로 반대인 것은 아무것도 없다는 것이다.

그는 미국의 사례를 말하면서 "우리가 주의를 기울이는 것은 하나의 주가 다른 주에 대해 행사할 수 있는 권위가 아니라, 주지사라고 불리는 공동체의 한 요소가 신민이라고 불리는 그 공동체 안의 다른 요소에 행사할 수 있는 권위"라고 주장한다. 그리고 프라이스의 말처럼 미국인들은 자신이 통제할 수 없는 "무시무시한 권력"하에 놓인 노예의 위치에 있기는커녕, 영국 본토의 인민들과 똑같은 경로에 놓여 있다고 지적한다. "프라이스 경, 하나 물어봅시다. 이 권력이 무시무시하긴 하지만 만약 이 권력이 같은 제국 안에서 다른 모든 곳에 거주하는 모든 신민들을 대상으로 동일한 사람들에 의해서 행사되지 않는다면 어떻겠소? 사실 그렇다오."

물론 〔영국이〕 미대륙의 식민지들을 예속시키지 않으면서도 이들 식민지주의자들이 영국의 통치를 잘 행했을 수도 있었고, 린드가 지적한 것처럼 더 많은 안전 또는 행복을 양산해내지 못했을지도 모른다. 그러나 이 부분에서도 린드는 낙관적이다. 그는 영국의 통치자들이 미국의 신민들과 공유하는 이익이 있다고 주장한다. 그리고 "미국에 거주하는 영국 신민들의 이익은 영국에 거주하는 영국 신민들의 이익처럼 영국 국회의원들에게 소중한 것이어야 한다"고 주장한다.

프라이스에 대해, 보다 일반적으로 미국 독립의 명분에 대해 이런 식으로 반대한 팸플릿 집필자는 비단 린드만이 아니다(Hey, 1776을 보시오). 그러나 공화파 전통이 지배적이었다는 점을 감안할 때, 그리고 홉스가 많은 호응을 받은 권위자가 아니었고, 해링턴이 홉스보다 훨씬 더 큰 반향을 일으켰다는 사실을 감안할 때, 이러한 사상은 어디에서 기원한 것일까?

기원의 문제는 우리가 생각하는 것처럼 그렇게 드라마틱하지는 않을 수도 있다. 18세기에는, 심지어 공화주의 전통 안에서도 적절한 시민적 자유를 자연적 자유—즉, 홉스와 로크로 인해 우리들에게 친숙해진 자연상태에서 인간이 누리는 자유—와 구분하는 것이 관습적이었다(Blackston, 1978: 125~126). 대부분의 공화파들에게 법은 구속하기 때문에 자연적 자유를 감소시킨다고 인정하는 것은 쉬운 일이었을 것이다. 왜냐하면 자연적 자유는 적절한 자유(*liberty proper*)라고 간주되지 않았기 때문이다. 반대로 자연적 자유는 적절한 자유의 실현에 있어 장애가 되는 것, 즉 방종과 연관되었다(Reid, 1988: 34). 자연적 자유라는 범주가 유효해지면서 홉스식 사고를 지닌 사람들이 솔직한 태도를 지니게 되었을지도 모른다. 이는 그들이 자유를 자연적 자유와 일치시키고 시민적 자유에 대한 논의를 배제시킴으로써 자신들의 관점을 주장할 수 있었다는 점을 의미했다. 자유를 자연적 자유와 결합시킨다면 린드와 같은 주장이 나오는 것은 어려운 일이 아니다.

그러나 이러한 관찰이 옳고 그름을 떠나서 린드와 그 밖의 사람들이, 자유를 강제의 부재로 바라보는 데 있어 자신이 거대한 돌파구를 마련했다고 생각했던 한 사람을 접하면서 반(反)-미대륙적 저술들을 쓰는 데 직접적인 영향을 받았다는 점은 주목할 만하다. 이 사람이 바로 미국 혁명의, 나중에는 프랑스혁명의 비판자였던 벤담이다(Hart, 1982: essay 3). 린드는 〔그를〕 "아주 훌륭하고 명석한 친구"라고 언급하면서 벤담이 자신의 자유의 개념에 미친 영향력을 인정했다. 이는 벤담이 1776년 4월에 쓴 린드의 초기 논문에서 자신이 언급되지 않았다고 불평했기 때문에 생긴 결과였다. 롱(Long, 1977: 54)은 벤담이 린드에게 보낸 편지에서 그러한 자유의 개념이 "자신의 〔사상〕 체계의 주춧돌"이기 때문에 그 개념의 저자로 인정해달라고 요구한 내용에 주목한다.

> 자유의 관념이 적극적 의미를 전혀 내포하지 않았다는 것, 이는 전적으로 소극적이라는 것, 따라서 제가 자유를 "구속의 부재"라고 정의했다는 것에 대해서 당신과 대화를 나눈 후로 반년이 지났는지, 1년이 지났는지, 아니면 그 이상이 지났는지 정확하게 기억하지는 못합니다. 제가 〔구속에 더해〕 "억제"〔라는 단어〕를 덧붙인 것 같지는 않아요. 이는 당신이 덧붙인 것입니다.

벤담이 자신의 자유 개념을 일종의 발견이라고 생각할 수 있었다는 사실과 그 개념이 미국 독립의 명분에 대한 비판이라는 중요한 이데올로기적 목적으로 사용될 수 있었을 때 등장한 사실은, 홉스의 자유 관념이 18세기 후반 이전에는 그다지 영향을 미치지 못했다는 주장을 설득력 있게 뒷받침한다. 그 이전까지 영어권에서는 비지배 자유라는 공화주의적 자유의 개념이 확고하게 군림하고 있었다. 홉스의 개념은 역사적 관심에서 잊혀져 있다가, 영국의 미국 식민지에서의 예속과 지배에 대한 불평, 즉 자유를 누리지 못하는 것에 대한 불평을 잠재우는, 중요한 이데올로기적 역할을 할 수 있으리라는 기대가 갑자기 생겨났을 때에 재천명되었던 것이다.[31)]

31) 홉스의 자유의 개념은 정치영역 밖에서 영향력이 있었을 수도 있다. 예를 들어 터커(Abraham Tucker)의 저술에서 이는 명확하게 보인다. 비록 홉스의 이름을 언급하지는 않았지만, 터커는 철학과 신학에 대한 1760년대의 저술에서 어떻게 "신의 섭리"가 인간의 자유와 일치될 수 있는지의 문제를 극복하기 위해서 홉스의 자유 개념을 차용했다. 그는 자유란 "구속이나 무력"의 부재로 구성되어 있기 때문에, 신의 계획 및 예지와 일치한다고 주장한다. 그러나 이러한 신(神)의 개입이 자유에 해로운 강제와 같은 것을 의미하는 것은 아니다(Tucker, 1834: 541ff.). 이 주장은 그 자체적 인과의 기원에 의해 필요하다고 간주되는 자유롭거나 혹은 방해받지 않은 행위와는 아무런 문제가 없다고 주장하는 홉스 자신(1968: 263)을 연상시킨다. 홉스의 자유 개념에 대한 터커의 원용은 앞으로 논의할 벤담과 페일리에게도 영향을 미쳤을 것이다. 그는 초기 공리주의자였으며, 페일리에 의해 선구자, 심지어는 권위자로까지 인정되었다(1825: pp. xv~xvi).

7. 불간섭 자유의 승리

만약 지금까지의 이야기가 정확하다면 불간섭 자유는 홉스나 필머와 같은 권위주의자들의 저술에서 먼저 나타났고, 그 후에 미국의 독립에 반대했던 토리당 내부에서 어느 정도의 대중성을 얻었다. 그다지 순조로운 출발은 아니다. 이 개념이 상대적으로 초라한 기원에서 출발하긴 했지만, 단지 권위주의자들과 반동주의자들 사이에서만이 아니라 이를 민주주의와 자유라는 대의를 진척시키는 것으로 바라본 사람들 사이에서도 급속도로 명성을 얻었다.

불간섭 자유가 명성을 얻게 된 근원 중 하나는 물론 벤담 자신이었을지도 모른다. 왜냐하면 벤담의 사상이 보다 개혁적이고 진보적으로 변할수록, 그리고 급진적인 영국의 정치사상을 형성하고 그 자신이 미국의 독립에 대해 보다 긍정적으로 생각할수록, 강제의 부재라는 자신의 자유 개념을 유지했기 때문이다. 오히려 강제의 부재로서 자유의 개념을 근대적 개념으로 확립시키는 데 가장 지대한 공을 세운 사람이 바로 벤담일 것이다. 롱(1977: 43)이 언급한 것처럼, "벤담은 규제행위를 통해 주권자가 신민들의 자유가 지닌 가치를 증진시킬 수 있다고 주장했지만, 주권자로부터 나오는 모든 규제행위들이 자유를 파괴한다는 사실에 대한 관심의 끈을 결코 놓치지 않았다." 벤담은 이 점을 계속 강조했다. "개인이 개인에게 부여할 수 있는 강제에 비례해서 자유가 한 사람에게 주어질 수는 없지만, 다른 이에게서 빼앗는 것에 비례해서는 〔자유가 한 사람에게 주어지는 것이〕 가능하다. 그렇기 때문에 모든 강압적 법은… 그리고 특히 자유를 창조하는 모든 법들은 '그 법들이 존재하는 한' 자유를 폐기한다"(Bentham, 1843: 503).

불간섭 자유라는 새로운 개념이 대중성과 명성을 얻는 데 결정적 기여를 한 것으로 생각되는 두 번째 인물은 바로 19세기에 지대한 영향을 끼친 또 다른 공리주의자 페일리(William Paley)[32] 이다. 아마도 페일리는 비지배 자유—자의적인 간섭으로부터의 안전이라는 자유—라는 수용된 개념에서 불간섭 자유로의 전환을 정확하게 인식하고 이를 실제로 주장했던 당시의 유일한 저술가였을 수도 있다. 그는 1785년에 처음 출판된 《도덕·정치철학의 원칙들》(*The Principles of Moral and Political Philosophy*) (Paley, 1825)에서 놀랄 만큼 명료하게 자신의 논리를 전개한다.

페일리는 이 책에서 "존경받을 만한 수많은 저술가들의 사례뿐만 아니라 공통적 담론에서 사용되는" 시민적 자유의 일반적 개념은 비지배 자유라고 인정한다. "이 사상에서 자유는 안전을 의미한다. 즉, 자유란 단지 쓸모없고 유해한 법에 의한 억제와 지배하려는 행위로부터 실제로 면제된다는 데 있는 것이 아니라 앞으로 부과되거나 행사될 위험으로부터 자유로워진다는 데에 있다"(강조는 원문에서). 그는 이렇듯 자유를 안전으로 이해하는 사상가들은 관련된 위험에 대해 어떻게 최선의 보장을 할 수 있을까라는 질문에 주목하는 경향이 있다고 말한다. 이에 대해서 나올 수 있는 답변들을 열거하면서, 그는 우리에게 현대 공화주의 사상에 대한 개략적 내용을 제공한다(Madison et al., 1987: 119 참조).

32) 〔역주〕 윌리엄 페일리(William Paley, 1743~1805). 영국의 신학자, 철학자, 공리주의자, 기독교 옹호론자. 영국 피터보로 태생. 케임브리지대학의 크라이스트 칼리지에서 교육을 받았으며, 이후 이 학교의 교수로 재직하면서 형이상학, 도덕론, 그리스어 성경 등을 강의했다. 이후 성직자의 길을 걸었고, 노예무역을 적극적으로 옹호했다. 그의 도덕론은 18세기 공리주의에 있어 최고의 저술로 꼽히며, 이후 벤담 등에 영향을 미쳤다고 평가된다.

페일리는 〔비지배 자유라는〕 널리 수용된 시민적 자유의 개념 대신, 벤담학파에 속하는 견해를 옹호했다. 그에 따르면, 어떤 법은 다른 법보다 좋기도 하지만, 법은 개인의 의지를 구속함으로써 공공의 행복에 더 크게 이바지한다. "자유로운 인민이 지니는 법은 신민의 개인적 의지에 대해 어떠한 구속도 가하지 않으므로 공공의 행복에 크게 도움이 되지 않는다"(Paley, 1825: 355). 따라서 페일리는 구속, 특히 의도적인 구속의 부재 이상도 이하도 요구하지 않는 자유 — 또는 최소한 그가 좋아하는 표현에 의하자면 "개인적 자유" — 에 대한 구상을 견지했다. 그는 비지배 자유를 증진시키기 위해 법이 필요한 것처럼, 이러한 〔구속의 부재로서의〕 자유를 증진시키기 위해서도 법이 필요하다는 점을 인정한다. 하지만 그는 법 그 자체가 자유를 박탈하는 것임에도 불구하고 법은 자유를 증진시킨다는 점을 명확히 했다. 그는 다음과 같이 주장한다. "첫째, 구속 그 자체는 해악이다. 둘째, 구속이 가져올 해악보다 공공이익이 더 커야 한다. 셋째, 이때 공공이익의 근거는 입법부에 있다. 넷째, 법이 가시적으로 좋은 성과를 내지 못하도록 만들어졌다면, 폐지되는 데 있어 충분한 사유가 된다"(p. 355).

자유 — 최소한 개인적 자유 — 가 어떠한 종류의 구속과도 반대되고, 법이 이러한 자유의 침해를 의미한다는 주장을 옹호하는 페일리의 근거는 무엇인가? 이 질문은 충분히 제기할 가치가 있다. 왜냐하면 그의 책들은 19세기 광범위하게 읽혔고, 그가 제기한 고민들은 다른 사람들에게도 명백하게 영향을 끼쳤기 때문이다.

페일리의 주장 중 하나는 대안적 입장을 취했던 사람들, 즉 자유를 자의적 간섭에 대한 안전이라고 생각했던 사람들이 수단과 목적을 혼동하고 있다는 것이다. "그들은 자유 그 자체보다는 자유를 보호하고 유지하는 기제에 대해 더 많이 서술한다"(p. 359). 이러한 주장은 벤담에 대한 불만을 담은 저술에서도 발견된다. “귀중하고도 견줄 수 없는 법의 역할이 자유가 아니라 안전에 있다는 주장처럼, 자유라는 이름하에 있는 것이 너무도 과장되어 있다”(Long, 1977: 74).[33]

불간섭 자유에 대한 페일리의 옹호에서 나타나는 두 번째 주제는 벤담의 고민뿐만 아니라(Long, 1977: 제 4장), 린드의 고민(1776: 25)에서도 두드러지게 나타난다. 바로 자유를 불간섭으로 정의내리는 것이 비지배로 정의내리는 것보다 과학적으로 볼 때 더욱 만족스럽다는 것이다. 페일리는 불간섭이 “찬사와 신중하지 않은 열변”이라는 요건보다 “공정한 사유 또는 정확한 지식”이라는 요건에 해당한다고 언급한다(Paley, 1825: 359~360). 예를 들어 자유를 불간섭으로 정의내리는 것은 노예상태에 대한 과장된 언급을 폐기시킨다. 거의 절대적 형태의 많은 표현들을 사용해 자유로운 인민, 노예의 국가에 대

33) 서론에서 논의했던 것처럼, 공화파 전통을 포함하는 자유주의의 한 견해를 옹호하는 입장에서 홈즈(1995: 245)는 물리적이고 심리적인 안전이라는 관념이 자유주의자들에게는 중요했다고 주장한다. 그는 벤담(1871: 97)을 인용해 자유란 “안전의 한 갈래”라는 영향을 언급한다. 그러나 홈즈가 언급한 맥락에서 볼 때, 벤담이 비지배 자유의 관점을 옹호하려 하지 않았다는 점은 명확하다. 이러한 맥락에서 벤담은 다음과 같이 언급한다(1871: 94). “법은 의무를 만들어냄으로써 그와 동등한 정도로 자유를 침해한다”. 벤담은 여기서 논의되는 형식상의 의미에서보다, 예기되는 불간섭을 증가시키기를 원한다는 확률적 의미에서, 즉 (자의적) 간섭, 심지어는 간섭하지 못하도록 방해되지 않은 잠재적 간섭자가 실행할 것 같지 않은 종류의 (자의적) 간섭에 대한 인민의 면역성을 증가시키기 원한다는 의미에서, 일부의 자유주의자들이 불간섭으로서의 안전에 대해서 관심을 가졌을지도 모른다고 언급했다. 그들은 비자발적인 위험을 감소시키기를 원한다는 의미에서의 안전에 관심을 가졌을지도 모르지만(예를 들어 Miller를 참조. 1977: 294~295), 타인의 권력에의 노출을 감소시키기를 원한다는 의미에서의 안전에는 관심을 가지지 않았을 것이다. 이 주제에 대해서는 뒤에서 다룰 것이다.

해서 말하는 대중적 어구와, 어떤 혁명은 자유의 시기라 부르고 다른 혁명은 자유의 상실이라고 부르는 대중적 어구를 거부하는 것이다. 〔불간섭이라는 자유의〕 새로운 정의는 이미 확립된 개념과는 달리 우리에게 항상 완벽하게 존재하거나 완벽하게 부재하지는 않지만, 어느 정도 실현될 수 있는 이상(*ideal*)을 제시해준다(p. 356). 프라이스의 노예에 대한 언급에 대한 린드(1776: 25)의 아이러니한 독설도 비슷한 점을 지적한다. "〔그의 언급에서〕 사물은 항상 최대치이거나 최소치여야 한다. 그 중간에 위치하는 단계는 없다. 흰색이 아니면 검정색이어야 하며 모든 것이 흡수되거나 아니면 똑같이 반사되어야 한다"(Hume, 1994: 에세이 11을 보라).

이 중, 우리의 관점에서 볼 때 가장 흥미로운 것은 페일리가 비지배 자유의 개념에 대해서 제시하는 세 번째 불평일 것이다. 그는 비지배 자유의 이상은 정부에 대해서 지나치게 너무 많은 것들을 요구하며 국가에 불합리한 목표를 부과하고 있다고 주장한다.

> 경험적으로 달성 불가능한 시민적 자유를 반드시 필수적인 것으로 만듦으로써 절대 만족될 수 없는 기대들을 부채질하고, 정부의 어떠한 지혜나 선의로도 잠재울 수 없는 불평들로 대중들의 만족을 방해하는 그러한 자유의 개념정의는 거부되어야 한다(Paley, 1825: 359).

페일리가 비지배 자유를 "너무나 난해한"이라는 범주 안에 집어넣으면서 어떤 생각을 하고 있었는지를 정확히 아는 것은 어렵다. 그러나 비지배 자유의 이상이 지나치게 많은 것을 요구한다는 지적은 앞으로 내가 다룰 계열 — 신(新) 공화주의(*neo-republican*) 계열 — 과 궤를 같이 한다. 비지배 자유라는 공화주의적 이상은 사실 우리의 사회적 정치적 제도들이 둥지를 틀기에는 너무 난해하며 까다롭다는 페일리의 지적에 나는 동의한다. 비지배 자유의 이상은 전통적 사회생활에 있어 급진적 변화를 요구하며, 이러한 변화를 만드는 명분에서는 비지배적 법에 의지하는 것을 정당화한다. 그러나 페일리 시대의 국가들과 달리 현존하는 국가는 이러한 이상을 현실화할 수 있는 충분한 능력이 있다고 생각한다는 점에서 나는 페일리와 의견을 달리한다.

비지배 자유의 이상이 지닌 난해함은 근대 이전의 공화주의적 사상에서는 문제가 되지 않았을 수도 있다. 왜냐하면 근대 이전의 사상가들 사이에서는, 국가는 소수의 남성 엘리트—즉, 시민을 이루는 재산을 소유한 사실상의 주류 남성들—만을 위한 이상을 달성하려 한다는 것은 두말 할 필요도 없었기 때문이다. 해링턴(1992: 269)은 이러한 점을 다음과 같이 분명히 언급한다. "스스로의 힘으로 삶을 영위할 수 없는 사람은 하인이 될 수밖에 없다. 그러나 스스로의 힘으로 살아갈 수 있는 사람은 자유인이다." 그러나 비지배 자유의 이상이 지닌 난해함은 계몽주의 시대인 18세기에 들어, 인간은 평등하며 사회정치적 제도들 앞에서 평등하게 대우받아야 한다는 주장이 점점 더 일반적인 가정이 되면서 문제점을 드러내었다.

고용 또는 서비스에 대한 지배적 개념이 주인의 의지에 복종하는 것을 의미할 때, 피고용인들—혹은 그들이 그랬던 것처럼 하인들—이 비지배의 지위를 향유하는 것을 보장하는 국가를 어떻게 기대할 수 있을까? 그 지배적 개념은 하인은 왜 비지배의 향유를 기대할 수 없는가를 설명한 시드니의 언급에서 잘 나타난다. "그(내 하인)가 아무리 나를 최고로 섬긴다 해도 내 방식대로 나를 섬겨야 하며 그렇지 않다면 해고될 수밖에 없다. 또한 내가 하인을 둘 의향이 없거나 나를 더 기쁘게 하는 누군가가 있다면, 그를 쫓아내도 내게는 아무런 잘못이 없다"(Sydney, 1990: 548~549).

여성들이 아버지나 남편의 의지에 종속되어 있다는 시각이 〔사회적으로 이미] 수용되어 있을 때, 여성이 비지배의 위치를 향유할 수 있도록 보장하는 국가를 어떻게 기대할 수 있을까(Pateman, 1988)? 예를 들어, 17세기에 애스텔[34]이 공화주의자들에게 제기한 문제(Hill, 1986: 76)는 어떻게 해결될 수 있을까?

> 모든 남성들이 자유롭게 태어난다면, 어떻게 해서 모든 여성들은 노예로 태어나는 것일까? 그[여성]들이 그래야만 하는 것처럼, 비일관적이고 불확실하며 누군지 모르는 남성들의 자의적 의지에 종속되는 것은 노예의 완벽한 조건이지 않는가? 게다가, 우리의 주인들이 그렇다고 말하는 것처럼, 자유의 핵심이란 생활을 규정하는 규칙을 가지는 데에 있지 않는가?[35]

린드가 이러한 지적을 의도적으로 강조한 것은 아니지만, 그는 프

---

34) [역주] 메리 애스텔(Mary Astell, 1666~1731). 영국의 페미니즘 저술가. 여성에게도 동등하게 교육받을 권리를 부여해야 한다는 주장으로 영국 최초의 페미니스트라고 불리기도 한다. 영국 뉴캐슬의 중상류층 가정에서 태어났으며, 석탄회사를 운영한 그의 아버지는 보수적인 왕당파 성공회 신자였다. 알코올 중독으로 성직을 박탈당한 삼촌에게 개인교습을 받으면서 성장했으며, 후에 런던에 거주하면서 메리 처들리, 엘리자베스 토마스, 주디스 드레이크 등 당대의 영향력 있는 여성들과 교류했다. 대표작인 *A Serious Proposal to the Ladies, for the Advancement of Their True and Greatest Interest*(1694)와 *A Serious Proposal, Part II*(1697)에서 영국 성공회 수녀회가 여성들에게 종교적인 것뿐만 아니라 세속적인 교육까지 제공해야 한다고 주장했다. 그녀는 모든 여성들은 남성들처럼 천국에서 신과 조우할 수 있는 동등한 권리를 가져야 하며, 이를 위해 여성들이 교육받고 자신들의 경험을 이해하는 것이 중요하다고 주장했다.

35) 애스텔 본인의 관점에서 본 이 변화의 중요성에 대해서는 스프링보그(Springborg, 1995)를 참고하시오. 애스텔의 저서를 나에게 추천해 준 크로스웨이트(Jan Crosthwaite)에게 감사의 말을 전한다.

라이스의 이상 — 타인의 자의적 의지나 입법에 본질적으로 종속되지 않는다는 뜻인 자기 입법으로서의 자유 — 이 여성들과 하인들에게는 불합리한 결과를 야기할 수 있다고 비판하면서 이러한 주장을 전개한다. 그는 프라이스가 여성을 "노예로 격하된 존재"로 의미해서는 안 된다고 주장하면서, 프라이스가 귀류(*reductio*)[36] 라고 생각했던 점을 끄집어낸다. 이것이 바로 여성들도 그들을 위해 입법을 해야 한다는 것이다. 린드가 〔프라이스의 제안〕이 지닌 불합리성을 지적하기 위해 의도적으로 사용한 모조 슬로건에서 언급한 것처럼 "모든 여성은 자기 자신의 입법자(*legislatrix*: 여성 입법자〔역자〕) 이다"(Lind, 1776: 40). 또 다른 맥락에서 그는 프라이스가, 불합리하게도 하인들 또한 노예로 간주되어야 했다고 지적한다. 그에 의하면 하인들은 주인과 통치자들의 지배에 종속되었고, 따라서 자유를 누리지 못하는 존재로 간주되어야 했다. "당신의 원칙을 따른다면, 노예가 아닌 하인이란 무엇입니까"(Lind, 1776: 156)? 정말 무엇인가?

페일리와 벤담과 같은 사상가들에게 모든 인간이 평등하다는 점은 자명했을 것이다. 비록 실제로 그들이 평등의 완전한 의미를 끄집어내지는 않았을지라도 말이다. 벤담에 기원을 둔 존 스튜어트 밀의 슬로건에서처럼 "모든 인간은 하나로 간주될 뿐, 어느 누구도 그 이상의 존재가 아니다"(Mill, 1969: 257). 평등이라는 가정을 전제한다면, 정부에 대한 어떠한 이상도 엘리트 시민만을 위한 이상이 아니라 그 자체로 보편적인 이상이라는 점을 보여주어야만 했다. 그리고 모든 성인들에게 비지배의 지위를 보장하는 비지배의 보편적 이상이 여성

36) 〔역주〕 귀류(*reductio*). 귀류법(*reduction to the absurd*)의 라틴어 어원인 *reductio ad absurdum*에서 나온 말. 귀류법이란 명제를 설정하고, 이로부터 불합리하고 모순된 결과를 도출해낸 후, 원래의 명제가 이러한 불합리한 결과를 도출해내었기 때문에 틀렸을 수 있다고 주장하는 것이다.

들과 피고용인들의 종속적 지위를 당연시했던 사상가들에게 환상과도 같았다는 점은 의심할 나위가 없다.

아마도 이러한 점들은, 비지배의 이상이 벤담과 페일리의 저술에서, 그리고 이후에 자유주의자라는 새로운 타이틀을 주장한 사람들의 저술에서 왜 차츰 사라져갔는지 부분적인 설명을 해줄 수 있을 것이다. 보다 많은 사람들을 시민〔의 범주〕에 포함하는 일로 자신들의 관심을 점점 확장하면서, 이들에게는 비지배 자유라는 풍부하지만 오래된 이상에 집착하는 것이 분명 점점 더 비현실적으로 보였을 것이다. 이보다는 비지배 자유의 이상을 솎아내고, 국가를 새롭고 근대적인 이상에, 또는 아예 다른 목적에 적응시키는 것이 훨씬 나았을지도 모른다. 심지어 벤담과 페일리가 공유했던 목표인 최대다수의 최대행복을 보장하는 것이 비지배 자유를 보장하는 것보다 훨씬 더 다루기 쉽고 매력적으로 보였을 것이다. 이는 간섭이 나타나는 수많은 형태의 수를 줄이도록 — 그리고 그러한 방법으로 불간섭 자유를 증진하도록 — 요구하는 것으로 받아들여졌지만, 어느 누구도 타인의 자의적 의지에 종속되어서는 안 된다는 것을 반드시 요구하지는 않았을 것이다.

지금까지 우리는 불간섭 자유라는 근대주의적 이상이 어떻게 벤담과 페일리의 작업을 통해서 명성을 얻게 되었는가, 다시 말해 이 이상이 노예상태와 예속에 대한 미대륙의 불평을 잠재우려는 편향된 이데올로기적 시도 속에서 어떻게 그 〔공화주의적〕 기원을 뛰어넘게 되었는지를 살펴보았다. 불간섭 자유를 옹호하는 데 있어서 페일리가 중요하게 고려했던 점은 이후의 사상가들에게서도 똑같이 중요했을 것이다. 왜냐하면 스스로를 자유의 명분이라 여기고, 스스로를 자유주의자라고 일컬은 사람들 사이에서 이 개념이 정말 급속도로 기존의 개념을 대체했다는 점에는 의문이 없기 때문이다.

서론에서 강조했던 것처럼 자유주의는 광범위한 교파지만, 대다수의 자유주의자들은 근대적 자유의 개념을 받아들인다. 자유의 형식적 현실화에 대해서만 관심이 있는 중도우파 자유주의자들은 드러내놓고 불간섭에 초점을 맞춘다. 분명 그들 다수는 그러하다. 그리고 자유를 효과적으로 만드는 데, 또는 자유뿐만 아니라 평등이나 복지를 현실화하는 데에 관심을 보이는 좌파 자유주의자들도 일반적으로 불간섭에 관심을 기울이는 모습을 보인다. 예를 들어, 롤즈(1971: 302)는 "자유는 오직 자유만을 위해서만 제한될 수 있다"라고 언급하면서 불간섭 자유에 대한 관심을 분명히 보여줬다. 법이란 항상 자유의 제한을 의미한다는 롤즈의 가정을 볼 때, 그의 자유개념은 홉스와 벤담의 자유개념과 직접적인 연관성이 있다(Skinner, 1983: 11~12; Feinberg, 1972: 23~24와 Spitz, 1994도 참고).[37]

새로운 자유주의 전통에서 불간섭 자유의 개념이 대체한 것은 공화주의적 개념만이 아니었다. 분명 아무도 그 탈취가 일어났다는 것을 알아차리지 못하는 상황에서 이 쿠데타는 성공적으로 치러졌다. 고대인의 자유와 근대인의 자유에 대한 강연에서 콩스탕은 적극적 자유, 특히 민주주의적 참여로서의 자유와 소극적 자유, 즉 불간섭 자유라

37) 하이에크(F. A. Hayek)는 특정 종류의 법, 즉 특정 진화과정에 의해서 만들어졌거나 특정한 방법을 통해 내재적으로 정당화된 법에 의한 간섭은 자유를 배제하지 않는다고 종종 언급했다(Gray, 1986: 61; Kukathas, 1989: 132). 그렇다면 하이에크에게 자유란 간섭의 부재가 아니라 선호된 법을 제외한 행위자들(*agencies*)에 의한 간섭의 부재일 것이다. 이는 공적 자유라는 프랑스의 법적 전통에서 종종 기술된 종류의 자유, 즉 법 아래에서 보장되는 것으로서의 자유와 비슷할 것이다(Morange, 1979). 롤즈는 종종 법과 자유에 대해서 비슷한 견해를 옹호하는 것으로 읽혀질 수도 있다. 이 경우 본문에서 롤즈에 대한 언급은 수정될 필요가 있다. 그러나 여기서는 이러한 해석의 문제에 대해서 깊게 들어가지 않을 것이다.

는 대안만을 바라보았다. 그리고 벌린은 이러한 문제들에 대한 자신의 회고적 사고를 제시할 때, 적극적 자유와 결합하지 않는 것들은 불가피하게 홉스적 전통과 결합할 수밖에 없다고 주장하였다. 이러한 접근에 대한 설명에서 그는 "법이 여러분을 이보다 더 무거운 사슬에 묶이는 것, 즉 자의적 전제와 혼돈으로부터 여러분을 보호한다고 할지라도 법이란 항상 '족쇄'이다"(Berlin, 1958: 8) 라고 말했다. 비지배 자유, 즉 공화주의적 자유는 정치사상가와 활동가들에게서만 잊혀진 것이 아니었다. 심지어 정치사상을 연구하는 역사가들 사이에서도 잊혀져버렸다.

제 2 장

비지배 자유

제 1장에서는 현재 수용되고 있는 소극적/적극적 자유의 이분법 중 어디에도 속하지 않는 — 내가 생각하기에 독특한 공화주의적 개념인 — 자유 개념의 역사에 대해서 소개했다. 이 개념은 자율이 어떻게 규정되던 이를 필연적으로 요구하지는 않으며, 타인에 의한 지배의 부재를 요구한다는 점에서 소극적이다. 또한 적어도 한 가지 측면, 즉 간섭의 부재 이상의 무엇인가를 요구한다는 측면에서 이 개념은 적극적이기도 하다. 간섭에 대한 안전, 특히 자의적 성격을 띤 간섭으로부터의 안전을 요구하기 때문이다.

나는 비지배 자유라는 공화주의적 자유의 개념이 정치이론에서 지대한 관심사 중 하나이며, 현재 논쟁의 테이블로 다시 가져오는 일이 중요하다고 믿는다. 이 책에서 나의 목표는 비지배 자유의 주요 특성들을 확인하고, 이 이상을 정치적 대의로 받아들이는 것이 무엇을 의미하는지를 보여주며, 비지배 이상이 진전되도록 일을 체계화하는 과정에서 생겨나는 제도적 효과들을 지적하는 것이다. 이 책은 신공화주의 정치가 어떤 것들을 필요로 할 것인지에 대한 하나의 탐색이다.

제 2장에서는 제 1장에서 통시적으로 다뤘던 자료들에 대해 보다 철학적으로 분석할 것이다. 자유를 타인에 의한 지배의 부재로 파악

하는 해석(Pettit, 1996a)과 무엇이 연관되어 있는지에 대해서 좀더 자세하게 살펴보고자 한다.[1] 먼저 내가 이해하는 것처럼 지배가 발생한다는 것이 무엇인지 논의할 것이다. 이어서 이러한 지배의 부재 — 비지배 자유 — 가 무엇을 요구하는지에 대해 알아볼 것이다. 그리고 제 3절에서는 자유를 비지배로 이해하는 것에 대해 페일리가 제기한 세 가지 반대로 다시 돌아가, 왜 우리가 그러한 반박들에 동요될 필요가 없는지를 보여줄 것이다.

1. 지 배

1) 하나의 정의

행위자는 만약 그들이 다른 행위자에 대해서 특정 권력, 특히 자의적인 간섭을 할 수 있는 권력을 지니고 있다면, 이러한 경우에 한해서만 다른 사람을 지배한다(Weber, 1978; Connolly, 1983). 공화주의적 용법에서 볼 수 있듯이 〔지배하는〕 자들은 타인에 대해서 지배력을 가지며, 이때의 지배력은 자의적이다. 이제는 그러한 지배, 즉 자의적 영

1) 제 2장에서의 주장, 그리고 이 책의 전반에 걸친 주장은 그동안 내가 연구한 일련의 작업으로부터 발전된 것이다. 예를 들어, Pettit(1989a; 1993a; 1993b; 1993c; 1994c; 1996a)과 Braithwaite and Pettit(1990)가 그러하다. 그러나 이러한 나의 주장은 발전하면서 계속 변화했다. 심지어는 1996년의 주장(Pettit, 1996a)과도 차이점들이 존재한다. 예를 들어, 그 논문은 사람들이 지니는 관념에 의한 이익을 따르지 않는 것과 자의성을 보다 직접적으로 연관시키고 있으며, 상호권력 전략에 기대하는 바도 더 적다. 내가 이전의 논문들에서 제시했던 입장에 대한 뛰어나면서도 우호적인 재구성에 대해서는 스피츠(Spitz, 1995a: 제 5장)를 보시오.

향력이 무엇과 관련되는지에 대해 좀더 명확하게 설명할 필요가 있다.

이에 대해 설명할 때, 지배의 경우에는 마치 두 명의 개인만이 존재하는 것처럼 언급할 것이다. 그러나 이는 단지 편의상 그러할 뿐이다. 지배하는 쪽은 항상 하나의 행위자—이때 행위자는 체계나 네트워크 같은 것이 될 수는 없다—가 있긴 하지만, 이 행위자는 한 개인일 수도, 하나의 단체일 수도, 또는 집단적 행위자일 수도 있다. 마치 다수의 전제에서 지배는 한 개인이 지닌 권력의 함수라고 말할 수 없는 것처럼 말이다. 또한 지배를 받는 이는 궁극적으로 개인 혹은 개인들이 될 수밖에 없겠지만, 지배는 하나의 집단, 혹은 집단적 행위자에게 겨누어지기도 한다. 이는 개별 인민(*individual people*)에 대한 지배이며, 이때의 인민은 집단적인 정체성이나 능력, 또는 열망을 지닌 존재이다.

모든 지배의 관계에는 다음의 세 가지 측면이 존재한다. 이러한 측면들을 여타 주석을 달지 않고 분명하게 표현한다면, 다음과 같은 경우를 만족하는 한 어떤 사람은 타인에 대해 지배하는 권력을 가지고 있고, 그는 타인을 지배하거나 종속시킨다.

> ① 간섭할 수 있는 능력을 지닐 때,
> ② 자의적으로,
> ③ 타인이 내릴 수 있는 특정 선택들에 대해서.

우리는 위와 같은 지배에 대한 설명을 한 구절 한 구절씩 살펴볼 필요가 있다. 먼저 첫 번째 조건에서 가정하는, 간섭한다는 것은 무엇인가? 뇌물이나 보상과 같은 형태는 간섭이라고 볼 수 없는데, 간섭한다는 것은 당신〔의 상황〕을 개선시키는 것이 아니라 악화시키는 것이기 때문이다. 이때 간섭과 연관된 악화는 그 특성상 항상 어느 정도 의도적이어야 한다. 예를 들어 내가 여러분과 마주치거나, 희소한 재화를 두고 경쟁하는 경우처럼 우연하게 발생하는 일은 간섭이 아니다. 간섭이란 최소한 그 행위가 우리가 타당하게 과실을 주장할 수 있는 종류의 행위여야 한다(Miller, 1990: 35). 의도하지 않은 형태의 방해도 간섭으로 간주한다면, 그것은 운, 무능력, 결핍 등 자연적 원인이 끼치는 영향으로부터 사람들을 보호하는 것과 인간이 타인에게 시도할 수 있는 것들로부터 사람들을 보호하는 것을 구분하지 않는 것이 된다. 이러한 구별은 정치철학에서 가장 중요한 것이며, 타인에 의한 다소 의도적 개입에 대한 제한들과 개인의 자유를 결합시킴으로써 거의 모든 전통에서 이루어졌다(Spitz, 1995a: 382~383).

그러나 내가 이해하는 바로 간섭은 광범위한 종류의 가능한 행위들을 포함한다. 이는 방해나 제한과 같은 경우에서 나타나는 신체에 대한 강제, 처벌이나 처벌을 빌미로 한 위협에서 나타나는 의지에 대한 강제를 포함한다. 여기에 과거에는 두드러지지 않았던 범주를 덧붙이면 조작(*manipulation*)이 있다. 조작은 보통 눈에 띄지 않으며, 사람들의 신념이나 욕망을 기만적 혹은 비합리적으로 형성하거나 사람들의 행위의 결과를 인위적으로 꾸며내면서 의제를 설정하는 형태를 말한다(Pettit, 1989b; Lukes, 1992: 995).

행위자의 선택과 연관된 변수들은 그가 이용가능한 옵션의 범위라고 할 수 있다. 즉, 행위자가 그러한 옵션에 부여하는 기대보수(*expected payoffs*)들과 선택으로 얻는 실제보수(*actual payoffs*) — 결과 — 들이다. 강제적이든 조작적이든 모든 간섭행위들은 간섭하는 이가 행위자의 선택상황을 악화시키기 위해서 의도적으로 행해진다. 간섭은 이용가능한 옵션들의 범위를 바꾸거나, 행위자가 자신의 선택에 부여하는 기대보수를 바꾸거나, 또는 특정 옵션이 야기할 결과와 이러한 결과를 통해 얻게 되는 실제보수에 대해서 통제를 가함으로써 〔행위자의 선택을 둘러싼〕 상황을 악화시킨다. 신체적 방해와 의제고정은 택할 수 있는 옵션의 수를 줄이고, 처벌에 대한 위협과 비합리적으로 형성된 욕망은 행위자가 이러한 옵션에 부여하는 보수에 영향을 끼친다. 또한 특정 선택을 처벌하고 결과의 정상적 흐름을 붕괴시키는 것은 〔행위자가 얻는〕 실제보수에 영향을 끼친다. 가능한 대안들의 범위로부터 하나의 옵션을 제거하는 것은 물론 모 아니면 도의 문제이긴 하지만, 그 밖의 간섭의 방식들은 정도의 문제이다. 다시 말해, 어떤 옵션들의 기대비용 혹은 실제비용들이 악화되는 정도는 과도할 수도, 적을 수도 있다는 말이다.

주어진 행위가 누군가의 선택상황을 악화시키는지를 결정하는 것은 맥락과 항상 관련이 있다. 왜냐하면 맥락은 그 효과가 정말 악화되는 것으로 나타나는지 여부를 결정하는 기준을 정해주기 때문이다. 이러한 맥락적 민감성은 간섭이 일어나는 정도에 중대한 함의를 갖는다. 예를 들어, 어떤 것을 누락시키는 행위는 상황에 따라 간섭의 형태로 간주될 수 있다. 아무 이유 없이 응급약품 판매를 거부하는 약사나 감옥 대신 사회봉사와 관련된 법적 대체복역제도의 선고를 악의적으로 거부하는 판사의 경우를 생각해 보자. 이러한 행동들은 분명 이로 인해 피해를 입는 사람들을 간섭하는 것으로 간주해야 할 것이다. 맥락적 민감성은 또 다른 효과들을 지닐 수 있다. 예를 들어, 맥락적 민감성은 거래를 유리하게 이끌기 위해 누군가의 급박한 필요를 착취하는 것 또한 간섭의 한 종류라는 것을 의미할 수도 있다. 응급약품을 판매하는 데 동의했지만, 표준가격 — 응급상황의 기준을 적용하더라도 표준가격이라고 할 수 없는 — 이 아니라 바가지를 씌우는 약사의 경우를 생각해 보자. 이러한 약사는 주어진 기준에 의해서 환자들이 선택할 수 있는 옵션들의 기대보수를 악화시키는 정도만큼 환자의 선택에 간섭하는 것이다.

간섭이 행위자의 상황을 악화시키려는 시도와 항상 연관되긴 하지만, 반드시 부당한 행동과 관련이 있을 필요는 없다. 비록 도덕적으로 결점이 없더라도 강제는 여전히 강제이다. 내가 만약 단 하나 비어 있는 공중전화부스를 고의적으로 차지함으로써 여러분이 전화를 걸지 못하게 방해한다면 나는 여러분에게 간섭하는 것이다. 비록 나에게 그 공중전화부스를 차지할 수 있는 권리가 있다고 하더라도 이는 마찬가지이다. 내가 만약 여러분이 장사하려고 할 때마다 고의적으로 여러분이 내놓은 가격보다 싼 가격을 부름으로써—내가 충분한 자원을 가지고 있다는 가정하에—당신의 고객들을 떨어뜨린다면, 이 또한 간섭이다. 우리의 시장문화가 내 행동을 용인하더라도 마찬가지이다. 만약 내가 여러분이 다른 사람을 간섭하는 것을 중지시킨다면, 그러한 행위가 무고할 뿐만 아니라 필요한 것일지라도 나는 여러분에게 간섭하는 것이다. 내가 여기서 사용하는 간섭의 개념은 전적으로 탈도덕화된 것이다. 어떤 사람이 다른 사람에게 간섭하는지는 특정한 도덕적 위반이 저질러졌는지 여부에 상관없이 결정될 수 있다. 현실에서 일어나는 일들이 지역적인 문화의 색안경을 통해 보이긴 하지만, 단순한 사실 여부하에서 판단될 수도 있는 것이다.

간섭에 대해 설명하기 위해서 많은 것을 얘기했다. 그렇다면 첫 번째 구절에서 요구되는 것처럼, 간섭할 수 있는 능력을 가진다는 것은 무엇을 뜻할까? 오래된 농담을 떠올려 보자. "너 피아노 칠 수 있니?" "몰라. 한 번도 쳐본 적이 없어." 이 농담이 주는 교훈은 간섭할 수 있는 능력은 우리가 말하는 것처럼, 아직 완전히 발달되지 않은 능력이 아니라 실제의 능력—어느 정도 행사할 수 있는 준비가 된 능력—이어야 한다는 것이다. 아직 피아노를 쳐보지 못한 음악적 재능을 갖춘 사람의 잠재적 능력처럼 아직 완전하게 갖추어지지 못한 능력이 아니라는 말이다. 다른 사람들을 간섭할 수 있는 준비된 능력을 가진 사람들의 집합 — 그들이 스스로를 응집된 행위자로 단결할 수 있다면 — 을 생각해 보자. 아니면 개인이든 집단이든 오직 잠재적 피해자의 존재나 그들과의 우연한 접촉경로를 인식하게 되었을 때에만 그러한 능력을 가지는 행위자를 생각해 보자. 이러한 경우에는 간섭할 수 있는 실제의 능력이 아니라 잠재적 능력만이 존재할 뿐이다. 그리고 나는 여기에는 간섭이 존재한다고 말하지 않을 것이다. 잠재적 지배가 존재한다고 말할 수는 있지만, 실제적 지배는 아니다.[2] 물론 잠재적 지배는 그것이 미래의 위험을 나타내기 때문에 공화주의자들에게 대비해야 하는 것이긴 하다. 그러나 아직은 공화주의자들이 반대하는 핵심적인 해악을 이루지 않는다.

두 번째 구절은 〔간섭하는〕 사람은 상대방을 완전히 지배하기 위해서 자의적으로 간섭할 수 있는 능력을 가지고 있어야 한다는 것을 의미한다. 그렇다면 간섭의 행위를 자의적 — 자의적 근거에서 잘못을 저지른다는 의미에서의 자의적 — 으로 만드는 것은 무엇인가? 만약 어떤 행동이 오직 행위자의 아르비트리움(*arbitrium*: 의지 — 역자), 즉 결정 또는 판결에만 종속된다면 우리는 그 행위가 자의적 근거에서 잘못되었다고 말할 수 있다. 이때 행위자는 그 행위를 선택하느냐 선택하지 않느냐를 자기 마음대로 결정할 수 있는 위치에 있어야 한다. 어떤 간섭행위를 자의적으로 행해진 잘못이라고 말할 때, 우리는 여느 자의적 행동처럼 그 행위의 선택여부가 행위자에게 달려 있다는 점을 암시하는 것이다. 특히 타인에 대한 간섭과 관련되기 때문에 간섭이란 영향을 받는 사람들의 이익이나 의견과 상관없이 선택되거나 거부되는 것이라는 의미를 내포한다. 이때 〔행위자의〕 선택은 타인들의 판단에 따라 그들의 이익이 요구하는 것들을 따르도록 강요되지

---

2) 이러한 점을 고려할 수 있게 해준 로빈슨(Dennis Robinson)에게 감사한다.

않는다.

간섭행위는, 실제로 영향을 받는 사람들의 이익 또는 판단에 거스른다는 본질적 의미에서 자의적인 것이 아니더라도, 여기에서 의도된 것처럼 절차적 의미에서 자의적일 수 있다—간섭은 자의적으로 발생할 수도 있다—는 점에 주의해야 한다. 이러한 용법에서 어떤 행위는 그 행동이 야기하는 특정한 결과에 의해서가 아니라, 행위가 실질적으로 행해지는 데 대한 통제—구체적으로는 통제의 부족—에 의해서 자의적이다. 내가 따르는 용법은, 내가 종종 사용하는 것처럼, 자의적 간섭을 할 수 있는 권력, 또는 간섭할 수 있는 자의적 권력에 대한 언급간에 애매모호함이 없다는 것을 의미한다. 각각의 경우에서 내가 말하고자 하는 것은 자의적이고 견제되지 않은 채 간섭할 수 있는 권력이다.

그렇다면 이러한 자의성의 개념하에서 간섭행위는 간섭을 겪는 사람의 이익과 사고를 따르도록 강요되는 한 비자의적이 될 것이다. 또는 만약 관련된 사람의 모든 이익과 생각을 따르도록 강요되지 않더라도—이러한 것들은 일관적이지 않은 요구들을 만들어낼 수도 있다—최소한 적절한 것들을 따르도록 강제되는 경우 그러하다. 예를 들어, 나는 어느 정도의 세금을 부과하는 국가나 혹은 특정 범죄인들을 처벌하는 일에 관심을 가질 수도 있다. 그리고 그 국가는 적절한 수단에 대한 내 생각을 따르는 절차에 따라 이러한 목적들을 추구할 수도 있다. 그러나 나는 국가가 나에게 세금을 부여하는 것을 원치 않을 수도 있고—나 자신이 예외가 되기를 원할 수도 있다—내가 유죄를 선고받았다고 할지라도 적절한 방식으로 처벌받아서는 안 된다고 생각할 수도 있다. 이러한 경우에, 나의 적절한 이익과 사고란 나를 예외적으로 다루는 것이 아니라, 다른 사람들과 공통적으로 공유하는 것일 것이다. 왜냐하면 국가는 나뿐만 아니라 다른 사람들도 섬기게 되어 있기 때문이다. 그리고 이러한 경우, 나에게 세금을 부과하거나 처벌하는 국가의 간섭은 자의적인 토대에서 벌어지는 것이 아니므로 지배를 의미하는 것이 아니다.[3)]

우리가 제 1장에서 논의한 〔공화주의〕 전통에서는 간섭행위, 특히 법에 의한 간섭 혹은 정부의 간섭행위가 비자의적이 되기 위해서는 무엇이 필요한가에 대해서 독특한 입장을 취했다. 나는 비자의성에 대한 설명에서 이러한 전통을 따르고 있다. 군주정에 대한 페인(1989: 168)의 불평을 생각해 보자. "〔군주제〕는 한 개인에게 자의적 권력이 있음을 의미한다. 그리고 이를 행사함에서 **공화정**(*res-publica*)[4)] **이 아니라 그 자신이 목적이다**"(Sydney, 1996: 199~200과 비교). 페인이 명확하게 지적하듯이 비자의적 국가권력에 필요한 것은 권력을 쥔 자의 개인적 복지나 세계관이 아니라 대중의 복지와 세계관에 따라 권력이 행사되어야 한다는 것이다. 국가에 의해 이루어진 간섭행위는 그 영향을 받는 이들의 공유된 이익을 바탕으로, 적어도 절차적

---

3) 비지배 자유의 개념하에서는 세금징수, 심지어 감옥에 가두는 것조차 누군가의 자유를 빼앗지 않음을 의미한다는 것에 주목할 필요가 있다. 이러한 부담들은 누군가의 자유를 손상하는 것은 아니지만, 내가 제 2장의 뒷부분에서 언급하는 것처럼 여전히 자유를 조건짓는다. 따라서 그러한 것들은 누군가의 비지배 자유를 손상하지는 않지만 우리로 하여금 그 사람은 자신들이 원하는 대로 자유롭게 소비하거나 여행할 수 없다고 말하도록 만든다.

4) 〔역주〕 *res publica*는 공공의 것, 공적 활동, 공적 업무, 공공의 이익 등의 의미가 있으며, 공동체를 공공선을 위한 행위와 관련시켜서 논의할 때, 그리고 시민이 공동체와의 연관성 속에서 가지는 지위와 관련시켜서 언급할 때 주로 사용되었다. Malcolm Schofield, *Saving the City, Philosopher-Kings and other classical paradigms*(New York: Routledge, 1999) 참조. 보다 자세한 논의는 Elizabeth Asmis, "The State as a Partnership: Cicero's Definition of *Res Publica* in His Work on the State," *History of Political Thought* 25(4): 569~599(2004)를 참조할 것.

수준에서, 그들이 공유하는 요구가 무엇인가에 대한 해석하에서 이루어져야 한다.

어떤 이익이나 사고가 특정 멤버들에 의해서 공유되지 않고, 국가의 행위에 대한 적절한 가이드가 되지 않을 것 같은 경우는 언제일까? 〔공화주의〕 전통에서는 이러한 이익 또는 사고가 성격상 어떤 경우에 분파적이거나 당파적이 되는가라는 기준으로 그 여부를 검증한다. 그렇다면 분파적이거나 당파적이라는 것을 어떻게 검증할까? 우리가 채택할 수 있는 단 하나의 방법은 사람들이 그들 자신을 위해서 발언하고, 그들이 속한 집단을 위해서 발언할 수도 있는 공적 토론에 의지하는 것이다. 국가의 행동을 지도하는 모든 이익과 사고는 사회 모든 부분으로부터의 도전에 열려있어야만 한다. 그리고 이견이 있는 곳에서는 적합한 조치가 취해져야만 한다. 사람들은 절차에 대한 좀더 높은 수준의 합의를 발견하거나, 분리 독립이나 양심적 병역거부와 같은 종류의 주장에 대해서 공간을 만들어줘야 한다.

이는 자의적이고 지배적인 국가의 행위를 확인하는 작업이 본질적으로 정치적 문제라고 말하는 것이다. 이는 이론가들이 차분하게 자신들의 연구를 수행하는 과정에서 결정할 수 있는 것이 아니다(Young, 1990). 이것이 비록 정치적이긴 하지만, 본질적으로 가치가 부여되어 있는 것은 아니라는 점은 강조되어야 한다. 국가가 사람들의 삶을 간섭하는 결과가 발생하는 경우, 분파적이지 않은 이익과 사고를 따라야 하는지의 문제는 사실적으로 제기될 수 있다. 정치는 국가의 간섭이 자의적인지 아닌지를 결정하는 데 유용한 유일한 발견적 도구이다. 그러나 정치가 이렇게 작동하는지는 여전히 사실에 관한 이슈이다. 정립되어야 하는 것은 실제로 인민이 지배받고 있느냐의 여부이지, 특별한 평가기준에서 지배가 가시적으로 파악되는가의 여부가 아니다. 지방적 문화와 맥락 등에 대한 사실은 어떤 행위가 간섭으로 간주되느냐를 결정할 뿐만 아니라, 특정 간섭행위가 자의적이라고 간주되는지도 결정한다.

우리가 정의내린 것처럼 자의성은 강도가 높을 수도 낮을 수도 있으며, 이러한 점은 자의적 간섭을 할 수 있는 권력과 결합된 지배 또한 강도가 높을 수도 낮을 수도 있다는 점을 시사한다. 어떤 행위자가 타인의 삶에 어느 정도 의도적으로 간섭할 수 있다고 생각해 보자. 그들은 자신의 변덕이나 판단이 이끄는 대로, 자기 마음대로 행동할 수 있다. 이에 더해 간섭하는 사람이 타인을 간섭하는 이러한 능력을 행사하는 데에 어떠한 어려움이나 비용을 치르지 않아도 된다고 가정해 보자. 예를 들어, 고통스런 보복을 당할 가능성이 없는 경우처럼 말이다. 마지막으로 이 간섭자가 행하는 간섭이 택할 수 있는 가장 효과적인 것이라고 가정해 보자. 그는 자신이 좋아하지 않는 옵션들을 제거할 수 있고, 아니면 〔간섭받는 이에게〕 이러한 옵션들을 선택하는 데 과도한 비용을 부과할 수도 있다. 이러한 경우, 간섭하는 자는 간섭받는 사람에 대해서 절대적인 간섭의 권력을 누릴 것이다. 유일하게 간섭을 멈출 수 있는 것은 그들 자신의 구속받지 않는 선택이나 타인의 견제를 받지 않는 자신들의 판단, 다시 말해 그들의 아르비트리움이다.

자의적 간섭을 행사할 수 있는 절대적 권력은 어떤 체제 — 물론 모든 체제에서는 아니다 — 에서는 노예소유주들이 자신들의 노예에 대해 가지는 권력, 또 어떤 체제에서는 신민들에 대해 전제적 군주들이 발휘하는 권력이었을 수 있다. 그러나 이러한 간섭이 다양한 맥락들 속에서 현실화되는 경향을 지니는 것은 아니다. 왜냐하면 심지어 법이 지배하는 사회에서도 권력은 보다 낮은 수준의 강도로 수렴되는 경향을 보이기 때문이다. 자신의 지시를 따르지 않았다고 아내를 때릴 수 있고 기껏해야 이웃의 가벼운 비난을 받을 뿐인 남편, 변덕이 이끄는 대로 고용자들을 해고할 수 있고 이런 일을 하는 데 아무런 죄책감을 느끼지 않는 고용주, 사소한 변명이나 구실을 빌미로 학생들을 벌할 수 있는 교사, 복역수들의 생활을 끔찍하게 만들고도 그 증거를 감추는 데에 그다지 노심초사하지 않는 교도관 등 모두가 자신들에게 종속적인 사람들에 대해서 높은 수준의 자의적 권력을 누린다. 현대사회에서는 과거에 비해 이러한 모습들이 흔하지 않을 수도 있다. 그러나 그들은 노예소유주나 전제적 군주처럼 우리에게 낯설지는 않다. 심지어 그들이 실제로 존재하지 않는 곳에서도 그들은 보다 덜 강력하지만 여전히 인식할 수 있는 소산을 남겼다.

자의성을 줄이기 위한 노력의 일환으로 우리가 요구할 수 있는 두 가지 포괄적인 종류의 제한들이 있다. 바로 국가와 같은 강력한 행위자들이 적절한 이익과 사고를 따르도록 강제하는 것이다. 첫 번째 종류는 분파적인 간섭을 보다 어렵게 만드는 행위의 선결조건들을 적절히 마련하는 것이다. 이는 정부로 하여금 국회의 절차를 따르도록 한다든지, 정부의 권력행사에서 법적 조건을 충족시키게 하는 것일 수 있다. 이러한 제한들은 부적합한 행위들을 걸러내거나 차단하기 위한 것이며, 이러한 제한들이 효과적이라는 것은 행위자가 자의적인 간섭을 하지 못한다는 것을 의미한다. 또 다른 종류의 제한은 필터를 설치하기보다는 벌칙을 부과하는 것이다. 이때의 벌칙은 특정 종류의 간섭 — 폭력, 사기 등의 — 을 저지를 수 있는 행위자, 또는 특정 조건에서만 정당화될 수 있는 간섭 — 공직자가 자신들이 내린 결정의 결과에 대해 밝히지 않은 이해관계를 가지고 있을 때처럼 — 을 저지르는 행위자에게 책임을 묻고 처벌할 수 있음을 의미한다. 이러한 제한들은 부적절한 간섭행위를 차단하기보다는 제재하도록 고안된 것이다. 따라서 이러한 제한들이 효과적이라는 것은 행위자가 처벌받지 않고 간섭할 수 없다는 것을 의미한다.

마지막으로 지배의 특성에 대한 세 번째 구절을 보자. 이 구절에서 주목해야 할 것은 모든 선택이 아니라 특정 선택을 언급하고 있다는 점이다. 이 구절은 한 사람이 다른 사람을 지배할 때는 그의 삶의 모든 부분을 지배하는 것이 아니라 선택의 특정 영역, 측면, 혹은 기간만을 지배한다는 사실을 강조하는 것이다. 남편은 가정에서 아내를 지배할 것이고 고용주는 작업장에서 피고용인을 지배할 것이다. 이 때 지배는 이 이상으로 확장되지 않거나, 〔확장되더라도〕 최소한 동일한 수준의 강도를 가지지는 못한다.

우리는 두 번째 구절에 대한 논의에서 지배의 강도는 그 정도가 다를 수 있다는 점을 관찰했다. 지배하는 자는 다소간 자의적 근거에서, 보다 쉽거나 보다 어렵게, 혹은 보다 심하거나 덜 심한 수준에서 간섭할 수 있다. 우리가 여기서 관찰하는 것은 지배가 그 범위의 정도와도 연관되어 있다는 점이다. 지배란 강도뿐만 아니라 그 범위에 따라 다를 수 있다. 넓은 영역보다는 소수영역에서 지배받는 것이 낫다는 점에서, 범위에서의 변이는 매우 중요하다. 뿐만 아니라 특정 영역들에서의 지배가 다른 영역에서보다 더 해로울 수 있다는 점에서 이러한 변이는 강조될 수 있다. 예를 들어 더 중요한 행위들을 할 때보다, 보다 덜 중요한 행위를 할 때 지배받는 것이 더 낫다(Taylor, 1985: essay 8을 참고).

2) 공통적 지식

앞서 언급한 세 가지 조건들은 지배가 발생하는 데 있어서 충분조건이기는 하지만 제한된 정도와 영역에 걸쳐서이다. 그러나 만약 이 조건들이 우리가 살아가는 세계에서 인류라는 종(種)에게 두드러지게 확보된다면, 이보다 더 중요한 조건 또한 많은 경우 충족되어 있을 가능성이 높다. 바로 세 가지 기본조건들이 상당한 정도 충족되고 있다는 사실이 〔지배와〕 연관된 당사자들, 그리고 그들과 관계를 맺는 다른 사람들 — 즉, 무엇이 진행되는지를 아는 그 사회의 다른 사람들 — 간에 공통적 지식이 되어야 한다는 것이다. 이 조건들은 완전히 개념적 모양을 갖추지 못할 수도 있지만, 이에 수반된 가능성들은 공통의 의식 속에서 특정 방식으로 새겨지는 경향을 지닐 것이다. 모든 사람들은 자신들이 이러한 조건들에 해당된다고 생각할 것이고, 〔다른〕 모든 사람이 이러한 사실을 믿고 있다고 생각할 것이다. 그리고 이는 최소한 다음과 같은 패턴으로 지속될 것이다. 즉, 모두가 이를 믿는다는 것을 아무도 불신하지 않을 것이며, 그것이 불신되지 않는다는 것 또한 아무도 불신하지 않을 것이다.… (Lewis, 1983: 166)

세 가지 조건을 확보한다는 말이, 실제로 사람들이 획득하는 것은 사실상 공통적 지식의 문제일 것이다 라고 의미하는 것처럼 보이는 까닭은 무엇일까? 몇몇 그럴듯한 경험적 가정들이 이를 뒷받침한다. 얼마만큼 자신들이 타인의 권력하에 있는지를 아는 것은 인간의 중대한 관심사이기 때문에, 그러한 조건이 확보되는가에 대한 질문은 관련된 거의 모든 사람들에게 두드러지게 될 것이다. 만약 이러한 조건들이 확보된다면 이러한 사실은 보통, 연관된 모든 사람들에게 분명해질 것이다. 한 사람이 다른 사람에 대하여 권력을 가지는 것을 가능케 하는 자원들은 한 가지 예외를 제외하고는 두드러지고 탐지가능한 경향이 있기 때문이다. 그렇다면 분명한 질문이 하나 제기되고, 그 답변에 필요한 분명한 기반도 하나 존재한다. 그리고 이는 그럴듯하게도(Lewis, 1969: 56), 그 대답이 '예'라면 — 예속의 조건들이 갖춰졌을 경우 — 공통적 지식을 위한 기반이 마련되거나 최소한 공통적 지식에 근접하는 무엇인가를 위한 기반이 갖춰지고, 그 조건들이 진정으로 충족된다는 것을 의미한다. 모든 사람들은 조건이 충족되었는지를 관찰할 수 있을 뿐만 아니라, 다른 사람들도 조건이 충족되었는지를 파악할 수 있는 위치에 있는가를 살펴볼 수 있는 위치에 자리매김하는 것이다〔이런 식으로 사람들은 공통적 지식을 가지게 된다〕.[5)]

한 사람이 다른 사람에 대하여 권력을 갖기 위해 필요한 자원들은 물리적 힘, 기술적 이점, 재정적 영향력, 정치적 권위, 사회적 네트워크, 지역사회에서의 지위, 정보 접근성, 이데올로기적 위치, 문화적 정당성 등에 걸쳐 매우 다양하게 존재한다. 주위에 있는 단 한 명의 의사나 경찰관처럼 현실에서 일어날 수 있는 다양한 긴급상황에서 사람들이 필요로 하는 도움이나 호의를 제공할 수 있는 누군가가 되는 것 또한 여기에 포함되는 자원이다. 심지어는 협상하기 어렵게 만드는 인지된 완고함—극단적으로는 인지된 비합리성—이라는 자원조차도 포함된다.

앞서 나는 하나의 예외를 제외하고 이러한 지배의 자원들은 그 분배로 불이익을 받는 사람들에 의해서 두드러지고 탐지되는 경향이 있다고 언급했다. 그리고 이러한 경향은 〔지배의〕 자원에서의 불평등 때문에 한 사람이 다른 사람에 대하여 지배하는 권력을 가지고 있을 때, 이 문제가 공통적 지식의 문제라는 점을 확실하게 한다고 언급했다. 여기서의 예외란 한 사람 또는 집단이 밀실조작을 할 수 있는 위치에 있는 경우이다. 선택의 조작이건 기대보수의 조작이건, 아니면

5) 루이스의 주장을 짧게 요약하면 다음과 같다. 문제의 자원들을 강자가 이용할 수 있다는 사실은 모든 사람들에게 위압적이다. 이러한 사실은 〔자기뿐만 아니라 다른〕 거의 모든 이들에게도 위압적이라고 보일 수 있으며, 그들로 하여금 〔지배의〕 조건들이 획득된다는 것을 예측하게 한다. 따라서 사람들이 공통의 정보와 귀납적 기준을 서로에게서 알게 된다고 가정한다면, 그 자원들이 사용가능하다는 사실이 지배조건의 획득을 가리킨다는 것을 모든 사람이 알게 될 것이고, 모든 사람이 이러한 사실을 안다는 것 또한 모든 사람이 알게 될 것이다.

실제보수의 조작이건 상관없이 말이다(Lukes, 1974; Geuss, 1981; Meyerson, 1991; Philp, 1985; Wartenberg, 1990; West, 1990). 지배가 이러한 수단에 의해서 성취된다면 다른 대부분의 경우와는 달리 이는 공통적 지식의 문제가 되지 않을 것이고, 이러한 점에서 일부 사람들은 다른 사람들이 지닌 권력의 영향을 받는다.

두 당사자들간에 존재하는 특정 종류의 지배가 당사자들 사이에서, 그리고 그들의 동료들 사이에서 〔공유되는〕 공통적 지식의 문제라고 말하는 것이, 곧 그들이 이러한 지배를 부정적으로 평가할 것이라는 점을 의미하지는 않는다고 언급할 필요가 있다. 즉, 그들이 지배를 어떤 방식이었건 노예상태와 동등한 것으로 인식할 것이라는 점을 의미하지는 않는다는 것이다. 예를 들어, 지배하는 사람들이 그들의 우월성을 당연한 것으로 여겨서 그들이 지배하는 상대방이 멍에 속에서 분노할 수 있다는 것을 깨닫지 못하는 것은 가능하다. 입센(Ibsen)의 희곡 〈인형의 집〉(*A Doll's House*)[6]에 등장하는 남편인 헬머 토르발트(Helmer Thorvald)를 생각해 보자. 명백한 것은 그가 아내인 노라를 지배하고 있는 것을 알고 있다는 점과 이러한 지배가 그녀를 위한 것이라 믿고 있다는 점이다. 그러나 지배가 노라 본인에게

6) 〔역주〕 〈인형의 집〉(*A Doll's House*). 1879년에 발표된 노르웨이의 극작가 헨리크 입센(Henrik Ibsen, 1828~1906)의 희곡. 원제는 *Et Dukkehjem*. 변호사의 아내로 남편으로부터 종달새처럼 귀여움을 받았던 노라가 남편의 명예를 위해 숨겨왔던 사실이 남편에게 발각되자 자신이 사회적으로 매장당하는 것만을 두려워하는 남편에게 구박을 받는다. 그러나 사건이 반전되어 위기를 모면하자 남편은 다시 노라를 맞아들이려고 하나, 그동안 남편의 위선적 행동에 염증을 느낀 노라가 아내이며 어머니이기 전에 한 인간으로 살겠다고 선언하고 집을 나선다는 내용이다. 입센의 희곡 중 가장 유명한 것 중 하나이며, 19세기 혼인규범에 대한 신랄한 비판으로 처음 발표되었을 때 연극이 공연되지 못할 정도로 심한 반발을 받았다.

는 귀찮고 자존심 상하는 것일 수도 있다는 점에 대해서는 전혀 의식하지 못한다. 여기에는 문제가 없다. 그리고 그러한 지배가 일반적으로 공통적 지식의 문제라는 주장에 도전하는 것도 아니다. 〔여기서 얻을 수 있는〕 진정한 교훈은 지배가 존재하고 인식될지라도, 지배받는 당사자들이 스스로를 대변할 수 없다면, 지배의 본질이 무엇인지 인식되지 않을 수도 있다는 점이다.

세 가지 기본조건들의 충족 — 괄목할 만한 정도로의 충족 — 이 일반적으로 공통적 지식에 근접하는 무언가와 관련된 문제일 것이라는 점을 감안한다면, 이 조건들에 의해서 증명되는 지배는 중요한 주관적 · 간주관적 의미를 지니게 될 것이다. 지배는 일반적으로, 강자의 입장에서는 통제에 대한 인식과, 약자의 입장에서는 취약함에 대한 인식과 일반적으로 연관될 것이다. 그리고 둘 다에게는 이러한 인식에 대한 상호인식, 사실상 관계된 모든 당사자들 사이의 공통된 인식과 연관될 것이다. 각자가 이러한 비대칭〔적 구조〕 속에 있다는 것을 의식 — 그리고 각자가 상대방의 의식 속에 있다는 것을 의식 — 하면서, 약자가 강자의 눈을 〔똑바로〕 쳐다보는 것이 불가능할 것이다. 쌍방은 약자가 강자에게서 벗어나는 것을 제외하고는 아무것도 할 수 없다는 것에 대한 인식, 즉 약자는 강자의 처분에 맡겨져 있고 동등하지 않다는 것에 대한 인식을 공유하게 될 것이다. 주인과 노예의 시나리오가 현실화되고, 쌍방간의 비대칭성은 객관적일 뿐 아니라 대화가능한 현실이 될 것이다(Ball, 1993).

이런 문제를 인식하면서, 밀턴은 그가 생각하기에 군주제에서 불가피했던 "비참한 사람들의 영원한 조아림과 굽실거림"을 개탄했다(Worden, 1991: 457). 그리고 조금 뒤 17세기에 시드니(1990: 162)는 "노예상태는 그 최악의 결과인 아첨으로 자연스럽게 영혼의 비열함을 야기한다"라고 말할 수 있었다. 이러한 주제는 한 세기 후에 월스턴크래프트(Mary Wollstroncraft)[7]가 남편에 대한 의존, 그녀의 표현에 따르자면 노예상태(Wollstonecraft, 1982: 354)로 인해 여성들이 지니게 되는 "왜소함"과 "교활한 사기", 그리고 "간사함"에 대해서 개탄할 때 특히 흥미로운 반전을 겪게 된다. "여성들이 남성으로부터 어느 정도 독립하기 전까지 여성에게서 덕성을 기대하는 것은 무의미한 일이다. 아니, 그들이 좋은 아내와 어머니가 되게 만드는 자연스런 애정의 힘을 기대하는 것이 허황된 일일 것이다. 여성들이 남편에게 절대적으로 종속되어 있는 한, 그들은 여전히 간사하고, 비열하며, 이기적일 것이다"(p. 299, 그리고 p. 309 참조).

타인에 의한 지배를 주관성과 지위에 대한 지배의 효과와 함께 설명할 수 있는 현대〔사회〕의 관계들로 무엇을 들 수 있을까? 앞에서 이미 몇 개의 예시를 들었다. 아동의 권리를 보장하는 문화와 아동학대에 대한 적절한 보호망이 없을 때, 부모들은 개인적 혹은 공동으로 자신의 아이들을 예속시키는 권력을 누릴 것이다. 구타받는 아내들

---

7) 〔역주〕 메리 월스턴크래프트(Mary Wollstonecraft, 1757~1797). 18세기 영국의 페미니스트이자 저술가. 런던에서 6남매 중 둘째로 태어난 그녀는 가정폭력을 일삼은 난봉꾼이었던 아버지 밑에서 자라났다. 두 번의 결혼 실패에 이어 철학자인 윌리엄 굿윈(William Goodwin)과의 세 번째 결혼에서 《프랑켄슈타인》의 저자인 딸 메리 셸리(Mary Shelly)를 낳았으며, 난산으로 인한 합병증으로 38세의 젊은 나이로 유명을 달리했다. 그녀의 사후 출판된 *Memoire*(1798)에서 불우한 개인사를 지닌 인물로 그려짐으로써 사후 약 100여 년 동안 저평가되었지만, 20세기 초 페미니즘 운동이 촉발되면서 남녀평등에 대한 주장과 전통적 여성상에 대한 비판이 재평가되었다. 대표적인 책으로 본문에 언급된 *A Vindication of the Rights of Woman*(1792)이 있다. 이 책에서 그녀는 여성은 남성보다 본성적으로 열등하지 않으며, 교육의 부족 때문에 열등한 것처럼 보일 뿐이라고 주장하였다. 또한 남성과 여성 모두 합리적인 존재로서 대접받아야 한다고 주장했으며, 이성에 근거한 사회적 질서를 지향했다.

을 옹호하는 평등한 권리의 문화가 없을 때, 남편들은 그들의 배우자들에 대해서 지배권력을 누릴 것이다. 경계하는 노조의 존재가 보장하는 다른 고용기회와 적절한 통제가 없을 때 고용주와 관리자들은 노동자들을 예속시키는 권력을 누릴 것이다. 대항하는 권력이 없을 때, 채권자들은 종종 채무자들에 대해서 지배권력을 누릴 수 있을 것이다(Ransom and Sutch, 1977: 제 8장). 항소나 심사의 가능성이 없을 때, 관료와 경찰은 분명히 공공의 구성원들에 대한 지배권력을 누릴 것이다. 그리고 소수자들의 불만을 다룰 공론장과 절차들이 없을 때, 주류 정부가 다양한 소외집단의 사람들을 지배한다고 해서 이상할 것이 없다.

3) 동의와 견제력

내가 지배에 대해 설명하면서 언급했던 관계들 중 일부의 역사적 근원을 동의에서 찾을 수 있으리라는 점을 지적하는 것은 중요하다. 비록 그렇지 않은 것도 있겠지만 말이다. 어떤 관계가 본래 계약으로부터 나왔는지, 그 근원이 합의적인지의 여부와 상관없이 이러한 관계 속에서 한쪽이 지닌 선택들의 일부에 대해서 다소간 자의적인 간섭을 할 수 있는 효과적인 능력이 상대방에게 주어진다는 사실은 간섭자가 상대방을 지배하거나 예속시킨다는 것을 의미한다(Spitz, 1995a: 362~363, 397~398). 다른 고려들은 제쳐두더라도, 이는 전통적 공화주의자들로 하여금 실제 그들이 일관되게 그랬던 것처럼 노예계약을 적대시하는 데 있어 좋은 근거를 제시했을 것이다. 이로 인하여 얻는 이익에 상관없이 타인의 지배에 자발적으로 종속되는 그러한 계약 말이다(Locke, 1965: 325).

간섭의 형태에 대한 동의가 자의성을 방지하는 데 충분하지 못하다는 사실은 지배에 대해 염려하는 사람이라면 누구나 19세기로의 〔역사적〕 모멘텀을 형성했던 2개의 〔역사적〕 전개에 대해서 행복해할 수 없다는 것을 의미한다. 하나는 우리가 제 1장에서 서술한 것처럼 다수의 지배는 만사에 좋다는 생각을 제공한 민중주의적 관념의 성장이다. 다수결 원칙은 그 합의적 성격 때문에 축복받은 것처럼 보일 수도 있지만, 소수집단들에 대한 지배를 분명 수반할 수 있기 때문에, 지배에 반대하는 사람이라면 무제한적 다수결주의를 인정할 수 없을 것이다.

지배에 반대하는 사람들이 주목해야 할 또 다른 〔역사적〕 전개는 바로 자유계약이라는 독트린의 등장이다. 이 독트린에서 계약의 자유는 단순히 계약에 들어가는 자유, 혹은 들어가기를 거부하는 자유를 의미하는 것이 아니라 계약의 규정들에 대한 결정을 내리는 자유를 의미하는 것이었고, 당사자들이 받아들이기로 합의했다면 상대방에 대한 다른 한쪽의 조치는 자유로운 계약에 의해서 정당화되었다. 계약법은 19세기로 들어서면서 급속도로 발전 및 공고화의 길을 걸었다(Stoljar, 1975; Atiyah, 1979). 사람들이 지배의 결과를 무시하고 — 계약 속에서 형성되는 권력의 불균형을 무시하고 —, 그 결과 적극적으로 강제하지 않는 계약은 자유롭다고 주장하게 되면서 이러한 독트린의 전개는 계약할 수 있는 자유를 매우 섬뜩한 일부의 계약제도를 옹호하기 위해 도출된 것으로 간주했다(MacDonagh, 1980; Cornish and Clark, 1989; Horowitz, 1977). 이러한 전개는 지배에 대해서 염려하는 사람이라면 어느 누구의 관점에서도 매우 의아스러운 것이다. 만약 사람들이 해악이라는 것에 계속 초점을 맞췄더라면, 특히 자유가 단지 간섭의 부재가 아니라 지배의 부재를 요구한다는 점을 계속적으로 생각했더라면, 어떤 가능성을 고려하더라도 이는 절대로 현실화될 수 없었다.

간섭에 대한 동의가 자의성과 지배에 대한 견제의 충분조건이 될 수는 없지만, 필요조건은 될 수 있을까? 간섭받는 사람들이 그러한 종류의 권력을 행사하는 데에 동의하지 않는 한, 어떠한 간섭도 자의적이라는 주장을 유지해야 할까? 정부의 정당성을 위해서는 동의가 필요하다는 믿음은 함의적, 가상적, 혹은 묵시적 동의라는 매우 애매모호한 독트린을 불러일으켰다. 만약 우리가 특정 간섭의 행위들—예를 들어, 법과 정부〔권력〕의 행사—에 영향받는 사람들의 동의를 간섭의 비자의성과 정당성에 있어 필수적인 것이라 생각할 필요가 없었다면 좋았을 것이다. 이는 일상적인 정치현실들을 정당화하려는 시도를 고찰할 때 이러한 독트린을 살펴볼 필요가 없었을 것이란 점을 의미하기 때문이다.

다행히도, 특정 권력의 행사가 비자의성을 띠기 위해 요구되는 것은 이런 권력에 대한 실질적 동의가 아니라 효과적으로 이를 견제할 수 있는 영구적 가능성이라는 점을 약간의 성찰을 통해서 알 수 있다. 우리가 앞서 한 설명에 의하면, 국가의 간섭이 적절한 이익과 사고에 의해서 지도되어야 하고, 이러한 이익과 사고가 간섭에 영향받는 사람들에 의해서 공유되는 한, 국가는 자의적으로 간섭하지 않을 것이다. 이는 국가권력이 행사되는 정치체제에 대해 인민이 적극적으로 동의했어야 한다는 것을 의미하는 것이 아니다. 그러나 이것이 진정으로 의미하는 바는 사회의 어떤 지점을 차지하든 상관없이 인민은 〔국가를〕 지도하는 이익과 사고가 실제로 공유되고 있다는 추측을 항상 견제할 수 있어야 하고, 만약 〔이러한 추정을 통한〕 도전이 지속적인 것으로 판명된다면, 항상 국가행위의 패턴을 바꿀 수 있어야 한다는 것이다. 이러한 견제력이 확보되지 않는다면, 국가는 주변화된 인종이나 문화, 혹은 젠더를 지닌 사람들을 지배하는 존재로 쉽게 나타날 수 있다. 이러한 지적은 이미 잘 알려진 "차이의 정치"(Young,

1990)라는 이름으로 우리에게 친숙한 것이며, 이에 대해서는 이 책의 제2부에서 민주주의에 대한 논의를 하면서 좀더 많이 다루게 될 것이다.

4) 간섭 없는 지배

지배 혹은 예속에 대해서 강조하고 싶은 두 가지 주제가 남아 있다. 이것은 제1장의 마지막에서 다뤘던 주제들과 밀접하게 연관되어 있다. 첫째, 타인을 지배하는 권력을 소유한다고 해서 — 그 정도에 상관없이 — 이러한 권력을 누리는 사람이 그 동기가 좋건 나쁘건 지배받는 사람에 대해 실제로 간섭할 필요는 없다. 심지어는 이런 권력을 누리는 사람은 그러한 간섭을 하고자 조금도 의도할 필요도 없다. 지배를 구성하는 것은 어떤 측면에서 권력을 소유한 자가 자의적으로 간섭할 능력을 가지고 있다는 사실이다. 비록 이러한 간섭을 절대로 사용하지 않을지라도 말이다. 이러한 사실이 의미하는 바는 권력의 피해자는 연관된 영역에서 권력 담지자의 명시적이거나 묵시적인 허락에 좌우되는 행동을 한다는 것이다. 또한 권력의 피해자들은 권력 담지자에게 좌우되어 살아가며, 피부양자나 빚쟁이와 같은 위치에 놓여 있음을 의미한다. 일반적으로 그러겠지만 만약 이러한 함의에 대한 공통적 지식이 있다면, 이러한 공통적 지식은 권력의 피해자들이 평등한 사람들의 심리적 상태를 누릴 수 없다는 점에서 생긴다. 그들은 상호주관적 평등과 함께 존재하는 솔직함이 아니라, 공포와 복종이 일상적 질서로 다가오는 위치에 놓여 있다.

이것은, 만약 권력의 담지자가 실제로 친절하거나 성인처럼 행동한다면 아무런 차이가 없을 거라는 걸 의미하는 것일까? 이는 경우에 따라 다르다. 만약 친절하거나 성인처럼 행동하는 것이 그 사람이 도전과 비난에 직면하는 것을 의미한다면 — 만약 스스로 자신을 법정에서 해명하게끔 만드는 것이라면 — 그들은 완전히 처벌받지 않고 간섭할 수 없다는 것을 의미한다. 그들은 스스로에 대해 대가를 지불하게 될 수도 있다. 권력을 가진 자가 노블레스 오블리주(*noblesse oblige*)라는 코드를 인식하거나 덕망 있는 사람이 되고자 한다고 가정해 보자. 그렇다면 자동적으로 그들이 다른 누군가에 대해서 지니는 권력은 최소한 인식하지 않았을 경우보다 그 강도가 떨어짐을 의미하게 될 것이고, 효과적인 비난의 가능성에 노출됨으로써 그들에 의해서 대표되는 지배는 어느 정도 감소한다. 이러한 관찰은 다른 사람들의 덕성이 누군가를 지배로부터 보호하는 안전장치에서 필수불가결한 요소라는 마지막 장에서의 나의 주장과 연관된다.

다른 한편으로, 친절하거나 성인처럼 행동하는 것이 단순히 그 사람이 우연하게도 다른 사람에게 해를 끼치지 않는 경향들을 가지고 있는 것 — 실제의 경우, 그들이 다른 사람에게 간섭하지 않는다는 것 — 을 의미한다면, 이런 권력에 영향을 받는 사람들에 대한 지배의 감소는 수반하지 않을 것이다. 그러나 이는 여전히 그 사람은 자의적으로 간섭할 수 있는 경우이며, 그들의 권력하에 있는 사람은 누구나 그 사람의 자비에 의해서, 그리고 이에 대한 공통적 지식에 의해서 살아간다. 이러한 의미에서 지배하는 행위자가 친절한 경우일지라도, 간섭의 가능성은 매우 낮을 것이다. 그러나 지배는 타인에 대한 자의적 간섭의 용이성에 비례한다는 점, 그리고 여기서 언급된 것과 같은 종류의 불가능성은 〔자의적 간섭의〕 용이성을 낮추는 데 기여하지 못한다는 점을 지적하는 것은 중요하다. 누군가가 실제로 간섭할 가능성이 매우 낮다고 하더라도 그는 여전히 자기 마음대로 나를 간섭할 수 있는 위치에 있는 것이다.

간섭 없는 지배가 존재할 수 있다는 것에 대한 관찰은, 예속과 속박이 불간섭과 일치하고, 인정 많고 심지어는 자비로운 주인이나 권위의 존재로 현실화될 수도 있다는 마지막 장에서의 주제와 연결된다. 프라이스(1991: 77~78)는 이 점에 대해서 다음과 같이 서술했다. "사적인 삶에서 개인은 주인들의 권력하에 놓일 때, 얼마나 동등하고 친절하게 대우받는지에 상관없이 자유롭다고 일컬어질 수 없다."

5) 지배 없는 간섭

지배에 대해서 내가 강조하고 싶은 두 번째 주제는 타인을 지배하는 권력의 향유가 실제로 간섭하지 않는 것과 일치할 수 있는 것처럼, 어떤 행위자가 지배 없이 타인을 실제로 간섭할 수 있다는 것도 똑같이 사실이라는 점이다. 인민의 이익과 사고를 따르도록 강제되는 방식으로 인민을 간섭하는 공직자나 공적 권위는 〔권력에〕 영향받는 사람을 예속하는 권력을 누리지 못한다. 이때의 공직자는 최소한 이상적으로, 선별과 제재의 장치들에 종속되기 때문에 비당파적인 근거, 즉 비당파적 이익과 사고에 의해서 지지되는 근거에서 행동한다고 신뢰받을 수 있다. 그들은 강제적 법에 근거해서 움직이기 때문에 그들의 간섭은 자의적이지 않다.

의회나 공직자, 더 나아가 판사나 교도관은 〔그들의 행동을〕 적절하게 제한하는 헌정체제가 효과적으로 작동하고 있다는 전제 — 이는 매우 커다란 단서이다 — 하에, 비지배적 간섭을 행할 수도 있다. 오직 헌정적으로 결정된 조건들하에서만 행위자나 조직이 누군가에게 조치를 취하는 데 있어서 재량권을 행사하지 못할 수 있으며, 따라서 마음대로 간섭할 수 없다. 만약 그들이 일정한 범위 내에서 재량권을 지니고 있다면 — 예를 들어 판사가 형량을 선고할 때 어느 정도의 재량권을 지닐 수 있는 것처럼 — 〔영향받는〕 사람에 대해 의도적인 손상을 끼칠 수 있는 능력은 현저하게 제한된다. 왜냐하면 그들의 행위들은 항소와 재심에 종속되어 있을 수 있기 때문에 비당파적 이익과 판단의 적절한 통제에서 벗어나 이러한 재량을 사용할 경우에는 제재에 노출되기 때문이다.

헌법적 권위 — 판사나 경찰관과 같은 — 가 차별적인 법률하에서 작동하고 있고, 이러한 법률들이 그들의 행위를 심각하게 제한한다고 가정해 보자. 이러한 헌법적 차별이 존재할 때, 우리에게는 불평이 있을까? 분명 있다. 법률이 차별적이라는 사실은 차별이 행사되는 집단이 지닌 적절한 이익과 사고를 법이 따르지 않는다는 것을 의미한다. 따라서 이러한 법을 수행하는 사람들은 〔그러한 법의 영향을 받는〕 집단의 관점에서는 자의적 근거에 따라 행동하는 것이 된다. 그들이 심각한 법적 제약하에서 움직인다는 가정에 따르면, 그들에게는 이런 식으로 행동할 수밖에 없다는 것은 사실이다. 그러나 그러한 집단의 구성원들을 자의적으로 간섭하도록 강제된다는 사실은 그들이 그런 식으로 간섭할 수 있다는 것과 모순되지 않는다. 그들이 자의적인 근거에서 간섭해야 하는 법적 의무에 묶여 있다는 사실은 그들이 자의적으로 간섭할 수 있는 능력을 가지고 있다는 것과 동일한 의미이다.[8)]

첫 번째 강조점처럼, 두 번째 강조점도 마지막 장에서의 논의와 직접적으로 연결된다. 이는 법 자체가 자유를 폐기하는 것을 의미하는지, 다시 말해 보다 큰 자유와 전반적인 행복을 실현하는 데 미치는

8) 이에 대한 대안적인 주장은 제한을 받는 행위자가 그 집단의 구성원을 지배하지 않는다면, 그 〔차별적인〕 법들을 제정하는 입법자, 또는 법을 개정할 수 있는 위치에 있는 사람들은 분명 그들을 지배하고 있다고 말하는 것일 수 있다. 그들은 자신들이 원하는 바를 제한된 행위자들을 통해 실현하는 장본인이다.

효과에 의해 정당화되는, 인민이 〔법 이전에 가지는〕 자유의 제한을 의미하는지에 대한 질문과 관계가 있다. 여기에서 논의되는 지배에 대한 설명에서, 법 그 자체가 지배의 하나의 형태를 의미할 필요는 없다. 법과 자유의 관계는 홉스적 또는 벤담적 언어로 표현될 필요가 없다는 점 또한 강조되어야 한다. 최소한 원칙적인 측면에서 달성가능한 법적 체제는 존재할 것이며, 이때의 법적 체제는 전적으로 비지배적이고 전적으로 자유와 양립가능하다. 이 체제는 잠재적 지배자들을 금지하고 속박을 감소시킬 뿐만 아니라 그 과정에서 그 자체로 지배의 한 형태가 될 수도 있을 것이다. 동일한 맥락에서, 어느 정도 자의적 통제를 허용하는 법적 체제도 존재할 것이다. 지배와 속박을 만들어낼 이러한 법적 체제는 홉스의 리바이어던이나 미국 식민지를 지배한 영국 의회의 경우에서처럼 다소간 권위주의적이다. 오래된 공화주의의 어구로 말하자면, 이러한 체제는 법의 제국이 아니라 인간의 제국을 대변할 것이다(Harrington, 1992: 8).

2. 비지배

1) 지배의 부재

지배(支配)의 부재(不在)라는 것은 타인의 존재양상에 있어 지배가 부재하다는 것을 의미할 수 있다. 이 상태는 그 누구도 여러분을 지배하지 않는 사람들 속에서의 삶과 결합된다. 아니면 타인들의 부재를 통해, 즉 사회로부터 고립된 삶을 통해 실현될 수 있는 상태를 의미하는 것일 수도 있다. 비지배는 고립을 통해 얻어지는 지배의 부재를 의미하는 것이 아니라 공화주의 전통에서 가치부여된 것처럼 타인이 존재한다는 전제에서 지배의 부재를 의미하는 것이다. 비지배는 자유인(*liber*)의 시민적 역할과 결합된 것이다. 고대 로마의 표현에서 리베르타스는 키비타스이며, 18세기 용법에서 자유는 자연적 자유와 구별되는, 시민적인 것이었다. 비지배는 그 실현이 서로간에 상호작용하는 수많은 행위자들의 존재를 전제하는 사회적 이상이다(Pettit, 1993a: 제 3장). 우리는 제 3장에서 이 부분에 대해서 다시 다룰 것이다.

이러한 점에서 비지배 자유는 불간섭 자유라는 대안적 이상과 아주 흥미로운 방식으로 대조된다. 불간섭 자유는 시민적 자유보다 자연적 자유의 개념과 결부된다. 이러한 연결은 〔자유는〕 사회로부터 고립된 상황에서도 향유될 수 있다는 점을 시사하며, 따라서 불간섭은 타인의 존재나 부재와 상관없이, 〔제도를 통해〕 고안된 것이든 아니든 상관없이 간섭의 부재를 의미한다. 비지배 자유가 도시의 자유를 상징한다면 불간섭 자유는 황무지의 자유를 상징한다. 페일리의 명언을 인용하자면, "쓰레기에 대한 공동의 권리"인 것처럼 말이다(Paley, 1825: 355).

우리와 관계된 의미에서 비지배는 타인들의 존재 속에서 살아갈 때, 그리고 어느 누구도 사회적 디자인에 의해서 다른 이들을 지배하지 않을 때 사람들이 향유하는 위치이다. 우리가 앞으로 살펴볼 것처럼 이러한 비지배 상태의 정도는 다를 수 있다. 그러나 때때로는 모 아니면 도식으로 이야기하는 것이 편리할 수도 있다. 누군가가 타인들 사이에서 삶을 영위할 때, 그리고 어느 누구도 이전 절에서 논의된 조건들을 만족하지 않을 때, 즉 어느 누구도 그가 내리는 선택에 대해 자의적으로 간섭할 능력을 가지고 있지 않을 때, 그는 비지배를 누린다.

2) 비지배 달성을 위한 전략

우리는 지배당할 위기에 놓인 사람으로 하여금 어떻게 비지배를 획득하게 할 수 있을까? 어떠한 사회적 디자인이 비지배 증진에 이바지할 수 있을까? 이에 대해서 검토할 만한 두 가지 광범위한 접근법이 있다. 그 하나는 상호권력 전략(*strategy of reciprocal power*), 또 다른 하나는 헌법규정 전략(*strategy of constitutional provision*)이라고 이름을 붙일 수 있다.

상호권력 전략은 지배자와 지배받는 자〔가 소유한〕 자원을 보다 평등하게 만드는 것이다. 이를 통해 지배하는 자의 어떠한 간섭에 대해서도 기존의 지배받는 자는 이상적으로 스스로를 방어할 수 있다. 만약 개개인이 다른 사람이 행사할 수 있는 어떠한 간섭에 대해서도 효과적으로 자신을 보호할 수 있다면, 누구도 타인에 의해서 지배받지 않게 될 것이다. 어느 누구도 타인이 가할 수 있는 자의적인 간섭의 가능성에 영구적으로 종속되지 않을 것이다.

이러한 이상적이고 방어적인 형태로 상호권력 전략을 달성하는 것은 매우 어렵다. 만약 타인의 간섭에 대해서 스스로를 방어하지 않을 경우 일반적으로 가능한 유일한 방법은 관련된 당사자들에게 어떠한 간섭에 대해서도 처벌받을 것이라고 최소한의 위협을 한 후, 실제로 간섭하는 사람들은 처벌하는 것이다. 그러나 이러한 처벌과 처벌에의 위협은 우리가 아는 것처럼 그 자체로 간섭의 형태이며, 영향을 받는 사람들의 이익과 사고를 따르지 못하는 형태인 〔자의적〕 간섭이다. 그렇기 때문에 상호권력 전략의 비이상적 방법에서는 자의적 간섭과 지배가 감소할 수는 있지만, 이를 완전히 없앨 수는 없다.

헌법규정 전략은 지배 자체를 없애는 것을 목표로 한다. 지배받는 당사자들로 하여금 자의적 간섭에 대해 자신들을 방어하거나 자의적 간섭자를 단념하게 함으로써가 아니라 해당 상황에 집단에 의해 선출된 대리인과 같은 헌법적 권위를 도입함으로써 지배를 없애는 것이다. 이러한 권위는 지배하는 쪽으로 하여금 자의적 간섭을 할 수 있는 권력과 그런 종류의 간섭을 처벌할 수 있는 권력을 빼앗을 것이다. 이를 통해서 한 무리의 사람들에 대한 다른 특정 무리의 사람들의 지배를 없앨 수 있고, 헌법적 권위 자체가 이 무리들을 지배하지 않는다면 지배의 종식을 가져올 수 있을 것이다. 만약 현재 헌법적 권위 자체가 당사자들을 지배하고 있지 않다면, 앞으로도 그들을 지배하지 않을 이유는 헌법적 권위가 행사하는 간섭이 그들의 관념과 일치하는 이익들을 따르기 때문이다. 따라서 이는 공공선에 충분히 응답한다.

한쪽이 다른 한쪽을 지배하는 상황에서 시작해 보자. 헌법규정 전략은 여기서 정말 작동할 수 있을까? 권력의 근원적 차이점을 생각해 볼 때, 지배하는 쪽은 현상이 유지될 때 그랬던 것처럼 억제적 권위—선거로 선출되든 아니면 만들어지든 상관없이—가 그들의 특수이익을 따르지 못할 수도 있다고 믿게 되지 않을까?

만약 기존에 권력을 가졌던 쪽이 이러한 점을 믿는다면, 진정으로 비지배적인 정체하에서는 그들이 불평의 목소리를 내는 것과 자신들의 일에 대한 권위의 간섭을 견제하는 것이 가능해야만 한다. 그리고 만약 그들이 〔자신들을〕 억압하는 간섭이 지배는 아니라는 판단에 만족하지 않는다면, 권력균형 시나리오하에서 그들은 이러한 정체로부터 〔지지를〕 철회하고, 다른 이들을 간섭으로부터 보호하고 간섭자에게 위협과 처벌을 부과함으로써 간섭을 방지하는 대리인과 같은 권위와 대면할 수 있어야 한다. 그렇지 않다면 기존에 지배받는 쪽에게 얼마나 유리했을지와 상관없이 그 체제는 기존에 지배하던 쪽의 이익을 따르지 않을 것이다. 기존에 지배하던 쪽의 관점에서 봤을 때 이는 간섭의 지배적 형태일 것이다.

지금 단계에서는 이러한 용인(容認, *concession*)에 대해서 근심할 필요가 없다. 왜냐하면 우리는 단순히 지배가 감소하고 소멸될 수 있는 방법들에 대해서 서술하고 있기 때문이다. 그러나 기존에 지배하던 쪽이 헌정(憲政) 체제를 받아들일 수도 있다는 생각이 완전히 이상한 견해는 아님을 지적할 필요가 있다. 결국 이러한 체제는 모두가 타인들에 대해서 취약해질 수 있고, 그들은 각각 헌법에 보장된 방식으로 타인들로부터 보호받는 데 있어 공통의 이익을 가지고 있다는 주장에 의해서 견제에 대한 응답으로 정당화될 것이다. 보다 강한 쪽은 그들이 현재 누리는 이득이 어느 정도 보장되고 그들이 다른 사람들과 다르다고 믿는 한 이러한 주장을 거부할 수도 있다. 그러나 이러한 믿음은 설득력이 없는데, 특히 이후의 권위의 행사는 모든 방어적이고 억제적인 수단을 통해 타인들을 보호하게 될 것이기 때문이다.

3) 권력의 한 형태로서의 비지배

비지배가 헌법규정에 의해서 증진되는지, 아니면 관련 자원들의 균등한 분배를 통해서 증진되는지에 관계없이 비지배가 그 자체로 권력의 한 형태라는 점은 강조되어야 한다. 이는 한 사람이 자신의 운명과의 관계 속에서 향유하는 통제를 의미하며, 이러한 통제는 권력의 종류에서 〔우리에게〕 익숙한 하나의 유형을 구성한다. 이것이 바로 자신에게 일어나는 다양한 병폐들을 방지할 수 있는 행위자의 권력이다(이 장의 부록을 참조하시오).

비지배의 권력 연관적 측면을 강조하는 또 다른 방법은, 제 2장의 주제로 돌아가서 비지배가 단순히 간섭의 부재가 아니라 자의적 토대에서 가해지는 간섭에 대한 일종의 면제 또는 안전과 연관된다는 점을 강조하는 것이다. 내가 어느 정도 선택의 틀 안에서, 현실세계에서 자의적인 권력들에 의해 행사되는 모든 간섭의 부재를 우연히 누리고 있다고 상상해 보자. 즉, 이러한 권력을 지니는 어느 누구도 내가 선호하는 것을 선택하는 데 방해하지 않고, 관련된 옵션들 중에서 내가 다른 선택을 하더라도 참견하지 않는다고 말이다. 이와 마찬가지로, 내가 누리는 불간섭이 극도로 불안정하고 내가 상대적으로 힘없는 개인이 되는 경우도 가정해 보자. 나를 지배하는 자, 다시 말해 자의적인 간섭의 권력을 가진 자들이 내 주위에 있기는 하지만 그들이 나를 좋아하고 나를 홀로 내버려두거나, 아니면 아첨하면서 그들의 비위를 맞출 수 있고 그들이 내게 비우호적으로 대할 때 그들을 달랠 수 있거나, 아니면 내가 간사해서 어떤 문제가 일어나면 그들의 눈을 운 좋게도 피할 수 있는 등, 아주 우연한 이유에서만 불간섭을 누릴 수 있을 것이다. 이러한 세상에서 나의 자유의 대가는 영원한 경계가 아니라 비댈(Gore Vidal)[9]이 말했듯이 영원한 신중함이다.

비지배를 누린다는 것은 어느 누구도 나에 대해서 자의적인 간섭을 할 수 있는 권력을 가지지 못하고, 나도 그에 상응하게 강한 위치에 있다는 것을 의미한다. 비지배는 단지 자의적 권력에 좌우되는 불간섭을 소유하는 것이 아니라, 이러한 불간섭을 안전하거나 탄력적으로 소유하는 것이다. 자의적인 간섭을 할 수 있는 권력을 지닌 행위자들이 나를 싫어한다고 가정해 보자. 그리고 내가 그들에게 아첨하는 데 능하지 못하고 그들의 눈을 피하는 데 필요한 교활함도 잃어버렸다고 가정해 보자. 만약 내가 진정으로 비지배를 누리고 있다면, 즉 내가 비지배에 요구되는 상호적 권력 또는 헌법규정으로부터 진정으로 이득을 얻고 있다면, 이러한 것들은 전혀 문제가 되지 않는다. 이는 여전히 내가 그들의 영향력하에서 불간섭을 누리는 경우이다. 왜냐하면 이러한 축복은 단지 앞에서 언급된 우연성들 중 하나에 의해서가 아니라 안전하게 나에게 주어지기 때문이다. 그렇다면 나는 어떠한 기준에 의해서건 상대적으로 힘 있는 개인으로 간주되고, 관련된 종류의 간섭을 피하기 위해서 내 운에 의지하지 않아도 된다.[10]

---

9) 〔역주〕 고어 비댈(Gore Vidal, 1925~). 미국의 저명한 소설가이자 수필가, 극작가, 정치평론가. 미 육군 최초의 조종사였던 아버지와 유명 여배우이자 사교계의 명사였던 어머니 밑에서 웨스트포인트에서 출생, 워싱턴에서 자라났다. 19세에 작품활동을 시작했으며, 그의 초기 작품인 《도시와 기둥》(*The City and the Pillar*)은 동성애를 소재로 쓰여진 최초의 미국소설로, 〈뉴욕 타임스〉가 그 이후에 출판된 그의 책 5권에 대한 리뷰를 거부했을 정도로 당시 비평가들 사이에서 큰 반향을 불러일으켰다. 민주당원으로 지미 카터와 앨 고어의 친척이기도 하며 스스로를 초기 미국의 "순수 공화주의"로의 회귀를 원하는 급진적 개혁가로 규정하기도 하였다.

10) 불간섭을 향유한다는 것은 내가 원하는 바를 선택하는 현실세계에서 간섭받지 않는다는 것이다. 이와 동등하게 내가 원하는 것이 다양하고 〔현실세계에서 선택하는 것과〕 다른 옵션들을 선택하는, 연관된 세계에서도

4) 공통적 지식

우리는 지금까지 비지배가 다른 사람들이 존재한 상황에서 지배의 부재를 통해서, 즉 여러분이 생각하기에 그 어느 누구도 지배의 세 가지 조건들을 만족하지 않는 사람들의 삶을 통해 발생한다는 것을 살펴봤다. 그리고 이러한 관점에서 비지배가 상호적 권력 또는 헌법규정 전략을 통해서 실현될 수 있다는 점에 대해서, 그러나 또 다른 경우 이는 여러분 자신의 삶에 대한 적극적 통제, 즉 불간섭의 소유 속에서의 안전과 연관되어 있는 점을 살펴보았다. 비지배에 대한 일반적 소개에 언급해야 할 점이 하나 더 있다. 누군가가 비지배를 누리는 경우 이는 주관적이고 간주관적인 함의를 지닌다는 것이다. 지배 혹은 예속이 일반적으로 그 관계에 연관된 사람들간에 공통적 지식의 문제가 되면서 비지배 또한 공통의 인식과 연관되는 경향이 있다.

마지막 절에서 우리는 만약 예속의 세 가지 조건들이 주목할 정도로 충족된다면, 대부분의 경우 그 조건들이 충족되는 관계의 당사자들간에 공통적 지식의 문제가 될 것이라는 점을 살펴보았다. 이러한 주장은 한 사람이 다른 사람에 대해서 지배적 권력을 가지고 있는지의 여부, 즉 세 가지 조건들이 충족되느냐의 여부는 항상 분명한 질문이고, 이러한 권력을 발생시키는 자원의 불평등이 일반적으로 분

간섭받지 않는다는 것을 의미한다. 이것이 종종 언급되는 자유의 형식적 또는 반사실적 측면이다. 비지배로서의 안전과 동일한 불간섭을 누린다는 것은 이러한 조건에 더해 또 다른 형식적 조건을 충족시킨다는 것이다. 이러한 조건은 강력한 행위자들의 태도가 변화하거나, 나의 아첨하는 능력이 감소하거나, 또는 나의 타고난 교활함이 예전 같지 않는 등 가능한 세계들에서 간섭받지 않는다는 것이다. 이는 본래 고려되었던 세계에서뿐만 아니라 이러한 종류의 가능한 세계들에 걸쳐 불간섭을 탄력적으로 소유하고 있다는 것을 의미한다. 페팃(1993a; 1993b) 참고.

명한 자료가 될 것이라는 사실에서부터 시작했다. 예외는 은밀한 조작에 필요한 자원들을 예를 들어 타인들이 선택지를 상정하지 못하게 하는 데 사용함으로써 특정 선택지를 빼앗는 경우이다.

이제 어떤 관계에서 발생하는 지배의 조건들을 좌절시키기 위한 대책들이 제시된다고 가정해 보자. 이러한 대책들이 두 당사자 중 어느 누구도 상대방에 대하여 지배하는 권력을 가지고 있지 않거나, 이와 동등하게 각각이 타인과의 관계에서 비지배의 향유를 보장한다고 가정해 보자. 당사자들이 상대방에 대해 지배적 권력을 가지고 있느냐라는 질문은 분명한 이슈로 남아있을 것이다. 그리고 자원의 불평등은 한쪽에게 다른 쪽에 대한 지배적 권력을 부여하며 이를 바로잡기 위해서 취해지는 대책들은, 이제는 조작을 통제하기 위해 고안된 대책들을 포함하여 거의 확실하게 분명한 자료를 구성할 것이다. 그렇기 때문에 앞서 주장을 제기한 방식에 의해, 우리는 지배를 위한 조건들이 성립되지 않고 비지배가 통용되는 것이 그 관계의 당사자들간에 거의 공통적 지식의 문제가 될 것이라는 것을 확신할 수 있다. 또는 최소한 다른 모든 것이 동일할 때, 예를 들어 상대편에 있는 사람들을 설득하기 위한 일치된 시도가 없을 때, 이러한 일이 일어날 수 있다는 것은 자신할 수 있을 것이다.

이 문제는 아주 중요하다. 왜냐하면 비지배를 주관적인 자기 이미지, 그리고 간주관적 위치와 연결하는 것이 바로 이 요소이기 때문이다. 이는 다른 행위자와의 관계에서 비지배를 누리는 것은, 그리고 최소한 그 행위자가 한 개인일 경우, 타인의 눈을 바라볼 수 있게 된다는 것, 즉 여러분이 스스로 결백하고 불간섭적인 선택들을 추구하는 것이 그들이 떠남으로써 이루어지는 것이 아니라, 공적으로 승인된 권리로서 추구한다는 공유된 지식에 대해 확신한다는 것과 맥락을 함께 한다는 점을 의미한다. 그렇다면 여러분은 그러한 타인이 주는 공포 속에서도, 혹은 이에 대한 복종 속에서도 살아가야 할 필요는 없다. 타인의 의지에 의해서 여러분이 누리는 불간섭은 그들의 품위에 의해서 누려지는 것이 아니며 여러분은 그들의 동정으로 삶을 영위하는 것이 아니다. 여러분은 그들에게 보잘것없는 사람이 아니라 가치 있는 사람이다. 여러분은 여러분 스스로의 법적, 그리고 사회적 권리를 지니는 존재이다.

자유를 주관적이고, 종종 간주관적인 위치와 결합시키는 것, 즉 자유와 독립심, 면제와의 결합은 공화주의의 전통에서는 아주 예전으로 거슬러 올라간다(Wirszubski, 1968: 159). 이는 대부분의 저술가들보다 강제와 공포에 대해 훨씬 더 관용적이었던 마키아벨리에서도 발견된다. “자유로운 공동체에서 얻어지는 공통의 이득은 소유하고 있을 때에는 아무도 이를 인식하지 못한다. 이러한 이득은 아무 근심걱정 없이 자신의 소유를 자유롭게 향유할 수 있는 힘, 그의 여자들과 자녀들의 명예에 대한 어떠한 두려움도 느끼지 못하는 힘, 그리고 스스로에 대해서 걱정하지 않는 힘이다”라고 그는 말한다(Machiavelli, 1965: 236). 몽테스키외(1989: 157)는 두 세기 후 마키아벨리의 언급에 다음과 같이 주석을 다는 것처럼 보인다. “시민에게 정치적 자유는 각자가 그의 안전에 대해서 갖는 의견으로부터 나오는 영혼의 고요함이다. 그리고 이러한 자유를 지니기 위해서는 시민이 다른 시민을 두려워하지 않도록 통치가 이뤄져야 한다”(Spinoza, 1951: 259도 참조).

밀턴은 공화주의적 자유를 누리는 데 있어 주관적 측면보다 간주관적 측면을 강조했다. 그는 “자유로운 공화국”에 대해 언급하면서 “가장 위대한 이들은 다른 사람들처럼 길을 걸으며, 동경 없이 자유롭고 친근하게 말을 건넬 수 있는 사람들이다”(Worden, 1991: 457). 이 주제는 프라이스(1991: 84~85)와 프리스틀리의 저작에서 열정적인 측면들을 지닌다. 나는 여기서 프리스틀리의 언급(1993: 35~36)을 길게 인용할 것이다. 이 내용은 불행하게도, 그리고 내 생각에는 불필요하게도 성차별주의적이긴 하다.

> 정치적이고 시민적인 노예라는 말은 특정인으로 하여금 그 스스로에 대해서 초라하게 생각하도록 만든다. 그가 의미 없는 존재라는 감정은 그의 정신의 격을 떨어뜨린다. … 반면 정치적이고 시민적 자유라는 말은 비록 한 사람의 삶 속에서 발휘되는 경우가 많지는 않지만, 자신이 지닌 권력과 중요성에서 한결같은 의미를 부여한다. 이는 그가 통제라는 가장 동떨어진 관념에 의해 제한되지 않은 채 자유롭고 대담하며 씩씩한 사고의 전환에 빠지는 데 기초가 된다. 모든 공포로부터 자유로워지면서 그는 스스로, 그리고 그의 삶에서 누릴 수 있는 모든 축복을 완전히 향유하게 된다.

비지배 자유의 주관적이고 간주관적인 측면은 불간섭 자유가 보통 자유주의 전통에서 해석되는 방식과 대조를 이룬다. 어떤 특정 심리적 상황과도 결합되지 않으면서 자유주의 전통에서 자유는 자유에 대한 감정, 보다 일반적으로 주관적 또는 간주관적 위치와 대조된다. 벌린(1958: 43)은 이 점에 대해서 다음과 같이 설득력 있게 표현한다.

> 내가 정치적 또는 사회적 의존의 상태로부터 해방되기를 원할 때 내가 요구하는 것은 그들의 의견들과 행동이 나 자신에 대한 나 스스로의 이미지를 결정하는 데 도움을 주는 사람들이 나에 대해서 갖는 태도를 바꾸는 것이다. … 그러나 이러한 상태나 인식에 대한 요구가 쉽사리 인정될 수 있다는 것은 '소극적' 또는 '적극적' 의미에서의 자유와 관계없다.

많은 자유주의자들이 자유롭다고 느끼는 것과 연관된 선(*good*)에 관심을 쏟지만, 중요한 점은 그들이 일반적으로 이해하는 것처럼 이러한 선을 분리할 수 있는 것, 그리고 자유라는 선 그 자체에서 분리된 것으로 생각한다는 점이다(Weinstein, 1965: 156~157; Shklar, 1989: 28; 그러나 Holmes, 1995: 245를 참고).

왜 자유주의자들이 불간섭을 불간섭에 대한 공통된 인식으로부터 분리시켜야 했는지는 이해할 만하다. 나는 내 비지배를 입증하는 보호적 제도들이 없을 경우 지배를 피할 수 없다. 그러나 그러한 풍부한 장치들이 없더라도 나는 간섭을, 심지어는 간섭의 가능성조차도 피할 수 있다. 내가 누리는 실제의 혹은 기대되는 불간섭은 단지 운이 좋아서 나에게 주어질 수도 있다. 예를 들어 나에게 호감이 있는 이들에게만 취약하거나, 내가 환심을 살 수 있는 이들에게만 취약한 경우처럼 운이 좋다면 말이다. 이때의 행운은 공통적인 인식의 문제가 되지는 않을 것이다.

이 논쟁의 첫 부분에서 불간섭 자유의 이상이 사회적 이상으로 일반적으로 받아들여지지 않음을 관찰했다. 불간섭은 사람들이 존재할 때뿐만 아니라 부재할 때에도, 제도적 디자인에 의해서뿐만 아니라 제도가 없을 때에도 누릴 수 있는 지위로 대표된다. 이와 동등하게 이제 우리는 이 불간섭이라는 이상이 일반적으로 주관적, 또는 상호주관적인 것으로 간주되는 것이 아니라, 그 실현은 심리적 의미를 가질 수도, 가지지 않을 수도 있는 것임을 알 수 있다. 그렇다면 불간섭 자유의 이상은 사회적, 심리적 차원에서 비지배 자유의 이상과 대조된다.

3. 페일리의 반박들

지배와 비지배가 수반하는 것에 대한 이러한 분석은 비지배 자유의 이상에 대해 올바른 이해를 제공해야 한다. 그러나 우리가 제1장에 살펴본 것처럼, 페일리는 자유를 비지배로 정의하는 것에 대해 광범위한 지지를 받았던 세 가지 반박을 제시했다. 제2장의 결론을 내리면서, 비지배 자유의 이상이 얼마나 그러한 비판을 반박하는 근거로 제시될 수 있는지 살펴보는 것은 유용하리라 생각된다.

1) 첫 번째 반박 : 수단과 목적의 혼동

페일리의 첫 번째 반박은 비지배 자유를 옹호하는 사람들이 "자유 그 자체보다는 자유를 보호하고 유지하는 기제에 대해 더 많이 서술" (Paley, 1825: 359) 함으로써 혼동을 일으켰다는 것이다. 비지배를 추구하는 것이 특정 종류의 간섭에 대한 특정 종류의 안전을 추구하는 것을 수반한다면, 필연적으로 그것은 어떻게 그러한 불간섭을 지키고 보존할 것인지에 대한 관심을 포함하게 된다. 페일리의 눈에 공화주의자들은 불간섭의 가치에 관한 시각을 잃고, 그것을 증진시키는 제도들을 맹목적으로 숭배하는 것으로 보였다. 그들은 실제로 목적 ― 그가 보기에는 비지배 자체 ― 에 주시해야 할 때 수단인 불간섭을 보장하는 장치들에 초점을 맞추고 있다는 것이다.

그러나 페일리는 두 가지 측면에서 우리가 논의하는 전통을 잘못 전달하고 있다. 첫째, 비지배 자유를 옹호하는 이론가들은 〔모든 종류의 간섭에 대해서가 아니라〕 특정 종류의 간섭, 즉 그 효과의 좋고 나쁨을 떠나 오직 자의적으로 행사되는 간섭으로부터의 안전만을 추구한다. 둘째, 그리고 보다 중요한 것은, 이러한 이론가들이 추구하는 것은 이러한 간섭에 대한 특정 종류의 안전이라는 점이다. 이때 특정한 종류의 안전이란 자의적으로 간섭할 수 있는 권력을 지닌 사람들이 아마도 그러한 권력을 행사하지 않을 것이라는 점에서의 안전이 아니라 문제의 권력을 지닌 행위자들이 그러한 권력을 상실한다는 측면에서의 안전이다. 즉, 그들은 간섭의 권력을 행사할 수 있는 능력을 박탈당하거나, 적어도 이를 행사할 수 있는 능력이 심각하게 축소된다는 것이다.

두 번째 논점을 강조할 필요가 있다. 공화주의자들은 프라이스(1991: 26)가 말한 것처럼 "관대함" 또는 "우발적인 온유함" 덕분에 얻어지는 자의적 간섭의 부재는 가치 있게 여기지 않는다. 따라서 자의적인 간섭의 부재를 획득하려고 노력한다는 것은 그 수단에 상관없이 이를 증진시키려 함이 아니다. 결국 권력을 쥔 특정한 강자들에 의한 불간섭을 증진시키는 가장 효과적인 수단은, 강자들에게 아첨하고, 그들이 간섭할 수도 있었던 사람들로부터 마치 온정주의적 신처럼 떠받들어질 것이라고 생각하게 만드는 근거를 주는 제도들을 고안하는 것일 수도 있기 때문이다. 따라서 자의적 간섭의 부재를 보장하려는 노력은 이를 증진하려는 노력을 의미하는데, 이는 오직 다음과 같은 중대한 제약이 있을 때에 그러하다. 즉, 〔자의적 간섭의 부재를 보장하기 위해〕 채택되는 수단은, 자의적 간섭을 야기할 가능성이 얼마나 미미한지와 상관없이, 위협적인 행위자들에게 방해받지 않고 간섭할 수 있는 능력을 부여해서는 안 된다. 여기서의 핵심은 단순히 자의적 간섭이 일어날 가능성이 없게끔 만드는 것이 아니다. 핵심은 자의적 간섭을 달성하기 어렵게 만드는 것이다.

공화주의자들에 대한 페일리의 오역에 있어 최선의 설명은 무언가를 보호하거나 보장한다는 개념이 애매모호하다는 것일 수 있다. 어떠한 선(善)을 보장하려고 노력한다는 것은 그것이 실현되었을 때 기대할 수 있는 것을 극대화하도록 행동한다는 것을 의미할 수 있다. 이러한 용법에서 '보장하다'는 말은 전적으로 개연적이라는 의미를 지니며, '증진하다'와 같은 뜻이다. 이와 달리, 어떠한 선을 보장하려고 노력한다는 것은 어느 누구도 그것을 여러분에게서 빼앗아 갈 수 없음을 확보하기 위한 노력, 다시 말해 타인이 여러분에게서 그러한 선을 박탈하지 못하도록 하는 장치를 고안하기 위한 노력을 의미할 수도 있다. 이 경우에 '보장하다'는 말은 '증진하다'를 의미하지 않는다. 왜냐하면 그러한 선이 실현되었을 때 기대할 수 있는 것을 극대화시키는 수단들은 선에 대한 통제를 타인의 손에 넘기는 것을 수반할 수 있기 때문이다. 이때 '보장하다'는 말이 의미하는 것은 〔'증진하다'라기보다는〕 '타인으로부터 이를 보호한다'와 같은 것이다. 페일리의 실수는 아마도 공화주의자들이 불간섭을 보호하거나 보장하길 원한다고 말하는 것, 특히 자의적인 간섭의 부재를 보장하길 원한다고 말하는 것이 불간섭을 보호하는 것이 아니라 증진시키고 싶어 한다는 것을 의미한다고 생각했던 데 있었을 것이다.[11)]

---

11) '보호'라는 의미에서 불간섭을 보장하려고 한다는 것은, 타인이 여러분에 반하는 행동을 하거나 여러분이 그다지 교활하지 않는 등의 경우가 일어날 가능성이 있는 세계들에서 가능한 한 간섭을 줄이기 위해 노력한다는 것이다. '증진'의 의미에서 불간섭을 보장하려고 한다는 것 또한 여러 가지 경우에서 일어날 수 있는 간섭을 줄이기 위해 노력한다는 점에서는 동일하지만, 이러한 경우의 세계가 실제의 세계에서 나타날 수 있는 가능성이 얼마나 있는가에 주목한다는 점에서 차이가 있다. 이는 예를 들어 권력을 쥔 강자가 입장을 바꿔 난폭해지기로 결정하는 현실의 여부를 무시하는 것일 수 있다.

2) 두 번째 반박 : 흑백논리

비지배 자유의 이상에 대한 페일리의 두 번째 불평은 사실상 비지배가 오직 흑 아니면 백으로, 최대치가 아니면 최소치로만 나타난다는 것이다. 즉, 비지배가 우리가 예견할 수 있는 범위에 대해 그 정도를 허용하지 않는다는 것이다. 그는 자유와 노예에 대한 절대적 언급은 "비교적 의미에서만 오직 이해할 수 있는 것"이라고 불평한다(Paley, 1825: 356). 이러한 불평은 프라이스를 위시한 저술가들이 사용했던 수사가 지닌 독설 속에서 정당하게 환대받았을지도 모른다. 왜냐하면 그들이 〔사회에 대한〕 그림을 그릴 때 선명한 검정과 하얀색으로 색칠했던 것은 분명 사실이기 때문이다. 그러나 문제는 페일리의 불평이 비지배 자유의 개념에 대한 근본적 반박인가라는 점이다.

내 생각에 제 2장에서의 논의는 그렇지 않음을 분명하게 드러내고 있다. 우리는 제 2장의 제 1절에서 어떤 사람에 대한 타인의 지배는 그 강도와 범위에서 다양할 수 있다는 점을 확인했다. 한편으로 지배자가 행사할 수 있는 간섭은 더 많이 혹은 더 적게 자의적일 수 있고, 간섭의 비용과 간섭하는 데의 어려움 또한 더 많을 수도 적을 수도 있으며, 달성할 수 있는 간섭 또한 더 심할 수도 덜 심할 수도 있다. 다른 한편으로, 지배자는 지배당하는 자와 보다 넓은 범위 혹은 좁은 범위의 활동에, 그리고 보다 중요하거나 덜 중요한 영역을 넘나드는 일에 간섭할 수 있을지도 모른다.

지배의 강도와 범위에서의 이렇듯 다양한 변화 정도는 누군가가 누릴 수 있는 비지배의 강도와 범위에서도 역시 차이점이 존재한다는 것을 분명히 드러낸다. 그리고 이러한 차이점들은 지배가 감소하는 범위와 강도에서의 차이로 나타날 것이다. 지배자가 보다 약한 강도로, 그리고 보다 좁은 범위에 걸쳐 지배하게 될수록 사람들은 점점 더 비지배를 누리게 될 것이다.

중요한 것은 이게 전부가 아니라는 점이다. 엄격하게 말해 비지배 자유의 증진이 지배의 감소와 일치하는 것은 아니다. 지배의 감소가 강도에서 일어나든 그 범위에서 일어나든 상관없이 말이다. 우리가 비지배를 확장시킬 수 있는 방법은 단지 현존하는 지배를 줄이는 것이 아니라 한 주체가 지배받지 않는 선택을—그 강도의 수준과 상관없이—행사할 수 있는 영역과 선택의 용이성을 새롭게 확대하는 것이다. 우리는 지금 존재하지 않거나 그 달성비용이 너무 큰 영역에서 이러한 지배받지 않는 선택을 소개하거나 활성화시킬 수 있다. 〔그러나〕 이러한 선택들은 실제로 택할 수 없을지도 모른다. 마치 글자를 사용하지 않는 문화에서 읽기라는 선택을 할 수 없는 것처럼 적절한 옵션들을 문화적으로 채택할 수가 없거나, 이러한 옵션들이 과도하게 제한적인 법률에 의해서 생략된 경우, 혹은 삶의 고됨이 이러한 것들을 선택의 영역 밖에 놓는 경우처럼 말이다.

내가 동네 주변을 돌아다니는 것이 불가능하거나 매우 어려운, 신체적 장애인이라고 가정해 보자. 내가 〔누리는〕 비지배는 그 강도가 어떤 수준이건 상관없이 이동의 수단이 제공될 때 증가할 수 있을 것이다. 이로 인해 지배받지 않은 선택들을 누릴 수 있게 될 것이기 때문이다. 그리고 심지어 내가 이동하는 것에 대해 현재는 아무도 지배하지 않을지라도 내가 누리는 비지배는 증가될 것이다.

인민의 비지배 자유의 정도를 증가시키는 포괄적인 방법은 자유를 손상하는 요인들과 자유를 조건짓는 요인들을 구별함으로써 잘 확인될 수 있다. 비지배 자유는 지배에 의해서 손상되며, 오직 지배에 의해서만 손상된다. 따라서 자유를 행사할 수 있는 능력의 한계로 내 자유가 손상되지는 않지만, 이때의 한계는 매우 중요하다. 이 한계가 바로 내가 누리는 자유를 조건짓기 때문이다. 사람들이 받는 〔자유의〕 손상을 감소시킴으로써, 다시 말해 타인에 의한 지배를 감소시킴으로써 우리는 인민의 비지배 자유의 강도와 범위를 증가시킬 수 있다. 그러나 우리는 또한 〔비지배 자유를〕 조건짓는 요소들의 영향력을 줄이고 인민이 누리는 지배받지 않는 선택들의 범위와 그 용이성을 확장시킴으로써 인민의 비지배 자유의 범위를 증가시킬 수도 있다. 어떤 이들의 자유가 지배에 의해서 손상되는 한 그들은 자유를 누리지 못한다고 말할 수 있는 것처럼, 그들의 자유가 조건짓는 요인들에 묶여 있는 한 그들은 이러저러한 측면에서 — 엄격하게 자유를 누리지 못하는 것은 아니지만(Pettit, 1989b) — 자유롭지 않다고 말할 수 있다.

〔자유를〕 조건짓는 요인들의 영향력을 줄이는 것에 대해 고민해야 한다는 주장은 불간섭 자유의 옹호자들이 종종 만들어내는 가정과 평행선에 있다. 〔불간섭 자유를 옹호하는〕 많은 이론가들은 불간섭 자유의 명분을 증진시키기는 데는 단지 사람들이 주어진 선택의 범위에서 받는 간섭을 줄이는 것뿐만 아니라 불필요한 자연적 사회적 제한들로부터 해방시킴으로써 그들이 누릴 수 있는 선택지를 가능한 한 많이 증가시키는 것이 중요하다는 점을 당연시한다. 불간섭 자유를 형식적 실체로 만드는 것뿐만 아니라, 효과적으로 만드는 것 또한 중요하다.[12)]

---

12) 소극적 자유를 효과적으로 만들려는 것이 이 개념을 적극적 자유의 개념으로 대체하려는 것과 구별됨을 지적할 필요가 있다. 이 두 가지 움직임은 종종 서로 혼동되기 때문이다. 소극적 자유와 공화주의적 자유는 순수하게 형식적이거나 효과적인 방법으로 실현될 수 있다. 그리고 각각을 효과적으로 실현하려는 요구는 적극적 자유의 이상에 대한 애착과 다른 것이다. 소극적 자유를 효과적으로 만들려는 과업은 다소 급진적인 정책들에 대한 옹호로 나타났다. 예를 들면, 월드런(Waldron, 1993: essay 13)과 파리즈(Van Parijs, 1995)가 그러하다. 공화주의자들과 연관된 효율성의 측정에 대해서는 서즌(Sugden, 1996)을 참조하라. 불간섭을

더 많은 선택이 적은 선택보다 항상 더 좋다는 가정, 혹은 쉬운 선택이 어려운 선택보다 좋다는 가정에 대한 질문들이 적절하게 제기되었으며, 이러한 질문은 불간섭 자유에 대한 논의에서뿐만 아니라 비지배 자유에 대한 논의 속에서도 내면화될 필요가 있다(Dworkin, 1988: 제5장). 그러나 논점은, 자유의 두 가지 개념은 다른 점들이 똑같을 때 우리가 선호하는 선택들의 강도뿐만 아니라 그 범위와 용이성까지도 확장해야 한다는 각각의 주장에서 같은 의미를 나타낸다는 것이다. 우리는 자유를 손상시키는 영향력뿐만 아니라 조건짓는 영향력까지도 감소시키도록 노력해야 한다. 이 두 개념들 사이의 차이점은 〔자유를〕 손상시키고 조건짓는 영향력 사이의 경계를 상이한 지점에서 설정하고 있다는 점이다. 불간섭 자유의 개념에서는 자연적인 방해물과 같은 비의도적 영향력만이 자유를 손상시키기보다는 자유를 조건짓는다. 반면, 비지배 자유의 개념에서 비자의적인 의도적 간섭은 자유를 조건짓는 데에는 자연적인 방해물과 유사하지만, 자유를 손상시키지는 않는다. 따라서 첫 번째 개념은 법을 손상하거나 또는 조건짓는 구분 중 손상 쪽에 놓는 반면, 두 번째 개념은 비자의적 법이 조건 쪽에 속한다고 주장한다.

효과적으로 만들어야 한다는 필요에서 나오는 주장들은 자유주의적 사고 속에서 흥미로운 전환을 겪는다. 그러나 이러한 주장들은 불간섭을 단 하나의 선(善)이라고 간주하는 사람들이 쉽게 수용할 수 없는 가정에 의존하고 있다. 이 가정은 불간섭을 효과적으로 만들기 위한 시도의 일환으로—사람들이 간섭이 아니라 자연적이고 비의도적으로 부과되는 제한들을 극복하게끔 도우려는 시도—국가가 행사하는 간섭이 효율성의 증가에 의해 정당화된다는 것이다. 이러한 입장은 공화주의적 접근과는 직접적으로 배치된다. 〔국가의 간섭이〕 비자의적이라는 전제하에, 국가의 간섭은 공화주의자들의 저술에서 〔자유의〕 심각한 손실—자유를 손상하는 방법—로 간주되지 않을 것이다.

페일리의 반박으로 다시 돌아가서, 만약 우리가 비지배 자유의 이상을 지지한다고 해서, 전적으로 좋지 않으면 전적으로 나쁘다는 식의 사고, 즉 자유가 완전히 실현되지 않으면 완전히 상실된다는 사고에 빠져 있는 것은 아니다. 지배자가 자의적 근거에서 간섭할 수 있는 정도를 감소시키거나 지배자가 통제를 가할 수 있는 선택의 범위를 제한함으로써, 또는 지금 막 제시한 포괄적인 방법에 의해 우리는 비지배를 점진적으로 증진시킬 수 있다. 불간섭 자유의 명분을 발전시키는 과정에서 성취되는 진전을 측정하는 데 어려움이 존재하듯, 이러한 부분적 단계에서 성취되는 진전을 측정함에도 물론 어려움이 존재할 것이다(Pettit, 1989b). 예를 들어 강도가 범위와 어떻게 상쇄되어야 하는지—여기에 대해서는 나중에 좀더 다룰 것이다—에 대한 이슈, 행위의 특정 영역에서의 해방이 다른 영역에서의 해방보다 중요한지에 대한 이슈 등이 존재할 것이다(Taylor, 1985: essay 8). 그러나 이러한 불완전한 단계들에서 성취되어야 할 진전이 존재한다는 데는 아무 의심이 있을 수 없다. 비지배 자유에 대한 담론은 전적인 해방이 아니면 완전한 노예화라는 이분법적 수사와 불가피하게 묶여 있지 않다.

3) 세 번째 반박 : 너무 난해하다

페일리의 마지막이자 가장 중요한 반박은 비지배 자유의 이상이 너무 까다로워서 국가에 타당하게 주어지기 힘들다는 점이다. 즉, 이 이상은 "절대 만족될 수 없는 기대감을 부추기고, 대중의 만족을 정부의 어떤 지혜나 선으로도 제거할 수 없는 불평으로 바꾼다." 만약 비지배의 이상을 옹호하고 보편적인 가치로 내세우려면, 우리는 이런 〔비판〕에 대해 어떻게 대답해야 할까?

대답을 하는 데에 비용이 있다는 것을 우리는 분명 인정해야 한다. 만약 국가가 불간섭 자유가 아니라 비지배 자유를 증진시키도록 고안되어야 한다고 생각한다면, 국가에 대한 우리의 기대가 크게 증가할 수 있는 두 가지 지점이 있다. 하나는 간섭 일반이 아닌 지배를 수반하는 간섭의 형태에만 초점을 맞추는 이상은 우리가 국가에 상당량의 권력을 부여하는 데 상대적으로 호의적임을 의미하는 것이다. 국가의 간섭이 이를 비자의적으로 만드는 제한들에 묶여 있다면, 우리는 국가의 간섭을 보다 호의적으로 바라볼 것이다. 다른 하나는 단지 실제로 간섭을 수반하는 지배뿐만 아니라 모든 형태의 지배에 초점을 맞[춰야 한다]는 이상이다. 이는 우리가 지배의 관계들—심지어는 강한 쪽이 손을 쓰지 않으리라 일반적으로 기대될 수 있는 경우일지라도—을 용인하는 데 상대적으로 적대적임을 의미한다. 예를 들어 우리는 남편 대 아내, 고용주 대 피고용자 등에서 보이는 전통적 관계를 보다 덜 호의적으로 바라볼 것이다.

그러므로 불간섭 자유에서 비지배 자유로의 이행은 페일리를 혼란에 빠뜨려왔고 그의 세 번째 비판의 동기가 되어왔다는 두 가지 결과를 갖게 될 것이다. 이러한 이행은 우리로 하여금 사회적 관계가 조직되는 방식에 관한 불평들이 좀더 급진적으로 되도록, 국가의 행위에 호소로써 불평들의 수정가능성에 대해 덜 회의적이도록 할 것이다.

그렇다면 사회적 급진주의의 증가와 정치적·사회적 회의주의의 감소가 공화주의적 접근을 거부하고 대신 근대주의적인 불간섭 자유라는 자유주의적 이상을 옹호하기 위한 좋은 근거를 제공할까? 이 책의 나머지 부분은 정책과 관련해서는 보다 급진적이고, 국가와 관련해서는 보다 덜 회의적인 것을 정교하게 옹호하는 주장으로 읽혀질 것이다. 그러한 점에서 이는 페일리의 마지막 반박에 대한 확대된 대답으로 보일 수 있다. 지금까지 내가 한 작업은 비지배 자유라는 공화주의의 개념을 확인하고 명료화하는 것이다. 앞으로 할 작업은 이 비지배 자유의 개념을 정치적 이상으로 옹호할 수 있는 사례들을 제시하는 것이며, 이를 하나의 이상으로 정착시키는 작업의 제도적 중요성을 진단하는 것이다. 공화주의적 이상은 페일리와 같은 사람들의 등을 돌리게 만들었던, 〔사회를〕 불안하게 하고 〔심지어〕 무너뜨릴 수 있는 효과들을 가지고 있지 않다. 나는 이러한 공화주의적 이상의 결과가 공적인 삶의 비전이 될 수 있기를 희망한다.

부록: 지배와 권력의 다른 형태들

우리가 이 책에서 그 특성을 밝혀온 것처럼, 지배 혹은 예속의 권력을 정치이론(Clegg, 1989; Wartenber, 1990; Patton, 1994; Hindess, 1996)에서 발견되는 상이한 권력의 개념들과 결부시켜 보는 것은 유용할 수도 있을 것이다. 여기에 흥미가 없는 사람들은 다음 장으로 바로 넘어가도 좋다.

대체로 모든 권력 개념들은 아래와 같은 도식의 선택지점들—'또는'이라고 표시된 부분—에서 다른 선택을 내릴 수 있다.

(1) 권력은 어떠한 행위자(개인/집단/기구) '또는' 체제에 의해 소유된다.
(2) 그러한 실체(*entity*)가 행사하는 '또는' (실제로 또는 사실상) 행사할 수 있는 한에서
(3) 의도적인 '또는' 비의도적인 영향[력]을
(4) 부정적 '또는' 긍정적인/소극적 '또는' 적극적인
(5) 무엇이든지 어떤 종류의 결과를 진척시키는 데 있어서 '또는' 보다 구체적으로는 어떠한 형태의 기구를 구성하는 것을 '또는' 어떠한 행위자들의 선택을 형성하는 것을 촉진하는 데 있어서.

이러한 도식은 우리가 한 극단에서는 일이 일어나게 만드는 실제적인 행위자가 지닌 권력을, 다른 극단에서는 혁명적인 선택지들을 의제에서 배제시키고, 그 자체를 영속화하는 체제가 지닌 권력에 대해 얘기할 때, 산개되어 있는 상이한 권력의 개념들을 통합시키는 것이 무엇인지 이해할 수 있게 해준다. [또한] 이 도식은 권력을 중력처럼

피할 수 없는 것으로 만들고, 항상 우리와 같은 행위자들이나 우리가 행하는 일에 일정한 영향을 행사하거나 행사할 수 있는 어떠한 요인들이 존재하는 모델 위에서 권력을 사고하는 것이 어떻게 가능한지 알 수 있게 해준다.

그러나 우리의 관점에서 볼 때 가장 중요한 것은 이 도식이 예속화하는 또는 지배하는 권력을 다른 대안적 권력 개념들과 연관시켜 위치시킨다는 점이다. 이러한 일반적 종류의 권력은 다음과 같은 요소들이 있을 때 존재한다.

(1) 하나의 행위자, 개인 또는 집단
(2) 행사할 수 있는 (실제로 행사할 수 있는)
(3) 의도적인 영향력을
(4) 부정적이고, 피해를 주는 종류의
(5) 어떤 다른 사람이나 사람들이 이행하는 것을 형성하도록 촉진하는 데 있어서

이런 의미에서 지배하는 권력은 상호작용적이다. 왜냐하면 그러한 권력〔의 개념〕에서는 〔권력의〕 담지자로서의 행위자와 피해자로서의 행위자가 필요하기 때문이다(1항과 5항). 또한 지배하는 권력은 행사되지 않고도 존재할 수 있기 때문에 능력에 기반한다(2항). 이러한 권력은 의도적인 종류의 권력이다. 〔권력의〕 담지자가 할 수 있는 일은 실행함으로써 비난받거나 칭찬받을 수 있는 일이기 때문이다. 즉, 이러한 일들은 우리가 말한 것처럼 행위자의 통제를 넘어 존재하지 않는다(3항). 그리고 지배하는 권력은 피해자의 운명(*lot*)을 개선시키는 능력이 아니라 피해자에게 피해를 주는 능력인 한에서는, 부정적인 종류의 권력이다(4항). 〔이러한 권력〕 개념은 하나 또는 그 이상

의 이러한 차원들에서 정치 이론가들이 지지하는 권력의 다른 형태들과 대조를 이룬다.

제 3 장

정치적 이상으로서의 비지배

제 1장에서는 공화주의 전통에서 자유와 자유의 가치에 대해 말할 때에 지금까지 우리는 '비지배'로 기술했던 것에 초점을 두고 있음을 살펴보았다. 이때 비지배란 다른 사람과 더불어 살아가지만, 누구에게도 좌우되지 않고 살아가는 조건을 말한다. 그리고 제 2장에서는 비지배가 정확하게, 또는 대체로 정확하게, 수반하는 것이 무엇인지에 대해 살펴보았다. 특히 오늘날 보다 정착된 관념인 불간섭 자유와 대조를 이루는 비지배 자유의 특징들에 대해 주목하였다. 그러한 차이점들은 모두 운이 좋거나 영리한 노예의 경우에서처럼 실제로 누군가의 간섭을 받지 않고도 그 사람에게 지배될 수 있다는 사실과, 법과 정부의 적절한 형태에 종속된 경우와 같이 여러분이 누군가에게 지배당하지 않으면서도 어떤 기구의 간섭을 받을 수 있다는 사실에서 생겨난다.

그러나 공화주의 전통은 자유가 가져다주는 바가 무엇인지에 관해 구별된 해석만을 제공한 것은 아니었다. 공화주의 전통은 비지배 자유에 최상의 정치적 가치로서의 역할을 부여했고, 강제적이고 지배할 가능성이 있는 국가의 이론적 근거는 그 국가가 적절하게 구성될 때 비지배 자유라는 가치를 증진시키는 데 있다는 가정을 옹호했다.

"자유는 시민사회의 핵심적인 선(善)이다"(Gwyn, 1965: 88). 게다가 〔이 전통은〕 비지배 자유를 증진시키는 것 외의 국가의 다른 목적 — 다른 정당화된 목적 — 을 옹호하지는 않았다. 공화주의 전통은 비지배의 이상을 공동체의 정치적·사회적 정체를 평가하는 유일한 척도로 그려내고 있다.

이 장과 다음 장에서는 우리가 왜 공화주의 전통에 충실하게 입각해서 비지배 자유를 우리가 가진 제도들을 〔평가하는〕 척도로 인정해야만 하는지 고찰하려고 한다. 이 장에서는 왜 그리고 어떻게 비지배를 하나의 정치적 이상으로 파악할 수 있는지에 관한 기초적인 논거를 검토해보고, 제 4장에서는 이러한 이상이 지닌 매력적인 특징들을 살펴볼 것이다. 제 3장은 3개의 절로 구성된다. 첫 번째 절에서는 왜 비지배 자유가 현실적으로 모든 사람이 원하고 더 일반적으로 가치있다고 여길 만한 이유를 지닌 개인적 선인지 보여준다. 두 번째 절에서는 비지배 자유는 각자가 다른 수단으로 증진시키도록 내버려둘 수 있는 성질의 것이 아니라 정치제도들과 본질적으로 연관된 것이라고 주장한다. 세 번째 절에서는 비지배 자유가 정치제도들이 다른 목적을 추구하는 과정에서 존중해야만 하는 제약이 아니라, 그러한 제도들이 증진시켜야 하는 하나의 목적임을 주장하고, 공화주의의 결과론[1]적 견해를 옹호할 것이다. 앞으로 살펴보겠지만, 이러한 공화주

1) 〔역주〕 결과론(*consequentialism*)은 개인적 또는 제도적 행위자의 윤리적 결정은 그러한 행위가 가져올 결과에 대한 예측에 기반하여, 자신이 추구하는 윤리적 가치들을 실제로 고양시킬 수 있는 방향으로 이루어져야 한다는 이론이다. 여타 결과론과 구분되는 공화주의적 결과론에 대한 페팃의 견해에 대해서는 "Consequentialism," in Peter Singer, ed., *A Companion to Ethics*, Oxford: Blackwell Publishers, pp. 230~237 (1991)과 "Non-Consequentialism and Political Philosophy," in David Schmidtz, ed., *Robert Nozick* (New York: Cambridge University Press),

의적 독트린은 기존의 결과론과 차이가 있다. 다시 말해, 이러한 공화주의적 독트린에서는 인민의 비지배 자유를 증진시키는 제도들이 그러한 자유를 〔실제로〕 야기하는 것이 아니라, 이를 구성한다고 말할 수 있다. 그리고 그 독트린은 시민적 제도들과 시민들의 자유 사이의 어떠한 일시적이거나 인과적 틈도 용납하지 않는다.

이 책은 비지배 자유가 우리의 정치적 제도들이 관심을 가져야 할 유일한 목적이라는 전통적인 가정을 명시적으로 지지하지는 않는다. 그러나 일단 우리가 비지배의 증진에 관한 요구들을 완전히 이해하게 되고, 비지배 자유가 요구할 수도 있는 제도들을 광범위하지만 흥미롭게 재구성하는 작업의 가치를 알게 된다면, 그러한 〔전통적〕 주장과 같은 성질의 것임을 발견하게 될 것이다. 불간섭 자유를 옹호하면서 최소국가가 규범적으로 만족스럽지 않다고 생각하는 사람은 일반적으로 정치적 평가의 독립적인 기준으로 다른 가치 — 평등이나 복지, 효용 등 무엇이든 — 에 호소할 것이다. 비지배 자유는 이러한 종류의 보완적 가치를 요구하지 않는다. 왜냐하면 앞으로 살펴볼 것처럼 비지배 자유는 이미 평등과 복지 같은 가치들을 잘 수행하는 제도들을 필요로 하고 그러한 가치들을 특별히 필수적인 것으로 소개할 필요는 없기 때문이다.

비지배 자유의 매력을 주장하면서, 나는 자율이라는 적극적 이상이 아니라 오직 불간섭이라는 소극적 이상하고만 비교할 것이다. 만약 적극적 자유가 민중주의적 경향 속에서 민주적 참여로 해석된다면, 〔적극적 개념을〕 무시하는 이유는 거의 설명할 필요가 없을 것이다. 이러한 참여의 이상은 근대세계에서는 가능하지도 않으며, 개개인이 모두의 의지에 종속된 존재라는 고찰은 어떤 경우에도 그다지

---

pp. 83~104와 곽준혁, 《경계와 편견을 넘어서》(한길사, 2010), pp. 22~29 참조.

흥미를 끌지 않는다. 하지만 비지배 자유를 단지 불간섭이라는 소극적 이상과 비교하면서, 나는 자율(*self-mastery*)이라는 적극적 이상을 개인적 자율성(*autonomy*)과 등치시키는 견해 또한 무시하게 될 것이다. 따라서 초점을 이렇게 국한시키는 이유에 대해서 조금 더 설명할 필요가 있다.

개인적 자율성으로서의 자유는 하나의 매우 매력적인 가치, 심지어는 본질적인 선일지도 모른다(Raz, 1986). 실제로 나도 내가 "올바른 지배(*orthonomy*)라고 표현한 자율적 이상에 대한 견해를 가지고 있다(Pettit and Smith, 1990; 1996). 하지만 개인적 자율로서의 자유는 비지배 자유보다 더 풍부한 이상이다. 개인적 자율이 없는 비지배는 분명 있을 수 있지만, 비지배 없이 의미 있는 형태의 자율이 존재하는 것은 거의 불가능하다. 게다가 개인적 자율로서의 자유는 비지배 자유를 보장하는 국가하에서 적극적으로 고취되지는 않더라도 촉진될 필요가 있다. 또한 다른 사람에게 지배받지 않는 것이 보장된다면 사람들이 자율성을 성취하기란 쉬워질 수밖에 없다. 그렇다면 이 두 가지 자유 중 어느 것이 보다 매력적인지 비교하는 작업은 쓸모없는 작업일 수 있다. 왜냐하면 국가는 그저 불간섭 자유의 증진이 아니라 비지배 자유의 증진을 지향해야 한다는 사고의 연속선상에서 나는 개인적 자율로서의 자유가 지닌 매력을 기꺼이 인정할 수 있기 때문이다.

물론 내가 옹호하는 공화주의적 관점과, 국가는 명시적으로 개인적 자율성의 고취라는 보다 풍부한 정치적 이상을 포용해야 한다고 생각하는 사람들의 관점은 차이가 있다. 후자에 서 있는 사람들은, 비지배를 증진시키기 위해 요구되는 국가는 너무나 엄격한 대리인이어서 매력적이지도, 설득력이 있지도 않으며, 우리가 향유할 자격이 있는 정치적 기대들을 정당화하기 위해서는 국가에 보다 풍부한 이상을 요구해야 한다고 주장할 것이다. 그러나 현 단계에서 이러한 주장에 부응하는 것은 불가능하다. 내가 기대하는 것은, 일단 이렇게 생각하는 사람들이 내가 옹호하는 공화주의 국가의 완전한 윤곽을 보게 되고, 이러한 국가가 그들이 소중히 여기는 자율성의 실현을 촉진하게 될 것이라는 점을 인식하게 되면, 개인적인 자율의 고취라는 명시적인 책임을 국가에 부과할 필요가 없다는 점을 받아들일 수 있지 않을까 하는 것이다. 타인의 지배로부터 벗어난 체제하에서 살아간다면 사람들은 자신의 자율성을 돌볼 수 있다고 설득될지도 모른다.

1. 개인적 선으로서의 비지배

거의 모든 사람들은 불간섭 자유를 하나의 선(善)으로 가정한다. 누구든 스스로 불간섭 자유를 희구하게 되고, 이를 다른 사람의 경우에도 일반화함으로써 불간섭 자유가 다른 사람에게도 바람직하다고 인정하게 된다는 것이다. 나는 이러한 가정에 동의한다. 그리고 비지배 자유가 다양한 측면에서 다른 종류의 자유와 어떤 식으로 비교되는지 보여줌으로써 비지배 자유가 지닌 가치, 즉 비지배 자유가 지닌 개인적 선으로서의 위치를 옹호할 것이다. 이를 위해 다양한 측면에서 비지배 자유가 다른 종류의 자유와 비교되는 요소들을 보여줄 것이다. 특히 비지배 자유가 그것을 향유하는 개인들에게 다른 혜택을 발생시키는 도구적 선이라는 주장에서, 불간섭 자유와 비교하는 게 좋다고 생각한다. 나는 비지배 자유 또는 불간섭 자유가 본질적인 선이라고 주장하는 사람과 아무런 이견이 없으며, 여기서는 그러한 주장을 다루지도 않을 것이다.

1) 도구적 선

우리가 불간섭의 향유와 결부시키는 주된 도구적 혜택은 다른 사람이 여러분의 선택을 금지시키거나 가로막지 않는 것이다. 적어도 의도적이거나 의도적인 것으로 보이는 방해는 없다는 점에서 그렇다. 완전한 간섭의 부재를 일관되게 향유하면서도, 권력이나 재산의 부족 또는 환경의 척박함과 같은 모든 종류의 자연적 장애물들에 구속되어 있을 수도 있다. 그러나 간섭을 대표하는 의도적인 성질의 장애물들의 구속은 받지 않을 것이다. 만약 실질적인 불간섭이 극대화된다면 또는 불간섭에 대한 기대가 극대화된다면, 당신은 이러한 혜택을 최대한 누리고 있다고 확신할 수 있을 것이다.

우리는 앞에서 한 사회 내에서 불간섭 자유를 증진시키려는 명분에는 단지 그러한 자유를 손상시키는 요인들 — 다른 사람의 간섭행위들 — 을 줄이는 것뿐만 아니라 그것을 조건짓는 요인들, 즉 자연적 장애들을 줄이는 것도 포함될 수 있음을 살펴보았다. 불간섭 자유를 증진시키는 것은 간섭을 가능한 줄이고, 침해받지 않는 선택의 영역을 가능한 늘리는 것이다. 〔그렇다면〕 우리는 의도적인 간섭을 줄이는 것뿐만 아니라 자연적인 장애물들을 없애는 것도 불간섭 자유를 향유하는 것과 도구적으로 결부된 혜택이라고 여겨야만 하는가? 그럴 수 없다는 게 내 생각이다.

자연적 장애물들의 부재는 불간섭을 향유함으로써 도구적으로 생겨나는 혜택이 아니다. 그러한 장애물들이 존재하는 곳에서 완전한 불간섭을 누릴 수 있기 때문이다. 불간섭과의 관련성은 보다 간접적으로 생긴다. 만약 여러분이 불간섭과 결부된 혜택 때문에 불간섭이 하나의 가치라고 믿는다면, 한 사회 내에서 그러한 자유를 향유하는 강도를 증가시키는 것과 함께 그 선택의 범위를 확장하는 것 — 오직 이러한 강도가 유지되는 한에서 — 을 희망하는 게 당연할 것이다. 집합적으로 불간섭을 증진하려는 계획은 선택을 막는 자연적 장애물들을 줄이는 것을 포함하지만, 그렇기 때문에 〔이러한〕 자연적 장애물을 줄이는 것과의 연관성은 불간섭이라는 독립적 가치 — 즉, 도구적 가치 — 위에서만 전제된다. 그것 자체가 불간섭을 가치 있게 만드는 요소는 아닌 것이다.

불간섭 자유를 이렇게 여기는 것이 불공정해 보인다면, 유사한 교훈이 비지배 자유에도 해당되는지 검토해야 할 것이다. 비지배를 하나의 적합한 가치로 가정하게 되면, 비지배를 증진하려는 계획은 당연히 비지배의 강도를 증진시키는 것 — 이러한 자유를 손상시키는 요인들을 제거하는 것 — 과 지배받지 않은 선택영역의 확장, 즉 지배받지 않은 선택을 조건짓는 자연적, 법률적 또는 문화적 장애물들과 같은 요소들의 제거를 포함하게 된다. 그러나 비지배가 하나의 가치, 즉 도구적 가치라는 가정은 지배받지 않은 선택영역의 확장이 수반하는 효과들과는 별개로 입증되어야 한다. 불간섭 자유의 가치를 확립하는 데 적용되는 교훈이 여기에도 적용되는 것이다.

지금까지 살펴본 것처럼 불간섭 자유와 연관된 주요한 도구적 혜택은 다른 사람의 의도적인 방해나 금지를 받지 않는 선택을 향유할 수 있다는 점이다. 이제 이러한 측면에서 비지배 자유와 어떻게 비교될 수 있는지를 살펴보도록 하자. 비지배 자유도 동일한 도구적 혜택을 제공하는가? 만약 그렇지 않다면, 비지배 자유는 적절히 이를 상쇄하는 〔다른〕 혜택들을 제공하는가? 나는 비지배 자유가 〔불간섭 자유와〕 동일한 도구적 혜택을 주지는 않지만, 보다 나은 세 가지 혜택들을 제공함으로써 이를 상쇄할 뿐만 아니라 그 이상을 준다고 주장하려 한다.

비지배 자유는 의도적 간섭으로부터의 면제가 아니라, 오직 자의적으로 행해지는 의도적 간섭으로부터의 면제를 약속한다. 이는 구체적으로는 다른 쪽에 자의적으로 간섭할 수 있는 능력으로부터의 면제이다. 불간섭 자유와 달리, 비지배 자유는 합당한 법률체제가 부과하는 것과 같은 높은 수준의 비자의적 간섭과 모순되지 않는다. 비지배 자유 자체가 막고자 하는 것은 이러한 간섭 — 특히 비자의적 종류의 간섭 — 이 아니라, 오직 견제와 억제가 부족할 때 발생하는 간섭이다. 〔간섭의〕 모든 피해자들이 말할 것처럼, 견제와 억제의 부족을 야기하는 것은 적대적이고 공유되지 않은 이익과 사고이다. 불간섭의 옹호자들은 어떠한 실제적 혹은 예상된 강제에서 벗어난 개인의 행동영역을 찾는다. 〔반면〕 비지배의 옹호자들은 오직 자의적인 부분들에서 생기는 강제 — 또는 강제할 수 있는 능력 — 에서 벗어난 행동영역을 추구한다.

이러한 점에서 두 가지 〔자유의〕 이상들간의 차이는 법에 대한 서로 다른 관점과 연결된다. 불간섭 자유의 옹호자들은 법적 강제나 국가의 강제를 그것이 얼마나 잘 구속되거나 통제되는가와 상관없이 강제의 한 형태로 본다. 그러한 강제도 다른 부분들에 의한 강제처럼 그 자체로 나쁘다는 것이다. 그래서 법적 강제나 국가의 강제가 정당화될 수 있다면, 그것은 그러한 강제의 존재가 전반적으로 보다 적은 수준의 강제를 만들어내기 때문이라고 여긴다. 비지배 자유의 옹호자들은 국가의 강제, 특히 적합한 법적 형태하에서 발생하는 강제를 〔불간섭 자유의 옹호자들이 바라보듯〕 이의를 제기할 수 없는 것으로 여기지 않는다. 〔다만〕 국가의 강제는 자의적 권력에 의한 강제라기보다는 자연적인 방해물에 의한 방해와 동등한 것으로 간주된다. 제2장에서 언급했던 것처럼, 〔불간섭을 옹호하는〕 첫 번째 집단은 모든 법률체제를 손상과 조건의 구분 중 손상 쪽에 놓는 반면, 〔비지배를 옹호하는〕 두 번째 집단은 적절하고 비자의적인 법은 조건 쪽에 속한다고 주장한다.

모든 간섭으로부터 실제로 면제되거나 면제될 것을 약속함에 있어, 불간섭 자유의 이상은 그 경쟁자보다 더 매력적으로 보일지도 모른다. 단지 자의적으로 일어나는 간섭 — 또는 다른 쪽에 대해 간섭할 수 있는 능력 — 으로부터 면제되는 것보다 모든 간섭 또는 가능한 한 많은 간섭으로부터 면제되는 것을 더 나은 것으로 여길 수도 있다. 그러나 이외에도 비지배 자유의 이상이 가져올 세 가지 혜택이 있으며, 이러한 혜택들은 보다 큰 가치를 확립하는 역할을 할 것이다.

보다 진전된 혜택의 첫 번째는 자의적 간섭이 비자의적인 것보다 나쁘다는 사실이 두드러지게 나타나는 상황을 고찰할 때 드러나게 된다. 자의적 간섭이 발생하는 현실이나 그것이 예상되는 상황을 참아내는 것은 의도적으로 축소된 선택지를 갖는 것에 더해, 그리고 그것을 넘어선 불안을 감내하는 것을 의미한다. 간섭이 일어나는 자의적 근거는 그것이 언제 일어날지 예측할 수 없음을 의미하는 것이기에, 이는 높은 수준의 불확실성을 견뎌내야만 한다는 것이다. 그러한 불확실성은 비자의적 간섭하에 있는 경우보다 계획하는 것을 훨씬 더 어렵게 한다. 이는 또한 더 높은 수준의 불안을 만들어내는 경향이 있다.

비지배 자유에서는 한 인간이 자의적으로 간섭할 수 있는 능력에 노출되는 것을 줄이라고 요구하는 반면, 불간섭 자유에서는 그러한 간섭〔이 행사될지〕에 대한 당사자의 예상을 최소화해야 한다고 요구한다. 이는 비지배 이상이 확실성이 높은 조건들을 요구하는 경향이 있는 반면, 불간섭 이상은 이 점에서 상당한 손실을 지니고 있음을 뜻한다. 누군가가 가질 수 있는 최대한의 불간섭은 그 사람이 많은 불확실성을 감수해야 하는 상황에서만 획득될 수도 있다. 하지만 그들이 성취할 수도 있는 최대한의 비지배적 조건하에서도 같은 상황이 벌어지리라는 것은 거의 생각할 수 없다.

고용자가 피고용인에게 많은 권력을 행사할 수 있게 하거나 남성이 여성에게 많은 권력을 행사할 수 있게 방치하는 것과, 그러한 권력을 줄이기 위해 국가의 간섭을 이용하는 것 사이에서 선택해야 한다고 상상해 보자. 전반적인 불간섭을 극대화하는 것은 첫 번째 옵션을 취하는 것과 전적으로 양립할 수 있다. 그러한 선택하에서 강자의 간섭을 경계하지 않는 동안, 그러한 간섭이 〔언제든〕 일어날 수 있음을 생각하지 못할 수도 있다. 또한 강자의 간섭을 경계하지 않기 때문에 국가가 간섭하지 않는 것을 큰 혜택이라고 여길 것이다. 따라서 전반적으로 불간섭을 극대화하는 것은 개별 피고용자나 여성이 많은 불확실성을 지니고 살아가도록 강제하는 것과 전적으로 양립가능하다.

전반적 또는 집합적 수준에서의 진실은 개인적 수준에서도 진실일 수 있다. 왜냐하면 이러한 관련성이 개인 자신의 불간섭을 극대화하는 것은 그들을 높은 수준의 불확실성에 노출시키도록 요구하는 것을 의미할 수 있기 때문이다. 법에 의지하는 것은 그들 자신의 삶에서는 개입주의적일지도 모르며, 타인들에 의한 간섭을 중지시키는 것에도 너무나 비효과적이기 때문에 보다 적은 간섭이 아니라 더 많은 간섭을 의미할 수도 있다. 개인이 기대할 수 있는 불간섭을 극대화하는 방법은 타인들에게 종속된 상태에, 그래서 많은 불확실성을 겪는 처지에 놓이게 되는 것일 수도 있다. 불간섭에 대한 그들의 기대는 최고조에 이를 테지만, 그 최고점에서 그들이 노출되는 간섭은 불확실성을 유발하는 자의적 종류의 간섭일 것이다. 바로 불안을 야기하고 계획의 수립을 어렵게 만드는 종류의 간섭 말이다.

비지배 자유를 증진시키려는 계획은 이러한 불확실성을 허용하지 않는다. 다른 사람에 대한 어떠한 정도의 예속도 받아들이려 하지 않기 때문이다. 비지배 자유의 옹호자들은 자유롭지 않은 사람은 타인의 일정하지 않고 불확실한 의지에 노출되어 있기 때문에 결과적으로 불안과 비참함을 겪는다는 사실을 언급하면서, 불확실성에 있어 비지배 자유의 이상이 갖는 이점을 강조한다. "결코 일어나지 않는다 할지라도, 어떤 정체불명의 해악 때문에 항상 두려움을 갖는다면, 자기 자신을 향유하는 것도, 어떤 종류의 삶의 축복도 온전히 누릴 수 없다"(Priestley, 1993: 35)라는 말에서 드러나듯이, 그들은 누군가의 비지배 자유를 증진시키기 위해서 불확실성의 망령들을 제거해야 한다는 가정을 지니고 있었다. 그는 헌법과 법의 지속적인 지배, 즉 자신의 삶에 일정한 강제력을 행사하는 지배하에서 살아가야 할 수도 있지만, 예측불가능한 간섭이 언제든지 가해질 수 있다는 두려움 속에 지낼 필요는 없다. 따라서 상당한 정도의 평정심을 가지고 체계적으로 자신의 일들을 조직할 수 있다.

불간섭 자유에는 없지만 비지배 자유와는 연관된 두 번째 혜택은 자의적 간섭이 비자의적 간섭보다 훨씬 나쁘다는 사실을 다른 방식으로 고찰할 때 드러난다. 자의적 간섭을 실제로 겪거나, 그러한 간섭을 예상하면서 산다는 것은 높은 수준의 불확실성을 견뎌야 한다는 것에 그치지 않는다. 이는 힘 있는 사람을 늘 주시해야 한다는 것도 의미한다. 그들이 여러분에게 기대하는 것을 예상해서 그들을 기쁘게 하려고 노력하거나 아니면 그들이 있는 곳을 예상해서 마주치지 않으려고 애써야 하기 때문이다. 이는 매사에 전략적 복종과 예측이 강요된다는 것을 의미한다. 이때 여러분은 아무 걱정 없이 자신의 일을 추구해 나갈 수 없을 것이고, 또 도처에 위험이 도사리고 있는 지역을 헤쳐 나가야 한다.

누군가의 비지배 자유를 증진시키는 것은 그들의 삶에 다른 사람이 자의적으로 간섭할 수 있는 능력들을 줄여나가는 것을 의미한다. 그들이 감수해야 하는 불확실성의 수준이 줄어들면, 전략적 복종이나 예측의 필요성도 줄어들게 된다. 그러나 불간섭 자유를 확장하는 것은 이러한 효과를 보증해주지 않는다. 불간섭에 대한 누군가의 예상을 극대화시키는 가장 좋은 방법은 주로 그들의 타고난 임기응변이나 간사함에 의존하는 것일 수 있기 때문이다. 불간섭 자유를 얻기 위해 힘 있는 사람을 예측하거나 달래는 전략들을 발전시키고 실행함으로써 스스로 자신의 자유를 지켜내야 하는 것이다. 전략적 아첨과 회피가 만연한 세계 — 예를 들면, 여성이 남자들을 달래는 데 능숙하거나, 남자들과 마주치지 않는 세계 — 가 간섭을 최소한도로 유지할 수 있다는 최선의 전망을 대변할 수도 있다.

그러나 불확실성을 지니고 살아야 하는 경우처럼, 전략적 복종과 예측을 실행하는 것은 상당한 비용이 든다. 강요된 전략적 성향은 행위자로 하여금 자신의 선택들을 줄이게 하기 때문이다. 적절한 순간에 굽실거려야 하고, 〔자유에 대한〕 약속들이 충분해 보이지 않을 때에는 〔힘 있는 사람의〕 시야에서 피해 있어야 한다. 물론 이와 같은 강제된 자기부정이 어떠한 형태의 간섭, 심지어는 자의적 간섭을 대변하지는 않는다. 간섭은 의도적으로 다른 사람에 의해 가해지는 것이기 때문이다. 이것은 실제로 불간섭 자유라는 대의가 많은 전략적 복종과 예측을 수반하는 체제에 의해 고취될 수 있는 이유이기도 하다. 그러나 그럼에도 불구하고 사람들이 불간섭 자유를 성취하기 위해 그들 스스로 다양한 선택들을 포기할 수밖에 없다는 것은 분명 바람직하지 않다. 자의적 간섭을 해악으로 설정하고, 누군가의 일에 자의적으로 간섭할 수 있는 다른 사람들의 능력들을 감소시킴으로써, 비지배 자유가 전략〔적 행동〕의 필요성이 최소화된 자유로운 삶의 모습을 대변하게 된다는 사실은 비지배 자유 이상의 분명한 이점이라고 하겠다.[2)]

불간섭 자유에는 없지만 비지배 자유가 지닌 세 번째 혜택은 이미 강조한 것처럼, 누군가가 비지배 자유를 누린다는 사실은 공통적 지식의 문제이고 이는 주관적이고 간주관적 혜택들을 만들어 낸다는 사실이다. 어떤 이의 불간섭 자유가, 자신이 다른 사람의 변덕에 취약함을 인식해야 하고 또 그 사람보다 열등한 사회적 지위에 놓여 있는 상황에서 극대화될 수 있는 반면, 비지배 자유의 향유는 그와 같이 자신들이 취약하지 않으며, 다른 사람에 필적하는(*comparable*) 사회적 지위에 있음을 알게 될 가능성과 병행한다. 그들은 굽실거릴 필요가 없이 서로를 바로 쳐다볼 수 있는 것이다.

두 사람이 같은 불간섭 자유를 향유하고, 그들이 그러한 자유에 대해 같은 기대를 가지고 있다는 사실은 그들 중 한 명, 오직 한 명만이 다른 사람의 삶에 간섭할 권력을 가지고 있다는 것과 동일한 의미이다. 시종일관 간섭할 권력을 갖고 있지만, 강자는 무관심이나 〔다른 일에 대한〕 열중 또는 헌신 때문에 간섭하는 데 관심이 없을 수도 있다. 약자들이 강자들을 즐겁게 하거나 그들을 피하는 데에 익숙하기 때문일 수도 있겠다. 그래서 강자들은 약자들만큼이나 다른 사람들을 간섭하지 않는 것처럼 보일 수 있다. 그러나 강자와 약자 모두 동등한 불간섭을 향유하고, 불간섭에 대해 같은 기대를 가지고 있다 하더라도, 그들은 권력의 불균형에 대한 공유된 인식을 발전시키게 될 가능성이 높으며, 실제로 공동체 내의 다른 사람들과 〔이에 관한〕 공유된 인식을 갖게 된다. 이것이 제 2장의 주된 주제였다. 그리고 일단 그들 중 한 명이 다른 사람의 삶에 다소 자의적으로 간섭할 수 있을 만큼 강력하다는 사실이 공통적 인식의 문제가 되면, 그것은 그들의 상대적 지위에 영향을 미치게 될 것이다. 한 사람이 다른 사람보다 더 약하고 더 취약한 상태이며 따라서 이러한 정도에서 이것은

---

2) 이러한 사실을 파악하는 데 도움을 준 페레존(John Ferejohn), 머피(Liam Murphy)와 스키너에게 감사를 전한다.

종속된 상태를 의미한다는 공통적 지식의 문제가 되는 것이다.

만약 내가 다른 사람을 간섭할 가능성과 마찬가지로 다른 사람이 실제로 나를 간섭할 가능성이 높지 않다면, 나는 왜 이런 방식으로 나 자신에 대해 생각하도록 강요받아야 하는가? 〔이에 대한〕 대답은 앞 장에서 이미 언급했던 고찰들로 돌아가게 한다. 한 행위자가 어떠한 선택지를 가능하지 않은 선택으로, 심지어는 사라져버려 있음직하지 않은 선택으로 본다는 것은 그것을 자신이 아예 접근할 수 없는 선택으로, 다시 말해 행위자의 권력 내에 있지 않은 선택으로 보는 것과는 다르다. 그래서 다른 사람이 간섭하는 것에 관심이 없는 것이 단지 우연이기 때문에 나를 간섭하지 않을 것 같다는 사실은 그 사람이 나를 간섭할 수 있는 선택에 접근할 수 있다는 사실과 모순되지 않는다. 나와 다른 사람들이 특정인을 어떻게 평가할 것인지, 특히 그를 내가 불간섭 자유를 향유하기 위해 의존해야 하는 사람이라고 결정하는 것은 가능한 선택들이 아니라 접근할 수 있는 선택들이 지닌 속성이다(Pettit and Smith, 1996). 그래서 내가 그들을 간섭하지 않는 것처럼 나를 간섭할 것 같지 않은 사람에게 나 자신이 예속되어 있다고 생각하도록 하는 것은 내게 가능한 일이다. 보다 일반적으로, 이러한 사고방식은 공통인식의 문제로 확립될 수 있고, 따라서 나의 지위, 공적 인식에서의 나의 자리는 예속의 상태가 된다.

누군가의 비지배 자유를 증진시키는 것이 그들이 지니고 살아가야 하는 불확실성과 그들이 의거해야 하는 전략〔적 행동〕을 줄이는 것을 의미하는 것처럼, 이러한 예속의 형태를 줄이는 것을 의미하지 않으면 안 된다. 다른 사람에게 예속된 상황에서도 이용할 수 있는 최고 수준의 불간섭을 향유하는 것은 가능하지만, 당신이 〔향유하는〕 비지배의 증진은 여러분이 노출된 그러한 예속을 감소시키는 것을 의미하게 될 것이다. 결국, 비지배를 증진시키는 것은 자의적으로 당신에게 간섭할 수 있는 다른 사람의 능력을 축소시키는 것을 의미하고, 그러한 축소는 그러한 간섭에 대한 자의적 간섭자의 접근을 축소시키는 것을 의미한다.

이러한 고찰들을 요약해 보자. 비지배 자유는 제약되지 않는 선택을 제공함에 있어 불간섭 자유보다 부족해 보일 수도 있다. 어쨌든, 비지배 자유는 그러한 간섭이 아니라 오직 자의적인 간섭 — 특히, 그러한 간섭을 할 수 있는 능력을 자닌 사람들 — 에 대항하고자 하기 때문이다. 그러나 비지배 자유는 다른 세 가지 측면에서 훨씬 더 나은 역할을 하는데, 이들 모두는 직관적으로 큰 중요성을 갖는다. 비지배 자유는 불확실성에서, 그리고 〔이와〕 결부된 불안과 계획할 수 없는 무능력에서 사람을 해방시켜 준다. 또한 강자에 복종하고, 그들의 다양한 동태를 예측함으로써 강자에 대해 전략적으로 행동해야 할 필요성을 줄여준다. 〔그리고〕 어떤 사람이 다른 사람에 의한 자의적 간섭의 가능성에 노출되어 있다는, 다시 말해 실제로 간섭할 것 같지는 않다 하더라도 그러한 간섭을 수행할 수 있는 사람이 있다는 공통의 인식과 병행하는 예속으로부터 벗어나게 한다. 이러한 점들에서 비지배가 보다 나은 역할을 할 수 있음을 약속하는 것이다.

지금까지의 나의 주장에 반대하여, 불간섭 자유를 지지하는 사람들이 일반적으로 내가 제시해온 불확실성이나 전략〔적 행동〕, 그리고 예속을 환영하거나 인정한 것은 아니라고 말할 수도 있다. 어떻게 이것을 설명할 수 있을까? 이에 대한 대답은 불간섭 자유의 이상을 지지하는 사람들은 이러한 자유가 이미 오랜 시간 동안 정당화되어온 것처럼, 자의성을 피하려는 열망과 전통적이고 비지배적인 제도들 — 즉, 관습법의 제도들 — 하에 가장 잘 촉진된다고 믿는 데서 찾을 수 있다. 그래서 이들이 효과적으로 포용하는 것은 공식적인 것이 아니다. 다시 말해, 그것은 순수한 의미의 불간섭 자유라기보다는 그러한

보통법 지배하의 불간섭 자유라고 할 수 있는 것이다.[3)]

불간섭 자유의 이상에 대한 이러한 제한된 해석은 불확실성, 전략〔적 행동〕, 그리고 예속이 제거되는 것으로 보일 만큼 비지배 자유의 이상과 가깝다. 사람들의 관계가 적절한 법적 명령들에 의해 효과적으로 인도되는 장(*forum*)에서 이러한 것들이 배제된다는 것은 사실이다. 그러나 제한된 〔불간섭〕 이상은 여전히 비지배 자유에 미치지 못한다. 왜냐하면 적절한 법적 명령이 사람들에게 다른 장치들을 남겨두는 그러한 공간 내에서 지배—그리고 이에 뒤따르는 불확실성, 전략, 그리고 예속—를 허용하는 것과 한정된 〔불간섭〕 이상은 양립할 수 있기 때문이다. 따라서 그것은 비지배 자유와는 달리 직장에서, 가정에서, 또는 다수의 이른바 사적 공간들에서 일어날 수 있는 지배와 양립한다.

나는 누구든 비지배 자유가 약속하는 혜택에 대해 무관심할 수 있다고 생각하지 않는다. 견뎌내야 하는 간섭의 불확실성에서 벗어나 살아갈 수 있는 것, 강자와의 관계에서 긴장을 유지하지 않으면서 살아갈 수 있는 것, 그리고 다른 사람에게 예속되지 않고 살아갈 수 있는 것 등은 중요하고 매우 뚜렷한 이점이다. 또한 이러한 것들은 비지배 자유의 도구적 매력을 보여주는 강력한 사례가 된다.

2) 기초적 선

실제로 이러한 이점들은 비지배 자유라는 이상의 도구적 매력을 보여주는 것이기도 하지만, 롤즈(1971)의 표현에 의하면, 기초적 선[4)]

---

3) 앞장에서 지적된 것처럼, 하이에크(Heyek)는 이러한 시각을 지닌 사람의 예가 될 수 있을 것이다. Gray(1986)과 Kukathas(1989)를 보시오.

4) 〔역주〕 기초적 선(*primary good*) : 자신의 삶의 계획이나 선에 대한 개념

으로서 비지배 자유의 지위를 드러내기도 한다. 기초적 선은 그들이 다른 무엇을 원하는지 상관없이 누구든 원할 만한 도구적 이유들을 갖는 것, 다시 말해 그들이 무엇을 가치 있게 여기고 추구하는지에 상관없이 그들에게 호소력을 가질 만한 결과를 약속하는 것을 말한다.

지금까지 자세히 살펴본 고찰들은 누군가의 비지배 자유를 증진시키는 것이 그들로 하여금 불확실성이나, 전략〔적 행동〕, 그리고 예속에서 벗어나도록 도와줄 것이라는 점을 보여준다. 분명 이 점에서는 비지배 자유를 증진시키는 것이 불간섭 자유를 증진시키는 것보다 나을 것이다. 그러나 보다 강력한 사실도 진실성을 갖는다. 어떤 사람이 갖는 간섭에 대한 불확실성, 다른 사람들과 복종과 예측의 전략을 실행할 필요성, 취약성과 결부된 예속 등을 줄이기 위한 조치를 취한다고 가정해 보자. 비지배 자유를 증진시키는 것 없이 그러한 조치들을 취할 수 있는 방식을 알기는 어려울 것이다. 〔이런 점에서〕 비지배 자유는 단지 그러한 효과들을 고취시키기 위한 다소 충분한 도구가 아니라, 필연적으로 결부된 요인인 것처럼 보인다. 그러한 효과들을 고취시키지 않고 비지배를 촉진시킬 수는 없다. 〔또한〕 비지배를 고취시키지 않고 이러한 효과들을 촉진시킬 수도 없다. 모든 가능한 세계에서 타당성을 지니지는 않겠지만, 이것은 분명 실제세계가 작동하는 방식에 대한 그럴 듯한 가정하에서 타당성을 갖는 것으로 보인다.

비지배 자유가 〔위에서〕 논의된 효과들과 이러한 방식으로 결합되어 있다고 한다면, 스스로 비지배를 원하지 않거나, 그것을 하나의 가치로 인식하지 못하는 일이 어떻게 발생할 수 있는가? 종교적 또는 이데올로기적으로 유발된 어떤 자기비하의 독트린을 받아들이지 않을 때, 사람들은 분명 비지배를 향유하는 한에서 자신들의 목적을 성

에 상관없이, 누구에게나 유용한(적어도, 해롭지 않은) 것으로 가정되는 선.

취하기가 더 쉬워졌음을 발견할 수 있을 것이다. 〔또한〕 그들이 다원적 조건들(*pluralistic conditions*)—가장 발전된 민주주의 국가들에서 그리고 물론 크게는 국제세계에서 획득할 수 있는—하에서 파악되고 추구될 수 있는 목적들을 지니고 있다면, 그들은 분명 그러한 목적들은 보다 성취되기 쉽다는 점을 발견할 것이다. 그렇다면 비지배 자유는 단지 도구적 선만을 갖는 것이 아니다. 이것은 또한, 적어도 적절한 환경들에서는, 기초적 선이라는 지위를 향유한다.

이러한 사실은 쉽게 뒷받침된다. 인간이 원하는 거의 모든 것들의 경우, 이를 추구하는 것은 그들이 계획을 세울 수 있는 능력을 지닐 때 촉진된다(Bratman, 1987). 그러나 비지배를 향유하지 못한다면, 계획을 세울 수 있는 인간의 능력은 우리가 논의했던 불확실성과 같은 것에 의해 손상될 것이다. 따라서 비지배가 불확실성의 축소를 포함하는 한, 그것은 기초적 선이라는 확고한 매력을 가진다.

그러나 비지배 자유가 기초적 선이라는 지위를 갖는다는 사실은 비지배가 실현하려는 전략〔적 행위〕와 예속의 축소라는 준거를 통해서도 뒷받침될 수 있다. 한 인간이 된다는 것은 완전히 무시할 수 없는 발언권을 지닌다는 말과 같다. 그러한 발언권이란, 다른 사람과 더불어 제기된 이슈들에 대해 이야기하고, 〔의견이〕 일치하지 않는 경우에도 다른 사람들이 잠시 멈춰서 〔자신의 견해에 대해〕 생각하도록 할 만큼 충분한 권위를 가지고 말하는 것을 뜻한다(Pettit, 1993a; Postema, 1995; Pettit and Smith, 1996). 그래서 한 명의 사람으로 온당하게 대우받는다는 것은 특별한 이유 없이는 폐기되지 않는 하나의 발언권을 지닌 것으로 간주되는 것과 같다. 귀 기울일 만한 가치가 있는 사람으로 여겨지는 것이다. 지배가 발생하는 조건은 그것이 전략〔적 행위〕의 필요성이나 예속된 지위와 결부되는 한, 하나의 발언권을 지닌 사람으로 대우받을 가능성을 축소시킬 것이다.

지배당하는, 전략에 얽매인 사람은 지배하는 사람들이 말하는 것을 주시해야 할 이유를 지닌 사람이며, 자신들을 지배하는 사람들을 기쁘게 하는 데 항상 주목하고 있다고 간주되는 사람이다. 마찬가지로 지배당하고, 예속된 사람은 동일한 가정에 따라 자신들을 지배하는 사람들을 감동시킬 필요가 있는 사람이자, 자신들의 의견이 그들로부터 보다 높은 평가를 얻기 위해 애쓰는 사람들이다. 그러한 사람들은 적어도 지배가 유효한 범위에서는 당연히 독립적인 발언권을 결여한 것으로 가정된다. 그들은 보다 권력을 많이 지닌 사람에게 주목을 요구하는 가장 기초적인 주장도 할 수 없을 것이다. 왜냐하면 그렇게 했을 때 그들이 주목을 갈구하는 사람으로 쉽게 여겨질 것이기 때문이다. 그들에 대한 시각은 마치 조숙한 아이들에 대한 어른들의 시각과 같다. 〔또한〕 그들은 우연히 존중받을 수 있을지는 몰라도 존중하도록 요구하지는 못할 것이다.

그들의 다른 의무가 무엇이었든지 간에, 모든 사람들—또는 적어도 다원적 사회 내에서 살아가야 하는 모든 사람들—은 한 명의 사람으로, 일반적으로 무시될 수 없는 하나의 발언권을 지닌 존재로 온당하게 대우받기를 원할 것이라고 보는 것은 타당한 것 같다. 그러나 그렇게 되면, 모든 사람은 비지배 자유를 원할 이유를 지닌다는 사실이 뒤따른다. 비지배 자유가 없는 상황에서 사람들은 전략〔적 행동〕에 구속된, 인간으로 온당한 대우를 기대할 수 없는 예속된 생명체가 되기 때문이다. 그래서 〔비지배 자유가〕 불확실성을 피하는 것과 연관성을 가지는 것처럼, 전략〔적 행동〕과 예속을 피하는 것과의 연관성은 비지배 자유가 기초적 선의 지위를 가진다는 점을 보여준다.

2. 정치적 관심사로서의 비지배

비지배가 개인적 선 또는 가치를 가지는 이유는 충분히 언급되었다. 그러나 그러한 주장은 비지배가 국가가 노력하고 증진시켜야 할 가치인지에 대해서는 아직 말해주지 못한다. 우리 모두는 우정이 인간의 삶에서 중요한 가치의 하나라는 점은 알고 있지만, 국가가 우정을 촉진하는 역할을 해야 한다고 생각하지는 않는다. 공화주의자들이 항상 그렇게 보아왔듯이, 비지배 자유는 왜 다르다고 보는 것인가?

비록 우정은 우리 모두가 추구하고 가치 있다고 여기는 것이기는 하지만, 우리 대부분은 아마 우정은 우리 자신이 꽤 효과적으로 추구할 수 있으며, 국가가 〔이런 역할을〕 더 잘할 수 있다고 생각하지는 않을 것이다. 만약 공화주의자들이 자유에 대해 다른 시각을 가지고 있다면, 그것은 자유가 이러한 측면들에서 우정과 대비될 수 있기 때문이다. 또한 자유는 지금까지 주장한 것처럼, 우리 대부분이 추구하고 가치 있게 여기는 하나의 선(善)이다. 그러나 우정과 달리, 자유는 두 가지 중요한 조건들을 만족시키는데, 하나는 소극적인 것이고, 다른 하나는 적극적인 것이다. 자유는 개인들이 사적이고, 분산화된 수단들을 통해 만족스럽게 추구할 수 있는 것이 아니다. 〔오히려〕 자유는 국가가 상당히 효과적으로 추구할 수 있는 것이다.

이 책의 남은 부분에서는 비지배 자유가 적극적 조건을 만족시킨다는 일련의 주장을 다루고 있다. 이 책은 사람들의 비지배 향유를 다소 자연스럽게 극대화하기 위해 제도들이 어떻게 설계될 수 있는지 — 특히, 공화주의적 방식으로 — 를 보여주는 데 뜻을 두고 있다. 이제 이 절에서는 왜 비지배 자유가 소극적 조건을 만족시키는지 보여주는 것이 남았다. 왜 자유는 단지 개인의 사적인 노력에 의해서만 만족스럽게 추구될 수 있는 것이 아닌가?

1) 비지배의 분산 추구에 반대하며

개인들의 걱정거리로 비지배를 치부하는 것을 반대하는 다소 명백한 주장 중 하나는 그렇게 하는 것이 매우 불평등한 비지배의 분배를 가져올 수도 있다는 점이다. 사람들이 각자 자기의 사적인 방식으로 비지배를 추구한다고 가정해 보자. 그들은 개인적으로 다른 사람의 간섭에 대항하여 자신들을 방어하고 발생하는 간섭을 응징하며 — 그래서 누구도 처벌 없이 자신의 일에 간섭할 수 없다는 것을 보여줌으로써 — 가능한 간섭행위들을 단념시키거나 빗나가게 하려고 한다. 그러한 개인적 노력들이 매우 바람직스럽지 않은 방향으로 진행될 수 있음은 자명해 보인다. 〔개인의〕 육체적 건강과 용감함, 사회적 연고와 영향력, 환경적 위치 등과 같은 불평등은 실제상황에서는 피할 수 없다. 그리고 강자가 더욱더 많은 자원들을 축적하기 위해 그들의 힘을 사용하고 그로 인해 더 강해지게 됨으로써 그러한 불평등들은 실제세계의 역사에선 누적되게 되어 있다. 그래서 분산화된 방식으로 〔개별적으로〕 비지배를 추구하도록 하는 것은 여기서는 보다 강한 사람이나 집단에, 저기에서는 다른 것에 좌우되는 자신을 발견하게 되는 것과 같다. 이에 따라 남자들은 여성에게, 부자는 빈자에게, 내부자는 외부자에게 군림하는 소규모 전제정치가 만연한 사회가 예상된다. 우리는 심지어 이러한 역학이 자기 자신의 구역이나 영역을 지닌 전능한 독재자들을 만들어낼 수 있는 가능성도 묵인해야만 한다.

이러한 시각은 과도하게 비관적이며, 비지배를 증진시키는 분산화된 체제가 필연적으로 보다 취약한 비지배의 분배를 가져오지는 않는다고 주장할 수도 있다. 〔따라서〕 이러한 범주에 속한 사람들을 설득하려면 보다 진전된 주장이 요구된다. 비관적이라는 주장은 제쳐두고라도, 비지배의 명분이 〔개별적인〕 사람들이 다른 사람의 간섭을 견제할 수 있을 만큼 충분한 상호적 권력을 갖는 것에 달려있는 것은 일반적으로 좋지 않음을 주장할 수 있어야 한다. 헌법적 규정의 전략—비지배적 수단으로 비지배를 증진시키려고 하는 국가를 획득하는 전략—이 훨씬 더 그럴듯함을 보이는 것이다.

헌법적 권위는 사람들을 지배하지는 않지만, 그들이 이용가능한 선택을 일관되게 제한하거나, 그러한 선택에 더 큰 희생이 따르게 만들 수 있어야 한다. 어떠한 법률체제와 정부든 특정한 선택지들이 더 이상 행위자에게 이용가능하지 않으며, 최소한 더 이상 이전처럼 이용가능하지 않는 현실을 만들 수밖에 없다. 〔그래서 법률체제와 정부는〕 다양한 선택들을 제거하는 과정에서 적절하게 강제적 압력들을 사용하게 된다. 그리고 법률체제와 정부가 존재하려면 과세에 의존할 수밖에 없기 때문에, 자신이 이용할 수 있는 다양한 선택들에 더 큰 비용이 든다는 점은 분명해진다. 지배라는 의미에서는 그것이 사람들을 부자유스럽게 만들지는 않겠지만, 그들이 향유하는 지배받지 않은 선택의 범위와 용이함은 줄어들게 되는 것이다. 즉, 그것은 사람들을 상대적으로 부자유스럽게 만든다는 것이다.

그러나 비록 헌법규정 전략이 이러한 단점을 가지고는 있지만, 상호권력 전략에 전적으로 의지하는 것보다는 〔비지배의 달성〕에 있어 보다 가능성이 높다. 이상적으로 작동하는 상호적 권력전략하에서 각각의 사람들은 타인들로부터의 모든 간섭행위에 대해 효과적인 저항을 보장하는 충분한 자원들을 소유함으로써 비지배를 성취한다. 이러한 방어는 효과적이기에 다른 억제수단들에 의지할 필요가 없다. 그러나 보편적 보호를 위한 헌법적 규정이 존재하지 않고, 각자가 스스로 개인적 저항에 힘쓰는 〔이러한〕 시나리오는 여전히 항구적인 내

전상태에 가깝다. 사람들은 그러한 시나리오하에서 비지배를 향유할 수는 있지만—어떠한 개인이나 집단도 지배적이지 않다는 점을 가정함으로써—지배받지 않은 선택의 범위와 용이함은 심각하게 축소된다. 예를 들면, 저항과 방어의 값비싼 자원들을 갖추지 않고는, 누구도 교역이나 여행을 할 수 없을 것이다. 사람들이 이용할 수 있는 선택들은 비지배적이지만, 그러한 선택들은 매우 큰 비용이 들거나 지나치게 제한적인 것이다.

헌법규정 전략과 비교할 때 상호권력 전략이 갖는 단점은 손상시키고 조건짓는 요인들에 관한 우리의 언어로 표현될 수 있다. 두 가지 전략 모두 사람들의 자유가 직접적으로 손상되지 않을 수 있지만, 진정으로 조건지어질 수 있음을 의미한다. 상호적 전략의 경우는 모든 사람이 자신의 수호자가 되는 억제효과를 통해, 헌법적 규정의 전략의 경우엔 법이라는 강제적이고 재정적인 비용을 통해 이루어진다. 상호적 전략의 단점은 바로 그것이 훨씬 더 심각한 조건짓는 효과를 갖는 것을 약속한다는 점에 있다. 〔하지만〕 지배 없는 삶을 성취하는 어떠한 다른 방법도 만인의 만인에 대한 투쟁에 의해 부과되는 제약들을 견뎌야 하는 것보다는 더 나을 것이다.

그러나 상호권력 전략에 의존하는 것에 반대하는 이러한 주장조차도 이 전략을 치켜세우는 측면이 있다. 그것은 사람들이 효과적으로 간섭에 저항할 수 있을 만큼 충분한 자원을 가지고 있으며, 그들이 다른 사람들을 억제하기 위해 보복으로 위협을 가하는 것에 의존할 필요가 없다는 것을 가정하기 때문이다. 다시 말해, 다른 사람들을 강제하는 것과 그로 인해 그들의 이익과 사고를 따르지 않는 방식으로 그들을 간섭하는 것에 의존할 필요가 없다는 것이다. 그러나 이러한 가정은 그 자체로 매우 비현실적이다. 어떠한 시나리오하에서도 사람들이 그들의 방어적 자원들뿐만 아니라 위협적인 보복이 줄 수 있는 억제하는 가치에 의존하는 것은 피할 수 없기 때문이다. 그러한 상호 강제에 의존하는 범위에서, 그들은 제시된 시나리오 안에서 자의적으로 서로를 간섭하는 일을 지속할 것이다. 상호권력 전략하에서 실질적으로 실현가능한 최선은 방어적 균형이 아니라 억제의 균형이다.

그러한 전략에 깔려 있는 탈집중화된 체제는 아이러니하게도 홉스가 자연상태에서 갖는 단점으로 상세히 검토한 것들을 모두 가지고 있다(Tuck, 1989). 만약 모든 사람들이 타인의 간섭에 대항해서 스스로를 보호하고자 한다면—특히 사전예방적으로 자신을 보호하려 한다면—, 그 결과는 만인에 대한 만인의 투쟁이 되기 마련이라는 게 홉스의 주장이다. 각각의 사람들이 일방적인 무장해제를 포함하는 전략보다는 사전예방을 포함하는 자기보호 전략을 선호하는 것은 당연해 보인다. 자기보호는 결국 다른 사람들이 무엇을 하든지 간에, 무장해제보다는 나은 전략이 된다. 즉, 다른 사람들이 자기를 보호하려고 하면, 그것은 본질적 방어수단이 될 것이고, 그들이 무장을 해제하려고 하면, 그것은 유용한 보장책이 될 것이다. 그러나 모든 사람이 사전예방을 포함하는 자기보호 전략을 따르게 되면, 모든 사람이 무장해제를 하는 것보다 비지배 측면에서는 더 나쁜 상황에 처하게 된다. 사람들은 스스로 무덤을 파고, 집단적인 자기파멸적 방식으로 각자가 행동하게 되는 것이다(Parfit, 1984: pt. 1).

사람들이 이용가능한 선택들을 제한하는 헌법적 규정의 효과가 무엇이든, 그러한 효과는 전적으로 상호권력 전략에 의거하는 것이 갖는 단점들에 비할 바가 되지 못한다. 그리고 헌법적 규정들은 적어도 타인의 지배를 줄이는 측면에서는 더 나은 역할을 할 수 있음을 약속한다. 그래서 〔내게는〕 헌법적 규정전략, 다시 말해 국가에 의존하는 전략이 훨씬 더 매력적인 선택으로 보인다. 헌정국가의 틀 내에서 상호권력 전략에 의존하는 것도 좋은 생각이다. 19세기 산업사회에서 노조운동이 노동자들의 비지배를 증진시켰음은 분명하다. 그리고 이러한 운동은 사용자의 권력에 대항할 수 있는 집합적 권력을 그들에게 부여함으로써 노동자들의 비지배를 증진시켰다. 그러나 비지배 자유를 증진시키는 일반적 수단으로써 상호권력 전략이 갖는 매력은 매우 적다.

비지배 자유는 분산화된 방식으로 개인이 각자 추구하도록 남겨둬야 하는 이상이 아니다. 상호적 권력의 전략은 심각하게 고려해야 할 많은 문제점들을 예상하게 한다. 〔이러한 고찰을 통한〕 교훈은 우리가 헌법적 규정에 의존하는 대안적이고, 보다 가능성 있는 전략을 탐구해야 한다는 점이다. 이 책의 남은 부분은 〔이러한 작업을〕 수행하는데 쓰이고 있다.

2) 비지배와 근대 다원주의적 국가

헌법적 규정에 의존하는 전략의 탐구는 공화주의 전통의 사상가들이 수 세기 동안 추구한 프로젝트와 우리를 연관시켜준다. 그러나 전근대적 공화주의자들과는 매우 다른 시각으로 정치제도를 바라보게 될 것이라는 사실을 강조하는 것은 중요하다. 우리는 제 1장에서 전통적인 공화주의자들은 비지배 자유가 시민을 구성하는, 재산을 지닌 주류 남성 엘리트들만을 위한 정치체제를 통해서 획득될 수 있다고 생각한 가능성에 대해 살펴본 바 있다. 우리가 비지배의 요건들을 탐구하게 됨에 따라, 자연스럽게 전통적 공화주의자들의 엘리트주의와 단절하게 되고, 우리의 관심이 보다 보편적인 범위에서 조망되어야 함을 알게 된다. 우리가 발전시켜가는 공화주의는 이런 측면에서 근대적 또는 포괄적이라는 특징을 지닌다. 이는 모든 사람은 동등하며, 실현가능한 정치적 이상은 모든 사람을 위한 것이어야 한다는 가정을 만들어냈던 벤담과 페일리와 같은 자유주의자들과 공유하는 사항이다.

비지배를 국가를 위한 최상의 이상으로 취하려는 제안은 최고의 정치적 선으로 불간섭 — 또는 불간섭과 다른 가치들의 결합 — 의 이상을 환영할 때 표준적인 자유주의가 수반하는 것과 같은 불안을 불러일으킬 수 있다(Sandel, 1984). 〔이러한 불안은〕 자유주의 프로젝트처럼, 우리의 공화주의적 제안이 지닌 가정 때문에 생긴다. 그것은 〔다른 문화적 배경을 지닌〕 그들이 가진 선에 대한 특수한 개념에 상관없이, 비지배의 이상이 발전된 다문화적 사회의 시민들에게 헌신을 요구할 수 있다는 가정이다. 공동체주의자들은 이러한 가정에 반대하면서 비지배 이상이 보이는 것처럼 중립적이지 않으며 — 그것은 분명히 서구적이라거나 특징상 남성주의적이라거나 또는 다른 무엇이든 —, 중립적이든 그렇지 않든 인종, 종교, 성과 같이 익숙한 구분들을 가로질러 사람들을 동기화시킬 수 없다는 입장을 고수할 것이다.[5]

이러한 비판노선을 따르는 사람들은 사실상 현대의 발전된 사회들에 대해 절망의 권고를 하는 셈이다. 그들은 상당히 동질적인 공동체를 이루지 않고는 정체에 대한 헌신을 도덕적으로 끌어낼 가능성이

---

5) 현대 자유주의자들은 각각의 개인들이 그들 자신의 선에 대한 개념을 추구하는 것을 가능하게 하는 국가를 찾아냄으로써 중립성을 만족시킬 수 있다고 주장한다. 공화주의자들은 시민의 자유에 의해 대표되는 보편적인 또는 비당파적인 선만을 인정하는 국가를 추구함으로써 중립성을 만족시킨다. 코어르스가아드(Korsgaard, 1993)는 구자유주의자들(사실상, 공화주의자들)과 신자유주의자들에 대한 그녀의 논문에서 이 점을 말하고 있다. 현대 자유주의자들은 단지 불간섭만이 아니라, 다른 보다 논쟁적인 이상들 — 평등, 복지 또는 무엇이든 — 도 포함하는 경향이 있으며, 이것은 중립성에 대한 그들의 해석을 설명해 줄 수도 있을 것이다.

없다고 말하고 있다. 이것이 공동체주의란 이름이 그들에게 잘 어울리는 이유이다. 그러나 내 생각엔 그러한 사상가들은 무지의 권고를 제공하고 있기도 하다. 일정한 전통 속에 있는 사람들은 이러저러한 하부집단 — 예를 들면, 귀족 출신, 성직자 역할, 또는 대주교 지위의 사람들에게 — 에 자신들을 예속시키려는, 이데올로기적으로 길들여진 열망을 보여줄 수 있다. 그러나 내 눈엔 이것이 지위와 존엄에 대한 인간의 깊고 보편적인 열망을 억압하는 것으로 보인다. 또한 이는 우월한 체하는 것에 대해 분개를 느끼는 튼튼하고 건강한 성향을 제거하도록 요구한다. 이에 대한 내 견해가 틀렸다 하더라도, 이전 절에서 내가 주장했듯이, 분명한 사실은 현대의 다원적 사회의 주류로 사는 것에 만족하는 사람은 타인에 의해 지배되지 않는 것을 이상으로서 소중히 여기게 되어 있다는 점이다. 구루(*guru*)[6] 임을 자임하는 사람 앞에서 스스로를 낮추는 한 종파인의 삶을 신봉하게 되면, 비지배 자유의 이상에서 여러분은 아무것도 발견하지 못할 것이다. 〔하지만〕 현대의 다원적 사회의 삶을 받아들인다면 더 많은 것을 보게 될 것이다.

이것이 사실이라 해도 보편적으로 인지된 비지배 이상은 너무 희미해서 아마 사회와 정치를 인도하는 빛이 되기 어렵다고 말할 수 있을 것이다. 동기의 측면에서 볼 때, 공유된 제도들이 효과적으로 형성되려면 덜 중립적이고, 문화에 구속된 횃불에 의지해야 한다는 것이다(MacIntyre, 1987). 그러나 이와 같이 현대사회에 대한 지속적인 절망은 오직 제한된 공감만을 얻는 게 마땅하다. 그것은 궁극적으로 서로 다른 하위문화에 속한 사람들에게 헌신을 요구할 수 있는 중립적인 정치적 이상 — 나는 비지배가 그러한 이상이라고 믿는데 — 을 밝

6) 〔역주〕 구루(*guru*) : 힌두교, 불교, 시크교 및 기타 종교에서 일컫는 스승으로 자아를 터득한 신성한 교육자를 지칭한다.

혀내는 것이 불가능하다는 것을 입증할 수 있다. 또한 그것은 어떠한 중립적인 정치적 이상도 사람들이 정체와 관련하여 환대할 것으로 보이는 요구들을 지속시킬 수 없다는 사실을 드러낼 수도 있다. 그러나 이러한 노력을 다 해본 후 그것을 불가능한 것으로 단정지어야지, 불가능하다는 선언이 그러한 노력을 가로막아서는 안 된다. 나는 이 책의 주장이 정확히 이러한 비판자들이 가로막고 있는 그 길을 따라 가려는 노력이라고 생각한다. 나는 이들이 나의 주장을 따라오도록 끌어들임으로써 그들의 비판에 대응하려고 한다. 특히 이것은 이 책 제 1, 2부의 마지막 장들에서 전개되고 있다. 이를 통해 그들의 염세적, 이론회의적인 견해들, 궁극적으로 그들의 극도로 보수적인 견해들(Holmes, 1989)이 실패를 예측하는 지점들을 밝혀내려고 한다.

3. 제약이 아닌 목적으로서의 비지배

비지배가 실제로 하나의 가치, 그리고 정치체제와 관련된 하나의 가치라고 가정하면, 어떻게 이러한 가치가 그러한 체제를 형성할 수 있는지, 다시 말해 어떻게 그러한 가치가 정치체제를 이끄는 역할을 할 수 있는지에 대한 질문이 이어지게 된다. 엄밀하게 유일한 것은 아니지만, 두 가지 눈에 띄는 대답이 있다(Pettit, 1997). 하나는 이러한 가치 또는 선 또는 이상이 국가가 증진시켜야 할 목적이 되어야 한다는 것이고, 다른 하나는 이러한 가치가 국가가 다른 목적들을 추구하는 방식에 대한 제약이 되어야 한다는 것이다.

1) 결과론과 비결과론

어떠한 선(*good*)은 〔그것의〕 과업이 오직 이러한 선을 증진시킬 때에만, 다시 말해 실현할 것으로 예상되는 바를 그러한 선이 극대화할 때에만 하나의 기구 또는 행위자에게 목적이 될 수 있을 것이다. 평화라는 선을 예로 들어보자. 평화는 그것의 과업이 기대되는 평화를 최대화하기 위해 요구되는 것은 무엇이든 하려고 하고 또 그럴 때에만 기구 또는 행위자에게 선이 될 수 있다. 모든 전쟁을 끝내기 위해 전쟁을 일으키는 것처럼, 평화를 깨뜨릴 수 있는 수단들이 요구된다 할지라도 말이다. 반대로 그것의 역할이 필연적으로 어떠한 선을 증진시키는 것이 아니라 그것의 중요성을 증언하거나 그것을 존중하는 것에 불과할 때에만, 선은 기관이나 행위자에게 제약으로 비춰지게 될 것이다. 만약 다른 모든 사람들이 당신과 똑같이 행동한다면, 그러한 선을 존중하는 것은 예상된 가치를 극대화할 방식으로 작용했을 것이라고 가정해 볼 수도 있다(Pettit, 1991; 1997). 평화의 과업이 평화를 극대화하기 위해 무엇이든 하는 게 아니라 자신의 과업을 항상 평화로운 방법으로만 실행하는 것이라면, 평화는 기관이나 행위자에게 제약이 될 것이다.

러셀(Bertrand Russell)[7]은 제1차 세계대전 기간 동안 많은 사람들이 그러했던 것처럼 평화주의적 신념 때문에 감옥에 갔다. 그는 평화의 가치에 따라서 연합국들이 전쟁과 같은 소름끼치고 무의미한 갈등을 그만두어야 한다고 강력히 주장했다. 그러나 제2차 세계대전 때 러셀과 일단의 평화주의자 동지들〔의 전쟁을 바라보는 관점〕 간에는 차이점이 있었다. 그들은 1939년에도 일관되게 평화주의적 입장을 취하며 연합국들이 전쟁이라는 수단을 쓰는 것에 반대했지만, 러셀은 이 전쟁은 정당하다는 견해를 지녔던 것이다. 특히 히틀러를 막지 못하면 평화라는 대의는 영원히 손상될 수 있다는 점에서 이를 정당화했다. 이와 같은 입장의 변화에서 나타났던 차이점은 다른 평화주의자들이 평화라는 가치를 국가의 행위에 대한 제약—평화 자체를 극대화하기 위해서라도 깨뜨릴 수 없었던 것—으로 여겼던 반면, 러셀은 평화의 가치에 대해 결과론적 태도를 보였다는 데 있다. 그는 열정적으로 평화에 헌신했지만, 평화를 존중해야 할 하나의 제약이 아니라 국가가 증진시켜야 할 목적으로 보았던 것이다. 평화를 증진시키는 것이 전쟁을 의미한다 해도 말이다.

불간섭 자유는 어떤 이론들에서는 국가를 위한 하나의 목적으로,

7) 〔역주〕 버트란트 러셀(Bertrand Russell, 1872~1970): 영국의 논리학자·철학자·수학자·사회사상가. 논리학자로서 19세기 전반에 비롯된 기호논리학의 전사(前史)를 집대성하였다. 철학자로서는 다룬 주제가 다양할 뿐 아니라 입장도 그의 오랜 활동기간 동안 바뀌었다. 제1차 세계대전 중 반전운동이 화근이 되어 대학에서 쫓겨났고, 1918년에는 6개월간 옥고를 치렀다.

다른 이론에선 국가의 행동방식에 대한 하나의 제약으로 그려진다. 〔당신이〕 주요한 또는 유일한 정치적 선을 불간섭 자유라고 생각한다고 가정해 보자. 그러면 당신은 어떤 제도들을 사회를 위해 정치적으로 올바른 것이라고 간주해야 하는가? 불간섭을 하나의 목적으로 볼 때 〔그〕 대답은 대략 다음과 같다. 그러한 제도들이 갖추어져 있다는 것은 그러한 제도들이 없는 경우보다 있는 곳에서 보다 많은 불간섭이 향유될 수 있다는 것이고, 그러한 제도들은 불간섭의 자유를 증진시키는 데 최선을 다하고 있다는 것이다. 이러한 대답은 〔어디까지나〕 대략적인 것에 불과하다. 왜냐하면 이러한 공식은 자유와 같은 속성을 증진시키는 것이 그것의 실질적인 실현을 극대화하는 것인지, 아니면 예상된 실현을 극대화하는 것인지, 〔그리고 만약〕 후자의 경우라면 그러한 예상을 결정하는 개연성이 어떠한 제약하에 놓인 것인지에 대해서는 얘기하지 않기 때문이다. 그러나 우리는 여기에서 이러한 상세한 내용들에 대해 고민할 필요는 없다.

이러한 첫 번째 대답 — 이러한 결과론적 또는 목적론적 대답 — 은 불간섭 자유의 가치에 애착을 지닌 사람에게, 올바른 제도에 대해 유일하게 가능한 이론으로 보일 수 있다. 그러나 조금만 달리 생각해봐도 그렇지 않다는 사실을 알 수 있다. 〔이에 대한〕 대안적 접근은 법은 필연적으로 강제적이기 때문에 국가 자체는 간섭의 원천이고, 이런 측면에서 국가는 불간섭의 가치를 훼손한다는 사실에서 출발한다. 평화라는 대의를 위해 전투하는 사람이 평화의 가치를 간직하지 못하는 것처럼, 국가는 불간섭〔이라는 이상〕을 〔더 이상〕 존중하지 않는다는 것이다. 이러한 접근을 취하는 사람은 권리의 언어를 주창하며, 핵심은 가능한 한 전반적인 불간섭을 증진시키는 것이 아니라, 간섭받아서는 안 되는 사람들에게 자연적이고 근본적인 권리들로 알려진 것들을 존중하는 것이라고 말할 것이다. 이러한 접근이 자유주의의 의무론적 해석을 대변한다면, 〔앞선〕 다른 것은 자유주의의 결과론적 또는 목적론적 형태를 대변한다.

의무론적 또는 권리중심적 자유주의는 국가를 택하는 것이 정당한지에 관한 질문을 제기하는데, 이는 무정부주의를 유일한 선택지로 만드는 것처럼 여겨진다. 그러나 이러한 접근을 취하는 사람들은 의무론적 또는 권리중심적 자유주의가 적어도 최소국가 — 국내질서와 외부 방어의 야경기능만을 수행하는 국가 — 와 양립하는 이유에 대해 다양한 주장들을 제시해왔다. 이러한 주장들 중에 가장 잘 알려진 것 중의 하나는 노직(Nozick, 1974)[8]이 제시한 것인데, 그는 사람들의 불간섭 권리가 존중되는 무정부 상태라면 어떤 상태에서도 그러한 권리의 손상 없이 일정 정도 필연적으로 최소국가에 가까운 어떤 것의 확립을 가져온다고 주장한다.

평화나 불간섭 자유와 관련하여 생기는 선택은 모든 가치들이 그러한 것처럼 비지배 자유와 관련해서도 생긴다. 비지배를 국가가 증진해야 하는 목적으로 생각할 수도 있고, 국가가 존중해야 할 제약으로 생각할 수도 있는 것이다. 첫 번째 경우에는 그 체제하에 사는 사람들 사이의 예상된 비지배를 극대화하도록 국가가 고안되어야 한다고 생각한다. 두 번째 경우에는 예상된 비지배가 극대화되든 그렇지 않든 간에, 정치체제는 비지배라는 가치를 명백하게 입증하도록 설계되어야 한다고 여긴다. 이는 〔정부가〕 이상적으로 순종적인 세계에서 기대되는 비지배를 증진시키기 위해 요구되는 정책을 택하거나, 특

8) 〔역주〕 로버트 노직(Robert Nozick, 1938~2002): 미국의 자유주의 철학자. 1974년에 발간된 유명한 첫 저서《무정부, 국가, 그리고 유토피아》(*Anarchy, State, and Utopia*)에서 무정부주의적 입장을 비판적으로 검토하고 국가의 정당화 가능성, 국가의 기능, 이상국가의 이념 등을 철학적으로 논의하였다. 국가의 역할을 인정하면서도, 국가의 권력이 더 이상의 자유를 제약해서는 안 된다는 자유주의 국가론을 주장하였다.

히 국가의 헌법적 체제 속에 지배의 최소 흔적도 수반하지 않음으로써 실현된다.

2) 공화주의적 결과론

공화주의 전통에서는 비지배에 대해 어떤 태도를 취하는가? 비지배 자유에 대한 목적론적 태도와 의무론적 태도 사이의 선택은 전근대적 전통 내에서는 그 자체로는 결코 표명된 적이 없기 때문에 이 문제에 대한 텍스트나 구절을 인용하는 것은 불가능하다. 그러나 근본적으로 목적론적 견해를 연상시키는 전통의 한 측면은 존재한다. 거의 모든 주요한 인물들은 어떤 제도가 자유를 가장 잘 실현할 수 있는가에 관한 질문에 선험적인 해답이 가능하다고 여기지 않았으며, 이러한 질문을 열려 있는, 경험적인 이슈로 간주했다는 점에서 그러하다(Oldfield, 1990). 예를 들면, 마키아벨리는 사람들이 이미 타락해 있고, 적절한 법의 형태를 유지하기 어려울 것 같은 곳에서 비지배 자유를 증진시키는 최선의 방법은 상당한 절대권력을 지닌 왕이 필요한 것일 수 있음을 기꺼이 인정하고 있다(Rubenstein, 1991: 54). 〔또한〕 로크(1965: s. 2. 221)는 '인민의 안전이 최고의 법'(*salus populi suprema lex*)[9]이라는 원칙 — 절대주의자들의 '국가이성'(*raison d'état*)[10] 주장에서도 원용되는(Tuck, 1993) — 에 따라 왕의 대권과

9) 〔역주〕 인민의 복리가 최고의 법(*salus populi suprema lex*): 이 말은 키케로의 《법률》(*De Legibus*)에 나온다(book 3, part 3, sub. 8). 로크는 이 말을 《정부에 관한 두 번째 논고》(*Second Treatise on Government*)의 제사로 사용했는데, 정부의 근본적 원칙으로 이를 언급하고 있다. 이 말은 무솔리니의 국가 모토로 사용되기도 했다.

10) 〔역주〕 국가이성(*raison d'état*): 자기목적적 존재인 국가가 자신을 유지·강화하기 위하여 지켜야 할 법칙이나 행동기준.

대중의 저항권 모두를 정당화하려고 했다. 심지어 몽테스키외(1989: 204)는 경험적 이유들을 들며 자유라는 대의를 위해서는 경우에 따라서 대부분의 공화주의자들에게 증오의 대상이었던 개인권리 박탈법[11] — 특정한 개인을 겨냥한 법 — 도 정당화될 수 있음을 인정할 준비가 되어 있었다. "지상에 살았던 가장 자유로운 사람들의 관습은 누군가 신의 조각상을 숨기듯, 잠시 동안 자유 위에 장막이 드리워져야 하는 경우도 있다는 점을 믿게 만든다."

어떤 제도가 자유를 가장 잘 실현할 수 있는지에 관한 문제에 의무론적으로 접근한다면, 접근이 불가능하거나 최소한 용이하지는 않을 것이다. 만약 특정 제도들이 어떠한 맥락에서 비지배를 예시하고 존중한다면, 그 제도들은 각각의 그럴듯한 맥락에서 그렇게 하려고 할 것이다. 즉, 어떠한 맥락에서 비지배를 존중한다는 것은, 모든 행위자와 집단이 자기 역할을 했을 때 비지배가 증진될 수 있는 형태가 될 것이며, 이는 맥락에 무관하게 동일한 형태를 취할 것이다. 그래서 이것이 열린 문제라는 가정은 아마도 경험적으로 가장 효과적임이 입증된 수단들 — 그것이 무엇이든 간에 — 을 통해 국가가 증진해야 할 하나의 목적으로 비지배를 바라봄을 의미한다.

흄과 버크와 같은 몇몇 18세기 사상가들은 많은 공화주의 스승들이 어떤 제도가 자유를 가장 잘 실현할 수 있는지에 대해 지나치게 독단적이었다고 생각했을 수도 있다(Haakonssen, 1994: xvii). 그러나 그러한 스승들은 특정한 사항 — 즉, 시민군의 바람직함 또는 파벌

11) 〔역주〕 개인권리 박탈법(*bill of attainder*): 소송의 기회 없이 어떤 개인이나 집단을 유죄로 선고하거나, 처벌하는 입법행위를 말한다. 이것은 영국 국왕과 의회의 남용으로 간주되었는데, 의회주권을 택하는 영국에서는 근본적으로 없애는 것이 불가능하다. 하지만 1798년 이후 통과되지 않았다. 미국 헌법은 제 1장 제 9절과 제 10절에서 연방과 주 차원에서 이 법의 입법을 금지하고 있다.

의 해악에 대해 — 에 독단적이었지만, 항상 자신들의 선호에 대해 경험적인 이유들을 제시했다. 마키아벨리의 경우처럼, 그들은 일반적으로 자신들의 시각을 옹호하기 위해 공화정 시기의 로마의 교훈들로 돌아갔던 것이다.

제도에 대한 경험적인 태도의 좋은 예는 《연방주의 교서》에서 이 책의 저자들 — 이 경우엔 해밀턴 — 이 공화주의자들이 찬성하는 주요 제도적 형태들을 논의할 때 나타난다(Paine, 1989: 167~170도 참조).

> 정부의 각 부문들에 균형 있게 분배된 권력, 입법부의 견제와 균형〔원리〕의 채택, 적법행위를 하는 한 직책이 보장되는 판사들로 구성된 법원제도, 국민이 선출한 대표들로 이루어진 입법부 내의 인민대표, 이 모든 것들은 완전히 새로운 발견이거나 또는 완벽함을 추구하며 이 시대에 주된 발전을 이뤄온 장치들이다. 이것은 공화주의 정부의 우월성을 유지하고 그 결함을 즐기거나 피할 수 있게 하는 강력한 수단이다. 시민정부의 민중적 체제들의 개선에 도움이 되는 이러한 요소들의 목록에 나는 다른 사람들에게는 새로운 것일 수도 있을 한 가지를 더 추가하려고 한다. … 주(州) 차원에서, 또는 하나의 거대한 연맹으로 통합되는 여러 작은 주들과 관련해서 그러한 체제들이 공전하게 될 궤도의 확장을 뜻하는 것이다(Madison et al., 1987: 119).

그러나 주의해야 할 사항이 있다. 이는 공화주의적 접근이 공화파 전통에서 법학적이고 자연권적 사상의 습관들과 뒤엉키면서 의무론적 측면을 지니게 되었다는 점이다. 로크와 그를 뒤따랐던 공화파들(Haakonssen, 1995)은 영국인들의 고전적 권리의 이미지 속에서 자연권을 공화주의적 목적들이 진전될 수 있는 수단으로 보았다(Zuckert, 1994). 툴리(Tully, 1993: 261)는 "로크와 공화주의적인 휘그의 저술가들의 권리에 대한 일차적 사용은, 왕이나 의회가 알려져 있고 인지되어 있는 적법성의 헌법적 구조 내에서 행위하도록 제약하거나 제한하는 것, 다시 말해 자신들의 권리를 행사함으로써 그들의 통치자를 법의 지배하에 두는 것이었다"라고 적고 있다(Tuck, 1979; Worden, 1991: 443; Ingram, 1994 참조). 이와 같이 자연권에 초점을 둔 시각은 다른 면에서 공화주의적 특색을 지닌 이후의 다양한 문서들에서도 분명히 드러난다. 1760년대에 출간된 블랙스톤의 《영국법 주해》(*Commentaries on the Laws of England*)가 그러하고, 실제로 《연방주의 교서》도 그렇다(Lacey and Haakonssen, 1991). 그러나 공화주의자들이 자연권을 말했을 때, 그들에게 일반적으로 특정한 법률적 권리들은 비지배 자유를 성취하는 본질적 수단이었으며, 그러한 권리들을 자연적이라고 기술한 것은 그들에게는 수사적 의미 이상이 없었다는 게 내 생각이다. 특히 그러한 권리들은 의무론적 형태로 존중되어야 할 근본적 규범을 의미하지는 않았다.12)

무엇이 역사적 전통에 관한 사실이든 간에, 나는 적어도 첫 번째 단계에선 목적론적인 정향이 비지배와 같은 가치에 대해 우리가 취해야 할 분명히 더 나은 태도이라고 믿는다. 만약 비지배를 존중하지 않는 것이 전반적으로 비지배를 증가시키는 가장 효과적인 수단이라

12) 공화주의와 권리의 언어를 연결시키는 한 가지 방법은 자의적으로 침해되어서는 안 되는 어떠한 자연적인, 아마 절대적인, 권리를 인정하는 것이다. 이러한 입장은 어떤 근거에서도 침해될 수 없는 자연적 권리를 주장하는 것과는 다르며, 국가를 정당화하는 데 있어 문제를 제기하지도 않을 것이다. 실제로 그러한 권리는 적법한 법 이외의 침해에 반대하는 권리가 될 것이다. 그러한 접근은 비지배를 존중하는 프로그램에 이를 수도 있으며, 공화주의 사상에 대한 의무론적 해석을 구성한다. 의식적이었든 무의식적이었든 일부 18세기 인물들은 이런 의미에서 의무론적 공화주의자였을 수도 있을 것이다.

면, 비지배를 존중하지 못한 정치적 실패를 허용하는 것이 매우 자연스러운 일이 되는 다양한 방법들이 있다. 예를 들면, 비지배의 극대화라는 대의를 위해서 일정한 분야에서는 의회에 구속받지 않는 특별한 권력을 줄 수도 있고, 특정한 종류의 위반에 대해서는 판사들에게 형량 선고의 재량권을 많이 부여할 수도 있다. 그리고 만약 비지배의 극대화라는 대의를 위해서 완전한 헌법—헌법 설계의 개별적이고 모든 특성에 있어 비지배를 예증하는 헌법—에서 벗어날 필요가 있다면, 이러한 이탈을 허용하는 게 자연스러운 것이며, 추상적인 이상을 고수하자고 주장하는 것은 까다롭거나, 심하면 물신숭배적이라고까지 말할 수 있을 것이다.

나는 첫 번째 단계에서는 비지배와 같은 가치와 관련하여 결과론적인 정향을 갖는 것이 더 낫다고 생각한다. 첫 번째 단계로 제한을 두는 이유는 다음과 같다. 만약 비지배의 증진을 위해 직관적으로 우리의 도덕적 감각에 반하는 것으로 입증된 제도적 장치들과 전략들에 의지할 필요가 있었다면, 우리는 비지배가 실제로 적절한 정치적 이상이었는지, 또는 우리가 그 점에 대해 여전히 확신했다면, 적절한 정책은 비지배 이상을 존중하는 것보다는 그러한 이상을 증진시키는 것의 하나였는지에 대해 꽤 의아하게 여겼을 것이기 때문이다.

정치이론의 다른 측면들에서처럼 여기에서도 적절한 테스트는 성찰적 균형의 테스트일 것이다. 정치이론의 목표는 누구도 문제삼기 어려운 정치제도에 대한 척도를 발견하는 것이다. 그러나 그러한 척도는 우리의 숙고된 판단에 따라 적절하게 요구할 수 있는 모든 수단과 패턴들을 조사를 거쳐 규정할 수 있어야 한다. 성찰과 아마 양측의 수정을 거친 후에, 적절한 정치적 대응에 대한 우리의 판단들에 균형을 잡아 주고, 새로운 사례들에 그러한 판단들을 연장시켜 가도록 돕는 이상이 바로 그것이다(Rawls, 1971; Swanton, 1992: 제 2장).

만약 목적론적 공화주의가 직관적으로 이의를 제기할 수 있는 장치들을 필요로 했다면, 그것은 성찰적 균형을 만족시키는 데 실패했을지도 모른다. 공교롭게도, 나는 비지배 자유에 대한 그러한 결과론적 헌신 — 공화주의 — 은 성찰적 균형의 시험을 통과하지 못할 것이라고 생각하지 않는다. 반대로 나는 비지배 자유가 성찰에 근거하여 강력한 것으로 판명되는 방식을 통해서만 우리의 숙고된 직관들을 수정하도록 요구할 것이라고 생각한다. 즉, 이러한 성찰적 방식을 통해 비지배는 어떻게 사물들이 정치적으로 조직되어야 하는가에 관한 숙고된 직관들과 함께 균형을 찾게 된다. 이 점은 이 책이 진행되는 과정에서 〔다시〕 등장하게 될 것이다.

3) 범위와 강도를 극대화하기

범위와 강도가 자유의 구분된 차원들을 반영한다고 가정할 때, 어떻게 비지배 자유가 국가의 통일된 목표로 기능할 수 있으며, 정치적 수행에 대한 효과적인 척도로 기능할 수 있을까? 여기에는 한 가지보다는 두 가지 목표가 있는 게 아닌가? 이러한 질문을 제기하면서, 나는 한층 복잡한 것에서 다음을 끌어내고자 한다. 즉, 선택의 종류들이 선택의 수만큼이나 중요하다고 한다면, 범위의 측정은 그 자체로 문제가 있을 수 있으며, 서로 다른 분야들은 다른 평가를 내리도록 요구할 수 있다는 것이다(Taylor, 1985: essay 8). 나는 또한 추가된 어려움 속에서 전반적으로 비지배를 증가시키는 과정에서 그것의 분배 — 다른 의미에서 그것의 범위 — 가 매우 불평등해질 수 있다는 사실을 도출한다. 우리는 다음 장에서 이러한 복잡성을 다룰 것이다. 그러한 이슈들은 제외하더라도, 어떤 특정한 영역 내에서 소수 또는 일군의 사람들이 향유하는 비지배의 강도를 증가시키는 것과, 비지배의 범위를 늘리는 것 — 사람들이 그러한 비지배를 향유할 수 있는 영역의 수를 늘리는 것 — 사이에 선택들이 존재하지는 않을까? 그리고 그것은 심각한 어려움을 초래하지는 않을까?

딱 잘라 말하면, 내 대답은 '아니오'이다. 우리는 어떠한 조합들이 다른 것보다 낫다는 생각을 일관되게 가지면서, 강도와 범위 — 공화주의자들이 무관심할 수 있는 — 에 대한 서로 다른 조합들이 존재함을 가정할 수도 있다. 공화주의자들은 강도와 범위라는 공간 속에는 무차별 곡선들[13]이 있으며 어떤 무차별 곡선이 다른 것보다 낫다고 생각할 수도 있다. 그러한 무차별 곡선은 동등한 값을 지닌 조합들을 대표하며, 그러한 조합의 하나는 다른 곡선 위에 놓인 동등한 값의 조합 중 하나보다 더 낫다(Barry, 1965). 만약 공화주의자들이 이렇게 생각한다면, 어떤 사람 또는 집단의 비지배를 극대화하는 것은 그들에게 강도와 범위의 이러저러한 조합을 제공함으로써 이용가능한 최선의 무차별 곡선 위에 그러한 사람을 위치시키는 것을 수반하게 될 것이다.

그러나 비지배 자유의 두 가지 차원들이 필연적으로 이론적 어려움을 가져오는 것은 아니지만, 그것들은 매력이 없는 비결정성을 만들어낸다. 만약 우리가 무차별 곡선의 표시를 따라간다면, 누군가를 위해 이러이러한 수준의 비지배를 추구하게 되고 우리의 목표는 많은 수의 조합 가운데 하나가 될 것이다. 즉, 한 조합 속에서 이 사람은 강도가 매우 강하지만 범위가 좁은 비지배를 향유한다면, 다른 조합

13) 〔역주〕 무차별 곡선(*indifferent curve*) : 미시경제학에서, 임의의 두 재화를 변수로 하는 좌표평면상에서 소비자가 느끼는 효용을 같게 만드는 두 재화의 조합을 나타내는 그래프이다. 그것은 두 재화의 다양한 조합 중 경제주체에게 동일한 효용을 가져다주는 재화의 조합들을 연결한 곡선을 의미하며 경제주체의 선택 또는 선호분석에 사용된다.

에서 저 사람은 강도는 약하지만 보다 넓은 범위의 비지배를 향유한다는 식이다. 그러한 비결정성은 지배는 하나의 두드러진 해악이고, 지배를 제거하거나 축소시키는 것은 어느 정도 명백한 계획이라는 공화주의자의 직관과 잘 부합하지 않는다.

우리는 비지배에 두 가지 차원이 있다는 것을 일관되게 인정하면서도 이러한 공화주의적 태도를 구체화할 수 있다. 실제 세계에서 취할 수 있는 두 가지 가정들이 있는데, 이러한 가정들은 비지배를 극대화시키는 목표를 무차별 곡선의 표시가 함축하는 것보다 더 명확하게 만들어 준다.

첫 번째 가정은 국가가 하나의 영역에서 지배를 줄이거나 제거하는 것이 다른 영역에서 비지배를 제거하는 것을 더 어렵게 만들지는 않을 것이라는 점이다. 실제로 그것은 더 쉽게 만든다. 이것은 국가가 실행하는 수단, 혹은 국가가 비지배적일 때 취하도록 고안된 수단을 고려하면 납득하기 쉬워진다. 폭행이나 절도로부터 누군가를 보호하기 위해 설립된 경찰은 다른 방식으로 그들을 보호하는 역할을 할 수도 있다. 〔또한〕 착취를 막기 위해 제공되는 교육은 다른 형태의 조작들로부터도 사람들을 보호하는 역할을 한다. 더 일반적으로, 사람들이 어떠한 위험을 당하지 않도록 국가자원을 투자하는 것은 동시에 다른 위험을 막는 역할을 하게 될 것이다. 그래서 주어진 선택의 영역 내에서 지배를 줄이려고 하는 것—그러한 영역 내에서 한 명의 행위자나 하나의 집단이 향유하는 비지배를 강화하려고 하는 것—은 대체로 다른 영역들에서 비지배를 줄이려는 계획에 장애가 되지는 않을 것이다.

첫 번째 가정이 의미하는 것은, 비지배 자유를 극대화하려는 시도는 첫 번째 단계에서는 관련된 행위자 또는 행위자들이 지배당하는 영역들을 확인하려는 시도와, 그러한 영역들에서 비지배를 강화하려는 노력을 수반한다는 것이다. 국가는 어느 영역에 집중하는 게 나은지 특별히 걱정할 필요가 없으며, 집중하는 양식에 따라 인민이 향유하는 비지배의 강도와 범위가 어떻게 달라지는지에 대해서도 논쟁할 필요도 없다. 국가는 인민이 현재 지배에 노출되어 있는 모든 영역에 적절하게 자신의 관심을 줄 수 있는 것이다.

이러한 첫 번째 가정은 비지배 자유를 증진시키려는 계획을 복잡하게 만들 수도 있는 비결정성 문제 중 하나를 배제시키지만, 없어지지 않은 두 번째 〔문제〕가 남아 있다. 우리는 이전의 논의를 통해 지배에 대응하는 데 있어 〔그것이〕 얼마나 효과적인지에 관계없이, 모든 법체계는 억제를 부과하고, 사람들에게 손실을 주며, 이러한 방식으로 지배당하지 않은 선택의 범위를 줄인다는 점을 알고 있다. 〔하지만〕 앞서 얘기한 것처럼, 그러한 법체계는 자유를 훼손하기보다는 자유를 조건짓는다. 그러므로 국가는 선택의 범위에 보다 제한을 두고 사람들에게 보다 강한 정도의 비지배를 주는 것과, 덜 제한적이지만 보다 약한 정도의 비지배를 주는 것 가운데 하나를 선택할 수도 있다. 그리고 첫 번째 가정이 유효한 범위 내에서, 이러한 선택들은 비지배를 극대화시키는 똑같이 효능 있는 방법을 나타낼 수도 있을 것이다.

여기서 검토중인 선택은 비지배의 강도를 높이는 데 있어 보다 효과적이지만 덜 포용적인 국가와, 강도를 높이는 데 있어서는 덜 효과적이지만 보다 포용적인 국가와 관련된다. 그러나 이러한 두 번째 종류의 비결정성 〔문제〕를 수반하는 다른 선택들도 있다. 우리는 국가가 포용의 정도에 따라 다양한 양상을 보일 수도 있지만, 물리적이고 문화적인 장애들을 제거함으로써 새로운 영역들로 인민의 선택을 확대시키려는 범위에 따라서도 다양해 질 수 있음을 알고 있다. 예를 들면, 국가는 장애인들에게 〔장애를〕 극복할 수 있는 수단을 제공할 수도 있고 그렇지 않을 수도 있다. 또한 국가는 보통사람들에게 그들의 보다 일반적인 제약들을 극복할 수 있는 수단을 제공할 수도 있고 그렇지 않을 수도 있다. 이러한 관찰은 공화주의자들이 보다 포용적인 국가와 덜 포용적인 국가 사이에서 선택할 수 있는 것처럼, 국가의 확장 정도를 둘러싸고도 선택에 직면할 수 있음을 함축한다. 각각의 경우에서, 공화주의자들은 보다 적은 범위에서 비지배의 강도를 높일 것인지, 보다 넓은 범위에서 강도를 낮출 것인지에 관한 비결정에 이르게 될 것으로 보인다.

그러나 이러한 두 번째 종류의 비결정은 보다 더 납득할 만한 가정 하에서 효과적으로 제거된다. 국가가 지배를 줄이려고 할 때 — 비지배를 보다 강도 높게 만들려고 할 때 —, 국가는 위험대상으로부터 약자를 보호하거나 그들 사이의 자원의 균형을 교정하는 장치들에 의지해야 한다. 그러나 그러한 장치들이 비지배를 강화함으로써 성취할 수 있는 것일 때, 꽤 파악가능한 제약이 있다. 특히 그 자체로 모든 지배하는 존재들 가운데서 가장 위험한 것이 되어버린 국가 없이 이런 장치들이 성취할 수 있는 바에 대해 분석가능한 제약들이 존재한다. 이 책의 뒷부분에서 다루고 있고, 지속되는 공화주의적 사고의 반복되는 교훈 중 하나는 다음과 같다. 국가가 점점 더 효과적인 보호자가 되는 데 필요한 권력을 획득함에 따라 — 예를 들면, 점점 더 큰 군대나 경찰력, 정보기구가 허용됨에 따라 —, 국가는 비지배 자유를 위해 자신이 제거하려고 하는 어떠한 위협보다도 더 큰 위협[요소]이 된다. 그렇다면 모든 활동영역에서 국가가 인민의 비지배를 얼마나 강하게 만들 수 있는지에 대해 예측가능한 제한에 직면하는 것이다.

그러나 국가가 한 개인 또는 집단의 비지배를 어떤 강도로 만들 것인지에 대한 파악가능한 제한이 있다고 한다면, 그것은 조금 전에 기술한 바와 같은 일종의 상충관계와 같은 것의 필요성을 최소화할 것이다. 비지배의 대의, 특히 비지배의 강도를 증가시킨다는 대의는 분명 법체계를 요구할 것이다. 어떠한 비지배적 법체계도 포용성이라는 측면에서는 심하게 나쁠 수는 없는 만큼, 우리는 덜 포용적인 법체계와 더 포용적인 것 사이에서 어려운 선택을 해야 할 필요가 없다. 제한적이거나 비포용적인 체계는 국가에 의한 지배를 낳을 가능성이 더 많을 것이며, 매력적이지 않게 될 것이다. 비지배의 대의, 특히 비지배의 강도를 증가시키려는 대의는 분명 지배하는 힘들로부터 개인을 보호하는 것이 필요할 것이라는 점을 다시 한 번 가정해보자. 우리는 그러한 보호의 수준을 증가시키는 것과 그러한 보호의 범위에서 사람들이 할 수 있는 것을 확대하는 것 사이에서 어려운 선택을 할 필요는 없을 것이다. 왜냐하면 보다 효과적인 보호라는 명분은 확대에 필요한 자원에 대한 실질적 요구를 창출하지 않을 것이기 때문이다. 물론 확대가 매력적인 계획이 아닐 수도 있다. 그러나 확대에 반대하는 경우에도 필요한 자원들이 개인을 보다 효과적으로 보호하는 데 사용될 수 있다는 사실로 이어지지 않을 수 있다.

〔위에서〕 논의한 두 가지 가정들은 이것이 없는 경우보다 비지배 자유를 증진시키려는 공화주의자의 목표를 보다 명확하게 하고, 직관적이게끔 만든다. 왜냐하면 이러한 가정들은 범위보다 강도에 우선순위를 두기 때문이다. 국가에 주어진 목표는 인민이 향유하는 비지배의 강도를 증가시키기 위해 할 수 있는 모든 것을 하고, 그러고 나서 그러한 목적이 성취되면 비지배적 선택의 범위를 확대할 수 있는 포용적이고 확대적인 수단들을 찾는 것이 될 것이다. 나는 마지막 절에서 다음과 같은 근거에서 국가를 옹호할 것이다. 국가가 비지배의 강도를 증가시키는 과정에서 〔강도에 우선순위를 두는 것이〕 모든 것에 대항하여 싸우는 것보다 더 낫지 않다고 할지라도—실제로 우

리는 여기서 그것이 더 나은 이유를 살펴본 바 있다—, 그것은 비지배적 선택의 범위를 확대하는 데 있어 훨씬 더 나을 수 있음을 약속하며, 예방에 대한 동일한 필요성과 비용을 수반하지 않는다는 것이다. 그러나 만약 비지배를 강화하는 데 있어 똑같은 역할을 하는 2개의 국가가 있고, 그들 중 하나가 다른 것보다 더 포용적거나 확장적이라면, 우리는 인민에게 보다 큰 범위의 지배되지 않는 선택을 제공하는 것을 선호해야만 한다고 주장하게 될 것이다.

이처럼 범위보다 강도에 우선순위를 두는 것은 정치적 정책결정 과정에서 도움이 되며, 수용된 직관들을 가지고 성찰적으로 균형잡힌 공화주의적 시각에 대한 전망을 제시한다. 그러나 그것은 또한 자연적 경향과도 잘 부합한다. 모든 공화주의자들처럼, 우리는 지배가 갖는 해악에서 출발하고, 그러한 지배의 부재를 자유와 동일시한다. 우리가 일차적으로 모든 실제적인 지배를 제거하거나 줄이는 것, 다시 말해 실제로 위협하에 놓인 영역들에서 비지배의 강도를 증가시키는 것을 추구하고, 〔그 뒤〕 이차적으로 사람들이 그러한 비지배를 향유할 수 있는 선택—종종 다소 새로운 선택—의 범위와 용이함을 극대화시키려고 하는 것은 자연스럽다.

4) 제도에 따라오는 것이 아니라, 제도적으로 구성되는 비지배

윤리와 정치를 의무론적으로 사고하는 것에 반대하고, 목적론적으로 사고하는 것을 선호하는 것에 대해서는 조금 더 언급해야 할 것이 있지만, 여기는 그러한 고찰들을 탐구하는 자리가 아니다(Braithwaite and Pettit, 1990: 제3장; Pettit, 1991; 1997). 그러나 이러한 논의를 마무리 지으면서, 나는 보다 진전되고 중요한 것을 짚고 넘어가고 싶다. 비록 이상적 공화국이 비지배 자유를 증진하도록 설계된다 하더라도, 이것 자체가 그 국가제도들이 그것들이 실현하는 비지배로부터 인과적으로 분리될 것이라는 것을 의미하지는 않는다. 이상적 국가제도들이 구현하려는 비지배와 하나의 표준적인 원인-결과 형태로 연결되지는 않는다는 것이다. 역으로, 그 제도들은 시민들이 그 제도들하에서 향유하는 비지배를 구성하거나 구성하는 데 도움을 줄 것이다(Spitz, 1995b: chs. 4 and 5 참조).

우리가 어떤 영역에서든 사회 내 각각의 그리고 모든 성인에게 완벽하게 지배받지 않는 지위를 부여하는 시민적 제도들을 적절하게 가지고 있다고 가정해 보자. 비록 주위에 다른 사람들이 있지만—비록 잠재적 지배자들이 없는 것은 아니지만—, 누구도 다른 사람의 자의적 간섭에 예속되지 않으며, 비자의적 간섭만이 용인되는 방식으로 그 제도는 권력과 보호를 배분할 것이다. 즉, 이것은 공유되지 않은 이익 또는 관념에 의해 주도될 수 있는 간섭이 아닌 것이다. 이제 우리가 그렇게 완벽한 제도들을 적소에 가지고 있다고 가정했을 때, 그들과 그들이 확립하려고 하는 비지배간의 관계는 무엇인가?

그러한 제도들과 그러한 제도하에서 사람들이 향유할 수도 있는 불간섭—비지배가 아닌 불간섭—사이의 관계는 익숙한 인과적 요소를 수반한다. 즉, 제도들은 그 자체가 사람들을 간섭하지만, 다른 사람들이 간섭하는 것을 막는 효과를 가지기도 한다. 그래서 사람들이 향유하는 불간섭의 실질적 수준은 이러한 인과적 영향력의 함수라 하겠다. 그러나 제도들과 그러한 제도들이 적소에 있는 비지배의 관계에서 놀라운 점은 〔제도와 불간섭의 관계와〕 같은 인과적 특성을 갖지 않는다는 사실이다. 그러한 제도들하에 사는 사람들은 그들이 비지배를 향유하기에 앞서 잠재적 간섭자들을 막는 데 있어 제도들이 갖는 인과적 효과를 기다릴 필요가 없다. 결국 그러한 비지배를 향유하는 것은 누구도 여러분의 일에 자의적으로 간섭할 수 없음을 의미한다. 그리고 당신은 제도들이 제자리에 있는 순간부터 그러한 위치에 놓인다. 사실, 당신의 비지배가 공통인식의 문제가 되고, 잠재적 위반자가 억제되기 위해서는 시간과 일정한 인과적 상호작용이 있어야 한다. 그러나 비지배 자체는 그러한 인과적 연쇄에 선행한다. 그것은 적절한 제도들이 출현함과 동시에 존재하게 되며, 개별 사람들 속에서 그러한 제도들의 실체를 표상한다.

그러나 비록 국가와 비지배 사이의 관계가 인과적이지는 않지만, 신비스러운 것도 아니다. 혈액 속에 있는 항체들은 특정한 질병에 면역되어 있음을 증명하는 것이지만, 그러한 항체가 면역성을 가져오는 것은 아닌 것과 비슷하다. 면역성은 우리가 기다려야 했던 것과는 분리된 어떤 것이며, 우리가 말한 대로 그러한 항체들의 존재가 면역성을 구성한다. 이와 마찬가지로, 능력을 부여하고, 보호하는 〔역할을 하는〕 이러저러한 장치들을 갖춘 정체의 존재는 많든 적든 자의적 간섭으로부터 면역되어 있음을 증명한다. 그러나 정체는 그러한 면역성을 야기하기보다 면역성을 구성한다. 특정 질병에 면역되어 있다는 것은 혈액 안에 이러저러한 항체를 갖는다는 것이며, 항체는 관련된 바이러스가 성장하는 것을 막는다. 항체들의 존재는 면역성을 실현하는 방식을 대변할 뿐, 인과적으로 면역성으로 이끄는 어떤 것이 아니다. 자의적 간섭에 면역되어 있고, 비지배를 향유한다는 것은 사회 속에 여러분의 삶과 일에 자의적으로 간섭하는 것을 막는 이러저러한 억제자를 갖는다는 것에 다름 아니다. 그리고 적합한 억제자들—적절한 제도들과 장치들—의 존재는 비지배를 실현하는 방식을 대변하지만, 인과적 경로에 의해 비지배로 이끄는 것은 아니다.

몽테스키외(1989: 187)는 이제 헌법 속에, 또 이제 시민들 속에 자유가 존재하는 것처럼 자유에 대해 얘기할 때 암묵적으로 이 점을 인정하고 있다. 보다 일반적으로, 공화주의자들이 전통적으로 그래왔던 것처럼, 자유를 시민권과 결부되는 것으로 생각하는 사람은 자유와 자유를 지탱하는 제도 사이의 관계를 인과적인 것이 아니라 구성적인 것으로 여기지 않을 수 없다. 자유가 타인의 자의적 간섭에서 보호되는 정체(*polity*)와 사회의 시민이 되는 것에 있다면, 자유는 그러한 정체와 사회를 특징짓는 제도들에 의해 인과적으로 존재하게 되는 것이 아니다. 시민권처럼, 자유는 그러한 제도들 내에 적절하게 통합된 지위 그 이상의 것을 수반하지 않는다.

어떤 사람들은 〔지금까지〕 설명된 의미에서, 〔제도와 비지배 자유 간의 비인과적 관계를〕 제도적 실체가 된 비지배 자유의 불길한 특성으로 생각할 수도 있다. 국가가 구성하거나 구성하는 것을 돕는 어떤 것으로 자유를 파악한다면, 자유는 국가가 판단될 수 있는 기준을 대변하지 못할 것이라고 말할지도 모른다. 그러나 이러한 생각은 터무니없다. 비지배 자유는 제자리에 놓인 제도적 장치들에 의해 인과적으로 존재하게 되는 것이 아니라 구성된다는 의미에서 하나의 제도적 실체가 된다. 그러나 우리는 여전히 서로 다른 제도의 세트들이 구성할 수도 있는 비지배를 비교할 수 있으며, 그러한 자유의 측면에서 어떤 세트가 다른 세트보다 더 낫다는 사실을 발견할 수 있다. 즉, 우리는 특정한 질병에 대해 다양한 항체들이 제공할 수 있으리라 생각해 볼 수 있는 면역의 종류와 수준을 비교할 수 있는 것처럼 이를 비교해 볼 수 있는 것이다.

자유에 대한 적극적, 민중주의적 개념이 민주적 참여의 제도들과 관련해서 정의되는 방식처럼, 비지배 자유가 특정한 제도들의 측면에서 정의되었을 때 함축할 수 있는 그러한 종류의 문제가 있을 수 있다. 직접민주주의 측면에서 자유를 정의할 경우, 자유의 차원에서 직접민주주의 위에 다른 제도들을 놓는 것은 논리적으로 불가능하다. 그리고 지역의 정치제도 측면에서 비지배 자유를 정의하는 것은 이와 비슷하게 무력한 효과를 낳을 것이다. 그러나 특정한 지역제도들이 사람들이 향유하는 비지배 자유를 구성한다는 사실은 비지배 자유가 그러한 제도들과 관련해서 정의된다는 것을 의미하지 않는다. 비지배 자유는 그러한 자유를 지닌 사람이 자의적 간섭으로부터 얼마나 잘, 어디까지 보호되는지와 관련해서 정의된다. 이용가능한 유일한 보호들이 그 특성상 제도적이라는 것을 가정할지라도, 이러한 정의는 비지배 자유의 증진이라는 준거에서 우리가 서로 다른 제도들의 세트들 — 지역적인 것을 포함해서 — 을 판단하는 것을 가능케 한다. 그리고 어떠한 제도들에 의해 도출되는 비지배가 그 말의 구성적 — 인과적이 아닌 — 의미에서 만들어진다는 점을 인정하게 한다.

제4장

자유, 평등, 공동체

제1장에서 우리는 보다 최근의 자유주의 전통과 구별되는 공화주의 전통에 서 있는 사상가들은 간섭이 아니라 지배를 자유의 반대개념으로 생각하고 있었다는 점을 확인했다. 그리고 제2장에서는 비지배 자유에 대한 정교한 개념정의를 시도했으며 제3장에서는 보다 추상적인 방법으로 정치체제가 지향하는 이상으로서의 비지배 개념이 지닌 역량에 대해 살펴보았다. 나는 비지배 자유가 중요한 인간적 가치이고, 정부가 관심을 가져야 할 것이며, 정부가 존중하고 지켜야 할 제약이 아니라 증진시켜야 할 목표로 자연스럽게 설정된다고 주장했다.

제4장에서는 정치적 이상으로 고려할 때 비지배가 지니는 거부하기 힘든 매력들 중 두 가지에 대해 간략하게 살펴볼 것이다. 바로 비지배의 이상이 명백하게 평등주의적이고 공동체주의적이라는 점이다. 비지배의 이상은 한편으로는 자유(*liberté*), 다른 한편으로는 평등(*égalité*)과 박애(*fraternité*) 간의 프랑스식 결합을 뒷받침한다. 비지배 자유의 제도적 분류에 대한 검토에 앞서 이러한 매력들을 확인하는 것은 유용할 것이다. 다른 경우라면 회의적일 수 있는 독자들이 이러한 매력을 인식함으로써 보다 진지하게 제도적 분류에 대한 논의에 동참할 수 있

기 때문이다. 게다가 비지배가 지닌 매력을 확인하는 작업은 앞으로의 논의를 더욱 수월하게 만들 것이다. 왜냐하면 그렇지 않았을 때 수많은 다양한 관점에서 꼼꼼하게 따져 본 후 도출되어야 할 관찰들을 당연히 받아들이도록 만들기 때문이다.

1. 평등주의적 이상

개인은 하나의 존재로 다뤄질 뿐이며 어느 누구도 그 이상의 존재가 아니라는 포괄주의적[1] 가정 — 이 장에서 다룰 공화주의와 근대 이전의 공화주의를 구분하는 가정 — 은 이미 정부가 인민을 평등하게 대해야 한다는 평등주의적 신념을 표방하고 있다. 그러나 인민을 평등한 존재로 대한다는 것이 반드시 평등한 대우를 수반하는 것은 아니다. 즉, 〔평등이 곧〕 정부가 제공하려는 선(善)으로 어떤 것을 가정하든 각자가 반드시 똑같은 몫을 얻음을 함축하지는 않는다(Dworkin, 1978).

우리가 좋은 삶(*well-being*)이나 효용을 정부의 목적으로 설정하고 있다고 가정해 보자. 공리주의자들은 효용을 증가시키는 자원들을 배치하는 방식, 즉 누구에게 배분할 것인가 등에 대한 정치적 결정을

1) 〔역주〕 포괄주의(*inclusivism*). 포괄주의는 종교들간의 관계를 이해하는 여러 가지 관점들 중 하나로, 어떤 일련의 믿음이 절대적으로 옳다면 다른 믿음도 최소한 부분적으로 옳다는 점을 주장한다. 특정 종교가 옳긴 하지만, 구원은 그 신앙의 외부에도 존재한다는 견해이기도 하다. 모든 종교가 동등하다고 주장하는 다원주의와, 다른 신앙에 구원은 없다고 주장하는 근본주의의 중간적 입장이라고 할 수 있다. 본문에 쓰인 구절은 제1장에서 "존 스튜어트 밀이 벤담에게서 기원을 찾는 슬로건"에 대해 언급할 때 인용된 구절이다.

내리는 데 있어 어느 누구도 특혜를 누리지 않는 한, 모두가 평등한 존재로 대우받는다고 주장할 것이다. 자원은 항상 전체적으로 효용이 극대화되도록 배치될 것이기 때문이다. 그 결과 공리주의자들이 옹호하는 효용의 배분은 매우 불평등한 것으로 나타날 수도 있다. 예를 들어 일부 사람들의 행복은 요원한 것이 될 뿐만 아니라, 그들은 효용을 증가시키는 자원들의 정치적 배분에서 구조적으로 외면당할 수 있다.

불간섭 자유 또한 효용과 마찬가지로 불평등하다. 사람들은 불간섭 자유의 극대화와 관련해서 적어도 두 가지 측면에서 서로 구분된다. 어떤 부류는 〔그들이 행하는 간섭에 대한〕 법적 간섭이 없을 때, 타인에 대해 간섭하려는 경향이 있다. 또 다른 부류는 〔그들에게 행해지는 간섭에 대한〕 법적 간섭이 없을 때, 타인에 〔의해서 행사되는〕 간섭에 쉽게 노출되는 경향이 있다. 즉, 어떤 사람들은 다른 사람들보다 더 위험하고, 또 어떤 사람들은 다른 사람들보다 더 취약하다. 이것은, 전반적으로 불간섭을 극대화하기 위해 법적 정체가 택하는 방법은 간섭하려는 경향이 있는 사람들을 구속하고, 간섭을 덜 받을 것 같은 사람들을 보호하는 데 노력을 집중한다는 것을 의미한다. 따라서 불간섭은 공격자가 될 가능성이 있는 사람들로부터 불간섭 자유를 억류와 같은 수단을 동원해서 적극적으로 빼앗는 정부, 그리고 피해자가 될 가능성이 높은 사람들을 보호하기 위해 자원을 투자하는 데 실패한 정부에서 극대화될 수 있다.

이러한 불평등한 속성 때문에 효용과 불간섭은 정치적 이상으로 매력적이지 않다. 개인은 하나의 존재로 다뤄질 뿐이며 어느 누구도 그 이상의 존재가 아니라는 사상과 이러한 속성이 긴장관계에 있기 때문이다. 불간섭 자유의 옹호자들은 이러한 사실을 암묵적으로 인식한다. 그들의 주장은 〔불간섭〕 자유가 아닌 평등한 자유를 목적으로 설정해야 한다는 것이다(Rawls, 1971). 논리상, 자유를 공정하게 분배하지 않고 평등한 자유의 향유를 극대화하는 방법은 없으며, 자유를 공정하게 분배한다는 그 조건은 불간섭을 평등주의적 목적으로 전환시키는 효과를 지닌다.

불간섭 자유, 효용과는 반대로 비지배 자유는 중요한 평등주의적 특징을 지닌다. 예를 들어, 선별적인 억류나 보호 미흡(*underprotection*) 같은 제도하에서 비지배 자유가 극대화될 수 있다는 것은 허황된 망상이다. 특별히 위험하고 취약한 사람들에게 잘해주지 못하는 정부라도 불간섭과 불간섭의 기대치 측면에서 다른 사람들에게 잘해줄 수도 있는 일이다. 불리한 처지의 사람들에 대한 정부의 조치에서 보이는 것처럼, 정부가 간섭할 수 있는 권력을 가지고 있긴 하지만, 이러한 권력으로 그들에게 간섭하는 것은 매우 비현실적일 수 있다. 이것이 바로 불간섭의 체제가 불간섭의 기대치를 극대화해야 하는 본질적 이유이다. 그러나 그 내용은 비지배 자유에서 바라보는 관점과는 판이하게 다르다.

나는 선별적 억류나 선별적인 보호 미흡 같은 방법들은 정부나 정부의 핵심을 구성하는 다수가 가진 권력의 자의적 행사를 상징한다고 생각한다. 이러한 방법들은 너무나 부당하기 때문에 어떠한 제한을 가하더라도 지배하려는 의지에서 나오는 자의적 행위보다 덜 자의적이지는 않다. 다시 말해, 이러한 방법들은 그 수혜자들뿐만 아니라 영향을 받는 자들이 공유하는 이익과 관념들을 따르는 것에 관심조차 없다. 그렇다면 비지배적 입장에서 그 영향을 받는 사람들 — 위험한 사람들과 취약한 사람들 — 에게 잘하지 못하는 국가는 실제 간섭이 일어날 수 있는 확률과 상관없이 사회의 다른 모든 개인들에게도 동시에 잘못하는 것이 된다.

위험한 사람들과 취약한 사람들에 대한 조치를 취하기 위해서, 정부—혹은 다수—는 어떤 개인의 일에도 자의적으로 간섭할 수 있는 능력을 가진 집단적 대리인이라고 스스로를 자처한다. 이 같은 정부는 사회 모든 구성원들의 비지배 자유를 일거에 위축시키는 지배적 실체로서의 위치를 차지한다. 이러한 이니셔티브에 함축된 임페리움의 공적 남용은 도미니움의 사적 남용보다 비지배 자유에 훨씬 심각한 피해를 끼친다. 선별적인 억류와 보호 미흡에 의해서 초래되는 명백한 차이점들이 반대쪽에서 발생하는 비지배의 손실을 보상하기에 충분하리라는 주장도 그리 전망이 밝은 것만은 아니다.

이 주장은 매우 중요하다. 왜냐하면 비지배가 불평등하게 분배될 때 나올 수 있는 방안들은 정부의 지배행위를 상징하는 경향이 있기 때문이다. 하지만 많은 경우에서처럼 정부의 조치들이 그 자체적으로 지배행위라면, 어떠한 반평등적 방안들도 비지배를 전반적으로 극대화시킬 수 없을 것이라는 주장은 별개의 것이다. 보다 흥미로운 질문은 반평등적 방안들을 포함해서 취해진 방안들이 모두 비지배적일지라도 비지배의 극대화가 보다 평등한 분배를 이끌어낼 수 있을지의 여부이다. 예를 들어, 반평등적 방안이 자연자원의 차이를 상쇄하지 않고 내버려두고 있다면 어떻게 될까? 우리가 취할 수 있는 비지배 혹은 반평등적인 방안들이 사회에서 향유되는 비지배의 전반적인 수준을 증진시키는 데 기여할 수 있을까?

두 가지 명백한 문제를 고려해야 한다. 첫 번째는 어떤 사람들에게는 다른 사람들보다 높은 강도의 비지배를 주어야 한다는 방안에 관한 문제이다. 두 번째는 어떤 사람들에게는 보다 광범위한 비지배를 주어야 한다는 방안에 관한 것으로, 그들에게 보다 넓은 범위의 혹은 보다 용이한, 지배받지 않는 선택을 부여하거나 제공하는 것이다. 첫 번째 문제가 어떤 사람들에게 다른 사람들보다 강도 높은 비지배를 제공함으로써 전반적인 비지배의 수준을 향상시킬 수 있는가의 문제라면, 두 번째 문제는 특정인들이 지배받지 않은 선택의 범위를 보다 넓게 향유하게 하고, 지배받지 않는 선택을 보다 많은 이슈영역에서 혹은 보다 적은 비용으로 누릴 수 있게 함으로써, 그리고 그 결과로 그들이 물질적으로 타인들보다 더 잘 살게 함으로써 전반적인 비지배의 수준을 향상시킬 수 있는가의 문제이다.

나는 비지배의 극대화를 지향하는 공화주의 정부는 비지배의 강도가 불평등하도록 방치할 방안을 취하지 않을 것이지만, 비지배의 범위를—결과적으로 물질적 자원들을—불평등하게 내버려두는 것에는 어떤 비난도 하면 안 된다고 주장할 것이다. 그렇다면 반드시 물질적 평등주의를 수용할 필요는 없더라도, 우리가 구조적 평등주의라고 부를 수 있는 것을 옹호하기 위해서는 공화주의적 결과론이 필요하다. 다음 장에서 살펴보겠지만, 공화주의가 왜 물질적 불평등의 감소를 지향해야 하는지에 대해 물론 많은 이유들이 있을 수 있다. 그러나 물질적 평등주의와 〔공화주의와의〕 연결은 구조적 평등주의와의 연결처럼 밀접하지는—경험적 우연성과 독립적으로 일어나지는—않다.

1) 구조적 평등주의

내가 구조적 평등주의를 옹호하는 주된 이유는 개인이 사회에서 향유하는 비지배 자유의 강도는 당사자의 권력들뿐만 아니라 타인이 가진 권력들의 함수이기 때문이다. 어떤 사람이 가진 권력이 정치적, 법률적, 재정적, 사회적 영향에 대해 책임져야 할 요인들을 모두 포함한다고 생각해 보자. 누군가가 누리는 비지배 자유의 강도—여러분이 원한다면 그 사람들의 보호수준이라고 하자—는 단지 타인의 자의적 간섭에 저항하거나 이를 억제할 수 있게 하는 권력의 함수만이 아니라 타인에 대한 처분에서 발휘되는 권력의 함수이기도 하다. 왜냐하면 저항이나 억제의 과정에서 당사자들의 권력이 만들어 낼 수 있는 내용은 타인들이 지닌 권력의 성격과 크기에 따라서 달라질 것이기 때문이다. 두 눈을 모두 쓰지 못하는 시각장애인들 세계에서는 한쪽 눈만이라도 사용할 수 있는 자가 왕이다. 핵심은 개인이 누리는 비지배의 강도에 관한 절대적 수치는 권력과 관련해서 그들이 지니는 상대적 수치의 함수, 즉 한 사회 전체에서 그들의 힘이 차지하는 권력비율의 함수라는 점이다.

개개인의 비지배 자유가 그들이 지닌 상대적인 권력의 함수라는 사실은 비지배 자유를 분배할 때보다 심각한 불평등을 도입함으로써, 비지배의 전반적 강도를 증가시키는 방법의 실현가능성에 즉각적인 영향을 미친다. 어떠한 반평등적 방안도 쌍방이 누리는 비지배 강도의 측면에서 최소한 덜 평등하게는 만들 수 있을 것이다. 이러한 방법 중 하나는 혜택받는 사람의 권력을 증가시키는 것이고, 다른 하나는 〔혜택받지 못하는〕 상대방의 권력을 약화시키거나 이 두 가지를 함께 하는 것이다. 어떤 방법이 되었건 〔이러한 반평등적 방안은〕 혜택받지 못하는 쪽이 사회에서 차지하는 권력비율을 악화시킨다. 그러나 만약 이러한 방안이 혜택받는 쪽의 비지배의 강도 증가량과 똑같은 정도로 전반적인 비지배의 강도를 증가시키도록 의도된 것이라면 잘못 고안된 것이다. 왜냐하면 혜택받는 쪽이 누리는 비지배의 절대적 강도를 권력비율에서 A구간(이득의 측면) 만큼 높인다면, 혜택받지 못하는 사람이 누리는 비지배의 절대적 강도를 D구간(불이익의 측면) 만큼 줄이게 될 것이기 때문이다. 약자가 누리는 비지배의 절대적 강도는 그들의 상대적 권력들의 함수이며, 반평등적 방안은 이를 악화시킨다.

그렇다면 오직 혜택받는 사람들이 누릴 비지배 기대치의 증가분

(들)이 혜택받지 못한 사람들이 누릴 비지배 기대치의 감소분을 보충할 경우에 한해서만 반평등적 방안은 비지배 강도의 기대치를 성공적으로 극대화할 수 있다. 하지만 일반적으로 볼 때, A증가분이 D감소분보다 클 것이라고 생각할 근거는 어디에도 없다. 반평등적 방안이 실행될 때, 고통받는 사람들이 입는 절대적 수치에서의 손해를 보충하는 증가분을 이로부터 이득을 보는 사람들이 누리게 될 것이라고 생각할 근거도 전혀 없다.

이러한 관찰은 이미 우리에게 적절한 교훈을 주고 있다. 우리의 출발점이 모든 사람들이 동일한 강도의 비지배를 누리는 평등주의적 토대라는 비현실적 상황 속에서는, 우리가 누리는 전반적인 비지배의 강도를 높이기 위해 반평등적 방안에 의지한다는 생각은 거의 또는 전적으로 이치에 맞지 않다는 것이다. 오히려 이러한 의지는 비지배의 분배를 덜 평등하게 만드는 동시에 그 전반적 강도를 저하시킬 것이다.

하지만 만약 우리가 불평등주의적 토대에서 출발한다는, 보다 설득력 있는 가정을 지니고 있다면 어떻게 될까? 이 경우에 반평등적인 정책들이 비지배의 전반적 강도를 증가시킬 수 있다고 생각할 근거가 있는가? 아니다. 그렇지 않다. 이와는 반대로, 일반적으로 어떠한 반평등적 간섭도 특정한 평등친화적 간섭에 비해 열등하다고 믿는 것은 당연하다. 여기서 어떤 사람이 누리는 비지배의 절대적 강도가 그들이 지니는 상대적 권력들의 함수라는 점에 더해, 한 가지 더 고려해야 할 점이 있다. 어떤 사람이 누리는 비지배의 강도를 산출하는 권력비율의 역량은 한계생산성 체감에 달려있다는 점이다.

누군가의 권력비율이 미미할 때, 그들이 처해진 위치가 어떤 식으로든 개선된다면 그들이 누리는 비지배의 강도를 비교적 크게 증가시킬 것이다. 최초의 권력비율이 양호할 때 개선이 이루어지면 그들이 누리는 비지배의 강도에 비교적 작은 증가를 만들어낼 것이다. 보다 일반적으로, 권력비율이 개선되면 권력비율에서 비지배 강도로의 함수는 감소할 것이다. 즉, 비지배에서 일정 증가분을 생산하려면 권력비율이 높을수록 점점 더 많은 개선이 필요하다. 권력비율의 개선은 그 결과로 나타나는 비지배의 강도와 연관된 한계생산성 체감에 달려 있다.

A와 B의 두 개인이 있다고 가정해보자. A는 B의 간섭에 대해 일반적으로 저항하거나 간섭을 억제할 수 있을 정도의 충분한 자원을 확보하고 있다. 다시 말해, A는 A와 B로 구성된 사회에서 B로부터 처벌받지 않고 B의 자의적 간섭에 종속되지 않은 채, 높은 수준의 비지배를 누리고 있다고 가정하는 것이다. 이 경우, A가 지니는 권력을 보다 증가시킨다고 하더라도 A가 누리는 비지배에는 실질적 도움이 되지 않을 것이다. 사실 아무런 도움이 되지 않을 수도 있다. 즉, A는 그가 지니는 권력들의 증가가 지니는 한계생산성이 제로인 지점에 있을 수 있다.[2] 이 증가분은 비지배라는 목적에서 실제로 불필요한 권력을 A에게 제공하는 잉여분일 뿐이다. 이 경우는 A가 B의 간섭에 일반적으로 저항할 수도 없고 이를 억제할 수도 없는, 상

2) 자원비율에서의 잉여증가분들이 타인과의 관계에서 그 사람이 누리는 비지배를 감소시키는 마이너스의 효과를 지니게 되는 지점이 존재할 수 있을까? 자원비율의 증가분이 지니는 한계생산성이 단지 제로가 아니라 마이너스일 수 있을까? 그럴 수 있을 것이다. 왜냐하면 누군가가 사용가능한 자원에서 잉여증가분들이 존재한다면 분명 그들을 향한 분노를 양산해낼 수 있고, 따라서 타인들에 의한 집단적 행동을 초래할 수 있기 때문이다. 그러나 이는 그 사람이 지니는 자원들에서의 잉여증가분들이 타인들이 지니는 자원들에서의 잉여분들에 의해서 상쇄되는 것 이상, 즉 집단적 행동에 수반하는 증가분들이라는 점을 말해준다. 또한 그 사람이 지니는 자원들에서의 증가분들이 결국 그들의 자원비율의 증가를 가져오지 않는다는 것을 의미한다.

대적으로 무력한 처지에 놓여 있을 때 이러한 증가분이 무엇을 성취할 수 있을지를 상정한 경우와 대조된다. 이러한 경우, 증가분이 지니는 가치는 훨씬 클 것이다.

어떤 사람이 지닌 권력비율의 개선이 그가 누리는 비지배 자유의 강도와 연관된 한계생산성 체감에 달려있다는 사실은 만일 우리가 평등주의적이지 않은 토대에서 출발한다면 어떠한 반평등적 방안도 이와 대응되는 평등친화적 방안만큼 전반적인 비지배의 생산을 잘해낼 수 있으리라 기대할 수 없다는 점을 의미한다. 어떠한 반평등적 개입도 적어도 두 명 이상이 향유하는 비지배 강도간의 차이를 틀림없이 증가시킬 것이다. 이것이 함의하는 바는 혜택받지 못하는 개인의 권력비율을 개선하기보다는 혜택받는 개인의 권력비율을 개선해야 한다는 점이다. 하지만 권력비율에서 비지배 강도로의 함수는 한계생산성 체감에 달려있기 때문에 반평등주의적 간섭은 혜택받지 못한 개인이 지닌 권력비율을 증가시킬 수 있는 경쟁자〔평등친화주의적 간섭—역자〕만큼 일반적으로 〔비지배의 생산을〕 잘할 수 없으리라고 기대될 것이 틀림없다.[3] 반평등적 간섭은 비지배의 전반적 강도를 증가시키도록 고안된 권력부여적 자원의 지출을 수반하며, 이러한 자원들은 혜택받은 사람보다 덜 혜택받은 사람에게 보다 효율적으로 사용될 수 있을 것이다.

전반적인 비지배의 강도를 높이려는 여러분의 시도들이 마치 계단을 오르는 것과 같다고 생각해 보자. 위로 올라가는 모든 걸음들이 누군가의 권력비율의 악화를 수반한다면, 긍정적 효과뿐만 아니라 부정적 효과도 지닐 것이다. 이러한 시도는 이런저런 사람이 누리는

3) 여기서의 설득력 있는 가정은, 혜택받는 사람에 대한 친평등주의적 개입이 지닌 생산효과는 다른 사람이 누리는 비지배에 미치는 손해효과에 의해 압도되지 않을 것이라는 점이다.

비지배의 강도를 증가시키는 동시에 다른 사람이 누리는 비지배의 강도를 감소시킬 것이다. 우리는 이러한 부정적 효과를, 위로 향하는 각각의 걸음이 지닌 높이에 따라 계단이 어느 정도로 추락하는 것이라고 생각할 수 있다. 그렇다면 비지배의 전반적 강도를 증가시키려는 어떠한 시도가 지닌 효과도, 여러분이 한 걸음 위로 올라가면서 얻는 높이에서 이로 인하여 계단이 추락하는 높이간의 순수 변화량으로 표현될 수 있을 것이다. 우리가 지금까지 주장한 것은 어떠한 반평등적 방안들에 의해서 성취되는 높이에서의 순수 변화량도 이에 대응하는 평등친화적 방안하에서 획득될 수 있는 변화량보다 덜 유리할 수밖에 없다는 점이다. 보다 전망적인 조치는 항상 보다 많은 평등을 수반하는 조치이다.

우리의 주장은, 비지배의 극대화가 강도의 평등에서 한층 더 이탈하는 빈번한 상황에 처할 것 같지 않다는 것이다. 다른 관점에서도 마찬가지겠지만, 이는 평등의 측면에서 불간섭 자유가 지닌 가치와 비지배 자유가 지닌 가치가 첨예하게 대립한다는 것을 의미한다. 모든 실천적 목적을 감안할 때, 공화주의적 자유의 이상을 옹호하면서 우리가 설정하는 목표는 동등한 강도의 비지배를 증진시키는 것이다. 여기서의 일반적 가정은 비지배 강도의 향유와 함께 평등이 증가하지 않는다면 비지배가 증진될 수 없다는 점이다.

비지배 자유가 지닌 평등주의적 입장을 옹호하면서 우리는 다시 한번 유구한 공화주의 전통과 만난다. 왜냐하면 이 전통은 전근대적 모습에서는 재산을 지닌 주류 남성들만 고려함으로써 분명 엘리트주의적이었던 반면, 그 최초의 형태에서는 시민들간 평등의 중요성이 강조되었기 때문이다(Wirszubski, 1968: ch. 1). 〔이 전통이〕 추구했던 평등은 법 앞의 평등과 인민의 비지배 자유를 확보하는 데 유용한 어떠한 제도들 앞에서의 평등을 의미했다. 〔비록〕 물질적 평등을 요구하지는 않았지만, 공화주의 사상가들은 모든 이들의 평등한 자유를 보장하기 위해서는 매우 부유한 사람들과 강자들이 지닌 부를 제한하는 것이 필요할 수도 있다고 주장할 준비가 되어 있었다. 절약을 요구하거나 사치스런 수준이 되지 않도록 풍요를 엄격하게 제한할 필요성이 제기될 수도 있었다(Oldfield, 1990). 평등한 자유에 대한 공화주의 사상가들의 헌신은 공허한 제스처가 아니라, 공화주의의 가치체계에 깊숙이 내재된 것이었다.

비지배와 동등한 강도의 비지배간의 관계가 내가 주장한 것처럼 밀접하게 연관되어 있는지에 대해 여전히 의구심을 지닌 사람들이 있을 수 있다. 그들이 공화주의 전통 — 그리고 보다 포괄적으로 개인은 하나의 존재로 다뤄질 뿐이며 어느 누구도 그 이상의 존재가 아니라는 관념 — 을 실질적으로 신뢰하기 위해서는 롤즈를 위시한 많은 자유주의자들이 불간섭 자유를 대했던 것처럼 비지배 자유를 대할 필요가 있다. 그들은 평등한 자유 — 엄격하게 말하면 동등한 강도를 지닌 자유 — 를 핵심적 관심으로 받아들여야 할 것이다. 근본적 가치가 지닌 평등주의적 특징을 고려할 때 나는 이러한 〔사상적〕 흐름이 필연적이라고 생각하지는 않는다. 그래서 그러한 비지배를 공화주의 정부의 목적으로 지속적으로 상정할 것이다. 하지만 누군가가 설득되지 않고 동등한 강도를 지닌 비지배를 목표로 명백히 설정하지 않더라도 크게 이의를 제기하지는 않을 것이다.

2) 물질적 평등주의

비지배 자유의 극대화 프로젝트가 인민이 향유하는 비지배 자유의 강도를 균일화하거나, 적어도 일체의 반평등적 방안들을 거부한다면, 지배받지 않은 인민의 선택이 가지는 범위에서의 평등은 어떠한 함의를 지니고 있을까? 이는 인민이 취할 수 있는 선택의 범위와 용이성에서 상이한 어떠한 지점에서도—실제로는 물질적 자원의 측면에서 상이한 어떠한 지점에서도—평등이 존재해야 한다는 것이 전반적인 비지배를 위해서 항상 좋다는 것을 의미하는가? 보다 구체적으로 만약 국가가 지배받지 않은 선택의 범위에서 어느 정도의 불평등을 허용할 것인가 아니면 평등을 부여할 것인가의 기로에 서 있다면, 항상 평등주의적 방법을 택해야 하는가?

그렇지 않다. 아마도 한 사회의 전반적인 비지배 수준은 어떤 사람들이 다른 사람들보다 지배받지 않은 선택을 광범위하게 누리는 지점에서 극대화될 수도 있다. 더 열심히 일해서 보다 많은 자원들을 가진 사람들처럼 말이다. 제 5장에서 나는 비지배 자유를 증진시키는 것이 현실세계에서 물질적 불평등의 감소를 어떻게 요구하는지에 대해서 살펴볼 것이다. 하지만 여기서의 요점은, 비지배를 극대화하는 것과 물질적 평등을 확보하는 것이 연결되어 있다고 하더라도, 결과주의적 프로젝트와 구조적 평등 간의 연결처럼 밀접하게 연관된 것은 아니라는 점이다. 〔물질적 평등은〕 이렇게 광범위한 가능성의 세계들에서는 획득되지 않는다.

구성원이 소유한 것을 비지배적 방법으로 균일화하려는 국가를 상정해 보자. 심지어는 이러한 국가도 덜 부유한 사람들이 소유하는 것과 그들이 지니는 지배받지 않는 선택들의 범위에 대한 사법 외적 제한을 철폐하기 위해서는, 부자들의 소유물이 확대되는 것과 그들이 지니는 지배받지 않는 선택들의 범위에 대해서 사법적 제한을 가해야 할 것이다. 그러나 이것이 의미하는 바는, 덜 부유한 사람들이 성취하는 지배받지 않는 선택범위의 증가분이 부자들을 사법적으로 개입하여 발생한 지배받지 않는 선택범위의 감소분에 의해 상쇄되거나 압도될 수밖에 없다는 점이다. 소유를 균일하게 만들고, 또 지배받지 않는 선택이 지니는 범위도 균일하게 만듦으로써 국가가 그 사회의 전반적인 비지배 수준을 극대화할 수 있다고 기대할 수 있는 근거는 전혀 없다. 균일화의 방안이 지배적이지 않다고 가정—물론 이 점은 논쟁의 여지가 있다—하더라도 그들이 제거하는 것보다 많은 제약들을 부여하는 결과를 낳는다 해도 이상할 것이 없다.

〔소유의 균일화에 대한〕 이러한 상황과 〔비지배의〕 강도와 연관된 상황 간의 차이〔를 비교하는 것〕은 흥미롭다. 지배받지 않는 인민의 선택이 지닌 범위는 그들의 소유뿐만 아니라 타인들의 소유에 대한 함수로 표현될 수 있다. 이는 수요와 가격에 대해서, 그리고 나아가 선택의 비용에 대해서 소유가 지니는 상호작용적 효과 때문이다. 이는 인민이 누리는 비지배 강도가 그들 자신의 권력뿐만 아니라, 타인이 지닌 권력의 함수라는 주장과 유사하다. 하지만 이러한 유사성은 보다 핵심적 측면에서 무너진다. 왜냐하면 어떤 사람이 지니는 권력비율은 그들이 누리는 비지배의 강도에 영향을 미치는 한계생산성 체감에 달려있는 반면, 어떤 사람이 지니는 〔비지배〕 보유비율과 지배받지 않는 선택범위 사이에는 이와 유사한 것이 존재하지 않기 때문이다.

나처럼 가난한 사람이 무언가를 할 수 있게 만드는 돈은 여러분에게도 똑같은 것을 하게 할 수 있다. 돈으로부터 도출되는 효용은 〔그가 소유한〕 부에 따라 체감될 것이나, 이때 구매력과 지배받지 않는 선택을 확장할 수 있는 역량은 체감되지 않는다. 따라서 이미 물질적으로 부유하고 광범위한 선택능력을 가진 사람들에게 허용되는 어떠한 잉여의 선택이 덜 부유한 사람들에게 돌아가도록 국가가 보장하는 것이 더 나은 결과를 낳았을 것이라고 생각할 근거는 전혀 없다. 지배받지 않는 선택범위를 극대화해야 한다는 관점에서 볼 때, 국가가 부유한 사람들에게서 빼앗아 덜 부유한 사람들에게 주는 자원이나 선택에는 어떠한 필수적 이익도 존재하지 않을 것이다. 반면 우리는 손실이 발생하는 많은 경우를 상상할 수 있다. 심지어 국가가 지배하지 않는 경우에도, 평등을 부여하려는 노력이 지배받지 않는 선택의 총량을 감소시키는 비용을 수반하는 경우 등을 말이다.

결론은 명확하다. 비지배 자유를 전반적으로 증진시키는 공화주의의 기획이 비지배를 평등하게 강화한다고 하지만, 지배받지 않는 선택의 평등한 확대를 반드시 수반하는 것은 아니다. 내가 언급했듯이 공화주의의 프로젝트는 구조적 평등주의에 충실하고, 이러한 측면에서 높은 점수를 받을 수 있지만, 어떠한 종류의 물질적 평등주의에도 필수불가결하게 충실하지는 않다. 특정한 물질적 평등을 제도화하는 경우가 있을 수는 있지만—이 부분은 이 책의 제 2부에서 다룰 것이다—이는 구조적 평등, 즉 인민이 비지배 자유를 누리는 강도에서 평등을 확보하는 경우이기보다는 경험적인 개연성에 좌우되는 경우라 할 수 있다.

3) 평등과 아이들

자, 마지막 질문이다. 우리가 충분한 자격을 갖춘 성숙한 개인을 상정한다면 비지배의 강도를 증가시킴으로써 이들을 평등하게 만들 수 있다고 자신있게 말할 수 있을 것이다. 하지만 아이들을 그 사회의 동등한 구성원으로서 간주하는 경우에 이러한 목적은 얼마나 지속적으로 유지될 수 있을까? 나는 아이들과 〔장애인과 같은〕 범주의 사람들이 국가나 사회에서 특수한 위치를 점한다는 인식이 중요하다고 생각한다. 공화국이 부여하는 종류의 비지배를 아이들이 성인이 되어서야 누릴 수 있다면, 아이들에게는 성인들과 똑같은 기회들이 주어질 수 없다. 즉, 아이들은 여느 부모가 알고 있듯이 교육과 발육의 과정에 내재된 훈육을 받아야 하는 것이다. 그렇다면 비지배 자유를 증진시키는 정체에서 아이들은 어떻게 다루어져야 하는가? 그들의 삶은 후견인이나 교사들의 처분에 맡겨져야 할 것인가?

절대 그렇지 않다. 공화주의적 관점에서 보면 아이들도 여타 다른 사람들처럼 자의적 권력으로부터 보호받아야 한다는 의미에서 기본적으로 비지배의 강도를 누려야 한다. 교육과 양육이라는 훈육은 아이들에게 주어진 기회의 영역들을 축소할 수도 있고, 지배받지 않는 선택에서 이러한 감소는 비록 필수불가결하긴 하지만, 아이들이 누리는 비지배의 강도에 대한 어떠한 손상도 정당화할 수 없다.

부모와 교사들에게 아이들에 대한 특수한 권력을 부여하지만, 법률이 〔정부〕당국에 일반 성인들을 통치하는 권력을 부여할 때처럼 아이들을 훈육하는 과정에서 자의적으로 간섭할 수 있는 권리까지 그들에게 부여된 것은 아니다. 부모와 교사들은 이상적으로 두 가지를 확보하는 제한과 제재의 가능성에 노출되어 있어야 한다. 첫째, 그들은 아이들이 지닌 적절한 이익의 증진을 도모해야 한다. 둘째, 이러한 이해들을 비-특수적으로 증진시켜야 한다. 부모와 교사들은 아이들의 삶에 상당 정도로 간섭할 수 있도록 허용될 것이다. 그러나 이러한 간섭은 표준적 관념에 맞춰서 아이들의 이익을 따르도록 고안될 필요가 있으며, 지배의 형태로 구성되어서는 안 된다.

2. 공동체주의적 이상

현대의 정치이론에서 자유주의와 공동체주의는 종종 주된 대안적 접근으로 제시된다. 자유주의가 개인적 자유 — 불간섭의 자유 — 의 중요성을 강조하는 반면, 공동체주의는 공동체에 대한 귀속이 〔이와〕 동등하거나 심지어는 이보다 더 중요하다고 주장한다. 자유주의는 사람들의 상이한 공동체적, 문화적 소속들에서 분리되어 모든 개인들을 공평하게 대하는 국가 — 이러한 헌신들 사이에서 중립적인 — 를 기대한다. 공동체주의는 최소한 일부 견해에서 볼 때, 중립성이 얼마나 훼손되는지에 상관없이 공동체의 삶의 방식과 밀접하게 접목되어 있으며 시민들 사이에서 애착과 헌신을 일으킬 수 있는 국가를 추구한다.

우리는 제 3장에서 상대적으로 중립적인 국가상 — 선에 대한 일체의 특정한 개념과 연계되지 않은 — 을 모색하면서 공화주의가 공동체주의에 대항해 자유주의와 연결되는 것을 관찰하였다. 하지만 내가 여기서 강조하려는 비지배가 지니는 특징이 의미하는 바는 공동체주의자들 또한 공화주의의 프로젝트에 매료될 것이라는 희망이 여전히 충분하다는 점이다. 이러한 특징을 한마디로 표현한다면, 비지배 자유는 본질적으로 공동체주의적 이상이다. 공동체주의자들은 이러한 이상들이 사람들이 어떻게 살아야 하는지에 대한 특수적이고 분파적인 개념과 필연적으로 결부될 수밖에 없다고 가정하면서 공동체주의적 선에 초점을 맞춘다. 나는 비지배 자유가 공동체주의자들에게 호소력을 가질 분명한 공동체주의적 이상이라고 주장하며, 이에 따라 비지배 자유는 중립성을 지키는 데 실패할 것이라는 가정을 거부한다. 앞서 주장했듯이, 비지배 자유는 거의 모든 사람들이, 아니 적어도 다원주의 사회의 구성원이라면 누구나 갈망하고 가치 있게 여기는 것으로 기대할 수 있는 선으로 남아있다.

어떤 선(善)이 공동체주의적 이상이기 위해서는 적어도 다음의 두 가지 특징을 지녀야 한다. 하나는 사회적 선이어야 한다는 것이고, 다른 하나는 공공선이어야 한다는 것이다. 하나의 선은 그것의 실현이 의도적 태도와 아마도 의도적 행위들을 보여주는 다수 인민들의 존재를 전제로 할 때에만 사회적인 선이 될 것이다(Pettit, 1993a: 제3장). 논리적으로는 연대감이나 지위처럼, 상호작용하는 인민의 성향이 오고 감에 따라 〔이러한 선도〕 주고받는 것이다(Miller, 1990을 참조). 해당 집단의 특정 구성원들에게 어떠한 선을 증진(또는 감소)시키려 할 때 이러한 선이 그 집단의 다른 구성원들에게도 동시에 증진(또는 감소)되는 경우에만 그 선은 공공선이 될 수 있다. 공공선은 경제학자들이 깨끗한 공기와 국방과 같은 재화에 부여하는 일종의 비배제성을 지닌다. 〔이때〕 일부를 위한 증진 없이 개인을 위한 증진이 있을 수 없다면 부분적인 공공선이 될 것이며, 모두를 위한 증진 없이 개인의 증진이 있을 수 없다면 완전한 공공선이 될 것이다.

현대의 정치철학에서 그려지는 기본적 가치들의 대부분은 공동체주의적 선(善)이 아니다. 많은 경우 사회적 선이 아니며, 사회적인지의 여부를 떠나 대부분은 어느 정도의 공공성도 보여주지 못하고 있다. 여기서 내가 생각하는 선은 효용 또는 행복, 비참함이나 빈곤으로부터의 구제, 공정으로서의 정의, 그리고 물론 불간섭 자유와 같은 것들이다(Pettit, 1993a: 304~307).[4] 이 같은 선은 공공성이라는 기

4) 자명한 평등주의적 선들—물질적 평등, 기회의 평등 등—은 이보다 나은 대접을 받는다. 다른 사람의 지위를 높이지 않아도 평등에 관한 한 어느 누군가의 지위를 높이는 것이 가능하긴 하지만, 모두가 완벽한 평등을 획득하지 못한 채 어느 누군가가 완벽한 평등을 획득하는 것은 불

준에서 보면 매우 해로운 점이 있다. 왜냐하면 다른 누군가가 나쁘게 대우받는 동안 누군가는 좋아질 수 있는 가능성이 원칙적으로 명백하게 존재하기 때문이다. 다른 사람들이 불행하거나 빈곤해지거나 부당하게 대우받거나 더욱 간섭받는다는 것이 그 자체적으로 내가 그러한 기준에서 불운하다는 것을 의미하는 것은 아니다. 그리고 다른 사람들이 그러한 운명으로부터 고통받는 경향이 있다는 것이 그 자체적으로 내가 동일한 불행으로 고통받는 경향이 있다는 것을 의미하는 것도 아니다. 확률이란 너무도 다양한 개인적 환경들의 함수이다.

그러한 목표들의 비공동체주의적 성격은 현대 자유주의 이론에 대해서 많은 비판자들이 지니고 있는 적대감을 설명해 준다. 만일 국가가 그러한 선들을 촉진하는 과업을 갖고 있다면, 국가는 본질적으로 이질적인 사람들간에 충돌하는 목적들을 화해시키는 최선의 방법을 모색하는 타협의 제도일 것이다. 국가의 법률과 기대에 순응하면서 그 국가에 경의를 표해야 한다고 해서, 내가 국가가 섬기는 특정 집단 혹은 집단들에 일체감을 느낄 필요는 없을 것이다. 왜냐하면 여기에서 국가의 존재이유는 내가 타인으로부터 분리되어 그들과 경쟁하는 것을 강조하기 때문이다. 아마도 이러한 주장이 공동체주의자들을 자유주의자들과 대립되도록 만들 것이다. 그러나 이 주장이 비록 〔두 진영의〕 대립에는 잘 적용되어도, 그러한 주장은 비지배 자유의 가치에서 출발하는 공화주의 이론에는 결코 겨눠질 수 없다. 왜냐하면 〔비지배〕라는 가치는 놀랄 정도로 공동체주의적 성격을 지니고 있기 때문이다(Philp, 1996을 참조). 비지배 자유는 사회적 선인 동시에 공공선이다.

제 2장에서 우리는 비지배 자유가 타인의 부재가 아니라 지배를 행

가능하다.

사하려는 타인의 능력에 대한 견제에 의해서 발생하는 사회적 선이라는 점을 살펴보았다. 우리가 언급했듯이, 비지배 자유는 〔지배자의〕 태만에 의해 향유될 수 없다. 단지 타인이 주변에 없기 때문에 누려지는 것도 아니다. 비지배 자유는 오직 계획에 의해서만 생긴다. 즉, 주변에 있는 타인이 여러분에게 자의적인 근거에서 간섭할 수 없도록 보장하는 법적·사회적 장치들이 존재할 때에만 발생한다. 비지배 자유는 황야에서의 자유가 아니라 도시에서의 자유를 요구한다. 이제 우리는 이러한 사회적 선이 또한 공공선이라는 점에 대해서 고찰할 것이며, 따라서 비지배 자유가 공동체주의 사상가들에게도 굉장한 호소력이 있다는 점을 보여줄 것이다.

비지배를 향유한다는 것은 타인이 자의적인 근거에서 여러분의 일에 간섭할 수 없는 위치에 있는 것을 의미한다. 하지만 어느 누구도 특히 간섭에 대한 저항과 노출의 문제, 이른바 취약성의 문제에서 당신과 같은 부류의 사람들에게 간섭할 수 없는 한 어느 누구도 여러분의 일에 자의적으로 간섭할 수 없게 될 것이다. 타인들이 자의적 간섭에 노출되어 있는 한, 여러분도 자의적 간섭에 노출되어 있다. 그들이 지배받는 한 여러분 또한 지배받는다. 즉, 여러분은 비지배가 여러분과 동일한 취약계급에 속한 사람들에게 보장되는 한 비지배를 향유하게 될 것이다. 각각의 계급에 속한 사람들은 함께 가라앉거나 헤엄칠 것이다. 비지배라는 판에서 여러분의 운명은 〔다른 사람들과〕 밀접하게 상호 연관되어 있다.

이러한 관찰 속에서 물론 여러분이 속한 취약계급은 외톨이일 수도 있으며, 당신 혼자만으로 이루어져 있을 수도 있다. 하지만 타인을 자의적으로 간섭하는 사람들은 만약 완전히 무작위로 선택하는 것이 아니라면, 특정 표지들에 근거해 간섭한다. 즉, 〔그 대상은〕 내 아내일 수도, 흑인청년일 수도, 이주 노동자일 수도, 노약자일 수도 있다. 이것이 의미하는 바는 이들 각각이 십중팔구 아주 취약한 계급이나 다수의 이러한 계급에 속해 있을 것이라는 점이다. 그들이 그 계급의 다른 구성원들에 비해서 조금 더 좋은 상황에 놓여 있을 수도 있고, 사용가능한 보호책을 좀더 잘 이용할 수도 있다. 그러나 해당 계급이 분명한 통일성을 지니고 있다면, 그 계급에 속한 모든 구성원들의 지배를 제거하지 않고서는, 비지배의 측면에서 최선〔의 것〕을 획득할 수 있는 방법—〔그 계급의〕 구성원이 아닌 사람들이 성취할 수 있는 최선의—은 없음을 그 구성원들은 인식해야만 한다.

여성들이 남편의 신체적 학대로부터 법률적이나 문화적으로 보호받지 못한다고 생각해 보자. 당신은 어쩌면 당신을 너무 사랑해서 학대할 가능성이 매우 낮은 남편을 둔 운 좋은 여성일 수 있다. 하지만 당신과 다른 기혼여성들이 처한 상황 간의 차이는 비지배라는 판에서 당신의 운명이 그들의 운명과 매우 동떨어져 있다는 것을 의미하지는 않는다. 오히려 그 반대다. 어떤 여성이 자의적 근거에서 남편에게 학대당할 수 있는 한, 여성이라는 것(*womanhood*)은 이러한 점에서 취약성의 표지가 되는 것이다. 특히 이것이 바로 당신이 비록 행운아라고 하더라도 다른 여성들과 공유할 수밖에 없는 취약성의 표지이다. 이러한 점에서 당신은 단지 모든 여성들이 지배에서 벗어날 수 있는 한에서만 지배에서 벗어날 것을 기대할 수 있다. 당신의 운명은 그들의 운명과 얽혀 있다.

당신의 비지배 자유는 다른 여성들이 처한 위치에 의존하지, 당신의 불간섭 자유에는 의존하지 않거나, 적어도 반드시 의존하는 것은 아니라고 말하는 이유는 무엇일까? 그 이유는 당신의 남편이 실제로 간섭하려고 하는지 여부와 상관없이, 그가 당신에게 〔자의적으로〕 간섭할 능력이 있는 한—간섭이 그에게 택할 수 있는 옵션이 되는 한—당신은 지배받고 있다는 사실로 되돌아간다. 공화주의자는 여러분이 사랑하는 남편의 수중에서 실제로 간섭당할 것 같지 않더라도 여전히 그에 의해 지배되고 있으며, 일반적으로 여성과 남성의 관계를 〔규정짓는〕 조건을 변화시키지 않고서는 지배를 제거할 방법이 없다고 말할 것이다. 비지배 자유는 당신의 남편이 자의적 간섭에 의지할 가능성이 없는 것만이 아니라 자의적 간섭에 접근할 수 없는 것을 요구한다.[5)]

불간섭에 대해 걱정하는 사람들은 매우 상이한 관점을 취하게 될 것이다. 당신을 사랑하는 남편이 당신을 전적으로 간섭하지 않을 것 같다고 가정해 보자. 불간섭을 옹호하는 사람들은 이러한 상황을 가능한 가장 바람직한 상황이라고 말할 것이다. 남편이 간섭할 가능성은 전혀 없을 것이며, 기대되는 그러한 불간섭은 법적 혹은 문화적 권위에 의한 보호적 강압이나 간섭에 의존하지 않고서도 성취될 수 있기 때문이다. 이러한 이론가의 책에서는 여러분이 지배받고 있다는 것—여러분의 남편이 자의적 근거에서 간섭할 능력을 가지고 있다는 것—이 문제가 되지 않으며, 따라서 이러한 책들의 설명에 따르면 여러분이 보다 운이 나쁜 여성들과 공유할 수 있는 특별한 명분이나 불만은 존재하지 않을 것이다. 만약 여러분이 이러한 여성들의

---

5) 비록 둘 다 지배적 존재이기는 하지만, 아내를 사랑하지 않는 남편보다는 사랑하는 남편을 갖는 것이 물론 더 나을 것이다. 그러나 이 상황은 비지배의 가치에 의해서 더 좋아질 수 있다. 사랑해주는 남편을 가진 아내는 다른 행위자들과의 관계에서 소유하는 비지배를 누리는 데 있어서 보다 많은 선택들을 가지게 될 것이다. 이러한 비지배의 향유는 남편에 대한 실제적 간섭에 의해서 미리 제한되지 않을 것이다. 따라서 어떤 여성이 자기를 지배하긴 하지만 사랑해주는 남편에 의해서 그녀의 돈을 마음대로 쓸 수 있도록 허락받는다면, 그녀는 최소한 시장에서의 행위자들과의 관계에서 소유하는 비지배를 어떤 종류의 것이든 누릴 수 있게 될 것이다. 이때 그러한 행위자들에 대해서 그녀가 누리는 비지배의 범위는 증가될 것이다.

불만을 지지한다면, 이는 이타주의적 행동임에 틀림없다. 즉, 그들과 공통의 명분을 인식하고 있다는 토대에서는 그들의 불만을 지지할 수 없는 것이다.

지금까지 우리가 따라온 사상의 흐름은 비지배 자유가 부분적인 공공선, 즉 각 취약계급의 관점에서 바라본 공공선이라는 점을 밝히고 있다. 비지배 자유의 목적은 모든 현대사회의 두드러진 취약계급—젠더, 민족성, 인종, 성적 지향 등에 의해 특별히 취약한 집단들, 즉, 이러한 의미에서 상대적으로 억압받는 집단들(Young, 1990: 제2장)—각각에 공통의 명분을 부여한다. 만일 우리가 어떤 현대사회에서 비지배를 함양하는 데 천착한다면, 이러한 사업에 요구되는 정치는 원자적 프로젝트여서는 안 된다는 점을 우선 인식해야 한다. 이것은 개인적 수준에서뿐만 아니라 집단적 불만이나 집단의 주장이라는 수준에서 정교화되어야 할 것이다. 예를 들어 만일 내가 현대의 오스트레일리아나 캐나다의 원주민이라면, 내가 비지배를 얼마나 획득할 수 있는가는 다른 원주민들이 얻는 비지배의 수준과 밀접하게 연결되어 있다. 즉, 단지 개인적 명분의 합이 아니라, 단일하고 연대적인 대의가 존재하는 것이다.

그러나 만일 비지배가 이러한 점에서 〔부분적〕 공공선이라면, 완벽한 공공선이 될 수는 없을까? 즉, 모든 사람들을 위한 선이 증가하지 않고서는 어느 누구를 위한 선도 증가될 수 없는 그런 공공선이 될 수는 없을까? 특별한 경험적 가정이 충족된다면, 그렇게 될 것이다. 그리고 이 가정은 한 사회의 인민 전체가 동일한 취약계급에 속해있다는 가정이다. 그들은 누구나 취약한 위치로 교체될 수 있기 때문에 다른 사람이 간섭당하는 것을 누군가가 목격한다면, 그들은 진정으로 다음과 같이 말할 수 있다. "내가 가는 곳은 오직 신의 뜻—잔인한 운명—만이 있는 곳이다."

교체가능성에 대한 가정은 카스트 제도, 계급, 피부색깔 등에 공식적이거나 비공식적인 중요성을 부여하는 정체에서는 결코 충족될 수 없을 것이다. 모든 형태의 간섭이 존재할 것이기 때문이다. 백인들은 인종차별적 사회에서 흑인들과 동일한 취약계급에 속할 필요가 없다. 하지만 누구나 취약해질 수 있다는 가정은 비지배의 향유가 극대화되는 사회로 접근할수록 보다 더 잘 만족될 것이다. 앞 절에서 주장했듯이, 비지배는 그 최적의 증진을 위해 다분히 평등한 분배를 요구하는 평등주의적 목표이다. 이는 비지배가 증진될수록 카스트 제도, 계급, 피부색과 문화와 같은 요인들이 지니는 정치적 의미, 즉 간섭에 취약한 지표로서의 의미가 감소될 것이라는 점을 의미한다. 전체로서의 공동체는 단일한 취약계급이 되는 지점에 도달해야 한다. 이러한 맥락 속에서 비지배는 완전한 공공선이 될 수 있다. 왜냐하면 다른 사람 모두에게 있어 그들이 향유하는 선이 동시에 증진되지 않는다면, 어떤 개인도 그 자신이 향유하는 선을 증가시키는 것이 점점 불가능해질 것이기 때문이다. 우리가 완벽한 비지배의 향유에 점점 가까워질수록, 그 이상은 보다 더 공공의 것이 될 것이다. 즉, 비지배의 판에서 우리의 운명은 점점 밀접하게 연관될 것이다.

비지배가 공동체적주의적 선이라는 관찰은 매우 중요하다. 비지배 자유라는 명분은 이의 추구와 관련된 사람들을 위한 사회적이고 공통적인 명분이라는 측면을 항상 가지고 있기 때문이다. 앞에서 언급한 논의의 흐름과는 상반되지만, 이러한 선을 증진시키는 제도로서 국가를 인식한다는 사실은 일반적으로, 타인과 그리고 궁극적으로는 정체와 일체감을 가져야 할 근거를 제시할 것이다. 결과적으로 우리는 스스로를 필수불가결한 경쟁 속에서 분절되는 존재로 간주하지 않게 될 것이다.

극단적으로 집단화된 수사에 함몰되지 않더라도, 공화주의적 접근을 통해 사회나 계급, 또는 카스트 제도의 자유화 또는 해방을 말할 수 있다. 우리가 앞서 언급한 주제로 되돌아가서, 한 사회의 자유는 — 다른 사회들과의 관계에서의 자유뿐만 아니라(Hobbes, 1968: 266) — 개인의 자유만큼이나 기본적인 관념이다. 우리는 피렌체가 누리는 자유를 피렌체인이 누리는 자유라고 당연히 말할 수 있다(Harrington, 1992: 8). 자유는 불간섭과 결합된 원자적인 선이 아니다. 최소한 현실세계에서 자유는 단지 개인이 속한 그룹이나 집단이 향유하는 정도만큼, 개인들이 향유할 수 있다. 나는 이 책의 마지막 장에서 이 주제로 돌아올 것이다.

이 장에서의 주장은 정치적 이상의 역할에서 비지배 자유가 지니는 매력들을 두드러지게 만들기 시작할 것이다. 프랑스 혁명의 지도자들이 자유, 평등, 그리고 박애를 외쳤을 때, 이것들은 전통적 공화주의의 자유의 이상으로도 충분히 포괄되는 것이다. 그들은 시민권과 자유를 전통적인 엘리트의 범주에서 벗어나 확대시키는 데에 이바지했다. 루소를 비롯한 계몽주의자들의 영향 속에서 그들은 비록 불완전하긴 했지만, 전근대적 공화주의가 지닌 배제주의적 측면을 이미 깨부순 상태였다. 그러나 그들이 지지한 것으로 보이는 유일한 가치는 바로 자유라는 가치이다. 지금까지 전개된 논지에 따르면, 실질적 평등에 대한 전망과 공동체적 연대를 가능케 하는 조건을 기꺼이 수용하지 않는 개인들 사이에서, 비지배 자유라는 명분을 증진시킬 수 있는 희망이란 요원할 수밖에 없기 때문이다. 공화주의적 자유를 원한다면, 공화주의 평등을 원해야 한다. 즉, 공화주의적 자유를 실현하기 위해서는, 공화주의적 공동체를 실현해야 한다.[6]

---

6) 제 4장에서 다뤄진 주제는 정치적 자유에 대한 연구들을 조명한 스피츠의 책(1995a)에서의 중심주제들과 밀접하게 연관되어 있다. 이 주제는, 공화주의적 의미의 자유에서는 — 그는 이를 나의 작업과 분명하게 연관

시킨다—평등과 정의 없이 자유는 존재하지 않는다는 것이다. 이 책의 제2부에서, 특히 제8장에서 다양한 측면에서 이 주제를 다시 한 번 다룰 것이다.

제2부

공화주의 정부

Republican Government

제5장

공화주의의 목표

명분과 정책들

공화주의 자유 개념에 대한 나의 관심은 현대세계에서 국가가 달성해야 할 목표와 국가가 지녀야 할 형태를 이 개념이 설득력 있게 보여줄 수 있다는 희망에서 비롯되었다. 나는 근대 이전의 유구한 전통을 담은 풍부한 자료에서 정부에 대한 새로운 공화주의 철학을 찾아내고 싶었다. 〔그래서〕 과거 사상가들이 탐색의 좌표로 삼았을, 지금은 잃어버린 체제를 확립하려는 역사가들의 열정을 공유하게 되었고, 이러한 색다른 준거체계를 확인함으로써 우리 자신의 위치를 가늠하는 표식을 좀더 명확히 인식할 수 있다고 믿는다. 그러나 이 책이 이러한 동기에 의해서 쓰여진 것은 아니다. 이 책은 공적인 삶에 대한 잃어버린 비전을 회복하려는 소망이 아니라, 어떤 것이 공적인 삶인가에 대한 새로운 비전을 탐구하려는 희망에서 나온 것이다.

물론 전통적인 공화국은 수 세기 이전에 사용되었던 도덕적 언어로 그려지며, 이러한 언어에 실체가 입혀진 이미지들은 결정적으로 근대 이전의 체제들, 예를 들어 르네상스 시기 북부이탈리아의 도시들, 17세기 영국 공화정, 그리고 18세기 영국의 미대륙 식민지들에서 유래한 것이다. 이러한 점에서 내 작업에 대한 이의가 제기된다. 좋은 시민과 좋은 헌법에 대한 공화주의의 관념들, 심지어는 자유가 무엇을 의미하는가에 대한 공화주의적 관념조차도, 좋은 시민들은 재산을 소유한 상류층에 속한다든지, 이들은 명예나 덕성이라는 유실된 귀족적 개념으로 결속되어 있다거나, 아니면 정기적으로 모여서 투표할 수 있을 정도로 수가 그렇게 많지 않다는 등, 근대 이전 시기에 대한 특유의 억측들과 밀접하게 연결되어 있다는 의혹이다. 이 책에서 명확해진 것처럼 이러한 이의제기는 유구한 공화주의의 이상을 고수하고, 이를 바탕으로 공화주의적 제도에 대한 근대적 이미지를 만들 수 있다는 것을 보여 달라는 것이었다. 맥킨타이어[1]가 제기했듯이, "페팃의 문제는 과연 어떤 종류의 제도에서 그가 옹호하는 공화주의가 구현될 수 있는가 하는 것이다"(MacIntyre, 1994: 303).

이 책의 제 2부는 이러한 질문에 대한 대답이다. 여기서 나는 비지

---

1) 〔역주〕 알라스데어 맥킨타이어(Alasdair MacIntyre, 1929~). 스코틀랜드 글라스고우 태생의 정치철학자. 현재 미국 노틀데임대학 철학과의 오브라이언 시니어 연구교수로 재직 중이다. 정치철학뿐만 아니라 신학, 맑시즘, 합리성, 형이상학, 윤리학, 사상사 분야에서도 빼어난 업적을 남겼다. 그 중에서도 가장 일관적이고 특징적인 주장은 자유주의적인 현대 자본주의 세계에 대한 비판이라고 할 수 있을 것이다. 1981년 출판된 *After Virtue*(University of Notre Dame Press)에서 그는 현대정치와 철학의 실패를 극복할 수 있는 방안으로 아리스토텔레스와 고대 그리스 도시국가의 삶의 방식에 주목하면서, 인간은 그 내재적인 덕성과 목적을 성취하기 위해서 정치적 공동체를 이루는 습성이 있다고 주장하였다. 본문에서 인용된 부분은 맥킨타이어의 자유주의/공동체주의라는 2분법이 공화주의가 지닌 제 3의 대안으로서의 가능성을 막는다는 페팃의 비판에 대해 맥킨타이어가 답변하면서 제기한 문제이다. 맥킨타이어에 대한 페팃의 비판은 Philip Pettit, "Liberal/Communitarian: MacIntyre's Mesmeric Dichotomy," in John Horton and Sesan Mendus, eds., *After MacIntyre*(Cambridge: Polity), pp. 176~204를, 이에 대한 맥킨타이어의 반박에 대해서는 같은 책의 제 15장을 참조하시오.

배 자유라는 이상을 진지하게 받아들이고 이에 기반해 근대적 통치제도들을 확립하는 것이 무엇을 의미하는지에 대한 아이디어를 제시하고 싶다. 그리고 여기서 〔제시되는 공화주의적〕 제도가 우리가 가지고 있는 것과 너무 동떨어진 것이어서 유토피아적이지도, 또는 너무 가까이에 있어서 무비판적이지도 않다는 것을 보여줄 것이다. 공화주의 정치철학이 롤즈(1971)가 말하는 성찰적 균형의 테스트를 제대로 통과한다는 점도 보여주고 싶다. 최소한 성찰적 고찰의 측면에서 볼 때, 공화주의 정치철학은 우리가 지닌 보다 확고한 제도들과 균형을 잡을 수 있다는 것을 증명할 제도적 함의를 지닌다. 공화주의 정치철학은 우리가 감수할 수 있고 또 그것에 따라 행동할 수 있는 하나의 철학이다.

공화주의의 제도적 분파에 대한 논의를 위해서는 무엇보다도 국가가 진지하게 받아들여야 하는 명분과 추진해야 할 정책들이 어떤 의의를 지니고 있는지를 분명히 할 필요가 있다. 이 장에서의 작업이 바로 이것이다. 먼저 공화주의 관점 내에서는 아주 다양하고 설득력 있는 명분들을 〔사람들이〕 경청할 수 있고 또한 경청할 것이라고 주장할 것이다. 그리고 두 번째로 공화주의 관점에서 국가가 채택할 정책은 광범위하고 매력적이라는 점을 보여줄 것이다. 즉, 이러한 정책은 근대 이전의 공화주의자들과 고전적 자유주의자들이 찬성했을 법한 협소한 의제에 국한되지 않는다.

현대의 공화국이 진지하게 받아들여야 하는 명분과 정책들을 논의함에 있어 이 장에서는 일상적 사회생활에서 도미니움의 상이한 수준 및 자원과 통제의 상이한 수준과 연관된 위험들에 대처하기 위해 공화국이 무엇을 해야 하는지에 주로 초점을 맞출 것이다. 이러한 위험들은 일반인들이 개인적으로 또는 집단적·집합적 조직의 맥락 속에서 타인들과 관계를 맺으면서 직면하게 되는 것들이다. 뒤이어 제 6

장에서는 국가가 이러한 위험에 성공적으로 대처하기 위해 해야 할 것, 특히 도미니움이 아니라 임페리움에 수반되는 지배의 형태를 띠지 않으면서 국가가 이러한 위험에 대처하기 위해 필요한 조치들을 고찰할 것이다(Kriegel, 1995). 제 5장이 첫 번째 종류의 위험에 맞서 싸울 때 국가가 택해야 할 목표를 다루고 있다면, 제 6장에서는 두 번째 종류의 위험에 직면할 때 국가가 취해야 하는 형태들을 살펴본다.

1. 공화주의적 명분들

1) 공화주의적 언어

나는 이 책의 서론에서 정치는 대화적이고 심의적인 측면을 지니고 있다고 주장했다. 그리고 정치철학의 역할은 그러한 대화가 진행되는 언어들을 검토해서 필요하다면 대화의 명료성을 높이고 대화의 수렴을 용이하게 만드는 용어와 관용어들을 고안하거나 재창조하는 것이라고 주장했다. 물론 정치는 본질적으로 이익과 음모, 권력과 투쟁을 수반하기에 정치가 그렇지 않다고 가정하는 것은 너무나 유토피아적일 것이다. 그러나 가장 지배적인 이익과 공격적인 권력이라 할지라도 여전히 대화하지 않을 수는 없으며, 여전히 그 헤게모니를 정당화해야 한다. 특히 〔나와〕 다른 입장, 다른 방향에 있는 사람들의 마음—비록 그들이 침묵하고 지배되고 있을지라도—에 닿을 수 있는 말을 찾아내어야 한다. 대화는 정치와 분리될 수 없다. 공격적인 선전기구에서 사용되는 일방적 대화로 퇴보하는 경우라도 말이다.

정치적 대화를 촉진하는 데 있어, 각각의 정치철학은 다음과 같은 두 가지의 이상적 작용을 할 언어를 모색할 것이다. 첫째, 이 언어는 공동체 안의 그 누구도 심각하게 거부하지 않는 개념구분과 추론패턴만을 채택하고, 어느 누구도 거부할 우선적 이유가 없는 논의의 매개를 준다. 다시 말해 사회 전반에 걸쳐 공통적으로 인정받는 지적 아이콘 및 패러다임들과 연결된다. 둘째, 이러한 이상적 언어는 사회 모든 분야의 사람들로 하여금 자신들의 특정 불만과 목적들을 만족스럽게 표출할 수 있게 하는 매개를 제공한다. 이 언어는 공통적 관념에 기반하고 있으면서 동시에 현실에서의 차이에 대해서도 대답한다. 〔그리고〕 사회 내에 존재하는 아주 다양한 목소리들을 다른 사람들이 듣고 존중하게끔 표현한다.

일부 사상가들은 서로 다른 집단들의 불만을 명료화하는 정치적 언어를 찾으려는 생각에 이의를 제기할지도 모른다. 그리고 정치적 공통어(*lingua franca*)를 모색하는 것이 시민들간에 근본적으로 동질성이 있다는 가정을 강요한다고 말할 수도 있다. 〔나아가〕 서로 다른 집단들에게 그들의 경험과는 맞지 않는 상황과 불만에 대한 이미지를 실제로 부여할 것이라고 말할지도 모른다. 공통언어를 추구하는 것이 일부에서 생각하는 것처럼 그렇게 성공적이지 못할 것이라는 영원한 가능성에 대한 비판자들의 경고는 온당하다. 즉, 공통적이라고 주장되는 언어가 왜곡된 방식으로 불만들을 조성할 수 있는 가능성에 대한 경고는 온당하다. 그러나 〔불만을〕 명료화하는 공통의 언어를 찾는 것이 본질적으로 잘못되었다는 〔주장은〕 옳지 않다. 왜냐하면 서로 다른 집단들이 자신들의 문제를 말할 공통의 언어를 찾을 수 없다면, 각 집단의 불평들은 타인들의 귀에는 단지 소음에 불과한 것이기 때문이다. 이때 불평들은 명료화되지 않은 옹알거림에 지나지 않아서 무의미한 것에 그치게 된다.

특정 정치철학이 어떻게 만족스러운 토론의 언어를 제공하지 못할 수도 있는가는 분명히 해야 한다. 불간섭 자유를 정치적 선에서 가장 중요하고도 궁극적인 것으로 간주하는 고전적 자유주의 철학을 예로 들어보자. 거의 모든 철학에서 발견되는 자유라는 관용어와 관련해 고전적 자유주의 철학은 거부할 수 있는 사람이 거의 없는 언어를 제시한다는 점에서 첫 번째 조건에는 잘 맞을 수 있다. 그러나 고전적 자유주의 철학은 서로 다른 집단들이 지니는 명백한 불만들이 합당하게 표출되는 매개를 제공하지는 못한다. 실제 간섭받지는 않지만 권력—아마도 단지 비공식적이고 법적으로는 인정되지 않는 권력—을 쥐고 있는 주인에게 아양을 떨고 아첨해야 하며 어느 정도의 두려움을 가지고 이들을 대해야 하는, 지배당하는 노동자, 여성, 세입자, 또는 채무자들의 불만을 생각해 보라. 그러한 위치에 있는 사람이라면 누구나 불평을 가지고 있다. 그들의 위치는 분명 다른 사람들의 위치보다 열등하다. 그러나 이미 우리가 아는 것처럼, 그러한 위치에 있는 누구도 자신의 불평을 불간섭 자유의 언어로 표현할 수는 없을 것이다. 왜냐하면 불간섭, 심지어 예측되는 불간섭이라는 관점에서는 어떠한 불만도 들리지 않기 때문이다. 이 〔불간섭 자유의〕 언어는 이상적인 경우에서라면 〔불만을 표출할 수 있게〕 도와주어야 할 사람들을 〔오히려〕 침묵시킨다.

고전적 자유주의가 이러한 측면에서 실패하는 이유는 불간섭의 언어가 최초에 연관되었던 의견과 이해의 영역을 벗어나지 못하기 때문이다. 간섭, 특히 국가에 의해 간섭받지 않는다는 자유주의의 이상은 산업자본주의 초기에 이윤추구적 기업가와 전문가라는 새로운 계급이 추구하는 이상으로 떠올랐다. 이러한 개인들과 이를 옹호하는 사람들에게 불간섭 자유 개념은 경쟁에서 성공하기 위한 필수적인 전제 조건으로 각인되었고, 그들이 불간섭 자유개념을 누구에게나 매력적인 이상으로 간주한 것은 어려운 일이 아니었다. 이러한 생각은 분명 그들에게는 편의적이었다. 그들은 불간섭 자유가 불안, 지위의 결핍, 그리고 강자의 주위에서는 조심스럽게 걸어가야만 한다는 것과 모순되지 않는다는 사실을 무시할 수 있었다. 이러한 어려움에 곤란해지는 사람들은 그들이 아니었기 때문이다. 그들은 불간섭 자유가 가장 이상적 형태라는 사실을 무시했기 때문에, 여성과 노동자들에게 그들이 처한 특수한 사회적 지위에 수반하는 불안, 전략적 필요, 그리고 지위의 결핍에 항거할 수 있는 언어가 필요함을 경시했던 것이다.

불간섭 자유가 이를 최초에 부각시키고 통용시킨 이해 및 의견의 영역과 계속 결합된 것과는 대조적으로, 나는 먼저 비지배 자유가 그 기원을 초월하며 — 비지배 자유가 기반했던 공동체를 넘어서며 —, 〔앞서 언급했던〕 두 가지 조건을 충족시키는 언어에 대한 전망을 제공한다고 주장하려 한다. 예속과 종속을 거대한 해악으로, 독립과 지위를 최상의 선으로 여기는 비지배 자유라는 관용어는 현대사회, 최소한 다원주의적이고 민주적인 현대사회에 존재하는 모든 영역에서 타당성을 지닐 수 있다. 따라서 나의 주장은, 지배에 대한 불만을 표현할 수 있게 하는 비지배 자유의 언어는 이 언어가 기반했던 공동체에 대한 불평들을 훨씬 뛰어넘는 불만들을 분명히 표현한다는 것이다.

우리가 알듯이 비지배 자유가 기반했던 공동체들은 아주 다양했다. 초기에 비지배 자유의 이상은 노예의 지위와는 정반대의 지위에 대한 권리를 주장했던 고대 세계의 사람들에게 호소력이 있었다. 특히 군주나 지배자에 대한 예속을 인정할 필요가 없는 지위를 주장했던 로마공화국의 사람들에게 그러했다. 자신들을 의식적으로 로마의 전례와 연관시켰던 이후 사람들에게도 비지배 자유는 적절한 매력을 지니고 있었다. 비지배 자유는 대공 및 군주와의 관계에서 열망했던 개인적, 집단적인 독립이라는 이상으로서 르네상스 이탈리아 도시의 시민들에게, 그리고 왕에 대항할 수 있는 권리를 보호하는 법률문화를 소중히 여기고 절대적인 자의적 권력에 대한 어떠한 두려움도 지니지 않기를 희망했던 17세기 영국인들에게도 호소력이 있었다. 18세기 미대륙의 식민지에서는, 아무리 호의적일지라도 멀리 떨어져 있는 의회의 명령을 따를 필요가 없다는 공유된 열망을 대변하는 이상으로서 호소력을 지녔다. 뿐만 아니라 혁명기의 프랑스에서는 군주의 변덕이 곧 최고의 법이었고 귀족들은 특권과 지배를 행사했던 자의적 체제에 저항했던 사람들에게 호소력을 지녔다.

비지배 자유를 이렇게 소중히 여겼던 지지자들 사이에는 공통점, 매우 제한적인 공통점들이 존재한다. 〔비지배 자유와〕 관련된 개인들은 항상 남성이었고, 부를 지닌 ― 무역에 종사하고 토지를 소유하며 재산을 지닌 ― 자산가들이었으며, 항상 주류문화의 구성원들이었다는 점이다. 비지배 자유의 이상을 옹호함에 있어 그들은 (자신들이 비지배 자유를 이해했듯이) 제도적으로 일이 틀어지지 않는다면 자신들이 개인적으로나 집단적으로 어디까지 다다를 수 있는지를 알고 있었다. 즉, 왕이 제거되거나 억제되기만 한다면, 거대 재력가와 권력자들이 너무 많은 영향력을 가지게 되지 않는다면, 그리고 자신들이 파벌화되거나 특정 파벌이 전체에 대해 구속받지 않는 통제력을 갖게 되지만 않는다면 말이다. 자신들이 어디까지 다다를 수 있는지를 확인함으로써 그들은 타인들에게 머리를 조아리며 비굴하게 행동할 필요가 없는 삶에 대한 전망을 가질 수 있었다. 그들은 각기 자신들의 두 발로 당당히 설 수 있었으며, 타인들을 똑바로 바라볼 수 있었다.

그러나 이런 매우 특수한 연관성에도 불구하고, 나는 비지배 자유라는 공화주의의 언어가 그 기반이 되는 공동체에서 아예 배제되는 집단들의 불만을 포함한 다양한 불만들을 분명하게 표출할 수 있는 매개를 제공한다고 주장하려 한다. 비지배 자유는 잠재적으로 자유의 언어로서의 보편적 호소력을 지니고 있을 뿐만 아니라, 아주 구체적이고 심지어 특수적이기까지 한 다양한 명분들과 연관되어 있다.

비지배 자유의 이상은 두 가지 측면에서 일부 불만들에 대해서는 응답하지 못하는 것처럼 보일 수도 있다. 첫째, 비지배 자유의 이상은 일반적으로 우주와 별개의 존재로서의 인간에 주목하기 때문에, 얼핏 보기에는 인간중심적 관점을 거부하는 사람들, 예를 들어 급진적 형태의 녹색정치이론을 주장하는 사람들의 요구를 담지하기에 충분하지 못할 수 있다. 보다 중요한 것이 둘째인데, 비지배 자유라는 이상은 오직 특정 〔부류의〕 사람들에게만 초점을 맞추고 있거나, 적어도 전통적으로 그런 사람들에게만 관심을 쏟았다. 바로 남성, 부유한 이들, 그리고 주류문화에 위치한 사람들이다. 나는 비지배 자유가 이러한 요구들에 응답할 수 있음을 보여줌으로써 비지배 자유라는 공화주의적 언어를, 그리고 이 언어가 상이한 불만들과 명분들을 표명해줄 수 있다는 것을 옹호할 것이다. 또한 나는 환경주의·페미니즘·사회주의·다문화주의를 공화주의 명분에 담을 수 있다는 점을 보이기 위해 노력할 것이다.

공화주의가 이러저러한 명분에 대해 〔대화를 위한〕 입과 귀를 제공한다고 주장하면서 나는, 공화주의자가 된다고 해서 반드시 이러한 운동들이 옹호한 모든 것에 찬성할 필요는 없다고 생각한다. 오히려 그 반대이다. 우리와 그런 운동을 하는 사람들이 공화주의를 통해 적절한 관심사에 대해 발언할 수는 있지만, 공화주의가 무비판적으로 모든 발언을 허용하는 것은 아니다. 공화주의는 그런 운동의 볼모가 되지 않는다. 제기되는 불만들과 요구들을 구성하는 데 있어 공화주의는 관련된 명분들에 대해 특수하고 구별되는 설명을 제시하며, 이는 설득력이 있을 것이다. 그 명분들을 공화주의적 언어로 조리있게 표현하는 것은 이들에게 타당성을 부여하지만, 이는 필연적으로 공화주의적 사고의 논리 내에서 이루어진다.

비지배 자유라는 공화주의적 언어를 실증하고자 하면서 어느 정도 급진적 운동이 제기하는 이슈들에 초점을 맞추긴 하지만, 나는 이 언어가 좀더 주류적 집단들의 관심사를 표출하는 데에도 도움을 줄 수 있다고 생각한다. 내가 급진적 운동에 주목하는 이유는 바로 이러한 가정을 지니고 있기 때문이다. 특히, 나는 고전적 자유주의 이상의 혜택을 누렸던 기업가 및 전문직 종사자들도 비지배 자유의 이상이 그들의 목적에 부합한다는 사실을 알게 될 것이라고 생각한다. 비지배 자유의 이상이 정부의 간섭에 대해 〔그들이 기존에 제기했던 것과 같은〕 틀에 박힌 동일한 논점들을 제기하게 하지는 않을 것이다. 정부의 간섭이 그 자체로 지배하지 않고 다른 측면에서 비지배를 증진시키는 한 반대할 수 없는 것이기 때문이다. 하지만 비지배 자유의 이상은 여전히 그러한 개인들의 이해에 잘 부응할 것이다. 비지배 자유의 매력에 대한 논의에서 살펴보았듯이, 이 이상은 불안이나 불확실성 없이 자기의 위치를 인식하고 경제 및 이와 관련된 계획들을 추진할 수 있는 시나리오를 옹호하는 하나의 방법을 제시할 것이다.

사실 비지배의 이상이 불간섭의 이상보다 이런 보수적 사람들의 이해에 더 잘 응답할 수 있을 한 가지 분명한 방법이 존재한다. 사유재산에 대한 제도들이 확립되지 않거나 정치적으로 제거되는 것이 가능한 사회적 세계를 상상해 보자. 비지배 이상은 이런 상황에서 사유재산을 도입하거나 재강화하는 것에 대한 옹호를 더 용이하게 해줄 수 있다.

비지배의 이상이 제시하는 것은, 사유재산의 이동이 국가의 비지배적 간섭을 요구하긴 하겠지만—따라서 한 측면에서 이러한 이동이 일반인들이 택할 수 있는 지배받지 않는 선택의 범위를 줄이긴 하겠지만—, 그 외의 측면에서는 지배받지 않는 선택의 범위를 증가시킴으로써 이를 보상하고도 남을 것이라는 점이다. 비지배의 이상이 없었을 때는 일말의 가능성도 존재하지 않았을 선택과 행동방침들을 — 예를 들어, 물건을 사고팔고 내다버리는 것과 관련된 — 비지배 이상이 존재함으로써 선택할 수 있게 된다. 불간섭의 이상은 이렇게 단도직입적으로 사유재산 제도를 옹호하지 않는다. 만약 이런 제도가 정당화된다 하더라도, 분명 그 제도들을 통해 사람들 스스로가 국가에 요구하는 간섭보다 더 큰 간섭을 피할 수 있게 해주기 때문이라고 말할 것이기 때문이다. 아니면 선택의 강도보다 범위에 직관적 가중치를 둠으로써, 사유재산 제도가 가져다주는 간섭받지 않은 선택의 범위는 여기에 요구되는 국가의 직접 개입을 충분히 보상할 만큼 넓다는 등의 설득력이 떨어지는 견해를 내놓을 것이다. 만약 사유재산의 옹호자들이 자신들이 선호하는 제도들을 정치적으로 인정받기 위해 진정으로 설득력 있는 논거를 원한다면, 불간섭 자유보다 비지배 자유의 이상을 받아들이는 것이 더 나을 것이다.

2) 환경주의

녹색정치이론은 국가가 생태적 관점을 채택하지 않았을 때 시민들의 이익이 외면될 것이라는 주장이 아니라, 국가가 시행하는 정책은 인간이 아닌 주체나 체제 — 물론 인간을 포함해서 — 의 이해를 충족해야 한다는 급진적 주장을 때때로 견지한다(Sylvan, 1984~1985). 이런 생태학적 이론은 공화주의를 지나치게 인간중심적이라고 여길 수밖에 없다. 결국 공화주의자들은 인간이 아닌 어떠한 존재에게 도움이 되기 위해서가 아니라 오직 인간의 비지배 자유를 증진하기 위해 국가가 설계되어야 한다고 믿기 때문이다. 그리고 여기서 그려진 환경주의는 인간 아닌 존재에 대한 공화주의의 경시를 혐오하게 될 것이다.

공화주의를 환경주의자들이 택할 만한 접근법이라고 옹호하는 것이 가능할까? 보다 온건한 형태의 환경주의적 접근과는 특별히 문제가 없을 것이다(Goodin, 1992b; Passmore, 1993). 하지만 급진적 환경주의자들에게 호소력을 갖도록 공화주의를 옹호하는 것 — 공화주의적 언어에 의지하는 것을 옹호하는 것 — 이 가능한가? 나는 가능하다고 믿는다.

첫 번째로 언급할 것은, 인간의 이익뿐만이 아니라 인간이 아닌 존재의 이익을 위해서 국가가 만들어져야 한다고 주장하는 급진적 환경주의는 녹색운동을 하지 않는 사람들에게 호소하기 위해 갖추어야 할 불만과 주장을 〔정당화하는〕 언어를 자체적으로 가지고 있지 않다는 점이다. 환경주의의 언어는 너무나 특수화되고 특정 세계관과 너무 밀접하게 연관되기 때문에, 정치적 토론 속에서 우리가 찾아야 하는 종류의 보편적 타당성을 지니지 못한다. 〔급진적 환경주의의〕 주창자들이 지니는 분노 — 종종 완전히 정당화된 분노 — 를 표출하는 데, 그리고 보다 넓게, 심지어는 그 사회 안에서 광범위하게 수용되지 못하는 철학을 발전시키는 데 도움이 될 수는 있다. 그러나 그런 광범위한 수용이 없는 현재의 상황이 달라지지 않는다면, 보편적 정치의 장에 영향을 미치는 것에 대해 아무런 희망도 발견할 수 없을 것이다. 〔나름의〕 고려된 언어로 표현됨에도 불구하고 급진적 환경주의는 친숙한 종교적 집단화와 같은 수준의 분파적 운동으로 남겨질 것이고, 그 관심사들은 공공영역에서 호소력을 가지지 못할 것이다. 내가 받아들이지 않는 전제들로부터 전개되는 주장에 왜 동조해야 하는가? 급진적 환경주의자들이 출발점으로 삼아야 한다고 주장하는 전제들을 받아들이지 않는데, 왜 사람들이 그들의 주장에 일반적으로 동조해야 하는가?

〔여기서 얻을 수 있는〕 교훈은 정치, 특히 다원주의 사회의 정치에

서는 필수불가결하게 실용주의가 필요하다는 점이다(Larmore, 1987). 실용주의가 아니더라도 최소한 〔각자가 지닌〕 의견에 있어 정치적 논쟁이 도달해야 하는 합당한 차이가 존재한다는 사실을 인식해야 한다(Rawls, 1993). 〔실용주의에서〕 다양한 정치적 대의에 헌신하는 사람들은 국가가 채택해야 한다고 주장하는 관심사들을 사람들이 이해하고 내면화할 수 있는 언어로 표명할 수 있어야 한다. 어떤 대의를 신봉하는 사람들에게 이러한 준비가 없다면, 동료시민들의 협력은 물론 그들이 자신들의 주장을 들을 것이라는 기대조차 온당한 것이 아니다.

이렇게 요구되는 그 실용주의가 순수주의자들에게는 호소할 수 없을지도 모른지만, 비효율적이라는 점을 제외한다면 순수주의적 태도 또한 매우 귀중하다. 특정 명분에 호소하는 사람들은 왜 그 명분이 자신들에게 상이하고 특수한 방식으로 호소한다고 해서 일반적인 호소력을 지니는 용어로 제시하기를 망설여야만 하는가? 어떤 명분이 서로 다른 사람들에게 서로 다른 근거에서 호소력이 있으리라는 점을 인정하는 데는 모순점이 없다. 하나의 동일한 결론이 전혀 다른 전제들에 의해 지지될 수도 있다. 여러분이 설득력 있다고 생각하는 것 외의 다른 근거에 입각해 어떤 명분을 주장하면서 타인을 기만할 필요도, 그리고 물론 자신을 기만할 필요도 없다. 그 명분이 지닌 매력을 좀더 대중적으로 알기 쉬운 용어로 보여주고자 할 때에도 그 명분이 여러분 자신에게는 독특한 방식으로 설득력이 있었다는 점을 비밀로 할 필요가 없다.

만약 이러한 교훈을 받아들인다면, 나는 환경에 대한 관심을 공화주의의 언어로 표명하는 것에 대한 옹호를 시작할 수 있다. 거의 모든 주류 정치철학과 마찬가지로 공화주의도 결정적으로 인간중심주의적이긴 하지만, 공화주의는 왜 우리가 보다 보편적으로 다른 종

(種)과 생태계에 관심을 두어야만 하는지에 대한 분명한 이유를 말해준다. 특히 왜 우리는 국가와 법이 그러한 관심사들을 진전시켜야 한다고 요구해야 하는지에 대한 이유들을 말해준다.

이러한 이유들을 찾는 것은 어렵지는 않다. 생태계는 그 속에 살고 있는 동물들과 함께 우리에게 삶의 터전을 제공한다. 궁극적으로 생태계는 우리가 속해 있는 공간이다. 우리는 우리가 먹는 것이다. 그리고 마찬가지로 우리는 우리가 숨 쉬는 것이고 우리는 우리가 냄새 맡는 것이며 우리는 우리가 보고 듣고 만지는 것이다. 우리는 인간에 의해 작동되고 작동되지 않고 하는, 우리 자신의 것으로 바라보는 세계 속에서 일체감을 느끼도록 우리에게 주어진 모든 것이다. 던(Donne)[2]의 유명한 비유에 따르면 우리는 우리 중 그 누구도 결코 사회적 섬이 아니다. 또한 우리 중 어느 한 사람도 자연적 섬이 아니다. 우리는 물리적, 생물학적, 그리고 심리적 연속성 속에서 다른 인간, 다른 동물 종들, 그리고 궁극적으로는 우리 속에서 의식되는 좀

---

2) 〔역주〕 존 던(John Donne, 1572~1631). 영국 시인 겸 성직자. 〈노래와 소네트〉(1633)로 대표되는 연애시는 상냥함·야유·자조·절망·저주 등 사랑의 온갖 심리를 대담하고 정치(精緻)한 이미지를 구사하여 표현한 뛰어난 작품이다. 페트라르카 유(流)의 상투적인 연애시를 배격하고, 불굴의 정열과 냉철한 논리, 해박한 지식의 통일을 이룩한 이들 작품으로, 17세기 영국의 형이상적 시인의 제1인자로서 위치를 굳혔을 뿐만 아니라 T. S. 엘리엇, W. B. 예이츠 등 20세기의 현대시인에게도 깊은 영향을 끼쳤다. 종교시 〈천부찬가〉(天父讚歌, 1633)도 본질적 구조에서는 연애시와 비슷하여 죄나 죽음의 의식과 신앙이 복잡하게 서로 갈등하는 긴박한 고백으로, 대담한 이미지로 신을 향한 격렬한 부르짖음을 나타냈다. '기지(機智)의 제왕'이라는 말을 듣던 그의 면모는 만년의 설교에도 여실히 나타나 명설교로도 이름이 알려졌다. 연애시 〈엑스터시〉, 〈안녕〉, 14행시 〈죽음이여 뽐내지 마라〉 외에 애가(哀歌) 〈주년(周年)의 노래〉(1612) 등이 유명하다.

더 넓은 물리적 시스템과 함께 살고 있다.

우리와 환경과의 이러한 연계성으로 당신이 그 환경의 가치를 떨어뜨릴 때 이는 나와 내 환경을 손상하는 것, 즉 우리와 우리의 환경을 손상하는 것을 의미하게 된다. 당신은 우리의 집단적 생존기회나 장기간의 건강한 삶에 대한 개인적 전망에 영향을 미칠지도 모른다. 아니면 다른 종들과 우리가 함께 하는 공동의 자연성을 확인하고 그들과 공유하는 지구와 일체감을 느낄 기회에 영향을 미칠지도 모른다. 아니면 만일 당신이 그러한 방식으로 우리 종(種)의 현재 대표들인 우리에게 영향을 미치지 않는다 하더라도, 당신이 우리가 구성하는 사회와 국가의 미래 시민들을 포함하여 인간의 미래세대에 영향을 미치는 것은 당연하다.

그렇다면 우리 각자는 우리 자신의 개별적 신체에서뿐만 아니라 우리가 공유하는 환경과 세상에서도 물리적으로 취약하다. 그러나 만약 그런 경우라면, 왜 공화주의 국가가 환경적 관심사를 옹호해야만 하는지 분명해진다. 어떠한 손상이 환경 — 하위집단의 환경, 전반적인 사회의 환경, 또는 지구상에 있는 모든 사회의 환경 — 에 가해진다는 것은 적어도 우리의 지배받지 않는 선택의 범위에 대한 갑작스런 침해가 있다는 것을 의미한다. 그 손상은 우리가 다양한 기회를 사용하는 데 드는 비용이 증가하거나 어떤 기회들이 닫혀 있다는 것을 의미하게 된다. 결국, 그것은 핵의 참상에서처럼 기회가 거의 남아 있지 않다는 것을 의미할 것이다. 비록 그 손상이 부주의하게 또는 개인들의 순수한 행동의 집합적 결과로서 발생한다 할지라도 그것은 공화주의적 자유의 장부에서는 어떤 손실로 계산된다. 그리고 그 손상이 부주의로 생겨나는 것이 아니라면, 그리고 그 손상이 행동을 감추거나 그 방식을 주장하는 어떤 행위자에 의한 간섭을 의미한다면, 그 손상은 훨씬 큰 손실을 의미한다. 그것은 그러한 환경적 손상을 끼칠 권리가 있다고 생각하는 행위자가 그 영향을 받는 사람들에 대해 지배를 행사한다는 것을 의미한다. 적어도 어떤 부분에서 사람들은 그 행위자의 처분대로 살고 있다. 그 행위자는 마음대로 그들에게 해를 입힐 수도 있고 그렇지 않을 수도 있다. 또한 마음대로 그들의 삶에 간섭할 수도 있고 간섭하지 않을 수도 있다.

결론은 명확해야 한다. 우리가 여기서 그리는 공화주의 국가, 즉 비지배 자유의 증진에 헌신하는 국가는 환경적 명분으로서 우리가 느슨하게 설명하게 될 것을 지지할 수밖에 없다. 공화주의 국가가 인간중심적인 관심사로부터 출발한다는 사실 때문에 급진적 환경주의자들의 좀더 생태중심적 철학을 직접적으로 인정할 수 없을지도 모른다. 그러나 환경주의자들은 공화주의 국가를 이질적이고 포괄적이지 못한 수단으로 여기지는 않을 것이다. 반대로 공화주의 철학은 환경주의자들에게 자신들의 주요한 요구들을 명확히 제시하는 특별히 설득력 있고 효과적인 방식을 제공해야 한다. 공화주의 국가는 환경주의자들이 편안함을 느낄 수 있는 정체여야만 한다.

3) 페미니즘

환경주의자들에게서 보이는 그러한 비인간중심적 명분을 이해하는 공화주의의 능력에 대한 논의는 이만하면 충분하다. 이제 나는 확실히 인간중심적이지만 다른 이유에서 공화주의에 대해 어려움을 주는 것처럼 보이는 세 가지 명분들을 생각해 보고자 한다. 전통적 공화주의자들은 남성, 그것도 재산이 있고 주류에 속하는 남성시민들을 마음속에 그리고 있었다. 이러한 남성적 유산계급의 단일 문화적 연관에도 불구하고 우리가 확립할 필요가 있는 것은 비지배 자유의 이상이 그러한 경계 너머에 사는 사람들에게 호소력을 지닐 수 있다는 점이다. 비지배 자유의 이상은 페미니스트, 사회주의자들, 그리고 다문화주의자들을 위한 이상으로서 이바지할 수 있다. 먼저 나는 페미니즘을 위한 논의를 진행한다.

다른 사람들을 두려워하거나 그들에게 경의를 표할 필요가 없는 개인에 대한 이미지, 지배자가 없다는 것을 아는 개인에 대한 이미지는 전통적으로 남성적 이상이지만 페미니즘의 문헌 속에도 항상 존재했다. 그 이미지는 남성을 위해서뿐만 아니라 여성을 위해서도 실현될 이미지로서 페미니즘의 문헌 속에 주변적으로나마 존재했다. 비록 비지배 자유가 남성들만이 접근할 수 있는 것으로 보였지만, 비지배 자유는 여성에게도 의미가 있었던 전망을 제공했다.

제 1장에서 인용했던 애스텔의 말을 생각해 보라. 그녀는 1690년대에 다음과 같은 질문을 던졌다. "만일 모든 남성들이 자유롭게 태어난다면 어떻게 모든 여성들은 노예로 태어나게 되는가? 만일 일정치 않고 불확실하며 알 수 없는 남성의 자의적인 의지에 종속되는 것이 노예의 완벽한 조건이라면 그들은 노예이지 않겠는가? 자유의 본질이 우리의 주인들이 그렇다고 말하듯이 지키며 살아야 하는 상시적인 규칙을 갖는 데 있는 것이라면 말이다"(Hill, 1986: 76). 이런 말을 한 애스텔의 수사적 의도를 이해하기는 복잡하고 어렵다(Springborg, 1995). 그러나 그 구절이 자주 인용된다는 바로 그 사실이 페미니스트의 이상으로 비지배가 매력이 있다는 것을 증명한다. 그 문제의 힘은 명백하다. 여성들을 바로 남성에게 지배당하는 지위에 노출시키면서도, 남성들은 지배당하는 지위에서 벗어나야 하고, 그런 지배를 당하는 것은 품위가 손상되고 품격이 떨어지는 것으로 주장하는 구조에는 정말로 뭔가 잘못된 점이 존재한다.

여성들이 남편이나 아버지가 시키는 대로 살 필요가 없는 이상, 즉 여성들이 남편이나 아버지의 허락을 얻거나 그들의 비위를 맞출 필요가 없는 이상이 애스텔의 1세기 후 월스턴크래프트(1982)의 영향력 있는 저작들 속에 존재한다. 그 이상은 또한 19세기에 밀(1970)이 테일러[3]의 영향하에서 그들이 여성의 예속이라 불렀던 것에 반대하기 위해 벌였던 논쟁 속에도 들어있다. "노예라고 다 같지는 않다. 아내만큼 노예라는 말에 완전히 들어맞는 것은 없다"(Mill, 1970: 159). 그리고 그 이상은 현대 페미니스트 저작들의 중요한 동기인데, 예를 들면, 페이트먼[4] (Patemon, 1988)의 작품 속에는 여성의 예속에 대한 비판에 내재하는 이상으로 표면화되고 있다(Young, 1990도 참조). 맨스브리지[5]와 오킨[6] (Mansbridge and Okin, 1993: 269)은 이 점에

---

3) 〔역주〕 해리엇 테일러(Harriet Taylor, 1807~1858). 철학자이자 여성 권리 주창자. 19세기의 뛰어난 사상가이자 두 번째 남편인 존 스튜어트 밀에게 큰 영향을 미친것으로 기억되지만, 현존하는 저작은 매우 적은 편이다. 1826년 18세의 나이에 첫 번째 남편과 결혼하여 세 아이를 두었다. 그러나 그녀를 처음으로 지적으로 동등하게 대우한 존 스튜어트 밀을 만나 매료되었고, 밀은 당시 저술중이던 저작에 대해 그녀로부터 코멘트를 얻으며 친분을 쌓아갔다. 이후 몇 년간 이들은 결혼과 여성의 권리에 대한 에세이를 주고받았는데, 현존하는 에세이들을 보면 테일러는 이러한 주제들에 대해 밀보다 더욱 급진적이었다는 것을 발견할 수 있다. 그녀는 또한 오웬(Robert Owen)의 사회주의 철학에 관심을 갖게 되면서 특히 여성들의 남성에 대한 경제적 의존의 결과(*degrading effect*)에 대해 비판적 시각을 가지게 되었다. 이러한 그녀의 사상은 밀의 《여성의 종속》의 저술에 영향을 미쳤다.

4) 〔역주〕 캐롤 페이트먼(Carole Pateman). UCLA 정치학 교수. 민주주의와 페미니즘을 주제로 연구했다. 주요 저서로 《여성의 무질서: 민주주의, 페미니즘, 정치이론》(1989), 《정치적 의무의 문제: 자유주의 이론의 비판적 분석》(1979), 《참여와 민주주의 이론》(1970), 《성적 계약》(1988)이 있다. 특히 《성적 계약》으로 1989년 아메리카 정치학회의 빅토리아 슈크 상을 수상하였고 세계적 명성을 얻었다.

5) 〔역주〕 제인 맨스브리지(Jane Mansbridge). 미국의 민주주의 이론가이자 정치이론가. 1971년에 하버드대학에서 박사학위를 받은 이후 시카고

대해서는 아주 명확하다. '다원성 전반에 걸쳐서 페미니즘은 하나의 분명하고 단순하며 아주 중요한 목적을 가지고 있다. 그것은 여성에 대한 남성의 체계적인 지배를 종식시키는 것이다.'

공화주의적 사고전통과 페미니스트 이상들의 표명 사이의 연결은 톰슨[7] (Thompson, 1970) 이 지난 세기에 매춘부 코드(*white-slave code*)로 결혼에 대해 글을 썼을 때 그가 여성의 상황을 정의하기 위해 선택했던 방식으로 멋지게 드러나 있다(Pateman, 1988: 123 참조). 왜냐하면 만일 여성에 대한 주요 문제가 문화적, 법률적, 그리고 제도

대학, 노스웨스턴대학 등을 거쳐 1996년부터 하버드대학 케네디 행정대학원 교수로 재직 중이다. 주요 저서로《적대적 민주주의를 넘어서》(*Beyond Adversary Democracy*),《사익을 넘어서》(*Beyond Self-Interest*) 등이 있다. 현재 대표성, 민주적 심의, 집단행동 문제의 공적 이해에 대한 연구를 하고 있다.

6) 〔역주〕 수잔 오킨(Susan Okin, 1946~2004). 뉴질랜드 태생의 자유주의 페미니스트이자 정치철학자. 1975년에 하버드대학에서 박사학위를 받았으며, 이후 뉴질랜드의 오클랜드대학, 미국의 브랜다이스대학, 하버드대학 등을 거쳐 1990년부터 스탠퍼드대학의 윤리학 교수로 재직하였다. 그녀는 서양정치사상에서의 여성배제 문제에 초점을 맞추어 성(*gender*) 문제가 정치철학의 핵심임을 주장하였다. 1979년에 출판된《서양정치사상에서의 여성》(*Women in Western Political Thought*)은 정치학에서 여성연구의 토대가 되었다고 평가받으며 이 책에서 그녀는 롤즈의 정의론이 가정과 여성의 문제를 소홀하고 있다고 비판하며 여성문제를 정의론과 연관시켰다.

7) 〔역주〕 윌리엄 톰슨(William Thompson, 1775~1883). 아일랜드 태생의 정치와 철학 저술가이자 사회개혁가. 공리주의로부터 맑스와 마찬가지로 협동조합, 노동조합과 차티스트 운동에 영향을 받은 자본주의 착취에 관한 초기 비판을 전개하였다. 아일랜드에서 인구의 증가가 빈곤의 위협을 야기한다는 것을 인식하였으며, 벤담의 집에 머무르는 동안 만난 그의 오랜 기간 벗이었던 안나 도일 휠러(Anna Doyle Wheeler)의 영향을 받아 당시 여성의 지위에 관한 비판을 전개하였다.

적인 압력들이 결합해서 여성들을 노예와 유사한 지위 속에 두는 것—남성의 손아귀 아래 두는 것—이라면 여성들을 위한 이상은 자의적 간섭으로부터 여성들을 안전하게 지키는 것, 즉 그 이상이 간섭의 부재뿐만이 아니라 지배의 부재를 함축하고 있다는 의미에서 여성에게 자유가 주어지는 것이다.

환경주의의 경우에 나는 환경주의자들이 인식해 온 문제라고 할지라도 그들의 적절한 요구에 공화주의적 목소리가 담길 수 있다고 주장했다. 페미니즘과 공화주의 사이—또는 적어도 페미니즘과 비지배의 공화주의적 이상 사이—의 역사적 연관성은 이 경우 좀더 강력한 어떤 점이 사실이라는 것을 의미한다. 공화주의는 페미니스트의 주요한 주장들을 설득력 있고 정교하게 해줄 뿐만 아니라, 페미니스트 자신들의 진영 내에서 지속되어온 주장들도 분명하게 드러내준다.

물론 공화주의가 페미니스트들에게 항상 매력적이지만은 않았다는 점은 인정해야만 한다. 하지만 공화주의적 이상과 본질적으로 반목하기 때문은 아니다. 그보다는 공화주의가 나쁜 민중주의적 역사의 영향 아래에서 일정 정도 민주적 참여와 공적 활동에 대한 남성중심적 이미지와 부분적으로 연관되어 있기 때문이다. 그러나 우리가 알고 있듯이 그러한 연관은 잘못된 것이다. 그리고 일단 우리가 그것을 인정하면, 원칙적으로 비지배 자유를 증진하는 제도적 수단들은 남성들만큼이나 많이 여성들도 염두에 두고 계획될 수 있다는 것을 이해할 수 있을 것이다. 그리고 그러한 제도적 수단들은 남성들의 목소리와 관심사뿐만 아니라 여성들의 목소리와 관심사들도 수용할 수 있도록 만들어질 것이다(James, 1992).

이 점에 관해서는 할 일이 많이 있다. 근대국가에서 이루어진 진보가 무엇이든지 간에 여성은 아직도 많은 가정에서, 다양한 직장에서, 그리고 여러 도시의 길거리에서 특별한 취약성을 견뎌내고 있다. 그러한 취약성은 신체적 용감성이 덜한 결과라기보다는 여성의 역할, 여성의 능력, 그리고 무엇 때문에 여성들이 밤에 거리를 걸어 다니는가에 대한 뿌리 깊은 가정들의 결과이다. 그리고 여성들이 개인적으로 그리고 집단적으로 자신들의 상황개선에 관심을 돌릴 때, 그들은 종종 자신들이 속한 사회의 제도들이 여성에 반하는 것임을 알게 된다. 기존 가정들의 맥락 속에서 육아와 교육제도를 통해 여성들이 〔성공적인〕 이력을 쌓는 것은 쉽지 않다. 직장에서의 관행들도 여성들이 영향력을 얻기 힘들게 하고, 여성들의 고용지위를 부정적으로 만들 것이다. 그리고 정치세계는 여성들이 진입하거나 이름을 떨치는 것을 아주 어렵게 만들 것이다. 정치세계는 가사 부담이 없는 남성에게 적합한 세계일지 모른다. 그리고 그것은 남성간의 관계와 남성간의 동료의식의 습관들을 중심으로 조직된 세계일 것이다. 그런 불만들을 아마 많은 철학적 토론의 장에서 들을 수 있을 것이지만 그 불만들은 특히 공화주의 정치라는 공연장에서 좀더 특별한 반향을 가질 수 있다.

4) 사회주의

비지배 자유의 이상이 원래 성별화되지 않고, 특히 사회적, 정치적 삶에 대한 남성중심주의적 이미지와 관계되지 않다는 주장에 대해서는 충분히 논의했다. 이제는 비지배 자유의 이상이 페미니스트뿐만 아니라 사회주의자에게도 매력이 있는가 하는 주제로 넘어간다. 비지배 자유의 이상은 전통적으로 재산이 제공할 수 있는 독립적인 경제적 안정을 누리는 사람들에게만 어울리는 삶의 이미지와 연관되는가, 아니면 일반 노동자들에게도 매력을 가질 수 있는 어떤 이상을 대변하는가?

나는 이 질문에 대한 답은 아주 긍정적이라고 믿는다. 19세기에 자본주의가 발달하여 산업노동자 계층의 불만들이 절정에 이르러 배가되기 시작했을 때, 사회주의자들의 불만을 표출하는 데 도움이 되었던 주요 개념들 가운데 하나가 임금노예제 개념이었다(Marx, 1970: 제19장). 임금노예로서의 노동자에 대한 이미지는 고용주의 은혜와 자비에 의존하는 것으로, 그리고 자신들의 사장을 개인적으로 또는 집단적으로 대할 때 주의와 복종의 길을 따르도록 요구받는 것으로 그려진다. 만일 그러한 이미지가 노동자들이 처한 조건에서 이의를 제기할 만한 것이 무엇인지 보여주는 데 도움이 되는 한 가지 방법이라면, 그 이미지는 반대편의 호소, 즉 노동자들이 자의적 간섭의 가능성에 노출되어서는 안 되며 비지배 자유를 누려야만 한다는 생각에 호소하는 것을 전제하고 있다.

만일 어떤 지역에 있는 고용주들이 19세기의 많은 고용주들이 그랬던 것처럼 자신들을 불쾌하게 하는 누군가를 집단적으로 블랙리스트에 올릴 수 있다면, 그리고 만일 실업이 결과적으로 빈곤을 의미한다면, 사회주의자들이 왜 노동자들을 임금 노예에 불과하다고 생각했었어야 했는지는 분명하다. 고전적 자유주의자들이 생각했을 것처럼 고용주들이 노동자들의 취약성을 종종 부당하게 이용하지는 않았을 것이라는 점은 아마 사실이었을 것이다. 예를 들어 고용주들은 경제적 이유 때문에 노동자들이 감히 반대할 수 없는 종류의 사소한 괴롭힘을 가하지는 않았을 것이고, 마찬가지로 변덕스럽게 고용하거나 해고하지도 않았을 것이다. 다시 말하자면, 사회주의 운동을 낳았던 명분을 갖고 있던 노동자들이 특별히 간섭에 종속되었던 것은 아니었다. 분명 간섭은 노동자들의 평가에서 중점사항이 아니었다.

노동자들이 분명히 이의를 제기할 만하다고 여겼던 것과 사회주의자들로 하여금 초기 자본주의를 임금노예제 시스템으로 비난하도록 만들었던 것은 노동자들이 간섭을 거의 받지 않는다 하더라도 간섭, 특히 자의적 간섭에 영구적으로 노출된 상태에서 여전히 살고 있다는 상황이었다. 주인들의 관대함을 들어 경제적 합리성으로 논박할 수는 있겠다. 그러나 노동자들이 그 주인들에게 종속되어 살아가고 있다는 — 그들의 고용주들이 바로 지배자들이었다는 — 사회주의자의 관점에서 보자면 경제적 합리성은 변함없이 이의를 제기할 수 있는 것이다.

만일 이런 사유가 옳다면, 우리는 비지배 자유의 이상이 사회주의자들에게 호소력이 있을 것이라는 점을 확실히 기대할 수 있다. 사회주의는 공화주의 이상과의 결합 위에서 배양되었다. 〔비지배 자유의 이상을〕 고용관계의 등장에 대한 비판에서 다소 혁명적 효과를 주는 데 적용했던 것이다. 예를 들어 사회주의자들은 고용관계가 자유로운 고용계약에서 기원했다고 본 자유주의자들의 견해를 거부했다. 자의적 이유에서 고용주가 노동자를 해고하는 것은 부당하다고 사회주의자들은 주장했다. 그리고 계약론적 의무에 따라 고용주는 "좋은 이유에서, 아무 이유도 없이, 또는 심지어 도덕적으로 잘못된 이유에서" 피고용인을 해고해도 좋다는 전통적인 소극적 자유지상주의자의 "의지에 따른" 교의를 사회주의자들은 거부했다(Levin, 1984: 97; Cornish와 Clark, 1989: 294~295도 보라). 사회주의자들은 개별적인 고용주-피고용인 계약을 공화주의자들이 항상 거부했던 노예계약 형태로 이해했다. 그리고 그들은 그러한 계약조건 아래에서 현실화된 지배를 비난했다.

사회주의자들에게 불만의 근거를 준 것 이외에도 비지배 자유의 이상은 또한 사회주의자들이 파업이라는 무기 — 노동자들이 의지할 수 있었던 유일한 도구 — 를 사용할 수 있도록 옹호했을 것이다. 보통 자유로운 고용계약이라는 맥락에서 노동자들의 집단 노동행위에 반대하는 주장을 하는 데 항상 불간섭 자유의 이상이 사용되었던 것이다. 물론 집단노동행위는 강제나 적극적인 방해와 연관이 있기 때문에 간섭의 한 형태이다. 그리고 언뜻 보아서도 파업은 고용주 측에는 정당한 이유가 없는 간섭의 한 형태이기도 하다. 결국 고용주들은 자유계약을 협상하는 것에만 희망을 거는데, 그것이 반드시 강제나 무력 또는 심지어 조작에 의한 것일 필요는 없다는 것이다. 따라서 불간섭의 이상은 자연스럽게 집단 노동행위를 정당하지 않은 것으로 보이게 만든다.

비지배 자유의 이상은 집단행동에 대해 아주 다른 외형을 준다. 개별적인 고용계약이 빈곤이라는 공포 아래 놓여 있는 노동자들로부터 이루어지는 것이라고 가정해 보자. 그리고 그 계약을 통해 고용인이 피고용인과의 관계에서 지배적 위치에 놓이게 된다고 가정해 보자. 이러한 상황에서 집단행동에 의지하는 것은 고용된 사람들이 비지배 자유를 획득하는 유일한 희망을 의미하게 될 것이다. 집단행동에 의지하는 것은 노동자들이 개별적으로 자신들의 고용주에게 맞설 수 있도록 해주는 충분한 권력을 주는 유일한 방법일지도 모른다.

비지배 자유의 이상이 페미니스트의 목표와 잘 조화를 이루듯이 사회주의자들에게도 잘 부합한다는 것을 이러한 관찰을 통해 충분히 납득하길 바란다. 비지배 자유의 이상은 임금노예제에 대한 불만 속에 내재되어 있다. 비지배 자유의 이상은 자유계약의 교의를 사회주의자들이 참지 못한다는 것을 이해한다. 그리고 비지배 자유의 이상은 필요한 곳에서 집단 노동행위에 호소하는 것이 정당하다는 사회주의자의 신념을 지지한다. 그러나 공화주의 이상에 대한 사회주의적 매력을 옹호하는 주장에서 한 가지 더 지적해야 할 사항이 있다. 그것은 사회주의의 민중적 전통, 즉 노동자 계급운동에 대한 팸플릿과 시와 구호들 속에 구현된 전통은 종종 정확히 비지배 자유와 연관된

〔사회적〕 지위에 대한 욕망을 표현했다는 점이다. 이 점은 임금 노예제에 대한 불만의 대중성에 의해 뒷받침되지만, 또한 고용주들의 사소한 핑계와 그러한 핑계가 노동자들에게 뜻하는 저급함에 대해 〔사회주의의 민중적〕 전통이 드러내는 분노 속에서도 생생하게 입증된다.

이러한 분노를 우리는 1830년대와 1840년대 영국의 차티스트 운동에서, 그리고 10년쯤 뒤 미국에서 일어난 자유노동 운동에 참여했던 사람들에게서 찾아 볼 수 있다(Foner, 1970). 그 분노는 패터슨(Paterson, 1921)[8)]이 1890년대 호주 시골 노동자들의 정서를 잡아낸 대중가요인 〈부시맨의 노래〉(*A Bushman's Song*)에 있는 2개의 구절 속에 잘 표현되고 있다.

> 나는 내 형이 농장을 갖고 있는 일라와라로 갔어.
> 형은 주인의 허락 없이는 팔을 들지도 못했어.
> 주인은 구석구석을 소유하고 있어.
> 남자, 여자, 개, 그리고 고양이도.
> 사람들은 모자에 손을 대고 인사를 하지 않고서는
> 감히 말하지 못했지.
>
> 그건 속임수였네, 얘들아, 속임수였어. 조금도 의심할 바가 없어.
> 그들의 보잘것없는 땅주인 신과 내가 곧 다투게 되었을 테지.
> 내가 모자에 손을 대고 그에게 인사해야 했나?

8) 〔역주〕 앤드류 바튼 패터슨(Andrew Barton Paterson, 별명은 Banjo Paterson, 1864~1941). 전 세계적으로 유명한 노래인 〈춤추는 마틸다〉(*Waltzing Matilda*)를 작사했다. 그는 죽기 전까지 10만 권 이상 팔린 《눈 덮인 강에서 온 사나이 외(外)》(*The Man from Snowy River and Other Verses*, 1895)와 《그란데 강의 마지막 경주 외(外)》(*Rio Grande's Last Race and Other Verses*, 1902)로 오스트레일리아에서 큰 인기를 얻었다.

내가 그의 지독한 개인가?
그래서 나는 늙은 말을 타고 그 지방을 바로 잡는다네.

5) 다문화주의

비록 근대 이전에 비지배 자유의 혜택을 받은 사람들, 즉 전통적으로 공화주의적 이상을 지지했던 사람들은 모두 재산이 있는 남성들이었지만, 우리는 비지배 자유가 어떻게 해서 페미니스트와 사회주의자들에게도 충분히 호소력이 있는지 살펴보았다. 우리는 비지배 자유의 이상이 많은 페미니스트와 사회주의자의 저술 속에 내재되어 있다는 것을 보았다. 이러한 점들은 비지배 자유의 이상으로부터의 후퇴가 다음과 같은 인식에 의해 초래되었다는 첫 장에서의 주장과 연관되어 있다. 즉, 비지배 자유의 이상으로부터의 후퇴는, 만일 여성과 노동자들이 평등한 시민의 지위를 가졌다고 여기려면, 국가가 일반적으로 시민들에게 전통적 의미에서의 자유를 부여하는 계획을 포기해야 한다는 인식에서 시작되었다는 것이다. 국가는 불간섭 자유를 극대화하려고 했을지도 모른다. 그러나 현대사회의 완전한 변화 없이 국가가 광범위한 비지배 자유를 증진하는 것은 불가능하다.

근대 이전의 비지배 자유의 혜택을 누린 사람들이 모두 남성, 특히나 모두 〔일정 정도〕 재산이 있는 남성이었다는 사실 이외에도 그들을 특징짓는 다른 하나의 측면이 있다. 그것은 그들 모두가 또한 그들이 살고 있는 사회의 주류문화에 속했다는 점이다. 예를 들면, 이들 국가의 시민들은 유럽과 신세계 전역에 걸쳐 살았던 유대인을 포용하지 않았다. 그리고 영국과 같은 프로테스탄트 국가의 시민들은 그들 사이에서 살던 가톨릭교도들은 포용하지 않았다. 이러한 관찰을 통해 비지배 자유의 이상이 여성과 노동자들뿐만 아니라 인종적

소수자에 속하고 한 사회의 주류문화 밖에 존재하는 사람들에게도 호소력을 가질 수 있는지, 예를 들면 이민자 집단들이나 식민지 이후의 원주민들에게도 호소력을 가질 수 있는지에 대한 문제가 제기된다.

여기서의 논의는 페미니즘과 사회주의의 경우와는 달라야 한다. 왜냐하면 소수자 또는 원주민 권리를 옹호하는 전통—더 나은 용어가 없기에 '다문화주의적 전통'이라고 부를 수 있는 전통—은 페미니즘과 사회주의만큼 기록된 역사가 없기 때문이다. 나는 여기서 다문화주의가 전통적으로 비지배 자유와 같은 이상을 지지했다고 주장할 수는 없다. 단지 나는 다문화주의의 관심사들이 비지배 자유의 이상에 대한 호소에 의해 지지될 수 있다는 것을 보여주고 싶을 뿐이다. 다문화주의가 공화주의와 연관된 방식은 페미니즘과 사회주의가 공화주의와 연관된 방식보다, 환경주의가 연관된 방식에 더 가깝다.

다문화주의에서의 주요 불만은 근대국가가 일반적으로 하나의 주류문화와 관련된 전제들을 중심으로 조직되어 있다는 것이다. 근대국가의 과업은 주류문화의 언어로 수행되고, 국가는 주류문화의 종교적 관행에 권위를 부여하며, 주류문화로부터 도출된 정상적 삶의 이미지를 제시하고, 주류문화의 관행과 관련해서만 의미가 있는 법을 통해 작동한다. 그러한 불만이 제기하는 도전은 주류에 속한 사람들의 이해와 마찬가지로 소수문화에 속한 사람들의 이해도 충족시킬 수 있는 이론적 논리와 형식을 근대국가가 제시할 수 있느냐 하는 점이다. 공화주의를 옹호하면서 여기서 내가 지적하고 싶은 것은 만일 근대국가가 비지배 자유의 증진을 지향한다면 근대국가는 소수문화에 속한 사람들의 요구들을 들어줄 수 있는 동기와 역량을 갖게 될 거라는 점이다.

일찍이 우리는 비지배 자유가 하나의 공동체주의적 이상임을 보았다. 만일 누군가 지배당하고 있다면, 즉 만일 누군가가 타인들에 의한 자의적 지배에 노출되어 있다면 그것은 항상 어떤 부류나 계급에 의한 것이다. 그들이 흑인이거나 여성이거나 늙거나 가난하거나 그 무엇이든 개인은 취약하다. 그것이 의미하는 것은 우리가 개인의 비지배 자유를 진전시키려면 그들이 속한 관련한 취약계급(들)의 비지배 자유를 향상시켜야만 한다는 점이다. 그리고 그것은 만일 한 개인이 그들 자신의 해방, 즉 지배로부터 그들 자신의 보호라는 명분을 지지하려 할 경우, 그들은 그 취약계급 안에 있는 다른 사람들의 명분과도 일체감을 느껴야 한다는 것을 의미한다. 예를 들면, 일반적으로 〔전체〕 여성이나 노동자—아니면 적어도 특정 상황에 있는 여성이나 노동자—의 비지배 자유를 성취하지 않고서는 개별여성이나 노동자들의 비지배 자유의 증진을 가져올 수 있는 방법은 없다.

이러한 관찰이 주는 교훈은 소수문화의 구성원이 지배에 대한 취약성의 상징이 되는 한, 그 문화의 구성원들과 그들의 운명에 관심을 나타내는 국가는 일반적으로 그러한 문화의 필요성을 다루어야만 한다는 것이다. 그들을 결속시키는 것에 대해 아무것도 언급하지 않고 〔취약성을 지닌〕 문화 속의 개인들에 관심이 있다고 주장하는 것은 충분하지 않다.

이 교훈이 주는 의미는 비지배 자유를 향상시키기 위한 요구사항을 결정할 때, 젠더의 문제에 국가의 관심이 맞춰져야 하는 것처럼 문화적 멤버십의 이슈에도 주의를 기울여야 한다는 것이다. 각각의 경우에 국가는 관련 젠더나 문화의 누군가가 비지배 자유를 누릴 수 있으려면—즉, 그러한 개인이 이러한 공공선을 공유하려 한다면—그들은 자신들의 특별한 지위에 걸맞은 자원을 공급받아야 할 가능성에 민감해야만 한다. 만일 먼 지역사람들이 도시사람들과 같은 이익을 누리려면 종종 특별한 자원들을 공급받아야 한다는 사실에 누구도 난색을 표하지 않는다. 예를 들자면 시골의 교육, 교통, 통신은 도시에 있는 것들보다 일인당 비용이 훨씬 더 많이 들지도 모른다. 그리고 마찬가지로 만일 어떤 집단에 속한 사람들이 비지배라는 공화주의적 공공선—그렇게 하고 싶다면, 시민권이라는 공공선—을 공유하고자 한다면 그들이 처한 특별한 위치 때문에 그들에게 특별한 관심과 지원이 주어져야 할 필요가 있을지도 모른다는 가능성에 그 누구도 주저하지 않는다.

앞서 언급된 것 중에서 명심해야 할 것은 어떤 소수문화를 위해 요구되는 특별조항은 전반적인 공화주의적 비전을 일관되게 유지하면서도 아주 급진적일 수 있다는 점이다. 예를 들어 그 소수문화가 원주민의 문화이고, 그 구성원들이 타인들을 자신들의 고유한 땅에 침입한 자로 여기는 것이 합당하다고 가정해 보라. 그리고 그들이 타인들과의 동화나 심지어 그들과 같은 관할권에 종속되는 것에 대해 원래부터 이의를 제기할 만하고 모욕적인 것으로 여긴다고 가정해 보라. 그런 경우에 아주 급진적인 조치 없이는, 소수문화의 구성원들이 비지배 자유를 누린다고 확신할 수 있는 희망은 없다.

주류문화의 대표자들이 소수자에게 부과된 박탈을 인정하고, 비록 회복이나 완전한 보상이 불가능하다고 가정할지라도, 지배라는 과거의 가정을 부정하는 표시로서 어떤 형태로 보상해야 할 필요가 있을지도 모른다. 그리고 〔주류문화와 소수문화의〕 분리가 실현가능하지 않다고 가정한다면, 주류문화의 대표자들이 소수문화의 구성원들을 주류 방식들에 대한 양심적인 반대자들로서 대하고 그 소수문화의 구성원들에게 보편적 의무로부터의 다양한 면제를 허용하는 것이 필요할지도 모른다. 예를 들자면, 소수문화의 구성원들이 자신들만의 영역에 대한 제한된 관할권을 갖고 집단적 방식으로 자신들만의 일을 조직할 수 있도록 해주는 것이 필요하다.

그러한 다문화주의적 방안들의 자세한 부분들을 고려할 때 해결되어야 하는 어려운 이슈들이 있지만, 여기는 그 이슈들을 제대로 다룰 자리가 아니다(Kymlicka, 1995를 참조).[9] 내가 강조하고자 하는 점은 비지배 자유라는 공화주의 이상이 페미니스트나 사회주의적 전망에서, 또는 정말로 환경주의적 전망에서 봤을 때 완전히 적합한 것처럼, 소수문화의 특별한 요구를 들어주는 것에 주된 관심이 있는 사람들에게도 비지배 자유라는 공화주의 이상이 호소력을 가질 수 있다는 것이다. 비지배 자유는 하나의 다원주의적 이상이며, 현대의 다양한 이해와 의견의 스펙트럼을 넘어서 헌신할 가치가 있는 것으로 기대될지도 모른다.

6) 공화주의 이상이 지닌 역동성

〔비지배 자유라는〕 공화주의적 이상의 다원주의적 특성과 관련해서 마지막으로 지적할 것이 있다. 하나의 이상은 그것이 모든 해석과 실행의 순간에 설명과 적용을 풍부하게 한다는 점에서만 내가 논의한 아주 다른 종류의 집단들과 운동들에게도 호소력을 지닐 수 있을 것이다. 그 이상은 제도적 삶의 고정된 패턴에 기계적으로 묶인 정적인

9) 〔역주〕 윌 킴리카(Will Kymlicka). 캐나다 퀸즈(Queen's) 대학 철학과 교수. 1987년에 영국 옥스퍼드대학에서 박사학위를 받은 후 1998년부터 모교인 퀸즈대학 교수로 재직 중이다. 다문화주의에 대한 각종 논문과 저서로 유명하며, 그의 몇몇 저서들은 여러 언어로 번역되기도 했다. 연구분야는 주로 민주주의와 다원성에 초점을 맞추고 다문화사회에서 시민성과 사회정의의 문제에 대해서 오랫동안 관심을 가졌다. 그의 가장 중요한 사상 중 하나는 소수자 그룹에 대한 처우에서 자유주의적 틀을 제공하는 것이다. 대표 저작으로는 《자유주의, 공동체, 문화》(*Liberalism, Community, and Culture*, 1989/1991), 《현대정치철학의 이해》(*Contemporary Political Philosophy: An Introduction*, 1990/2001), 《다문화적 시민성》(*Multicultural Citizenship*, 1995) 등이 있다.

이상이 아니라 더 많은 외삽과 발전가능성 속에 항상 풍부하게 존재하는 하나의 역동적 이상이어야만 한다. 비지배 자유의 이상은 정확히 이런 종류의 역동성을 보여주며, 그것이 불간섭 자유의 이상보다 더 널리 호소력을 지닐 수 있는 이유이다.

비지배 자유는 개인이 자의적 근거에 의한 간섭의 가능성에 노출되지 않을 것을 요구한다. 개인은 어떠한 수준에서도 공유하지 않은 이해나 사고—이용가능한 견제책들이 있어도 일어날 수 있는—에 의해 좌우되는 방식으로 타인들이 그들의 삶에 간섭할 수 있는 위치에 있어서는 안 된다. 이 이상은 역동적이다. 왜냐하면 누군가의 이해가 무엇인지 또는 어떤 형태의 간섭—특히 어떤 형태의 국가간섭—이 그들이 공유하는 관념들에 의해 좌우되는지에 대해 이용할 수 있는 어떤 최종적인 설명은 없기 때문이다. 사람들이 상호교류하고 조직하고 그리고 어떤 정체성들—말하자면, 여성으로서 또는 노동자로서 아니면 원주민의 구성원으로서의 정체성들—을 확인할 때 그들은 문제시되지 않았던 것, 즉 어떤 타인들과의 관계에서 거의 눈에 보이지 않는 패턴들을 항상 지배적 관계의 지표로서 이해하기 마련이다. 그들은 항상 오래된 이해나 관념들을 재확인하거나 아니면 일상적인 부과를 자의적 권력의 모습으로 가정하게 만드는 새로운 이해나 관념들을 지지하기 마련이다.

그렇다면 무엇이 권력행사를 자의적이게 만드는가에 대한 생각은 체계적으로 진화한다. 그 생각은 담론적 재해석의 가능성에 체계적으로 열려 있는데, 사람들이 새로운 관계를 찾아내어 이제까지 용인되던 형태의 취급을 비판적 관점에서 새롭게 바라보는 것을 옹호할 수 있을 때 그러하다. 그리고 자의적 권력의 개념, 궁극적으로는 지배의 개념이 발전함에 따라 비지배 자유라는 보완적인 이상도 또한 발전한다. 그러한 자유의 요구들은 돌판 위에 새겨진 것처럼 결코 고정되지 않았다. 그 요구들은 계속해서 재해석되기 마련이며, 그 사회에서 새로운 이해와 관념들이 출현하고 구체화될 때 다시 검토되기 마련이다.

여기서 살펴 본 다양한 종류의 불만들을 비지배 자유가 어떻게 표출할 수 있는지를 설명하는 것이 바로 비지배 자유의 이러한 역동적 측면이다. 공화주의적 자유를 인정하는 것은 지금은 이 집단에, 지금은 저 집단에 기계적인 방식으로 적용될 수 있는 이미 만들어진 이상을 받아들이는 것이 아니다. 공화주의적 자유를 인정한다는 것은 진취적으로 변화하고 명확해지는 현재의 사회적 전망 속에서 그 자유가 해석될 때 새로운 내용과 타당성을 얻는다는 개방적인 이상을 받아들이는 것이다. 다음 장에서 공화주의 체제 내에서 민주주의의 역할을 고려할 때 이 문제를 다룰 것이다.

2. 공화주의적 정책들

1) 정책에 대한 공화주의적 태도

근대 공화주의 국가가 지지할 것 같은 정책들에 대해 어떤 자세한 의미를 부여하는 것은 불가능하다. 여러분이 증진하고자 하는 전반적인 목적 — 우리의 경우에는 비지배 자유 — 을 아는 것만으로는 정책개발의 충분한 근거가 되지는 못한다. 일체감을 갖는 광범위한 종류의 명분을 아는 것만으로도 결코 충분하지 않다. 또한 필요한 것은 그러한 목적을 증진하기 위해 이용할 수 있는 다양한 제도적 수단들과 그 수단들의 장단점들, 그리고 그 정책들이 실행되어야 하는 상황에 대한 정보에 기초한 분별력이다. 결과주의적 철학으로서 공화주의는 독단적이거나 교조적이지 않다. 공화주의는 우리에게 정책의 청사진이 아니라 정책을 개발하기 위한 프로그램을 제공한다. 정책연구에서 노동의 분화가 있어야만 한다는 점을 공화주의는 인정한다. 그리고 어떤 측면에서는 정치이론가들은 법률가들, 사회과학자들, 그리고 다른 정책 전문가들에게 길을 비켜 주어야만 한다는 점을 인정하기도 한다.

공화주의 정책의 전망을 설명하는 데 한 가지 장애를 특별히 언급할 가치가 있다. 그것은 어떠한 사회에서도, 국가가 인민들의 비지배 자유를 진전시키는 데 수행할 역할은 시민사회의 역할에 의존한다는 사실이다. 이런 의미의 사회에서 가족에 대한 충실함은 협소한 한계를 넘어 확대되지만 강제적인 국가의 존재에 엄격히 의존한다 (Taylor, 1995: essay 11; Gellner, 1994: 5). 활기차고 관용적인 시민사회가 있는 곳, 개인과 집단들이 지배의 가능성을 축소하거나 직접적으로 지배에 도전하는 정치적 헌신이 토대를 형성하는 곳에서는 국가가 할 일이 더 적어질 것이다. 그러나 그러한 풍요로운 시민사회가 구현되고 있지는 못하지만 여전히 국가를 구성하기에 충분한 곳에서는 국가가 할 일이 더 많아질 것이다(Machiavelli, 1965: 241 참조). 나는 마지막 장에서 이 주제로 돌아간다.

비록 이 논의에서 다루는 정책적 권고사항에서 이끌어내야 할 문제지만, 자유가 불간섭만이 아닌 비지배를 의미한다는 생각은 국가정책에 대한 공화주의적 태도와 불간섭 자유를 소중히 여기는 사람들에게 매력이 있을지도 모르는 태도 간에 사실상 큰 차이가 존재함을 암시한다.

공화주의자들은 비지배를 소중히 여기기 때문에, 이와 관련한 두 가지 방식에서 불간섭을 소중히 여기는 사람들과 다를 것이다. 우리가 일찍이 채택했던 언어에서 공화주의자들은 국가개입의 가능성에 대해 덜 회의적일 것이며, 국가가 바로 잡아야만 하는 사회적 병폐들에 대한 견해에서도 더 급진적일 것이다. 공화주의자들은 정치적으로는 좀더 낙관적이고 사회적으로는 좀더 급진적이다. 공화주의자들이 국가에 대해 덜 회의적이라는 것은 국가가 적절히 통제된다면 국가의 행동을 본래 자유에 맞서는 것, 즉 그 자체로 지배의 한 형태로서 국가의 행동을 바라보지 않는다는 사실에서 기인할 것이다. 그리고 사회적 병폐에 대한 그들의 좀더 현저한 급진주의는 그 어떤 형식의 지배도, 심지어 지배자가 일반적으로 권력을 유지할 수 있을 것으로 기대하는 형식의 지배조차도 자유에 대한 도전으로 간주한다는 사실에서 기인할 것이다. 공화주의자들은 지배를 본질적으로 자유를 위태롭게 하는 관계로 간주한다.

먼저 국가에 대해 덜 회의적인 점을 생각해 보라. 그처럼 불간섭에 관심이 있는 누군가에게 과세는 본래 나쁜 것이며 결국 그 자체로 간섭의 한 형태이다. 그래서 세금을 지지하는 정책이 불간섭의 견지에서 과세에 따르는 어떤 비용을 보충하려고 한다면, 과세를 지지하는 어떠한 정책도 불간섭의 견지에서 기대되는 높은 이익을 내야 할 것이다. 불간섭이 아닌 비지배에 관심이 있는 공화주의자들에게, 지배로부터 보호하려는 과세는 그 자체로 지배만큼—적어도 언뜻 보기에—그렇게 거의 나쁘거나 반대할 만한 것이 아니다. 어떤 정부가 질서정연한 법체계 아래에서 인민들에게 세금을 부과할 때, 그와 관련된 간섭이 자의적일 수는 없기 때문에, 그 정부가 인민들을 지배할 필요는 없다. 그 정부는 인민들의 관념에 따라서만 인민들의 이해를 추구해야 한다. 그 과세는 세금을 부과받는 사람들이 비지배적 선택을 향유하는 영역을 제한할 것이다. 왜냐하면 과세를 통해 그들은 어떤 자원들을 빼앗기게 되기 때문이다. 그러나 그것은 지배 그 자체보다는 훨씬 덜한 침해이다. 공화주의자들은 불간섭 자유를 신봉하는 사람들보다 세금을 통한 조치에 의존하는 것에 더 호의적이므로, 국가개입에 대한 자원을 보유하는 것에 덜 회의적인 태도를 보일 것이다.

그러나 공화주의자들이 국가행동에 대해 덜 회의적인 경향만 있는 것은 아닐 것이다. 사회정책과 관련하여 공화주의자들이 더 급진적일 수도 있다. 예를 들면, 기대되는 불간섭을 최대화하는 데 관심이 있는 자유주의자는 고용자의 이해 때문에 간섭의 수준이 낮게 유지될 것처럼 보인다면, 어떤 고용자가 다소 자의적으로 피고용인에게 간섭할 수 있는 지위에 있다는 사실에 대해서 우려하지 않을 것이다. 확실히 자유주의자는 기대되는 유일한 치유책 자체가 국가개입에의 의존과 연관된다 할지라도 이러한 상황에 대해서는 크게 우려하지 않는다. 그러나 공화주의자들은 어떤 행위자가 자의적 간섭을 이용할 수 있다는 사실을 그들이 타인들을 지배한다는 것으로 생각하기 때문에 자의적 간섭의 가능성을 염려할 것이다. 또한 공화주의자들은 지배가 포함되지 않은 국가개입을 통해 자의적 간섭을 치유하는 데 이르는 가능성에 대해 더욱 걱정하게 될 것이다. 따라서 불간섭에만 관심을 두는 자유주의자들이 아무런 행동도 취하지 않고 있게 될 사회적 상황에 공화주의자들은 분개할 것이다. 공화주의자들은 정부가 바로 잡도록 요구받는 사회적 병폐들에 대해 좀더 급진적인 관점을 취할 것이다.

아무리 세밀한 경험적 문제들이 드러난다 할지라도, 우리는 앞서 살펴본 관찰을 통해 공화주의는 불간섭 자유에 대한 자유주의적 애착이 공감할 만한 정책들에 매우 다른 태도를 취함을 볼 수 있다. 물론, 경험적 구속들이 너무나 지나쳐서 공화주의자들이 자신들의 반대자들이 지지하는 그런 최소 정부적 정책방향으로 후퇴해야만 하는 일이 있을지도 모른다. 어떤 통설이 주장하듯이(Fraser and Gordon, 1994 참조) 국가의 복지가 복지 수혜자들의 의존성을 조장하며 그러한 의존성으로 비지배를 달성할 수 있는 수혜자들의 능력이 손상을 입는다는 것이 입증되었다고 가정해 보라. 그것은 공화주의체제 아래에서 복지—여전히 '복지'가 적절한 단어로 유지된다면—가 어떤 방식으로 이용가능할 수 있도록 만들어져야 하는지에 대해 중요한 의미를 지니게 될 것이며, 그래서 최소주의적 정책방향으로 나아가도록 공화주의자들을 밀어 붙일 것이다. 그러나 핵심은 단지 특별한 경험적 구속들만이 공화주의자들로 하여금 그러한 입장을 취하도록 설득하게 될 것이라는 점이다. 공화주의자들의 첫 번째 성향은 정치적으로는 좀더 낙관적이고 사회적으로는 좀더 급진적일 것이다.

그렇다면 이것이 공화주의자들은 일반적으로 큰 정부를 선호한다는 것을 의미하는가? 그렇기도 하고 아니기도 하다. 공화주의자들은 법과 국가에 상당한 범위의 책임을 부여하는 정부형태에 대해 아주 호의적인 생각을 갖고 있다. 다른 한편 공화주의자들은 높은 정도의 권력과 재량권을 당국이나 심지어 다수에게 부여하는 정부형태에 대해서는 아주 좋지 않은 감정을 갖고 있을 것이다. 공화주의자들은 다음 장에서 논의될 법적이고 민주적인 통제를 추구할 것이다. 공화주의자들은 국가가 도미니움의 지배적 효과들을 줄여줄 수 있을 것이라는 가능성을 낙관적으로 바라보면서도, 지배적인 임페리움 형태를 불러올 방종을 국가에 부여하는 위험성에 대해서는 계속해서 주의를 기울일 것이다. 아마도 정부는 정부에 맡겨진 큰 범위의 책임을 지니고 있어야만 할 것이다. 이 전제 위에서 국가가 발전해야 한다. 그러나 정부는 큰 범위의 독립적인 권력을 가져서는 안 된다. 결정적으로 이 부분에서 정부는 최소한의 형태로 유지되어야 할 것이다.

마지막으로 한 가지 논평을 하고 싶다. 공화주의 정부는 그 정부가 가정하는 책임의 범위에 있어 비대해지는 경향이 있겠지만, 만일 공화주의 정부가 이런 차원에서 너무 비대해지면, 정부가 행사할 수 있는 독립된 권력의 범위도 또한 비대해지기 마련이라는 점을 인식하는 것이 중요하다. 그런 정부는 정부 자신의 권리로 지배적인 존재가 되기 마련이다. 따라서 거기에는 국가가 하는 일에 대해 공화주의가 얼마만큼 선호하게 되는지 판단하는 내재된 제어장치가 존재한다. 비지배 이상은 보통 사람들의 삶에 훨씬 더 강력한 정도의 국가개입을 요구하는 그런 터무니없는 이상이 아니다. 국가행동과 관련하여 비지배 이상이 어떤 낙관주의를 장려한다 하더라도, 그것은 본래 만족시킬 수 있는 목적이거나 절제된 목적이다(Braithwaite and Pettit, 1990).

국가에 일상적인 경험적 제한들을 부과한다고 가정한다면, 근대 공화국이 지지할 것 같은 그런 종류의 정책에 대한 대강의 인상을 줄 수 있을 것이다. 국가가 관여하기를 기대할 수 있는 다섯 가지의 광범위한 정책결정 분야들, 즉, 대외적 방어, 국내적 보호, 개인의 독립, 경제적 번영, 공적인 삶이 특히 그러하다. 나는 공화주의가 설득력 있는 정책결정에 대한 전망을 제공할 수 있는 역량을 지녔다는 점을 주장하려는 시도로 이 각각의 분야에 대해 언급할 것이다. [다만]

내 제안들을 공화주의의 명분들—각기 서로 다른 많은 정책결정 분야와 관련이 있고, 그 관련성이 일정 정도 분명해야만 하는 명분들—에 대한 앞서의 논의와 직접적으로 연관짓지는 않을 것이다.

2) 대외적 방어

모든 형태의 국가가 그러하듯 근대 공화국도 외부의 적들에 대한 방어문제에 관심을 가질 수밖에 없다. 만일 문제의 국가나 도시가 적절히 방어되지 못한다면, 결국 외부로부터 생생하고 지속적인 지배의 가능성은 끊이지 않을 것이다. 그 국가가 적절하게 방어되지 못한다면 타국은 실제적인 간섭을 하지 않더라도 그 국가를 지배할 수 있을 것이고, 따라서 그 시민들까지 지배할 수도 있을 것이다. 타국은 마음대로 그리고 상대적으로 무난하게 간섭할 수 있는—예를 들자면 침입하거나 위협할 수 있는—위치에 있을 수 있다. 공화주의자들은 특정 간섭과 있을 법한 간섭으로부터뿐만 아니라 일정 정도 자의적 간섭이 또 다른 국가의 권력 안에 있는 상황까지도 꺼려할 것이다.

그러나 방어의 측면에서 중요한 정책적 도전에 직면하더라도 공화주의자들은 공화국이 전력을 다해 무장을 갖추거나, 심지어는 잠재적인 적에게 선제공격을 하는 것이 적절한 대응이라고 생각할 필요가 없다는 점은 분명하다. 적절한 대응이라는 것은 공화국이 어떻게 국제적 측면에서 비지배를 위한 전망을 최선으로 개선시킬 수 있을까 하는 데 달려 있다. 그리고 역사의 경험은 최선의 대응이 호전적이거나 공격적인 것은 아님을 우리에게 가르쳐 준다. [역사가 가르쳐주는] 경험은 국가들이 서로를 억제하기 위해 점점 더 무기와 군사력에 의지할 때 그들은 군사적 압박과 군사적 논리의 포로가 된다는 것이다. 전통적인 공화주의 사고를 끊임없이 괴롭히면서 공화주의자들로 하여금 상비군보다는 시민군을 선호하게 만들었던 군사 쿠데타의 망령은 존재하지 않는다. 즉, 많은 국가들은 군사를 서로 다른 군대로 나누고, 민주적 기풍을 개발함으로써 군사 쿠데타에 대한 그러한 전망을 상당히 줄여왔다. 그러나 다른 편의 장군들이 국가안보에 대한 책임을 가정하고 그 책임을 어떻게 이행할지에 대한 군사적 이미지를 일반 정부에 부과한다면 의심할 여지없이 전쟁에 대한 어떤 지속적인 전망이 생겨나게 될 것이다.

지속적으로 전쟁이 감지될 때, 그리고 국가들이 서로에게 위협으로 스스로를 방어할 때, 비지배의 명분은 손상된다. 비록 전쟁이 일어나지 않는다고 할지라도 — 그리고 전쟁에서 일반 사람들이 최악의 극단적인 지배를 겪는다 할지라도 — 위협과 그것을 막고자 하는 상대편의 반격은 각 국가가 다른 나라들을 적극적으로 강제하고 있다는 것을 의미한다. 그리고 어떠한 경우에도, 위협과 그에 맞서는 반격의 논리는 서로 다른 편들이 더욱더 많은 것을 군사적 방어에 소비해야 한다는 것과, 문제가 되는 국가들의 시민들은 그러한 희생을 감내해야 하며, 그때 시민들이 누릴 수 있는 지배당하지 않은 선택의 범위가 심각하게 축소될 것이라는 점을 의미한다. 일찍이 우리는 헌정규정 전략에 대한 의존은 지지하고 상호권력 전략에 대한 의존, 또는 적어도 무차별적 의존에는 반대하는 강력한 공화주의적 주장을 보았다. 그리고 궁극적으로 이것은 국가가 필요하다는 공화주의적 주장의 기반을 제공한다. 지금 우리는 비슷한 논리가 국제무대에도 적용된다는 것에 대해 살펴보고 있다. 적어도 군사적 형태에서 상호적 권력은 전혀 매력적이지 않다. 이에 따라 공화주의자들은 좀더 헌정적인 규정들을 찾을 필요가 있다.

어떤 규정들을 추구해야 하는가? 여기서 그것이 경험적 운에 지나치게 취약하지 않다고 말할 수 있는 것은 극히 적다. 지역적 또는 전

지구적 관계시스템이 불가피하게 헌정적 참여방식으로 구성원들을 규율하는 범위까지 공화주의 국가가 문화적, 경제적, 그리고 법적 네트워크를 확립하는 것은 매력적일 것이다. 또한 갈등을 봉쇄하고 궁극적으로는 점점 더 갈등이 생기지 않게 하겠다고 단언하는 한, 유엔과 같은 기구를 공화주의 국가가 지지하는 것 또한 매력적일 것이다. 좀더 일반적으로, 다자간 협력과 제도화의 서로 다른 층위들을 촉진하는 것이 공화주의 국가의 이익이 될 것이다. 지역적이고 전 지구적인 제도적 질서의 출현은 군사적 능력에 대한 배타적 의존보다 더 효과적으로 방어의 명분에 부합할 것이다.

물론, 공화주의 국가가 이런 종류의 질서를 발전시키려면 스스로 진정한 국제시민으로 굳게 서야 할 것이다. 공화주의 국가는 최후의 수단으로서만 군사적 능력을 유지할 것이다. 그러나 어떤 종류의 역량이 합리적인가에 대해 지역적으로 그리고 국제적으로 공유하는 이익을 무시하지 않는 편이 더 좋다. 만일 공화주의 국가가 현재의 공화주의적 특성을 간직하려 한다면, 그래서 그 공화주의적 특성이 필요로 하는 공화주의적 기풍을 유지하려고 한다면, 공화주의 국가는 이민에 대한 제한을 유지할 필요가 있을 것이다. 그러나 공화주의 국가는 이민자나 난민들의 고통이나 사람들의 이동을 다루는 데 애쓰고 있는 국가들이 견뎌내는 어려움들에 대해서 무관심하지 않는 편이 더 좋다. 또한 공화주의 국가는 다른 나라들과의 무역과 재정관계의 발전에서 자신만의 이익에 관심을 가질 필요는 있지만, 예기치 못한 비용에 대한 첫 징후에서 공화주의 국가는 자기가 맺은 모든 약속들을 기꺼이 포기하는 태도를 취하지 않는 것이 더 좋다. 이외에도 여러 가지가 있다.

만일 공화주의적 방어정책이 다자간 협력과 제도화 방향의 길을 우리에게 가리킨다면—사실상 잘 방어된 공화국은 진정한 국제시민이어야 한다고 제의한다면—, 그러한 정책은 다른 측면들에서의 공화주의적 요구사항들과도 융합할 것 같다는 점은 주목할 만하다. 공화주의 국가가 인민의 비지배를 증진하는 데 반드시 필요한 수단을 의미한다면, 국가나 국가주권에 대한 공화주의적 관점에서 신성한 것은 아무것도 없다. 다양한 종류의 다자간 기구가 존재한다는 점을 고려해 볼 때, 비지배 자유를 증진한다는 관점에서 그러한 기구들에게 통제권을 양도함으로써 국가의 〔권한〕을 제한하는 것이 더 효과적일 국내적 이슈들이 존재한다.

어떤 행위자가 기존의 이슈로부터 더 멀리 있으면 있을수록 어떤 측면에서 그 이슈는 덜 알려지게 될 것이라는 것은 사실이다. 그러나 마찬가지로 어떤 행위자가 어떤 이슈로부터 더 멀리 있으면 있을수록 더욱 불편부당한 중재자가 될 것이다. 그런 까닭에, 다양한 국내적 이슈들이 지역적 의사결정의 영역으로부터 꺼내어져서 국제적 판단에 맡겨져야 한다는 것이 공화주의적 관점에서는 아주 좋은 일일 수도 있다. 특정 야생지역에 개발을 허용해야만 하는가? 동성애를 법적으로 인정하고 동성애자들에게 완전한 시민적 권리를 허용해야만 하는가? 여성들이 어떤 산업분야에서 일할 권리를 갖고 남성과 똑같은 임금을 받아야만 하는가? 그러한 문제들에 대해 국제적 기구들과 진정 비공식적인 국제적 운동이 국내 국가보다 좀더 믿을 만한 방식으로 지역적인 분파적 이해를 저지할 수 있으리라는 점은 매우 명백하다. 그 기구들과 운동이 그 국가의 시민들 사이에 비지배 자유를 증진하는 데 국가 그 자체보다 더 크게 기여할지도 모른다. 최선의 공화주의적 정책은 이 경우에 국가주권을 버리고 적절한 국제적 행위자들에게 절대적 재량권은 아니라 할지라도 어떤 보장된 비중을 부여하는 것일 수도 있다. 다자간 협력과 제도화를 지지함에 있어, 공화주의적 방어정책은 다른 분야에서 공화주의적 정책이 요구하는 것들과 잘 어울릴 것이다.

3) 국내적 보호

방어정책이 우리를 국제적 영역으로 향하게 한다면, 개별시민들과 집단들의 보호와 관련된 정책은 우리를 내적 토론의 장으로 향하게 하고, 또 그 정책은 우선 우리를 형사사법제도로 향하게 만든다. 형법은 시민들의 보호를 위한 절대적 필요조건이다. 왜냐하면 형법은 위반행위들을 가려내고, 위반자들을 억제하며, 위반자들을 법적 형벌에 노출시킴으로써 희생자들의 권리를 옹호하는 데 이바지한다. 따라서 몽테스키외(1989: 188)는 '시민의 자유는 주로 형법의 선함에 의존한다'고 말했다.

물론 한 사회의 좋은 관습이나 규범도 개인들을 보호하는 데 중요하다. 실제로 〔관습과 규범의〕 힘과 결합할 때만 형법이 잘 작동한다는 상당한 증거도 있다(Braithwaite, 1989; Tyler, 1990). 나는 마지막 장에서 이 주제로 돌아갈 것이다. 그러나 만일 형법이 문화적 힘들을 필요로 한다면, 마찬가지로 문화적 힘들도 형법으로부터의 강제를 필요로 할 것이다. 첫째, 일반적 규범들에는 반응을 보이지 않아 법적 제재를 통해서만 억제할 수 있거나 막을 수 있는 어떤 개인들이 있을지도 모른다. 둘째, 규범을 어겼을 때 따르는 큰 제재가 없다는 것을 일반적 규범에 반응하는 많은 개인들이 알게 된다면 그들은 그런 반응을 보이는 것을 멈출지도 모른다. 만일 우리가 손가락에 끼면 모습이 보이지 않게 되는 기게스의 반지[10]를 얻어서 전혀 처벌받지

10) 〔역주〕 기게스의 반지(*the ring of Gyges*)와 관련된 일화는 다음과 같다. 리디아(Lydia) 목동인 기게스는 큰 지진이 일어난 후에 땅이 갈라진 곳에서 커다란 청동말을 발견하였다. 그 속에는 거인의 시체가 있었고 그

않고 다양한 위반을 범할 수 있다면 우리 중 누가 덕스럽게 남아 있을까? 그리고 셋째, 규범들에 반응하는 많은 개인들은 법적 제재가 없어지면 확신을 잃게 되는 것처럼, 다른 사람들도 이와 똑같이 반응한다는 확신이 없어지면 자신도 그 규범에 반응하지 않을 것이다.

그러나 그것이 비지배의 명분에 아무리 중요하다 할지라도 형법체계는 그것이 잘못 계획된다면 도움이 되기보다는 해가 될 가능성이 크다. 예를 들자면, 만일 형법체계가 자의적 체포나 구금의 여지를 남겨 둔다면 그 시스템은 사람들의 비지배 자유를 상당히 축소할 것임을 공화주의자들은 항상 강조했다. 이에 따라 영국법에서 확립되었던 것과 같은 인신보호영장[11]은 공화주의의 귀중한 원칙이 되었다. 그리고 만일 그 시스템이 적절히 운영되고 조절되지 않는다면 몽테스키외의 말처럼(1989: 203), "보복자들의 전제"를 의미하게 될 수 있음을 공화주의자들은 항상 인정했다.

그렇다면 형법의 설계에 대한 공화주의의 메시지는 무엇인가? 우선 하나의 분명한 교훈은 그 형법의 설계에는 간결성이라는 가정이

손에 반지가 끼워져 있었다. 반지를 손에 끼고 돌리면 보이지 않게 되는 것을 발견한 그는 사신들 틈에 섞여 왕궁에 들어가서 반지의 힘을 이용해 왕비와 정을 통하게 된다. 그리고 왕비의 도움을 받아 칸다울레스(Candaules) 왕을 살해하고 리디아의 왕이 되었다. 대표적으로 플라톤의 《국가》(*Politeia*) 2권을 참조하시오.

11) 〔역주〕 인신보호영장(*habeas corpus*). "당신은 신체를 가진다"라는 뜻의 라틴어로, 1679년 영국의 인신보호법(*Habeas Corpus Act*)에서 규정했으며, 신체의 자유를 보장하는 영미법의 한 제도이다. 이 제도는 개인 그 자신을 해하려는 것으로부터 또는 사법체계에 의해 해침을 받는 것으로부터 개인을 보호하기 위한 제도이다. 영국적 전통에서, 이 인신보호영장은 역사적으로 국가의 자의적 행동으로부터 개인의 자유를 보호하는 중요한 제도로 여겨졌다. 인신보호영장 구제방법은 영미법계의 국가들에서 인정되고 있다.

전제되어야 한다는 점이다. 이는 법률로 금지하는 것이 전반적인 비지배를 증진할 것을 약속하는 경우에만 금지를 허용하기 때문—이는 핵심적인 공화주의의 논리이다—이며, 또한 형법들은 까다롭고 위험한 무기로 보기 때문이다. 공화주의 국가는 단지 마지못해서 그리고 법률로 금지하는 것이 시민들의 보호를 위해 명백히 필요한 경우에만 법률로 금지하는 것에 기꺼이 의지해야만 한다(Braithwaite and Pettit, 1990; Montesquieu, 1989: 191 참조).

간결함을 옹호하는 이러한 주장처럼 왜 그러한 형법들은 까다롭고 위험한 무기들이라고 말하는가? 우리가 언급했던 것처럼 형법들은 다른 문화적 힘들과 결합할 때에만 잘 작동할 수 있으므로 까다로운 무기이다. 형법들이 단독으로 모든 일들을 아주 훌륭하게 해낼 것을 기대할 수는 없다. 형법들이 비지배 자유를 증진하는 데 도움이 될지도 모르듯이, 비지배 자유라는 이상에 부정적 영향을 미칠 수도 있기 때문에 위험한 무기들이다. 즉, 양날의 검인 것이다. 형법의 제재들은 위반사항이 유죄로 판명난 사람들의 비지배에 부정적 영향을 미치고 있는데, 형법의 제재사항들은 유죄로 판명난 사람들의 지배당하지 않은 선택의 범위를 축소시키고 심지어—이상적으로는 아닐지라도 적어도 실제적으로—그들을 지배에 노출시키는 데 도움이 되는 벌금이나 징역형까지도 부과할 수 있다. 형법절차들은 종종 죄가 있는 당사자뿐만 아니라 무고한 사람들도 위협하는데, 그것이 사회 구석구석에 늘 따라다니는 공포의 원인이 된다. 그리고 형법의 대리자는 가장 양심적인 공화주의체제조차도 견제하기 어려운 잠재적인 지배력을 대변한다.

이 마지막 사항은 특히 강조할 만하다. 형사사법체제의 주요 대리자는 경찰이다. 그리고 근대경찰은 전통적 공화주의자들에게 상비군제도가 구성했던 공화주의 가치들에 대한 현저한 위협을 나타낸다.

공공질서를 확보하고 범죄를 감시하며 그리고 범죄자들을 체포하는 일을 책임지기 때문에, 요즘 경찰력은 상당한 권력들을 부여받고 있고, 그러한 권력을 남용할 큰 유혹에 노출되어 있다. 또한 그러한 권력의 사용은 매우 불완전하게만 통제되고 있다. 문제가 되는 권력들은 고발을 하거나 고발하지 않을 권력, 어쩌면 누명을 씌우는 것마저도 할 수 있는 권력, 괴롭히고 누군가의 삶을 비참하게 만들 수 있는 권력, 소문을 퍼뜨리고 누군가를 비방하는 권력, 그리고 물론 그러한 잘못된 것들을 하겠다고 위협해서 사람들로 하여금 경찰이 원하는 것을 하도록 강제하는 권력과도 연관되어 있다. 그 유혹들은 단지 자신의 권리를 주장하고 주의를 끌게 하는 오랜 유혹과 관련이 있다. 그리고 강력하고 자기 강화적인 집단의 일부로서의 정체성을 실현하려는 오랜 유혹과도 관련이 있다. 또한 어떤 분야에서 세력과 영향력을 달성하려는 오랜 유혹과도 관련이 있다. 그리고 무엇보다도 아마 뇌물과 협박으로 부를 추구하려는 오랜 유혹과도 관련이 있다. 이러한 유혹은 특히 음주나 약한 마약의 사용과 같은 행동들의 금지를 주장하는 사회에서는 두드러진다. 그런 권력과 유혹의 조건들하에서 사람들이 부패하지 않은 채로 있기를 기대하는 것은 비현실적이고, 어떠한 공화주의자도 경찰이 좀더 철저한 구속 아래에서 행동하고 현대 민주사회의 일반적인 경우보다 더 제한된 지시에 따르기를 원할 것이다.

근대국가에 널리 퍼진 경찰부패의 증거가 보여주듯이 그리고 조금만 깊이 생각해 봐도 명확해지듯이, 경찰의 규제를 위해 현재 채택된 통제는 분명 적절치 못하다(Caplow, 1994). 일반적으로 경찰력은 심각한 조직의 변화를 단행할 필요도 없이 추문들로부터 살아남을 수 있었고, 경찰의 수장들은 제기되는 대부분의 문제에 대한 외부조사보다는 내부조사의 형태를 취했다. 그리고 경관들은 경찰직 수행을 위한 공정한 윤리보다 더 강한 동료애에 의해 내부문제를 고발하지 못하는 경우가 많았다. 공화주의적 입장에서는 이러한 재난에 대한 처방이 있다. 즉, 경찰이 그들이 방지하고자 하는 그 어떠한 것보다 더 큰 지배세력이 될지도 모른다는 것을 확실하게 하는 것이다. 누가 수호자들로부터 우리를 보호해 줄 것인가(*Quis custodiet custodes*)? 진정으로 누가?

만일 형사사법에 대한 공화주의의 첫 번째 교훈이 법률로 금지화하는 것의 간결성 — 따라서 궁극적으로는 형사사법체제가 너무 비대하지 않도록 하는 것 — 이라면, 두 번째 교훈은 만일 우리가 몽테스키외가 말한 보복자들의 전제를 피하고자 한다면, 범죄자들의 처벌을 전향적으로 재고해야 한다는 점이다(Braithwaite and Pettit, 1990). 대부분의 형사사법체제들은 가해행위의 위해에 대한 보상이나 배상을 고려하지 않고, 그리고 가해자들로 하여금 그 위해를 평가하고 후회하게 만든다는 그 어떤 생각도 없이 형벌을 부과한다. 특별히 뚜렷하게 구체화되지는 않지만 희생자들이 민법에 호소함으로써 보상을 요구할 수 있고, 오래된 표현으로 묘사하자면 형법은 국가의 안녕을 보장하는 것과만 관련된다는 것이 일반적으로 받아들여진 견해이다. 처벌의 핵심이 단지 국가의 안녕 — 또는 그럴지도 모르지만 인민의 치안 — 을 부과하는 것이라는 점을 고려한다면, 형사사법체제는 이러저러한 일련의 압력에 의해 처벌의 본질과 수준이 정해지게 만드는 경향이 있다. 〔형사사법체제〕의 어떤 이론가들은 부과된 처벌의 패턴에서 실행되는 제어논리를 발견할 것을 주장했고, 다른 이론가들은 비난과 보복의 논리를 찾을 것을 주장했다. 그러나 대부분의 국가들에서 범죄자 처벌의 패턴은 좀더 언론의 관심, 도덕주의적 유행, 그리고 복수에 대한 변동하는 기호의 무작위적 산물처럼 보인다. 그것이 실제적이거나 잠재적인 위반자들을 억제하는 최적의 믿을 만한 수단이라는 확실한 증거는 없다. 그리고 그것이 죄에 대한 책임을 전달하거나 그 책임의 정도에 비례해서 범죄를 처벌하는 체계적 방식을 의미한다는 확실한 증거도 없다.

선고를 내리고 형벌을 주는 정책과 관련하여 공화주의 국가는 무엇을 할 것인가? 대강의 제안이 있다. 만일 범죄행위가 적절한 공화주의적 근거에서 법률로 금지되어 있다면 — 그 행위가 공화주의의 기준에서 범죄이어야만 하는 그런 종류의 행동이라면 — 모든 범죄행위는 세 가지 서로 다른 방식에서 해를 끼친다. 그 행위는 비지배적이거나 자유로운, 즉 다른 사람에 의해 자의적 간섭을 받지 않을 희생자의 지위를 거부한다. 그 범죄행위는 희생자의 지배당하지 않은 선택의 범위를 축소시킨다. 그래서 살인이라는 극한적인 경우처럼 어떤 선택사항들을 제거하거나 비용을 높이거나 또는 선택의 가능성을 없애버리기조차 한다. 그리고 마지막으로 그 행위는 희생자와 그 희생자와 〔같은〕 취약계급에 있는 모든 사람들에게 영구적으로 저질러질 수 있는 그런 종류의 간섭을 지속함으로써, 하나의 전체로서의 사회에서 비지배의 실행에 손상을 입힌다. 이러한 관찰들은 공화주의 체제에서 어떤 처벌이 행해지도록 구상되어야 하는지의 문제는 곧 그런 손해를 끼치는 영향들을 바로 잡음으로써 전반적인 비지배를 증진시키는 것과 같다는 주장을 〔가능하게〕 한다.

그런 병폐들의 교정을 위해 이상적으로 요구되는 것이 무엇인가? 전반적으로 그 교정이 비지배를 증가시키는 것을 조건으로 한다면 — 그리고 특히 위반자들을 처리하는 데 가해지는 일반적 제약을 존중한다면 —, 브레이스웨이트와 내가 다른 책에서 설명했던 것처럼 공화주의적 선고결정의 세 가지 R을 추구해야 한다. 교정은 지배당하지 않고 자유로운 희생자의 지위를 침해한 자들의 인정(*recognition*)을 이끌어 내야 한다. 그리고 희생자나 희생자 가족에게 입힌 위해에 대해 위반자들로부터의 회복, 변상, 또는 적어도 배상과 같은 보상(*recom-*

pense)을 이끌어 내야 한다. 또한 그 교정은 일반적으로 희생자와 공동체를 위해 위반자가 범죄를 저지를 때 있었던 위협이 계속되지 않을 것이라는 확신(*reassurance*)을 이끌어 내야 한다(Braithwaite and Pettit, 1993; 1994; Pettit, forthcoming). 인정, 보상, 그리고 확신이 무엇을 요구하게 될지는 모든 경우 범죄의 본질, 그리고 범죄자와 희생자의 상황들에 의존할 것이다. 예를 들자면, 만일 위반자가 범죄의 과정에서 상처를 입어 다시 위반을 저지를 수 없게 되면 간접적으로 확신을 얻을지도 모른다. 아니면 부과된 제재가 위반자로 하여금 미래에 비슷한 범죄를 저지르지 못하도록 억제하는 데 도움이 되는 한—그리고 다른 사람들도 또한 그러할 것이라고 기대되는 한에서—좀더 직접적으로 확신을 얻게 될지도 모른다. 그러나 지금은 그러한 자세한 사항들을 검토할 때가 아니다.

나는 있을 법한 공화주의적 정책의 모습을 두 가지 원칙에 의해 확인했다. 하나는 법률로 금지하는 데 있어서의 간결성이며, 다른 하나는 범죄의 영향을 교정하는 수단으로 범죄처벌을 재개념화하는 것이다. 나는 형사사법체제에 대한 그러한 재이해가 보복자들의 전제를 피하고자 했던 몽테스키외의 희망과 연속되어 있고, 그것은 좋은 전통의 자격도 지니고 있다고 주장했다. 그러나 결론적으로 나는 전통적 공화주의자들은 이 영역에 대해 단지 여기저기 부분적인 기록만을 했다고 언급해야 한다. 그들의 주요 관심사는 절대군주와 관련된 자의적 체포와 처벌패턴을 제거하는 것이었다. 따라서 형사사법체제에 대한 체계적 근거를 제공하려는 희망에서 전통적 공화주의자들은 형사사법체제가 어떻게 최선으로 작동할지에 대한 문제, 특히 자유라는 관점에서 형사사법체제가 가장 잘 작동될 수 있는지의 문제에 대해서는 많이 생각하지 않았다. 우리가 '과다한 보석금을 요구하거나, 과다한 벌금을 부과하거나, 잔혹하고 비정상적인 형벌을 가하지 못한다'는 미국헌법 수정조항 제 8조와 같은 것을 읽을 때 우리는 비슷한 정신들을 느낄지도 모른다. 그러나 몽테스키외조차도 "눈에는 눈, 이에는 이"라는 탈리오 법(*lex talionis*)[12]과 유사해 보이는 처벌을 위한 체제를 지지하려는 유혹을 받았다는 점을 고려해 볼 때, 우리가 궁금해지기 시작하는 것도 당연하다. "형법들이 각각의 형벌을 범죄의 특정한 본질에서 도출할 때 자유는 승리를 거둔다. 형벌이 입법자의 변덕스러움이 아니라 그 사물의 본질로부터 생겨나므로 모든 자의성이 종식되는 것이다"(Montesquieu, 1989: 189).

내적 보호의 규정에 대한 공화주의적 정책에 대해서는 충분히 논의했다. 〔그러나〕 우리가 이러한 정책들을 대강 살펴보았다거나 정책들과 연관된 모든 영역의 국가활동을 살펴본 것은 아니라는 점은 유념할 필요가 있다. 우리는 개인들과 집단들의 보호는 형법뿐만 아니라 배상법에 의해서도 도움을 받는다. 공화주의적 가치들은 확실히 국가의 그런 주도적 행동의 분야에 대한 함축적 의미들을 지니고 있을 것이다. 그러나 여기에서 그런 의미들에 어떠한 시간을 할애하는 것은 불가능하다.

4) 개인적 자립

정책결정의 다섯 가지 영역 중 세 번째는 방어와 보호라는 집단적 선을 제공하기 위해 이루어져야 하는 것보다는, 각 개인들의 자립 — 사회경제적 자립 — 을 촉진하기 위해 국가가 무엇을 해야 하는가와 관련이 있다. 여기서 의도된 바와 같이 자립적이기 위해서는, 당신이

12) 〔역주〕 탈리오 법(*lex talionis*). 고대 바빌로니아 법률에서 범죄자에게 피해자가 입은 상처 및 피해와 정확히 똑같은 벌을 주도록 한 원칙. "눈에는 눈, 이에는 이"라는 원칙으로 잘 알려져 있다.

속한 사회에서 다른 사람에게 구걸하거나 빌릴 필요 없이, 그리고 그들의 자선에 의지하지 않고서도 정상적으로 그리고 적절하게 작동하는 수단을 갖는 것이다. 아마르티아 센(Sen, 1985)[13]이 훌륭하게 설명한 것처럼, 그것은 지역문화에서 기능하기 위해 요구되는 기본적인 가능성들(*capabilities*)을 갖추는 것이다. 만일 스스로 그러한 가능성들을 항상 가질 수 없다면, 적어도 그러한 능력들을 정상적으로 보장할 수 있는 것들이 있어야 한다(Cohen, 1993).

한 사회에서 기능하기 위해 요구되는 기본적 가능성들은 다른 사회에서 요구되는 것들과는 다를 수도 있다(Sen, 1983; Smith, 1976: 870을 참조). 당신이 스스로 옷을 걸치고 자신의 거처를 마련할 수 있어야 하듯, 어떤 사회에서나 스스로에게 충분히 먹을 것을 제공할 수 있어야 한다. 그러나 먹을 것을 충분히 갖고 있다는 것이 무엇이며, 적절한 의복이나 거처를 가지고 있다는 것이 무엇인지는 사회마

---

13) 〔역주〕 아마르티아 센(Amartya Kumar Sen, 1933~). 인도 벵골 출신의 경제학자이자 철학자. 1998년에 노벨 경제학상을 수상. 불평등과 빈곤 연구의 대가이며 후생경제학의 대표적인 학자. 수리적 모형인 빈곤지수(센 지수)를 통해 빈곤을 측정한 연구로 특히 주목받았다. 런던정경대, 옥스퍼드대학, 케임브리지대학 교수 등을 거쳐 현재 하버드대학 경제학과 교수로 재직 중이다. 주요 저서로는 《불평등의 재검토》(*Inequality Reexamined*, 1973), 《윤리학과 경제학》(*On ethics and Economics*, 1987), 《자유로서의 발전》(*Development as Freedom*, 1999) 등이 있다. 마사 너스바움(Martha Nussbaum)과 가능성 이론(*capabilities theory*)을 발전시켰다. 센의 가능성 이론 및 너스바움의 이론과의 차이에 대해서는 다음을 참조하시오. Martha Nussbaum and Amartya Sen, eds., *The Quality of Life*(Oxford: Oxford University Press, 1993). 센에 대한 페팃의 최근 평가에 대해서는 다음을 참조하시오. Philip Pettit, "Neorepublicanism and Sen's Economic, Legal and Ethical Desiderata," in Reiko Gotch and Paul Dumouchel, eds., *Against Injustice*(Cambridge: Cambridge University Press, 2009), 제2장, pp. 55~65.

다 다를 것이다. 그리고 어떠한 경우라도, 다른 사회에서는 필요하지 않지만 한 사회에서 기능하기 위해 필요한 온갖 종류의 것들이 있다.

예를 들자면 현대의 발전된 사회에서 삶에 필수적인 것들은 전통적 공동체에서 요구되었을 것들을 훨씬 능가한다. 현대사회에서 적절히 기능하기 위해서 당신은 글을 읽고 쓸 줄 알아야 하며, 기본적인 수학을 할 수 있어야 하고, 노동기회, 의료시설, 교통서비스, 일기예보와 같은 문제에 대한 정보에 접근할 수 있어야 한다. 또한 타인들—말하자면, 잠재적 고용주—과 연락할 수 있게 해주는 자원들—주소나 전화번호와 같은—을 가질 수 있어야만 한다. 그리고 그러한 사회에서 적절히 기능하기 위해 당신은 또한 경찰이나 당신 아이의 학교, 또는 당신의 배우자와 관계되어 있을 때, 어떻게 당신의 법적 권리들을 확인하고 주장할 것인지를 알 필요가 있다. 그리고 어디에 돈을 예금할 수 있는지, 어떻게 신용수단들을 사용할 수 있는지를 알아야 하며, 당신의 지역 주변을 돌아다니고 일과 여가를 위한 기회를 이용하는 수단을 가질 필요도 있다. 사회가 점점 복잡해짐에 따라, 그리고 성공적인 사회적 삶에 대한 요구가 커짐에 따라 품위 있는 삶의 질을 보장하는 기준—사회경제적 자립에 필요한 기준—도 높아졌다.

만일 공화주의 국가가 시민들에게 비지배 자유의 대의를 향상시키는 데 전념한다면, 그러한 국가는 사회경제적 자립을 증진시키는 정책을 포괄해야 한다. 품위 있는 삶의 질을 위해 필요한 것들에 접근하기 위해 타인에게 의존할 수도 있지만, 그러한 의존이 필연적으로 타인의 지배를 가져오는 것은 아니다. 예를 들어, 나는 어떤 특정 개인 또는 그룹에 의존적이지 않을 수 있고—예전에 그랬던 것처럼 나의 의존이 익명의 것일 수 있다—따라서 어느 특정한 행위자에 의한 지배에 노출되지 않을 수 있다. 그러나 일반적으로 사회경제적 자립을 누리지 못한다는 사실은 비지배 자유의 향유에 대한 내 전망을 감소시킬 것이다.

이러한 사실을 보여주는 첫 번째 방식은 비지배의 강도보다는 범위와 관련이 있다. 내가 무엇인가를 하기 위한 신체적, 개인적 또는 재정적 자원을 결여하고 있는 한, 내가 이용할 수 있는 지배당하지 않은 선택의 범위는 제한된다. 따라서 그러한 자원을 제공함으로써, 즉 나의 사회경제적 자립을 위한 제공으로, 국가는 나의 비지배 자유를 잘 충족시킬 수 있다. 그러한 국가의 행위는 처음으로 지배당하지 않은 선택들을 내 손에 부여하거나, 아니면 그러한 선택을 추구할 때 드는 비용을 줄여줄 것이다.

그러나 사회경제적 자립의 부재로 비지배 자유의 향유에 대한 내 전망이 감소될 수 있는 보다 중요한 두 번째 방식이 있다. 이는 비지배의 범위가 아니라 내가 누리는 비지배의 강도와 관련이 있다. 내게 보통의 일상적 상황을 헤쳐나가는 수단이 결여되어 있다고 가정해 보자. 예를 들어 나는 글을 읽고 쓸 줄 모르거나, 보다 기본적인 필수품을 적절히 갖추지 못하거나, 중요한 정보에 접근할 수도 없거나, 남편이나 사용자의 권력독점을 막는 문화적 지원을 받지 못할 수 있다. 그러한 경우 양심적이지 못한 사람들이 나를 마음대로 할 수 있는 위치에 있다는 것은 분명하다. 적절한 기준과 기대에 대한 나의 무지에 기대어 그들은 거의 아무런 견제도 받지 않고 〔나를〕 속이고 조종하며 착취할 수 있다. 그리고 그렇게 부당한 일이 없는 곳에서조차 그들은 여전히 높은 정도의 지배를 행사할지도 모른다. 가령 내가 어떤 직업을 가질 정도로 운이 좋다하더라도 나를 고용한 사용자는 여전히 마음대로 그리고 처벌을 받지 않고 내 일에 간섭할 수 있을 것이다. 이러한 사용자는 그러한 간섭이 저항을 받거나 처벌받지 않을 것이라고 확신하기 때문에 해고당할지 모른다는 나의 두려움이나 무지 또는 단지 문화적 무력함에 기댈 수 있다.

또는 그러한 일반적인 병폐가 아니라, 질병에 걸렸는데 의료비를 부담할 수 없다든가 아니면 형사고발되어 또는 내 이익을 지키기 위해 법에 호소할 필요가 있는데 소송비용을 부담할 수 없는 경우와 같이 조건적 병폐들로 고통을 겪는다고 가정해 보자. 의료적 또는 법률적 위급상황은 방금 말한 것과 같은 종류의 지배의 가능성을 만들어낼 수 있다. 이는 다른 사람—가령, 의사나 법률가나 부자 기부자—의 자비에 자신을 맡김으로써, 그러한 타인들에 의한 자의적 지배에 나를 노출시키게 됨을 의미한다. 〔지배에 저항하는 것이〕 결국 의학적으로나 법률적으로 방치되거나 또는 아이나 배우자를 방치하는 것을 의미하는 것이라면 나는 다양한 착취적 또는 조작적 대응들에 저항하거나 그러한 행위들을 처벌할 수 없을 것이다. 실제로 위급한 상황이 생기지 않는다 하더라도, 의료 또는 법률비용을 부담할 수 없는 상황은 나를 지배에 노출시킬 것이다. 의료 또는 법률비용 둘 중 어느 하나를 부담할 수 없다면, 나는 긴급상황에서 내가 의존해야 할 사람들로부터 어느 정도 자의적 대우를 참아야만 하는 상황에 처하게 될 것이다. 통상적인 보호에서는 자의적 처분이 발생할 때 법에 호소하는데, 법률적 비용을 부담할 수 없으면, 나는 이러한 자의적 처분에 노출될 것이다.

마지막으로 내가 어느 정도 장애가 있다고 가정해 보자. 나는 다리를 사용할 수 없거나 다리를 잃었기 때문에 보통의 방법으로는 돌아다닐 수 없다. 아니면 볼 수 없다고 가정해 보자. 일상적인 지적 업무를 수행할 수 없다고 가정해 볼 수도 있을 것이다. 〔이것이〕 만약 장애라는 주제에 주어져왔던 문학적 대우 때문만이라면 그러한 경우에 내 삶을 꾸려나가기 위해 의존하는 사람들에 의한 지배에 내가 어느 정도 노출될 것이라고 주장할 필요는 거의 없다. 내가 앞으로 그러할 것처럼 어떤 사람(들)의 도움을 절실하게 필요로 한다면, 나는 그러한 행위자들에 의한 어떤 자의적인, 아마도 사소한, 간섭의 형태에 대해 불평할 위치에 있지 않을 것이다. 나는 지배당하는 간청자라는 고전적 입장에 나를 둠으로써 어떻게 해서든지 그들을 달래려고 할 것이다(Goodin, 1984 참조).

우리는 국가가 인민의 사회경제적 자립을 증진시키길 원하는 두 가지 공화주의적 이유들을 구분해왔다. 하나는 국가가 〔인민의 사회경제적 자립을 증진함으로써〕 그렇지 않았다면 거의 확실히 감내해야만 했을 지배의 형태들로부터 사회경제적으로 종속적인 사람들을 보호할 것이라는 강도에 근거한 주장이다. 앞에서 언급했던 다른 이유는, 그렇게 함으로써 국가가 사회경제적으로 종속적인 사람들의 입장에서 지배당하지 않는 선택을 촉진시킬 것이라는 범위에 근거한 의견이다.

그러한 공화주의적 사고방식이 지지하게 될 정책들은 얼마나 급진적인가? 그것은 상황에 따라 다르다. 첫째, 그것은 그 문제가 얼마나 심각한가에 달려 있다. 이는 바로 그 시민사회의 특성에 좌우된다. 즉, 잘 조직된 시민사회에서 일정한 수준의 박탈이 가져오는 효과는 잘 조직되지 못한 시민사회에서만큼 그렇게 나쁘지는 않을 것이다. 둘째, 국가가 그 문제들을 다루기 위해 확인할 수 있는 수단들이 얼마나 효과적인가에 달려 있다. 예를 들어 그것은 국가가 복지국가 비판자들이 때때로 불만을 표시하는 의존적 심성이나 문화를 촉진시키지 않는 문제들을 다룸에 있어 그 수단을 얼마나 더 확인할 수 있느냐에 달려 있다. 이와 같은 본질적으로 경험적인 문제들이 어떻게 대답되는가에 따라, 공화주의자들은 국가가 도움이 필요한 사람들에게 많거나 적은 공공부조를 제공하도록 요구할 것이다. 완전히 현금으로 제공할 수도 있고 아니면 적어도 부분적으로는 현물로 지급할 수도 있으며, 국가가 직접 제공할 수도 있고 독립적인 시민단체들을 통해서 제공할 수도 있으며, 가계조사를 거쳐 제공할 수도 있고 보편적인 지급형태의 일부로서 제공할 수도 있다. 그러한 구체적인 정책문제들에 대한 결정에 공화주의적 이상이 직접적으로 답을 주는 것은 아니다. 그러한 정책결정들은 철학적 고찰뿐만 아니라 경험적 고찰들에 의해 결정될 것이다.

그러나 정책을 발전시키는 데 있어 경험적 가정에 의지할 필요가 있음에도 불구하고, 이 분야에서 공화주의적 정책의 특징으로 볼 수 있는 두 가지 문제는 언급해둘 만하다. 첫째는 어떻게 해석된다 하더라도 공화주의 정책은 거의 확실히 엄격한 물질적 평등주의에는 이르고 있지 않다는 것, 그리고 두 번째는 복지가 특정 사업기관들의 재량에 따라서가 아니라 법적 제약과 같은 잘 확립된 관례에 따라 제공되도록 정책이 세워져야 한다는 것이다.

다른 사람들에 의해 이용당하거나, 조작되거나 협박받을 가능성을 줄이면서 빈곤한 사람들의 비지배를 강화시키기 위해서는 센이 사회에서 기능하기 위한 기본적 가능성들로 기술한 것들을 그들이 지닐 수 있어야 한다. 이는 어떠한 물질적 불평등의 실질적 축소를 필요로 할 것이다. 그러나 다른 사람과 똑같은 자원을 반드시 갖지 않아도 한 개인이 지배에 노출되지 않을 정도의 충분한 가능성들을 가질 수 있다는 것 — 즉, 개인들이 요구되는 기본적 가능성들을 가질 수 있다는 것 — 은 분명하다. 어떠한 사소한 자의적 간섭을 감내하지 않아도 될 만큼 충분히 부유해지기 — 충분히 부유하다고 확신하기 — 위해서 나의 고용주만큼 부유해져야 할 필요는 없는 것이다.

만일 비지배를 강화하려는 목적이 엄격한 물질적 평등의 보장을 주장하지 않는다면, 인민의 지배당하지 않은 선택의 범위를 증가시키려는 목적도 마찬가지이다. 그 이유는 우리가 지난 장에서 본 것처럼 비록 평등화를 지향하는 제안들이 국가의 지배를 낳지 않는다고 할지라도 — 그리고 이것은 큰 가정이다 —, 지배당하지 않는 선택의 범위가 평등주의적 〔소득〕이전의 극한에서 최대화될 수 있다고 생각할 까닭은 없기 때문이다. 한 사람에게 추가적인 자원을 제공해서 그의 지배받지 않는 선택을 확장하려면, 국가는 다른 사람에게서 그러한 자원을 빼앗아야 하며 그래서 그 사람의 지배받지 않는 선택의 범위를 축소시켜야 한다. 그러한 이전(移轉)이 이익이 될 것이라고 생각할 근거는 없다. 반면, 국가개입의 대가로 첫 번째 사람으로부터 취해진 것보다 더 적은 것이 두 번째 사람에게 주어진다는 점과, 그러한 이전이 전반적으로 지배받지 않는 선택의 범위에서 축소를 낳을 것이라는 점은 거의 분명할 것이다.

물질적 평등주의에 반대한다는 것 이외에도, 사회경제적 자립을 위한 공화주의적 정책이 거의 분명하게 보여주는 두 번째 특징도 있다. 전반적인 비지배 자유를 증진시키는 국가 아래에서 인민의 필수적 복지가 제공된다 할지라도, 그러한 필수적 복지가 그 자체로 어떤 지배의 형태와 관련된 방식으로 제공되어서는 안 된다는 것이다. 가령 어떤 수준의 소득지원이 가난한 사람들에게 주어진다 하더라도, 그 지원은 가능한 한 어떤 권리의 형태로서 주어져야만 한다(Ingram, 1994 참조). 그것은 누군가 — 보조금을 받는 고용주, 일선 관료, 심지어 선거인 또는 의회의 다수 — 의 변덕에 따라 철회될 수도 있는 선물과 같은 형태를 띠어서는 안 되는 것이다.

그러한 선물을 철회하는 것은 무엇이 정상인가에 대한 기준에 따라 간섭을 구성하게 되며, 그것을 철회하는 견제받지 않는 권력은 자의적으로 간섭하는 권력에 해당된다. 그리고 그러한 선물을 취하하는 것이 그 자체로는 간섭으로 볼 수 없다 할지라도, 그 선물이 철회될 수 있다는 두려움은 〔복지〕 청구자들에게 공통지식으로 자리 잡게 될 것이고, 이로 인해 그들은 강자들이 저지를 수 있는 다른 다양한 간섭행위에 대해 불평하거나 저항하려 하지 않게 될 것이다. 소득지원이 그러한 변덕을 막는 조건하에서 이루어지지 않는 한, 자유를 증진시키기 위한 행위로 그 요구자의 비지배 자유가 배척되게 된다.

복지를 제공하는 방법에 대한 이러한 요구는 제공의 수준을 결정하는 다소 독립적이고, 탈정치화된 수단들과 함께 일정 정도 이를 헌정적으로 보장하는 것을 선호하는 주장을 펼친다. 가령 정치적 변화나 관료적 변덕, 또 관련이 있을지도 모르는 다른 행위자들의 변덕과는 무관하게 복지가 전달되는 방식을 옹호하는 것이다. 예를 들어, 인센티브가 없었다면 실업자들을 고용하지 않았을 사용자를 생각해 보자. 우리가 논의하는 요구는 사용자에게 마음대로 고용하고 해고할 수 있는 권리와 그러한 권리가 부여되어 생길 수 있는 사소한 개입의 모든 다른 자의적 권력에 반대할 것이다. 그리고 비록 고용자들은 이러한 제한이 없을 때 더 많은 피고용인들을 고용하려고 할지는 모르겠지만 〔우리가 논의하는 요구는〕 이러한 제한에 찬성하는 의견을 말할 것이다.

결론으로 역사적 논평을 덧붙이자면, 근대 이전의 공화주의 전통은 이미 자립을 가지고 있지 않은 사람들에게 자립을 주기 위해 할 수 있는 것은 아무것도 없다고 가정했으며, 그래서 여기서 제시한 그러한 종류의 국가를 지지하지는 않았다. 그러나 여전히 공화주의 사고와 결부된 사람들은 항상 어떤 개입주의적 정신을 보여주었으며, 내가 그려온 제안들이 공화주의 전통에서 완전히 낯선 것은 아닐 것이다. 전통적 공화주의자들이 시민들의 경제적 부에 대한 개입은 전반적인 비지배 자유의 명분을 도울 수 있다고 생각했던 경우, 그들은 그러한 개입을 기꺼이 요구하는 것 이상의 지지를 보낼 수 있음을 스스로 증명해 보였다. 따라서 그 전통은 종종 호사스럽거나 사치스러운 상품들에 부과되는 특별세에 대한 신념과 결부되었고, 공직자를 타락시키고 그들이 힘없는 시민들 위에 군림하게 만들 수 있는 그런 종류의 부를 누구에게도 허용하지 않는다는 신념과 연결되었다. 실제로 해링턴(Harrington, 1992)에 이르면, 그러한 전통은 토지가 지나치게 소수의 수중에 들어가는 것을 막기 위해 고안된 재분배적 토지안과 연계되었다. 그런 선례의 존재는 복지국가에 대한 요구가 보다 과거의 공화주의 전통과의 전적으로 급격한 단절을 이루지 않음을 분명히 말해준다.

5) 경제적 번영

공화주의 국가는 지배의 전망을 줄일 수 있거나—그 사회에서 향유되는 비지배의 강도를 늘릴 수 있거나—, 지배받지 않는 선택의 범위나 용이함을 개선하는 정도로만 경제적 번영에 관심을 가질 것이다. 즉, 그 사회의 비재배 정도를 증진시키는 한에서만 경제적 번영에 관심을 기울일 것이다. 이 두 가지 목적 모두 경제적 개입에 대한 이유를 제공한다.

예를 들면, 그러한 목적들은 공화주의 국가가 고용수준과 재정체계의 안정성에 관심을 가질 것임을 시사한다. 고용이 높고 재정체계가 실질적 신뢰와 건실함을 지닐 때, 다른 조건들이 같다면 인민들이 이용당하고 조작당할 기회는 줄어들고, 비지배 자유에 대한 전망은 개선된다. 또한 다른 조건이 같다고 할 때, 국가는 산업과 상업을 위해 좋은 사회적 기반을 제공하고, 작업장에서의 생산성을 촉진하며, 시장발전과 선택을 증진하고, 다른 국가들과 무역관계를 확립하는 데 관심을 가질 것임을 공화주의적 목적들이 시사한다. 지배의 전망을 줄이는 것—즉, 비지배를 강화하는 것—과는 직접 연관이 없다고 한다면, 그러한 진전이 실현되면 적어도 그 사회에서 인민이 누리는 지배받지 않는 선택이 확장되는 데에는 도움이 될 것이다.

공화주의적 경제정책의 개발은 우리가 구체적인 정책상황들과 어려움들을 다루고 있을 때 발생하는 이익과 밀접한 관련이 있다. 그런 상황들에서 인민의 비지배 자유를 증진하기 위해 어떤 종류의 국가개입이 최선으로 계획되는지와 직접 관련되는 흥미로운 질문들이 있을 수 있으며, 공화주의적 답변은 다른 접근들이 지지하는 대답과는 아주 다를 것이라고 기대할 충분한 이유가 있다. 그러나 추상적으로 공화주의적 경제정책에 대해 말하려는 관심은 그렇게 많지 않다. 공화주의적 경제정책이 어떤 종류의 특별한 차이를 보여준다 하더라도, 이것은 우리가 구체적 이슈들을 살펴 볼 때만 나타나기 마련이다.

경제적 번영의 명분은 이른바 엄격한 의미의 경제정책뿐만 아니라 다양한 법률정책 분야와도 관련되어 있다. 결국 공화주의 국가는 많은 법적 장치들을 도입함으로써 경제적 번영을 더 촉진할 수 있다. 하나의 예로서 회사 소유자들의 개인 자산이나 채무와 상관없이, 회사들이 자체의 자산과 채무에 대해 일정 부분 자율적으로 관리할 수 있도록 허용하는 법적 장치가 있다(Coleman, 1974). 또 다른 예는 경제주체들이 그들 스스로를 구속할 수 있는 구조 안에서 혁신을 꾀할 수 있게 해준 19세기 초의 계약법의 발전이다. 이전의 법 아래에서 개인들이 자발적으로 맺은 관계들—남편과 아내의 관계, 하인과 주인의 관계, 승객과 선장의 관계 등—은 일정 정도 변하지 않는 권리들과 의무들의 구속을 받았다. 〔그러나〕 새로운 계약법 아래에서, 사람들은 이런 방식으로 기존의 관행에 속박되지 않았으며 상호합의할 수 있는 일련의 기대를 찾아 개별적으로 협상할 수 있는 자격이 부여되었다(Atiyah, 1979; Stoljar, 1975).

경제적 번영을 가져올 수도 있는 법적 장치들의 이득은 비지배 자유와 연관된 다른 영역에서의 손실을 가져올 수 있기 때문에, 공화주의 국가는 이런 종류의 법적 도구들을 주의 깊게 살필 수밖에 없다는 점을 분명히 해야겠다. 예를 들어서, 19세기에 출현했을 때 계약법은 만일 어떤 계약이 자유롭게 맺어진다면 그 계약조항 아래에서 발생하는 행동은 죄가 없다는 사실을 함축하고 있음은 이미 앞에서 언급한 바 있다. 이러한 주장은 공화주의자에게는 전적으로 받아들여질 수 없다. 자유계약—가령, 강제나 조작의 결과가 아닌 계약—이라 하더라도, 계약의 두드러진 특징은 어떤 한편에게 다른 편에 대한 지배의 권력을 줄 수도 있다는 사실이다. 상황의 힘 때문에 한 개인은 공화파 전통에서 호되게 비난받은 노예계약의 예가 되거나 그것에 근접하는 계약을 맺도록 내몰릴지도 모른다(Locke, 1965: 325). 그렇다면 공화주의적 관점에서 자유로운 계약은 그 계약조항하에서 발생하는 것에 대한 자동적인 정당성 부여자—심지어 외견상의 정당성 부여자—의 역할을 할 수 없다. 자유로운 계약관념은 고전적 자유주의 전통에서 부여받았던 권한을 부여하는 능력을 〔공화주의적 관점에서는〕 상실하는 것이다.

계약법은 분명 근대사회에서 일정한 위치, 그것도 중요한 위치를 차지하고 있을 것이다. 그것은 경제활동과 번영을 위한 하나의 전제조건이다. 그렇다면 공화주의 국가는 그것을 어떻게 다룰 것인가? 아무리 자유롭게 맺어졌다 하더라도, 계약은 한편이 다른 한편을 구속하는 것이다. 그들은 자신들이 약속했던 대로 이행하지 않을 때 상대가 의도할 수도 있는 피해를 감당해야 하며, 이는 한편은 다른 한편에게 지배받을 위험을 무릅써야 한다는 뜻이 된다. 그런 까닭에 비지배의 증진을 원하는 공화주의 국가는 계약법이 단지 서로 다른 행위자들 사이의 자발적 합의를 용이하게 하는 것이 아니라, 한편이 다른 편을 지배할 가능성이 있는 조항들을 지닌 계약들을 허용하지 않는 조정적 역할을 하길 기대한다.

계약에 대한 이러한 관점은 근대 이전의 공화주의자들에게는 완전히 발전되지 않았다. 계약은 19세기 이후에나 사회적 삶을 조직하는 데 있어 중심적 역할을 했기 때문이다. 그러나 내가 공화주의적이라고 여기는 관점에서 계약은 다른 한편에게 주권을 부여하는 것이며, 계약법이 비록 사법(私法)에 속하기는 하지만 사람들의 삶의 계약적 측면에서 안정성을 증가시킴으로써 공법역할을 수행한다는 이론 속에 잘 드러나고 있다. 그 견해가 모리스 코헨(Cohen, 1933: 587)의 선구적인 논문 속에 개략적으로 설명되고 있다.

> 고전적 이론의 지지자들은 법적 강제가 타인과의 약속에 대한 신용이나 신뢰를 필요로 하는 거래를 보호하고 장려하는 데 도움이 된다는 점을 인정했다. 그러나 우리는 또한 동료들의 절실한 필요와 약점을 이용하는 것과 같은 비양심적 목적에 국가권력이 사용되지 않도록 관심을 기울일 필요가 있다. 고리대금법은 경제적 궁핍에 처한 사람이 진정으로 자유롭지 않다는 사실을 인정했다. 계약의 자유에 아무런 제한을 두지 않는 것은 논리적으로 개인적 자유의 극대화가 아니라 사람들이 경제적 압박 아래에서 '자발적으로' 노예계약을 맺을 수 있다는 사실로 귀결됨을 경험적으로 보여준다.

6) 공적 생활

내가 고려하고자 하는 정책결정의 마지막 분야는 정체와 사회의 공적 생활과 관련이 있다. 공적 생활에 대해 말할 때, 내가 의미하는 바는 공통의 지식이나 신념의 문제의 기반이 되는 공동체의 삶이다. 다음과 같은 경우에는 공적인 삶에서 어떤 일이 발생한다. 즉, 어떤 일이 일어나고, 그것의 발생을 사람들이 일반적으로 믿고, 또한 이와 같은 일이 발생한 것을 사람들이 일반적으로 믿고 있다는 사실이 일반적으로 인정되는 경우 등등이다.

어떤 일이 일어난다는 것을 사람들이 일반적으로 믿는다는 것은 무엇을 말하는가? 그리고 '등등'이라는 말로 설명되는 패턴이 실현된다는 것은 무엇을 뜻하는가? 만일 거의 모든 사람이 어떤 일이 일어난다는 사실을 믿거나 아니면 적어도—이 대안은 중요하다—그러한 지식을 추구하는 경우, 이것이 일어난다는 것을 알 수 있는 위치에 거의 모든 사람이 있다면, 예를 들어 그러한 신념으로 인도할 수 있는 유효한 어떤 기록이 있다면, 이는 일반적으로 믿어질 것이다. 〔'등등'의 패턴의 실현이라는〕 다른 이슈로 넘어가면서 우리는 보다 높은 수준에서 적어도 이전 수준에서의 조건이 충족되지 않았다는 믿음이 부재한다면 '등등' 절이 만족될 것이라고 가정할 수 있으며, 연속적인 수준에서 불신의 부재와 구분되는 적극적인 믿음이 필요하지는 않을 것이다(Lewis, 1983: 166). 예를 들어, 세 번째 수준에서 그 사건이 일어났다고 일반적으로 믿어지는 것에 대한 불신이 부재할 수 있으며, 네 번째 수준에서 세 번째 수준의 불신의 부재에 대한 불신이 부재할 수 있다.

공동체의 공적인 삶은 비지배를 누리기 위해서 무엇보다 중요하다. 정치와 관련해서 일어나는 모든 일은 공적 생활의 일부가 될 것이며, 그러한 공적 영역이 잘 조직되어 있다는 사실은 인민의 자유라는 측면에서 필수적이다. 특히 정부의 임페리움과 관련된 지배가 없다는 사실이 본질적 요소이다. 그렇다면 공화주의 국가의 주요 목표들 가운데 하나는 내가 다음 장에서 주장하는 정부형태—법적이고 민주적 통제형태—를 시도하고 증진하려는 것이어야 한다. 그러나 이후의 논의에서 다루어지는 정부의 과제에 대한 고찰과는 별도로, 우리는 이미 이 단계에서 공공생활이 공화주의 국가에 중요한 정책적 도전을 제공할 것이라는 점을 확인할 수 있다.

공화주의 국가가 도미니움의 측면에서든 임페리움의 측면에서든 사람들을 지배에 노출시키지 않도록 보장했다고 가정하자. 적어도 다른 조건이 같을 때—가령 적어도 아무도 반대의견을 일으키려 하지 않을 때—, 이러한 사실은 공통적인 믿음의 문제가 되어 공적 생활에서 공인되는 경향이 있을 것이라는 점을 우리는 이전의 고찰로부터 알고 있다. 그리고 만약 이것이 공통적 믿음의 문제가 된다면, 인민의 비지배가 이전에 논의된 많은 혜택을 그들에게 제공할 것이라는 점도 알고 있다. 인민은 자기선택의 권력 안에 있는 것과 그렇지 않은 것을 확실히 구별할 수 있으며, 힘 있는 자들과의 관계에서 주의를 기울이고 전략적으로 행동하려고 걱정하지 않을 수 있다. 그리고 그들은 그 사회에서 타인들과 함께 동등한 지위를 누리는 의미를 맛볼 수 있다. 즉, 그들은 그 누구도 자신들의 삶에 자의적으로 간섭할 수 없다는 공유된 의식을 지니면서 모든 타인들을 똑바로 쳐다볼 수 있는 것이다.

그러나 만일 인민의 비지배가 공통의 인식과 공적 생활에서 확립되는 한에서만 그러한 혜택이 보장된다면, 공화주의 국가 특히 시민들을 위한 높은 수준의 비지배를 실제로 보장한 국가의 경우 공공생활에서 인민의 비지배가 반드시 기록되도록 하는 일이 무엇보다 중요해진다. 어떤 국가가 비지배를 보장했지만 내부 또는 외부의 적들이 비지배가 보장되지 못했다고 많은 시민들을 설득할 수 있었다고 가정해 보자. 그 결과는 비극적이고 비참할 것이다. 이를테면 인민을 약속의 땅으로 데려왔음에도 불구하고, 사실 국가는 인민들이 약속의 땅에 있다는 것을 설득하는 데 실패할 수도 있다.

보장되어 온 비지배의 혜택을 인민이 분명히 누리도록 하기 위해 국가가 공공생활에만 관심을 쏟아야 하는 것은 아니다. 비지배라는 대의 그 자체가 국가가 공공생활에 초점을 맞추어야 할 근거를 제공한다. 공동체의 공적 삶에 남겨진 기록은 인민의 비지배가 얼마나 증진되는가에 중요한 영향을 미칠 수 있다. 어떤 사람이 보호받고 있다는 사실이 공통의 믿음의 문제로 기록된다면, 이전의 가치가 어떠하든지 간에 그 보호는 그만큼 더 효과적일 것이다. 〔반대로〕 그 개인이 보호받지 않고 있다고 기록된다면, 그 보호는 그만큼 덜 효과적일 것이다. 만일 이런저런 조치가 비지배를 증진하는 데 필요하다고 기록된다면, 그 믿음들의 신뢰성 정도에 따라 그 조치가 비지배의 명분을 도와주거나 방해할 것이다. 산출된 비지배와 연관된 혜택의 실현이라는 목적만이 아니라 비지배를 만들어내려는 목적은 국가가 공동체의 공적 생활에 관심을 가져야 할 이유를 제시해 준다.

공화주의 국가는 어떻게 공공생활의 비전을 보다 진척시킬 것인가? 이 분야의 정책과 관련된 아주 많은 이슈들이 있다. 많은 현대 민주주의 국가들의 공공생활을 괴롭히는 어려움들에 대해 고찰하게 되면 그러한 이슈들은 분명해진다.

매우 두드러진 첫 번째 어려움은 여러 사회에서 공적 공간—도시, 시골, 야생이든—이 사라지고 있다는 사실이다. 예를 들어 많은 미국 도시에서 나타났던 주거와 상업생활의 패턴을 고려해 보자. 중산층은 도시 중심부에서의 폭력수준에 위협을 느끼고 공적 장소로부터 물러남으로써 그 위협에 대응하고 있다. 가정이나 거리 또는 교외 주택지역은 단단히 지켜지고, 아마 사적인 보안업체의 감시 아래에서 적대적인 동떨어진 장소로 여겨진다. 그리고 비록 사무실이나 일터는 그 도시 안에 위치하고 있지만, 도시 자체와는 점점 격리된다. 사적인 주차지역에서 곧바로 건물로 들어오면, 점심도 그 건물 안에서 제공된다. 〔오늘날〕 등장하는 이와 같은 패턴은 공적 생활에 매우 부정적으로 작용하는데, 그들이 속한 사회 내의 다른 사람들에 대해 갖는 견해, 특히 자신이 속한 계급이나 서클에 속하지 않는 사람들에 대한 견해가 상상에 사로잡히게 되기 때문이다. 자신이 속한 사회 안에서 서로 다른 구획을 가로질러 직접 경험하고 접촉할 수 있는 기회가 결여되기 때문에 사람들은 그 사회에서 무엇이 일반적인 믿음과 기대의 문제인지에 대한 인식을 쉽게 상실할 수 있다.

그러나 만일 공적 공간의 협소화가 하나의 문제라면, 그 문제는 사람들이 자신이 사는 환경에 대해 획득하는 정보가 종종 아주 편향되어 있다는 사실과 결부된 어려움 때문에 더 악화된다. 현대 민주주의 국가에서 보도기능을 담당하는 신문과 텔레비전은 판매부수를 높이려 혈안이 되어 있고, 자극적 이슈들에 의존하며, 관음증적 분노를 양산하고 관음증과 관련된 전율을 불러일으키는 공포를 유도하는 데 집중한다. 의심할 바 없이, 그리고 불행히도, 주변 사회에 대해 표현된 이미지는 반박과 거절을 끌어낼 수 없을 만큼 그 기초가 아주 단단하다. 그러나 그 이미지는 너무나 일면적이어서 종종 악몽과 같은 환상의 경계에 접해 있다.

공적 생활의 어려움에 대한 세 번째 영역은 이른바 공적 여론이 우리의 민주사회들에서 일반적으로 대표되는—그리고 대표될 때 실현되는—방식에서 기인한다. 다시 여기서 언론매체들이 중요한 역할을 하며, 그러한 언론매체들은 종종 그들의 사회를 심하게 무너뜨린다. 때때로 언론매체들은 완전히 확실치 않은 종종 분파적 목적으로 추동되는 여론에 대해 과감히 말하며, 때로는 지나치게 조작된 여론조사에 근거해 여론을 설명한다. 그러나 언론매체들이 일정 정도 잘 설계된 여론조사에 의존할 경우에도 또한 상황을 심각하게 오도할 수 있다. 그 이유는 여론조사의 대상이 되는 개인들이 종종 그들이 말하는 것에 대해 진지하게 생각할 동기를 갖고 있지 않기 때문이다. 그들은 자신들의 개인적 응답을 통해 어떤 일에 영향을 미칠 수 있으리라 여기지 않을 것이며, 그러한 질문에 반드시 대답해야 한다고 생각하지도 않을 것이다(Brennan and Lomasky, 1993; Fishkin, 1991; 1995).

여론조사를 받는 개인이 〔자신이 갖는〕 좌절이나 분노 또는 적대감이나 그런 종류의 어떤 것을 표현할 기회로만 이를 활용하려는 것도 무리가 아니다.

〔지금까지〕 나는 공적 공간, 공적 정보, 그리고 공적 여론조사와 관련된 문제들을 언급했다. 공적 생활에 대한 이러한 압력들은 비지배 자유를 증진시키고, 특히 실제로 이용할 수 있는 비지배에 대한 확고한 인식을 창출해 낼 것이라는 전망을 축소시킨다. 〔그렇다면〕 그러한 어려움에 대한 대응으로 공화주의 국가는 어떤 정책들을 채택해야만 하는가? 이미 강조했듯이, 나는 정책조사의 방식으로는 아무것도 말할 게 없다. 그러나 적어도 분명한 근거가 있어 보이는 어떠한 정책안(*initiative*)에 관해 언급하는 것은 유용할 수도 있을 것이다.

공적 공간의 축소문제들은 얼핏 보기에는 급진적 행동을 요구한다. 그 문제들은 자유지상주의에 의해 최근 잠식되어온, 공유된 공적 환경을 확립하려는 정치적 헌신을 요구한다. 국가가 공적 공간의 개선에 전념하는 것은 납세자들에 대한 불합리한 부과이며, 어떠한 경우에도 공적 공간이 대중이 정말 원하는 것이라는 점도 분명치 않다고 종종 가정되어 왔다. 아이러니하게도 이러한 가정에서 인용되는 증거는 점증하는 사적 공간으로의 후퇴와 늘어난 사적 안전에 대한 추구이다. 이에 대해 공화주의적 전망이 일에 대한 완전히 다른 견해를 제공할 것이라고 강조할 필요는 없다. 물론 추구되는 혜택이 보다 접근하기 쉬운 공적 공간이라면 공화주의 국가는 타당하게 납세자들에게 세금을 부과할 수 있으며, 우리는 그러한 공적 공간이 시민들의 관점에서 바람직하다 — 결국 그것이 시민의 비지배 자유의 완전한 실현을 위한 하나의 전제조건이다 — 고 가정할 수도 있다.

전반적으로 사회에서 벌어지는 일에 대해 대중이 얻고 있는 형편없는 정보의 질에 대해 공화주의 국가는 무엇을 해야만 하는가? 무엇보다 먼저 언론매체들은 서로 다른 다양한 목소리를 내야 한다. 이를 위해서는 언론매체의 소유와 통제가 소수의 손에 집중되도록 해서는 안 된다. 그리고 공화주의 국가는 상업세계를 지배하는 원리와 서로 다른 이해관계를 가지고 운영되는 언론매체를 세우거나, 그러한 매체들에 보조금을 지원해야 한다. 예를 들어, 반(半)자율적인 국영방송을 지원하고, 가능한 한 공동체에 기반한 언론매체의 성장을 장려해야 한다. 비록 언론매체들간의 상당한 정도의 자율규제를 장려하는 것이 이 논의에서는 거의 확실한 최선의 입장이 되겠지만, 공화주의 국가는 당연히 언론매체의 규제에 대한 책임도 져야 한다(Ayres and Braithwaite, 1992).

마지막으로 여론형성과 함께 생기는 문제들에 대해 무엇을 해야만 하는가? 여론조사와 여론형성의 문제를 다루기 위한 최근의 제안 중 하나는 언급할 만하다. 피쉬킨(Fishkin, 1991; 1995)[14]은 언론매체들이 적어도 가끔씩이라도 자신이 심의적 여론조사라고 부르는 것을 수행해야 한다고 주장한다. 이 심의적 여론조사는 사람들로부터 무작위로 표본을 뽑아, 문제가 되는 이슈를 심의하기 위해 며칠 동안 그 〔표본의〕 구성원들을 함께 불러 모아놓고, 그들간의 논쟁의 일부를 보도한 후, 마지막에 참여자들에게 여론조사를 실시하는 것을 말한다. 그 결과는 그러한 심의과정에서 사람들의 견해가 변한다는 사실이다. 만약 공적 여론이 일반적인 여론조사의 결과가 아니라 심의적

---

14) 〔역주〕 제임스 피쉬킨(James Fishkin). 미국 스탠퍼드대학 커뮤니케이션학과 교수. 심의민주주의의 대표적 이론가. 대표저서로 *Democracy and Deliberation: New Directions for Democratic Reform*(1991), *The Dialogue of Justice: Toward a Self-Reflective Society*(1992), *The Voice of the People: Public Opinion and Democracy*(1995), *Deliberation Day*(with Bruce Ackerman) (Yale Press, 2004), *Debating Deliberative Democracy*(with Peter Laslett) (Blackwell Publishing Limited, 2003) 등이 있다.

여론조사의 결과로 대표되고 형성된다면, 이는 확실히 선호할 만한 것이다.

> 보통의 여론조사는 생각할 틈도 주지 않고, 〔질문에 대해〕 아는 것도 없이, 거의 관심을 기울이지 않은 채 대중이 생각하는 것을 모델화한다. 이와 대조적으로 심의적 여론조사는 이슈가 되는 문제들에 대해 생각할 수 있는 보다 나은 기회를 제공하고 나서 대중이 생각하는 것을 모델화한다(Fishkin, 1995: 45).

결론적으로, 공적 영역과 관련한 정책에 대한 사고로 한 가지 더 추가할 수 있는 입장이 있다. 롤즈는 어떤 정치적 이상의 열망들 가운데 하나는 그가 공공성이라고 기술한 것이라고 주장했다. 공공성의 이상은 제도와 제안들이 타당하게 평가될 수 있는 하나의 기준으로 공개적으로 천명되고 지지될 수 있어야만 한다는 것이다(Rawls, 1971: 130~136; 1993: lecture 6). 이에 대해 일정 정도 비밀을 요구하는 것이나, 어떤 중요한 집단—특히 다른 집단들을 기꺼이 관용하는 집단(Scanlon, 1982; Young, 1990; Barry, 1995)—을 소외시키는 일이 있어서는 안 된다. 그리고 그 정체의 성과를 측정할 수 없게 만드는 것도 있어서는 안 된다. 그 이상은 그 사회에 있는 모든 사람들이 볼 때 정당화될 수 있고, 정당화되는 것으로 여겨질 수 있는 효과적인 기준을 대표해야만 한다(Gaus, 1990; D'Agostino, 1996).

이 장에서 진행된 고찰이 분명해지기 시작했다면, 공적 제도의 성과에 대한 척도역할을 하는 것으로 공화주의적 이상을 내세우는 데는 어려움이 없을 것이다. 그리고 그러한 이상을 추구하는 국가를 정당화하는 데에도 어려움은 없다. 이 책의 첫 번째 장에서 내가 주장했듯이, 비지배 자유는 그러한 정체가 증진시키기에 아주 매력적인 목적이다. 그러나 비지배 자유의 이상이 공공성의 요구만을 만족시킬 수 있는 것은 아니다. 이제 내가 말하고자 하는 것은 비지배 자유 이상을 증진시키려고 하는 공화주의 국가는 이를 공적 생활의 한 사실로서 확립하기를 원할 수밖에 없다는 점이다. 공화주의 국가는 그 제도 아래에서 인민이 비지배를 누린다는 것 — 이것이 지금까지 우리의 초점이었다 — 뿐만 아니라 비지배는 정치적이고 제도적인 삶의 효과적이고, 특히 정당한 기준이라는 점을 입증하길 원한다는 것이다.

그 이유는 만일 공화주의 국가가 이런 방식으로 공화주의적 목적에 대한 신임을 확립할 수 있다면, 그것은 더욱더 효과적으로 그 목적을 증진할 수 있다는, 아주 단순한 사실 때문이다(Spitz, 1995a; Philip, 1996). 비지배 자유는 바람직하고, 공화주의 국가가 그것을 추구하는 것은 정당하다는 사실이 하나의 공유된 의견이 되게 하자. 그 경우 비지배 자유의 혜택이 보다 깊이 있게 평가됨에 따라, 비지배 자유를 누리는 것이 바람직스럽다는 사실은 그만큼 더 분명해질 것이다. 그리고 그런 경우 사람들이 가까이서 비지배를 향유하는 일이 그만큼 더 쉽게 발생하며, 인민 자신의 입장에서 볼 때도 그러할 것이다. 비지배의 혜택에 대한 사람들의 도덕적 평가가 커짐에 따라, 그들은 비지배를 훼손하지 않아야 하는 이유가 커졌음을 발견하게 될 것이다. 사람들은 각자 〔비지배를〕 위반하지 않아야 할 추가적인 도덕적 동기를 갖게 될 것이고, 그들의 명성과 관련된 그런 종류의 추가적 동기를 각자 지니게 될 것이다. 만일 비지배가 도덕적으로 바람직하다는 것이 하나의 공통된 지식의 문제로서 확립된다면, 당신이 이를 위반하는 것은 수치심의 문제가 될 것이다.

우리는 앞에서 공화주의 국가가 공적 생활 속에 확립된 인민의 비지배 상태를 원할 수밖에 없다는 점을 살펴보았고, 그 다음에는 그 목적을 추구해야 할지도 모르는 정책들의 일부를 검토해 보았다. 이 마지막 고찰을 통해 우리는 국가가 비지배에 기반한 법적·문화적 현실뿐만 아니라 비지배의 도덕적 바람직성을 확립하려고 노력할 것이라는 점을 알게 된다. 마지막 장에서 나는 이 중요한 사유로 돌아가 공화주의 국가와 시민사회 간의 관계를 고찰할 것이다.

제6장

공화주의적 형태

헌정주의와 민주주의

제5장에서는 사람들이 서로를 대할 때 발생하는 문제점, 즉 도미니움이나 통제수준에서 변화와 관련된 문제점에 대처하기 위해 공화주의 국가가 시도할 수 있으리라 기대되는 바에 대해 살펴보았다. 그러나 내가 몇 번이나 강조했듯이, 국가는 그 자체로 도미니움보다는 임페리움과 연관된 지배행위와 그 행위자가 될 수 있다. 이 장에서 나는 공화주의 국가의 목표추구가 이렇게 훼손되지 않기 위해 현실화해야 할 〔공화주의 정부의〕 형태에 대해 살펴볼 것이다. 물론 목표와 형태 간의 구분에는 전형이 있는 것도, 이를 명확하게 규정할 수 있는 것도 아니지만, 제반 논점의 전환에 있어 적절한 의미를 부여하고자 한다.

국가 — 공화주의적 명분과 정책에 전념하는 국가를 포함해서 — 기구들은 체계적으로 인민의 삶에 간섭한다. 이들은 법을 공통적으로 부과함으로써 전체로서 인민을 강제하고, 법을 집행하고 법적 제재들을 적용하는 과정에서 인민 내의 서로 다른 개인들을 강제한다. 만약 이렇게 행해지는 국가의 간섭이 자의적이 된다면, 이는 그 자체로 예속의 근거가 되어버릴 것이다. 이에 따라 우리의 관심을 끄는 문제가 즉각적으로 제기된다. 국가를 어떻게 조직해야 국가의 간섭이 자의성을 전혀 혹은 거의 띠지 않게 할 수 있을까?

문제는 어떻게 하면 강제적 국가기구 내에 존재하는 자의적 의지를 최소화할 수 있도록 만들 수 있는가 이다. 인간의 약점으로부터 〔발생하는 문제들을〕 어떻게 막을 수 있을 것인가는 지금 단계에서의 관심사가 아니다. 이는 제 7장에서 다룰 문제이다. 지금은 정부 행위자들, 심지어는 공공의식을 완벽하게 갖춘 행위자들조차도 자의적으로 강제적인 결정을 내릴 수 있는 가능성을 어떻게 없애 나가는가에 집중할 필요가 있다. 결국 염두에 두어야 할 것은, 정부 행위자들이 정책결정을 내리는 데 있어 항상 일반시민들의 이익과 사고를 존중했다 하더라도, 그러지 않을 수 있는 능력을 가졌다는 사실 — 자의적으로 간섭할 수 있는 능력을 가졌다는 사실 — 은 그들이 시민들을 지배했다는 것을 의미한다는 점이다. 또는 최소한, 정부 행위자들이 일반시민들의 이익과 사고를 따르도록 하는 것이 단지 그들의 덕성 덕분이라는 점은 결국 불완전한 보장을 의미할 뿐이기 때문에, 그러한 사실은 지배를 의미했을 것이다.

이 문제에 대한 나의 대답은 전통적 공화주의자들의 저술 속에서 발견되는 제도적 문제들에 대한 합의와 여러 측면에서 관련되어 있다. 적어도 나는 그렇다고 믿는다. 따라서 내 대답이 공화주의 전통과 얼마나 잘 들어맞는지를 보여주려 노력할 것이다. 하지만 이러한 논의는 역사적인 것이 아니라 이론적 논의로 의도된 것이라는 점을 강조해야 할 필요가 있다. 〔내가 얘기하는〕 개요가 전통적 합의와 일치하는 것으로 밝혀진다는 사실은 환영받을 일이지만, 우연의 일치일 뿐이다. 공화주의자들의 주요 관심이 비지배 자유의 증진에 있었다는 근거를 제공하기 때문에 환영받을 일이며, 공화주의의 세부적 신념들을 재구성하는 것이 아니라 비지배 자유라는 공화주의의 목표를 진지하게 받아들이는 것이 무엇을 의미하는지 탐구하는 데 우선적으로 초점이 맞춰져 있었기 때문에 우연인 것이다.

이 논의에서 옹호되는 견해들이 공화주의의 전통적 교의들과 잘 들어맞기는 하지만, 그렇다고 해서 성격상 진부하지는 않다. 이 견해가 법의 지배, 권력분립, 민주적 책임성과 같이 이미 확립된 제도적 이상들을 옹호하긴 하지만, 독특한 근거에서 이들을 지지하며 때로는 그 내용을 매우 비정통적인 방법으로 재구성하기도 한다. 공화주의 전통과의 연속성을 강조하면서 기존 사고방식과의 차이점들에 대해 지적하고자 한다.

내 논의는 두 부분으로 이뤄져 있다. 제 1절에서 나는 이상적 공화국에서 헌정적 제한의 필요성을 논할 것이고, 제 2절에서는 공화주의 국가에서 정책결정 권력이 민주적으로 통제되는 방법에 대해 고민할 것이다. 나는 공화주의적 수단들이 권력을 쥔 사람들에 의해 조작되어서는 안 된다는 점에서 헌정적 제한을 옹호할 것이다. 또한 나의 민주적 통제 개념에서 핵심은 공화주의 정부가 행하는 모든 것은 영향을 받는 사람들에 의해 효과적으로 견제될 수 있어야만 한다는 것이다.

1. 헌정주의와 조작불가능성

만약 공화주의 국가가 자의적으로 지배하는 형태를 취하지 않기를 원한다면, 공화주의적 목표를 진전시키기 위해 국가가 사용하는 수단은 무엇이어야 하는가? 그 수단이 다른 상황하에서 성공적이라고 가정한다면 — 그 상황하에서 다른 것들이 동등하다고 가정한다면 — 첫 번째 관심사는 자의적 권력의 행사 여지를 가능한 한 적게 남겨두도록 보장하는 것이 되어야 할 것이다. 만일 그러한 수단들이 임페리움과 관련된 지배의 여지를 남겨둔다면, 도미니움과 관련된 지배를 줄이는 제도를 확립하거나 또는 입안을 주도해봤자 헛수고이기 때문이다. 한쪽에서 얻은 것을 다른 한쪽에서 잃을 것인데, 아마도 얻은 것 이상으로 잃게 될 것이다.

공화주의 국가가 사용하는 수단들은 가능한 한 조작이 불가능한 성격이어야 한다는 것이 〔여기서의〕 교훈이다. 이 수단들은 특정한 공적 목표를 증진시키도록 고안되었기 때문에, 자의적이고 분파적인 기반에서 전개될 수 있는 것에 최대한 저항력을 가져야 한다. 어떠한 개인이나 집단도 그 수단들이 어떻게 사용되는지에 대한 재량권을 가져서는 안 되며, 이들을 마음대로 다룰 수 있어도 안 된다. 친절로 똘똘 뭉쳐있고 공공정신이 투철한 사람도 안 되며, 자기의 분파적 목적을 위해 동료시민들의 삶에 간섭하기 쉬운 사람도 물론 안 된다. 이와 관련된 제도와 발의안은 개인의 변덕에 좌우되는 조작을 허용해서는 안 된다.

어떻게 하면 공화주의적 수단들을 최대한 조작이 불가능하게 만들 수 있을까? 공화주의의 목적과 관련된 문제에서처럼 여기에서도 경험적 현상들을 고려하는 것이 필수적이며, 완전히 철학적 기반에서 완벽한 청사진을 고안하는 것은 불가능하다. 하지만 어떤 가능한 시나리오하에서도 조작불가능한 체계가 충족시켜야 하는 세 가지 광범위한 조건들이 있으며, 나는 여기에 초점을 맞출 것이다. 첫 번째는 해링턴이 언급했던, 〔조작불가능한〕 체계는 "사람의 제국이 아닌 법의 제국"을 구성해야 한다는 조건이고(1992: 81), 두 번째는 법률적 권력들을 서로 다른 부분에 분산시켜야 한다는 것이며, 세 번째는 법을 다수의 의지에 상대적으로 저항하도록 만들어야 한다는 것이다. '법의 제국' 조건은 법의 지위와 내용과 관계가 있고, '권력분산' 조건은 일상적인 작동과, '반다수결주의' 조건은 법이 정당하게 변경될 수 있는 방식들과 관계가 있다.

이 모든 조건들은 권력자들의 의지를 좌절시키고, 정부를 조직하는 것을 용이하게 만드는 것이 아니라 더 어렵게 만든다. 이런 의미에서 그 조건들은 공식적인 헌정적 제한처럼 작용하며 우리가 헌정주의라고 일컫는 것에 대한 신념을 대변한다. 그 제한들이 공식적인 헌법 안에 기록되지 않아도 우리는 권력자들의 의지를 제한하는 법률적 방편들이 확립된 곳이라면 어디에서든 헌정주의를 발견한다. 19세기에 역사가인 메이틀랜드는 민주정부의 가장 중요한 성취는 헌정주의에 대한 공헌이었다고 주장했다.

> 정부에 민주적 요소가 도입됨으로써 우리는 '변덕스럽고 불확실하며 알려지지 않은 타인의 의지'에 덜 종속되게 되었다. 이는 우리가 동의하지 않은 법의 수가 더 적어졌기 때문이 아니라, 통치기구간의 알력이 증가되었고 변덕스럽게 사용되기에는 통치기구가 너무 다루기 힘들어졌기 때문이다. 자의적 권력이 행사될 가능성은 민주주의에서가 아니라 매우 복잡한 형태의 정부에서 가장 적다(Maitland, 1981 : 84~85).

1) 조건 1 : 법의 제국 (*The empire-of-law condition*)

'법의 제국' 조건에는 두 가지 측면이 존재한다. 첫 번째 측면은 법이 특정한 형태를 지녀야 한다는 규정이다. 다시 말해, 법은 현대의 법치이론가들이 규정하는 제한, 즉 법은 보편적이어야 하고 입법자들 자신을 포함한 모든 사람들에게 적용되어야 하며, 적용되는 사람들에게 미리 공표되어 알려져야 하고, 이해가능하고 일관적이며 지속적인 변화를 겪어서는 안 된다는 등(Fuller, 1971; Ten, 1993)을 대체적으로 따라야 한다.

공화주의자들은 어떤 근거에서 법이 이런 종류의 제한들을 따라야 한다고 원할 것인지를 분명히 해야 한다. 만일 어떤 법이 이 제한들을 충족시키지 못한다면, 법률의 제정자, 집행자나 적용자들에게 타인에 대한 자의적 권력이 쉽게 주어질 것이다. 영국 의회와 미대륙 식민지들과의 관계처럼, 이러한 제한들에 종속되지 않고 법을 만들 수 있는 입법자들은 자의적 권력을 가지게 될 것이다. 게다가 소급적용법 또는 권리박탈법안처럼 특정 개인이나 가족에게 적용되는 법을 만드는 입법자들은 어느 정도 인민의 삶에 자의적으로 간섭할 수 있게 될 것이다. 마찬가지로, 공표되지 않은 법이 적용되도록 마음대로 선택할 수 있거나 자기의 목적을 위해 법의 모호함이나 불일관성을 남용할 수 있는 행정가나 판사들은 자의적 체제를 대표하게 될 것이다. 만일 법치라는 제한이 위반된다면, 법은 관련당국의 자의적 의지의 놀이터가 될 것이기 때문이다.

'법의 제국' 조건의 두 번째 측면은 첫 번째 조건이 충족된다면 어떠한 법이 도입되더라도 만족스러운 모습을 띠게 될 것이라고 가정한다. 그리고 정부가 법적 근거에 따라 행동하는 것—예를 들어 눈앞에 놓인 일에 대한 입법을 하는 것—과 좀더 특수한 방식으로 행동하는 것 사이에서 선택권을 가지고 있다면 항상 첫 번째의 원칙적인 접근을 선호해야 한다고 규정한다. 정부의 행위가 합법적이라고 해서 반드시 선을 위한 것이 되어야 하는 것은 아니다. 정부의 행위가 진정 필요하다고 가정한다면, 그 행위는 항상 법과 유사한 결정을 통해서, 특히 법치의 제한들을 존중하는 결정—임시적이지도, 사후적이지도 않은—을 통해서 작동해야 한다.

공화주의에서 이러한 사고를 뒷받침하는 이론적 근거는, 특수한 결정이 정책결정자들의 의지에 의해 자의적으로 통치될 수 있는 반면 원칙이 있는 입법이란 그리 쉽게 조작될 수 없다는 점이다. 일반적으로 입법이란 정책결정자 자신들까지 잠재적으로 포함하는 인민들의 관심사가 될 것이기 때문에 그들이 입법을 자의적으로 이끄는 것은 — 불행히도 불가능하지는 않겠지만 — 쉽지 않을 것이다.

영국이 미대륙에서 세금을 징수하는 것과 영국 내에서 세금을 징수하는 것의 의미 차이에 대해 프리스틀리(1993: 140)가 목격했던 바를 생각해 보자. 그에 의하면 미국인들은 영국의 하원의원들이 자신들에게 세금을 부과할 때, "그들 스스로에게는 세금을 부과하지 않아, 그들은 외려 편해진다"고 불평한다. 〔반면〕 프리스틀리는 영국인들은 그런 불평을 하지 않는다고 한다. 왜냐하면 영국의회 의원들은 그들이 영국을 위해 통과시킨 법에 종속되어 있기 때문이고, 의회는 '법의 제국' 조건에 따라서만 타당하기 때문이다. 따라서 영국의회 의원들은 그들 자신들에게 세금을 부과하지 않고서 영국 인민들에게 결코 세금을 부과할 수 없다.

법치를 가능한 한 확장해야 한다는 사고 — 구체적으로는 특수한 의사결정보다 원칙적 의사결정을 선호한다는 생각 — 는 통치가 수행되는 방식을 광범위하게 세분화시킨다. 이것이 의미하는 바는 의회는 항상 법치라는 제한하에서 입법을 추구해야 한다는 점이다. 그러나 '법의 제국' 조건은 정부의 다른 기구들도 항상 원칙적인 법적 방식으로 행동하도록 강제되어야 한다는 것을 의미하기도 한다. 정부기구들은 법의 권위하에서만, 그리고 오직 법이 요구하는 것과 일치하는 경우에만 행동하도록 허용되어야 한다. 예를 들어 범죄 용의자들의 체포, 고소, 재판에서, 그리고 복지를 필요로 하는 사람들과 그들에게 복지를 제공하는 사람들을 확인하는 것, 또는 정부기구가 어디에 기반해야 하고 관련된 혜택이 어디로 가야 하는지를 결정하는 등의 문제에서 기존에 이미 확립된 방침과 절차를 따라야 할 것이다. 법의 제국은 광범위한 정치적 분야에서 적법한 절차에 충실할 것을 요구한다.

하지만 모든 상황에 대한 헌신적이고 자세한 규칙이 없더라도 우리는 적법한 절차에 중요성을 부여할 수 있다. 만약 법이 이렇게 헌신적이고 세부적으로 성문화되어 있다면 법을 조작하는 것은 불가능할 수도 있다. 그러나 이렇게 세세하게 법을 성문화하는 것은 정부기구들에 대한 어떠한 재량권도 거부하는 것을 의미하는 것이고, 따라서 정부행위를 특수한 경우에 발생하는 요구들과 일일이 맞추는 것을 불가능하게 만들 것이다. 그리고 정부의 공식적 응답을 획일화시키는 것은 제 5장에서 논의했던 공화주의의 목표들을 증진하는 데 정부가 이바지할 수 있는 능력을 약화시킬 것이 분명하다. 여기서 시사하는 바는, 최선의 법은 정부기구들이 완전히 자의적으로 행동하지 못하도록 보장하는 별도의 장치들—예를 들어 이 장 뒷부분에서 고려할 견제력과 같은—을 마련하여 정부기구에 어느 정도의 재량권을 남겨두어야 할지도 모른다는 점이다. 최선의 종류에 속하는 법은 정부 행위자들에게 항상 특정 제한들을 충족하라고 요구하지만—법은 항상 적법한 절차를 지켜야 한다는 조치를 부과할 것이다—, 실질적 재량권 또한 허용해야 할지도 모른다.

따라서 법의 제국에 대한 공화주의의 옹호에는 문서에 의한 지배가 수반될 필요도, 극단적 절차주의에 함몰될 필요도 없다(Schauer, 1991; Campbell, 1996). 법의 제국에는 법에 의해 확립되는 절차적 한계 내에서 정부 행위자들에게 어느 정도 재량권 행사가 허용된다 할지라도 이들이 항상 법에 따라 행동하는 것을 요구하는 체제가 필수적으로 수반된다. 자의성이 발생하지 않도록 보장하는 제한하에서 재량권이 행사된다면, 최선의 법체계는 다양한 형태의 재량권—예측성을 떨어뜨리는 재량권일지라도(Waldron, 1989)—을 허용할 것이다.

이러한 두 가지 측면에서 '법의 제국'이라는 조건의 필요성은 공화주의 전통에서 많이 강조되었다. 다음과 같은 시드니의 언급을 예로 들 수 있다. "인민의 복지와 자유의 보전을 위해 한 사람이 자신의 의지에 따라 통치할 수 있는 절대적 권력을 법 위에 가지고 있다는 말보다 더 불합리한 것은 없다. 왜냐하면 그러한 권력이 존재하는 곳에서는 어떠한 자유도 존속할 수 없기 때문이다"(1990: 440, 465 참조). 이 조건은 정부의 행위가 한 개인 또는 집단이 자의적 권력을 행사할 수 있는 배후가 되지 않도록 보장해주는 데 핵심적인 사항으로 인식되었다. 애스텔이 "우리의 주인들" 탓으로 돌린 문구에서 이는 법이란 "따라야 할 상시적 규칙"이라는 점, 그리고 정부가 "변덕스럽고 불확실하며 알려지지 않은 자의적 의지"를 대변하지 않을 것이라는 점을 보장함을 의미했다(Hill, 1986: 76).

법의 제국에 대한 공화주의의 신념은 자유주의 이론가들 사이에서는 일반적으로 인정되지만 맑스주의자들과 비판법학운동을 하는 많은 학자들 사이에서 비판을 불러왔다(Kelman, 1987; 마르크스주의와 법치에 대해서는 Krygier, 1990을 참조). 보통 그들은 법의 지배라는 제한은 결코 효과적일 수 없으며, 법의 지배는 단지 법이 종종 계급적이고 편향적이라는 사실을 숨기는 용도로만 사용된다고 비판하였다. 물론 정부를 법에 따라 행동하도록 만드는 요구가 자의적인 권력을 방지하는 데 충분하지 않을 수 있다. 다음 절에서 민주적 견제력의 필요성에 대해 고려하는 것도 바로 이러한 가정 때문이다. 문제는 그 요구가 항상 유용한가라는 점이지 그것이 완전히 효과적인가의 여부가 아니다. 이를 뒷받침하는 증거는 명백하다.

예를 들어 톰슨[1]과 같은 좌파 역사가들의 저작은 법이 종종 권력

1) 〔역주〕 에드워드 톰슨(Edward Palmer Thompson, 1924~1993). 영국의 역사가이자 작가, 평화운동가. 그는 18세기 말과 19세기 초의 영국 급진주의 운동에 대한 역사적 연구로 유명하다. 영국 공산당의 주요 지

자들에 의해 남용되었지만, 또한 가난한 이와 방어능력이 없는 이들의 보호를 위한 버팀목으로 공헌했음을 보여준다. 그는 18세기 영국에서 권력 있는 자들이 법치에 호소했다는 점에 대해 기술하고 있다.

> 법이 단지 그들 계급을 위한 배타적인 용도로 남겨질 수 없다는 점은 그들 자신의 자기방어를 위해 선택했던 매개물로서의 본질에 내재되어 있는 것이었다. 그 형식과 전통에 있어 법은 필연적으로 모든 부류와 계급의 사람들에게 확장되어야 하는 공정성과 보편성의 원칙을 수반했다(Thompson, 1975: 264).

법에 대한 이러한 평결은 바로 정부가 무엇을 할 수 있는지, 특히 법이 앞서의 제한들을 더 이상 충족시키지 못할 때, 정부가 시민들을 어디까지 지배할 수 있는가에 대한 20세기의 경험에 의해 입증된다. 셀즈닉[2]은 이에 대해서 다음과 같이 강력하게 주장한다.

> 정치적 조작에 저항할 수 있는 법적 제도의 확립 또는 재확립은 자유를 위한 투쟁 — 예를 들어 동유럽이나 남아프리카에서 — 에서 매우

식인 중의 한 명으로 비록 1956년 소련의 헝가리 침공을 계기로 당을 떠났지만, 그는 스탈린주의에 대한 저항을 "공산주의자들의 혁명적 관점의 자신감"의 회복을 위한 선결조건이라고 주장하면서 끝까지 마르크스주의자로 남아있었다. 또한 그는 1964년~1970년, 1974~1979년 그리고 1980년 동안 노동당 정부에 대한 좌익 사회주의 비판가였으며 유럽에서의 핵무기 반대운동에 앞장선 지식인이었다.

2) 〔역주〕 필립 셀즈닉(Philip Selznick). 캘리포니아 주립 버클리대학 법대 명예교수. 조직이론, 법사회학, 공공행정 분야의 전문가. 1930년대 시작된 신고전적 제도이론운동의 주요 제안자였으며, 대표 저서로는 *The Moral Commonwealth*(1992), *TVA and Grass Roots*(1949), *Leadership in Administration*(1984) 등이 있다.

> 중요한 안건이다. 법치를 '부르주아적 정의'나 '자유주의적 법치주의' 라고 비판하는 것은 압제를 겪는 사람들에게는 순진한 것이거나 무정한 것이거나, 아니면 둘 다로 생각될 수 있다(Selznick, 1992: 64).

크리겔[3]은 다음과 같이 서술하면서 이 교훈을 일반화한다. "개인의 자유라는 관념은 법치국가에 있어 거대한 혁신이자 노예제를 거부하는 최초의 법과 정치가 기초한 토대였다"(Kriegel, 1995: 49).

2) 조건 2: 권력분산 (*The dispersion-of-power condition*)

조작불가능한 헌정적 통치체제를 가지는 것이 바람직하다는 주장과 연관된 두 번째 조건은 법체계하에서 공직자들이 가지는 권력은 반드시 분산되어야 한다는 것이다. '법의 제국' 조건이 법의 지위 및 내용과 관련된다면, '권력분산' 조건은 법의 작동방식과 관련된다.

법이 존재하는 곳에는 충족되어야 할 상이한 역할들이 필연적으로 존재한다. 18세기에 들어서야 최종적으로 확립된 분류법 — 몽테스키외의 저작(1989)에서 가장 유명한 — 에는 법을 제정, 실행, 집행하는 기능, 그리고 법이 적용되어야 하는 논쟁적 경우들에 있어 판결을 내리는 기능이 있다. 권력이 분산되기 위해서는 이러한 기능들이 잘 분리되어야 한다. 그 이유는 적어도 공화주의적 관점에서는 어느 정도 명확하다. 한 사람이나 집단의 수중에 이러한 기능들이 통합되면, 그 당사자는 다른 사람들에 대해 어느 정도 자의적인 권력을 휘두를 수 있게 될 것이다. 이는 상대적으로 구애받지 않고 그들이 법을 가

3) 〔역주〕 블랜다인 크리겔(Blandine Kriegel). 프랑스의 철학자. 프랑스 국립과학연구소의 연구원 등을 거쳐 현재 파리대학 교수로 재직 중이다. 주요 저서로는, *The State and the Rule of Law*(1995) 등이 있다.

지고 놀 수 있다는 것을 의미한다. 《연방주의 교서》 47번 논설에서 메디슨이 말한 것처럼 "일인이든 소수이든 아니면 다수이든 상관없이, 그리고 세습적이든 스스로 임명된 것이든 아니면 선출된 것에 상관없이, 하나의 수중에 입법·행정·사법권력을 집중하는 것이 바로 전제정의 정의(定議)라고 할 수 있다"(Madison et al., 1987: 303).

따라서 만일 입법자들이 현존하는 법이나 원칙들과 일치하는 방식으로 입법할 수 있다면, 그 입법이 그러한 제한들에 부합하는지를 판단하는 이들은 입법자 자신이 아니라는 점이 중요하다. 또한 만일 법을 집행하는 자들이 법집행의 양식에서 기존의 법을 따라야 한다면, 법집행자 자신이 판단자가 아니며, 적절한 사법권이 다른 이들에게 있다는 점이 중요하다(Monstesquieu, 1989: 157을 참고하시오). 입법·행정·사법권은 서로 다른 당사자들과 집단에게 분배되어야 한다.

이른바 권력분산이 공화주의 전통에서 두드러진 주제가 되었던 18세기에 들어서야 권력의 완전한 분류가 확립되긴 했지만, 공화주의자들은 훨씬 이전부터 권력의 분산을 계속 주장했다(Vile, 1967). 예를 들어 1657년 네드햄[4]은 입법권과 행정권을 혼동—행정권이 사법권을 포함했을 것이다—한 것을 정부의 큰 실책이라고 주장했지만 특별히 참신한 인상을 주지는 못했다.

---

4) 〔역주〕 마카몽 네드햄(Marchamont Nedham, 1620~1678). 영국의 저널리스트. 반(反)왕당파의 입장에서 뉴스와 정치를 비판한 현대신문의 선구격인 〈메르쿠리우스 브리타니쿠스〉(*Mercurius Britanicus*)를 발행했다. 그는 결국 평생을 언론계에 종사하기로 결심한 후 처음 발간한 회보에 의회를 옹호하는 글을 실었다. 찰스 1세가 교수형을 당하기 2년 전인 1647년 갑자기 노선을 바꾸어 왕당파를 옹호하고 크롬웰 지지파에 대해 맹렬히 비난했다. 격렬한 반(反)의회주의 회보인 〈메르쿠리우스 프라그마티쿠스〉(*Mercurius Pragmaticus*)를 발행했으며 1650년에는 예상을 뒤엎고 의회파의 입장에서 국왕을 공격했다.

> 자유라는 것을 가지고 있는 모든 왕국과 국가에서 입법권과 행정권은 서로 다른 이들에 의해 관리되었다. 다시 말해, 입법자들은 통치의 규칙으로서 법을 정립했고, 그 후에 그러한 규칙에 의해 통치할 권력을 자신이 아닌 다른 이들의 수중에 넘겼다(Gwyn, 1965: 131에서 인용).

지금까지 우리는 법과 관련된 기능의 분리에 집중했다. 그러나 '권력분산' 조건은 다른 분야에서도 중요성을 가지고 있다. 권력분산에 대한 공화주의의 이론적 근거는 다른 사항들이 동등하다면 〔권력분산이〕 법의 비조작가능성을 증가시키고 정부가 다른 사람들에 대해 자의적 권력을 행사하지 못하도록 막는다는 것이다. 여기서의 가정은 만일 권력이 이러저러한 개인에게 집중된다는 의미에서 국지화된다면, 권력은 잠재적으로 지배적인 것이 된다는 것이다. 이러한 근거를 고려해 볼 때, 우리가 찾아야 하는 권력의 분산이 입법·행정·사법권의 분리 이외에 다른 조치들을 지지하는 것은 당연하다.

이러한 다른 조치들 중 하나가, 서로 다른 기반을 각각 가지고 있는 2개의 의회가 공존하는 양원제이다. 앞으로 살펴보겠지만 양원제는 많은 점에서 공화주의자들에게 매력적이다. 그리고 우리에게 익숙한 또 다른 조치는 권력의 분권화이다. 권력의 탈집중화는 〔국가를 이루는〕 많은 주들이 중앙정부와 권력을 공유하는 연방제 시스템하에서 달성된다. 공화주의자들이 전통적으로 연방제의 편을 들었다는 점은 우연이 아니다. 이외의 참신한 조치로는, 정부가 국제적인 규약이나 협약에 의해 규제되는 데 동의할 경우 현대세계에서 실현될 수 있는 권력의 분산을 들 수 있다. 이 방법은 이러한 규약을 해석하는 국제기구에 권력을 이양하는 효과를 가지고 있다. 그러한 정책은 공식적인 권력이 분산되어 비지배로서 인민의 자유가 안전하기를 원하는 사람들에게 환영받을 것이다(Majone, 1996).

권력의 분산이 입법·행정·사법기능들의 분리 이상을 요구할 수 있다는 나의 주장은 여전히, 보다 오래된 공화주의 전통에 충실한 것이다. 공화주의 전통에서 기능의 분리는 권력의 분산이라는 보다 큰 기획의 일부였다. 이러한 기획은 혼합정체라는 고전적 이상 속에 요약되어 있었다(Gwyn, 1965; Vile, 1967). 즉, 서로 다른 부분들이 대표되고, 권력의 일부는 대표성을 띤 특정기구—아마도 하원—에, 다른 일부는 대표성을 띤 또 다른 기구에 주어지는 것이다(Gwyn, 1965; Vile, 1967). 권력분산 기획은 단지 기능분리를 손상시키는 것에 적대적이었을 뿐만 아니라, 예를 들어 자신의 일에 스스로 판사가 되는 이들, 그리고 판사인 동시에 배심원이 되는 사람들에 대해서도 적대적이었다.

권력분산, 특히 기능분리에 대한 공화주의의 이론적 근거는 이를 뒷받침하는 여타 가능한 근거들과 대조될 필요가 있다. 여러분은 인민이 유일한 입법자라고 믿는 민중주의자라고 가정해 보자. 예를 들어 여러분이 의회주의적 사고를 가지고 있고, 인민의 대표만이 단일의 유일한 법적 주권자라고 생각해 보자(Dicey, 1960). 이 경우 여러분은 법을 만드는 권력은 다른 어떤 곳으로 흘러들어가서는 안 된다고, 특히 선출되지 않은 사법부의 수중에 흘러들어가서는 안 된다고 고집스럽게 주장할 것이다. 권력분산이 무엇을 요구하는지에 대한 증서에서, 여러분은 적어도 법 제정 권력에 관한 한 아주 까다로운 태도를 취할 것이다. 그러나 이러한 요구에 대한 여러분의 헌신은 공화주의적 태도를 고무했고 또 〔지금도〕 고무하는 것과는 아주 다른 정신에서 생겨나게 될 것이다. 실제로, 그 헌신은 다수가 다른 사람들에게 자신의 의지를 부과할 수 있는 가능성에 대해 자족하면서 직접적으로는 공화주의에서는 금기시되는 어떤 정신에서 기인하게 될 것이다.

입법, 행정, 그리고 사법적 기능들의 분리에 대한 공화주의와 민중주의의 이론적 근거들 사이의 대비는 그러한 분리가 얼마나 정확해야 하는가에 대한 견해 차이에서 생겨난다. 공화주의자들은 정확한 구분이 실제로 가능하다고 생각하는 것 같지는 않다. 예를 들자면 법을 해석할 때, 법정이 입법권력을 어느 정도는 효과적으로 휘두를 것이라고 예상할 수 있다. 공화주의자들은 심지어 정확한 구분이 바람직하지 않다고 믿을 수도 있다. 필수적인 기능의 편제는 공화주의적 목적을 증진시킬 수 있는 정부의 능력을 손상시킬 수도 있을 것이다. 그러나 그 권력이 여전히 효율적으로 분산되어 있다면, 그러한 기능적 편제는 정부의 능력과 무관하다. 따라서 〔권력의 분산이〕 기능적 영역 전반에 이례적 누수를 허용했다는 반연방주의자들의 비판에 대해 미국 헌법을 옹호했던 《연방주의 교서》의 저자들과 무관하다 (Manin, 1994).

그러나 민중주의자들은 반드시 다른 관점을 취하게 되어 있다. 이들은 사법부 권력의 방향에서건 행정부 권력의 방향에서건 간에 입법권력의 어떠한 누수도 근본적으로 악을 대변하는 것이 틀림없다고 생각할 것이다. 이는 법이 인민이나 그들의 대표가 아닌 다른 누군가에 의해 만들어진다는 것을 의미하기 때문이다. 따라서 그들은 고집스럽게 권력분산 — 아니면 적어도 법 제정 권력의 분리 — 을 주장할 것이다. 그리고 빈틈없는 구획화를 추구할 것이다. 미국 헌법에 대한 반연방주의자들의 반대에 영감을 준 것이 이러한 민중주의적 태도였을지도 모른다. 만일 그것이 민중주의적 태도였다면, 우리는 반연방주의자들을 민주주의에 대한 열정으로 인해 본질적인 공화주의적 관심사를 배반하게 된 사람들로 이해할 수 있을 것이다. 권력의 자의성에 대한 반대를 보장하려는 관심, 심지어 인민으로부터 나오는 권력의 자의성에 대해서조차도 말이다.

3) 조건 3 : 반다수결주의 조건 (*The counter-majoritarian condition*)

다른 사항들이 동등하다면, 공화주의 정부는 자의적 의지에 의해 최대한도로 조작불가능해야 하며, 그 체계가 '법의 제국' 조건과 '권력분산' 조건을 충족시켜야만 한다는 것을 우리는 주장했다. 정부가 행하는 모든 일들은 법에 따라, 특별히 법의 지배라는 제약들을 만족시키는 법에 따라야만 한다. 그러나 정부에 의해 행해지는 모든 일들이 동일한 개인이나 집단에 의해 행해져서는 안 된다. 정부의 권력과 행위들은 서로 다른 행위자들 사이에서 분산되어야만 한다.

이제 우리는 똑같은 헌정주의적 근거에서 호소하는 세 번째 조건에 와 있다. 만일 우리가 정부체계를 조작불가능하게 만들려고 한다면, 권력이 효과적으로 분산되는 법의 제국을 요구해야만 할 뿐만 아니라 그 제국에서 통치하는 법이 매우 손쉬운 다수결의 변화에 빠지지 않도록 보장하려고 노력해야 한다. 물론 모든 법은 반드시 개정될 수 있어야 한다. 왜냐하면 가장 그럴 듯한 법을 가지고도 모든 법이 계속해서 공화주의적 의미를 지닌다는 보장이 없기 때문이다. 즉, 계속해서 비지배를 증진하리라는 보장이 없기 때문이다. 그러나 반다수결주의 조건은 적어도 좀더 기본적이고 중요한—비지배라는 관점에서 좀더 기본적이고 중요한—법들이 관계되는 곳에서 이러한 법들을 변경하는 것이 손쉬워서는 안 된다는 점을 주장한다. 특히, 그러한 개정은 의회에서나 유권자 내에서조차 다수의 지지라는 단순한 사실 이상을 요구해야만 한다.

물론 요구되는 그 이상의 것은 관할권마다 그리고 법의 영역마다 다양할지도 모른다. 반다수결주의적인 보호는 법이 기존의 관습법적 지위나 엄격한 필요조건을 누릴 때처럼 법령개정을 위해 입법에 대한 일반적인 가정만을 포함할지도 모른다. 이때 엄격한 필요조건이란, 오직 특별한 조건이 만족되는 경우에만 개정을 위해 법을 입안할 수 있다는 것을 의미한다. 또는 만일 어떤 법이 개정을 위해 기획되었다면, 그 개정이 성공하기 위해 통상적인 다수의 지지 이상을 요구할지도 모른다. 예를 들면, 법은 서로 다르게 구성된 두 의회에서 통과되어야만 한다. 아니면 대다수 주(州)에서 다수 유권자들에 의해 통과되어야 하거나, 2/3의 다수를 차지해야만 한다. 우리는 그 법을 민주주의적 창조물로 여길지도 모른다. 그러나 우리는 민주주의가 서로 다른 궤적에서 작동하기를 요구해야 하며, 애커만(Ackerman, 1991)[5]이 주장하는 것처럼 좀더 기본적인 중요한 법에 대한 개정은 특히나 어려운 과정을 거쳐야만 한다고 주장해야 한다.

적어도 일부 법률에서 반다수결주의적 보호를 주장하는 공화주의적 근거는 아주 직설적이다. 다수는 쉽게 형성되며 — 다수는 가상적이라기보다 실제적인 행위자가 된다 —, 만일 다수의 의지가 제한되지 않는다면 다수 행위자는 일정 정도 자의적인 권력을 행사할 것이다. 법률들이 다수가 원할 때 쉽게 개정될 수 있다면 어느 정도 자의적인 통제의 대상이 되기 쉬울 것이며, 〔법은〕 정부의 지배에 대한 안전한 보장을 나타내는 것을 멈추게 될 것이다. 우리 대부분은 어떤 측면에서는 분명한 소수에 속하기 때문에, 선거 때마다 형성되는 다

---

5) 〔역주〕 브루스 애커만(Bruce Ackerman). 미국 예일대학 정치학과 및 로스쿨 교수. 정치철학과 헌법, 그리고 공공정책 분야에 폭넓은 영향을 미친 그의 저서는 15편에 달한다. 주요 저서로는 자유주의의 이론적 토대에 대한 새로운 관점을 보여준 *Social Justice in the Liberal State*(1980), 미국 헌정사 관련 *We the People*(1993) 등이 있다. 최근 저서로는 *The Failure of the Founding Fathers*(2005), *Before the Next Attack*(2006)이 있다.

수에 좌우되지 않고 살아가는 것이 우리의 관심사이다.

그렇다면 근대 공화주의자들은 다수주의의 위협들을 방지하는 데 도움이 되는 어떤 제도들을 지지할 수밖에 없다. 예를 들자면 근대 이전의 공화주의자들이 지지했던 의회의 양원적 분할, 법에 대한 헌정적 제약의 인정, 그리고 권리장전의 도입과 같은 반다수결주의적 조치들을 호감을 가지고 살펴 볼 수밖에 없다. 어떤 반다수결주의적 조치를 채택하느냐는 물론 지역적 상황에 따라 달라질 것이며, 경험에 근거해 논의할 문제이다. 그러나 공화주의자들이 어떠한 것도 지지하지 않을 것이라는 것은 거의 상상할 수 없다.

반다수결주의적 보호에 대한 신념은 다수의 지지를 받고 있다는 기준 이외의 다른 어떤 기준에 의해 좋은 법—필연적이지는 않지만, 좋은 법—이라고 판명된 법률체계를 필요로 한다. 물론 공화주의는 비지배 자유의 이상 속에서 그러한 기준을 발견할 수 있다. 좋은 법은 전반적인 비지배를 증진시키는 법이다. 즉, 임페리움과 함께 갈 수 있는 지배를 끌어들이지 않고서도 도미니움이 이끌지도 모르는 지배를 축소시키는 법이다. 아마도 이런 의미에서 좋은 법은 특정한 민주적 지지를 받을 수밖에 없을 것이며, 이 쟁점에 대해서는 다음 장에서 간단히 언급하겠다. 그러나 다수의 지지를 받는다는 사실이 확실히 좋은 법의 한 기준은 아니다. 따라서 우리는 버만[6]이 "법의 궁

---

6) 〔역주〕 해롤드 버만(Harold Berman, 1918~2007) 미국의 법학자. 미국 하버드대학 및 에모리대학에서 법학을 가르쳤다. 그는 법과 종교에 대한 연구의 선구자 중의 한 명이다. 구소련 연방법의 세계적 권위자 중 한 명으로서 1989년 소련 붕괴 후, 법제정과 관련하여 자문역을 담당하기도 했다. 주요 저서로는 *Law and Revolution*(1983), *The Origins of Historical Jurisprudence*(1994), *Soviet-American trade in legal perspective: proceedings of a conference of Soviet and American legal scholars*(1975), *Justice in the U.S.S.R.: an interpretation of Soviet law*(1963) 등이 있다.

극적인 근원을 여론과 입법의 의지에 위치시켰던"이라고 표현한 19세기 민중주의적 방안들을 거부해야만 한다. 법을 정당하게 하는 것은 인민의 다수가 지지한다는 사실 이외의 그 어떤 것이어야만 한다.

전통적 공화주의자들은 법의 정당화와 반다수결주의적 보호에 대해 어떤 견해를 지녔는가? 일부 공화주의자들은 다른 이들보다 법을 민주적 의사결정 기구들에 반응하도록 만드는 것에 대해 크게 염려하지 않았다. 아마도 이것은 민주적 의사결정이 공공선이라는 고려사항들을 구현하는 것이지 소수에게 자의적으로 강제하는 것은 아니라는 견해 때문일지도 모른다. 마키아벨리(1965: 315)는 이러한 의미에서 "인민들이 지배자가 될 때 변덕스럽고, 변하기 쉬우며, 고마워할 줄 모른다는 일반적 의견"을 거부한다. 그러나 마키아벨리처럼 법을 민주적으로 반응하도록 만드는 데 행복했던 사람들조차 인민이 바꿀 수 있을 것 같은 법들(*leggi*) 외에도 입법을 위해 상대적으로 고정되고 속박된 틀을 제공했던 제도적 또는 헌정적 질서들(*the ordini*)이 있다는 점을 여전히 중요하게 여겼다(Machiavell, 1965: 241; Rubenstein, 1991: 49).

공화주의 전통은 16세기 들어 발전함에 따라 왜 좋은 법이 다수의 지지에 의해 판명나지 않으며, 지나치게 다수의 의견에 반응해서도 안 되는지에 관한 이유를 제시했던 견해들과 연관되게 되었다. 여기에 코크 경이나 헤일 경과 같은 법률가들의 저작을 통해 영국에서 발전되었던 이른바 통합법학(*integrative jurisprudence*)이 중요한 영향을 끼쳤다(Berman, 1994; Kelly, 1991: 72~73도 참조). 이러한 법률체계의 스타일은 역사적으로 공동체의 기대에 대한 책임과 우리가 앞으로 말하게 될 것처럼 비지배 자유를 유지할 수 있는 능력에 대해 역사적으로 검증받아온 전통의 권위를 법에 귀속시켰다. 그 전통은 영국에서 대부분의 공화파가 칭송했던 고대의 불문헌법 속에 구현되었으며,

미국 공화주의자들이 자신들의 문제를 해결하기 위해 만든 미국 헌법에 영감을 준 근원—유일한 근원은 아니라 할지라도(Haakonssen, 1991)—이었다.

2. 민주주의와 견제력

비지배 자유의 증진을 위해서는 헌정주의적 조건들을 만족시키는 정부체제가 필요하다는 주장은 충분히 언급되었다. 만약 정부가 그러한 조건의 패턴하에서 법에 의해 매개되지 않는다면, 정부는 자의적이고 당파적인 의지에 의해 쉽게 조작될 수 있을 것이다. 정부는 법의 제국이라는 수단에 의해 운영되어야 한다. 반면 그러한 법 아래에서 인정된 권력들은 서로 다른 개인들과 기구들에게 분산되어야만 한다. 그리고 좀더 기본적이고 중요한 법률들은 직접적인 다수결주의적 개정에 쉽게 빠져서는 안 된다.

그러나 만일 헌정주의적 법체계가 자유의 증진을 위해 필요하다면, 그 밖의 무언가가 또한 필요하다는 점을 분명히 해야겠다. 아무리 잘 기획되었다 하더라도, 법체계는 결국 상이한 개인들과 집단들의 손에 결정권을 맡기게 될 것이다. 물론 입법가들은 법의 내용에 대한 재량권을 갖게 될 것이고, 그래서 문제가 되는 법률해석의 본질은 행정가들과 판사들이 그러한 법률을 시행하고 적용할 때 많은 재량권을 가질 수밖에 없다는 것을 의미한다. "어떠한 법도 일어날 수 있는 모든 경우를 정확하게 다룰 정도로 완벽할 수는 없다"(Sidney, 1990: 465). 뿐만 아니라 이미 언급했듯이 공화주의적 목표를 증진할 때 종종 특정한 쟁점에 대한 재량권을 집행당국과 사법당국에 부여해야 한다고 주장할 수도 있다. 비록 그것이 가능하다고 할지라도, 공직자들이 어떻게 행동해야 하는지 상세히 법률로 고려하는 것은 이득이 되지 않을 것이다.

그러나 만일 어떠한 법체계가 의사결정권을 다양한 공적 권위에 남겨둔다면, 비지배의 향상을 위해서는 문제의 결정들이 자의적 권력을 배제하는 기반에서 이루어져야만 한다. 그렇지 않다면 그러한 공직자들이 영향을 미칠 수 있는 사람들에게 비지배 자유는 소용이 없을 것이다. 그들은 당국의 지배에 손쉽게 빠져들 것이다. 그렇다면 입법가들, 행정가들, 그리고 판사들 사이에서의 자의적 근거에 의한 의사결정을 어떻게 배제할 수 있는가? 지배의 형식을 대변하는 정부의 임페리움을 어떻게 중지시킬 수 있을까?

1) 견제력

만일 공적 권위들이 내리는 결정들이 아마도 파당적인 그들의 사적 이해에 기초하거나, 그들의 소임—입법자, 행정가, 또는 판사로서 그들의 대의—이 요구하는 바에 대한 아마도 파당적인 사적 이념에 기초할 수 있다면, 그 권위들은 자의적인 권력을 행사하게 될 것이다. 만일 사적 성향이나 견해가 지배할 수 있다면, 인민은 그 공직자들의 뜻에 따라 살게 될 것이다. 공적 권위들은—법체계에 내재하는—간섭할 수 있는 권력뿐만 아니라 상대적으로 자의적인 기반에서 간섭할 수 있는 권력을 갖게 되고, 일반 사람들을 지배하는 위치에 있게 될 것이다. 그리고 이것은 공통지식의 문제이기 때문에, 그들은 일반 사람들이 머리 숙이고 아부할 것으로 기대될지도 모르는 위치에 있게 될 것이다.

그러므로 공적 의사결정이 그것에 영향을 받는 시민들의 이익과 사고를 따르도록 보장하기 위해, 비지배 자유의 증진은 무언가 행하여질 것을 요구한다. 왜냐하면 결국 비자의성은 어느 정도 이렇게 〔시민들의 이익과 사고를〕 추적하는 관계의 존재에 의해 보장되기 때문이다. 의사결정은 시민들이 그 문제에 대해 생각하기 쉬운 것처럼 우리가 그들의 의지를 부여받음을 의미해서는 안 된다. 우리 것이 될 수 있고, 우리가 동일시할 수 있는 의사결정 형식이어야만 한다. 즉, 우리의 이해가 증진되고 우리의 관념이 존중받음을 알 수 있는 의사결정 형식이어야만 한다. 그 결정이 입법에서 취해지건, 행정에서, 또는 법정에서 취해지건 간에 그 결정들은 우리의 애정방식과 사고방식의 흔적을 지녀야만 한다.

우리들 중 한 사람이 이러한 방식으로 공적 결정권을 가지려면 무엇이 필요한가? 전통적 입장에서는 단지 우리가 그것에 동의하거나, 그것이 통합하는 정책에 대한 명시적이거나 적어도 암묵적 방식으로 동의하는 한 그러한 방식으로 어떤 결정권을 가질 수 있다고 말할 것이다. 만일 개인의 명시적 동의가 비자의성을 위해 필요한 것이고 특히 그 동의가 강제되지 않은 것이어야만 한다면, 공적 결정에서의 비자의성은 접근할 수 없는 하나의 이상이 된다. 그러나 만일 개인의 암묵적 동의만으로 충분하다고 여겨진다면, 그리고 저항의 부재가 암묵적 동의의 증거로서 받아들여진다면, 공적 결정에서 비자의성은 너무나 손쉬워서 공허한 것일 수 있는 이상(理想)이 된다. 나를 논의의 장으로 끌어들이지 않는 어떤 결정도 내 관점에서는 비자의적인 것으로 여겨질 것이다. 만일 우리가 개인의 동의에서 집단적 동의로 이동해서 다수의 지지를 얻거나 아니면 그러한 지지를 이끌어내는 정책과 일치하는 어떠한 공적 결정도 비자의적이라고 규정한다면 그것이 도움이 될 것인가? 분명히 그렇지는 않다. 어떤 결정들과 정책들은 다양한 소수자들의 삶에 대한 가장 자의적인 간섭을 대변하면서도 다수의 지지를 이끌어낼지도 모른다.

우리는 제 2장에서 간섭의 비자의성과 그러한 간섭에 대한 동의 사이에 연관관계가 거의 없음을 이미 살펴보았으므로 이러한 관찰들이 놀라움으로 다가와서는 안 될 것이다. 내가 앞서의 논의에서 주장했던 것은 비자의성은 동의보다는 견제력을 필요로 한다는 것이다. 다른 행위자가 나에게 간섭할 수 있지만, 나는 나와 관련된 이해와 관념에 답하지 않는 어떠한 간섭에도 효과적으로 견제할 수 있다고 상상해보자. 간섭자가 자의적이지 않고 간섭자가 지배적이지 않은, 내가 효과적으로 그러한 간섭을 견제할 수 있을 때 — 오직 그것이 나의 이익과 관념에 해당하는 것으로 만드는 경우 — 뿐이다.

견제력은 우리의 질문에 대한 올바른 대응을 위해 하나의 단서를 제공한다. 무엇이 우리들 중 한 사람에게 공적 결정권을 소유하게 해 줄 수 있는가? 그러한 결정이 자의적인 간섭의 측면을 갖지 않도록 해줄 수 있는 것은 무엇인가? 그 자체를 암시하는 대답은 다음과 같다. 만일 우리가 우리와 관련된 이익과 관념에 정책결정이 상응하지 않는다는 것을 안다면, 우리는 그 결정을 어느 정도 효과적으로 견제할 수 있다. 대부분의 공적 결정처럼 그 결정은 아주 약한 의미에서만 합의에 근거해 구체화될지도 모른다. 만일 그것이 효과적인 견제력의 수혜 아래에서 구현된다면 그것은 문제가 되지 않는다. 공적 결정의 비자의성은 어떤 동의과정에서 발생하거나 유래한 조건이 아니라, 공적 결정이 시민들의 인지된 이익과 관념과 갈등하면 시민들이 그것을 효과적으로 견제할 수 있다는 조건을 만족시키는 데서 생겨난다. 중요한 것은 동의라는 어떤 형식에 대한 결정의 역사적 기원이 아니라, 견제가능성에 대한 공적 권위의 형식상 또는 반(反)사실 추정적(*counter-factual*) 반응성이다.

2) 민주주의

공적 의사결정이 견제될 수 있어야 한다고 요구하는 것, 특히 그 사회의 모든 부문 내부로부터 견제될 수 있어야 한다고 요구하는 것은 의사결정이 어떤 민주적인 특성을 만족시켜야 한다고 주장하는 것이다. 일반적으로 이해되듯이 민주주의는 동의와 관련된다. 민주주의는 대부분 주로 정부 요인을 선출하는 대중선거, 또는 최소한 국회의원들을 선출하는 대중선거와 관련되어 있다. 그러나 지나치게 직관을 가동하지 않고서도, 민주주의는 동의적이기보다 주로 견제적인 모델이라고 이해될 수 있다. 이 모델에서 정부는 민주적일 것이고, 인민이 정부가 결정하는 바에 대해 개인적으로 그리고 집합적으로 견제를 행사할 수 있는 영구적 가능성을 누리는 한, 인민에 의해 통제되는 통치의 한 형태를 대변할 수 있을 것이다(Shapiro, 1990: 266).

다음과 같은 비유를 들어보자. 실존주의자들이 뭐라고 생각했든지 간에, 개인의 자율성이나 자치는 사람들이 스스로를 구성하는 역사적 과정 속에서 가졌던 각각의 특수한 신념들과 욕망들을 고려하고 지지할 것을 결코 요구하지 않는다. 만약 그러했다면, 누구도 자율적이 될 수 없었을 것이다. 보다 설득력 있게 이 말이 요구하는 바는, 특히 문제가 발생할 때, 사람들이 각자의 신념과 욕망을 적절한 검사에서 드러낼 수 있어야 한다는 것이다. 그리고 이러한 헌신을 유지하느냐의 여부는 자율성이 어떻게 그 검사에서 드러나느냐에 달려 있다(Pettit and Smith, 1990; 1996). 개인적 자율성의 지표는 형식적이거나 반사실 추정적이지 역사적이지는 않다. 사람들은 지금까지 어떤 존재였는지, 즉 〔지금까지의〕 자기통제(*self-checking*)와 자기구성(*self-construction*)의 기록에 의해서가 아니라 어떠한 존재가 될 수 있는가, 즉 자신의 신념과 욕망을 억제함으로써 자율적이 된다.

적어도 어원적으로 민주주의는 우리가 인민의 자치에 주목하게끔 한다. 그리고 개인의 자치나 자율성이 역사적 방식보다 형식적 방식으로 표본화될 수 있는 것처럼, 인민의 자치도 그럴 듯하게 그러한 방식으로 표본화될 수 있다. 자치적인 개인은 〔그가〕 망각한 경험과 강요에서 비롯된 신념과 욕망에 따라 행동하면서 대부분 자동조종장치를 작동시킬지도 모른다. 그들을 자율적으로 만드는 것은 〔다름 아닌〕 그들이 단지 그러한 신념과 욕망의 희생양이 아니라는 사실이다. 그들은 자신들의 뜻대로 신념과 욕망들을 검토할 수 있다. 그리고 그 검토가 어떻게 진행되는가에 따라 그 신념과 욕망을 유지하거나 수정할 수 있다. 유추하면 자치적인 데모스(*demos*), 즉 인민은 또한 종종 공적인 의사결정이 어느 정도 검토되지 않은 경로 아래에서 현실화되는 것을 허용하면서 자동조종장치를 작동시킬지도 모른다. 그들을 자치적이거나 민주적이게 만드는 것은 〔그들이〕 그러한 의사결정 패턴에 좋든 싫든 노출되지 않는다는 사실이다. 그들은 자신들의 뜻대로 결정사항에 이의를 제기할 수 있다. 그리고 만일 그 견제가 자신들의 관련 이해나 의견과 모순된다면 수정을 강요할 수 있다.

3) 민주적 견제력의 전제조건들

나는 정부가 가능한 한 조작불가능하게 만드는 법의 형식에 따라 운영되어야 하는 반면, 여전히 상당한 정도의 재량적 의사결정(*discretionary decision-making*)을 위한 여지를 남겨놓아야 하고, 그러한 의사결정이 지배의 형태를 대변하지 않기 위해서는 견제력이라는 조건을 만족시켜야만 한다고 주장해왔다. 뿐만 아니라 우리는 이러한 조건을 부과하는 것은 민주주의라는 용어의 특정 의미에서 의사결정 과정이 민주적이어야 한다고 주장하는 것과 같다는 점을 살펴보았다. 그것은 의사결정자들은 자신들이 영향을 미치는 일반인들에게 책임진다는 것을 의미한다. 그러나 나는 민주적 견제력이 요구하는 것이 정확히 무엇인가에 대해 의도적으로 모호한 상태로 남겨 두었다. 그래서 이제 우리는 그 문제를 짚어 볼 필요가 있다.

공적인 의사결정이 견제될 수 있기 위해 충족되어야 할 적어도 세 가지 일반적인 전제조건이 있다. 그 첫 번째 조건은 견제를 위한 잠재적 기반이 있는 방식에서 의사결정이 수행되어야 한다는 것이다. 두 번째 조건은 견제를 위한 잠재적인 기반뿐만 아니라 결정이 견제될 수 있는 가능한 통로나 목소리가 있어야 한다는 점이다. 세 번째 조건은 견제를 위한 기반과 통로가 있어야 할 뿐만 아니라, 견제가 청취되기 위한, 즉 그 주장의 타당성이 평가되고 적절한 대응이 결정되는 적절한 포럼이 존재해야 한다는 점이다.

4) 견제를 위한 기초 : 심의적 공화국

인민이 견제를 할 수 있는 기반을 가지기 위해 공적 의사결정은 어떤 형태를 취해야 하는가? 대체로 두 가지 가능한 형식이 있다(Pettit, 1993a: 288~302). 먼저 흥정 중심적(*bargain-based*) 의사결정 방식을 들 수 있다. 이 경우 개별 이익집단들은 각자가 최소한의 양보를 함으로써 상호이익이 되는 합의를 만들어내고자 한다(Gautier, 1986 참조). 토론 중심적(*debate-based*) 의사결정 형태도 있다. 여기서 개별 당사자들은 모두가 적절하다고 인정할 수 있는 고려사항들에 대해 어떤 구조가 가장 잘 답하는지에 대해 합의하려고 노력한다. 이때 적합한 고려사항들 중 하나는 물론 그들이 어떤 합의에 도달해야만 한다는 것이다(Scanlon, 1982; Barry, 1995 참조). 흥정 중심적 의사결정에서 사람들은 미리 정의된 이익과 관념을 가지고 — 그들의 마음과 정신은 닫혀져 있다 — 협상의 테이블로 온다. 그리고 그들은 서로 양보를 주고받음으로써 합의구조를 도출해 낸다. 토론 중심적 의사결정에서 사람들은 관련된 공통적인 고려사항들은 어떠한 것이든 인정한다. 그리고 그들은 그 고려사항의 본질과 의미에 대해 서로 질문함으로써, 그리고 그 고려사항들이 어떤 결정을 지지하는가에 대한 문제의

해답에 수렴함으로써 합의된 결과를 향해 움직인다. 흥정 중심적 의사결정에서 선호는 주어져 있고, 토론 중심적 의사결정에서 선호는 형성된다(Sunstein, 1993a).

흥정 중심적 의사결정과 토론 중심적 의사결정은 견제를 위한 기초에 있어 각각 한 가지 유형을 제시한다. 견제를 위한 흥정의 기초는 공적 결정이 관련 이해집단들 사이에 이루어진 협상에 부합하지 않거나, 특정 이익집단, 아마도 의사결정 과정에서 적절히 대표되지 못한 집단에게 내키지 않는 양보를 요구하는 것이다. 견제를 위한 토론의 기초는 공적 결정이 적절치 못한 고려사항들에 기반하고 있거나, 공적 결정이 관련된 모든 고려사항들의 해법을 제시하지 않는다는 것이다. 즉, 현실이나 상호 알력을 무시했다는 것이다.

만일 공적 의사결정이 공화주의적 방식으로 견제되게끔 만들기를 원한다면, 그리고 만일 우리가 인민들이 그들의 이익과 관념을 잘 헤아린다고 확신할 수 있는 방식으로 견제되게끔 만들기를 원한다면, 우리는 그 의사결정이 어떤 형태를 취하기를 원해야 할까? 분명 우리는 의사결정이 토론에 기반한 형태이기를 원해야만 한다. 흥정적 견제가 지니는 문제는 그 견제가 단지 다른 당사자들을 효과적으로 위협할 수 있는 충분한 협상력을 가지고 있는 사람들에게만 유효하다는 것이다. 만일 여러분이 흥정에서의 변화를 강행하기 원한다면, 아마도 영향력 있는 이익집단을 대변하는 편이 더 나을 것이다. 토론적 견제의 매력은 공적 의사결정의 노선에 반대하는 나름의 정당함을 입증할 수 있는 사람이라면 누구에게나 열려 있다는 점이다. 이성에 의거한 결정에 대해 이치에 맞는 도전을 할 수 있기 위해, 적어도 원칙적으로 여러분은 어떤 특정한 세력이나 권력을 가질 필요가 없다.

공적 의사결정, 특히 공화주의적 의사결정이 토론에 기반하고 토론적 견제를 허용한다는 것은 무엇을 의미하는 것일까? 입법, 행정,

사법 및 모든 의사결정 장소에서 결정과 관련 있는 고려사항들을 확인하고, 그렇게 함으로써 시민들로 하여금 그것들이 그러한 역할을 할 적절한 고려사항들인지에 대해 문제를 제기할 수 있게 하는 절차가 자리를 잡고 있다는 것을 의미한다. 또한 그것은 관련된 고려사항들이 실제로 결과를 초래했는지에 대해 시민들이 판단을 내릴 수 있는 절차가 자리 잡고 있다는 것을 의미한다. 예를 들면, 그 결정들은 투명하고 정밀한 조사의 위협하에서, 그리고 정보의 자유 아래 등에서 이루어져야만 한다는 것이다.

그 누구도 지배받지 않고 공적 의사결정이 모든 사람의 관련이익과 관념을 좇을 수 있는 공화국에서 관련 고려사항들은 특징상 중립적인 경향을 갖도록 요구될 것이다. 그 고려사항들은 의견이나 이해의 어떤 한 부분이 다른 것보다 편애되지 않도록 억제될 것이다. 입법적 결정의 경우, 관련 고려사항들은 용인된 합리적 추론의 기준 아래 모두가 지지할 수 있는 이유들이라면 어떤 것이든 용납된다. 행정적이고 사법적인 결정들의 경우, 그 고려사항들은 정부의 수단들(*arms*)에 대한 작동을 조정하는 법 아래 관련된 사항으로 정립된 좀더 구체적인 것들이 될 것이다. 비록 어려운 사안, 즉 법이 상대적으로 침묵하는 경우에 그것들이 입법자들과 관련이 있을 좀더 일반적인 고려사항들을 포함하는 것으로 확대될지라도 말이다. 모든 경우에서 공적 권위에 적절한 고려사항들의 기반에서 결정할 것과 어떤 고려사항들이 〔의사결정을 좌우했는지〕를 명확히 할 것이 요구될 것이다.

공적 결정이 심의적 방식으로 취해지는 구조를 지지하는 주장을 하면서, 나는 선스타인(1993a; 1993b; 1993c)이 미국의 건국의 아버지들에게서 찾아내어 옹호하는 '이성들의 공화국'(*republic of reasons*)이라는 이상과 접하게 되었다. 선스타인에 따르면 전통적 공화주의의 비전, 특히 18세기 미국인들을 고무시켰던 비전은 시민들이 동등한 주장과 권력을 가지고, 공적 문제들이 공통의 호소력—공적 문제들은 어느 집단에게 편향적이거나, 심지어 현상유지를 위해 편향적이지 않다—을 지니고 있는 고려사항들에 근거한 심의에 의해 결정되며, 합의가 의사결정 방법을 규제하는 이상으로 간주되었던 정치체제에 대한 비전이었다. 한마디로 심의민주주의의 비전인 것이다(Cohen, 1989; Habermas, 1994; 1995 참조).

스키너(1996: 15~16)는 선스타인의 전통적 공화주의에 대한 해석을 지지한다. 그는 공화주의적 이상이 배양되었던 고전적인 르네상스 인본주의의 중심 주제들 가운데 하나가 대화적 이성에 대한 신념이었다고 주장했다. "우리의 슬로건은 항상 다른 편의 말에 귀 기울이라는 것(*audi alteram partem*)이어야 한다." 스키너는 "적당한 모델은 항상 대화의 모델이 될 것이고, 적절한 태도는 평가적 용어의 적용가능성에 대해 대립하는 직관들을 기꺼이 협상하려는 태도가 될 것이다. 우리는 대화적 방식으로 논쟁을 해결하고 이해에 도달하려고 애쓴다"고 말했다.

18세기 후반에 스스로 공화주의적 이상을 대표한다고 생각했던 의원들은 이러한 대화모델을 열심히 채택했다. 특히 이 모델은 의회대표의 이미지를 통해 자신의 선거구민의 지시 아래 있는 대리인이 아니라 내심 시민들의 이해를 지니고 심의할 책임이 있는 누군가를 옹호하는 데 사용되었다. 최초의 하원에서 행해졌던 셔먼[7]의 말을 생

7) 〔역주〕 로저 셔먼(Roger Sherman, 1721~1793). 변호사이자 정치가. 코네티컷 주 뉴헤븐 시의 첫 번째 시장이었고, 독립선언서를 기초한 5인 위원회에 속했으며 독립 후 상원의원을 지냈다. 또한 미국의 위대한 4개의 문서인 결합헌장(*the Article of Association*), 독립선언서, 연합헌장(*the Article of Confederation*), 연방헌법에 서명한 유일한 인물이다. 토마스 제퍼슨은 그를 가리켜 "코네티컷의 셔먼은 절대 어리석은 말을 하지 않는 사람이다"라고 말했다.

각해 보라. “사람들이 어떤 대표를 선택했을 때, 연방의 다른 지역에서 온 사람들을 만나고 협의하고, 전체 공동체의 일반적 이익을 위해 그러한 행동에 동의하는 것이 그 대표자의 의무이다. 만일 그들이 지시에 따라 인도된다면, 심의는 아무런 소용이 없을 것이다”(Sunstein, 1993a: 22에서). 또는 시에예스[8]가 1789년 9월 프랑스 국민의회에서 말한 것을 고려해 보자.

> 대리자들은 이미 확립된 자신들의 선거구민이 바라는 바를 선언하기 위해서가 아니라 그들의 실제 의견에 따라 자유롭게 심의하고 투표하기 위해 국민의회에 출석한다. 그런데 그것은 국민의회가 각자에게 제공한 지식을 통해 계발되었다(Rials, 1983: 13).

---

8) 〔역주〕 아베 시에예스(Abbé Sieyes, 1748~1836). 본명은 엠마뉴엘 조셉 시에예스(Emmanuel Joseph Sieyes). 프랑스의 성직자·헌법 이론가. 그의 인민주권 개념은 프랑스의 부르주아지가 프랑스혁명 초기 군주제와 귀족계급에 대항하여 투쟁하는 데 지침이 되었다. 삼부회의 조직에 대하여 공개적 논쟁이 계속되던 기간에 소책자 《제 3신분이란 무엇인가?》(1789)를 발행했다. 그는 이 책자에서 특권을 갖지 않은 제 3신분을 프랑스 국민으로 규정하고, 이들만이 유일하게 새로운 헌법을 입안할 권리를 가진다고 주장했다. 이 소책자로 굉장한 인기를 얻어 1789년 5월 5일 소집된 삼부회의의 제 3신분회 대표로 선출되었다. 그는 ‘능동적’ 시민(선거권이 있는 사람)과 ‘수동적’ 시민을 구분했는데, 이것이 재산소유에 따라 선거권을 확정하는 법령에 채택되어 부르주아지가 계속 권력을 장악하도록 해주었다. 급진민주주의자들인 자코뱅당이 1793년 6월 혁명의 주도권을 장악하고 공포정치를 시작하자 정치에서 물러났다. 후에 1799년 5인 총재정부의 한 사람이 되었으나, 나폴레옹, 조제프 푸셰, 드 탈레랑과 공모해 군사 쿠데타를 조직하는 데 협력하여 브뤼메르 18일(1799. 11. 9)에 총재정부를 전복시켰다. 그는 새로운 헌법에서 행정부 내의 권력균형이 유지되도록 하였으나 나폴레옹에 의해 좌절되고, 나폴레옹이 모든 권력을 장악하게 된다.

선스타인의 심의민주주의 개념에서 공화주의적 혈통이 분명히 드러난 것처럼, 이를 뒷받침할 수 있는 공화주의의 사례 또한 의심의 여지가 없다. 비지배 자유의 이상, 그리고 보다 구체적으로 시민들이 정부의 권력을 견제할 수 있게 만드는 이상은 공화주의자라면 민주주의가 어떻게 작동해야만 하는가에 대한 이 비전을 받아들일 것이라고 보증한다. 공적 의사결정이 대화에 기반한 방식으로 적절한 고려사항들에 답을 줄 수 있도록 설계되지 않았다면, 사회 내 다른 사람들이 그것을 견제할 수 있는 보장된 토대가 없어질 것이다. 자의적이지 않은 정부로부터 자의적인 정부를 구분하는 방법이 없어질 것이다.

심의민주주의라는 주제를 마치기 전에, 심의민주주의를 지지하면서 여기에서 제시한 사례의 한 가지 특징을 강조할 필요가 있다. 이것은 그러한 민주주의의 가치가 의회나 집행부, 또는 사법부에서 결정되어야만 하는 문제에 대해 사람들이 일반적으로 높은 정도의 합의를 성취할 가능성 여하에 달린 것이 아니란 점이다. 비록 그러한 영역에서 제안에 대한 당장의 합의가 없을지라도, 효과적인 견제력이 그 결정들이 이성에 근거한 심의의 기초에서 이루어져야만 한다는 사실을 요구하는 것은 유지된다.

그 상황은 일반적인 대화 속에서 우리가 발견하는 상황과 유사하다. 우리가 모든 것에 동의하는 어떤 지점에 미치지 못한다면, 나는 당신이 말하고 행하는 것들에 대해 대화를 통한 도전 — 그리고 진정 잠재적으로 효과적인 도전 — 을 할 수 있는 지위에 있을 수 있다. 요구되는 것은 단순히 우리 사이에 대화가 완전히 교착상태에 도달하지 않도록 충분한 공통의 근거가 있어야만 한다는 것이다. 마찬가지로 어떤 사회의 사람들이 어떤 분야에서 정부가 무엇을 해야 하는지에 대해 동의하거나 동의할 수 있는 위치에 도달하지 못한다 하더라도, 그들은 모든 측면에서 적실성이 있는 것으로 인정되는 논쟁을 수행할 위치에는 있을 수 있다. 사람들이 그러한 위치에 있는 한 — 사람들이 다른 사람들의 인식과의 접촉을 완전히 잃어버리지 않는 한 — 견제는 효과적인 개입과 효과적인 훈육을 대변할 수 있다.

5) 견제를 위한 목소리 : 포용적 공화국

인민이 공적 결정을 견제할 기반을 향유하기 위해 무엇이 필요한지에 대해서는 — 그리고 의심할 여지없이 매우 추상적인 숙고의 수준에서 — 충분히 논의했다. 그러나 만일 견제의 목소리를 내기 위해 사용할 수 있는 수단이 없다면, 그러한 결정을 견제하기 위한 기반을 갖추는 것은 별로 소용이 없을 것이다. 이런 점을 고려할 때, 민주주의의 견제 이미지는 무엇을 필요로 하는가?

민주주의의 견제 이미지가 요구하는 것은 공적 의사결정이 누군가의 이익이나 사고를 해칠지 모르기 때문에 그러한 이해와 사고를 옹호할 수 있는 수단들이 있어야 한다는 것이다. 〔따라서〕 민주주의는 심의적이어야 할 뿐만 아니라 포용적이어야 한다. 어떤 입법자가 사회 내 특정 집단에게 해로운 노선을 취하는 성향이 있다고 가정해 보자. 그 집단은 단지 그 노선에 반대하여 말할 수 있는 한에서만, 그리고 제안된 입법에 영향을 미치기 쉬운 방식으로 말할 수 있는 한에서만 견제할 수 있는 목소리를 가지게 될 것이다. 아니면 행정부나 사법부가 의사결정에 있어 해로운 패턴을 분명히 한다고 가정해 보자. 다시, 피해를 입은 집단은 오직 잠재적으로 효과적인 방식으로 문제가 되는 패턴에 대해 항거할 수 있는 한에서만 견제의 목소리를 가질 것이다. 그렇게 해야 그들은 의사결정을 하는 사람들에게 자신들의 목소리를 낼 수 있다.

잠재적인 견제자들에게 발언권을 주기 위해서는 무엇이 필요한가?

전적으로 형식적이거나 의례적인 의미 이상으로 그들에게 발언권을 주기 위해서는 무엇이 필요한가? 의회에서의 결정에서는, 모든 의미 있는 집단의 관심사와 견해에 신뢰성 있게 말할 수 있는 목소리가 있어야 하고, 이러한 관심사와 의견들을 입법자들의 심의대상으로 강제할 수 있는 목소리가 있어야 한다. 신뢰성을 가지고 말하기 위해, 그러한 목소리들은 대표되는 집단을 동정해서 울려 퍼지는 것이 아니라, 대표되는 집단으로부터 나와야 할 것이다(Pettit, 1994a). 따라서 이상적으로 그 집단은 상원 대변인의 은총에 의해서가 아니라 〔상원에 그 집단의〕 구성원 일부가 존재함으로써 대표성을 획득할 것이다(Philips, 1995). 믿을 수 있는 포용적 입법부는 자신의 명의로 공동체 내에서 발견되는 모든 다른 목소리들을 통합해야만 할 것이다(Young, 1990). 그리고 입법부가 결정을 내리기 위한 토론을 할 때, 제한된 특권적 견해들의 집합만이 아니라 사회 전반의 견해를 고려해 현저하게 나타나는 것을 설명해야 한다.

입법부에 대한 포용성 요구는 상황에 따라 정부의 입법권력(*legislative arm*)의 선택과 구조화에 많은 권고를 할 것이다. 입법부의 구성원들이 선출되는 방식은 직접선거이다. 〔직접적으로 선출될 때〕 그들이 대표하는 집단들의 신임을 받게 될 기회가 증가될 것이기 때문이다. 그러나 단지 지역 선거구민만을 반영하는 선거제도는 매우 상이한 집단들에게 특유의 발언권을 보장하지 못할 수도 있다. 따라서 다른 수단들도 검토할 필요가 있다. 많은 경우 필수적이라고 간주되는 양원제가 존재한다면, 양원에 각자를 위해 서로 다른 선출방법을 사용하는 것이 유용할지도 모른다. 만일 여성의 대표성에 문제가 있다면, 각 주요 정당들에게 적어도 40%는 여성이 참여하도록 요구하는 것이 좋은 아이디어일 수도 있다. 어느 정도 균등하게 퍼져 있는 유권자들이 있다면 그들의 대표들이 구체적으로 할당된 몇 개의 의석을 갖는 것도 중요할지 모른다. 공직에 나서는 것뿐만 아니라 선거에 등록하고 투표하는 것을 힘들어하거나 이 자체에 흥미가 없는 유권자들이 소수나마 존재한다면, 의무적인 등록과 투표체계를 도입하는 것이 바람직할 수도 있다.[9)]

입법부를 포용적으로 만드는 것에 대해서는 충분히 논의했다. 그렇다면 정부의 행정적 부분과 사법적 부분에서 포용성을 보장하는 것은 어떤가? 지금은 이 영역에서 어떤 수준의 공직자들이 대중적으로 선출되어야만 하는지, 그리고 얼마만큼 대중적으로 임명되는지, 즉 의회에 의해 혹은 의회를 통해 임명된 조직들에 의해 임명되는지의 여부를 논할 자리는 아니다. 그러나 대중선거가 단지 작은 역할만 할 수 있다는 것과 바람직하지는 않지만 그보다 좀더 큰 역할을 할 수도 있을 것이라는 점도 분명하다. 행정과 판결은 주로 입법에 의한 통치를 받는다. 그리고 대중선거의 압력하에서는 신뢰할 수 없는 능력과 전문성과 같은 자질들이 요구되기도 한다. 행정부와 사법부가 선출되는 것이 아니라면 그들은 어떻게 포용적일 수 있겠는가?

선거에 의한 대표성에 부합하여, 이러한 분야들을 포용적이도록

---

9) 이러한 견제적 민주주의 개념은 사람들이 투표소에 갈 때, 그들이 심의적 태도를 취하고 전반적으로 최선이 무엇인가에 대해 숙고한 공정한 판단을 표현한다고 가정하지 않는다(Coleman and Ferejohn, 1986; Cohen, 1986; Brennan and Pettit, 1990을 참조). 만일 사람들이 그러한 판단에 기반한 방식으로 투표한다면 공화주의적 목적에 좋을지도 모른다 — 이를 통해 소수의 지배를 추가로 방지할 것이다 — 그리고 그들이 상당한 노력으로 이것을 수행한다는 몇몇 증거들도 발견할 수 있다(Kinder and Kiewiet, 1979; 1981). 그러나 비록 사람들이 가장 자기와 관련된 근거에서 자신들의 대표를 지지하는 투표를 한다 하더라도 우리가 서술했던 모델은 여전히 사리에 맞게 잘 작동할 것이다. 그 모델의 그 어느 곳에서도 우리는 일반적인 선거민들이 서로 다른 정책과 당사자들에 대해 공적 정신이 있는 평가자이어야만 한다고 가정하지는 않는다.

하는 한 가지 요인은—우리가 곧 보게 될 것처럼 가장 중요한 요구사항은 아니다—주요 이해관계자 집단들을 위한 어떤 최소한의 통계적 대표성이다. 배심원과 같은 기구가 심의적이기를 요구하는 것과 일관되게, 즉 그들이 피고가 합리적인 의심을 넘어서 유죄인가에 대해 고려사항들의 기초에서 결정할 때처럼 우리는 자연적으로 그것이 다양한 서로 다른 공동체 배경들을 대변하기를 원한다. 피고가 공유하는 배경과 공유하지 않는 배경을 포함해서 말이다. 그 이유는 명백하다. 우리는 사회적으로 대표되지 않은 배심원이 가능한 한 양심적으로 자신의 심의적 직분을 다한다고 하여도, 그는 차이를 넘어서는 것이 불가능하기 때문에 모든 관련요소들을 완전히 이해하지 못할지도 모른다는 점을 인정한다. 그리고 우리는 그가 어느 정도는 이해하고 있다 해도 공동체 전체 내에서 좀더 대표성을 지닌 조직과 동등한 진실성을 가지지는 않을 것이라는 점도 인정한다. 만일 어떤 공동체 내의 사람들이 자신들의 이익과 관념이 완전히 이해되고 존중받게 될 것이라고 믿을 수 있다면, 그들이 형사법정 앞에 나온 경우에 또는 그들을 해친 누군가가 그 법정에 나왔을 경우에 그들은 그 사건을 심리하는 배심원이 그들에게 불리하게 하지 않을 것이라는 점을 알 필요가 있다. 배심원은 이러저러한 방식으로 자신과 다른 부류의 사람들에 의해 통제되지는 않을 것이다.

배심원과 같은 기구에 해당하는 원리가 정부의 행정부분과 사법부분과 연관된 모든 제도에도 해당된다. 비록 행정적이고 사법적인 기능을 행사하는 사람들이 그들이 수행하는 공직에 선출되지 않는다 하더라도, 공화주의적 목적을 위해서는 그들이 주요 사회적 집단들과 관련하여 통계적으로 대표된다는 것이 중요하다. 예를 들자면 그들이 통계적으로 한 종교, 한 성, 한 계급, 한 인종의 구성원들에 의해 지배되지 않는다는 것이 중요하다. 행정부나 사법부가 주요 당사자를 통계적으로 대표하지 않게 하면, 대표되지 않는 집단들의 구성원이 적절한 범위 내에서 자신들의 목소리가 들릴 수 있을 것이라는 보장은 없어질 것이다.

나는 사람들이 공적 결정에 견제하는 목소리를 갖고자 할 때 필요한 포용성의 요구조건들에 대해 논의했다. 나는 포용성이 입법에서는 선거에 의한 대표성과 행정부와 사법부에서는 주요 집단들의 통계적 대표성을 요구할 것이라는 점을 언급했다. 그러나 포함된다는 것, 즉 들릴 수 있는 목소리를 갖는다는 것이 만족스럽게 대표되는 것으로 축소되지는 않는다. 특히 행정부와 사법부에 있어 훨씬 더 중요한 것은 일이 제대로 이루어지지 않았다고 여러분이 믿는 경우, 여러분을 위시하여 해당 대표기구에 항의하는 사람들을 위한 여지가 존재한다는 것이다. 여러분은 불평하고 호소할 수 있어야만 하며, 불만사항들을 말하고 만족을 요구할 수 있어야만 한다.

이러한 포용성이 실현될 수 있는 많은 통로들이 있다. 그 통로들은 의회대표들에게 편지를 쓸 기회와 조사를 하는 행정 감찰원을 요구할 수 있는 능력과 사법적 결정에 대해 상급법원에 항소할 권리를 포함한다. 그리고 결사, 저항, 그리고 시위의 권리와 관련된 다소 덜 공식적인 자격을 포함하기도 한다. 논의 속에서 검토되었던 대부분의 조치들처럼 이러한 조치를 경험적 현실과 별개로 평가하는 것은 어렵다. 그러나 우리는 어느 정도의 확신을 가지고 한 가지 주장을 펼 수 있다. 견제의 통로는 우선 우리가 불만을 토로할 수 있는 녹색운동이나 여성운동, 또는 소비자운동과 같은 사회운동이 있는 한 더 효과적일 것이다. 그러한 운동들은 불만들이 걸러지고 공고화되는 초기의 정보센터로서 이바지할 수 있기 때문에, 불만의 통로를 잡음이 없도록 유지하는 데 도움이 된다. 그리고 그러한 운동들은 시민들 개개인이 도저히 만족할 수 없는 가청도(*audibility*)를 요구하기 때문에, 그들이 떠맡는 불만들을 억누르는 데 아주 효과적일 수 있다. 우리는 마지막 장에서 그러한 사회운동의 중요성으로 다시 돌아갈 것이다.

포용적 민주주의가 요구하는 것이 무엇인지에 대한 논의를 마치기 전에 마지막으로 가장 중요한 한 가지가 있다. 민주적 정부체제를 진정으로 포용적으로 만드는 데에 가장 큰 문제는 정치인들이 선거에서 승리하기 위해 자금을 필요로 하고 정치인들과 그들로 구성되는 정당들이 자신들의 행동에 자금을 제공하는 특정 개인들과 기업들에 의존해야만 한다는 사실이다. 이러한 의존성은 특히 정치인들이 그들의 재정적 후원자들에게 민감할 수밖에 없게 만든다. 이는 형식적으로는 아무리 만족스럽다 할지라도 의회와 정부가 실질적으로 포용적이지 못하게 될 것이라는 점을 의미한다. 정치인들과 정당에 자금을 지원하는 자들은 그렇지 못한 자들보다 정부 내에서 더 많은 발언권을 갖기를 기대할 수 있다. 그러나 기부하지 않거나 기부할 그 어떤 것도 갖고 있지 못한 자들은 자신들의 이익과 관념이 권력의 회랑에서 적절하게 대변되는 동일한 기회를 갖지 못한다.

이러한 문제를 방지하기 위해 우리는 무엇을 해야만 하는가? 쉬운 해결책은 없다. 하지만 정책연구자들이 어디를 주시해야 하는지는 분명하다. 다음과 같은 쟁점들은 자세히 조사되어야 할 문제들이다. 사적인 선거운동 기부를 제한하고, 허용할 수 있는 기부를 효과적으로 공적인 것으로 만들 수 있는 방법이 있는가? 말하자면 그들의 과거 행적에 기반해서, 또는 그들 정당의 수행능력에 기초해서, 아니면 그들이 보여줄 수 있는 공동체 지지의 정도에 기반하여 정치 후보자들에게 공적으로 자금을 지원하는 방법이 있는가? 시민들 자신들이 선택한 정당에 지불하는 세금 또는 그들에게 치러질 국가 보조금의 제한된 양을 정하게 할 수 있는 방법이 있는가? 그리고 마지막으로 정치광고가 비용이 많이 들고 특별히 바람직스럽지 않다는 점을 고려해봤을 때, 그러한 정치적 광고를 금지하거나 제한하는 어떤 수단이 있는가? 우리가 잘 알고 있듯이, 이는 정치적 논쟁을 쉽사리 〈펀치와 주디〉 쇼[10]와 같은 익살극으로 축소시켜버리는 것은 아닌가(Sunstein, 1993b)?

경제력이 있는 정치인들, 좀더 일반적으로는 정부의 영향력을 통제하는 문제는 낡고 오래된 이슈이기도 하고 — 이것은 몇몇 전통적 공화주의자들이 개인의 부에 대해 엄격한 제한을 제안하도록 만들었다 —, 현대의 절박한 문제이기도 하다. 그 문제는 선거운동 자금과 관련하여 가장 두드러지게 등장하지만 물론 그 밖의 다른 곳에서도 존재한다. 예를 들자면 정당에 자금을 제공하는 결과로서뿐만 아니라 그들의 주도권 — 즉, 산업에서의 주도권 — 이 정부의 운에 결정적 영향을 미칠 수 있다는 사실에 의해, 경제력이 있는 개인들과 기업들은 정부에서 특별한 발언권을 획득할 수 있다. 공화주의 연구에 가장 큰 도전들 가운데 하나는 효과적으로 정부의 세계와 비즈니스의 세계를 구분하는 조치들을 가려내야만 한다는 것이다.

6) 견제를 위한 포럼 : 반응적 공화국

마지막으로 어떤 정체가 견제력의 조건을 실현하고, 견제라는 측면에서 민주적이기 위해 실현해야 할 세 번째 전제조건에 대해 논하고자 한다. 만일 정체가 심의적이라면 입법적, 행정적 또는 사법적인 그 어떠한 공적 결정에 대해서도 견제할 수 있는 기반이 시민들에게

10) 〔역주〕〈펀치와 주디〉(*Punch and Judy*). 주로 어린이를 대상으로 하는 영국의 전통 인형극. 16세기 이탈리아의 희곡에서 유래하였으며, 축제나 해변 등에서 주로 상연되었다. 부부로 등장하는 두 주인공 펀치와 주디는 항상 티격태격 싸운다.

존재할 것이다. 그리고 만일 정체가 포용적이라면 공동체 내 어디에서든지 사람들이 자신들의 견제를 표출하기 위해 이용할 수 있는 발언권이 있을 것이다. 견제력의 세 번째 전제조건은 사람들이 견제할 수 있는 기반과 발언권을 가지고 있어야 할 뿐만 아니라 그들이 제시하는 견제가 적절하게 청취될 수 있는 포럼이 보장되어야 한다는 것이다. 물론 정체는 심의적이고 포용적이어야 한다. 하지만 이와 똑같이 중요한 것은 정체가 반응적(*responsive*)이어야 한다는 점이다.

이 세 번째 전제조건은 2개의 광범위한 문제를 제기한다. 첫째, 사람들이 제기하는 견제가 적절하게 청취될 수 있도록 보장하는 충분한 절차는 무엇인가? 그리고 둘째, 어떤 결과가 견제를 표출하는 사람들을 만족시켜줄 것인가? 이 문제들을 순서대로 고찰해 보자.

공공 의사결정에 대해 일군의 사람들이 제기한 과제를 다루기 위해 공청회를 연다고 생각해 보자. 이때 우리가 갖는 이미지는, 대중운동, 널리 파급된 논쟁과 토론, 그리고 진보적 입법조정이다. 우리는 최근에 전개된 여성운동과 녹색운동, 혹은 동성 인권운동과 인종적 소수자 및 원주민들의 권리운동에 주어진 공청회를 떠올린다. 이러한 이미지는 부적절한 것이 아니다. 예를 들면, 이전에 억눌렸던 집단 정체성을 중심으로 단합하거나 이전에는 드러나지 않았던 다양한 명분들을 지지할 수 있어야만 한다는 것, 그리고 여론과 정치적 삶을 자신들의 관점 쪽으로 돌릴 수 있는 기회가 있어야 한다는 것은 견제적 민주주의에서 절대적으로 중요하다. 공화주의적 목적에 이바지할 민주주의라면, 〔세월에 따라〕 변화하는 충성심과 헌신을 공청할 수 있게 만들어야 할 것이다. 즉, 이러한 민주주의는 깊고 광범위한 변화에 열려져 있어야 한다.

이러한 이미지가 반응적 공화국에 대한 구상에서 중심적 위치를 차지하긴 하지만, 견제에 청취를 부여하는 데 보다 덜 영웅적인 절차들

역시 필요함을 인식해야 한다. 따라서 행정적·사법적 결정에 대한 다소 일상적인 견제에 청취를 보장하기 위해서 접근가능한 절차들이 있어야만 한다. 예를 들면, 관료나 경찰 또는 법정이 제기되는 도전들을 무시할 수 없게끔 보장하는 절차들이 그것이다. 그러한 기구들은 최초의 해소를 통과한 불만들에 대해서는 특정 수준까지 반응하여 그들의 행동에 대해 해명하도록 요구되어야 한다. 만일 이용가능한 유일한 절차가 비공식적이고 대중적인 항거의 소요만을 포함한다면 그러한 청취를 체계적으로 보장할 수 있는 가능성은 없다.

그러나 좀더 공식적이고 일상화된 절차의 필요성이 영웅적 논쟁에 지속적으로 호소하는 것이 불가능하다는 사실에만 근거하는 것은 아니다. 관련된 불만에 대해 가능한 최악의 청취를 제공할 다양한 견제들이 대중적 논쟁에 존재하기 때문이다. 이러한 견제들과 관련하여 견제적 민주주의가 요구하는 것은 불만들이 탈정치화되어야 하고, 청취가 대중토론의 소란이나 심지어 의회논쟁의 장으로부터 떨어진 곳에서 이루어져야 한다는 것이다. 이때, 민주주의는 의회주의적인 정당간 위원회, 공식적 관료청문회, 상설 탄원기구, 의사사법적 재판소, 또는 자율적 전문기구 등의 상대적 고요함에 의지하고 있어야 한다. 우리가 논의하는 견제는 이런 조용한 고요함에서만, 즉 정치적 목소리에 재갈이 물려져 있을 때에만(Holmes, 1988) 적절한 청취를 얻을 수 있다.

일부의 쟁점들과 관련해서 우리는 이에 관한 교훈을 배워왔다. 일반적으로 중앙은행이 누리는 독립성을 예로 들 수 있다. 하지만 이러한 교훈은 다양한 분야에서 충분히 학습되지 않았기 때문에, 공화주의 철학은 현재의 관행을 급진적으로 검토하라고 요구할 것이다. 예를 들어 범죄영역에서 관행적으로 일어나는 일들을 생각해 보자. 과중하고 엄격한 형량을 선고할 수 있다는 것이 공동체에서의 범죄수위를 낮추는 데 많은 도움이 되지 않는다는 것은 범죄학자들간에서는 공통된 지혜이다. 이와는 반대로 엄격한 형량을 둠으로써 범죄자들로 하여금 사회로부터 동떨어진 계급을 구성하고 효과적인 네트워크 및 집단화를 가능케 할 수도 있다(Braithwaite, 1989). 그러나 형사사법 처리에 대한 빈번한 견제에도 불구하고 그러한 선고 패턴으로부터 탈피하려는 움직임이 최근까지도 거의 없었다. 반대로 많은 국가의 정치가들은 어느 때보다도 훨씬 더 가혹한 정책들을 추진하고 있다.

이를 뒷받침하는 설득력 있는 근거 하나는, 형사사법 관행에 대한 도전은 공적·정치적 포럼에서 일반적으로 다양한 부정적 영향을 끼치면서 청취되기 때문이라는 점이다. 법정에서 유죄를 선고받은 자들이 가혹한 대접을 받고 오랜 기간 동안 감금되면, 그 포럼이 추문으로 얼룩질 가능성은 거의 없거나 아예 없게 된다. 반면 유죄선고를 받은 자들이 관대한 대접을 받거나 감옥에 있는 자들이 모범 사면을 받게 되거나 가석방된다면, 그 포럼에는 항상 반발이 발생하거나 여론이 활성화될 가능성이 존재하게 된다. 그러한 한 사람이 또 다른 범죄, 특히 흉악한 범죄를 저지른다면 언론에 그 사실이 포착되어 대중적 분노가 발생하고 정부에 관대함을 포기하도록 요구할 것은 분명하다.

이러한 패턴에서, 가혹함이란 측면에서의 실패가 여론에 의해 제재를 받지 않는 반면, 관대함이라는 측면에서의 실패는 매우 사소한 것일지라도 엄청난 대중적 반향을 불러일으키기가 쉽다. 과도한 처벌을 잘못 용인한다고 해서 지적받거나 비난받지는 않지만, 관대한 처벌을 잘못되었다고 부정한다면 널리 알려지게 되어 모든 이들의 비난을 받는다(Macdonagh, 1958; Pettit, 1992 참고). 그리고 통제를 초래하는 이러한 불균형적 패턴은, 대중적 분노에 반응해야 하는 정치인들이 신문의 머리기사나 텔레비전의 짤막한 영상과 같은 방식으로 우려를 표명하기를 기대 받는다는 사실에 의해 악화된다. 따라서 만일 정치인들이 재범률에 있어 관대함과 장기적 정책들이 지닌 긍정적 효과를 언급한다면 〔대중에게〕 만족을 주지 못할 것이다. 따라서 그들은 범죄에 대해 단호한 입장을 취하고 범죄자들에 대한 더욱 가혹한 대우를 요구함으로써 보다 생동감있게 우려를 표명해야 한다는 유혹을 받는다.

만일 이러한 문제의 해결책이 존재한다면, 즉 만일 공화주의적 민주주의가 형사사법 관행에 대해 제기하는 설득력 있는 도전이 보다 나은 청취를 얻을 수 있으려면, 이는 바로 이러한 도전들이 현재 얻고 있는 것과는 매우 다른 종류의 청취를 받아야 한다는 것이다. 지금 내가 이러한 도전들을 청취하기 위한 대안적 제도의 초안을 설계하는 것은 어리석은 것일 수 있지만, 적어도 다음의 사항에 대해서는 확신할 수 있다. 형사사법 관행이 현재 지배적인 패턴으로 지속되지 않기 위해서는, 대중적 토론의 시선과 압력에 노출되지 않는 자율적이고 전문적인 식견을 갖춘 기구들에 의해 그러한 관행을 형성하는 반응들이 결정되어야 하고, 또한 그 반응들은 탈정치적 방식으로 결정되어야만 한다는 것이다. 이때, 견제적 민주주의는 인민과 인민의 입법 대표자들이 일반적으로 자신들의 손을 묶고 입에 재갈을 물릴 것을 요구한다.

나는 심의적이고 포용적인 민주주의하에서 진행될 견제를 청취하기 위해 필요한 절차가 무엇인지를 논의했다. 두 번째 문제는 〔견제에 대한〕 반응이 만족스럽기 위해서, 다시 말해 그러한 반응의 결과가 견제하는 사람들에 대한 정부의 지배로 나타나지 않기 위해 공청회가 도출해야 하는 결과와 관련되어 있다.

만약 〔견제에 대한〕 반응이 그 견제를 지지하고 공적 기구로 하여금 기존의 결정을 변경하여 경우에 따라 보상을 제공해야 한다고 요구한다면, 이러한 반응은 항상 만족스러울 것이다. 그러나 모든 견제가 만족스러울 수 없다는 사실은 만물의 본질이다. 따라서 문제는 다음과 같다. 견제하는 당사자들은 자신 또는 자신이 대변하는 사람들이 자의적 권위에 종속되지 않고 정부에 의해 지배되고 있지 않다는 것을 어떻게 확신할 수 있는가?

견제가 만족스럽지 않을 수 있는 데에는 두 가지 이유가 있다. 첫째, 견제는 견제하는 개인이나 집단의 자기이익을—당연하게도—대변하고, 〔이에 대해〕 내려지는 판결은 공통의 이익이 그 특정 당사자의 좌절을 요구한다는 것이다. 유죄판결이나 형량에 대한 기결수의 항소나 자신의 지역에 도로나 공항의 설치를 반대하는 지역주민 집단의 항의에 대하여 생각해 보자. 이 경우, 견제하는 당사자는 판결이 그들의 요구에 반대되는 것일지라도 자신들이 비지배 자유를 누리고 있다고 확신할 수 있다.

이때 만족되어야 하는 것은, 그 판결이 적절한 절차에 대한 자신들의 관념에 따라 이루어지고, 궁극적으로 그들이 다른 사람들과 공유하는 이익, 즉 형사사법체계에 의해 보장된 질서로부터 얻는 이익이나 도로와 공항으로 인해 실현될 수 있는 여행의 가능성으로부터 얻어지는 이익에 따라 〔판결이〕 이루어진다는 점을 보장받아야 한다는 것이다. 그들은 판결이 그들에게 불리하다는 사실에 깊은 유감을 느낄지도 모르지만, 앞서 설명한 확신을 가진다면 그 불리함을 자연적 사고와 같은 불운으로서 간주할 수도 있다. 따라서 그들은 판결을 국가나 국가 내의 다른 집단에 의한 지배의 상징으로서 이해할 필요가 없다.

왜 견제가 만족스럽지 않을 수 있는지에 대한 두 번째 이유는 견제가 당사자의 자기이익이 아니라 무엇이 공동의 이익에 속하는가에 대한 소수의 판단을 대변하기 때문이다. 이는 판결 그 자체가 낙담한 개인이나 단체에게 지배의 상징으로 나타나지 않도록 보장해야 하는 까다로운 경우이다. 이 경우는 해결하기 쉽거나 어려운 두 가지 형태로 나타난다.

해결하기 쉬운 형태에서, 쟁점은 관련된 당사자에게 개인적 또는 문화적으로 중요하지 않다. 이때 견제는 사립학교를 보조할 것인가 말 것인가, 도로나 철도를 따라 교통시스템을 갖출 것인가 말 것인가, 아니면 기존 도시의 지속적인 성장을 허용할 것인가 말 것인가에 등에 대한 것들이다. 여기에서 실망하게 되는 당사자는 이성적인 사람들이라면 서로 의견이 다를 수 있다는 점을 인정할 수 있어야만 한다. 따라서 적절하게 제도화되어 있을 경우, 실망한 당사자는 자신들에게 반대되는 판결이 그들이 인정하는—예를 들어 그들 스스로가 설득력이 있다고 여긴 고려사항들을 인지하면서—절차를 통해 구현되고 공통의 이익이 무엇인가에 대한 진지한 고려를 대변한다고 확신할 수 있을 것이다. 만일 그들이 이것을 확신한다면, 즉 〔판결이 행해지는〕 방식에 대해 그들이 확신할 수 있다면 그들은 지배당하고 있다고 느끼지 않으면서 그 판단을 받아들일 수 있다.

이러한 주장은 경험적 연구에 의해 뒷받침된다. 타일러와 미첼(Tylor and Mitchel, 1994: 746)은 이와 관련된 연구들의 검토를 다음과 같이 요약한다.

> 이 연구는 권위에 대한 인지된 정당성에 영향을 미치는 핵심요소는 절차적 공정성이라는 점을 보여준다. 절차적 판단은 결과의 편파성—개인이 얻었든 상실했든—이나 결과의 공정성에 대한 판단보다 더 중요한 것으로 밝혀졌다(Lind and Tyler, 1988 참조).

현대 민주주의에서 가장 어려운 쟁점들 가운데 하나는 임신중절의 합법화 요구이다. 그리고 여기서 이 연구자들은 요약된 연구를 뒷받침해 주는 사실을 발견했다. 그것은 미국 시민들은 낙태문제를 다루는 데 있어서 연방대법원을 정당하다고 여기고 연방대법원에 의해 이루어진 의사결정 절차가 공정하다면 그 결정에 따를 것이라는 사실이다. "제도적 정당성이 과거 연방대법원의 일반적 결정들이나 낙태 쟁점들에 대한 결정에 동의하는 것보다 더 중요하다"(Tyler and Mitchell, 1994: 789).

두 번째 사례의 어려운 변수를 살펴 보자. 이를 위해 견제가 진정으로 절박한 개인적이거나 문화적인 의미를 갖는다고 가정해 보자. 그 쟁점은 한 개인이 종교적 근거에서 불쾌한 어떤 일 또는 심대한 양심의 확신에 반하는 어떤 일을 하도록 강제를 받거나 강제를 받지 않게 될 것인가와 관련된 것일 수 있다. 아니면 그것은 원주민의 전통적인 법을 인정할 것인가 또는 예를 들면, 동성애 남성이나 여성들 사이에 열정적으로 요구되는 제도적 구조를 도입할 것인가와도 관계가 있을지도 모른다. 어떻게 하면 실망한 당사자가 그들이 그러한 상황에서 지배받지 않고 있다고 느낄 수 있을까?

최악의 시나리오로, 실망한 개인과 집단이 자신들과 반대되는 판단을 자의적인 권력의 행사로밖에 여길 수 없다고 가정해 보자. 그들의 관점에서는 그들이 견제하는 판결은 어떠한 수준에서도 그들이 다른 사람들과 공유하는 이해에 따르지 않는 간섭의 한 형태이거나, 만약 그 간섭이 그러한 공통의 이해에 따른 것이라면 그 판단은 그들이 받아들일 수 있는 절차에 의해 이루어지지 않은 것이다. 그러한 개인들과 집단들과 관련하여 정부가 비지배적이 되기 위해서 무엇을 할 수 있는가?

마지막으로 비지배의 이상은 이러한 경우에 그 집단이 국가로부터 탈퇴하여 분리된 영역이나 적어도 분리된 관할구역을 확립하도록 허용할 것을 요구할 수 있다. 그러한 가능성의 지평은 확고하게 유지되어야 한다. 그러나 탈퇴는 탈퇴하는 측의 관점에서 보더라도 항상 가능한 것도 아니고 전반적으로 항상 바람직한 것도 아니다. 따라서 탈퇴를 배제하고서도 급진적 반대자의 비지배 자유를 고양하는 것이 여전히 가능할지도 모른다는 점을 명심하는 것이 중요하다. 이러한 결과를 성취하는 것을 도울 수 있는 조치들은 양심적이고 절차적인 반대조치라는 포괄적인 용어로 묘사될 수 있다.

어떠한 공화주의 사회에서도 반대하는 개인들과 집단들이 법 아래에서 특별한 대우를 주장할 수 있는 여지는 있어야 한다. 〔물론〕 허용되는 특별한 대우는 그들이 계속해서 이득을 얻는 강제적 체제의 부담을 회피함으로써 어떤 개인들이 다른 개인들을 착취할 — 그리고 자의적 기반에서 그들에게 간섭할 — 가능성을 조성해서는 안 된다. 그러나 개인들이나 집단들이 그러한 착취적 이득을 추구하지 않고 양심적인 절차적 반대에 근거해 특별한 대우를 받게 될 수 있는 다양한 방법들이 있다. 탈식민지 사회에 있는 원주민들이 종종 제안하는 조정을 생각해 보라. 혹은 미국에서 암만파(the Amish)[11]와 같은 종교집단에게 제공하기 위해 설립된 주거시설을 생각해 보라. 아니면 군

11) 〔역주〕 암만파(the Amish). 미국의 보수적인 기독교 단체. 17세기 메노파 장로였던 야코프 암만의 추종자들로 유럽에 기원을 두고 있으며, 1720년경 북미로 이주하기 시작했다. 이들은 성경 원문에 충실한 엄격한 생활을 하며 부패한 세속생활과 떨어져 직접 농사를 지으며 소박하고 비순응적 삶의 방식을 따르는 것으로 유명하다. 이들은 전화나 전등사용을 피하고 자동차보다는 말이나 마차를 사용한다. 자녀들은 8학년 이상 학교에 보내지 않고, 폭력의 사용에 반대해 군대에 가지 않으며, 선거 및 정부의 일에도 참여하지 않는다. 미국 대법원은 1972년의 판결을 통해 의무교육을 암만파에게 강요해서는 안 된다는 판결을 내렸다. Wisconsin v. Yode(1972)를 참조.

복무에 반대하는 사람들이 대체복무할 수 있도록 허용한 규칙들에 관해 생각해 보라. 이전과 마찬가지로 나는 단지 여기서 세심한 경험적 조사가 필요하다는 가능성만 제기할 수 있을 뿐이다. 그러나 조사해야 할 가능성들이 존재한다는 점과 공화주의적 의사결정에서 이러한 조사를 가장 중요한 문제로 간주해야 하는 것은 명백하다.

7) 새로운 민주주의 개념

이 장의 첫 부분에서 우리는 비지배적 공화주의 정부는 파당적 이익에 의한 정치적 조작으로부터 〔스스로를〕 보호하는 데 도움이 되는 헌정주의적 제약에 따라 작동해야 한다는 점을 살펴보았다. 그러나 이 장의 두 번째 부분에서 아무리 헌정주의적이고 조작적일 수 없는 정부시스템 아래에서도 공적 권위들이 의사결정을 하고 권력을 행사하는 지점들이 있을 수 있음을 보았다. 그리고 만일 그러한 의사결정이 사람들의 비지배 자유를 위험에 빠뜨리지 않으려면, 의사결정은 효과적으로 견제할 수 있어야만 한다고 주장했다. 구체적으로 견제적 민주주의, 즉 심의적 의사결정 형태를 따르고, 공동체 내의 서로 다른 모든 주요한 목소리들을 포함하며, 그것에 대해 제기되는 견제에 적절히 반응해야 한다.

비록 우리는 견제적 민주주의 개념의 도입 이전에 헌정주의적 제약과 공화주의 국가의 적합한 목표들에 대해 논의하였지만, 민주주의의 개념이 무엇보다 우선성을 갖는다. 공화주의적 목표들과 헌정주의적 요구들에 대한 설명은 성공적인 공화국이 취해야 하는 모습에 대한 잠정적이고 이론적으로 추동된 이야기이다. 그러나 일단 견제적 민주주의가 자리 잡으면, 물론 모든 일이 가능하게 된다. 만일 그러한 민주주의의 작동이 우리가 약술했던 것들과는 다른 목표들의 등장으로 이어지거나 헌정주의적 제약들을 재고할 수밖에 없다면, 우선되어야 하는 것은 분명히 그러한 민주적 절차가 지시하는 것들이다. 다시 말하자면, 만약 그 민주주의가 견제 그 자체의 행로의 재구성을 야기한다면 민주적 절차가 우선시되어야 한다.

민주적 절차의 국지적 침전물(*precipitates*)보다 더 중요한 텍스트나 전통은 없다. 만일 그러한 절차의 발전과정 중에 선택된 제도가 비인격적인 권위에 의해 배제된다면, 그 정체는 인민의 이익과 관념들을 효과적으로 추구하는 것이 아니다. 물론 민주적 절차가 최후의 항소법원이라는 주장은 여기서는 민중주의적 진영에서 갖고 있을지 모르는 것과는 매우 다른 반향을 지니고 있다. 결국 예견되는 과정은 본질적으로 견제의 하나이지 필연적으로 다수의 의사결정을 포함하는 것은 아니다. 어떤 집합적 구현체 속에 있거나, 어떤 집합적 대표성을 통한 인민이 주의주의(主意主義)적으로 최상이라는 어떠한 제시도 없다. 견제적인 이미지 아래에서, 민주적 과정은 이성의 요구가 스스로를 구현하고 부과하는 것으로 구상되는 것이지, 의지에 어떤 특정한 지위를 부여하는 과정이 아니다.

견제적 민주주의에서 떠오르는 개념은 〔이미 수용된〕 공화주의적 전통과 어느 정도까지 어울리는가? 적어도 영어권 세계에서 가정된 형태에 있어 공화주의 전통은 우리가 보아왔듯이 어떤 법들이 오랜 도전의 역사를 거치면서 판결되고 검증되었다는 사실을 크게 강조하는 경향이 있었다. 법은 고대의 존경할 만한 자유로운 정체의 부분이었다. 한 주석가가 말하듯이 "자유라는 친구들이 자유를 지키기 위해 믿었던 법은 실재 규칙들이나 지도원칙들이 아니었다. 그보다 법은 오래된 법, 통속적인 법, 좋은 법, 공동체의 관습법과 같은 자의적 권력에 대한 제한이었다"(Reid, 1988: 63).

제대로 검증되고 오랫동안 검증받은 법의 매력에 대한 이러한 강조는 민주주의에 대한 우리의 개념에서는 타당하다. 왜냐하면 이 개념 아래에서 중요한 것은 민주주의가 생존자들이 일반적으로 만족하는 것을 보장하는 법의 선택을 위한 어떤 환경을 정확히 제공하기 때문이다. 그 법들은 생존자들이 그들에 반대하여 제기된 견제를 견뎌낼 수 있는 정도에서 대체적으로 인민의 이익과 관념에 대답하는 것으로 가정되어도 좋다. 견제력을 중심개념으로 가지고 있는 민주주의적 개념과 표준적이고 합의에 중점을 둔 개념들 사이에 주요한 대비점은 〔후자에서의〕 개념들이 디자인 과정에 의존하는 반면 〔견제력에 기초한〕 우리의 개념들은 선택과정에 의존한다는 점이다. 그리고 고대의 헌정관념은 견제적 접근의 이러한 선택적 측면과 맞닿아 있다.

그러나 견제적 접근은 또한 공화주의 전통에서 더 많은 접점을 가지고 있다. 로크(1965)는 정부의 기초로서 계약과 동의의 관념을 상당히 강조한 사상가로 잘 알려져 있다. 그러나 로크는 정부가 계약적 측면을 지닌 반면에 또한 통치자들이 인민을 대신하여 수행하도록 요구받는 신탁의 측면도 있다고 주장하면서 정부를 특징지을 때 두 번째 법률적 은유를 도입했다(Finn, 1993). 이러한 개념은 공화파들로 하여금 군주제가 자의적인 이유는 "공공의 것(*res-publica*)이 아닌 자기 자신이 대상이 되는" 권력을 갖기 때문이라는 페인의 주석(Paine, 1989: 168)에 중대한 영향력을 미쳤다(Sidney, 1996: 199~200을 참조). "공화주의 정부는 집합적으로 뿐만 아니라 개인적으로 공중의 이익을 위해 설립되고 집행되는 정부 그 이상이 아니다"고 페인은 주장했다.

정부가 일종의 법적 신탁이라는 생각, 즉 정부는 통치자가 충실히 따라야만 하는 어느 정도 잘 정의된 요약이라는 생각은, 인민이 어느 범위 내에서 그리고 얼마나 잘 그러한 신탁을 수행하는가에 관해 정부에 도전할 자격을 가진다는 생각에 부합한다. 그리고 이 사고는 로크(1965)와 공화파들이 명백히 옹호했던, 만일 정부가 그런 일을 하는 데 실패한다면, 인민이 정부에 저항하고 정부를 전복시킬 권리를 가지고 있다는 생각과도 부합한다. 이러한 사고의 전통은 민주주의가 무엇인가에 대한 견제적 이미지와 분명히 관계가 있고, 그것은 그러한 이미지가 공화주의 전통에 낯선 것이 아니라는 점을 보여준다. 공화주의는 인민주권이 선거적 권위에가 아니라 저항의 권리에 있다(Pasquino, 1996)는 그림을 제공하고, 이는 자연적으로 견제력의 비전과 부합한다.

8) 이익집단 다원주의와의 대조

견제적 민주주의 개념은 기존의 몇 가지 사유방식들과의 결정적인 단절을 특징으로 한다. 견제적 민주주의 개념은 다수의 견해가 찬양되는 관점이 무엇이든 다수의견을 신성하게 여기곤 하는 민주주의에 대한 어떠한 개념과도 단절한다. 또한 이 개념은 선스타인이 너무나 명료하게 비판했던 이익집단 다원주의와의 뚜렷한 대비를 제공한다. 그리고 나는 그러한 다원주의적 이미지의 특징에 대해 견제적 민주주의 개념을 고려함으로써 결론을 내릴까 한다.

견제적 공화국은 공적 의사결정자들이 어떤 중립적인 고려사항에 기반하여 결정을 내리는지, 또 그 결정들을 투명하게 해야 한다고 요구한다는 의미에서 이성을 전면에 내세운다. 〔반면〕 이익집단 패러다임은 이성을 전면에 내세우는 것이 아니라 그것을 배경으로 삼을 것이다. 이 패러다임은 공적 생활에서 일들을 조직하는 최선의 방법은 사람들이 자신의 이익을 증가하기 위해 노력할 때 모든 일들은 이성에 따라 최대의 만족을 제공하는 방향으로 이루어질 것이라고 주장한다.

그 패러다임은 경제학자들이 2백 년 동안 칭찬했던 보이지 않는 손으로부터 출발한다. 그들이 주장에 따르면 자유로운 시장에서 구매자들은 가능한 최선의 조건으로 재화를 찾는다는 사실과 판매자들은 구매자들을 찾는 데 경쟁자들을 약화시키려고 한다는 사실 — 요컨대, 구매자들과 판매자들이 각기 완전히 이기적인 방식으로 행동한다는 사실 — 이 중요하다. 그리고 이러한 사실들은 수혜적이고 보이지 않는 손에 의한 것처럼 재화가 일반적으로 경쟁가격을 통해, 즉 사업상 머물고 있는 판매자와 일치하는 최저가격에 구입이 가능해진다는 것을 의미한다〔고 주장한다〕. 자유로운 시장이 모두를 위해 최선의 결과를 만들어냄에 있어서, 그리고 그 틀 안에 있는 행위자들 각자가 자신의 목적만을 추구한다는 사실 — 사실상, 그 행위의 결과로서 — 에도 불구하고 그러한 결과를 만들어냄에 있어 이성이 작용한다는 것이다.

이익집단 패러다임은 적절한 틀 아래에서 자유시장과 같은 종류의 마술이 경제에서처럼 정치에서도 실현될 수 있다고 주장한다. 법과 질서, 외적 방어, 공중보건, 그리고 시장에서는 제공되지 않는 다른 재화와 서비스를 제공하는 국가를 생각해 보라. 우리는 그러한 서비스의 소비자들, 즉 시민들이 최고수준의 선호만족을 성취할 수 있도록 어떤 조건들을 만들 수 있는가? 어떻게 우리는 그렇다고 믿어지는 것처럼 이성의 목적을 성취할 수 있는가? 이익집단 관념은 우리에게 만일 사람들이 현명한 자기 추구적인 소비자처럼 행동한다면, 그리고 만일 공직자들이 소비자에 집중하는 유능한 공급자들처럼 행동한다면, 그 결과는 최고로 가능한 수준의 선호만족이 될 것이라는 점을 보장하는 선거, 임명, 그리고 의사결정의 틀 — 종종 우리가 이미 하나를 가지고 있다고 상상되는 — 을 디자인할 것을 요구한다. 시민들로 하여금 그들이 개인적 이익을 제일 잘 만족시킬 것을 약속하는 후보와 정책에 투표하도록 해라. 입법자들로 하여금 그들에게 최선의 재선 기회를 주게 되는 정책을 위해 투표하게 하라. 그리고 정부와 사법부의 공직자들이 입법의지나 혹은 그들을 공직에 머물 수 있게 하는 대중적 의지에 가장 부응하는 방식으로 행동하게 하라. 이익집단 다원주의 패러다임은 적당한 선거와 임명의 틀에서는 결과적으로 시민들이 다른 대안적인 정체, 특히 어떠한 공화주의적 정체 아래에서보다 더 많은 수준의 선호만족, 혹은 같은 수준이지만 더 많은 확신을 보증하는 선호만족을 누리는 것이라고 제시한다(Truman, 1951; Dahl, 1956; Stigler, 1971을 참조).

이 패러다임은 단지 금세기에 거의 정설의 지위를 성취하게 되었지만, 정치에 대한 이익집단적 사고나 보이지 않는 손의 사고방식은 18세기 초에 멘데빌(Mandeville, 1924)[12]에 의해 최초로 뚜렷이 표출되었다. 그는 공화주의적 정설과는 반대로 사적인 해악이 공적으로 이로운 것이라고 주장했다(Hayek, 1978: 제15장). 최선의 공적 결과를 얻는 방법은 시민들과 인민들로 하여금 공공선을 내면화하여 이를 개별적으로 증진할 수 있는 방법에 대해 심의하는 것이 아니었다. 그보다는 사람들로 하여금 각기 스스로에게 최선의 것을 추구하고, 아무리 간접적이라 하더라도 이것이 공공선의 극대화로 이어지게 되리라는 것을 보장하는 사회적 틀에 의지하도록 격려하는 것이었다. 애덤

---

12) 〔역주〕 버나드 멘데빌(Bernard Mandeville, 1670~1733). 네덜란드의 산문작가·철학자. 《꿀벌의 우화》(*The Fable of the Bees*)로 유럽 전역에 명성을 떨쳤다. 네덜란드에서 태어났으나 영국 런던에 정착하였다. 이 책에서 그는 모든 행위가 이기심에서 비롯된다는 점에서 사악하다고 주장한다. 하지만 그는 동기는 사악하다 하더라도 행위의 결과는 부와 문명의 안락함을 창출해내므로 사회적으로는 이익이 될 수 있다고 주장한다. 이 책은 출판을 거듭했으며 《종교·교회·행복에 대한 자유로운 사고》(*Free Thoughts on Religion, the Church and Natural Happiness*, 1720)와 함께 유럽 전 지역에서 호평을 받았다.

스미스(Adam Smith)는 자신의 경제적 견해를 발전시키는 과정에서 멘데빌의 생각에 기반했고 명시적으로 "보이지 않는 손"이라는 용어를 그 문헌에 소개했다(Smith, 1982: 184~185). 그는 다른 분야에 대해서는 공화주의적인 사고방식을 취했고(Winch, 1978), 멘데빌의 태도로부터 거리를 두고 싶어 했다. 그렇지만 그는 그 누구보다도 정치에 대한 이러한 사유방식을 강화시켰는지도 모른다. 보이지 않는 손이라는 관념이 두드러지게 유포되면서 조만간 사람들이 그것을 경제뿐만 아니라 정치를 개념화하는 데 사용하는 것을 생각하는 것은 필연적인 것이었다.

어느 정도까지 이익집단 그림이 현실화될 수 있는지에 대해서는 놀랍게도 매우 많은 의문점들이 제기되고 있다. 선거의 결과에 영향을 미칠 수 있는 가능성이 매우 낮다는 점과 투표가 지니는 또 다른 '명백한' 이익들이 있다는 것을 고려해 볼 때, 심지어 자기추구적인 개인들이 선거결과에서 얻어지는 자신의 이익을 보고 어느 정도 투표할 것인지에 대한 의문들도 있다(Brennan and Lomasky, 1993). 서로 다른 가능한 선호체계들을 다룰 수 있는 투표제도가 제한들을 얼마나 만족시킬 수 있는지에 대한 의문점도 있다(Arrow, 1963). 그리고 선출직이든 비선출직이든 공직자들이 다원주의적 그림 아래에서 적절하지 못한 압력을 만족시킬 수 있는 기회들을 얼마만큼 포기하려 할 것인지에 대한 의문점들도 있다(McLean, 1987). 그러나 이러한 의문점들과는 별도로, 공화주의적 전망은 우리에게 이익집단적 이상을 거부할 독립적인 이유를 제공하기도 한다.

전반적인 선호만족을 극대화하는 것이 아무리 바람직스러워 보일지라도, 그러한 목적을 성취하려는 보이지 않는 손의 방식은 다양한 전선에서 자의적 권력의 공포에 노출되었다. 만일 내가 공직자들에 대해 고찰할 때나 또는 다른 사람들이 그들의 행동에 대해 제기할 수 있는 비지배적 고려사항에 관계없이 자신들의 공직을 유지하기 위해 무엇이든 실행하려는 결단력을 발견한다면 — 즉, '당신의 논거는 무의미하다, 우리가 수적으로 우세하기 때문이다'와 같은 행동 —, 나는 그들을 나에 대해 상당한 정도의 자의적 권력을 지닌 사람들로 여겨야만 한다. 만일 내가 법정을 검토했을 때, 그 법정이 공정한 정부 설립을 위한 헌정의 목적과는 상관없이 법을 해석하려고 한다면 — 공적인 기록에서 이용가능한 다수의 의지만 염두에 둔다면 —, 나는 다수의 의지가 나와 내 동족에게 불리할 수 있는 한 그 법정을 나의 의지를 간섭할 수 있는 수단으로 이해해야만 한다. 이익집단적 이상을 거부할 수 있는 이유는 이런 것들에 다름 아니다.

따라서 이익집단 패러다임이 권고하는 이성의 배경화는 본래 비지배 자유의 증진이라는 목적에 해롭다. 비록 이성의 필요를 읽어내는 선호만족의 방식이 의문의 여지가 없었다 할지라도, 공화주의자들은 그러한 다원주의가 자기추구적이거나 "적나라한" 선호가 정치적 삶의 원동력이 되길 바라는 방식에 반대하지 않을 수 없다(Sunstein, 1993a: 25). 적나라한 선호를 사회적 삶의 원동력으로 만드는 것은 취약한 지위에 처한 모든 개인들을 강자의 적나라한 선호에 노출시키고, 강자가 그들에게 가할 수 있는 모든 악행에 그들을 포로로 만드는 것이다. 이는 공화주의적 이상과 동떨어진 것이다. 이성을 전면에 내세우는 것을 주장함에 있어 견제적 공화주의적 민주주의 개념은 다원주의적 아이디어에 정면으로 대치한다. 그 패러다임은 공화주의자들에게 저주와도 같다.

이러한 논거에 따르면 공화주의자들은 그들이 정치를 시장의 연장선상에서 조직하자는 주장에 반대하는 것처럼 자유로운 시장 그 자체에 반대하는가? 아니, 그렇지 않다. 경제학자들에 의해 이론화된 것처럼 자유로운 시장에서 개인들은 서로를 적나라한 선호의 담지자로서 마주하고 각자 그러한 선호들을 만족시키려고 최선을 다해 노력한다. 그러나 협상력에서 큰 차이가 없다면, 이러한 질서가 곧 누구라도 다른 사람이나 다른 사람의 집단에 의한 자의적 간섭의 가능성에 노출된다는 것을 의미하지는 않는다. 어떤 한 판매자는 가격을 깎음으로써 또 다른 판매자에게 간섭할 수 있을지도 모른다. 하지만 두 번째 판매자는 경쟁가격 수준을 넘어서 자유롭게 깎을 수 있어야만 한다. 따라서 여기에는 또 다른 사람에 의한 간섭에 영구적으로 노출되는 문제가 없다. 정치의 장을 휩쓸고 있는 다수의 선호형성 문제들이 시장에서와 같은 유사함을 가질 필요는 없다. 그래서 나는 여기서 다원주의 정치가 낳게 될 똑같은 지배의 가능성을 발견하지는 못했다. 견제적 민주주의의 이상은 수정주의적이지만, 모든 형태의 시장 질서에 적대적일 정도로 수정주의적이지는 않다.

제7장

공화정에 대한 견제

이제까지 공화주의적 제도들의 논의에서, 나는 공화주의 국가가 어떤 목적들을 지지해야 하는지, 그리고 어떤 형태들을 구체적으로 나타내야 하는지에 초점을 맞추었다. 〔또한〕 공화주의 국가가 사적인 도미니움을 동반할 수 있는 지배에 맞서기 위해 해야 하는 일들을 확인했다. 여기서는 공화주의 국가가 그 자체의 강제적 제도들 속에서 자의적인 의지를 행사하는 것을 줄이고, 국가의 임페리움에 의해 생기는 지배를 막기 위해 채택해야만 하는 조치들을 상세히 설명하려고 했다.

그러나 지금까지 내가 설명한 권고들은 이루기 힘든 희망목록의 성격을 지니고 있을 수도 있다. 아마 성취할 수 없는 성품을 지닌 사람들—신과 같은 피조물이나, 기계처럼 규칙적인 피조물, 또는 무엇이든—만이 〔앞에서〕 설명한 공화주의적 정체를 유지할 수 있을지도 모른다. 아마 이런 사람들만이 대체로 공화주의적 목적들에 공감하고, 공화주의적 형태들의 남용—헌정주의와 민주주의의 제약들에도 불구하고, 그러한 남용은 항상 가능하다—을 확실히 피할 수도 있을 것이다. 바꿔 말하면, 아마 그러한 정체는 일반적인 인간본성의 변덕에 반(反)할 수 있는 증거가 되지 못할지도 모른다. 인간이 그러한 국가를 출현시키고 안정화시키는 데 필요한 행위패턴들을 유지할 능력을 가지고 있다고 누가 말할 수 있겠는가? 내가 대략적으로 그려온 공화국이 하나의 실현가능한 이상이라고 누가 말할 수 있겠는가?

이러한 실현가능성은 일반 시민들과 관련해서 또는 권위 있는 자리를 차지하는 시민들의 보다 제한된 유권자와 관련해서 논의될 수 있을지도 모른다. 그러나 나는 일반 시민들에게 다음 장에서 기술되는 약간의 시민적 덕성이 주어진다면, 법의 제재에 의해 적절하게 동기를 부여받을 수 있다고 가정할 것이다. 〔또한〕 나는 여기에서 권력을 지닌 사람들과 관련해서만 우리의 공화주의적 제안의 실현가능성을 집중시킬 것이다. 문제는 공화국에서 관직을 맡고 있는 사람들이 우리의 제안들이 가정하는 방식으로 행동할 것이라는 신뢰할 만한 근거를 가지고 있는가 하는 점이다. 우리는 실제로 공화주의적 권위들이 안정적이거나 신뢰할 만한 방식으로 비지배 자유의 증진을 위해 요구되는 패턴들을 따를 것이라고 기대할 수 있을까? 우리는 실제로 그들이 공화주의적 목적의 진전과 공화주의적 형태의 보존을 위해 필요한 방식으로 행동할 것이라고 기대할 수 있을까?

그러나 이러한 질문조차도 명료한 것은 아니다. 한 가지 이슈는, 놀랍게도, 공화주의적 이상을 열성적으로 받아들이는 도덕주의적 당국자들 사이에서 우리가 순응을 기대할 수 있는가 하는 점이다. 또한 반대로 그러한 이상을 완전히 받아들이지 못한 사람들에게 순응을 기대할 수 있는가 하는 점도 제기될 수 있다. 전자가 공화주의의 도덕적 실현가능성에 관한 문제라면, 후자는 그것의 심리적 실현가능성의 문제이다. 나는 이 장의 남은 부분에서 후자의 심리적 문제에 집중하고, 여기에서 도덕적 이슈에 대해서는 간단히 얘기하려고 한다.

공화주의는 정부, 특히 정부 당국자에게 비지배 자유의 증진이라는 업무를 부과하는 결과론적 원칙이다. 그러한 당국자들이 열렬히 헌신적으로 이러한 목적을 지지한다고 가정해 보자. 당국자들이 공화주의적 목적이라는 미명하에 공화주의체제의 고안자들이 생각해낸 바와 비슷한, 우리가 공화주의적 목적을 위해 필요하다고 생각하는 형태들을 파괴하려고 시도할 수도 있다는 문제가 유발되지 않을까 (Lyons, 1982)? 그들이 종종 법에 의거하지 않고 제멋대로 제재를 가하고 ― 자신들의 손을 더럽히고(Coady, 1993) ―, 공화주의적이지 않은 수단들로 공화주의적 목적을 진전시키려는 동기를 가지게 됨을 의미하지는 않을 것인가? 전반적 행복을 증진시키는 것을 목표로 하는 공리주의적 보안관은 폭동과 연관된 보다 나쁜 결과들을 피하기 위해 무고한 사람에게 죄를 씌우는 게 필요할 수도 있다고 종종 말한다(McCloskey, 1963). 전반적인 비지배를 증진시키는 데 헌신하는 공화주의적 공직자들도 비슷한 규칙위반이 필요하다고 생각할 수 있는 유사한 근거가 없겠는가? 만약 공화주의가 이처럼 도덕적으로 실현불가능한 것이었다면, 매우 심각한 문제일지도 모른다. 왜냐하면 이 문제들이 달성하려고 하는 것들에 대한 헌정적이고 제도적인 고안자들의 능력 ― 궁극적으로 인민의 능력 ― 을 훼손시킬 것이기 때문이다.

그러나 전반적인 행복이라는 공리주의적 목적에 대해 무엇을 얘기하든 간에, 비지배 자유라는 공화주의적 목적은 도덕적 실행불가능성이라는 심각한 문제를 제기하지 않는다(Braithwaite and Pettit, 1990: 71~78). 사람들은 다른 누구도 자신의 삶에 자의적으로 간섭할 수 있는 위치에 있지 않는 범위에서 비지배 자유를 향유한다. 비지배를 증진시키기 위해 부여된 대의로 신념을 깨뜨리는 열성분자들은 자의적 권력의 자원들을 전횡하고 획득한다. 왜냐하면 그들은 도전받지 않는 자기 판단의 영향력을 다른 사람에게 행사하면서 행동하기 때문이다. 그리고 이러한 자원들의 장악은 단지 이러저러한 사례에서 영향을 받는 사람들의 비지배가 아니라 사회 전반의 비지배에 영향을 미친다. 열성분자들은 단지 일부만이 아니라, 모든 사람 위에 자신을 높이려는 것이다. 만약 어떤 행위자들이 자신들의 믿음에 대한 의무를 위반함으로써 비지배를 극대화할 수 있다고 생각한다면, 이것은 잘못된 생각임이 거의 분명하다. 자신의 믿음을 어기면서까지 그들이 이룩하려고 하는 비지배란 그것이 무엇이든 그들이 일반적으로 이를 통해 사람들에게 저지르는 엄청난 지배보다 크지 않을 것 같다.

이에 반해, 공직자들이 나, 또는 나와 같은 사람들에게 은밀하게 행사할 수 있는 그러한 종류의 지배는 우리가 지배당하고 있다는 사실을 모르는 한 그 자체로 해롭지 않다고 반박할 수도 있겠다. 간섭이 인지될 가능성이 충분히 적을 경우, 그러한 행위자들의 잠깐 동안의 간섭은 가치가 있을 것이라고 생각할 만한 이유가 있을 수 있는 것이다. 〔이에 대해〕 나는 어떠한 행위자도 들키지 않는다고 확신할 수 없으며 들켰을 때의 비용이 너무 크기 때문에, 열성분자로 하여금 위반을 저지르게 만들 가능성은 매우 적다고 말할 수 있다. 위반이 간파되었을 때의 비용이란 누군가가 자신의 삶이 다소 자의적 간섭에 예속되어 있음을 알게 되는 것이다. 그것도 단지 해당 행위자가 아니라, 어떠한 다른 모든 공직자의 간섭에 말이다. 그리고 누군가가 알게 되면, 다른 모든 사람도 알게 된다. 왜냐하면 위반을 알아차린 사람은 십중팔구 이를 공개할 것이기 때문이다.

실제로 간파당할 가능성이 정말로 매우 적다면 어떻게 될까? 포착되었을 때의 비용이 아무리 크다고 하더라도 〔들키는 일이〕 일어날 성싶지 않은 경우, 왜 열성분자가 법을 편리한 대로 해석해야 한다고 단정하지 않겠는가? 예를 들면, 중요한 공적인 명사의 범죄를 덮어줌으로써 결국에는 국가의 이익을 추구하려는 등의 법을 악용하는 경우가 그러하다. 〔그러한〕 열의를 용서해줄 수 있는—용서해줄 수 있고 아마 심지어 추천할 만한— 매우 예외적인 상황들이 있을 수 있다. 그러나 매우 진지하게 고려해 보면 〔그러한 상황이〕 많다는 데는 반대하게 된다. 어떠한 행위자가 〔위반에 대해〕 붙잡힐 가능성이 낮아질수록, 일반적으로 사람들에게 이러한 사건은 자신들이 적절한 법의 지배하에서 살고 있는지 아니면 법 위에 군림하는—주된 동기가 무엇인지에 관계없이—관리들의 자의적 영향력 아래에서 살고 있는지를 가늠해주는 시금석이 된다는 사실이 보다 분명해질 것이다. 붙잡힐 것 같으면, 사람들은 위반한 관리가 그저 수긍했을 것이라고 생각할 것이다. 붙잡히지 않을 것 같으면, 사람들은 위반한 관리가 전반적으로 지배하려는 의도를 보여주는 전형이라고 더욱더 확신할 것이다.

그러므로 파국적인 상황들을 제외하고는, 행위자가 비지배의 미명하에 비지배를 증진시키기 위해 고안한 규칙들—정부의 공화주의적 형태들—을 깨뜨리도록 유혹받을 어떠한 심각한 이유도 있을 것 같지 않다. 내가 제기한 고려들은 다음과 같은 사실을 보여준다. 공직자들에게 권력이 주어지고, 그들이 지배의 가능성을 가지고 있다고 할 때, 열의에 찬 행위자들은 일반 인민들에게 비지배라는 목적을 독자적으로 행할 가능성이 전혀 없음을 보여주기 위해 각별히 노력할 충분한 이유가 있다는 점이다. 그들이 자신들의 임무에 충실하도록—얼핏 보기에 열성적인 기회주의적 행동이 요구되는 사례인 경우들에도—사전 서약되어 있다는 점을 명백히 신뢰할 수 있도록 만드는 제도적 수단들을 찾아야 할 충분한 이유가 있다. 〔또한〕 그들은 자신들의 손이 묶여 있어서, 자신들은 약간의 독립적인 재량도 가지지 않은 행위자임을 믿게 만들어야 할 충분한 이유를 가지고 있다.

지금까지 기술한 것으로도 도덕적 실현가능성의 이슈에 대해서는 충분히 언급했다고 생각한다. 이를 통해 공화주의적 목적을 열성적으로 내면화한 도덕주의적 행위자들에게 공화주의적 제도들을 확립하고 안정화시키기 어렵게 만드는 공화주의적 목적이란 존재하지 않음이 드러났다. 그러나 보다 중요한 이슈는 도덕적 실현가능성의 이슈가 아니라 심리적 실현가능성의 이슈이다. 나는 이 장의 남은 부분에서 이 이슈를 다룰 것이다. 문제는 공화주의적 제도의 실현이 일반적인 비도덕주의적 행위자들의 심리적 능력들에 꼼짝 못할 부담을 줄 것인가 하는 점이다. 특히 문제는 그들이 공화주의적 국가 내에서 권위를 가진 위치를 차지하고 있다면, 우리가 실제로 이 행위자들이 자신에게 주어질 기능들을 수행할 것으로 예상할 수 있는가이다. 우리는 잠재적으로 고집불통인 관리들이 규칙을 지키도록 보장하는 조치들을 발견할 수 있는가?

앞서 제도적 제안들을 논의하면서, 제 6장 전반에 걸쳐 나는 여기서 탐구하는 조치들과 대략 공화주의적 전통 내에서 유지된 시각들 사이의 연계에 주목했다. 그러나 나는 그 장의 목적이 공화주의적 사고의 유산을 기술하거나 그것을 옹호하는 것이 아님을 강조하려고 한다. 그 장의 목적은 현대의 규제이론의 견지에서 공화주의적 정체 — 또는 실제로 그 어떤 유사한, 최소주의적이지 않은 체제 — 를 안정화시킬 수 있는 가장 희망적인 방법을 살펴보는 것이다. 만약 이러한 기획이 종종 공화주의적 전통과 연결된다는 사실이 드러나면 행복한 결과겠지만, 그 결과는 그 자체의 권한으로 찾아지는 것은 아니다.[1)]

1) 이 장은 Pettit(1996b)에 기반하고 있다. 그러나 약간의 변동이 있는데, 두 가지가 가장 중요하다. 하나는, 여기에서는 선택지들을 배제하는 수단들을 제재와 동일시하고 있다는 점이다. 이것은 내가 구별하려고 하는 일탈자 중심의 규제전략과 순응자 중심의 규제전략에 대한 해석에 영향을 미친다. 다른 하나는, 일탈자 중심의 전략이 활용할 수도 있는 특정한 제재들이 규제받는 행위자들을 악한으로 간주하는 가정을 이용하지 않는다는 점을 인정하고 있다. 내가 얘기하는 것처럼, 그러한 제재들은

1. 규제라는 과제

만약 우리가 기술한 이상적인 공화국이 실현가능하거나 안정적인 체제가 될 것 같지 않다면, 우선적으로 그것을 도입하려고 노력하는 것은 큰 실수가 될 수도 있다. 그러한 공화국하에서 주어진 권력을 지닌 사람들이 부패나 변절로 공화국이 아니었으면 출현할 수 있었던 권력자들보다 더 나쁜 폭군들이 될 수 있음을 보여줄 수도 있기 때문이다. 그러한 공화국 — 마지막 장에서 기술된 이상적인 공화국 — 을 안정화시키는 문제는 공화주의 전통에서 다루는 오랜 주제 중의 하나이다(Pocock, 1975). 그건 당연한 일이기도 하다. 불안정한 공화국, 통치자들의 사소한 몰락에도 민감한 공화국을 세우는 것은 전제정치로 가는 길을 닦는 것이나 다름없을 수 있다.

그렇다면 과제는 우리가 공화국을 복원력을 지니거나 안정적으로 만들 수 있는 장치들을 규명하는 것이 될 것이다. 본성이나 문화가 공화국과 대비되는 최악의 여건 속에서도 존속할 수 있는 능력을 갖춘 제도 말이다. 가장 최악의 여건 — 우리가 보게 되겠지만, 결국 그러한 정체는 그다지 매력적이지 않을지도 모른다 — 속에서 살아남을 수 없다면, 적어도 실현될 가능성이 있다고 합리적으로 판단할 수 있는 최악의 여건들을 견디기엔 적합해야 한다. 그러나 실현될 가능성이 있다고 합리적으로 판단할 수 있는 최악의 여건이란 무엇인가? 이 질문에 우리가 제시하는 답은 우리가 인간본성에 대한, 특히 인간이 권력을 남용할 수 있는 가능성에 대한 시각에 의존한다.

공화주의 전통은 권력을 가진 위치에 있는 인간의 부패가능성에 대

〔행위자에 대한 특정한 가정 없이〕 중립적으로 유발될 수 있다.

해 항상 비관적인 입장을 취했다. 반면에 인간본성에 대해서는 상대적으로 낙관적이다. 공화주의 전통은 일반적으로 인민은 본래 변덕스럽기 때문에 무정부상태를 피하기 위해서는 강한 리더십이 요구된다는 인민에 대한 아우구스티누적인 두려움을 경시한다. 그러나 리더십은 타락할 수 있기 때문에 폭정이나 전제정치가 되지 않으려면 주의 깊은 억제가 필요하다는 키케로적 공포에 대해서는 열렬히 지지를 보낸다(Bradshaw, 1991: 117~118). 프라이스도 “권력보다 감시될 필요가 있는 것은 없다”라고 말했다(Price, 1991: 30). “인민은 자유로운 여지를 가질 때마다 항상 그들 영혼의 사악성에 따라 행동하려 할 것이다”라는 마키아벨리의 말(Machiavelli, 1965: 201)에 담겨 있는 것처럼, 공화주의적 견해에서 법제정자는 권력의 지위에 있는 인민에 대해 비관적으로 가정해야 한다는 것이었다.

이러한 종류의 가정이 의미하는 것에 대해서는 두 가지 다른 해석이 존재한다. 하나는 권력을 지닌 인민은 필연적으로 부패한다는 것으로, 공화주의적 용어로 하면 권력을 지닌 인민은 필연적으로 공공선에 대한 고려보다는 보다 파당적이거나 사적인 이해관계에 근거해 결정을 내린다는 것이다. 이러한 태도는 인민에 대한, 특히 권력을 추구하거나 얻은 개인들에 대한 일반적인 냉소주의를 대변한다. 다른 하나는 권력을 지닌 인민이 필연적으로 부패하는 것은 아니지만 본질적으로 부패할 수 있다는 해석이다. 권력을 지닌 사람이 실제로 적절하고 비당파적인 근거에서 결정을 내릴 수도 있지만, 그들의 권력남용에 대한 차단 또는 견제가 없다면 그들이 지속적으로 그렇게 행동할 것이라고 결코 신뢰할 수 없다는 것이다. 이러한 태도는 뜻밖에 권력을 지니게 된 사람들에 대한 냉소주의라기보다는 권력을 갖게 된 사람에게 권력이 무엇을 초래할 수 있는가에 주목하는 현실주의라고 볼 수 있다. 어떤 사람을 보이지 않게 만들어서 아무런 처벌을 받지 않고 나쁜 짓을 저지르게 해주는 기게스의 반지를 생각해 보자. 두 번째 해석에 근거한 사고에서는 우리 중 극소수만이 그 반지를 악용하고픈 유혹에 견뎌낼 수 있는 것처럼, 소수의 인민만이 권력을 남용할 기회를 참을 수 있다고 본다. 권력을 지닌 사람이 부패하지 않을 수도 있지만, 부패가능성은 항상 존재한다는 것이다.

나는 실제로 부패할 것이라는 가정보다는 부패가능성이 있다고 보는 가정에서 더 큰 호소력을 발견한다. 나는 또한 부패가능성이 있다고 보는 가정이 공화주의 전통 내에서 일반적으로 받아들여지는 관점에 대한 보다 그럴듯한 해석이라고 생각한다. 그러나 그러한 고려들을 차치하고라도, 이러한 가정에 근거해서 기술된 과제에 접근하는 것을 선호할 만한 적절한 방법론적 이유가 있다. 만약 우리가 권력을 지닌 사람들이 모두 부패하지 않는다는 최선의 사례에 근거한 가정을 가지고 제도들을 설계한다면, 그러한 제도가 해악을 마주했을 때 잘 작동하지 않을 수 있다는 점은 모든 면에서 당연하다. 〔반대로〕 만약 우리가 사람들은 모두 부패하는 최악의 사례에 근거한 가정을 가지고 제도들을 설계한다면, 그러한 제도들은 덕성을 대면했을 때 잘 작동하지 않을 수 있다는 점도 마찬가지로 사실이다. 우리가 뒤에서 보게 되겠지만, 예를 들어 제도들은 부패하지 않은 사람들을 적극적으로 부패시키는 역할을 할 수도 있다! 그러나 만약 우리가 권력을 지닌 사람들은 타락할 수 있다는 중간 정도 사례의 가정에 근거해서 제도들을 설계한다면, 우리는 실제로 부패하지 않은 행위자들과, 두 번째 방어선으로 부패한 행위자들 모두를 대상으로 잘 작동하는 제도를 고안해야 할 것이다. 두 가지 경우 모두를 포괄하는 것은 일정한 합리성을 지닌다고 보는 게 적절하고, 그래서 나는 중간사례에 근거한 가정에 바탕해 검토할 것을 제안한다.

권력을 지닌 사람들이 부패할 수 있다고 가정한다면, 우리는 공화주의적 체제가 안정성 또는 복원력을 지니고 있음을 보증하기 위해 무엇을 할 수 있는가? 교육, 사회화, 전문화와 같은 것에 의지할 수 있는가? 다음 장에서 논의할 시민적 덕성의 효과에 맡길 수 있을까? 내가 다음 장에서 주장하는 것처럼, 그러한 효과들이 없다면 성과 또한 얻을 수 없을 것이다. 그러나 누구도 그러한 효과들이 부패가능성으로부터 그들 자신을 지켜내기에 충분하다고 진지하게 믿지는 않을 것이다. 최상의 성향을 지닌 시민들이 존재하는 잘 정돈된 사회에서조차 누구도 기게스의 반지의 유혹을 이겨내지 못하는 것처럼, 이 사회는 제한되지 않는 권력의 유혹을 견뎌내지 못한다. 그래서 덕성 차원에서 모든 것이 좋다고 하더라도, 여전히 부패를 방지하는 데 있어 해야 할 많은 일이 있다. 매디슨은《연방주의 교서》10번에서 파벌에 가입하고 사회 전체의 이익보다 파벌의 이익을 우선시하는 데서 생겨나는 부패의 형태에 대해 논의하면서 다음과 같이 강조하고 있다. "우리는 파벌의 원인들은 결코 제거될 수 없으며, 파벌의 효과를 통제할 수 있는 수단들 속에서만 안도할 수 있다는 추론을 하게 된다"(Madison et al., 1987: 123).

덕성의 중요성에 대한 주장이 아무리 많이 있더라도, 공화주의 전통은 항상 이러한 결론을 받아들였다. 공화주의 전통은 단지 법과 민주주의의 공화주의적 패턴을 위해서가 아니라, 그것들이 요구되었을 때 견제와 균형을 갖춘 정체를 위해 그러한 필요성을 수용했던 것이다. 공화파인 트렌차드는 행정장관들이나 통치자들에 대한 억제에 대해 논의하면서 훌륭하게 핵심을 짚고 있다.

> 행정장관에게 견제가 주어질 때에만 인민들은 자유롭게 되며, 그러한 견제〔수단〕이 없을 때 인민들은 노예〔상태〕가 된다. 행정장관들이 인민이 그들에게 맞춰놓은 특정한 경계선 내에 제한되고, 인민

이 규정한 규칙들에 따라 행동하는 곳에서만 그들은 자유롭다. 그들의 행정관들이 그들 자신의 규칙들을 선택하고 자신들의 욕망과 기질을 따르는 곳에서, 인민들은 노예가 된다(In Reid, 1988: 48).

2. 규제의 자원들 : 제재와 선별

권력을 지닌 사람들의 부패가능성을 견뎌내기 위해 공화주의적 제도들을 강화하는 방법을 고려할 때 우리가 이용할 수 있는 장치들에는 어떤 것이 있는가? 우리가 부패가능성에 대한 내구성과 같은 약간의 일반적 효과를 증진시키도록 제도들을 고안할 때 적용할 수 있는 통제방식에는 대체로 두 가지가 있다. 나는 이에 대해 하나는 제재로서의 통제, 다른 하나는 선별로서의 통제로 설정한다(Brennan and Pettit, 1993; Pettit, 1996b).

통제의 가장 분명한 도구들은 제재(制裁)이다. 제재는 그것이 부과되지 않았을 경우보다 일정한 선택지들을 보다 매력적으로 또는 덜 매력적으로 만듦으로써 행위자 앞에 놓인 선택지들의 세트에 영향을 주며, 관련된 유인들에 효력을 미친다. 제재는 처벌이나 보상을 통해 소극적 또는 적극적인 형태들로 작용한다. 소극적 제재는 적절하게 선택하지 못한 행위자에게 벌을 줄 것이며, 적극적 제재는 적절한 선택을 한 행위자에게 보상을 줄 것이다. 물론, 제재가 이기심에 기반하고 있다는 점은 거의 확실하다. 그래서 벌을 받거나 보상을 받는 사람은 다른 누군가 — 그들이 돌보는 누군가조차도 — 가 아닌 그 사람 자신이다. 나는 어떠한 다른 종류의 제재는 비지배의 대의(大義)에 금기(禁忌)가 될 것이라는 한에서, 이러한 가정에 동의할 것이다.

우리가 어떠한 행위형태에 제재를 부가하거나 강화할 때, 두 가지 사실 중 하나 또는 모두가 연관될 수 있다. 우리는 그러한 행위에 대한 실제적인 처벌 또는 보상을 증가시킬 수 있다. 아니면 행동을 간파하거나 그에 따른 적절한 처벌이나 보상이 수행되도록 만드는 조치를 취할 수도 있다. 이러한 방안의 각각에서 행위에 대한 예상된 처벌이나 보상은 증가한다. 어떤 경우는 적발가능성의 높아짐이 없이, 예상된 처벌이나 보상이 실제 제재의 증가에 의해서 커진다. 또 다른 경우 실제 제재의 증가 없이 예상된 처벌이나 보상이 적발가능성의 증가에 의해 커진다. 우리의 의식에서 제재들은 일반적으로 그러한 제재들이 영향을 미치는 당사자들에 의해 인지되며, 그러한 당사자들의 숙고 속에서 내면화될 것이다. 즉, 당사자들은 제재에 의해 수행되는 사항들을 선택이 가져오는 보상이나 피하려는 처벌을 고려하면서 선택해야 하는 것이다. 그러나 제재들은 이런 식으로 〔행위의〕 근거들을 특징짓지 않고도, 심지어 그러한 제재들이 영향을 미치는 행위자들의 의식 속으로 들어가지 않고도 작동할 수 있다. 어떤 상황에서 행위자들은 이미 특정한 선택지를 선택할 충분한 근거들—아마 덕성이라는 근거들—을 가지고 있으며, 제재는 그러한 선택지를 지지하기 위해서—어떠한 수단에 의해서든—도입된다고 가정해 보자. 해당 행위자들이 제재를 인식하지 못한다 할지라도, 그러한 제재는 여전히 그것이 부과되지 않았을 경우보다 그러한 선택지에 대한 선택을 보다 확실하게 만드는 작용을 할 수 있다. 그러한 제재는 행위자들에게 그러한 선택지를 바꿀 실제적인 근거가 있었다면, 그래서 행위자들이 다르게 선택하기 시작했다면, 행위자들은 대개 기정사실화된 보상과 겪어야 했을 처벌을 알게 되었을 것이고, 자신의 원래 선택으로 되돌아갔을 것이라는 사실을 의미한다. 그래서 제재는 행위자가 숙고하는 과정에서 〔이를〕 분명하게 파악하지 못해도 특정한 선택지의 선택을 보다 확실하게 만드는 작용을 할 수 있다. 그러한 제재들이 그러한 선택을 가져오는 데 도움이 되지 못한다 할지라도, 특정한 행위의 형태를 강화하는 역할을 할 수도 있는 것이다.

제재라는 개념은 우리 모두의 사회생활에서 친숙하다. 그러나 그렇게 흔히 인지되지는 않지만, 제도를 고안하는 과정에서 이용할 수 있는 통제의 두 번째 종류가 있다. 이것은 여과장치(*filter*) 또는 선별장치(*screen*)이다. 제재는 행위자와 선택지를 주어진 것으로 간주하고, 그러한 행위자들을 대상으로 선택지들의 상대적 호감도(*desirability*)를 변화시킴으로써 — 선택의 유인들에 작용함으로써 — 선택에 영향을 주려고 한다. 반면에 선별은 행위자들 또는 선택지들의 세트에 영향을 미친다. 선별은 어떤 행위자들에게 특정한 선택들을 할 수 있게 되고, 다른 행위자들은 허용하지 않음을 보장하는 것을 뜻한다. 그렇지 않으면, 특정한 선택들에서 어떠한 선택지들은 이용가능하지만, 다른 선택지들은 이용할 수 없는 것을 말한다. 바꿔 말하면, 선별은 유인들보다는 기회에 영향을 미치도록 고안된다.

제재가 처벌이나 보상을 제공함으로써 소극적일 수도 적극적일 수도 있는 것처럼, 선별도 소극적인 것과 적극적인 것이 있을 수 있다. 선별은 특정한 행위자들이나 선택지들을 배제할 수도 있으며, 아니면 놀랍게도 새로운 행위자들이나 선택지들을 포함시킬 수 있다. 즉, 선별은 이전에 포함되지 않은 개인들에게 전에 갖지 못한 행위의 기회를 제공함으로써 능력을 부여할 수도 있으며, 관련된 상황에 이미 연관된 개인에게는 그들 앞에 놓인 대안의 리스트에 새로운 선택지를 추가함으로써 능력을 부여할 수 있다.

이상적인 제도 디자인하에서, 개인들에게 작용하는 선별들은 특정한 업무에 보다 사회적으로 존중되는 방식으로 행동할 것 같은 — 어쩌면 본래적으로 그럴 수도 있고, 특정한 제재가 있는 상황에서 그럴 수도 있는 — 개인들을 보충하는 효과를 가질 것이다. 관직의 적격성에 대한 억제와 필요(*desideratum*)뿐만 아니라 임명, 검토, 조사과정들은 이용가능한 종류의 선별의 좋은 예가 된다. 예를 들어, 위원회가 내린 결과에 개인적인 이익 — 친구나 적의 이익 — 을 갖고 있지 않음을 보증하기 위해 위원들이 조사받는 절차를 생각해 볼 수 있다.

아니면 위원회의 구성원에 특정한 집단들의 대표들을 포함하도록 하는 요건을 둘 수도 있고, 위원회의 회원자격을 일정하게 독립적인 권위〔를 지닌 기관〕의 승인을 거쳐 인정하거나, 이해관계를 지닌 당사자들의 청원대상이 되도록 하는 요건을 생각해볼 수도 있다. 모든 이러한 조치들은 분명한 선별장치들을 대표한다.

그러나 선별은 이용가능한 대안의 목록에 일정한 선택지들을 더하거나 제거함으로써 행위자들뿐만 아니라 선택지들 그 자체에 작용하도록 이용될 수도 있다. 우리는 공중의 구성원이 불만을 토로하거나 권리를 요구할 수 있도록 할 때, 어떠한 관리에게 자신의 상관을 조사하는 사건을 맡길 때, 의회에서 어떠한 이슈를 복수정당을 포함하는 위원회나 공식적 조사에 맡길 때, 관련된 대안의 목록에 어떠한 선택지를 더하게 된다. 〔반면〕 선택에 사실상 접근하기 어렵도록 법적, 제도적 또는 물리적 조치를 취할 때는 관련된 대안의 목록에서 어떠한 선택지를 제거하는 경우가 된다.

이용가능한 대안의 목록에서 어떠한 선택지를 제거하는 것은 실제로는 제재와 구별되지 않을 것이다. 그것은 일반적으로 그러한 선택을 꾀하는 것을 처벌하거나, 처벌가능성이 증가하도록 감시를 늘리는 것을 의미할 것이다. 그리고 어느 쪽이든 검토중인 선택에 대한 예상된 처벌을 증가시키는 것을 의미할 것이다. 예외적인 경우에, 물리적 또는 제도적인 장애에 의해 어떠한 선택지가 배제될 수 있다는 것은 사실이다. 그러나 절대적 장애물이란 거의 드물고 — 대부분 단지 비용을, 그래서 처벌을 증가시킨다 —, 이러한 의미에서 어떠한 선택지를 배제하는 것은 그것을 제재하는 것과 구별되지 않게 된다. 그래서 우리의 목적을 고려하여 나는 선택지를 제거하는 조치들을 제재의 범주에 포함시킬 것이다. 그리고 다음 부분에서 내가 선택지-선별을 언급할 때는 오직 선택지들에서 선별하는 조치들만을 염두에 두려고 한다.

3. 일탈자 중심의 규제에 반대하며

제재와 선별이 제도 디자인 과정에서 이용할 수 있는 도구들을 대표한다고 한다면, 문제는 우리가 당국자들의 부패가능성을 막고 비지배 자유를 증진시킴에 있어 그것들을 어떻게 적용해야 하는가 하는 것이다. 규제와 안정화에는 두 가지 개략적인 전략들이 있다. 하나는 통제가 없을 때 바로 일탈하게 될 사람에 주로 초점을 두는 전략이고, 다른 하나는 처음에는 순응하려고 할, 다시 말해 부패할 수는 있지만 부패로 시작하지는 않는 사람들에게 초점을 두는 전략이다. 나는 그러한 전략 각각을 제도 디자인의 '일탈자 중심의 전략'과 '순응자 중심의 전략'이라고 부르고 있다. 여기에서 나는 상당히 추상적인 수준에서 첫 번째 전략에 반대하는 주장을 펼칠 것이다. 그리고 다음 절에서 두 번째 전략을 지지하는 근거를 제시할 것이며, 이 장의 마지막 절에서는 어떤 전략이 공화국의 삶으로 귀결될 것인지를 보여줄 것이다.

일탈자 중심의 전략은 만약 이기적 또는 당파적 이익 때문에 사람들—어쨌든, 일부 사람들—이 순응하지 않는다면, 순응이 그러한 일탈자들의 이기적 선택이 되도록 만드는 제도적 간섭들을 고안해야 한다는 사고에서 시작한다. 순응했을 때 이익이 되도록 보수(*pay-offs*)를 제공함으로써 사람들이 순응하게 하는 동기를 증가시켜야 한다는 것이다. 만약 일탈로 얻을 수 있다고 예상되는 사익이 X이고, 순응으로 얻을 수 있다고 예상되는 사익이 그보다 적다면, 적어도 어느 정도는 〔이러한〕 불균형을 바로잡게 해주는 제재들을 도입해야 한다. 〔그래서〕 제도 디자인은 점점 더 많은 잠재적 일탈자들이 바람직한 궤도에 있을 수 있게 그러한 동기요인을 적소에 위치시키는 목적을 가지고 수행되어져야 한다.

일탈자 중심의 전략을 이행하는 이상적 방법은, 만약 존재한다면 각각의 개인들을 위해 필요하고, 그러한 개인들이 제자리를 지키는 것을 보장하는 동기요인을 규명하는 것이 될 것이다. 그러나 그러한 주문자 중심적(*custom-built*) 접근은 우리가 사는 세계에서는 실현가능하지 않으며, 다양한 개인들이 존재하는 것만큼 다양한 제재들을 가질 수도 없다. 그렇다면 우리가 이 전략을 지속할 수 있는 방법은 무엇인가? 분명한 답은, 완전히 이기적인 개인을 고려해야 하고 적어도 만약 그러한 개인의 일탈이 유죄로 입증된다면, 그들로 하여금 자신이 했던 행동을 후회하도록 할 수 있을 정도의, 그리고 그러한 성격을 지닌 제재가 있을 것이라는 사실을 보증하는 제재들이 적소에 있어야 한다는 것이다. 나는 우리가 '적어도' 이를 보증해야만 한다는 사실을 반복하려고 한다. 왜냐하면 그러한 개인들을 제지하려는—일탈자들이 체포되고 죄가 입증될 것인지의 여부가 불확실한 상황에서 그들을 제지하려는—목적은 훨씬 더 무거운 제재들을 요구할 수도 있기 때문이다.

그렇다면 일탈자 중심의 전략의 일반적 사고는 모두에게 동기가 충분하다는 사실을 확인하기 위해 대부분의 사람들이 필요한 것보다 많은 동기를 제공하는 것이다. 그러한 접근은 억제되는 사람들 모두를 단지 부패할 수 있는 사람이 아니라 실제로 부패한 사람으로 간주하는 것이다. 〔하지만〕 사실 그들은 실제로 부패한 이들은 아닐 것이다. 공화주의 전통에서 해석되어 온 것처럼, 공화주의 전통은 이 점에 대해서는 적절해 보인다. 그러한 최악의 사례가 우연적으로 일어나는 것을 방지하는 것은 좋은 정책이다(Brennan and Buchanan, 1981). 그러한 전략의 옹호자들은 최상의 헌법은 "대부분의 사람들이 악당으로 입증된다 하더라도 흔들림 없는" 것이라고 본 맨더빌(1731:

332)과 자신들의 입장을 자연스럽게 일치시킨다.

일탈자 중심의 전략이 한쪽 날개에만 의존한다면 매력적이지 않다. 이 전략은 전적으로 제재에만 의존하며, 선별이 갖는 중요한 역할에는 관심을 기울이지 않는다. 또한 체제를 운영하는 사람들에게 중요한 제재권력이 주어지고, 이들이 〔자신에 대한〕 위협을 불가피하게 스스로 대표할 필요가 있다면 매력적이지 않다. 수호자는 누가 감시할 것인가(*Quis custodiet custodes*)? 그러나 이러한 문제들을 별도로 하더라도, 이 전략은 어떻게 규제가 종종 역효과를 낳을 수 있는지에 관해 최근의 관찰에서 두드러지게 나타나는 다양한 걱정거리를 낳고 있다.

이러한 관찰들은, 일부 지지자들이 시인하는 것처럼, 이 전략이 수용하는 것처럼 사람들이 일탈자나 악한이 아니라는 가정에서 출발한다. 일련의 흔한 상황 속에서 우리에게 중요한 — 또는 우리가 중요하게 여기는 — 고려사항들을 살펴보도록 하자. 우리는 분명 타인과의 관계 속에서 그들의 장점과 매력에 대한 고려, 우리에게 기대되는 것과 페어플레이 또는 우정이 요구하는 것에 대한 고려, 우리가 함께 성취할 수 있는 선(善)이나 공유하는 과거에 대한 직접적 고려, 그리고 그 외에 복잡하고 다양한 신중한 주제들에 대한 고려에 의해서 추동된다. 우리가 단지 어느 정도의 공공의식을 발현하는 방향으로만 움직이는 것은 아니다. 우리는 서로가 이기심의 유혹을 뛰어넘거나 때에 따라서는 이를 꺾어버릴 수 있다는 주장을 다함께 지지할 것이라는 점 — 이로써 공통의 믿음을 형성하는 것이다 — 을 믿는다. 우리가 서로에게 호의를 요구하거나, 다른 사람이 과거의 약속에 충실할 것이라는 기대 속에서 함께 무언가를 시작하거나, 다른 사람이 상황을 다소 중립적으로 표현해 줄 것이라는 신뢰를 가지고 그에게 조언을 구하는 데 있어 거리낌이 없는 이유도 이 때문이다.

만약 우리 자신 그리고 다른 사람과의 관계 속에서 유지하는 이러한 이미지가 매우 오도된 것이었다면 이는 기적이었을 것이다. 다양한 맥락들에서 우리는 분명 보다 자기본위적인 고려들을 충족시킨다. 시장이 분명한 사례이다. 그리고 어떤 맥락 속에서 우리는 스스로를 추켜세우면서 이러한 자기본위적 행위를 감추려 한다. 그러나 만약 우리가 우리 자신과 동료들의 공통된 이미지 속에서 나타나는, 앞서 언급한 것과 같은 공공의식에 의해 좋은 방향으로 움직이지 않는다면, 이것은 기적과 같은 일이다.

특히 그러한 고려들이 공적인 권위를 지닌 영역에서 아무런 영향력을 가지지 않는다면 그건 기적일 것이다. 사람들이 투표하러 가고 입법부 또는 행정부에 출마하며 법원이나 관료로 복직할 때, 문화적으로 형성된 일정 정도 공공의식에 기초한 고려들에 대한 민감성이 갑자기 사라질 것이라고 생각할 이유가 없기 때문이다. 반대로 공적인 행위에 있어 두드러진 기풍의 존재는 부패가 발생한다 할지라도, 그것이 최초의 당연한 의지〔수단〕이 되지 않을 것임을 보증할 것이다.

〔사람들을〕 악하다고 간주하는 전략의 옹호자 중 한 명인 데이비드 흄은 정치란 이와 다르게 실제로 사람들은 이 영역에서는 일반적으로 부패해있다고 시사한다. 그는 〔다른 사람들에게〕 정직하지 못한 사람으로 여겨질 수 있다는 두려움이 정직하게 만든다고 말하면서, 사람들이 개인적 관계에서 필연적으로 악한이 되는 것은 아니라는 점을 인정한다. 그러나 정치〔영역〕에서 사람들은 항상 자신과 이익을 공유하는 파벌과 협력할 수 있고, 그러한 집단 내에서 명예에 대한 욕구를 만족시킬 수 있다고 주장한다. “명예는 인간에 대한 훌륭한 견제〔수단〕이다. 그러나 상당한 수의 인간이 함께 행동하는 곳에서, 이러한 견제는 꽤 사라진다. 왜냐하면 인간은 공통의 이익을 증진시킴에 있어 자신이 속한 파벌의 인정을 확실히 받기를 원하기 때문이다. 그

리고 그는 곧 그들의 적대자들의 외침을 무시하는 것을 배우기 때문이다"(Hume, 1994: 24). 이것이 그의 결과적인 주장이기는 하지만, 그 역시 사람들이 많은 공적인 역할에서 공공의식을 발휘할 수도 있음은 인정하고 있다. 사람들이 사익을 도모하는 파벌의 사람들과 협력하고, 그 집단 외부에서 받을 수 있는 불명예를 무시할 수 있는 것은 오직 일부 역할들—예를 들면, 입법권을 지닌 역할들—에 한정되기 때문이다.

그렇다면 권력을 지닌 사람들의 부패가능성과 상관없이, 그들이 항상 실제로 부패하는 것은 아니라고 가정해 보자. 그들은 공공의식을 가지고 생각하고 이에 바탕해 자신들의 결정을 내리는, 자연스럽고 문화적으로 뒷받침되는 경향성을 지니고 있다. 이러한 가정은 일탈자 중심의 제재들이 실제로 부패한 일탈자들이 아니라, 자신의 행동을 제어하는 공적인 규범이 무엇이든 이에 순응하려고 하는 독립적 성향을 지닌 사람들에게 미칠 법한 효과에 대해 생각하게 한다. 다양한 부정적 효과들이 존재한다는 사실이 드러나고 있으며, 이는 우리가 일탈자 중심의 전략이 많은 선을 또는 실제로 어떠한 선을 행할 수 있는지에 대해 의심할 근거가 된다. 그러한 부정적 효과들은 일탈자 중심의 전략이 역효과를 초래할 수 있음을 보여준다. 선천적 일탈자들〔권력을 지니면 실제로 부패하는 행위자들〕을 대상으로 그러한 전략이 얼마나 성공적이든 간에, 그것은 선천적 순응자들〔권력을 지녀도 공적 규범에 순응하려고 하는 행위자들〕이 우리가 기대할 수 있었던 것보다 나쁜 일을 저지르게 만들 수도 있는 것이다.

악한을 염두에 두고 고안된 일탈자 중심의 제재들이 갖는 문제는 그러한 제재를 적용하는 모든 행위자들에게 동기와 헌신에 대한 노골적인 이미지를 전달할 수 있다는 점이다. 선천적 순응자에게 일탈자 중심의 제재들은 철저한 모욕으로 여겨질 수도 있다. 일탈자 중심의 제재들은 처벌이나 보상에 유일하게 가능한 근거가 그것이 적용되는 사람들이 악한이라는 융통성 없는 가정일 수 있다. 그리고 그러한 제재들은 우리가 말할 수 있는 것처럼, 사람들이 악한의 경향을 갖도록 만드는 속성이나 수준을 지닐 수 있다. 이처럼 악한의 경향성〔을 가정하는〕 제재들을 부가하는 것은 선천적 순응자를 소외시키고 타락시킬 수 있으며, 그들을 화나게 하거나 그들이 적대적이고 방어적인 사고방식을 갖도록 부추길 수 있다. 악한들을 통제하는 과정에서 어떠한 제재가 사용되든 간에, 긍정적 효과는 〔그것이〕 성향상 악한이 아닌 사람들의 순응에 미치는 부정적 효과로 상쇄될 것으로 보인다. 노동자들의 사무실 출퇴근 시간을 기록하는 것은 일하기 싫어하는 사람들이 근무시간 동안 〔사무실에〕 있도록 할 수 있을지는 몰라도, 본래 선천적으로 근면한 사람들의 헌신을 훼손할 수도 있다.

물론 특정한 경우엔 이런 문제를 피할 수도 있다. 법의 지배하에서 가혹한 입법을 통과시킨 법제정자들에게 따라붙는 처벌을 생각해 보자. 〔이 경우〕 제재는 입법자들 자신이 〔자신들이 만든〕 법의 가혹한 효과를 겪어야 할 것이다. 이러한 제재는 입법자에 대한 악한의 이미지 — 악한의 경향을 가정하는 것도 아니다 — 를 전달하지 않는다. 왜냐하면 그러한 제재는 입법에 대한 다른 요건들의 부산물이므로 〔행위자에 대한 가정이 없이도〕 중립적으로 유발될 수 있기 때문이다. 〔다른 예로〕 위험한 무기를 소지하고 있는지 확인하기 위해 의사당 쪽으로 들어가는 모든 사람들을 검사하는 것과 관련한 제재의 증가를 생각해 보자. 그러한 제재는 악한의 경향성을 가정한 처벌이 아니다. 처벌이 지닌 악한의 경향성의 증가를 대표하지도 않는다. 왜냐하면 극단적인 우발성을 방지하는 데 필요하고, 입법자와 다른 사람들을 차별하지 않으며, 다른 사례에서처럼 입법자를 악한으로 가정하는 것과 상관없이 유발되기 때문이다. 그러나 일탈자 중심의 전략하에서 고안된 제재들이 일반적으로 이러한 근거에서 악한의 경향성을 피할 수 있을 것으로 보이지는 않는다. 싫든 좋든, 그러한 전략이 지지하는 많은 수의 제재들은 선천적 순응자들에게 그다지 호소력이 없게 보이는, 규제받는 사람들에 대한 이미지를 제공할 것이다.

제재가 악한의 경향성을 가정할 때, 그러한 제재들이 규제받는 사람들에게 노골적이거나 모욕적일 때, 그것들은 우리가 기사(*knights*)—표현이 너무 성차별적이지 않다면—로 생각할 수도 있을 사람들의 순응에 부정적 영향을 미칠 수도 있다(Le Grand, 1996). 그러한 부정적 효과는 직관적으로 그럴듯할 뿐만 아니라 규제에 대한 경험적 문헌에서 실증되는 바이기도 하다(Ayres and Braithwaite, 1992; Bardach and Kagan, 1982; Brehm and Brehm, 1981; Sunstein, 1990a: 3장; Sunstein, 1990b; Grabosky, 1995; Brennan, 1996을 참조). 이들 문헌으로 상세히 들어갈 것 없이, 약간의 잘 정리된 견본들을 열거해 보는 것이 유용할 수도 있다.

언급할 만한 가치가 있는 특별히 두드러진 효과들에는 여섯 가지가 있다. 그러한 효과들은 직관적으로 그럴듯하기 때문에 별다른 설명을 요하지 않는다.

(1) 덕을 숨김

많은 순응자들은 순응으로 얻을 수 있는 〔타인의 호의적〕 평가와 신뢰를 통해 〔행위의〕 동기를 부여받는 것으로 보인다—보다 자세한 이야기는 뒤에서 하도록 하겠다. 그러나 보상이나 처벌이 너무 악한의 경향성을 강조하는 경우 그러한 동기를 훼손시킬 수도 있다. 악한의 경향성을 강조하게 되면, 사람들이 자신들의 순응을 덕스러운 것이 아니라 악랄하게 빈틈없는 것으로 보여지리라 예상할 수 있기 때문이다.

(2) 꼬리표 붙이기

적어도 사람들에 대한 낙인을 찍을 때, 꼬리표 붙이기는 사람들이 꼬리표에 따라 행동하도록 만드는 데 효과적이다. 그리고 무차별한 방식으로 악한의 경향성에 근거한 제재들을 도입하는 것은 모든 관련된 당사자들—선천적 순응자를 포함해서—을 잠재적 일탈자들로 꼬리표 붙이는 효과를 가질 수 있다.

(3) 제재 의존성

순응자들이 악한의 경향성에 기반한 제재들의 존재에 계속해서 순응한다 할지라도, 그들의 순응은 제재에 의존적인 것이 될 수 있으며, 적절한 유혹이 생기면 그들이 일탈할 가능성은 보다 커질 수 있다.

(4) 도 전

순응자들은 자신들이 감시가 필요한 이로 간주하는 제재에 직면했을 때 스스로 소외되어 있고, 저평가되고 있으며, 분개해 있고, 심지어 도전적이라고 느낄 수도 있다. 그리고 그러한 감정은 순응하는 동기를 매우 감소시킬 것으로 보인다.

(5) 결속의 강화

악한의 경향성에 기반한 제재들, 특히 처벌들을 도입하는 것은 그것의 영향을 받는 사람들끼리 결속을 발전시키게 할 수도 있다. 그래서 그들은 서로에 대해 호각을 불지 않으려 하거나, 위협이 있을 때 누군가를 둘러싸고 결속을 강화한다. 그리고 다른 개인이나 집단에 책임을 전가하는 습관을 발전시킨다.

(6) 역선택

보상이든 처벌이든, 악한의 경향성에 기반한 제재들이 두드러진다는 것은 자발적인 순응자들이 더 이상 공직에 매료되지 않는다는 것을 의미할 수 있다. 관직에 끌린 사람은 그러한 제재들 앞에서도 자신들의 동기가 손상되지 않을 사람일 수 있다(Brennan, 1996).

4. 순응자 중심의 규제를 위해

일탈자 중심의 전략은 악한, 즉 주위에서 가장 적극적으로 부패한 사람을 다루어야 할 필요성에 기반해서 추진된다. 〔이에 반해〕 순응자 중심의 전략은, 적절한 곳에서 주로 공공의식을 가지고 행동하는 보다 일반적인 부류의 개인들을 다루어야 할 필요성에 근거해 추진된다. 중요한 것은 제도 디자인이 우선 이러한 부류의 사람들의 긍정적 성향들 위에 무엇인가를 더하는 것을 고려하고 그 다음 적극적으로 부패한 사람들에 대한 대처를 고려해야 한다는 것이다. 순응하는 성향을 안정화시키는 수단들을 고려하면서 강한 부분을 우선 구축한 후 약한 부분들을 어떻게 보충할 것인지 — 선천적으로 순응적이지 않은 사람들이 일으키는 문제에 대비할 것인지 — 에 대해서는 나중에 주의를 기울여야 한다는 것이다.

나는 세 가지 원칙들 속에서 순응자 중심의 전략을 제시할 것이다(이하 Pettit, 1996b). 첫 번째는 선별의 가능성들이 제재라는 선택을 고려하기 전에 탐구되어야 한다는 것이고, 두 번째는 도입된 제재장치들이 공공의식에 기반한 고려를 지지해야 하며, 세 번째는 제재장치들은 동기의 측면에서도 효과적이어야 한다는 것이다.

1) 첫 번째 원칙 : 제재에 앞선 선별

첫 번째 원칙은 제도 디자인 과정에서 우리가 제재의 전망을 조사하기 전에 선별의 가능성에 주의를 기울여야 한다는 것이다. 만약 일정한 제도 디자인 속에서 관련된 행위자들의 모집단이 선별될 수 있어서, 그 속에 보이는 사람들이 대체로 드러내놓고 일정 정도 오로지 사익에 의해 움직이는 것이 아니라면—그들은 일정 정도 공공심을 가지고 자신들이 내려야 하는 당면한 선택에서 맥락적으로 타당한 선택들을 숙고하는 경향이 있다—, 악한의 경향성을 가정하는 제재들에 의거하지 않고도 희망하는 순응의 정도를 보장하는 것이 가능할 수도 있다. 또한 만약 적절하고 새로운 선택지들이 이용가능한 대안의 목록에 추가될 수 있다면, 제재하는 간섭 없이도 사람들이 적절하게 행동하도록 유도할 수도 있다. 물론 선별기회들이 항상 이용가능하지는 않을 것이며, 이용가능하다고 해도 비용이 너무 커서 실제로는 실현가능하지 않을 수도 있다. 그러나 만약 그러한 선별이 이용가능하고, 실제로 실현가능하다면, 제도 고안자들은 첫 번째 원칙을 이용하려고 노력해야 한다.

보다 일반적으로 인식되는 선별장치는 주어진 설정 내에서 관련행위자들의 일부를 제외시키는 행위자 중심적 선별이다. 배심원단의 구성원들을 조사하는 절차가 그 좋은 예인데, 이러한 절차는 피고의 친구나 적, 그리고 피고에 대해 편애나 편견을 지닌 사람들은 누구도 〔배심원〕 집단에 포함되지 않음을 보증하기 위한 것이다. 만약 우리가 이처럼 선별된 사람들의 집단을 대하고 있다면, 우리는 그들이 의심의 여지없이, 증거가 유죄를 성립시키는지에 대해 합리적이고 양심적으로 판단해야 하는 규범을 따를 것이라고 기대할 수 있다. 만약 선별이 없다면, 모든 종류의 위험이 드러나게 되고, 엄중한 제재형태—위에서 논의한 모든 부수적인 어려움을 지닌—만이 배심원들이 규칙을 따를 것이라는 기대를 우리에게 허락할 것이다.

그러나 선별의 가능성에는 제외시키는 것뿐만 아니라 사람을 포함시키는 것도 있다. 우리가 다음과 같이 기대한다고 가정해 보자. 배심원들은 일반적으로 사익을 억누른 발언권을 가지고 양심적으로 숙고한다는 가치에 따라 행동하며, 그렇지 않을 경우 보다 대범한 입장에서 접근하는 다른 사람들이 제기하는 반대의견에 직면하게 되고, 이를 통해 제재를 받게 된다는 것이다(Pettit, 1993a: ch. 5; Brennan and Pettit, 1993). 이 사례에서 우리는 결과에 특수이익을 지닌 사람들을 제외시키기 위해서만 선별을 행하지는 않을 것이다. 우리는 또한 배심원들을 다양하게 구성해서, 동의를 얻어내는 것은 반대의견과 실질적인 양심을 끌어내는 상당히 대범한 태도임을 보장하려고 할 것이다. 그리고 부적절한 사람들을 제외시키는 것뿐만 아니라 적합한 배심원들을 포함시키려고 노력할 것이다. 만약 배심원 집단이 유사한 배경을 지니고 있고, 피고에 관한 특정한 판단이 일반적으로 그러한 배경을 지닌 사람에게서 예상된다면, 양심에 따르기보다는 예상에 순응하면서 얻어진 동의가 많아질 수도 있는 것이다.

행위자를 제외하거나 포함시키려고 노력하는 것 외에도, 선택지들에 선별을 부과할 수도 있다. 특히 우리는 특정한 선택지들을 포함시키려고 할 수도 있다. 우리가 살펴봤던 것처럼, 선택지들을 배제하는 것은 일정한 제재를 부과하는 것과 어느 정도 유사하기 때문이다. 사람들이 특정한 채널을 통해 불만을 표현할 수 있는 권리를 누리거나 혹은, 특정한 상황에서 관리들에게 상관의 잘못을 고발할 수 있는 기회를 부여하거나, 배심원들이 심의과정에서 생긴 문제에 대해 법률적 자문을 구할 수 있게 하거나, 의회가 특정한 이슈를 위원회에 회부할 수 있는 가능성을 확립하는 제도들을 생각해 보자. 이러한 제도들은 해당 행위자들 측면에서 선택지들을 포함시키는 장치들을 대표하며, 공직에 있는 사람들의 행위를 유도하는 데 있어 명백히 중요한 효과를 가질 수 있다. 행위자-선별처럼 선택지-선별은 악한의 경향성을 가정하는 제재들에 의지하는 것을 잘 피하게 해줄 수 있다. 일탈자 중심의 전략에 반대하는 일련의 논쟁이 있다고 할 때, 어떠한 제재가 필요한지 살피기 전에 모든 가능한 선별의 수단들을 조사하는 것은 가장 사소한 상식이 될 것으로 보인다.

선별우선 원칙은 그 자체로도 매력적이지만, 덕성을 지닌 사람 — "그 나라에서 가장 뛰어난 사람들"(Sidney, 1990: 558) — 이 명성을 얻게 되도록 헌법이 디자인되어야 한다는 공화주의 전통에서의 일반적 가정에도 잘 부합한다. 매디슨은 《연방주의 교서》 57번에서 이러한 원칙의 정신을 밝히고 있다.

> 모든 정치적 헌법의 목적은 우선적으로 그 사회의 공공선을 식별하는 최상의 지혜와, 이를 추구하는 최상의 덕성을 소유한 사람들을 통치자로 얻는 것이어야만 한다. 그리고 그 다음의 목적은 그들이 공적인 위임을 받은 동안 덕성을 유지할 수 있게 가장 효과적인 예방책들을 취하는 것이다(Madison et al., 1987: 343).

첫 번째 원칙은 모튼 화이트(Morton White)가 제도 디자인에 있어 매디슨의 지침이 되는 생각이라고 여긴 것, 즉 다양한 개인과 집단들의 다양한 동기를 주어진 것으로 여기고, 그 다음에 공공선을 가장 잘 고취하는 방식으로 〔그러한〕 동기에 기회를 배분해야 한다는 생각을 이행하고 있다(White, 1987).

2) 두 번째 원칙 : 순응자를 지지하는 방식의 제재

그러면 제도 디자인 과정에서 어떠한 제재를 취하는 간섭을 하기 전에 이니셔티브를 선별하는 데 주의해야 한다는 명제에 대해서는 충분히 얘기했다고 생각된다. 순응자 중심의 전략과 결부시키는 두 번째 원칙은 선별장치뿐만 아니라 특히 우리가 정부를 맡겨 온 선천적인 순응자들을 지지하는 제재장치를 찾아야 한다는 것이다. 매디슨의 말로 하면 이는 "그들이 공적인 위임을 받은 동안 덕성을 유지할 수 있게 가장 효과적인 예방책들"을 구성하는 장치들이다.

선별의 효과성을 고려한다면, 우리가 제도를 고안할 때 제재를 완전히 피하는 것도 가능하지 않겠는가? 하지만 적어도 두 가지 이유 때문에 〔이는〕 불가능하다. 첫째는, 권력을 지닌 사람들이 실제로 아무리 부패하지 않는다 해도, 권력을 지닌 사람은 누구나 부패할 수 있다는 가정 때문에, 처벌받지 않는 기게스의 반지를 지닌 것처럼 제재가 없이는 그들이 부패할 여지가 충분하다는 점이다. 둘째는, 제재가 없으면 공적인 것에 대한 일반적 확신과 부패하지 않은 관리 — 순응에 나쁜 영향을 미치는 — 의 청렴에 대한 확신이 줄어들 수 있다는 점이다.

그러므로 일정한 종류의 제재장치들이 필요하다면, 두 번째 명제는 그러한 제재장치들이 특성상 순응자를 지지하는 것이어야 한다고 주장한다. 우리는 앞 절에서 악한의 경향성을 가정하는 제재들은 이것이 없이 일정 정도 공공심에 기반한 고려들 — 순응을 유지하는 고려들로 가정할 수도 있다 — 에서 움직였을 행위자들의 일부를 사익 중심으로 행동하도록 촉진할 수 있으며, 그렇게 하는 것은 행위자들을 비순응의 방향으로 이끌게 됨을 살펴본 바 있다. 그러한 주장의 교훈은 제도 디자인 과정에서 파괴적 효과를 가질 수도 있는 악한의 경향성을 가정하는 보상과 처벌을 피하도록 노력해야 한다는 것이다.

처벌이나 보상이 자발적 순응을 강화하는 것을 보증하는 한 가지 방법은, 언급한 것처럼, 제재가 중립적으로 유발되도록 장치를 고안하는 것이다. 중립적으로 유발되는 제재들은 제재가 적용되는 행위자를 악한으로 가정하지 않고도 효과를 지닐 수 있으며, 그러한 제재의 부과가 행위자들에게 모욕적이거나 노골적이지도 않게 된다. 그래서 그러한 처벌과 보상이 보다 많은 덕성을 지닌 개인들이나 집단들의 자발적 순응에 부정적 영향을 미칠 것이라고 〔볼 수 있는〕 이유는 없다.

이러한 관찰은 우리로 하여금 순응자 중심의 규제전략을 발전시키는 데 주시해야 할 제재의 한 부류에 주목하게 한다. 그러나 우리가 그러한 전략을 추구하는 과정에서 살펴볼 수 있는 두 번째 보다 중요한 제재의 부류도 있다. 이것은 제재를 당하는 사람들에게 모욕적이거나 노골적이지 않으면서도, 제재의 성공적인 전개가 해당 행위자들을 긍정적으로 돋보이게 하는 제재들이다. 그것은 그러한 제재들이 최소한의 순응을 보장함에 있어 효과적일 때, 행위자들이 사악하기보다는 의협심 있고, 부패하기보다는 덕성이 있다는 가정을 투사하는 보상과 처벌이다. 그러한 제재는 중립적으로 유발될 수 있을 뿐만 아니라, 신뢰와 평가에 기반해서 유발된다. 그리고 만약 당신이 이를 선호한다면, 그러한 제재들은 낙관적으로 유발될 것이다.

이러한 제재들을 소개하는 최선의 방법은 직접 예를 보이는 것일 수도 있겠다. 다시 한 번 배심원단 — 또는 위원회 — 의 예를 들어보자. 거기서 순응적이고, 공공심에 기반한 행위의 패턴은 양심적 투표이며, 그 구성원들은 이것이 요구하는 것에 대해 알고 있다(Abramson, 1994). 해당 기구는 선별을 거쳐서, 누구도 결과에 특수이익을 지니고 있지 않으며, 위원회는 폭넓은 견해를 대표한다고 가정해 보자. 〔또한〕 위원회의 활동은 비밀로 유지되고 있고, 배심원들이 자신들의 안전에 두려움을 느낄 필요가 없음을 보증하기 위해 간섭과 위협을 막는 제재〔장치〕들을 세웠다고 가정하자. 이러한 조치들은 대부분의 위원회 구성원들이 자발적으로 자신 앞에 놓인 소송사건을 자신에게 적용시켜 보고, 양심적인 결정을 내리기 위해 애쓰도록 할 것이다. 즉, 사람들은 사익을 배제한 발언권을 행사하며 양심적 투표를 보증하는 공공의식에 기반한 심의를 보여줄 것이라고 시사하는 것이다.

어떤 종류의 제재가 이런 양식의 심의를 지지할 것인가? 의장이 구성원들에게 자신들의 투표의사를 밝히고, 이를 다른 사람에게 옹호하도록 요구하는 것은 다수의 배심원단, 그리고 대부분의 위원회가 지닌 관례이다. 구성원들이 자신〔의 견해〕를 옹호할 때, 그들은 자신의 호소가 특수적, 당파적 관점을 취하고 있지 않다는 말로 정당화해야 한다. 왜냐하면 위원회는 선별을 거쳤기 때문에 어떠한 특정 관점을 선호하도록 구성되어 있지 않기 때문이다. 구성원들이 자신이 어떻게 투표하고 싶어하는지에 대해 적절하게 정당화—다양한 관점들을 가로질러 설득력을 갖는 정당화—할 수 없다면, 그들은 나머지 사람들에게 체면을 잃게 되며, 어리석거나 편견을 지닌 사람으로 보일 것이다. 그래서 우리는 기술한 상황 속에 일탈의 의도를 지닌 사람—회의에 걸리는 시간을 견디지 못하는 사람이나 단정적으로 자신의 의사를 알리는 사람—이 규칙을 지키도록 도울 수 있는 제재〔장치〕가 작동하고 있음을 알 수 있다(Pettit, 1993a; Brennan and Pettit, 1993). 이런 방식을 통해 빗나가는 사람은 위원회의 다른 사람들의 〔호의적인〕 평가를 상실하게 될 것이다.

이러한 상황에서 작동하는 평가에 기반한 보상과 처벌은, 단지 중립적으로 유발되는 것과는 구별되는, 낙관적으로 유발되는 제재로 내가 기술한 것의 좋은 예가 된다. 그러나 그러한 보상과 처벌의 존재는 행위자들이 악한이라는 사실을 함축하지 않는다. 예를 들면, 양심을 지키는 것이 곧 아무런 실제이익을 가지고 있지 않음을 함축하지 않는다. 일련의 제재들이 행위자들이 악한이나 아니냐의 문제에 대해 중립을 유지하는 것도 아니다. 반대로, 그것이 순응을 보장하는 데 효과적인 한, 그것이 좋은 여론이라는 보상을 전달하는 한 또는 나쁜 여론이라는 처벌을 전달하지 못하는 한, 그러한 체제는 특성상 양심적 행위자라는 이미지를 투사하게 된다.

만약 행위자들이 실제로 덕성을 지닌 사람이 아니지만 덕성이 있는 것처럼 행동한다고 여겨진다면 — 예를 들어, 단지 평가를 받기 위해 덕성이 있는 것처럼 행동하고 있다고 여겨진다면 —, 누구도 그러한 보상을 완전히 얻을 수 없으며, 그러한 처벌을 완전히 피할 수도 없다. 그리고 누구도 덕성이 있고 양심적이라는 평가를 받지 못할 것이다. 행위가 고결한 동기 이외의 다른 것에 기원하는 한 — 예를 들면, 행위가 평가에 대한 열망에 기인하는 한 —, 그러한 행위는 보다 적은 평가를 얻게 된다. 엘스터(Elster, 1983: 66)는, 아마 약간 과장된 바는 있겠지만, "이 영역에서 일반적인 공리는 인상을 남기려고 계획된 행위만큼 인상을 남기지 않는 것은 없다"고 말하고 있다. 그래서 평가에 기반한 제재들이 작동하는 한, 그것들이 나쁜 여론을 전달하지 못하거나 실제로 좋은 여론을 전달하는 한, 그러한 제재들은 구속받는 행위자에 대한 돋보이는 이미지를 제공하게 된다. 이러한 제재체제는 해당 인간 부류에 대한 낙관적인 그림에 바탕해 작동한다.

우리가 배심원을 사례로 설명했던 평가에 기반한 제재들은 논쟁이 있고 집합적 결정이 만들어지는 위원회나 토론회라면 어디든 원칙적으로는 사용가능한 종류의 것이다. 그러나 평가와 연관된 제재들은 어떠한 종류의 위원회나 토론회라는 상황 밖에서도 작동할 수 있다. 분명, 공적인 인물은 잘 숙고했을 때 큰 보상을 얻을 수 있고, 잘못 숙고했을 때 큰 처벌을 겪을 수 있는데, 특히 이것이 공통적 지식의 문제일 경우 그러하다. 그리고 보상으로 인정, 승진, 명예 등을 주거나 보류할 수 있는 수단들 — 신뢰할 만하고 의지할 수 있는 수단들 — 이 있다면, 분명 공무원들도 비슷한 제재에 노출되게 된다.

평가에 기반한 제재와 보이지 않는 손을 사용한 제재 — 즉, 알려진 대로 자유시장에서 경쟁력 있는 가격으로 판매하도록 판매자들을 설득하는 제재 — 간에는 재미있는 유사점이 있다. 보이지 않는 손은 특정한 일을 행한 것에 대해, 의도성 없이 다른 사람들을 보상하거나 처벌하는 일에 사람들을 끌어들인다. 예를 들면, 구매자들은 다른 사람들보다 많은 대금을 청구하는 판매자들을 단골 거래처에서 의도적으로 제외한다. 그러나 이를 통해 그러한 판매자들에게 벌을 주고, 오직 경쟁력 있는 가격만을 청구하도록 압력을 주는 것은 구매자 입장에서는 의도하지 않은 것이다. 평가에 기반한 긍정적 또는 부정적 제재들이 행위자가 한 일에 대한 응답으로 활용될 때, 보상이나 처벌은 의도성이 없는 것만은 아니다. 왜냐하면 그러한 응답은 행위자에 대해 좋게 혹은 나쁘게 생각한 결과이기 때문에, 그것은 본래 의도된 것이 아니다. 그것은 응답자들이 갖지 않을 수 없는 태도이므로, 어떠한 인상하에서 의도한 것이 아니다. 첫 번째 사례의 보이지 않은 손에 대한 예시에서, 우리는 무형의 손에 대해 말함으로써 사례들 사이의 차이점을 좀더 두드러지게 할 — 그리고 평가에 대한 욕구에서 행사된 정중하고, 한결같은 종류의 압력을 강조할 — 수도 있다(Pettit, 1993a: ch. 5; Brennan and Pettit, 1993).

순응자 중심의 규제전략에 담긴 두 번째 원칙은 선별뿐만 아니라 제재도 필요하지만, 그러한 제재는 자발적이거나 고결한 순응을 지지하는 것이어야 함을 말해준다. 우리는 앞 절에서 일탈자 중심의 제재들 — 처벌이든 보상이든 — 이 자발적으로 순응하려는 마음이 있는 사람들을 혼란에 빠뜨릴 수 있음을 살펴본 바 있다. 그래서 여기서 주장하는 바는 선별을 뒷받침하는 제재들은 그와 같아서는 안 된다는 것이다. 우리는 이 절에서 그러한 제재들이 해당 행위자를 악한으로 가정하지 않고 유발될 수 있다면 그와 같은 효과를 보이지 않을 것이라는 점을 살펴보았다. 악한이라는 가정을 수용하지 않고도 제재들을 받아들일 수 있는 근거가 있으면 그러한 제재들은 중립적으로 유발될 수 있다. 보다 바람직하게는, 행위자들이 덕이 있다는 근거가 있으면 그러한 제재들은 유발가능성이 높다. 평가에 기반한 무형의 제재들은 낙관적으로 유발되는 제재들의 좋은 예 — 아마 유일한 예 — 가 된다.

선별우선 원칙이 공화주의 전통 내에서 잘 뒷받침된다는 점을 언급했던 것처럼, 그러한 전통이 수치(*shame*)와 영광(*glory*)에 대한 신뢰 — 이는 키케로까지 거슬러 올라간다 — 와 밀접한 관련을 갖는다는 점도 언급해야 할 것이다. 로크(1975: 353~354)는 일반적으로 그러한 전통 내에서 공유되고 있는 관점에 대해 가장 주목할 만한 진술을 하고 있다.

> 정치 사회들로 결합되는 사람들은 자신이 지닌 모든 힘의 처분을 공중에게 양도했기 때문에 그 나라의 법이 지시하는 것에서 조금이라도 더 나아가, 동료 시민에게 자신의 힘을 행사할 수 없다. 그러나 그들은 같이 살아가고, 교류하는 사람들의 행동을 칭찬하거나 비난함으로써 좋게 또는 나쁘게 생각할 권력을 여전이 보유하고 있다. 이러한 시인 또는 반대를 보임으로써 그들은 그들 가운데 덕과 악덕이라고 부르는 것을 확립한다.

수치와 영광이라는 유인은 후대의 공화주의 전통에서 지속적으로 이야기된다. 몽테스키외가 유명한데, 예를 들면 그는 온건한 군주정 — 공화국이 감춰진 군주제의 종류를 포함하는(Montesquieu, 1989: 70) — 에서 모든 행위의 원천은 명예(*honour*)라고 말하고 있다. "군주제적이고 온건한 국가들에서, 권력은 그것의 원천인 명예에 의해 제한된다. 명예는 왕과 인민 위에 제왕처럼 군림한다"(Montesquieu, 1989: 30). 수치와 영광이라는 유인은 《연방주의 교서》에서도 보이는데, 폭로와 탄핵의 가능성과 더불어 권력남용을 방지하는 두 가지 큰 예방조치들의 하나로 제시되고 있다(Madison et al., 1987: 406). 프리스틀리(1993: 33)는 이러한 사고에 대해 차분하게 설명하고 있다.

> 통치자들도 인간인 이상 일정 정도 다른 사람에 대한 감정을 갖지 않을 수 없다. 그래서 자신들의 행동이 일반적인 증오와 경멸을 불러일으켰다는 사실을 알고 있으면 행복할 수 없다. 또한 그들은 자신들의 인품과 행실이 후손들에게 남길 견지에 대해 완전히 무관심할 수도 없다.

공화주의의 종식이 보이지 않는 손이라는 개념의 등장과 동시에 일어났던 것처럼, 그것은 공적인 덕성을 지지하기 위한 무형의 손의 활용가능성에 대한 신뢰의 상실과도 중첩되어 발생했다. 예를 들면, 흄(1994: 24)은 "명예는 인류에 대한 가장 좋은 견제책이다"라는 사실을 기꺼이 인정하려고 했지만, 명예는 귀족적인 "방탕아들"과 "낭비가들"과 결부된 퇴색된 사고라고 생각하였다. 그의 견해는 다른 사람들, 특히 페일리—우리가 자유에 대한 공화주의적 개념의 쇠퇴를 얘기할 때 등장했던—라는 영향력 있는 인물의 견해를 따른 것이었다. "명예의 법은 열정을 지닌 인간에 의해 고안되고, 다른 사람과의 교제를 촉진시키도록 의도된 규칙의 체계이다. 그 밖에 다른 목적은 없다"(Paley, 1825: 2).

귀족정과 결부되는 것 외에도, 보이지 않는 손의 사고방식의 등장이 명예에 대한 의존을 움츠러들게 만드는 결과를 야기했을 수도 있다. 제도 디자인에서 보이지 않는 손이라는 패러다임은 사람들이 자신들의 이익을 추구하게—수치심 없이 추구하게—하고, [이 과정에서] 공적인 혜택이 발생하도록 제도를 갖추는 것을 뜻한다. 그러한 패러다임하에서, 사람들이 일정한 모범에 순응하도록 만들기 위해 칭찬과 비난이라는 힘에 의존한다는 생각은 사람들의 순진한 덕성에 의존하는 것만큼이나 불합리해 보일 수도 있다(Hirschman, 1977을 참조). 보이지 않는 손에 대한 열성 속에서 맨더빌과 스미스를 따랐던 사람들은 바로 그러한 사실 때문에 보완하는, 무형의 손을 고취시키려는 가능성에 대해 관심을 잃어버렸을지도 모른다.

그러나 보이지 않는 손을 믿는다는 이유만으로 무형의 손의 활용가능성을 거부할 필요는 없다. 스미스 자신도 두 손의 힘을 모두 인정하고 있었다.

> 자연은 자신의 동포를 기쁘게 하려는 본래적 욕구와 자신의 동포를 성나게 만드는 것에 대한 본래적 혐오를 인간에게 부여함으로써 사회를 위하도록 인간을 만들었다. 자연은 인간이 자신에 대한 호의적인 평가에 기쁨을 느끼고, 호의적이지 못한 평가에 고통을 느끼도록 가르쳤다. 〔또한〕 자연은 〔인간이〕 다른 사람들의 칭찬에 그 자체로 가장 기뻐하고, 기분 좋게 만들었으며, 다른 사람의 비난에 가장 굴욕감을 느끼고, 불쾌하게 했다(Smith, 1982: 116).

스미스는 경제학자들이 보통 얘기하는 물질적 재화를 사람들이 점점 많이 추구하는 이유는 그러한 재화가 구별됨과 지위, 그리고 궁극적으로 〔호의적인〕 평가를 부여하기 때문이라고 여긴 듯하다. 우리가 이 점에서 그의 생각을 따라야 할 필요는 없지만, 사람들이 일정 정도의 물질적 혜택과 〔다른 사람들에게서〕 좋게 평가받아서 생기는 혜택 모두를 고려한다고 본 그의 견해를 받아들이는 것은 분명 합리적이다. 그러한 욕구들 각각은 인간 삶에서 일정한 위치를 차지하고 있으며, 하나의 성취가 다른 하나를 성취하는 기회를 높인다 하더라도, 어느 한쪽이 〔다른 것에서〕 파생된, 도구적 관심사라고 생각할 이유는 없다.

그렇지 않다는 심리학적 증거에도 불구하고(Baumeister and Leary, 1995 참조), 오늘날 평가의 힘에 의존할 수 없는 이유로 제시되는 두 가지 주장이 있다. 하나는 사회학과 결부된 것이고, 다른 하나는 경제학과 결부된 것인데, 이 논의를 끝맺으면서 그러한 주장들에 논평하는 것은 유익할 수도 있을 것이다.

사회학적 주장은, 칭찬과 비난의 힘은 오직 작은 규모의 사회에서만 효과적으로 작동할 수 있으며, 익명성을 특징으로 하는 현대사회에서는 거의 또는 전혀 힘을 갖지 않는다는 것이다(Toennies, 1887). 이러한 생각을 초래하는 과정을 알기란 쉽다. 일반적으로 작은 규모의 사회에서는 다른 사람들에게 쉽게 알려지게 된다. 그래서 당신이 행한 선행을 누군가가 알아차려서 생기는 혜택이나, 당신이 행한 악행을 다른 사람이 간파해서 생기는 손실은 그것을 행한 사람이 당신이라는 것—얼굴이나 이름을 기억하는 누구라는 것—을 기억하는 사람들의 능력에 따라, 그리고 그들이 당신의 행동을 다른 이들에게 전달하는 능력에 따라 증대된다는 점은 분명한 사실일 것이다.

그러나 칭찬과 비난의 힘이 어느 정도 익명성을 갖춘 현대사회에서 전혀 영향을 발휘하지 않는다고 말할 수는 없다(Braithwaite, 1993). 두 가지 점이 이와 관련된다. 하나는, 우리가 다른 사람들에게 알려져 있지 않을 때에도, 알려져 있지만 그 사람들과 더 이상 관계를 갖지 않을 때에도, 칭찬을 소중히 하고 비난을 두려워한다는 것이다. 완전히 낯선 사람들이 관여되어 있을 때조차도, 자신이 다른 사람을 당황스럽게 했다고 여겨질 때 주춤하는 것을 떠올려 보자. 가령, 교통정체 상황에서 운전중일 때, 다른 운전자가 당신이 코를 후비는 것을 본 경우처럼 말이다. 또는 배심원실에 속해 있을 때 분별없어 보일까봐 가끔 위축되는 것을 생각해 보자. 우리가 당혹해하는 모습을 본다고 해도 그 사람들을 다시 보기란 거의 어려운데도 말이다.

이러한 고려들을 별도로 하더라도, 현대사회의 익명성은 쉽사리 과장된다. 우리는 큰 도시의 거리 위에서 각자의 이름을 상실할 수도 있지만, 그러한 익명성은 현대사회의 공간을 채우는 상호 연관된 서클들의 범위 안에서 〔각 개인의 존재가〕 잘 알려져 있다는 사실과 거의 상충되지 않는다. 이러한 서클들에는 친구, 직장, 스포츠 동아리와 같은 서클들처럼 반경이 좁은 것도 있고, 확대된 가족, 전문직 협회, 심지어는 이메일 연락망처럼 훨씬 더 큰 둘레를 갖는 것도 있다. 작은 규모의 전근대적 사회에 있었던 것과 같은 인정과 정체성의 집중이 현대사회에서는 있을 수 없을 것이다. 그러나 다양한, 부분적인 공동체들 속에서 이름을 갖는 것은 당신의 삶의 모든 측면을 망라하는 하나의 공동체 안에서 이름을 갖는 것만큼이나 강력하게 칭찬과 비난의 힘을 촉진시킬 수 있다.

칭찬과 비난의 힘에 회의를 갖는 또 다른 이유는 최근의 경제학적 사고의 전통에서 발견할 수 있다. 다양한 사상가들은 사람들이 칭찬을 통해 서로를 특정한 행위양식으로 단속할 수 있으며, 이를 통해 집합행동의 문제를 극복할 수 있다—서로가 일정한 덕을 보여주도록 만들 수 있다—는 생각의 실현가능성에 반대해왔다. 〔방금〕 제기한 문제는 때때로 집행의 딜레마(*enforcement dilemma*)로 기술된다.

사람들은 덕을 강제할 필요가 없는 사례에서 자발적으로 덕성을 보이거나, 그들에게 덕을 강제할 가능성이 없는 사례에서 자발적으로 덕성을 보이지 않는다. 만약 순응에 적절한 행위를 가로막을 만큼의 비용이 따른다면, 적절한 집행에도 이를 막기에 충분한 집행비용이 수반된다는 추정된 사실로부터 이 문제가 비롯된다. 제임스 뷰캐넌(Buchanan, 1975: 132~133)은 중요한 전제를 명료하게 제시하고 있다. “집행은 두 가지 구성요소를 지닌다. 하나는 위반이 밝혀지고 위반자가 규명되어야 한다는 것이고, 다른 하나는 처벌이 위반자에게 부과되어야 한다는 것이다. 두 가지 요소 모두 비용이 따른다"(Taylor, 1987: 30 또한 참조).

그러나 집행의 딜레마는 부정적·긍정적 평가를 통해 특정한 행위 양식으로 서로를 단속할 수 있다는 가능성에 큰 문제를 제기하지 않는다(Pettit, 1990). 가시성과 접근성이 잘 보장될 수 있으면, 사람들이 위반을 찾아내고, 위반자를 규명하는 데 수고가 들지 않는다는 것이다. 더 놀랍게는, 사람들이 다른 사람으로 하여금 자신에 대해 높거나 낮은 평가를 만들어 내기 위해—만들어 낸다고 추정되기 위해—어떠한 노력을 기울일 필요도 없다. 실제로 집행의 딜레마가 있다고 생각하는 사람들이 저지르는 실수는 찬성과 비난을 보이는 것이 수고를 들여서 찬성과 비난을 표현하는 것을 의미한다고 생각하는 것이다. 〔하지만〕 이를 의미할 필요는 없다. 분명 사람들은 자신들의 생각이 개인적인 칭찬이나 비난으로 귀결되는지에 관계없이, 좋게 생각되기 원하고, 나쁘게 생각되길 원하지 않는다. 그럼으로 우리는 손가락 하나 까딱하지 않거나 한마디 말도 하지 않고도 사람들의 행동에 대해 보상이나 처벌을 줄 수 있다.

3) 세 번째 원칙 : 부정에 대처하기 위한 구조화된 제재

제도 디자인의 순응자 중심의 전략하에서는, 제재의 가능성 전에 선택지들의 선별이 탐색되어야 하고, 제재하는 간섭이 있더라도 가능하면 순응하려는 사람을 지지하는 것이어야 함을 살펴보았다. 그러나 사회적 삶의 어느 곳에나 분명히 사익을 추구하는 행위자는 존재하기 마련이고, 완전히 사익이 〔행위의〕 동기가 되는 순간들은 누구에게나 있기 때문에, 그러한 영역에서의 제도 디자인은 악한들에게 효과적으로 작동할 수 있는 제재들—일탈자 중심의 전략이 초점을 두는 악한에게도 동기를 유발하기 충분한 제재들—을 적절히 설정하는 것이 중요하다. 그것이 바로 세 번째 원칙이 원하는 것이다. 우리는 순응자뿐만 아니라 항구적 또는 일시적으로 보다 냉담한 성향을 지닌 사람들에 대처할 수 있는 제재들을 발견해야 한다.

이 원칙은 악한들조차도 규칙을 지키도록 강제할 수 있는 독립적으로 유발된 제재들을 명시하는 한에서 만들어질 때 인정받을 수 있을 것이다. 그러나 이런 일을 할 수 있는 중립적으로 유발된 제재를 얻기란 쉽지 않다. 낙관적으로 유발된 제재들은 보다 일반적으로 이용 가능한 것이긴 하나 악한에 대처하기엔 종종 불충분하다. 평가에 대한 열망은 그러한 개인들에게는 거의 또는 전혀 영향력을 갖지 않을 것이다. 그렇다면 이 경우 우린 무엇을 해야 하는가? 악한들에게도 동기가 유발될 수 있게 하려면 어떻게 해야 하는가? 물론 어떠한 체제도 완전히 만족스럽지는 않을 것이며, 악한들은 결코 완전히 억제되지도 않을 것이다. 그러나 고려해 볼 만한 제재의 체제는 순응하지 않으려는 경향이 있는 사람들에게 일정한 억제를 부과해야 한다. 〔또한〕 그것은 비순응자들이 끼칠 수 있는 잠재적 피해를 최소화할 수 있어야 하며, 자신들의 노력이 다른 성향의 사람들에 의해 이용당하거나, 조롱당하지 않음을 순응자들에게 납득시킬 수 있어야 한다.

그 문제를 벗어나는 방법은 제재들—특히 처벌들—을 점차 단계적으로 강화되는 방식으로 만드는 것이다(Ayres and Braithwaite, 1992; Brien, forthcoming). 낮은 수준에서는 모든 공적인 당국자들에게 적용되는, 이상적으로 순응을 지지하는 제재들—즉, 설득과 평가의 제재들—이 있을 수 있다. 그러나 만약 그 수준에서의 제재가 규칙을 지키도록 강제하기 어렵다는 점이 입증되면—그 사람이 관련된 규제를 깨뜨렸다는 사실이 파악되고, 그가 상당한 악한이라는 점이 입증되면—, 보다 높은 수준의 가혹한 제재가 발동될 수 있다. 그

과정은 아이레스와 브레이스웨이트가 '결정적인 패'(*a big gun*)라고 부르는 것을 향해 단계를 올라가면서 여러 단계들을 거칠 수 있다. 결정적인 패는 물론, 제재를 적용하는 행위자에 대한 노골적인 추정을 가하는, 악한에게 적절한 제재일 것이다. 그러나 그것이 문제될 필요는 없다. 왜냐하면 결정적인 패는 일반적 행위자가 아니라, 중립적 혹은 낙관적으로 동기가 유발되는 제재들하에서 순응하지 않는 것으로 입증된 행위자들을 지목할 것이기 때문이다.

처음의 두 원칙에서 제시된 체제는 악한이 줄 수 있는 피해에 불가피하게 취약한 것으로 여겨질 수 있다. 일탈자 중심의 전략의 결점이 무엇이든, 나는 〔제재의〕 단계적 확대가능성과 같은 것 없이 일탈자 중심의 전략을 추천하지 않는다. 그러나 악한들을 다루기 위해 처벌을 단계적으로 확대해 갈 가능성이 주어진다면, 나는 우리가 순응자 중심의 전략에 대해 온당하게 낙관할 수 있다고 생각한다. 우리는 부정한 일탈자들을 다룰 수 있는 대책에 대한 분명한 의식을 지니면서, 순응자 중심의 전략이 추천하는 것처럼 보통의 순응하는 개인들에 초점을 맞출 수 있을 것이다. 이것으로 이상적인 공화국을 안정시키기 위해 내가 추천하는 순응자 중심의 전략의 제시를 마치고자 한다. 이제 남은 것은 그러한 전략이 지목하는 수단의 종류들을 설명하는 것이다.

5. 실천 전략

1) 헌정주의와 민주주의

제6장에 기술된 헌정주의적 민주주의 공화국은 강제적 기구가 수반할 수 있는 자의적 의지—좋은 의지이건 나쁜 의지이건 상관없이—를 줄이기 위해 국가가 취해야 하는 형태에 대한 하나의 이미지를 제공한다. 그러나 자의적 의지를 줄이기 위해 추천된 헌정적이고 민주적인 조치들은 파당적으로 동기 유발된 관료들의 단호한 노력들을 제지할 수 있다는 것을 입증할 기회가 거의 없을 것이다. 왜냐하면 공공선의 적들이 이용할 수 있는 허점은 존재할 수밖에 없기 때문이다. 이런 연유에서 우리는 이상적인 공화국을 안착시키기 위해 인간 본성의 변덕스러움에 방패가 될 수 있는 원천을 모색할 필요가 있다.

그러나 이러한 규제의 원천들을 사용하여 이상적 공화국을 안정시킬 수 있는 방법을 고려하기 전에, 내가 공화주의의 형태를 명료화하면서 주장했던 헌정주의적이고 민주적인 수단들이 이미 중요한 규제적 통제기능을 지니고 있다는 점을 인식하는 것이 중요하다. 내가 언급하는 헌정주의적 민주공화국은 자체적으로 안정성을 증진시킬 수 있는 다양한 선별과 제재장치들—그리고 속성상 독립적으로 작동하는 장치들—을 가지고 있다. 이상적 공화국을 어떻게 안정시킬 것인가라는 문제를 제기한 이 장의 초반에서는 이러한 점을 언급하지는 않았지만, 선별과 제재장치들에 대한 지금까지의 논의, 그리고 안정화를 위한 상이한 전략들에 대한 논의 속에서 우리는 공화정을 안정화시키는 이러한 기제의 존재를 쉽게 인식할 수 있을 것이다.

법의 제국이라는 조건은 정부가 개별 사안대로 움직이는 것이 아니라 법에 근거해 움직일 것을 요구한다. 이때 정부가 근거하는 법은 보편적이고 비소급적이며, 충분히 공포되고, 정확한 것이어야 한다. 이는 곧 공직에 있는 사람들은 그렇지 않은 사람들보다 당파적 목적을 추구하기 위해 원하는 일을 하는 데 있어 보다 많은 제약을 받게 됨을 의미한다. 자신들의 사적인 이해관계에서 봤을 때는 매력적일 수 있던 행위들에 금지하는 제재를 부과함으로써 쉽게 행할 수 없게 하는 것이다. 뿐만 아니라 이러한 조건은 공직에 있는 사람들을 규율하는 다양한 부수적 제재를 가하는 효과를 지니기도 한다. 법이 다른 이들 뿐만 아니라 그 입법자에게도 똑같이 적용된다는 점을 고려해 보자. 이는 곧 공직에 있는 사람들이 너무 엄격하거나 과도한 세금을 부과하는 법과 같은 나쁜 법을 제정한다면, 다른 사람들과 마찬가지로 그들 자신도 그 법의 나쁜 영향을 겪어야 할 것임을 의미한다. 시드니가 말했듯이, "그들이 편견으로 전쟁을 시작할 수도, 불명예스러운 조약을 체결할 수도, 정의롭지 못한 법을 만들 수도 있지만, 임기가 끝났을 때 그들은 타인들이 지는 만큼 똑같은 짐을 져야 할 것이다"(Sidney, 1990: 571).

권력분산을 통한 제한은 입법부, 행정부, 사법부의 결정들이 일반적으로 다른 부서의 손에 놓여 있어야 함을 의미한다. 입법부의 결정이 행정부나 사법부의 견제를 받는 것처럼 말이다. 우리가 주장했던 것처럼 정부기구들이 자의적 권력의 지위에 이르지 않게 하려면 이러한 제한은 필수적이며, 법의 제국의 조건과 같이 그것은 독립적으로 작동한다. 하지만 그러한 기구들이 덕의 경로를 고수한다면, 즉 공적인 선을 위해 적절한 고려 속에서 자신의 업무를 수행한다면 — 후에 부패할 수도 있겠지만 —, 그러한 제한은 이를 보다 확실하게 만들 것이다. 이 제한은 어떠한 관련당국의 통제 내에 있는 대안의 목록들에서 특정한 선택지들을 효과적으로 제거한다. 그래서 그들이 좋아하든 그렇지 않든 간에, 입법자들은 그들이 구성하는 법이 개별사건에 어떻게 적용될 것인지를 결정할 수 없는 것이다. 그러한 제한은 정부기구들이 다른 기구들에 다양한 방식으로 책임(*accountability*)을 갖고, 상호 제재하에 놓이게 됨을 의미한다. 그래서 입법부는 행정부가 법을 적절하게 집행하지 못했을 때 견책할 수 있고, 사법부는 〔통과된〕 법이 어떠한 헌법적 규정에 부합되지 않음을 발견했을 때 입법부를 비판할 수 있는 것이다(Pasquino, 1994: 114 참조).

내가 언급했던 마지막 헌정주의적 조건은 반(反)-다수결주의 원칙이다. 이에 따르면 권력을 지닌 사람은 법의 중요한 영역을 변화시키는 데 항상 더 많은 제약을 받아야 한다. 첫 두 가지 원칙과 마찬가지로 이러한 조건은 당파적 이익, 특히 다수파의 이익—이것은 정부에서 대표되기도 한다—이 지닌 영향력을 상당히 막는 역할을 한다. 이것은 손쉬운 다수결 선택지들이 법정에서 배제되어야 하며, 공직에 있는 사람들은 관련된 법을 바꾸는 데 더 많은 수고와 시험경로를 겪어야 함을 의미한다. 이러한 조건은 자의적 의지를 막는 역할을 할 수 있을 뿐만 아니라 다수 연합이 자신들의 목적을 위해 일을 왜곡하는 경우에도 안정을 유지할 수 있는 자원이 될 수 있다.

헌정주의는 필연적으로 공화국을 안정시키는 장치들을 수반하며, 우리가 기술한 민주적 과정들도 비슷한 효과를 갖는다. 권력을 지닌 사람들은 공공선을 고려하면서 결정을 내려야 하고, 이러한 사실이 공통의 지식으로 받아들여져야 한다는 점은 그들이 공공여론 속에서 판단할 때 근거가 되는 일정한 기준이 존재함을 의미한다. 이것은 그들이 공직에 있을 때 그러한 요구를 명시적으로 따름으로써, 스스로 좋은 견해를 분명 획득할 수 있음을 의미한다. 그리고 이것은 자신의 사적인 목적추구를 위해 자신의 위치를 이용하려고 했을 때, 수치와 불명예를 경험하게 될 가능성이 높다는 사실을 뜻한다. 결국 견제가 이루어지는 체제에서 어떠한 공적 권위도 이의제기와 적발로부터 자유롭지 않은 것이다.

견제가 이루어지는 민주주의에서 특별히 중요한 기구는 심의를 맡는 입법부이다. 입법부는 공통의 이익에 대한 고려 속에서 결정을 내린다는 의미에서만이 아니라, 포용적이고 쌍방향적인 토론의 장소라는 의미에서도 심의의 역할을 한다. 그리고 여기서 특히 우리는 〔타인의〕 평가에 기반한 제재라는 중요한 자원을 발견할 수 있다. 그러한 회의장은 앞 절에서 논의한 배심원의 경우처럼 잘 작동한다면, 공유되는 이익으로 여겨지는 것에 충실하게 되는 주장에는 보상을 제공하고, 당파적이거나 경솔한 주장에는 처벌을 부과하는 토론장이 될 것이다. 선스타인(1993b: 244)은 이 점을 다음과 같이 설득력 있게 제시하고 있다.

> 공적 측면에서 정당화할 필요성 — 위선의 힘을 교화하는 것 — 은 공적 결과를 낳는 데 기여할 것이다. 그것은 공공영역에서 인종적 · 성적 편견과 같은 특정한 주장들을 사전에 차단함으로써 선호들을 '정화'할 수 있다. 〔또한〕 그것은 이해타산적이거나 자기중심적인 정당화를 가로막아 선호나 가치의 변화를 초래할 수도 있다.

이와 같이 토론이 지니는 규율적 힘에 대한 설명은 하버마스의 저작(Habermas, 1989; 1990)에 담긴 익숙한 주제와 연관된다. 하버마스는 다양한 당사자들이 다른 견해들을 제시하거나 반대하는 근거들을 제시할 때는 누구에게나 호소력을 가질 수 있도록 비당파적 측면에서 주장을 펼쳐야 하며, 이를 통해 이러한 습관이 내면화되면 진정으로 이해관계를 초월한 상원의원과 같은 토론자가 될 수 있다고 말한다(Elster, 1986b; Pettit, 1982; Goodin, 1992a: 제 7장). 사람들이 이와 같이 주장을 펼칠 수밖에 없다 — 자발적으로 그렇게 하려고 하지 않는 경우에도 — 고 보는 이유 중 하나는 그렇게 행동하지 않으면 그들이 토론장에 있는 동료들로부터 수락과 승인을 받을 수 없기 때문이다.

그렇다면 이상적 공화국을 안정화시킬 수 있는 장치들을 고안하는 프로젝트와 공화주의적 국가의 자의적 의지를 축소시킬 수 있다고 여겨지는 헌정적·민주적 형태들을 규명하는 프로젝트를 분명하게 나눌 필요는 없다. 공화국이 지배를 행사하지 않는다고 가정할 수 있는 형태를 규명하는 것은 공직자들을 감독할 수 있는 많은 장치들이 존재하는 형태를 밝히는 것에 다름 아니다. 특히 이는 독립적으로 작동하는 많은 장치들 — 일반적으로 독립적으로 작동하는 제재들 — 이 제자리에 놓여 있어서 일탈자 중심의 규제에서 생겨나는 문제들이 존재하지 않음을 의미한다. 다양한 헌정적 제약에 의해 부과되는 제재들과 마찬가지로 배치된 보상과 처벌은 중립적으로 작동할 수 있으며, 아니면 심의민주주의하에서 이루어지는 〔타인의〕 평가에 기반한 제재의 경우와 같이 낙관적으로 작동할 수도 있다.

공화주의 자체의 전통 내에서도 이상적인 공화주의적 형태들을 규명하는 작업은 공화주의적 규제의 최선의 수단들을 찾아내는 것과 병행하여 진행되었다(Philp, 1996). 해링턴(1992)과 같은 저술가들이 유토피아적 비전의 대강을 제시했을 때, 그들은 그러한 비전을 표명하는 것만큼이나 자신들의 유토피아를 안정적으로 만들 수 있는 수단에도 많은 관심을 가졌다. 롤즈(1971)는 비순응 문제로부터 추상적으로 공정한 사회를 바라보는 이상적 정치이론과 오직 부분적 순응하에서 요구되는 것을 고려하는 현실적 이론을 구별하면서 유명해졌다(Pettit, 1994a). 그러나 그러한 구분이 공화주의적 전통에서는 큰 의미를 갖지 않을 것이다. 이 전통에서 권력이 지배를 만들어내지 않는 공화국에 대한 이상 — 자의적 의지가 최소화되는 공화국에 대한 이상 — 은 정부기구들이 효과적으로 견제와 균형을 이루는, 즉 효과적으로 올바른 경로로 인도되는 공화국의 이상과 거의 구별할 수 없기 때문이다.

그러나 비록 이상적 공화국이 이미 다양한 규제수단들과 안정화 수단들을 포함하고 있지만, 공화국을 안정화하는 데 이용할 수 있는 많은 다른 수단들이 있다는 사실도 마찬가지로 분명히 할 필요가 있다. 그러한 통제와 안정화의 수단들을 고안하는 데 있어 핵심은 순응자 중심의 규제전략이 지지하는 다양한 원칙들을 탐구하는 데 있다. 각각의 원칙에 대한 짧은 언급은 여기서 모색할 필요가 있는 연구를 지적할 것이다. 앞에서 얘기한 것처럼 배치되어야 할 정확한 수단들은 경험적 조사가 이루어지고 나서야 규명될 수 있을 것이다.

2) 첫 번째 순응자 중심의 원칙

우리가 이상적 공화국의 회복력이나 안정성을 어떻게 가장 잘 보장할 수 있는지 고민할 때, 선별우선 원칙은 다른 것을 보기 전에 선별 가능성을 살펴봐야 한다는 점을 충고한다. 그리고 그러한 가능성들은 충분히 존재한다. 우리는 정당이 후보자를 공천하는 역할을 하는 한 — 지역정당 조직이 가장 매력적인 후보자를 결정하는 위원회를 구성하는 한 —, 입법부를 대표하는 사람들이 자신의 직위를 마땅히 소중하게 여길 것이라고 희망할 수 있다. 〔또한〕 우리는 정당이 기능하는 한 또는, 일반적으로 정당이 아니라면, 적어도 정당 구성원이 입법부 의원으로 선출되는 한, 공천을 받은 사람들이 분명 뛰어난 인물이라고 기대할 수 있다. 그리고 우리는 자격이 없는 사람을 가려낼 수 있는 다양한 검증절차와 확인절차가 존재한다면, 입법부에 선출되는 사람뿐만 아니라 행정부 공직에 임명되는 사람들도 그 자리에 적합한 자질을 가진 사람들일 것이라고 생각할 수 있다.

공직에 적합하지 않는 사람을 가려낼 뿐만 아니라 공직에 부합하는 후보자를 선별할 수 있는 가능성도 존재한다. 적합하지 않은 후보자를 가려내는 역할을 하는 위원회는 정당이나 정부, 일반 시민 등에 가장 매력적일 수 있는 후보자를 추려내는 조사위원회와 같은 역할을 할 수도 있다. 아니면 선택된 후보자들이 공직에 가장 적합한 사람을 뽑을 수 있게 만들어진 제도를 통해 임명되도록 할 수도 있다. 물론 〔적절하지 않은 사람을 골라내는〕 부정적 선별장치처럼 그러한 장치들이 잘못 사용될 수도 있다. 즉, 그러한 장치들이 〔실제로〕 덕이 있는 사람보다 눈에 띄는 특성을 지닌 사람에게 유리하게 작용할 수도 있다. 그러나 나는 그와 동시에 창조적인 제도 디자인이 안전하게 적절한 사람을 골라내고, 부적절한 사람을 걸러낼 수 있는 방식을 밝힐 수 있다고 생각한다.

선별가능성은 개인뿐만 아니라 행위와 발의에도 관련된다. 그러므로 우리는 사람들이 이의를 제기하고 불만을 표출하거나, 독립적인 위원회들에 문제를 얘기하거나, 전문가의 조언을 요구하거나, 윗사람의 잘못을 폭로하는 절차 속에서 선별기능을 수행할 수도 있다. 우리가 발의에 대한 제재를 고려하기 전에, 특정한 결과를 충분히 가능하게 만드는 선별장치를 이용할 수 있음은 자명하다. 예를 들어 유권자들의 압력 때문에 정치인들이 특정 이슈—양심이나 범죄, 통화정책에 관한 이슈와 같은—에 대해 합리적 결정을 내리기 어려운 상황을 가정해 보자. 만약 그러한 정치인들이 그 문제를 압력을 받지 않는 전문가 위원회에 회부할 수 있어서 〔그 문제를〕 선별할 수 있다면, 우리는 쉽게 바람직한 결과를 얻을 수도 있다. 정치인들은 책임을 넘길 수 있어서 좋고, 전문가들은 비당파적으로 최선의 결정을 내리려 할 것이며, 결국 그들은 스스로 정보를 갖춘 비당파적인 판단자가 되려고 독립적으로 움직일 것이다.

3) 두 번째 순응자 중심의 원칙

적절한 선별장치가 작동하고 있다면, 순응자 중심의 전략은 그러한 선별장치들이 남겨둔 재량의 공간에서 작동할 수 있으면서도 자연스런 순응성향을 훼손하지 않을 수 있는 제재들을 추구하도록 만들 수 있다. 그러나 우리가 탐구하는 제재들은 공직자들을 악한으로 가정하지 않고도 작동할 수 있어야 한다. 그렇지 않으면 이 장의 앞부분에서 언급한 다양한 부정적 효과를 수반할 수도 있기 때문이다. 이러한 제재들의 일부는 중립적으로 작동할 수 있으며, 다른 제도적 견지—자의적 의지를 줄이려는 공화주의적 필요성—에서 옹호될 수도 있다. 그러나 탐구할 가치가 가장 큰 제재들은 〔타인의 긍정적〕 평가를 원하는 사람들의 심리에 근거해서 긍정적으로 작동하는 보상과 처벌이다.

이러한 제재들은 세 가지 조건하에서 이용될 수 있다. 첫째, 특정한 기준들이 연관된 공직에 적용될 때 〔이러한 기준들이〕 공동체 내에서 공통의 지식을 이루어야 한다. 둘째, 그러한 기준에 반대하는 사람은 누구나 반대를 드러낼 수 있어야 하며, 긍정하는 사람도 마찬가지다. 셋째, 사람들이 승인하거나 부인할 때 취하는 태도를 그들이 말한 것과 말하지 않은 것에서 쉽게 예측할 수 있을 만큼 공동체 내에 자유롭고 정직한 표현의 기풍—솔직함의 기풍—이 존재해야 한다 (Pettit, 1994b). 긍정적이든 부정적이든 평가할 만한 것에 대한 공유된 개념이 없다면, 그러한 기준과 관련된 행위자의 공적이 드러나지 않는다면, 그러한 공적을 인식했을 때 사람들의 태도가 신뢰성 있게 판독될 수 없다면, 평가를 통한 제재가 작동할 가능성은 없다.

이러한 관찰들은 공적 삶의 윤리에 대한 논의를 위해, 그리고 적절한 행위기준에 대한 합의에 이르기 위해, 토론장을 확립하는 것이 중요함을 보여준다. 이러한 적절한 행위기준은 예를 들면 정치인과 각료, 관료와 공적 기구의 구성원, 판사에서부터 변호사나 경찰관, 교도관에 이르기까지 형사사법제도를 운영하는 행위자들, 공적 삶을 감독하는 중요한 역할을 하는 언론인들에게 적용된다. 또한 이러한 관찰들은 공개성과 정보의 신뢰할 수 있는 통로가 존재하는 것이 중요함을 드러낸다. 이를 통해 관련된 당사자들의 행적이 체계적으로 시야에 드러나기 때문이다. 마지막으로 이러한 관찰들은 인민들이 자신들의 마음을 말할 수 있는 확립된 기풍이 최대한 보장되는 것이 중요함을 말해준다. 그 결과 공직자들에 대한 비판이나 칭찬을 말하고 말하지 않는 것이 인민들의 〔공직자들에 대한〕 태도를 효과적으로 전달할 것이다.

무형의 손이 지닌 힘을 신뢰하는 내가 순진해 보일지도 모른다. 그래서 나는 그것의 작동이 근본적 선별절차의 도움 없이는 충분한 성과를 거둘 수 없음을 강조했다. 경찰의 예를 들어보자. 나는 경찰들이 불법마약 공급책이 제시하는 유혹에 빠지는 것 — 이것은 지금 이 순간에도 종종 일어난다 — 을 막을 수 있는 조치가 취해지지 않는다면, 경찰윤리에 대한 강조와 투명성에 대한 요구가 증가하고, 솔직한 표현의 기풍이 생긴다고 해도 경찰행위를 그다지 개선할 수 있으리라 여기지 않는다. 또한 나는 경찰관들이 종종 대중들에게 드러내곤 하는 '그들과 우리'라는 식의 〔이분법적〕 사고를 차단할 수 있는 장치가 없다면 이러한 개선이 큰 효과를 갖지 못할 것이라고 생각한다. 나는 여기서 그러한 가능성을 막을 수 있는 〔구체적인〕 선별장치에 대해서는 말할 수 있는 게 없지만, 첫 번째 원칙처럼 선별장치는 분명 필요하고, 무형의 손을 통한 제재는 그러한 선별장치 없이는 영향을 줄 수 없음을 강조하고자 한다.

의회에 대한 생각, 정부에 있는 사람들이 의회에 책임지게 만들겠다는 생각에는 적절한 평가의 경제〔타인의 평가가 행위를 규제하는 역할을 하는 메커니즘, 역자〕를 지지하는 일련의 장치에 대한 사고가 담겨 있다. 이 장치가 작동하는 의회에는 일반적으로 관련된 기준에 대한 잘 확립된 인식이 존재할 것이고, 정보와 공개성에 대한 체계적인 통로가 존재할 것이며, 의원들을 비판하거나 칭찬하는 솔직한 표현의 문화가 존재할 것이다. 그래서 총회와 다양한 교차정당 위원회들은, 기대하는 것과 성취한 것이 분명해지는 만큼, 그 구성원들이 부정적 또는 긍정적 평가를 받을 것으로 예상할 수 있는 토론장이 된다. 평가를 동원하는 이러한 장치들은 의회의 행위가 신속하게 대중의 주목을 받고, 언론보도와 논평을 통해 신속히 칭찬이나 비난을 받는 문화 속에서 강화되는 것이다.

정당들이 진영을 공고히 하거나, 언론이 당파적 이익의 영향을 받거나, 공화주의적 과정에서 다른 다양한 부패가 일어날 때, 이러한 장치들이 무너질 수 있음을 우리 모두 알고 있다. 그러나 대체로 그러한 체제가 적절하게 작동할 수 있게 하는 방식도 존재한다. 평가와 관련된 유인구조를 이용할 수 있는 방법이다. 이를 통해 정당이 과도하게 배타적 속성을 지니거나, 감시위원회의 활동으로 언론이 사실에 대해 공정한 보도를 하지 않는다고 알려지면 이들은 부끄러움을 느끼게 된다. 만약 어떠한 정당이 국내적·국제적 공론장에서 — 미디어나 다양한 사회운동 속에서 — 웃음거리가 되지 않으려면, 수치스러운 당파적 이익을 넘어선다는 점을 어느 정도 보여주는 것이 더 나을 것이다. 그래서 만약 이 정당이 당파적 이익 이상을 보여주려면 공적 태도를 지지해야 한다. 〔그리고〕 일정 정도 신뢰할 수 있게 자신들을 공공선에 관심을 지닌 집단으로 제시할 수 있으면, 다른 공공심을 지닌 집단과는 공공선이 어떻게 가장 잘 증진될 수 있는지에 대해 서로 다른 시각을 갖는다는 점에서만 차이를 보이게 된다.

관료와 판사 등과 같은 의회구성원이 아닌 사람들에 대한 제재장치는 어떠한가? 여기서 주목해야 할 가장 중요한 것은 임명과 승진이 이 영역에서 사람들이 긍정적 평가를 얻을 수 있는 주된 수단이라는 점이다. 또한 임명되지 못하거나 승진하지 못하는 것은 부정적 평가를 부여하는 주요 수단이다. 그래서 잘 구성된 위원회가 임명과 승진에 대해 책임질 수 있게 만들 수 있다면, 평가의 유인구조가 잘 돌아갈 것이라고 기대할 수 있는 근거가 존재하게 된다. 그러나 판사나 관료는 실제로 연관된 집단 내에서 자신들이 내린 결정이 호감을 살 때 긍정적 평가를 받고, 자신들이 결정이 뒤집어지면 부정적 평가에 노출된다는 점을 언급해 두는 것도 가치가 있을 것이다. 전문가적 인정의 체제는 사법부에 있는 사람들과 관료들의 삶을 좌우하며, 평가 메커니즘의 통제력을 효과적으로 배치할 수 있는 상당한 희망을 제공한다.

4) 세 번째 순응자 중심의 원칙

전체를 개괄적으로 살펴보면서, 마지막으로 언급해야 할 것은 우리가 권력을 지닌 사람을 견제하고 통제할 수 있기를 기대하고 이를 통해 이상적 공화국을 안정시킬 수 있다고 생각할 수 있는 방도를 찾을 때, 순응자 중심의 전략이 제시해주는 세 번째 수단이다. 우리는 행위자와 행위를 선별하고, 순응자를 지지하는 제재장치들을 설치하는 데 할 수 있는 모든 것을 조사해야 할 뿐만 아니라, 진짜 악한—권력을 지닌 지위를 얻기 위해 노력하다가, 일단 그 자리를 차지하게 되면 자신의 개인적 또는 당파적 목적을 추구하려고 작정한 사람—

에 대처하기 위해 필요한 제재의 단계적 확대를 어떻게 배열할 것인지도 고려해야 한다.

나는 지금까지의 논의에서 권력을 지닌 사람이 다른 모든 사람처럼 법이라는 일상적 제재하에 놓여 있는 것으로 가정해왔다. 일정한 특권들은 의원으로서의 활동이나 사법적 역할을 적절하게 수행하는 데 필요할 수도 있다. 예를 들면, 〔의회 내의〕 토론이 개방적이고, 건강하다면, 특정한 비방에 대한 책임을 의회구성원들에게 면제해 주는 것처럼 말이다. 그렇지만 나는 법의 일상적 제재가 권력을 지닌 사람들이 저지른 많은 심각한 위반들 — 재정남용, 절도, 물리적 폭력 등과 같은 위반들 — 을 포괄할 수 있을 것이라고 생각한다.

나는 또한 권력을 지닌 사람들이 헌정주의와 민주주의의 요구에 따라 중립적으로 작동하는 특수하고 매우 엄중한 제재들에 구속될 것이라고 가정한다. 한 가지 예로, 위법사실을 근거로 공직자를 탄핵할 수 있는 의회의 제재를 들 수 있다. 공직자들에게 상당한 재량권이 주어졌을 때, 그러한 재량권을 자의적으로 사용하는 것을 막을 수 있는 유일한 방법은 엄격한 의회 조사방식을 확립해서 남용사건이 드러나면 탄핵받도록 하는 것이다.

법의 일상적 제재와 이러한 종류의 특수한 제재가 공직을 맡을 수도 있는 악한을 상당 정도 막는 역할을 해야 한다. 그러나 그러한 제재를 받지 않는 위반의 경우에는 그러한 위반을 되풀이하는 것에 처벌을 높이거나, 악한을 대상으로 한 특정방식이 있어야 한다. 예를 들면, 첫 번째 위반으로 견책을 받은 각료는 두 번째에는 물러나야 하고, 세 번째에는 공직을 맡을 수 없는 등 처벌이 강화될 것임을 예상할 수 있어야 한다. 이러한 종류의 제재의 단계가 없다면, 실질적인 악한을 억제할 수 있을 것으로 기대할 수 없으며, 더 나쁘게는 공적 삶에서 그들을 제거할 수 있다는 기대를 갖기도 어려워질 것이다.

6. 결 론

제6장에서 논의한 것처럼 공화주의적 자유라는 명분은 헌정주의와 민주주의의 명분이기도 하다. 그러나 '헌정주의', '민주주의'나 '자유', '공화정'과 같은 단어들은 〔여러 가지 대의명분에〕 이용되는 경향이 있다. 이 과정에서 그러한 관념들은 숨막힐 듯하고 때론 무분별한 헌신을 유도하기도 한다. 〔이런 점에서〕 나는 이 장이 내가 구체화하려고 노력했던 이상을 탈신비화시키는 효과를 갖기를 희망한다. 내가 추구하는 이상은 본질적으로 평범하고 일상적인 장치들을 통해 증진시키고자 하는 하나의 목적이다.

페이비언들과 '가스와 수도 사회주의자들'과 같은 실천지향적 개혁주의자들을 얕보는 것이 20세기 초창기에는 일상적이었다. 그러나 이들이 성취해낸 것을 더 이상 경시할 수 없음은 분명해졌다. 그들은 낭만주의적이고 현실과 크게 동떨어진 이상을 지녔던 사람들로 치부할 수 없을 만큼 상당히 견고하고 매력적인 유산을 남겨주었다. 내가 이 책에서 주장하려고 하는 것은 바로 가스와 수도 공화주의〔일상적이고 평범한 수단을 통해 실현되는 공화주의 — 역자〕이다. 이러한 공화주의의 목적은 분명 비지배 자유라는 높은 이상이 폭넓게 실현되는 체제이다. 그리고 그러한 체제는 분명 헌정주의와 민주주의가 지배적 통치방식으로 작동해야 한다. 그러나 헌정주의와 민주주의는 가스와 수도와 같은 하부구조가 제공될 때만 안정화된다. 그렇지 않으면 이는 단지 지적 기만에 그치게 될 것이다.

가령 정치적 삶에서 위원회보다 평범한 것은 거의 없을 것이다. 그러나 만약 이 장에서 주장한 내용이 옳다면, 우리의 공화주의적 신념은 가장 평범한 제도들이 안정적으로 작동할 수 있게 만들어 주는 것들에 결정적으로 의존한다. 위원회는 특정한 기간 동안, 특정한 일을 맡도록 선발된 개인들의 기구이다. 위원회는 가령 항소를 듣고 추천하거나, 후보자를 찾아내서 임명하거나, 현재 채용된 사람을 승진 또는 탈락시키거나, 책임을 추궁하고 수행실적을 정밀하게 살피는 역할을 한다. 그것은 배심원과 같은 사법기구나 내각과 같은 행정기구처럼 공식적 지위를 가지고 있을 수도 있고, 다소 비공식적 지위를 가지고 있을 수도 있다. 위원회는 정체에서 효소와 같다. 적어도 정치에 대한 공화주의적 개념에서는 말이다.

많은 현대 집단들이 위원회를 대표성이 없는 것으로 폄하하는 경향을 갖고 있다. 위원회는 민주적 선거를 통해 임명되지 않기 때문에 대표성이 없다고 생각될 수도 있다. 그러나 선출되지는 않지만, 위원회는 공동체 속에 존재하는 주요 시각들을 포함한다는 보다 넓은 의미에서 대표성을 지니고 있기도 하다. 또한 위원회는 자의적이지 않은 결정을 내릴 수 있는 최선의 전망을 제시하기도 한다. 당파적 이익이나 사고가 행사할 수 있는 통제력을 효과적으로 배제하는 것이다.

물론 우리가 알고 있다시피 위원회들이 이런 역할을 제대로 하지 못할 수도 있다. 최선의 검증절차에도 불구하고 만들어지는 결과에 특수이익을 지닌 사람들로 위원회가 구성될 수 있다. 아니면 기밀을 유지하려는 노력에도 불구하고 외부의 협박 때문에 〔타인의〕 평가를 받고 싶은 욕구에 기인하는 효과가 무력화될 수도 있다. 구성원들이 다른 사람의 판단의 근거에 대해 서로 질문하려 하지 않아서 위원회의 가치가 떨어질 수도 있다. 보다 근본적으로는, 구성원들이 자신을 다른 사람에게 드러내는 것을 수치스럽게 여길 만큼 사회가 분열된 곳에서는 그러한 장치가 훼손되게 된다. 어떠한 사회는 너무 분열되어 있어서 — 그러한 분열이 피부색이나 종교적 신념, 계급, 젠더 그 밖에 무엇과 연결되어 있든 간에 — 위원회의 참여자들이 자신이 속한 특정한 하위문화 구성원들의 평가에만 관심을 가질 수도 있는 것이다.

만약 우리가 정치에 대한 공화주의적 시각을 수용한다면, 연구해야 할 긴급한 질문은 위원회가 높은 수준의 성과를 내도록 보장할 수 있는 방안은 무엇인가와 같은 평범한 문제들이 되어야 한다. 이러한 문제들은 《카토의 편지》와 《연방주의 교서》의 저자들뿐만 아니라 마키아벨리, 해링턴, 몽테스키외가 관심을 가졌던 이슈이기도 하다. 그들은 제도의 형성과 재형성에 관심이 있었고, 특히 제도가 비지배 자유의 명분을 어떻게 가장 잘 수행할 수 있는지 탐구하고자 했다.

정치이론가들은 보다 형이상학적이거나 정초주의적인 문제들에 관심을 가지면서 이러한 문제들을 도외시했다. 그들은 제도 디자인과 같은 평범한 이슈보다는 동의의 의미, 정의의 속성, 정치적 의무의 기반과 같은 문제들을 고찰하는 데 시간을 보내는 것을 선호했다. 그들은 실질적이고 불완전한 세상 속에서 우리의 목적을 어떻게 가장 잘 진전시킬 수 있는지를 얘기하는 이론보다는, 롤즈의 표현대로 이상적인 이론에 치중했던 것이다. 〔실질적인〕 제도적 분석을 멀리하는 태도가 특정 정치철학자들에게는 부합될지 모르겠지만, 비지배 자유의 관점에서는 이에 대한 진지한 관심이 소멸되는 것을 의미한다.

제 8 장

공화국의 교화

앞선 3개의 장에서 특징을 살펴 본 제도들은 자유에 대한 공화주의의 개념을 더욱 풍부하게 하는 데 필수불가결하다고 생각한다. 또한 제도적 고찰과 고안을 중시하는 공화주의 전통과도 잘 맞는다고 생각한다. 그러나 이러한 제도들은 혼자서 작동할 수 없는, 생명이 없는 기계적 도구이다. 오직 사람들의 마음속에서 습관화될 때 이 제도들은 생명력과 활력을 얻을 것이다.

사람들이 일반적으로 이러한 제도들에 일체감을 가지지 않는다고 가정해 보자. 사람들이 이들을 외부적 강제로 간주하거나, 제도를 시행하고 그 정당성을 주장하는 사람들을 경멸과 불신의 시선으로 바라본다고 가정해 보자. 이러한 곳에서 그 제도들이 오랫동안 유지될 수 있겠는가? 분명 그렇지 않다. 순수하게 법적 제도들은 사람들이 경원시하거나 회의주의가 팽배할 때 살아남을 수 없다. 법이 상당한 수준의 신뢰와 존경을 불러일으키지 못한다면 어떠한 법체계도 효과적일 수 없다. 존슨 박사(Dr Johnson)가 "오직 법에 의해서만 통치되는 국가는 나쁜 국가이다. 왜냐하면 법이 다룰 수 없는 수천 가지의 일들이 있기 때문이다"(Boswell, 1970: 274)라고 말했던 것처럼 말이다.

적절한 공화주의 법률의 고안을 넘어서, 우리가 목표로 했던 정체를 달성하기 위해 필요한 것은 무엇인가? 우리는 고안된 법이 비지배라는 명분을 너무나 잘 충족시킨다고 가정할 수도 있다. 이러한 법이 공화국이 갖추어야 할 적절한 목적과 형태를 규정하고, 공화국의 공직자를 규제할 수 있는 잠재력을 지닌 효과적인 장치를 구비하고 있다고 가정할 수도 있다. 비지배 자유가 정말 증진되기 위해서, 이러한 법의 보완책으로는 무엇이 요구될까?

그 대답은 한마디로 규범이라고 말할 수 있다. 법은 효과적이고 독립적으로 국가강제를 통제하는 시민사회 영역의 규범망 속에 내장되어 있어야 한다. 시민사회는 가족단위를 넘어 정치의 기반이 되는 공동체의 면모를 지닌 사회이다. 편협한 가족적 헌신의 한계를 넘어 확장된 사회의 형태이긴 하지만, 강제적 국가의 존재를 반드시 요구하지는 않는다(Taylor, 1995: essay, 11; Gellner, 1994; Kumar, 1993). 〔그러한〕 국가가 사람들의 마음속에 자리 잡을 수 있으려면, 그리고 그 국가의 법이 진정으로 효과적이려면, 법은 시민사회 영역에 확립되어 있거나 확립될 규범과 상승작용을 일으켜야 할 것이다. 법은 규범을 뒷받침해야만 하고, 규범도 법을 뒷받침해야만 한다.

이러한 관점은 새로운 것이 아니다. 정치적 법률과 결합된 시민적 규범을 가지는 것의 중요성은 공화주의 전통에서는 초창기부터 인식되어 왔다. 예를 들어 마키아벨리는 좋은 관습(*buoni costumi*)이 이미 체화되지 않은 사회에서는 법의 공화국을 강요할 수 없음을 명확히 했다. 즉, 좋은 관습 또는 도덕이 필요하다는 것이다(Rubenstein, 1991: 51). 그는 "좋은 도덕이 유지된다고 하더라도 법을 필요로 하는 것처럼, 법이 준수된다고 해도 좋은 도덕을 필요로 한다"고 말했다(Machiavelli, 1965: 241).

일부 공화정이 요구하는 규범은 그 사회에서 사람들이 어떻게 행동해야 하는가에 영향을 미치는 전반적인 것일 수도 있다. 다른 규범들은 특정 역할이나 집단의 사람들에게만 영향을 미치는 특수한 것일 수도 있다. 예를 들어, 공직에 있는 사람들이나 부당한 대우를 받는 소수에 속한 사람들이 어떻게 행동해야 하는가에 대해 영향을 주는 규범 등이 있다. 어느 경우에나 규범은 다양한 형태의 법을 지지하는 반응을 요구할 것이다. 이러한 반응은, 규범이 범죄로 규정된 행위를 비난하는 것처럼 법에 의해 규정된 행위일 수도 있고, 규범이 좌측통행이나 우측통행과 같이 법적으로 확립된 관습에 따르기를 요구하는 것처럼 법에 의해 부과되는 행위일 수도 있으며, 규범이 사람들에게 위법행위를 신고하도록 요구할 때처럼 법을 강제하는 데 도움이 되는 행위일 수도 있다. 혹은 규범에 의해 사람들이 부적절한 법에 대해 비판적이고 논쟁적으로 될 때와 같이 지금까지는 무시되었던 어떤 문제들에 대해 법이 반응하도록 고안된 행위일 수도 있다.

우리는 법에 의해 성립된 제도적 형태를 가지는 것이 무엇을 의미하는지를 알고 있다. 그러나 법과 조화를 이루며 작동하는 규범이 존재한다고 말하는 것이 의미하는 바는 무엇인가? 예를 들어 여러분은 〔타인과〕 공유하는 이익을 성취하기 위해 이뤄지는 집합적 노력에 힘을 보태야 한다는 시민적 규범이 있다고 생각해 보자. 그러한 규범 — 사회전반적 규범 — 이 성립되어 있다는 것이 관련되어 있는 것은 무엇인가(Pettit, 1990)?

어떤 경우일지라도, 이때 연관된 주장 하나는 관련된 당사자들 — 사회전반적 규범의 경우에 사회 전체의 구성원 — 은 일반적으로 규칙성을 지킨다는 것이다. 즉, 그들은 자신에게 이익이 되는 집합적 노력에 조력하는 경향이 있다. 그렇지 않다면, 규범은 사회 속에서 확립되지 않을 것이며 단지 실현되지 않은 소망이나 법규에 불과할 것이다. 그러나 행위의 규칙성 문제는 규범이 성립되는 데 충분하지 않을 것이다. 만약 충분하다고 한다면, 사람들이 밤에 자는 것, 몸을 따뜻하게 하는 것, 혹은 고기를 익혀먹는 것들도 규범이 될 것이다.

이러한 규칙성은 어떠한 직관적 관점에서 보더라도 규범이 아니라 단지 공통의 취향의 문제일 뿐이다. 그렇다면 행위의 규칙성이라는 문제를 넘어서, 규범이 성립되는 데 필수적인 것은 무엇일까?

단순히 공통의 취향이 아니라 규범이 존재할 때, 특징적인 차이점 하나는 관련된 당사자들이 일반적으로 특정 행위를 찬성하고/하거나 그 행위를 하지 않는 것을 비난한다는 것이다. 여러분에게 이익이 되는 집합적 사업에 조력해야 한다는 것이 어떤 사회 전반을 관통하는 규범이라면, 이는 사람들이 그러한 조력을 하는 경향이 있을 뿐만 아니라 조력하는 사람들에게는 찬성을 하고 그렇지 못한 사람들은 비난하려 한다는 것을 의미한다. 사람들은 누군가가 낮에 자고, 몸을 따뜻하게 하지 않고, 혹은 고기를 익혀먹지 않는 것을 선호한다는 사실에 놀랄지도 모르지만, 다른 것들이 동일하다면 그들은 이러한 발견에 곧 무관심해질 것이다. 하지만 누군가가 이익을 얻을 수 있는 집합적 노력에 힘을 보태지 않는다는 사실을—어쨌든 그것이 성립된, 사회전반적 규범에 반하는 것이 아닐지라도—알게 되면 단순히 놀라지만은 않을 것이다. 사람들은 그의 행동을 비난하고 그를 나쁘게 생각하게 될 것이다.

그러므로 한 사회에서 특정한 방식으로 행위하는 것이 규범이라면 첫째, 관련된 당사자들은 일반적으로 그러한 방식으로 행위할 것이고, 둘째, 그러한 방식으로 행위하는 사람에 찬성하거나 그렇지 않은 이를 비난할 것이다. 타당한 경우의 발생시 연관된 의미에서 찬성하거나 비난한다는 것은 사람들을 그들 면전에서, 혹은 보다 쉽게는 그들의 뒤에서 칭찬하거나 비난하는 성향을 가지는 것이다. 때로는 행위가 우리 자신의 목적에 부합하는가 그렇지 않은가를 토대로 찬성하거나 비난한다. 그러나 시민적 규범, 특히 타인과 공유하는 규범이 존재할 때 요구되는 찬성 혹은 비난은 좀더 중립적 토대에서 이뤄진다. 그러한 중립적 토대는 〔행위가〕 행위자 외에 타인의 목적에 적합한가 그렇지 않은가 혹은 전체 사회나 다른 연관된 집단의 이익을 증진시키는가 그렇지 않은가라는 것이다.

그러나 규범이 성립되기 위해서는 세 번째 조건 또한 충족되어야 한다. 행위는 단순히 관련된 당사자간의 일반적 호응과 일반적 찬성의 문제여야만 하는 것이 아니다. 찬성은 〔사람들의〕 호응을 확보하는 데 도움을 주어야 한다. 사람들이 보편적 명분에 이바지하는 이들에는 찬성하고 그렇지 않은 사람들은 비난한다는 사실은 그 사람들이 똑같은 패턴에 따라 이바지할 가능성을 높이거나 그렇게 하도록 만들어야 한다. 이는 매우 약한 조건이다. 찬성이 호응을 확보하는 데 얼마나 효과적인가에 대해서는 전혀 언급이 없고 단지 그럼에도 불구하고 중요하다고 말하기 때문이다. 이 조건은 일반적으로 찬성을 이끌어내지만 그러한 찬성에 전혀 영향을 받지 않는 행위의 패턴들로부터 진정한 규범을 구별할 수 있게 해준다. 사람들이 매일 먹는다는 것은 규칙성이거나 일반적으로 찬성하는 패턴일 수도 있다. 그러나 사람들이 매일 먹는 이유가 이에 찬성한다는 사실과 거의 상관이 없다는 점을 고려하면, 우리는 이와 같은 규칙성을 규범이라고 보기 어려울 것이다.

규칙성이 규범이 되기 위해서 호응과 찬성의 요소들은 적극적으로 서로 연관되어야 한다. 이들은 타성적 병치(竝置)로 내버려질 수 없다. 예를 들어 규범이 부모의 찬성에 필수적이라는 점을 보여줌으로써 아이들이 그러한 규범을 받아들이도록 촉진한다는 점에서 이들은 서로 연관될 수 있다. 또는 덕성이 있는 사람들은 자발적으로 규범을 따르겠지만 완전히 혹은 영원히 덕성을 갖춘 사람은 거의 없고, 제안에 대한 찬성과 비난의 패턴에 의해 그들의 동기가 강해짐으로써 이익을 얻을 수도 있다는 사실 때문에 서로 연관될 수도 있다(Pettit,

1995b).

규범이 존재하기 위해서는 다음과 같은 세 가지 조건이 필요하다. 첫째, 관련된 당사자들은 일반적으로 특정 행위의 패턴을 나타낸다. 둘째, 그들은 일반적으로 누군가가 그렇게 행동하는 것에 찬성하고, 그렇지 않은 경우 비난한다. 셋째, 찬성하는 습관은 이러한 습관이 없었을 때보다 해당 행위의 가능성을 높이거나 그렇게 하도록 만든다.

이와 같은 세 가지 조건이 충족된다면 이는 곧 그러한 것들이 충족되었는가에 대한 공통의 인식 — 아니면 적어도 관련된 집단에서의 공통의 믿음 — 의 문제가 되고, 우리는 거기에 네 번째 조건을 추가하고자 한다. 누구나 자신이 속한 사회에서 무엇이 규범인지 알기를 원할 것이고, 마찬가지로 누구나 무엇이 규범인지를 말하는 위치에 있게 될 것이다. 더욱이 그러한 사실은 모든 이들, 최소한 관련된 집단들에게는 분명하기 때문에, 누구나 어떤 것 또는 다른 것이 행해져야 한다는 것은 규범이라는 점뿐만 아니라 관련된 모든 이들이 그것이 규범이라고 인지한다는 점 또한 인식할 수 있는 위치에 있게 된다. 따라서 우리는 익숙한 공통적 지식의 위계, 최소한 이러한 지식이 지속되는 형태 속으로 인도될 것이다. 즉, 어느 누구도 그러한 공통의 인식을 불신하지 않고, 그것이 불신이라는 것 또한 불신하지 않는다(Lewis, 1969: 56).

이제 처음에 제기했던 주장으로 돌아갈 수 있게 되었다. 즉, 앞선 3개의 장에서 설명한 정체(政體)가 견고하게 성립될 수 있다는 희망을 갖기 위해서는 그 정체가 지니고 있는 법률이 시민사회의 규범들에 부합해야 한다는 주장이다. 법이 그러한 규범과 충돌하고, 규범에 의해 적극적으로 뒷받침되지 않는다면 우리가 추구하는 이상적 공화국의 실현가능성은 급격히 감소할 것이다.

사회 전반에 걸쳐 성립된 규범이 있고, 사회 내의 관련된 집단에서 공화주의적 법률양식을 뒷받침한다고 가정해 보자. 그러한 경우에 법과 같이 규범은 공화주의적 특성을 지닐 것이다. 그리고 모든 사람이 비지배 자유를 향유하는 체제와 일치하고, 그것들을 지지할 것이다. 이와 같은 규범은 예를 들어 그 어떤 사회 전반의 대가를 치르더라도 특수집단의 복지를 추구하거나 그 집단의 구성원이 입는 피해에 대해 외부인들에게 보복을 명하는 규범들과는 달리, 본질적으로 분파적이거나 파당적이지 않을 것이다. 필수적 규범을 가진 사람들 — 자신의 행동과 동의의 습관에 그러한 규범을 체화하는 사람들 — 은 공공선에 적대적이지 않을 것이다. 반대로 이들은 우리가 자연스럽게 공공선을 지닌 품성이라고 말하는 것을 보여줄 것이다.

내가 공화주의적 법이 시민적 규범망 속에 내장되어야만 한다고 말했을 때, 이는 성공적이라면 공화주의적 법률은 시민적 덕성이나 좋은 시민성(*citizenship*)이라는 습관 — 시민적 교양(*civility*)이라는 습관이라고 부를 수도 있는(Selznick, 1992: 389~390) — 이 뒷받침되어야 한다는 것을 의미한다고 말할 수 있다. 이러한 주장을 함에 있어 나의 주장과 공화주의 전통과의 연관성은 훨씬 더 두드러진다. 여러 주장들에서 공화주의 전통은 가장 두드러지는데, 독특한 자유 개념이나 헌정주의, 민주주의 그리고 통제가 가져야 하는 형태의 모습 때문이 아니라 시민적 덕성 — 나는 시민적 교양이라는 표현을 더 선호한다 — 을 필요로 한다는 것 때문이다(Burtt, 1993). 공화주의 전통에서 반복되는 주제 가운데 하나는 공화국은 법에 의해서만 유지될 수 없고, 시민적 교양이 광범위하게 확산될 것을 요구한다는 것이다.

이 장은 그러한 주제를 다루고 있다. 제 1절에서 시민적 교양이 공화국을 유지하는 데 필요하다는 몇 가지 다른 토대들을 살펴볼 것이다. 이는 철저한 것이 아니라 예증적인 것을 의미한다. 제 2절에서는 시민적 교양이 정착되는 것에 있어 공화국이 어디까지 기대하고 보장할 수 있는지를 살펴볼 것이다. 그리고 제3절에서는 여기서 구상하는 공화국이 사람들 사이에 신뢰를 구축하고, 일상적이고 정치의 토대가 되는 삶이 번성하는 사회가 될 것임을 보여줄 것이다.

1. 시민적 교양의 필요성

공화국이 규범망에 내장된 법을 가져야 할 첫 번째 가장 중요한 이유는 공화주의적 법을 뒷받침하는 규범이 있는 정체에서 사람들은 더 높은 수준의 비지배를 누린다는 점이다. 법이 시민적 규범과 떨어져 있거나, 심지어 충돌하는 곳—그런 정체가 가능하다면—에서 사람들은 법과 다른 간섭의 비용들이 편익을 압도할 때에만, 법을 존중하고 타인을 자의적으로 간섭하는 것을 단념할 것이다. 그들은 시민적 교양이 요구하는 분별이 없어서가 아니라 마지못해, 아마도 원망하면서도 그러한 법들을 존중하게 될 것이다. 그러나 다른 것에 의해 법을 따르는 것은 상황에 따라 우연적이고 비의도적인 것이라서 한 사람의 지배받지 않는 상태를 확립하는 데 도움이 되지 않는다. 사람들이 통제되지 않고 처벌받지 않을 수 있는 간섭이 있는 어두운 구석에서 벗어나, 법의 주시하에 있을 경우에만 개개인은 지배받지 않고 타인의 자의적 간섭을 받지 않을 수 있을 것이다.

따라서 비지배의 진정한 향유는 간섭받지 않는 영역을 감시하는 법률 이상을 필요로 한다. 즉, 그러한 영역을 두드러지게 하고, 보장하며, 감시하는 사회적으로 성립된 규범 또한 필요로 한다. 만약 이러한 규범이 적절히 존재한다면 이는 타인들이 〔간섭받지 않는〕 영역에서 여러분을 존경하게끔 유도하는 확실하지만 아마도 무분별한 성향의 문제가 될 것이다. 당신은 비지배 자유를 위해 단지 법의 유효성에 의존하지 않아도 될 것이다. 왜냐하면 당신은 확립된 규범의 힘을 믿을 수 있을 것이기 때문이다. 타인들은 제약받고 존경을 보이도록 유도하고 여러분이 비지배적 삶을 영위할 수 있도록 하는 사회세력은 두 차원을 가진다. 타인은 법적 제재에 대한 민감성 때문만이 아니라 자발적이고 문화적으로 체득된 시민적 교양에 의해서도 여러분의 지위와 신분을 인정할 것이다(Spitz, 1995a).

이러한 것은 법을 준수하는 공동체에서 법을 따르는 이유를 법적 제재의 두려움이 아닌 법이 공정하다는 인식에서 찾는 사람들 사이에서 공통적으로 발견된다(Braithwaite, 1989; Tyler, 1990). 이러한 연구들이 보다 구체적으로 보여주는 것처럼 대부분의 사람들이 법을 준수하는 이유는 법이 다양한 고려하에서 원칙에 입각해 형성 및 적용되고 당파적 견해의 불필요한 영향을 받지 않는 등 절차적으로 공정하기 때문이다(Tyler and Mitchell, 1994; Lind and Tyler, 1988도 참조). 사람들은 법적 제재에 대해 저울질하지 않고, 그것에 의해 방해받는다고 생각하지도 않는다. 그들은 법을 정당한 것, 적어도 어떤 제약하에서 사람들을 인도하는 것으로 간주하고 이를 준수하는 것을 의심하지 않는다.

이와 같은 관찰은 시민적 교양의 필요성에 대한 첫 번째 논의를 뒷받침한다. 왜냐하면 바로 법이 공화주의적 규범의 지지를 받을 때, 즉 그러한 규범에 반하는 것을 요구하지 않고 규범에 부합되는 방법으로 형성되고 제공될 때, 사람들은 아마 법의 공화주의적 양식을 정당한 것으로 보고 좀더 의심 없이 따를 것이기 때문이다. 오직 법이 적절한 규범에 의해 뒷받침되고 법에 대한 복종이 광범위하게 퍼진 시민적 교양에 의해 발생하고 강화될 때에만, 사람들은 진정으로 공화주의적 법을 따르고 법이 제공하는 비지배를 향유할 것이다.

광범위하게 퍼진 시민적 교양이 필수적인 두 번째 이유는 법률준수를 뒷받침해야 할 필요가 아니라, 법이 사람들의 변해가는 〔당시에는〕 명백한 이해 및 관념을 따르도록 만들어야 할 필요성과 관련이 있다. 즉, 법이 민주적 견제력과 결합된 제한을 충족시키도록 할 필요성과 연관되어 있다. 일반적으로 침해라고 인지되지 않는 비지배에 대한 침해가 존재한다고 가정해 보자. 예를 들어 정부활동이 그 사회의 특정한 집단의 이익과 관념을 따르는 것은 아니지만, 그 문화 내의 어떤 사실로서 성립된 것이 아니라고 생각해 보자. 이러한 경우 그 집단, 적어도 그 집단과 일체감을 느끼는 사람들 속에 집단의 이름으로 행위하려는 사람이 존재할 경우에만 침해가 인지될 것이다. 그들은 단순히 자신 때문에 불평하는 것이 아니다. 그들은 집단을 조직하고 공유하는 불만을 명료화하는 시민적 교양의 모습을 지닌다. 찬성하는 성향과 행동에서 그들은 그러한 집단에 충실하고 부합되는 규범을 체득하고 있는 것이다.

많은 사회들이 현재 여성의 역할과 소수민족의 지위에 대한 문제에서 경험하는 태도 면에서의 혁명을 생각해 보자. 현재는 공격적이고 치욕적인 특색을 지닌 행동과 말이 이러한 사회들에서 주목받지 않고 지나쳤던 — 일상적이고 이의가 없는 것으로 받아들여졌던 — 것은 그리 오래전 일이 아니다. 만약 진정으로 이의를 제기할 수 있는 말과 행동이 공식적이거나 비공식적인 구속하에 있도록 하기 위해 보다 나은 방향으로 변화한다면, 이는 법에 대한 복종과 결합된 것이라기보다는 좀더 창조적인 역할을 하는 시민적 교양의 영향인 것이다. 성취된 변화를 위해 일하는 사람들이 해당 집단의 선(善)과 관련된 규범을 내면화하지 않는다고 생각해 보자. 그리고 각각 오직 그들 자신과 가족들에만 집중하고 그들의 관심을 그러한 큰 목표로 확대하지 않는다고 생각해 보자. 이 경우, 변화가 항상 실현되었는지는 매우 의심스럽다.

상이한 집단들이 상당히 다른 견해를 나타내고, 외부인이 그 집단에 속한 사람들의 이익과 사고를 알아차리기는 매우 어렵다. 동기가 부적절한 것이기 때문에 어려울 수도 있다. 외부인들은 집단에 가해지는 위협 속에서 위험한 상태에 있지 않기에 어떤 일이 일어나는지에 대해 당연한 관심을 기울이지 않을 것이기 때문이다. 아니면 그들의 인식과 식견에 기인한 것일 수도 있다. 집단에 소속된 사람들의 행동 및 감수성과 관련이 없기에 외부인들은 해당 문제들을 인식하거나 정교화하지 못한다(Pettit, 1994a). 인종과 젠더에 대해 전통적으로 대표성을 보여주지 못했던 정부, 심지어는 관대했던 정부의 업무에서 우리는 이러한 교훈을 상세하게 배우게 된다. 다양한 집단들과 다양한 이익들이 존재하는 공화국은 차이의 정치(*politics of difference*)를 필요로 한다(Young, 1990). 그리고 차이의 정치는 오직 시민적 교양이 광범위하고 집단중심적인 곳에서만 가능하다.

나는 인종과 젠더 집단과의 결합 속에서 등장할 수 있는 시민적 교양에 대한 언급을 통해, 널리 퍼진 시민적 교양이 필요한 두 번째 토대를 설명할 것이다. 그러나 요구되는 시민적 교양이 이러한 예들이 제안할 수 있는 것보다 더 광범위한 범위에 걸쳐 있을 필요가 있다는 것을 인식하는 것이 중요하다. 많은 사회에서 소비자나 수감자, 혹은 전쟁미망인을 위해서, 그리고 다양한 장애를 지닌 사람, 박탈된 지역에 있는 사람, 혹은 동성애자들을 위해 적거나 큰 영향을 발휘하는 정치를 생각해 보라. 그러한 정치형태는 중요한 이익을 표출하는 데 필수적이며, 내가 논의해온 집단중심적 형태의 시민적 교양을 필요로 할 것이다.

그러나 확산되어 있는 시민적 교양이 필요한 두 번째 토대가 오직 광범위한 집단들과 연관되어 있는 것은 아니다. 그것은 또한 가장 넓은 집단—전체 사회, 심지어 세계—과도 때때로 관련되어 있다.

환경적 인지와 보호의 필요를 주장하는—종종 분파적 반대에도 불과하고—사람들에 의해 나타나는 시민적 교양의 종류가 가장 두드러진 예다. 만약 사람들이 일반적으로 공공선을 고려할 것을 요구하는 규범에 반응하지 않는다면, 일반적으로 정부가 현재 실행하는 부적절한 방법에서조차 환경적 고려를 염두에 두도록 강제된다는 것은 매우 의심스럽다. 심지어 무임승차가 합리적이고 이기적인 반응처럼 보일 때조차 그러한 선을 위한 노력을 요구하는 규범(Pettit, 1986)에 반응할 것인지 말이다. 법이 유지되려면, 그리고 법이 사람들의 이익과 사고를 의식하고 이에 반응하려면, 단지 차이의 정치가 아니라 공통관심의 정치(*politics of common concern*)를 추진하는 것을 가능케 하는 시민적 교양의 형태가 틀림없이 존재해야 할 것이다.

환경운동이 대표하는 공통관심의 문제로 가지 않고도 이 점은 명백하다. 공화주의적 법의 이상이 높은 수준의 집단중심적 시민적 교양이 성립될 수 있다고 전제하는 한, 이러한 부분적 형태의 시민적 교양은 전체사회에 대한 고려를 동반하는 시민적 교양을 배척하지 않는다는 것을 우리는 또한 전제해야 한다. 사람들이 어떤 맥락에서는 이런 충성심에서, 다른 맥락에서는 다른 충성심에서 행동하는 것처럼 사람들이 상이한 정체성을 가질 수 있다는 점을 인식하는 것은 이제 당연하다. 사람들이 여기서는 어떤 집단의 복지와 관련되고 저기서는 다른 집단의 복지와 관련되는 규범을 가지는 것을 모두 인정하는 것처럼, 시민적 교양의 상이한 형태들이 나타날 수 있다는 것 또한 명백하다(Fraser, 1992). 차이의 정치를 가지고 인식한다는 것은, 효과적이기 위해 부분적 형태의 시민적 교양을 요구하긴 하지만, 또한 전체로서 사회와 관련된 시민적 교양을 지닌 사람들, 심지어 상당히 다른 관점을 가진 사람들의 성향을 요구한다. 사람들이 좀더 지역적 결연을 위해 그들의 열정 속에 사회에 확산된 규범을 지지하는 것을 그만두고, 공화국은 경쟁적 이익집단의 전쟁터로 변질되었다고 해보자. 이는 민주주의가 앞서 논의한 심의적이고, 포괄적이며, 반응적인 양식 속에서 작동하는 토론의 장이 되는 것을 포기하는 것과 같다.

제도적 공화국을 위한 토대를 제공하기 위해서는 시민적 교양이 〔사회에〕 확산되는 것이 필요하다는 두 가지 방법에 대해서는 그만 언급하기로 하자. 그러한 시민적 교양이 필요한 세 번째 이유는 순종과 복종, 그리고 새로운 법적 명분의 표출이 아니라, 법의 효과적인 수행 및 〔그와〕 관련된 제재와 연관되어 있다. 이상적 공화국이 제재행위의 적절한 범위를 확인하고 유지하도록 고안되었다고 생각해 보자. 이는 예를 들어 범죄행위거나 공직자들이 해서는 안 된다고 생각되는 행위일 것이다. 제재가 억제로 작동하기 위해서 위법행위는 확실하게 인지되어야 하고, 위반자들은 분명히 확인되어야 한다. 그리고 그러한 효과적인 제재양식을 보장하는 유일한 희망은 사람들로 하여금 단순히 법의 준수를 지지하도록 만드는 것이 아니라, 그들의 태도를 명확히 밝히도록 하는 것 — 칭찬이나 비난을 솔직히 하는 것 —, 그리고 만약 필요하다면 적절한 토론의 장에서 위반자들을 확인하고 보고하도록 만드는 것이다.

이러한 점에서 시민적 교양의 필요성은 경찰이 어느 정도까지 범법자들을 확인할 수 있고 범법행위를 찾아낼 수 있는지에 대해 엄격한 제한이 존재한다는 사실에서 더욱 명확해진다. 정치적 부패 및 환경오염의 사례에서 이러한 점은 분명하다. 일반 시민들은 뇌물수수나 성매매와 같은 정치적 부패에 대해 경고할 준비가 되어 있어야 하며, 환경오염에 대해 유일하게 가능한 효과적인 감시자는 환경운동이다. 이는 가정폭력의 경우에도 사실이다. 여성들은 폭력을 신고하거나, 폭력을 휘두르는 사람들에게 수치심을 안기거나, 그들 스스로가 폭력행위를 알리도록 하는 데 필수적인 지원을 제공함에 주로 친구들에게 의지하기 때문이다. 그러나 좀더 평범한 영역에서도 이는 사실이다. 공동체의 일반 구성원들이 사소한 도둑이나 쓰레기 투기, 공공시설물 파괴에 불평할 준비가 되어 있다는 것만으로도 법적 제재가 효과적일 것이라는 희망은 존재한다(Karstedt-Henke, 1991). 보통 사람들은 개인적이고 공적인 불만을 명백하게 함으로써 그리고 필요하다면 법적 권위에 호소함으로써 그러한 구속을 기꺼이 지지할 것이다.

이러한 세 번째 측면에서 확산된 시민적 교양의 필요성은 자유의 대가가 영원한 경계(*vigilance*)라는 전통적 공화주의 원칙 속에서 잘 나타난다. 여기서 시민적 교양이 성취하는 것은 이것의 부재에서는 거의 불가능한 경계의 수준을 높이고 그로 인해 구속에 노출되는 수준을 높이는 것이다. 특히 전통적 가정에서 시민적 교양이 성취하는 것은 국가 내에서 권력을 지닌 사람에 대한 엄격한 경계의 확대이다. 확립된 지혜는 권력이란 본질적으로 부패하는 것이기 때문에 특별히 감시되어야 한다는 것이다. 18세기 공화파의 주장은 이러한 사고를 전형적으로 표현한다. "많은 권력을 소유하면서 〔권력을〕 남용하지 않는 것을 보지 못했기 때문에, 그는 권력을 가진 자들을 감시하고 그들이 권력을 국가를 위해 사용하는지, 아니면 정직하지 못한 자신들의 이익을 위해 사용하는지에 따라 그들을 면죄하거나 폭로한다" (Rubbins, 1959: 120에서 인용).

공직자들 혹은 일반 시민들에게 상관없이 경계의 필요성에 대한 강조는 사회적 조정에 대한 현대의 직관과 일치한다. 규제이론가들은 순찰과 경보단속체제(*fire-alarm mode of oversight*)를 구분한다(McCubbins and Schwartz, 1984). 전자에서 우리는 문제를 관찰하기 위해 적극적인 경찰의 감시에 의존하는 반면 후자에서는 누군가가 경고의 호각을 불거나 소방대에 연락하는 것에 의존한다. 경보방식은 비용이 매우 적게 들고 부패의 위험을 줄여주며, 훨씬 더 효과적이다. 어떤 경찰도 아주 넓은 지역을 담당할 수는 없다. 그러나 경보감시는 고결한 전통적 경계(警戒)관념과 정확하게 부합한다. 이는 자연스럽게 상응하는 규범의 확산된 수용, 즉 확산된 시민적 교양의 수용에 부합되는 형태의 감시이다.

이에 대한 논의를 마치기 전에 거의 대부분의 전통적 공화주의자들은 경계라는 의미의 덕성이 필요하다고 인식하고 이는 반면, 경계가 일상화될 수 있다고 생각하는 사람과 경계는 적극적이고 항상 부단히 활동하는 시민들을 필요로 한다고 믿는 사람들간에 흥미로운 불일치가 있다는 점을 지적하고자 한다. 몽테스키외(1989)는 어떤 소란이나 고함과 울음소리 없이 공화국의 평온한 기능—그가 제시한 것처럼 자유와 고요함이 모든 사람들에게 보장되는 온건한 사회의 평온한 기능—을 지킬 수 있도록 조직하는 것이 가능하다고 생각하는 대표적인 사람이다. 반면 애덤 퍼거슨(Ferguson, 1767)은 자기만족이 지속적으로 방지되지 않고 권력을 지닌 사람들이 할 수 있는 최악의 것들에 대해 보통 사람들이 경계를 늦춘다면, 자유에 대한 어떤 희망도 없을 것이라고 주장하면서 이러한 시각을 비판한다. 몽테스키외가 영국에서 발견하고 칭찬했던 법의 지배는 좋은 것이다. 그래서 퍼거슨(1767: 167)은 다음과 같이 말했다. “그러나 법의 지배를 위해서는 그것을 보호하는 대영제국의 전반적 정치적 정체 못지않은 어떤 구조가 필요하다. 그리고 이러한 운이 좋은 사람들의 감당할 수 없고 거센 열의 못지않은 어떤 정신이 필요하다.”

이러한 두 진영간의 쟁점은 본질적으로 경험적인 것이고, 다른 것을 검토하기 위해서는 이 문제를 남겨놓아야 한다. 그러나 발전된 사회를 이끄는 것은 몽테스키외가 아니라 퍼거슨〔의 주장〕이고, 우리가 〔이를〕 따라야 한다는 것을 뒷받침하는 눈에 띄는 사실이 하나 존재한다. 이는 적어도 어떤 영역에서는 환경오염의 영역을 말하고, 보통 사람들을 안심시키는—사실상 그들을 조용하게 하는—위반자의 권력이 너무 커서, 위반행위가 효과적으로 확인되고 위반자들이 해왔던 것들에 대해 대답하도록 보장하기 위해 적극적인 반대나 심지어 광신도와 개혁운동가들의 반대조차 요구할지도 모른다는 것이다.

2. 시민적 교양의 공급

나는 공화주의적 법이 공화주의적 규범, 다시 말해 공화주의적 형태의 덕성이나 좋은 시민성, 또는 시민적 교양에 의해 뒷받침되어야 한다는 점을 보였다. 이제 문제는 공화주의 국가가 〔이렇게〕 요구되는 시민적 교양의 등장과 작동을 쉽게 하기 위해 무엇을 할 수 있는가 이다. 그들의 성공—비지배를 보장하는 것으로서 성공—에 필요한 시민적 조건들의 이행을 장려하도록 법이 고안되고 제도화되는 것이 가능한가? 국가가 공화국의 목표와 형태를 간직하는 법을 안전하게 시민적 규범에 토대를 둘 수 있도록 하는 것이 가능한가?

1) 법의 정당성 확보

국가가 해야 하는 것들 가운데 한 가지 두드러진 점은 문제의 법이 시민들의 삶에 대한 정당한 개입이라고 일반적으로 인식될 수 있도록 해야 한다는 것이다. 이와 같이 명백하게 정당한 특성을 지닌 법만이 시민적 규범에 의해 지지받는 것을 기대할 수 있다. 그리고 그러한 법의 구축에 실패한다면 공화주의적 시민적 교양의 축적이 감소할 것은 틀림없다. 사람들은 시민적 반응에 집중된 관심에 부응하지 않는 법체계를 발견할 때 무엇을 할 것인가? 법이 단호하고 확고하게 존재한다고 가정하면서 그들이 국가에 대해 적대적인 태도를 보이거나 무관심으로 일관하게 될 것이라는 점은 너무도 자명하다. 그러나 사람들이 이러한 방식으로 숨어버린다면 시민적 교양이 실행될 수 있는 영역은 점점 더 작아질 것이고, 시민적 교양이 확대되고 번창하는 것을 기대할 만한 이유도 점점 더 줄어들 것이다.

하지만 공화주의 국가가 법의 분명한 정당성을 확보해야 한다는 것을 인정한다면 이 문제를 어떻게 달성할 수 있을까? 첫째, 이데올로기적 요건으로 비지배 자유를 권장적 선(善)인 동시에 법률에 의해 증진되도록 고안된 선으로 표현할 수 있어야 한다는 것이다. 이는 공공성에 대한 제5장에서의 논의와 연관된 것이다. 두 번째, 제도적 요건은 공화주의 국가 스스로가 다음과 같은 점, 즉 견제적 민주주의는 명백하고 안정된 현실이며 누구도 권력을 지닌 자의 지배에 종속되지 않는—권위 있는 자들이 추구하는 것과 그들이 추구하는 방식이 일반적 기준을 통과하도록 요구받는 것 모두—토론의 장임을 분명히 해야 한다는 것이다.

이러한 제도적 조건의 달성은 이데올로기적 요건의 달성에 필수적인—그리고 쉽게 촉진할 수 있는—것이다. 사회의 모든 집단이 제도적 요건에서처럼 명백히 어떤 국가에 의해 채택된 목표, 형태 혹은 행위에 이의를 제기할 수 있다면, 그러한 국가가 가지고 있고 적용하는 법이 스스로 지배에 대항하는 것을 보호하는 효과적인 수단이 되지 못하는 경우는 거의 없다. 그리고 이데올로기적 요건이 잘 충족되지 못하는 경우도 거의 발견할 수 없다. 오직 모든 집단이 제도적 요건에서처럼, 이러한 위치에 있을 때만 우리는 법의 지배에 대한 보호를 효과적인 수단으로 기대할 수 있다. 어떤 이데올로기도 명백하고 제도적인 실패를 상쇄할 수는 없을 것이다.

여기서 옹호하고자 하는 주장은 루소의 공화주의와 관련이 있다(Spitz, 1995a: 341~427). 루소에 따르면 자유의 주된 구성요소는 타인의 의지에 취약성을 가지지 않고, 자신이 하고자 하는 것을 따라 비의존(*non-dependency*)을 향유하는 것이다. 그러나 취약성을 가지지 않는다는 것은 다른 사람들이 체계적으로 저항하고 전략적으로 회피하는 강압적인 강요가 아니라 정당하고 받아들일 만한 제한으로 내면화되는 법 아래에서만 개개인에게 보장될 수 있다. 어떻게 그러한 법이 내면화되고, 외부적 구속으로 표현되지 않게 할 수 있는가? 루소의 해결방안은 완전한 참여의 조건하에서 일반의지의 문제로 인식되는 자신의 민주적 제한을 만족시키는 법을 요구하는 것이다.

여기서 제시되는 해결책은 또한 법이 민주적 제한, 즉 다수결주의적 민주주의가 아니라 견제의 제한을 충족시킬 것을 요구한다. 법은 심의적, 포용적, 반응적 민주주의의 조건에 직면하는 도전들이 살아남을 수 있도록 기능해야 한다. 특히 부패되지 않기 위해서는 제 7장에서 논의한 것과 같은 안정화된 요소들에 의해 강화되는 정체에서 그러한 도전들이 살아남을 수 있어야 한다. 법 그 자체가 그러한 민주적 견제의 상황에서 선택되기에 적합한 것이라면, 법이 시민적 삶에서 정당한 개입이라고 증명할 수 있는 최선의 증거일 것이다. 법은 구속적인 도구일 뿐만 아니라 시민적 교양이 요구하는 표식이 될 것이다.

법이 대부분의 사람들에게 단순히 구속적인 도구만이 아니라 적절한 시민적 규범에 필요한 표식으로 제공된다면, 이는 법이 시민들의 수용과 지지를 얻을 수 있는 기회를 증가시키게 된다. 이는 그러한 법의 성취가 기대고 있는 시민적 교양의 습관을 촉진할 것이다. 공화주의 국가의 주된 목표는 그 국가가 시민적 정당화를 누리고 시민적 교양을 갖춘 이들의 응낙을 요구하는 법적 정체가 되는 것이어야 한다.

그러나 공화주의 국가가 성공하기 위해 시민적 교양을 촉진하고 증진할 수 있는 〔법 이외의〕 다른 무엇이 있는가? 교육체제가 시민적 교양을 무관심이나 냉소가 아니라 존중되어야 할 것임을 보증하는 명백한 단계들이 있다. 그러나 유감스럽게도 대부분의 사회에서 그러한 조치들은 지루하거나 무시해도 될 법한 선전으로 쉽게 왜곡된다. 그렇다면 이런 측면에서 국가가 할 수 있는 것은 어떤 것이 있을까?

2) 무형의 손의 장려

우리는 시민적 교양이 거의 존재하지 않았던 곳에서 이를 확산시키는 방법에 대해서는 거의 또는 전혀 알고 있지 않다. 시민적 교양과 그에 대한 기대가 거의 없고 — 제임스 콜먼(Coleman, 1990: 300~321)이 사회자본이라고 부르는 것이 거의 존재하지 않는 — 사람들이 오직 친구들과 가족들만을 신뢰할 수 있는 사회에서 국가가 할 수 있는 것에 대해 말하는 이는 과연 어떤 사람들일까(Gambetta, 1988)? 그러나 이미 좋은 시민적 교양이 축적된 환경에서 국가가 해서는 안 되는 것에 대해 말할 수 있는가? 제7장에서 무형의 손에 대해 설명한 것을 받아들인다면, 〔다음과 같은〕 관찰은 거부하기 힘들 것이다. 바로 이러한 다소 자율적인 규제의 영향력을 손상시키기 쉬운, 엄격한 통제양식들을 도입하지 않도록 국가는 매우 신중해야 한다는 것이다.

무형의 손은 행위를 보여주는 것이 타인으로부터 좋은 평판을 얻거나, 혹은 그렇지 않는 것이 나쁜 평판을 얻을 것이라는 전망을 제공함으로써 어떤 행위의 패턴을 만드는 데 도움을 준다. 만약 사람들이 타인의 관심을 고려한다면 — 타인이 중요하게 대해주기를 원하고 하찮은 대접은 받기 싫어하는 —, 무형의 손이 특정 행위의 패턴을 만들고 이를 보호하는 중요한 역할을 할 수 있다고 생각하는 것은 자연스럽다. 나는 제7장에서 무형의 손이 공직에 종사하는 사람들에게 중요한 영향력을 줄 수 있고, 잘 고안된다면 선(善)에 중요한 영향을 줄 수 있음을 보여주었다. 이제 우리는 그것이 좀더 일반적으로 시민적 규범에 대한 충실성을 고취하는 데 중요하고 긍정적인 영향을 미치며, 국가는 이러한 영향력을 없애지 않도록 조심해야 함을 인지해야 한다.

규범이 존재하기 위해 필요한 것이 무엇인가에 대한 우리의 정의

(定意)에서 필요한 행위패턴은 지지를 이끌어낼 것이지만 이 같은 행위를 하지 않을 때는 반대에 부딪칠 것이다. 그러나 이는 시민적 교양은 보상을, 결핍은 처벌을 내재하고 있음을 의미하는 것이 아니다(Pettit, 1990). 존경받을 만한 것은 명예를 얻는 것에 밀접히 연관되어 있으며, 존경받지 못할 만한 것은 불명예스러운 것과 연관되어 있다. 다른 것들이 동일하다면, 우리는 시민적 교양의 패턴이 사회에 성립되어 있는 상황에서 그러한 패턴은 스스로 강화하는 경향이 있을 것이라고 기대할 것이다. 제안에 대한 제재의 패턴을 어떤 것도 방해하지 않는 한, 우리는 그러한 제재가 사람들의 시민적 교양을 안정시킬 것이라고 기대할지도 모른다.

물론 일반적 추세에서 사람들은 순전히 시민적 교양의 습관에 의해 시민이 될 것이다. 또한 시민적 교양이 어떤 다른 목적을 위한 전략적 소망—심지어 스스로에 대한 관심을 위한 소망—이 아니라 자발성에 기초한다고 가정할 때만 명예에 대해 온전한 평가가 내려짐을 인지하기 때문에 더욱 그러할 것이다. 그러나 예를 들어 사람들이 유혹과 의지의 허약함을 경험할 때, 그리고 자발적 덕성이 〔함양되는 것이〕 실패할 때, 우리는 그들을 대상으로 하는 평가의 제재를 인지함으로써 그들이 일반적으로 규칙을 지키게 되는 것을 기대할지도 모른다. 그러한 제재의 존재는 우발적 실수의 위험으로부터 시민적 교양을 보호할 것이다(Pettit, 1995b).

만약 시민적 교양이 사회에 널리 퍼져 있다면, 국가는 이러한 관심의 동력들을 방해하지 않음으로써 시민적 교양을 훼손하지 않도록 주의해야 한다. 보이지 않는 손이 상품시장에서 만들 수 있는 놀라운 일들에 국가가 간섭하지 말아야 한다는 것은 〔이미〕 받아들여지고 있는 지혜의 일부이다. 마찬가지로 국가가 무형의 손이 시민적 덕성의 배양을 촉진할 수 있는 경이로운 방식에 개입해서는 안 된다는 것도 확립된 지혜의 일부가 되어야 한다.

국가는 어떤 이유로 무형의 손에 개입하고 가능한 시민적 교양을 줄임으로써 해를 끼치는 존재가 될까? 일탈자 중심의 규제전략—악한에 대처하는 것을 우선으로 하도록 고안된 형태의 규제—이 어떻게 규제받는 행위자의 있는 그대로의 모습을 투영할 수 있고, 이로 인해 그들의 행위에 부정적 영향을 행사할 수 있는지에 대한 이전의 논의에서 보여진 한 가지 가능성에 나는 주목할 것이다. 만약 여분의 시간 동안 추가수당을 받지 않고 일하는 사람이 강제적 경영방침하에서 정시에 출근하고 정시에 퇴근한다면 이전보다 근무시간이 줄어들 것은 분명하다. 나의 앞선 논의가 주는 교훈은 행위자들을 악한처럼 다룬다면 비생산성이 영원히 가능하다는 것이다. 예를 들어 행위자가 부정적인 꼬리표를 달고, 제재에 종속되며, 반항의 태도를 취하고, 외부인에 대해 〔장벽을〕 공고히 할 수 있는 것과 같이, 실현될 수 있는 다양한 비생산적 효과에 우리는 주목했다.

국가가 피해야만 하는 위험들 가운데 하나는 이런 종류의 효과를 가진, 시민적 교양에 대한 무형의 손의 영향력에 반대되는 규제와 입법의 패턴에 의지하는 것이다. 이미 드러난 것처럼 그러한 위험은 완전히 추상적인 가능성만은 아니다. 국가가 시민들, 특히 그들의 시민들을 어떻게 규율해야 하는가에 대한 지배적 이데올로기는 무형의 손에 어떤 역할도 부여하지 않기 때문이다. 지배적 이데올로기는 가능한 통제방식이 두 가지만 존재하고, 그들 각각은 이러한 종류의 메커니즘에 해로운 것이라고 주장한다.

〔그들이〕 인정하는 첫 번째 통제는 상품과 재화를 다루는 자유시장과 결합된, 그리고 정치영역과 그와 관련된 영역에서 다소 의식적으로 도입된, 시장과 같은 구조와 결합된 보이지 않는 손의 규율이다. 둘째는 우리가 요구할지도 모르는 것처럼 엄격한 통제, 즉 중앙집중

적 국가의 제재를 제도화하고 그러한 제재를 적용하기 위해 요구되는 감시와 결합된 규율이다. 현대 민주주의 국가에서 가장 두드러진 것 중 하나는 제도적 계획에서 보이지 않는 손과 엄격한 통제 가운데 — 시장에 맡기는 전략과 〔국가에 의한〕 관리전략 가운데 — 엄격한 선택에 직면해 있다는 것이다. 이 관념은 이와 같은 선택이 자발적 질서와 강제된 질서, 탈중앙집중적 통제와 중앙집중적 통제 간 확립되어 있는 이분법과 일치하는 것이다(Hayek, 1988).

이러한 규제가능성의 이분법적 관점은 수많은 지역에서 국가의 행위에 매우 나쁜 영향을 미쳤다. 특히 시민사회에 속하지만 국가의 지지와 보조를 기대하는 많은 자율적, 그리고 준자율적 기관들에 대한 태도에 영향을 끼쳤다. 〔여기서〕 고려되는 것은 병원, 학교, 대학, 연구소, 방송국, 공익사업체, 여성 보호시설, 소비자 단체, 원주민 위원회 등과 같은 것들이다. 그들이 이른바 시장논리와 비슷한 보통선거의 규율 — 제 7장에서 이익집단 다원주의하에 논의되었던 — 에 스스로 종속되어 있다는 것을 확신했기 때문에, 정치인들은 이러한 영역에 시장논리와 비슷한 메커니즘을 도입하는 것과 이 메커니즘이 가능하지 않게 된 경우 혹독하고 타협의 여지가 없는 관리패턴을 강제하는 것이 필수적이라고 주장했다. 만약 우리가 대중이 그만한 가치를 누리고 있다는 것을 납득하지 못한다면, 어떻게 이와 같은 기관에 공적 자금이 투입되어야 한다고 할 수 있을까?

그러나 혹독한 관리전략은 종종 행위자의 이미지를 야만적 또는 악당과 같은 것으로 전달하고, 일탈자 중심적 제재가 지닌 나쁜 효과를 만들어내기도 한다. 그래서 그러한 전략이 적재적소에 시행된다면, 관련된 영역에서 시민적 교양은 급격히 손상될 수 있다. 예를 들어 교사들이 매 수업을 어떻게 활용할 것인가를 기록하고 설명하기를 요구받고, 추상적 기준을 만족시킬 수 있는 수업을 하도록 지속적인 압력을 받는다면, 그리고 교과과정, 수업 혹은 다른 부분에서 재량권을 거의 또는 전혀 받지 못하거나, 생산적이라는 것을 증명하지 못하는 경우 일반적으로 게으르다는 억측을 받아야 한다면, 이것이 그들 교사들에게 어떤 영향들이 미치게 될지를 생각해 보자. 교사들이 일반적으로 그들의 노력과 성취에 긍지를 가지고, 지역의 학교와 공동체에서 상응하는 지위의 대우를 누릴 수 있는 곳—교사들이 일반적으로 무형의 손의 영향력에 민감하게 되는 곳—에서 혹독한 관리체제는 쉽게 이러한 보상의 전망이나 중요성을 감소시키고, 자발적 시민적 교양을 감소시킨다. 그러한 관리가 중요하지 않다고 말하는 것은 아니다. 그러나 무형의 손의 역할에 대한 평가는 혹독한 관리가 나쁜 관리일 수 있다는 것을 명확하게 한다.

우리는 국가가 간섭의 정당성을 보장하는 것으로부터 떨어져, 국가의 성공이 기반하는 시민적 교양을 육성하는 것에 국가가 많은 것을 할 수 있는지의 여부에 관해 논의했다. 방금 주목했던 고려들이 어떤 일화적인(*anecdotal*) 특성을 지니고 있지만, 나는 국가가 무형의 손이 시민적 교양의 패턴을 유지할 수 있는 여지를 남겨두고, 신중한 방식으로 입법과 규제를 해야 한다는 것이 명백하게 되기를 바란다. 국가는 잘못된 것에 집중하거나, 국가의 통제하에 있는 모든 사람들을 마치 악한처럼 다루는 것을 피해야 한다. 그와 반대로 무형의 손이 번성하는 규제환경을 만들기 위해 노력해야만 한다. 어떤 통제를 선택하든 간에, 국가는 다양한 행위영역에서 기대되는 기준을 모든 관련된 사람들이 명확하게 알 수 있도록 보장해야 한다. 강요가 아니라 자발적으로 그러한 기준을 충족시킬 것이리라는 기대 또한 보장해야 한다. 그리고 관련된 이들이 누가 그러한 기준을 충족시키는지 아닌지를 볼 수 있게 해주는 충분한 가시성을 국가는 보장할 수 있어야 한다.

3) 내면화와 일체화

시민적 교양의 제공에 대한 논의의 결론에서 한 가지 더 주목하고자 한다. 우리는 자연스럽게 시민적 교양, 그리고 일반적으로는 덕성을 어떤 가치를 내면화하는 문제로 생각한다. 그 가치는 바로 사람들의 욕구를 협소하고 이기적인 관심의 범위를 넘어서게 하는 것으로 본다. 그러나 그런 이미지는 시민적 교양을 실제보다 덜 자연스럽고 더 많은 것을 요구하는 것으로 보이게끔 한다. 이는 시민적 교양이 단순히 덕성을 내면화하는 것만이 아니라 이익이 그들의 덕성과 결합된 집단들에 일체화하는 것 또한 포함한다는 사실을 놓치고 있다(Kelman, 1958). 그래서 시민적 교양이 없을 때 사람들은 매력적이고 심지어 강제적이기까지 한 정체성의 차원을 빼앗길지도 모른다는 사실을 명심하고 있지 못하다. 이는 시민적 교양의 성취를 위해 요구되는 자제력을 나타낸다. 그러나 시민적 교양을 성취하지 못하는 데 수반되는 자아의 정체성에 대한 대가는 나타내지 않는다.

시간이 흐름에 따라 정체성을 의식함으로써 개인적 자아는 자신의 어떤 경험과 감정, 신념과 판단, 계획과 헌신 그리고 성취와 실패의 유산을 갖게 된다. 이는 그러한 경험을 기억의 의식적 근원으로, 신념을 추론의 근거로, 계획을 심의에 대한 억제로, 그리고 성취와 실패를 긍지와 수치심의 근원으로 대하는 것이다. 그리고 이러한 유산으로부터 동떨어진 것이 아니라 당신이 어디서부터 왔는가, 즉 당신이 누구인가라는 것을 인정하는 것이다.

그러나 우리 각각이 이러한 의미—개인적 유산을 가지고 있다는 의미에서—에서 개인적 자아이지만, 그러한 자아가 가지고 있는 것을 보류시켜 놓고 스스로 다른 정체성을 받아들인다는 것 또한 사실이다. 개인적 유산이 아니라 타인과 공유하는 유산을 가지고 있다는 점에서 우리가 반응적이라는 사실을 알 수 있다. 자신의 국가 경험을 시작점으로 삼고, 그 국가가 배워야 하는 것에 대해 판단하려는 민족주의자들을 생각해 보자. 자신의 교파의 교리를 주어진 것으로 받아들이고, 이러저러한 당시의 맥락에서 그것이 함축하는 것에 대해 고민하는 신학자를 생각해 보자. 어떤 공동의 계획이 이미 정해져 있다는 의문의 여지가 없는 가정에 입각해 일상적 의사결정에 참여하는 경영자를 생각해 보자. 혹은 정당이 과거에 해왔던 것들에 자부심을 가지거나 수치심을 느끼는 정당구성원을 생각해 보자. 이들 각각의 경우에 행위자들은 그들의 개인적 자아를 불러오는 대신, 다른 정체성 — 민족, 종교, 기업 혹은 정치적 정체성 — 을 그 자리로 불러올 것이다.

따라서 일체화는 행위자가 그와 같이 더 큰 정체성을 받아들이는 과정이다. 그것을 설명하는 한 가지 방법은, 개인적 자아는 항상 그 자리에 있고, 일체화는 개인적 자아가 자신의 목적과 가치에 유용한 것으로 보기 때문에 받아들이는 도구적으로 촉발된 선택이라는 것이다(Blau, 1964; Homans, 1961). 그러나 이러한 설명방식은 일체화가 의도적인 발단이 아니라 사람들에게 숨 쉬는 것만큼이나 자연스러운 것이라는 사실을 간과하고 있다(Turner, 1987). 개인적 자아의 이익에 반대하는 어떤 일체화가 있다면, 행위자는 그것에 대해 한 번 더 생각할 것이고 그러한 과정을 금지하는 조치를 취할 것이라는 사실은 의심의 여지가 없다(Pettit, 1995b). 그리고 그러한 일체화가 행위자의 평가적 헌신에 대한 문제 — 다른 일체화에는 문제일 것인 — 를 제기한다면, 또 다시 행위자는 재고하고 수정할 것이라는 사실은 의심할 여지가 없다(Pettit, 1997). 그러나 이러한 사실은 우리가 어떻게 우리의 삶을 자연스럽게 살아가는지에 대한 동기부여되지 않고 선택되지도 않는 특징으로서의 일체화와 상당히 일관된다(Braithwaite, forthcoming 참조).

일반적으로 정체성, 그리고 특수하게 이러저러한 정체성의 선택과는 상관없는 본성을 강조하는 한 가지 이유는 그것이 현상학에 대한 대답을 강조하기 때문이다. 그러나 또 다른 이유는 우리가 정체성을 바꾼다면, 늙은 장님의 비유에서처럼, 그것은 곧 관점을 바꾸는 것이 되리라는 사실에 적합하다. 하나의 공적 정체성으로부터 다른 정체성으로 이동할 때 우리는 변하지 않는 개인적 자아의 관점을 유지하기 어렵다. 오히려 때로는 이런, 때로는 저런 관점을 가지면서 관점을 변화시킨다. 그렇게 우리는 우리의 자아를 변화시키는 것이다. 즉, 우리가 마치 고립된 사람이 아니라, 사회적으로 좀더 확장된 존재가 삶을 쥐고 있는 사람처럼 느끼고 생각하며 계획하게 된다.

다시 우리의 중심 주제로 돌아가서, 시민적 교양의 내면화 이미지는 내면화된 규범이 전체 사회의 것이든 단지 특수한 하위집단의 것이든 간에, 자아를 극복하는 수행으로서 시민적 규범에 대한 충실도를 의미한다. 그러나 시민적 교양은 내면화의 문제인 만큼 일체화의 문제이기도 하다. 왜냐하면 내가 시민적 규범을 내면화할 때 나는 한 번에, 그리고 동시에 집단의 규범을 가진 무리와 동일시하는 것으로 설명될 수 있다.

어쨌든 규범이 그 집단의 공공선 — 방법상 몇몇 혹은 모든 다른 사람을 위해 성취되는 것을 제외하고는 누구도 혼자서 달성할 수 없는 선 — 을 증진시킬 때 이러한 것은 사실로 드러난다. 만약 각각이 본질적으로 갈등을 내포한 목표를 실현하기 위해 규범이 어떤 집단에서 경쟁하는 구성원간의 타협의 형태를 규정한다면, 이때 그러한 규범에 충실한 것은 전체 집단과의 일체화를 포함하지 않는 것일지도 모른다. 그러나 우리는 이 책의 제 1부에서 비지배 자유는 이러한 종류의 것이 아니라는 것을 보았다. 취약한 집단의 구성원 누구도 — 여성, 흑인 그리고 궁극적으로는 전체 사회 구성원 누구도—모든 구성원들의 비지배 자유가 성취되는 것 없이 그들을 위한 완전한 비지배 자유를 성취할 수 없다는 점에서 비지배 자유는 공공선이다. 즉, 집단의 구성원 모두가 취약성의 상징이 되지 않는다는 것을 제외하고는, 어떤 구성원도 혼자서 완전한 비지배 자유를 성취할 수 없다는 점에서 공공선이다. 이러한 선을 증진하는 것과 관련된 규범에서—공화주의적 시민적 교양의 규범에서—, 어떤 사람도 그들의 복지를 규범이 증진하는 집단과 일체화하는 것 없이 그러한 규범을 내면화할 수는 없다.

공동체주의자들은 앞서 살펴보았듯이, 국가에 대해 자유주의적 철학자들이 일체화의 가능성들에 대해 침묵하는 것에 불평한다. 그들이 이러한 결론에 대한 좋은 논의가 있다고 하더라도 자유주의자들은 본질적으로 공공선을 국가가 증진해야 할 목표로 지지하지 않을 것이다. 그들은 전형적으로 국가를 사람들의 갈등적인 목표, 갈등적인 선의 개념 간에 적절한 타협을 보장하기 위해 고안된 것으로 본다. 국가가 그러한 타협을 잘 보장하기 위해 요구되는 규범에 충실한 것은 필수적으로 전체 정치체 혹은 다른 집단과의 어떤 일체화를 포함하는 것은 아닐 것이다. 반대로 국가에 대한 이론적 설명에서 개인들의 개별성과 사람들 간의 경쟁을 강조하려 할 것이다. 그러나 이러한 논의는 공화주의에 반대하는 작업은 아닐 것이다. 왜냐하면 비지배 자유의 촉진을 요구하는 시민적 규범은 타협의 규범이 아니라 타인과 연대하는 규범이고, 집단수준의 관점을 가지는 것과 긴밀하게 연관되어 있다.

공화주의 규범의 내면화와 일체화 간의 연관을 인식하는 것은 중요하다. 왜냐하면 이는 시민적 교양이 단순히 개인적 자아를 부인하는 문제가 아니라는 것을 드러내기 때문이다. 그것은 다른 정체성들이 개인 안에 들어올 수 있게 하는 것이다. 그리고 다른 여성 혹은 자신의 인종집단의 다른 구성원 혹은 궁극적으로 다른 시민들과 결부되든 아니든 간에, 개인적 관심을 초월하는 경험, 신념 그리고 의도의 유산을 소유하는 것의 문제이다.

일체화는 자연적 현상이고, 시민적 교양이 일체화의 문제라는 사실은 그것의 접근성과 강건함을 잘 드러내준다. 어떤 사람이 하루 동안 공공 벤치에 있는 쓰레기를 청소할 때, 한 여성이 폭력을 당하는 아내들의 보호소에서 매주 하룻밤 동안 봉사할 때, 어떤 개인이 수감자의 권리와 같은 대의를 주장하거나, 교사가 주말에도 일할 때, 그러한 성취를 의지로 본능을 극복한 사례로 묘사할 필요는 전혀 없다. 이와 같은 어떤 경우도 그 사람들이 〔그와 같이〕 행하는 것을, 가장 개인적인 관심만큼이나 그들에게 본질적이고 중요할 수 있는 정체성을 존중한다는 것으로 설명할 수 있다. 우리는 집합적 정체성에 대해 주장하고 만들어감에 있어 타인과 동일시하는 것을 좋아한다. 그러나 그러한 공동의 관심에 열중하도록 도울 수는 없으며 공동체 내에 확산된 시민적 교양의 표명에 포함된 자기부정에 놀랄 필요는 없다. 그러한 시민적 교양에는 오직 인간의 억누를 수 없는 사회적 본성을 입증하는 것만이 필요할 뿐이다.

제 8장에서 강조했던 주제는 시민적 덕성을 고려하는 공화주의적 방식에서 지속적으로 나타나는 요소들과 공명한다. 이는 애국심과 같은 덕성과 결합하려는 경향이 있는 사상적 요소이다(Taylor, 1989; Viroli, 1995; Miller, 1995 참조). 우리가 시민적 교양을 내면화뿐만이 아니라 일체화도 포함하는 것으로 보게 되면, 시민적 교양은 대부분 전체로 생각되는 사회나 정치체와 일체화하는 것을 의미한다고 인지하게 된다. 그러한 일체화는 단지 애국심(愛國心)이라는 것으로 설명되는 것이다. 테일러(Taylor, 1989: 166)는 애국심에 대해 다음과 같

이 표현했다. “나는 우리가 가진 공통의 기반에서 내 동포와 연대감을 느낀다.” 물론 애국심은 “좋건 나쁘건 간에 나의 조국”이라는 사려 없는 민족주의로 변질될 수 있다. 그러나 적절한 공화주의적 형태의 시민적 교양과 결합된다면, “국가가 실현하는 가치를 위한 나의 조국”, 즉 “우리에게 제공되는 자유를 위한 나의 조국”이라는 태도를 의미할 것이다.

우리는 자유주의적 국가와 일체화할 수 없을지도 모른다. 왜냐하면 자유주의적 국가는 개개인에게 만족을 개인적 몫으로 주는데, 나를 만족시키는 것은 타인을 만족시키는 것과 경쟁적일 수도 있고, 정치체가 제공하는 경쟁이 개별적인 정체성을 강화시킬 수도 있기 때문이다. 그러나 공화주의적 정체와는 확실히 일체화할 수 있다. 왜냐하면 그것은 우리 개개인에게, 완전히 협력하는 구성원, 즉 완전히 인정되고 완전히 인지된 시민에 부합하는 비지배의 수단을 제공하기 때문이다. 우리가 자신의 시민성과 자유를 소중히 한다면, 그러한 상태가 이루고 있는 멤버십에서 사회적 실체 또한 동시에 소중히 해야만 한다.

3. 시민적 교양과 신뢰

나는 제 7장에서 제도적 공화국이 왜 확산된 시민적 교양의 토대를 필요로 하는지에 대해 논의했다. 그리고 그러한 시민적 교양을 어디까지 기대하고, 국가가 시민적 교양을 양성하기 위해 무엇을 할 수 있는지에 대해 살펴보았다. 마지막 절에서 나는 확산된 시민적 교양과 확산된 신뢰의 관계를 살펴볼 것이다. 여기서 제도적 공화국이 상정하는 시민사회는 신뢰가 구현되고 번성하기를 기대하는 사회라는 것을 보여주고자 한다.

어떤 사람은 자신에게 덕성을 기대하는 다른 사람이 없더라도 덕성을 가질 수 있다. 즉, 그 사람이 덕이 있다는 가정에 기반을 두어 행동하는 사람 없이, 말하자면 스스로가 자신의 마음대로 행동하면서도 덕성을 가질 수 있다. 다시 말해 어떤 이는 자신을 신뢰하는 타인 없이도 신뢰성을 획득할 수 있다. 어떤 이에게는 누군가에 대한 신뢰를 구축하는 것이 쉽지 않을 수도 있다. 믿지 않을 뿐더러 결코 믿으려고 하지 않을지도 모른다. 그리고 시도조차 하지 않으면서 자신의 관점을 바꿀 수 있는 근거를 결코 찾으려 하지 않을 수도 있다(Hardin, 1992).

확산된 시민적 교양이 필요하다는 점을 옹호하면서, 나는 다른 사람들이 기대하는 것으로부터 동떨어진 덕성(德性)의 가능성은 배제했다. 또한 확산된 시민적 교양을 예로 들면서 관련집단 안에 확립된 공화주의 규범이 존재한다는 것과 이 규범들이 연관된 집단의 일부 사람들 사이에 공통적 지식의 문제가 될 수도 있음을 암시했다. 그러한 의미의 확산된 시민적 교양이 있다면 사람들은 다른 사람의 시민적 교양을 알고, 그것을 추정하기를 기대할 것이다. 예를 들어 그들은 집단 내 다른 사람들이 그들을 폄하하지 않을 때만 의미 있는 집단적 주도권을 가질 수 있을지도 모른다. 확산된 시민적 교양의 필요성을 항목별로 나누는 것에서 그리고 국가가 그러한 시민적 교양을 증진할 수 있는 것이 무엇인가를 보여주는 데서 나는 적절한 신뢰가 인정되고 서로 주어지는 시민사회 안의 긍정적 효과들에 대해 논했다.

특히 강조하고 싶은 것은 그것이 개인적 신뢰의 형태가 실현되고 그에 대해 서로간 보상을 받게 되는 사회에 관한 논의라는 점이다. 우리가 어떤 이가 특정 방식으로 행동할 것을 믿고 그것이 효율적으로 작동하는 제재 때문이라면 우리는 그 사람을 비개인적 방식으로 신뢰하는 것이다. 그러나 만약 우리가 서로 의존한다는 생각이 협력의 기회를 촉진시키고—말하자면, 시민적 덕성을 유발할 것이고—, 특정 행동이 자신에게 매력적으로 여겨질 때만 그렇게 행동하는 사람을 신뢰한다면 이는 그 행위자를 개인적인 방식에서 신뢰하는 것이다(Baier, 1968 참조). 확산된 시민적 교양의 체제를 믿는 것은 개인적 신뢰의 좋은 이상이 있는 체제를 믿는 것과 같다.

이러한 관찰은 나의 논의와 최근 사회학에서 반복해서 등장하는 주제들 가운데 하나와의 연계에서 더욱 도움이 된다. 이러한 사고방식에 따르면 품위 있는 법과 정치질서는 활동적이고 성공적인 신뢰를 구축하고 상대적으로 강한 수준의 시민적 삶이 존재하는 사회에서만 오직 가능하다(Putnam, 1993; Gellner, 1994). 그러한 시민적 삶은 가족에 한정된 동기는 넘어서지만 강제적인 국가의 보호하에 있는 것은 아닌, 관계를 만들고 공통의 목적을 추구하는 것과 결합되어 있다. 시장행위의 추구, 클럽과 결사체의 형태, 그리고 특히 공공선으로 간주되는 여러 양상에 익숙한 사회적 운동들의 모습에서 그것은 스스로를 드러낸다. 사회에 건강한 수준의 시민적 삶이 없다면, 상호 신뢰의 패턴이 유지되지 않아서 논쟁만 계속된다면, 사람들은 자연스러운 타인과의 일체화와 그들이 공유하는 이익을 진전시킬 것에 대한 자발적 헌신을 발전시키지 않을 것이다. 그들은 효과적인 헌신을 가족과 친구의 울타리에 한정하고, 시민적 교양과 결합된 좀더 일반적 형태의 일체화를 위한 능력을 상실한다.

우리가 논의했던 덕성의 다른 측면은 신뢰, 특히 개인적 신뢰다. 사람들은 공화주의적 행위규범에 확실히 헌신할 뿐만 아니라, 그들 각각은 규칙적으로 그러한 헌신을 보여주는 사람에 의존한다. 사람들은 경찰, 정치인, 관료와 같은 공직자의 통제를 심지어 그러한 믿음이 이런 공직자에 대한 효과적인 억제에 의해 뒷받침되지 않는 경우에도 받아들인다. 그들은 다른 시민들을 똑같은 확고한 믿음을 가지고 대하고, 〔위협 등에〕 노출되어 있거나 취약한 지위에 처했을 때, 즉 상대적으로 이방인의 선서나 조언을 신뢰해야만 할 때조차도 믿음을 받아들일 준비가 되어 있다. 그리고 더 작은 집단의 동료 구성원들 — 말하자면 공통의 정치적 목적을 가진 집단 — 을 확고한 믿음을 가지고 대한다. 그리고 그들은 동료들에게 지지받지 못하면서, 절대 불리한 위치에 처하는 경우는 없을 거라는 생각에 기반해 행동한다.

어떤 사람을 신뢰하는 최선의 이유는 그들이 신뢰할 만하다는 사실임을 고려할 때, 확산된 시민적 교양의 다른 면이 이런 확고한 믿음의 의미에서 높은 수준의 신뢰라는 것은 놀라운 일이 아니다(Pettit, 1996a). 공화주의가 확산된 시민적 교양의 체제만이 아니라 자유로움 속에서 고요함과 견고함의 경험들과 결합됨을 고려하면, 그 결과는 특별히 놀라운 것이 아니다. 그러나 공화주의가 개인적 신뢰 — 혹은 내가 종종 언급했던 것처럼, 단순히 신뢰 — 의 승인과 부합되지 않는 것처럼 보이는 몇 가지 이유가 있다. 그리고 그러한 것들이 왜 강제적인 것이 아닌지를 살펴본다면, 이는 결론적으로 유용한 것이 될 것이다.[1)]

1) 신뢰와 경계

공화주의가 신뢰의 체제와 불편한 것처럼 보이는 첫 번째 이유는, 내가 주목해온, 공화주의적 시민적 교양이 경계라는 덕성, 특히 강력한 정부기구들을 다루는 것에서 다른 사람들이 부패하고 파당적인 방식으로 행동할 수 있는 가능성에 대한 지속적 경계라는 덕성과 밀접하게 결합되기 때문이다. 공화주의 전통에서 자유의 대가는 영원한 경계다. 그러나 감시라는 것은 불신을 의미하는 것은 아닌가(Ely, 1981)? 그리고 항구적 감시가 적어도 정부당국과의 관계에서 신뢰에 대한 항구적인 거부 — 개인적 신뢰에 대한 거부 — 를 요구하는 것은 아닌가?

공화주의자들이 이러한 도전에서 가정되는 의미의 항구적 감시를 받아들인다고 생각해 보자. 그들이 의지하고 의지하도록 강요되는 어떤 공직자를 신뢰하는 것을 거부한다고 생각해 보자. 이 같은 경우 그들은 전통적으로 공화주의적 자유와 결합된 평화로움과 대담함이 온당히 이용가능하다는 것을 부인할 것이다. 그들은 공화주의적 자유를 가능하게 하는 대가인 영원한 경계를 공화주의적 자유의 가치가 많은 부분을 상실하게 하는 대가라고 말할 것이다. 그것은 안전의 의미, 타인에게 계략을 사용하지 않는다는 의미, 그리고 상호주관적 상태라는 의미와 진정한 연관을 가지는 것을 그만두는 것이다. 아니면 적어도 강자와의 관계에서 그러하다.

이러한 사고방식은 공화주의라는 이름으로 논의했던 다양한 것들이 뿌리 깊은 모순이 있거나, 아니면 경계가 전통적으로 필요하다는 견해가 강자에 대한 확고한 신뢰와 모순되지 않는다는 점을 보여준다. 감시는 필연적으로 신뢰를 거부하거나 신뢰에 대해 확신 없는 태

---

1) 이러한 생각을 할 수 있게 해준 브레넌과 아네슨에게 감사를 표한다.

도를 요구하는 것은 아니기 때문에 두 번째 가능성이 생긴다.

내 논의의 핵심은 어떤 사람에 대해 신뢰 — 특히 개인적 신뢰 — 를 가지는 것과 신뢰를 표현하는 것을 구분하는 것이다. 신뢰를 가진다는 의미에서 어떤 사람을 믿는다는 것은 확고하게 그들에게 의존함을 의미한다. 그러나 그러한 믿음을 가지든 아니든 간에, 신뢰를 표현할 수도, 하지 않을 수도 있다. 예를 들어 상정된 믿음에 확고한 태도를 가지든 아니든, "나는 이처럼 당신을 신뢰하기로 결정했다. 그리고 당신이 나를 실망시키지 않기만을 바란다"라고 말하는 것처럼 신뢰를 표현할 수도 있고 그렇지 않을 수도 있다. 표현적 의미에서 누군가를 신뢰하는 것은 그들을 확신을 가지고 믿는 것이 아니라, 혹은 적어도 필수적으로 〔그들을 믿는다는 것이〕 아니라, 확신을 가지고 그들을 믿는다는 표현적인 행동을 보여주는 것이다.[2)]

신뢰를 추구하는 것은 자연스럽게 불신, 특히 개인적 불신을 추구하는 것이기도 하다. 나는 보통 감정적이고 예증적인 불신이라는 의미에서 어떤 사람을 불신할 것이다. 즉, 그들이 믿을 만하다는 것을 확신하지 않는다는 점에서, 그리고 실제로 그들을 의지하지 않는다는 점에서 — 그들이 가진 믿음에 바탕해 계획을 세우지 않으며 —, 아니면 적어도 개인적 이유들로 신뢰하려 하지 않을 것이다. 단지 그들에 대한 확고한 믿음을 표현하지 않는다는 점에서 나는 표현적 의미의 불신을 나타내는 것이다. 예를 들어 내가 선택이 없고 그들에게 의지해야 한다면, 외부적 견제나 강제를 주장하고 그들이 나를 실망시키지 않는 독립적 토대를 보장하려 함으로써 나는 개인적 불신을 표현할 것이다.

확산된 시민적 교양과 개인적 신뢰의 체제에서 공화주의적 신념과

2) 이와 관련해 유익한 대화를 해준 블랙번에게 감사를 전한다.

영원한 경계의 유지를 강조하는 것에 긴장이 있다고 생각하지는 않는다. 왜냐하면 경계는 명백히 오직 표현적 불신만을 포함하기 때문이다. 공화주의의 충고는 사람들이 당국에 대해 느끼는 확신이 무엇이든 간에, 당국이 덕성이 있다고 증명하기 위해 필요한 굴레 속에 들어가기를 항상 주장한다면, 그들이 그러한 확신을 느끼게 되는 것 — 그러한 개인적 신뢰를 누리는 것 — 은 당연하다는 것이다. 이러한 의미에서 경계는 당국에 대해 불신의 태도를 가지는 것이 아니라 — 아니면 적어도 필수적으로 〔불신한다는 것이 아니라〕 —, 그 점에서 요구되는 기대의 패턴을 유지한다는 것, 즉 그들이 의회나 언론에서 자신의 행위에 대한 도전을 받아들여야 하고, 관련된 그들 삶의 일면에 대한 정보에 접근하는 것을 허가해야 하는 등의 어떤 절차들을 지켜야 한다고 주장하는 것이다.

실제로 불신을 느끼지는 않지만, 즉 실제는 신뢰하는 마음을 가지면서 표현적 불신을 유지하는 것 — 불신의 몸짓을 유지하는 것 — 이 의미 있는 이유는 이전의 논의에서 이미 명확해진 것이다. 사람들은 당국이 부패하지 않고, 적절한 방법으로 행위하는 것이 가능하게 될 것이라고 믿기 때문에 신뢰의 태도를 가질지도 모른다. 그럼에도 불구하고 그들이 다양한 견제와 억제의 필요성을 주장하면서 표현적인 불신의 몸짓을 보일 수 있는 좋은 근거가 있다. 그것은 바로 그러한 견제와 억제의 부재 속에서 정부당국의 일부가 자의적인 의지를 가질 수 있는 여지가 있다는 것이다. 그리고 부패하지 않은 당국이 실제로 있다하더라도, 인간의 부패가능성은 표현적인 불신에 의한 견제와 억제의 부재 속에서 당국은 부패의 습관을 발전시키기 시작할 것이라는 것을 의미한다는 점이다. 그러한 견제와 억제의 부재는 기게스의 반지만큼이나 부패한 것이다.

표현적인 개인적 불신을 가지면서 동시에 당국에 개인적 신뢰를 가지는 것에는 모순점이 없을 뿐만 아니라, 심지어 사람들이 이러한 이중적 태도를 지지한다는 것을 당국에 명확히 하는 것도 가능하다. 개인적으로 혹은 집단으로서 실제로 당국의 덕성과 선의를 상당히 믿으면서도, 사람들은 아주 쉽게 불신의 관례를 일반적으로 요구되고 우리가 정직하게 되도록 노력하는 데 도움을 주는 억제로 제시할 수 있다. 그들은 성립된 표현적 신뢰의 관례를 받아들이고, 실제로 다른 덜 형성된 방식으로 당국에 대한 상당한 개인적 신뢰를 보여준다. 이 같은 방식으로 사람들은 당국을 악한처럼 나타내는 것과 같은 부정적 영향들을 피하면서, 수용된 표현적 신뢰를 주장한다.

내가 원하는 결론은 명확하다. 경계에 대한 공화주의의 강조는 권위를 가진 사람들은 많은 견제와 억제를 받아야 한다는 믿음에서 기인한다. 즉, 경계가 자의적 의지로부터 보호하고 부패가능성과 싸우는 유일한 방법일 것이라는 신념에서 기인하는 것이다. 그러나 그와 같은 강조는 당국에 대해 확고한 믿음의 태도를 가지는 것, 그리고 다른 방식으로 보여주는 것과 상당히 부합한다. 공화주의의 신조의 핵심에 모순점은 없다. 반대로 이른바 갈등하는 관점은 자연스럽게 서로 어울리는 것이다.

2) 신뢰와 비지배

공화주의가 사람들이 체계적으로 다른 사람들을 신뢰한다는 제도를 지지함을 온전히 납득하지 못하는 두 번째 이유는 신뢰와 관련된 의지는 의존성 혹은 취약성과 동등한 것이고, 그러한 의지에 만족하는 것은 비지배 자유의 가치를 믿는 것과 모순된다는 것이다. 비지배는 시드니(1990: 17)의 표현에 따르면, '타인의 자의적 의지에서 독립하는 것'이다. 그리고 사람들이 확고하게 상호의지 혹은 의존의 형태를 받아들이는 체제의 장점을 찬송하면서, 동시에 비지배 가치에 환호하는 것은 완전히 모순되는 것처럼 보인다. 공화주의자들이 독립과 비지배의 가치를 받아들인다면, 자발적으로든 아니든 사람들에게 의존을 강제하는 관계를 지속적으로 거부하도록 요구받지 않을까? 모든 사람은 최대한 어떤 방식으로든 타인에게 은혜를 입거나 빚을 지거나 취약해지지 않으려고 노력하는 인간사회의 이미지를 지지하지 않겠는가?

절대로 그렇지 않다. 공화주의자들이 확산된 시민적 교양의 패턴을 추구할 때 검토하는 상호의지와 신뢰의 체제는, 그들의 관점에서 비지배 자유의 가능성을 극대화하는 체제이다. 이는 공화주의적 법과 규제의 제도적 토대에서 세워지며, 지배에서 벗어나는 수준에서 가능한 모든 것을 하기 위해 고안된다. 시민적 교양의 구조 그리고 그러한 시민적 교양에서 신뢰의 구조를 강화하는 것에 의지하지만, 이는 오직 지배의 패턴을 넘어 사람들에게 보여줄 수 있는 최고의 희망을 거기서 볼 수 있기 때문이다. 인도적 관념은 제도적 보호란 지배와의 투쟁에서만 효과적일 수 있다는 것이다. 궁극적으로 공화국은 본성적으로 덜 명백한, 아마 상상력을 덜 충족시키는 보호에 의지해야 한다.

비지배의 이미지는 위험과 함정의 지역에서 안전의 보호와 확실한 보호자하에서 사는 삶의 모습으로 쉽게 그려진다. 그러한 곳은 로크(1965: 348)의 표현에 따르면, '수렁과 벼랑'의 지역이다. 그러나 제8장과 제7장에서 성찰한 교훈은 이러한 이미지가 부적절하다는 것이다. 비지배는 사람들이 만들 수 있고, 국가가 제공할 수 있는 가장 무겁고 높은 벽 뒤에 각자가 숨는 사회에서 극대화되는 것이 아니다. 그러한 벽에 의지하고, 오직 그러한 벽에만 의지하는 것은 다른 사람들을 적으로 만드는 것이고, 스스로에게 전쟁이 일어나도록 하는 것이다. 우리의 논의의 교훈은 공화주의적 이상을 확대하기 위한 최고의 희망은 확실히 제도적 보호의 재료로 할 수 있는 것은 무엇이든 하고, 또한 타인들에게 덜 방해가 되는 구조를 만드는 것이다. 특히 이 교훈은 우리는 비록 연대와 안전의 이미지를 덜 만족시키더라도, 시민적 덕성과 신뢰의 재료를 가지고 구성해야 한다는 것이다.

이 같은 주장에는 역설적인 것이 있다. 씨앗을 심지 않는다면, 결실을 맺을 수 없을 것이다. 그리고 사람들이 다양한 형태의 의지를 기꺼이 수용하고, 개인적으로 다른 사람들을 특히 타인의 시민적 교양에 의해 제공되는 안전을 기꺼이 신뢰하지 않는다면, 그들은 비지배라는 방식에서 가능한 최선의 것을 향유하지 못할 것이다. 사람들은 정부당국에 불가피한 수준의 의지와 궁극적으로 그들의 공직자를 신뢰하는 것을 받아들여야 한다. 사람들은 종종 타인에게 취약성을 가질 수 있고, 그들에게 해를 입히지 않는 타인의 시민적 교양을 신뢰해야 한다는 사실을 받아들여야 한다. 그리고 사람들은 공화주의적 성취에 필수적이지만 상호의지와 개인적 신뢰의 패턴을 불가피하게 필요로 하는 공동체와 운동에서 타인들과 협력해야 한다.

그러나 역설적인 면을 과장해서는 안 된다. 사람들이 독립적 견제와 억제에 의해 자의적 간섭으로부터 보호받을 때조차, 우리는 신뢰를 말해야 한다. 이때 신뢰는 특성상 비개인적이다. 왜냐하면 타인이 우리를 실망시키지 않을 것이라는 확신의 근원은 그들은 그렇게 하지 않도록 독립적으로 강요받기 때문이다. 우리가 고려하는 도전을 초래하는 경우에, 문제들은 다소 평행적이다. 사람들은 견제와 억제를 통해 여전히 자의적 간섭으로부터 보호받지만, 궁극적 보호는 그 문제에서 행위자의 시민적 교양에 의해서만 주어진다. 사람들은 이제 적절한 독립적 통제가 있는 비개인적 토대에서만이 아니라 적합한 덕성을 갖추고 있는 개인적 토대에서도 그러한 행위자를 신뢰하게 된다. 그들은 타인이 그들에게 요구하는 방식으로 행위하는 것의 매력이 그러한 의존성을 인지함에 따라 증가된다는 의미에서의 시민적 교양을 가지고 있다.

3) 개인적 신뢰의 행동들

우리가 고려했던 도전들에서 본질적인 것이 있더라도, 많은 의지와 신뢰, 특히 개인적 신뢰를 요구하는 제도적·시민적 체제에 호소하는 것이 핵심적인 공화주의 가치를 포기하는 것은 아니다. 그러나 그 반대의 경우는 어떠할까? 비지배 자유의 가치를 지지하는 누군가가 다른 사람에 대한 개인적 신뢰를 강제적이지 않은 방법으로 제의하는 것에 대해 긍정적으로 생각할 수 있는가? 우리는 전반적인 비지배 자유를 보장하는 최고의 방법으로 설명되는 체제를 받아들이는 것을 정당화할지도 모르지만—어떤 공화국에서 성립되어야 하는 당국을 개인적으로 신뢰하는 것을 정당화할지도 모르지만—, 비지배 자유의 가치를 지지하는 것과 개인적 신뢰의 행위를 좋게 생각하는 것, 즉 자발적이고 명백하게 우리 스스로를 타인의 자비심에 두는 것을 좋게 생각하는 것 사이에는 여전히 긴장이 있다.

이러한 〔긴장〕은 우리 논의의 전반적 구조를 손상시키는 것은 아니지만—다른 도전들과 달리 우리 입장에 어떤 심각한 모순을 드러내지 않지만—, 공화주의적 자유의 가치가 우리가 제시한 것보다 덜 매력적으로 보이게 할지도 모른다. 삶에서 가장 좋은 것들 중에 많은 것은 개인적 신뢰의 제안에서 온다. 그러한 행위에서 스스로를 바치는 것으로, 즉 우리가 확실히 스스로를 타인의 자비심에 위치시키는 것을 보여주는 것으로 사랑과 우정의 관계를 시작하는 것처럼 말이다. 공화주의적 자유에 대한 애정이 그러한 제안을 취하는 것을 금지한다면, 공화주의적 자유는 우리가 생각해온 것보다 다소 덜 훌륭한 것처럼 보일 것이다.

이러한 비판에 대해 세 가지 점에서 대답하고자 한다. 첫째, 비판에서 그려지는 개인적 신뢰의 창조적 행위는 관련된 부분들 각각이 동등한 수준의 비지배를 누리고 이러한 것과 부합되는 상태를 누리는 맥락, 그리고 더 일반적으로는 사회에서만 가능한 것이다. 왜냐하면 그들이 그러한 자유와 지위를 각각 누리지 못한다면, 그들 중 한 사람이 다른 사람과 관련된 지배적 지위에 있다면, 그 행위는 동일한 방식에서 효과적이지 않을 것이기 때문이다. 지배하는 사람이 지배받는 사람의 자비심에 스스로를 두는 행동을 취한다면, 이는 겸손한 체하는 속임수처럼 보일 것이다. 그리고 지배받는 사람이 그러한 행동을 취한다면, 이는 아첨하거나 비굴한 태도처럼 보일 것이다. 개인적 신뢰의 제의가 의사소통적이고 창조적인 잠재력을 가질 수 있는 것은 오직 부분들이 다른 사람들을 똑바로 쳐다볼 수 있을 때, 즉 비지배 자유를 공유하는 것을 확신할 때만 그러하다.

두 번째는 개인적 신뢰의 행동들이 잠재적으로 의사소통적이고 창조적인 방식이라면, 그것은 비지배 자유를 소중하게 생각하는 사람들에게 호소력을 지닐 수 있을 것이다. 결코 사랑하는 사람이나 친구의 손안에 있을 때만큼 안전하지는 않다. 그러한 관계를 제자리에 두기 위해 개인적 신뢰의 행동, 즉 자신을 다른 사람의 자비심에 두는 행위를 한다면, 그 상태를 취해라. 심지어 비지배의 가치라는 점에서 — 그리고 우리는 절대로 이러한 것이 인간 삶의 유일한 가치라고 주장하지 않는다 — 그러한 개인적 신뢰의 행동은 뻔뻔하지만, 의미 있는 제안처럼 보일 것이다.

추가하고자 하는 세 번째는 이러한 논의에서 아주 두드러지게 그려진 무형의 손으로 돌아간다. 개인적 신뢰에 대한 제안은 관련된 당사자들 가운데 비지배 자유의 향유만을 전제하는 것은 아니다. 그리고 그러한 〔비지배〕의 확장시키는 것에만 역할이 있는 것도 아니다. 그것들은 특히 여기서 옹호하는 공화주의적 관점 안에서, 특히 무형의 손에 중요한 위치를 부여하는 관점 안에서 그러한 목적을 추구하는 합리적인 수단처럼 보일 수도 있다.

우리는 제 7장에서 무형의 손이 권력을 가진 사람들을 규제하는 수단으로 기능함을 보았다. 제 8장에서는 더 일반적으로 시민적 덕성을 뒷받침하는 중요한 방식이라는 것을 보았다. 이것은 권력자뿐 아니라 전체 사회에서 시민적 교양의 규범에 대한 충실함을 장려하는 방법이다. 우리가 사회적 삶에서 무형의 손의 위치를 인식하게 되면, 시민적 교양을 제공하는 것 — 그로 인해 개인적 신뢰를 제공하는 것 — 뿐만 아니라 좀더 직접적으로 개인적 신뢰의 제안을 지지하는 것에서도 무형의 손이 할 수 있는 역할을 볼 수 있다. 다른 경우에서처럼 신뢰의 행동은 어떤 간사함을 나타낼 수 있다. 그들은 무형의 손을 행동하게 하고, 그로써 자신의 합리성을 지키도록 도울 수 있다 (Pettit, 1996a).

그러한 생각은 간단히 다음과 같다. 개인적 신뢰의 행동은 어떤 맥락에서 — 특히 수탁자가 독립된 구속에 의해 완전히 억제되지 않은 맥락에서 — 수탁자가 적절한 덕성을 가진다는 메시지 혹은 수탁자가 위탁자를 무시하지 않는다면 그들은 적절한 덕성을 지니고 있는 것으로 입증되는 메시지를 표현하는 것에 도움이 될 수 있다. 우리가 말했던 것처럼, 그러한 행동은 수탁자의 덕성에 대한 믿음이나 그러한 덕성에 대한 가정을 표현할 수 있다. 그러나 그러한 경우에 수탁자가 위탁자 — 혹은 위탁의 행동에 대한 증인이 되는 타인의 — 의 좋은 의견을 향유한다면 그들은 위탁자들을 무시하지 않아도 좋게 될 것이다. 그리고 그것은 위탁자로서 연관된 맥락 중 하나에 대한 위탁의 제안을 심사숙고한다는 것을 의미한다. 수탁자가 실제로 덕성을 지니고 있는지 아닌지에 대한 상대적 무지에서 그들은 바로 그 위탁의 행동은 수탁자에 의한 수락을 지탱하는 것이라고 스스로를 안심시킬 수 있다. 위탁의 행동은 수탁자가 믿을 수 있는 것을 증명함으로써 획득되고, 그렇지 못함으로써 상실하는 어떤 것을 가짐을 의미한다. 이는 스스로의 지원 아래 무형의 손을 보충하는 것이다.

그러한 환경에서 위탁을 제안하는 것은 수탁자에게 위탁자가 〔그것을〕 하기 위해 그들에게 의지하도록 유인한다. 위탁자가 위험을 감수한다는 점에서 그것은 스스로 작동하는 것이고, 위험을 감수한다는 그 사실에 의해 가능성들을 그들 자신에게 유리하게 끌어 온다. 헤겔이 이성의 간계(奸計)라고 말했던 것처럼, 우리는 위탁의 간계라고 말할 수 있다. 개인적 신뢰의 행동은 오직 수탁자가 적절히 행동하는 경우에만 배당금이 지불되는 위탁자에 의한 투자, 즉 위험성을 가지는 투자와 같은 것이다. 그러나 첫 번째에서 보이는 것만큼 위험한 것은 아니다. 그로 인해 위탁자가 위험에 처하게 되는 그 행동에서, 수탁자는 그러한 위험이 실현되지 않도록 만들 동기를 가질 것이다. 위탁자는 수탁자가 위험이 실현되게 한다면 양측 모두에 손실이 있을 것이라는 사실을 믿는다. 위탁자는 믿음의 손실이라는 고통을 겪을 것이고, 이는 사실이다. 그러나 똑같이 수탁자는 위탁자의 좋은 견해를 상실하는 고통을 겪을 것이고, 무슨 일이 일어났는지 아는 사람들 가운데 평판이 나빠지는 손실을 입을 것이다.

공화주의적 경계는 시민적 교양과 개인적 신뢰의 체제를 지지하는 것에 부합한다. 또한 비지배의 증진이라는 공화주의적 목적은 비지배 이상의 성취를 위한 체제에 의지하는 것과 부합한다. 아울러, 지속적으로 공화주의의 자유와 정부의 이론을 지지하면서, 우리는 그들 주위에 지지하는 관계를 구성하기 위해 개인적 신뢰에 사람들이 의지하는 것에서 의미와 가치를 찾을 수 있음도 밝혔다. 공화주의적 목표나 수단은 인색하거나 협소하지 않다. 이러한 프로젝트는 시민적 교양과 신뢰가 확산된 사회의 비전에서 매우 자연스럽게 최고조에 이른다.

부 록

- 공화주의 : 명제적 요약
- 공화주의 : 못다 한 이야기

공화주의

명제적 요약

제1부 공화주의적 자유

제1장 소극적 자유와 적극적 자유 이전의 자유

(1) 불간섭이라는 소극적 자유의 개념과 자율이라는 적극적 자유의 개념만이 자유의 이상을 설명하는 〔대안은〕 아니다. 제3의 대안으로 자유로운 사람의 선택에서 어느 누구도 자의적으로—자기 마음대로—간섭할 수 없어야 한다는 비지배 자유의 개념이 존재한다.

(2) 〔현재〕 통용되는 가정과 반대로, 유구한 공화주의 전통에서 옹호되었던 자유의 개념은 적극적 자유, 특히 콩스탕이 고대인의 자유라고 일컬었던 민주적 자율로서의 자유 개념이 아니다.

(3) 〔적극적 자유를 제외한〕 나머지 두 대안 중, 공화주의적 개념이 옹호했던 것은 불간섭 자유의 이상이 아니라 비지배 자유의 이상이었다. 비지배 자유의 이상은 누군가가 실제로 타인에 대해 간섭하지 않을지라도 그의 자의적 의지에 종속된 모든 이들이 자유를 완전히 누리지 못하는 것으로 간주된다는 점에서 명백해진다. 이 경우 간섭은

없지만 자유는 상실된다. 간섭하지 않는 주인이라고 하더라도 여전히 주인이며 지배의 근원으로 존재한다.

⑷ 이러한 의미에서 공화주의자들이 통제하지 않고 지배하지 않는 간섭자는 인민의 자유를 훼손시키지 않을 것이라는 방식으로 자유를 바라보았다는 점은 명백하다. 왜냐하면 이 경우 간섭은 있지만 자유의 상실은 없기 때문이다. 그들은 법이 자의적이지 않을 수 있고, 이러한 유형의 비통제적 간섭자가 될 수 있다고 믿었다.

⑸ 공화주의자들로부터 리바이어던을 옹호하기 위해 홉스가 도입한 불간섭 자유의 개념은 영국 의회가 미대륙 식민지 주민들에 대해 자의적 권력을 행사하고 있다는 공화주의자들의 비판에 대항하여 영국의 미대륙 식민지 통치를 옹호하는 데 사용되었다. 그 주장은 다음과 같다. 법이란 간섭의 일종이기 때문에, 모든 법은 인민의 자유를 감소시키며 어떠한 법률체제일지라도 — 리바이어던의 법률체제이든, 미국 식민지에서의 법률체제이든 — 그 자체가 자유에 해롭다는 이유로 폐기될 수 없다.

⑹ 이러한 새로운 개념은 벤담과 페일리 등의 저술을 통해 유명해졌다. 이들은 심지어 여자와 하인처럼 지배받는 사람들이 실제 간섭을 겪지 않는 한 자유롭다고 간주하는 방식에서 새로운 개념을 이해했다.

⑺ 전통적 공화주의자들과 달리, 벤담과 페일리는 유권자를 주류 유산계층 남성으로 제한할 수 있다고 느끼지 않았다. 이러한 점에서 그들의 포괄주의는 신공화주의자들도 공유해야 할 필요가 있으며, 그들이 왜 공화주의적 자유의 이상을 지나친 요구라고 생각했는지 설명해줄 수 있다.

제 2장 비지배 자유

⑴ 간섭은 누군가의 선택상황에 대한 의도적인 또는 준(準) 의도적인 악화를 의미한다. 즉, 가능한 선택의 범위를 줄이거나 — 더 적게 혹은 더 많이 — 그러한 선택에 할당된 기대보수를 바꾸거나, 아니면 어떤 결과가 어떤 선택에서부터 생길지, 따라서 얼마만큼의 실제 보수가 실현될지를 결정하는 것이다.

⑵ 간섭은 간섭자의 아르비트리움 — 의지 또는 판단 — 에 의해 통제되는 한, 특히 간섭받는 사람들의 이익과 생각을 따르도록 강요받지 않는 한 자의적으로 발생할 것이다.

⑶ 일방이 상대방의 선택에 자의적으로 간섭할 수 있는 능력을 가지고 있는 한 그 사람은 상대방을 지배한다. 가혹함과 안락함 그리고 가능한 간섭의 자의성에 의존할 때 이러한 지배는 다소 혹독할 수도 있다. 그리고 영향을 받은 선택의 범위에 따라 이러한 지배는 다소 포괄적일 수도 있다.

⑷ 그러한 지배가 일어나는 곳에서, 지배는 관련 당사자들 사이에서 공통적 지식이 되는 경향이 있을 것이다. 즉, 서로는 그 사람이 지배받고 있다는 사실을 알 것이고, 상대방이 이것을 알고 있다는 사실 또한 알고 있을 것이다. 지배가 은밀한 조작과 연관될 때는 예외이다.

⑸ 우리가 정의한 의미에서 지배는 실제 간섭이 없더라도 발생할 수 있다. 즉, 지배는 간섭할 수 있는 능력만을 요구한다. 반면 간섭은 그 어떤 지배가 없더라도 발생할 수 있다. 만약 간섭이 자의적이지 않다면, 그것은 지배가 아닐 것이다.

⑹ 비지배는 타인이 존재하는 상황에서 지배가 없는 경우를 의미한다. 이는 타인에게 자의적으로 간섭할 수도 있는 사람들이 있지만,

그들이 그렇게 하지 못하도록 요구하는 사회적 이상이다.

(7) 그러한 비지배는 동등한 권력을 가진 사람들을 통해서 또는 다른 누구도 지배하지 않으면서 사람들로 하여금 상호간에 지배하지 못하도록 만드는 법률체제를 통해 한 사회 내에서 증진될 수 있다.

(8) 관련 당사자들 사이에서 공통의 지식이 될 비지배를 누군가가 향유할 때, 비지배는 주관적이면서도 상호주관적인 측면을 지닌다. 이것은 몽테스키외가 얘기한 평온함과 다른 사람을 똑바로 볼 수 있는 능력과 관련된다.

(9) 페일리 및 새로운 자유주의 전통에서 불간섭 자유의 이상을 선호하게끔 만들었던 이유들은 결정적이지 않다. 그들이 제기한 의혹에도 불구하고, 자의적 간섭으로부터의 안전이라는 자유의 이상과 관련된 목적과 수단 간에는 혼동이 존재하지 않는다.

(10) 게다가 그들의 주장에도 불구하고, 비지배 자유는 강도와 범위의 정도에 따라 차이가 있다. 비지배 자유를 손상시키는 요소들—사람들이 자유를 누리지 못하도록 만드는 지배하는 실체들—이 줄어든다면 그 강도를 높일 수 있다. 그리고 조건적 영향—사람들을 자유가 없게 만들지만 자유를 누리지 못하게 하지는 않는 자연적, 문화적 또는 법적 제한—이 감소한다면 비지배 자유의 범위를 넓힐 수 있다.

(11) 마지막으로, 앞서 제기된 의혹에도 불구하고 비지배 자유는 불가능한 급진적 이상이 아니다. 왜냐하면 비지배 자유가 국가에 실질적으로 요구하는 바는 비록 페일리의 세계에서는 불가능할지 모르지만 우리의 세계에서 충족가능하기 때문이다.

(12) 자유가 지배의 반대어로서 정의되긴 하지만, 지배는 권력의 다양한 의미를 다 포괄하는 것은 아니라는 점에 주목해야 한다. 어떤 의미에서 비지배는 그 자체로 권력의 한 형태이다. 지배적 권력은 다

른 사람에게 일정 정도의 영향을 주는 행위자의 능력 — 행사되거나 행사되지 않거나 — 에 의해 존재한다. 특히, 타인이 선택하는 것에 대해 의도적이고 부정적인 형태의 영향을 행사할 수 있는 능력에 의해 존재한다.

제 3장 정치적 이상으로서의 비지배

(1) 비지배의 우월한 가치는 불간섭 자유와의 비교를 통해 입증될 필요가 있다. 비지배를 지향하는 국가는 — 그러한 식으로 국가의 방향을 설정하는 것이 충분하다고 가정한다면 — 자율성을 달성 또한 촉진시킬 것이기 때문에, 우리가 자율(*self-mastery*) 또는 자율성(*autonomy*)이라는 자유의 개념에 대해서 논의할 필요는 없다.

(2) 비지배 자유가 가진 우월한 매력은 그 극대화가 불간섭의 극대화가 무시할 수 있는 세 가지 혜택 — 불확실성의 부재, 전략적으로 강자를 따를 필요성의 부재, 타인에 대한 사회적 종속의 부재 — 의 증진을 가져올 것이라는 사실에 있다.

(3) 비지배 자유와 그러한 혜택들의 관계는 롤즈의 관점에서 기초적 선(善)이다. 왜냐하면 사람들이 그 밖에 어떤 것들을 원하건 상관없이 그들 스스로 그것을 원해야 할 이유를 가지기 때문이다.

(4) 그러나 비지배 자유는 사람들이 분산화된 방법으로 스스로 추구하도록 내버려질 수 있는 종류의 선은 아니다. 모든 사람들이 중앙화된 정치적 행동을 통해 이를 추구할 때 비지배 자유는 가장 잘 추구될 수 있다. 이는 바로 국가를 통해서이다.

(5) 비지배 자유를 정치적으로 추구하는 것은 소규모의 동질적인 정체에서뿐만 아니라 다원화된 현대국가에서도 매력적일 것이다. 이론에 지치고 염세적인 비판가들의 권고는 성급한 절망에 놓인 조언처

럼 보인다.

⑹ 비지배 자유를 추구하는 자연스런 방법은 국가가 존중해야 하는 어떤 제한의 역할에 있는 것이 아니라, 국가가 촉진해야 하는 가치의 역할에 있다. 더욱이 이것은 일반적으로 공화주의 전통 안에서 추구되는 방법이며, 이 전통은 특징상 결과론적이다.

⑺ 비지배 자유의 증진에서 두 가지 차원 — 비지배의 강도와 지배받지 않는 선택의 범위 — 을 고려할 필요가 있다. 그러나 일부 설득력 있는 가정들이 의미하는 바는 우리가 먼저 〔비지배의〕 강도를 검토하고 그 다음으로 그 범위를 검토해야 한다는 것이다.

⑻ 비지배가 특정 정치제도 및 여타 제도들에 의해서 촉진될 때 — 사람들이 삶 속에서 자의적 간섭의 가능성으로부터 보호될 때 — 비지배의 결과는 이들 제도와 인과적으로 구별되지 않는다. 혈액에서 항체에 의해 생성된 면역력처럼, 비지배는 이러한 제도적 장치들에 의해 구성된다. 비지배는 본질적으로 제도를 통해 실재한다.

제4장 자유, 평등, 공동체

⑴ 어떤 선(善)이 해당 구성원들에게 어느 정도 평등하게 분배된 지점에서 최고조로 실현된다면 이는 평등주의적 선이다. 불간섭 자유를 비롯한 기존의 대부분의 정치적 가치들은 이러한 의미에서 평등주의적이지 않다.

⑵ 비지배 자유는 매우 평등주의적인 선이다. 사람들이 향유하는 비지배를 극대화하는 것은 그들이 비지배를 동일한 방식으로 동일한 범위에서 누려야 한다고 요구하지는 않지만 — 대부분의 경험적 우연성들과 독립적일 것을 요구하는 — 그들은 비지배를 동일한 강도에서 누려야 한다. 이러한 기획은 자원과 기회에서의 평등, 즉 물질적 평

등과 연관되지 않지만, 사람들이 지배로부터 동등하게 보호받는 구조적 평등의 이상과 밀접하게 연관되어 있다.

(3) 비지배를 극대화하는 공화주의 프로젝트는 어린이와 의존이 필요한 일부 성인들에게는 일반적 범주의 비지배적 선택이 인정되지 않아야 할 필요가 있다는 점을—그들의 발전 또는 보호를 위해서 필요한—인정하지만, 이들에 대한 지배를 결코 용납하지 않는다. 이러한 측면에서 비지배는 평등주의적이다.

(4) 공동체주의적 선은 사회적이고 공통적인 특징을 모두 지니고 있다. 사람들이 상호적이고 의도적인 상호작용으로 연관되어야 실현이 가능하다는 점에서 사회적이며, 일부 혹은 모든 다른 사람들을 위해 실현될 때만 누군가를 위해서도 실현될 수 있다는 점에서 공통적이다.

(5) 비지배 자유는 공동체주의적 선이다. 사람들을 공동체적 상호작용에 연관시키는 제도하에서만 실현되기 때문이다. 그리고 어떤 사람이 비지배를 향유하기 위해서는 그가 속한 취약계급 내의 다른 사람들에게도 비지배가 실현되어야만 한다. 이런 의미에서, 여성 개인이 완전히 자유로울 수 있을 때는 바로 여성성이 취약성의 상징이 아니고 모든 여성이 자유로울 때이다.

(6) 비지배 자유가 지닌 공동체주의적 특징이 의미하는 바는, 공동체의 자유가 개인의 자유만큼 기초적 개념이라는 점이다. 그리고 〔그러한 특징은〕 공동체주의자들이 요구하듯이 사람들이 이러한 자유를 증진시키는 국가에 일체감을 느껴야 할 이유가 있다는 것이다.

제2부 공화주의 정부

제5장 공화주의의 목표 : 명분과 정책들

⑴ 국가의 역할을 비지배 자유를 증진시키는 것으로 간주하는 공화주의의 통치철학은 롤즈가 말한 성찰적 균형에 근거해 판단되어야 한다. 이는 국가가 무엇을 해야 하며 무엇이 되어야 하는지에 대한 그림을 우리에게 제공하는지, 성찰적인 자세로 참고함으로써 가능하다.

⑵ 공화주의 국가가 해야 할 바를 고찰하면서 첫 번째로 주목해야 할 것은 공화주의는 국가에 그 국가가 교정해야 할 울분(*grienavces*)들을 공식화할 수 있는 다원적 언어를 제공한다는 점이다. 그러한 자유의 언어에서 국가에 대한 다양한 요구들이 의미를 지닐 수 있다.

⑶ 공화주의 언어의 다원성은 그것이 다양한 명분들과 설득력 있는 접합이 가능하다는 점에서 잘 드러난다. 이러한 명분들은 우리에게 친숙한 질서와 예측가능성 — 그리고 사적 소유권 — 과 같은 보수적 요구뿐만 아니라, 환경주의, 페미니즘, 사회주의, 다문화주의와 같은 다양한 명분들도 포함한다.

⑷ 비지배 자유의 이상은 본래 역동적이기 때문에 공화주의 언어가 이 같은 정도의 다원성을 취할 수 있다. 이 언어는 국가가 인민의 이해와 관념들을 체계적으로 추적할 것을 요구하며, 따라서 새로 등장하거나 밝혀지는 이해와 관념들로 인해 비지배 자유가 요구하는 것이 무엇인지 재해석될 수 있는 여지를 남겨둔다.

⑸ 비지배 자유의 이상이 지지할 구체적인 정책들 — 특히, 사적인 도미니움 또는 자원들과 결부된 지배형태와의 투쟁에서 비지배 자유의 이상이 뒷받침할 정책들 — 에 이르게 되면, 두 가지 사항이 두드러진다. 첫째, 지배하지 않는 정부의 가능성을 인정하기 때문에 비

지배 자유의 이상은 불간섭 자유의 이상보다 정치적으로 덜 회의적이다. 둘째, 비지배 자유는 단지 자의적인 간섭의 부재가 아니라 자의적으로 간섭할 수 있는 능력의 부재를 요구하기 때문에 사회적으로 보다 급진적이다.

(6) 정책결정에서 크게 5개의 영역 — 차례대로 대외적 방어, 국내적 보호, 개인적 독립, 경제적 번영, 공적인 삶 — 이 있다. 이러한 모든 영역에서 공화주의적 통치철학이 요구하는 것에 대해 광범위하고 대개 구별되는 윤곽을 식별할 수 있다. 그러나 그러한 요건들은 오직 경험적 정보에 바탕하고 있을 경우에만 구체적으로 기술될 수 있다. 다시 말해, 공화주의는 정책결정을 위한 탐구프로그램이지, 이미 결정되어 있고 항상 그대로인 청사진이 아니다.

제 6장 공화주의적 형태 : 헌정주의와 민주주의

(1) 공화주의 국가는 지배로 나타나는 도미니움의 영향들에 대항해서 싸워야 할 뿐만 아니라 국가의 임페리움과 결합될 수 있는 도미니움도 방지해야 한다. 공화주의 국가는 국가가 무엇을 하느냐뿐만 아니라 국가가 어떤 존재인가에도 관심을 기울여야 한다. 다시 말해 국가의 목적뿐만 아니라 형태에도 관심을 기울여야 한다는 말이다.

(2) 정부가 작동하는 방식이 자의적 조작에 종속되지 않으면, 충분히 충족되어야만 하는 수많은 헌정적 조건들이 가능하며 이들은 또한 공화주의 전통에서 중요한 것으로 간주되어 왔다.

(3) 첫째는 법의 제국 조건이다. 이에 의하면 정부는 사례별로 작동하는 것이 아니라 법률, 특히 일반적이고 비소급적이며 잘 공포되고 정확한 등의 확정된 제약들을 만족시키는 법률에 의해 작동해야 한다.

⑷ 둘째는 권력분산 조건이다. 이에 의하면 정부의 권력은 다양한 부분으로 분산되어야 한다. 이는 입법, 행정, 사법적 기능의 구분뿐만 아니라 양원제 또는 연방제와 같은 다른 형태의 권력분산을 의미한다.

⑸ 셋째는 반-다수결주의 조건이다. 이에 따르면 다수의 의지가 최소한 근본적인 법률의 영역을 변화시키기는 어려워야 한다. 이러한 조건은 보통법을 우선시하는 것에서부터 헌정적 제약에 이르기까지 다양한 방법에 의해 이행될 수 있다.

⑹ 헌정체제가 어떻게 제약되느냐와 상관없이 통치에는 항상 분별력이 존재한다. 입법자들은 법을 만드는 사람들이기 때문에 당연히 분별력을 가지고 있어야 한다. 그러나 행정과 사법영역에 종사하는 이들에게도 분별력은 필요하다. 법의 해석은 입법에 의해 완전하게 제한되지 않기 때문이다.

⑺ 공화주의 정체에서 이러한 분별력의 행사가 전반적 인민의 이익과 관념 또는 공동체의 일부 분파의 이익과 관념에 반대되지 않도록 하는 유일한 방법은 보통 사람들이 정부의 활동을 견제할 수 있는 체계적 가능성을 도입하는 것이다.

⑻ 이는 인민의 동의에 기반한 민주주의가 아니라 정부활동의 모든 측면에 대한 인민의 견제에 기반한 민주주의의 이상으로 우리를 이끈다. 보장되어야 할 중요한 사항은 정부의 활동이 대중적 의지의 산물이 되는 것이 아니라 대중적 견제를 견뎌내어야 한다는 것이다.

⑼ 인민이 정부활동에 제동을 거는 데 활용할 수 있는 체계적 기초가 있기 위해서 견제적 민주주의는 심의(審議) 민주주의가 되어야 한다. 의사결정은 공언된 공통적 관심에 대한 고려를 바탕에 깔고 있어야 한다. 인민의 도전에는 취해진 고려들이 적절하지 않다는 것, 아니면 추진되는 방안을 인민이 지지하지 않는다는 것 등이 있을 수

있다.

(10) 또한 견제적 민주주의는 각계각층의 인민이 입법, 행정, 또는 사법적 결정에 대해 도전할 수 있게 하는 포용적 민주주의여야 한다. 이것의 의미는, 정부가 상이한 파당들을 대표해야 한다는 것, 견제의 통로들이 공동체 안에서 잘 제도화되어야 한다는 것, 그리고 정부가 기업조직이나 여타 강력한 이해들로부터 보호되어야 한다는 것이다.

(11) 마지막으로 견제적 민주주의는 정부의 결정에 제기되는 견제에 반응적이어야 한다. 상이한 영역에서 일어나는 불평들을 적절하게 청취하는 제도—공청회일 필요는 없지만, 적절한 청취의 형태—들이 있어야 하고, 보편적 신뢰도를 지니는 의사결정 절차가 적소에 있어야 한다. 그리고 신뢰가 실추될 경우에는 분리의 가능성 또는 양심적 병역거부자들에게 전통적으로 부여되었던 것과 같은 특별한 지위를 부여할 수 있는 방법이 있어야 한다.

(12) 이러한 견제적 민주주의는 공화주의적 목표들과 헌정주의적 제한들에 대한 설명들보다 우선순위를 가진다. 이러한 설명들은 견제적 민주주의의 기준에 통과하는 것으로 간주된다는 의미에서 그러하다.

(13) 이러한 새로운 민주주의 개념의 핵심은 합의에 의해 고안된 법률을 가지는 것보다, 법률을 선택할 수 있는 검토환경을 만드는 데 있다. 이는 시간의 흐름을 통과하고 고대의 체제의 일부였던 법률을 가진다는 의미에서 근대 이전의 공화주의에 대한 강조와 연결된다. 또한 인민이 자의적 성격을 지닌 법률에 도전하고 저항할 권리를 가진다는 전통적 견해와도 연결된다. 이것이 바로 인민을 주권자로 만든다.

(14) 이 개념은 민주주의가 어떻게 작동하고 작동해야 하는지에 대한 기술에서 종종 연상되는 이익집단 다원주의의 이미지에 대해 명백

한 대안을 보여준다. 후자가 이성을 배후화하는 반면, 전자는 이성을 전면에 내세운다.

제 7장 공화정에 대한 견제

⑴ 지금까지 기술된 헌정적이고 민주적인 제도들은 정부 정책결정의 자의성을 줄이기 위해 고안되었지만, ― 그래서 이와 같은 제도들은 사람들이 천사처럼 공공심이 충만하다 할지라도 필요할 것이다 ― 인간 본성의 불완전성을 고려하면 공화국을 운영하는 사람들을 견제할 수 있는 조치들 또한 검토할 필요가 있다.

⑵ 공직자들의 과도한 열정문제를 방지하는 데 공화주의는 특별한 어려움이 없다. 왜냐하면 다른 가치의 추구와 달리 비지배 자유의 추구는 열정에 사로잡힌 공직자들이 법에 의거하지 않고 제멋대로 할 수 있는 근거를 제공하지 않기 때문이다.

⑶ 그러나 인간의 부패가능성을 경계할 필요는 있다. 대부분의 사람들이 적극적으로 부패를 저지르지 않고 덕성이 이끄는 대로 생각하고 행동하는 경향이 있다 하더라도 강력한 유혹에 노출되면 부패할 수 있기 때문이다.

⑷ 부패가능성을 막는 데 이용할 수 있는 제도적 자원은 제재와 선별가능성으로 집약된다. 사람들의 행위를 처벌하거나 보상할 수 있는 가능성, 적합한 행위자들과 선택지들을 선별할 수 있는 가능성을 말한다.

⑸ 제도 디자인의 한 가지 전략은 주위의 최악의 행위자들 ― 이른바 악한 ― 에 대처하고, 그러한 반사회적 유형을 통제할 수 있는 역할을 담당하는 제재를 도입하는 것에서 시작한다.

⑹ 그러나 일탈자 중심의 전략이 갖는 잘 알려진 어려움은 대부분의 사람들은 악한이 아니며, ― 대부분의 사람들은 자연스럽게 정당

한 요구에 따른다—악한을 염두에 두고 설계된 제재의 패턴은 그러한 행위자들을 소외시키고, 그들의 순응을 축소시킬 가능성이 있다는 사실에서 기인한다.

(7) 다른 대안적 전략은 대부분은 악한이 아니라는 가정을 가지고 이에 기반해서 제도를 고안하는 것이다. 이러한 전략은 적합한 행위자들에 대한 선별장치와, 악한이 아닌 행위자들을 염두에 두고 고안된 제재의 형태, 그리고 마지막으로 이따금 나타나는 악한들에 대처할 수 있도록 대비한 제재의 구조를 지지할 것이다.

(8) 이러한 순응자 중심의 전략에서 가장 중요한 요소는 행위자들을 소외시키지 않는 제재의 형태이다. 한 가지 방법은 당사자들이 악한이라는 가정 없이도 작동될 수 있는 제재장치—즉, 중립적 견지에서 요구되는 제재장치—를 마련하는 것이다.

(9) 그러나 행위자를 소외시키지 않으면서도 제재가 이뤄질 수 있는 가장 탁월한 가능성은 사람들의 좋은 평가를 통한 보상과 나쁜 평가를 통한 처벌과 연관된다. 이러한 평가에 근거한 제재의 형태는 무형의 손과 같이 본질적으로 비의도적인 방식으로 작동하는데, 행위자들이 지닌 덕성에 대한 긍정적 이미지를 전달함으로써 행위자들을 규율하는 것이다.

(10) 우리가 자의적 의지의 범위를 축소하기 위해 도입한 헌정주의적이고 민주적인 제도들을 고찰하게 되면, 중요한 규제적 역할을 할 수 있는 독립적으로 작동하는 장치들—평가에 근거한 제재들과 같은—이 배치되어 있다는 점이 드러나게 된다.

(11) 그러나 그러한 장치들을 지지하는 것을 넘어 어떻게 순응자 중심의 전략이 공직자들을 규제하기 위한 설계 속에 체계적으로 적용될 수 있는지를 검토할 수 있는 범위가 있다. 우선 적합한 선별장치들을 검토하고, 다음으로 선택된 행위자들을 통제하면서 소외시키지

않는 제재방식을 찾고, 마지막으로 악한의 태도에 부합하는 반복된 위반자들에 적합한 제재장치들을 모색하는 것이다.

(12) 정치철학은 여기에서 논의된 것과 같은 평범한 이슈—예를 들면, 위원회를 어떻게 잘 조직할 것인가와 관련된 이슈—를 경시하고 추상적이고 낭만적인 주제를 지향해왔다. 이상적인 비지배 자유는 제도 고안과 같은 평범한 이슈에 가장 큰 중요성을 두고, 천연가스와 샘물 역할을 하는 공화주의를 주장한다.

제 8장 공화국의 교화

(1) 공화국의 목표를 증진시키고 그 형태를 제도화하며 규제적 통제를 확립하는 법률이 효과적이기 위해서는, 공화주의적 시민규범에 의해 뒷받침될 필요—널리 확산된 시민적 덕성, 시민적 교양에 의해 지원될 필요—가 있다. 법의 공화국은 시민적 실체가 되어야 한다.

(2) 행위의 양식이 특정 집단에서 시민적 규범이라는 것은 거의 모든 관련된 당사자들이 이를 따른다는 것, 규범을 따르는 것을 칭찬하고 그렇지 않은 것을 비난한다는 것을 의미한다. 이러한 칭찬 겸 비난은 행위를 증진시키거나 보호하는 데 도움을 준다. 뿐만 아니라 이러한 조건들이 그 집단 내에서 공통적 지식의 문제라는 것을 의미한다.

(3) 광범위하게 분산된 시민적 교양이 필요한 첫 번째 이유는 인민은 타인이 법적 제재에 대한 두려움과 관련된 근거가 아니라 그들을 존중해야 할 규범적 근거를 가지고 있을 때만 자신들의 비지배를 확보할 수 있다는 것이다.

(4) 두 번째 이유는 공화국이 인민의 이익과 관념들—종종 새롭게 등장하고 구체화되는 이익과 관념들—에 체계적으로 민감하기 위해서는 적절한 주장을 충분히 할 수 있는 덕스러운 사람들이 있어야 하

기 때문이다. 이는 차이의 정치와 공통적 관심의 정치에 모두 해당된다.

(5) 광범위하게 확산된 시민적 교양이 필요한 마지막 이유는 정부 당국자들이 공화주의적 법률과 규범에 반하는 모든 위법행위들을 확인하고 제재하는 것을 기대할 수 없기 때문이다. 보통 사람들 또한 이러한 역할을 수행하기에 충분할 만큼 헌신하거나 당국의 노력을 지지하려 노력해야 한다. 보통 사람들은 공화주의적 자유의 대가인 영원한 경계를 유지해야 한다.

(6) 국가의 성공을 위해 필요한, 광범위하게 분산된 시민적 교양을 장려하기 위해 해야 하는 가장 중요한 일은 대중의 마음속에 법률의 공화주의적 정당성을 확립시키는 것이다. 그리고 이는 효과적이고 견제적인 민주주의에 의해 가장 잘 달성될 수 있다.

(7) 광범위하게 확산된 시민적 교양은 평가중심적 제재라는 무형의 손에 의해서 지탱된다. 존경받는 이들은 대부분의 상황에서 존중받는 이들이기 때문이다. 국가는 이러한 과정에 개입할 수 있는 형태의 제재를 부과하지 않도록 조심해야 한다.

(8) 무형의 손에 대한 일반적 무관심을 고려할 때, 국가가 이러한 일을 수행할 수 있다는 실재 위험이 존재한다. 정부가 취할 수 있는 실질적 통제는 효율적 시장에서의 보이지 않는 손과 거친 경영이라는 엄격한 통제라는 일반적 가정을 고려한다면 말이다.

(9) 시민적 교양 또는 시민적 덕성은 자주 그렇게 보이는 것과는 달리 달성하기 어려운 것이 아닐 수도 있다. 이는 단지 공적 가치의 내면화와 개인적 욕망의 규율만을 수반하는 것이 아니다. 비지배 자유의 공동체주의적 성격을 고려할 때 이는 또한 보다 넓은 집단들, 또는 공동체 전체와의 일체화를 수반하며 새롭고 만족스러운 정체성으로의 접근과 관계된다.

(10) 광범위하게 퍼진 시민적 교양의 달성은 광범위하게 퍼진 개인

적 신뢰의 양식 — 시민적 교양에 대한 믿음에 의해 지지되는 자신 있는 상호적 신뢰의 양식 — 을 달성하는 것과 다르지 않으며, 풍부한 시민사회를 건설하는 것을 의미한다.

(11) 시민적 교양과 신뢰의 필요성에 대한 믿음은 경계의 필요성에 대한 공화주의의 강조와도 일관적이다. 공화주의적인 경계는 정부당국자들을 빈틈없이 만들어야 한다는 견해를 가지고 개인적인 불신의 작동을 거치는 것을 수반하며, 높은 수준의 신뢰를 유지하는 것과 일관적이다.

(12) 시민적 교양과 신뢰의 필요성을 믿는 것은 비지배 자유와 결합한 독립에 가치를 부여하는 것과도 일관적이다. 제 8장의 주장은 역설적으로 광범위하게 퍼진 개인적 신뢰를 가지고 사람들이 행동할 때에만 비지배 자유가 광범위한 범위에서 달성될 수 있다는 것이다.

(13) 마지막으로 여기에서 주장된 공화주의의 이상을 받아들이는 것과 개인적 신뢰에 대한 제안, 심지어는 신뢰하는 사람을 위험에 빠뜨리는 제안들이 긍정적이고 바람직한 방편일 수 있다는 것을 믿는 것 간에는 불일치가 존재하지 않는다. 이러한 행위들은 관련된 당사자들의 상대적인 비지배를 가정하고, 개인의 비지배를 증진하는 데 도움을 주며, 무형의 손이 지니고 있는 힘을 인정한다면 이러한 목적을 달성하는 분별력 있는 수단이 될 수 있다.

공화주의

못다 한 이야기

이 책의 최종안 작업을 한 후 지난 3년 동안 나는 공화주의 정치이론에 대한 많은 의견을 교환했다. 이러한 의견교환은 역사적 문제에 대한 탐구, 자유와 민주주의의 분석에 대한 토론, 그리고 다양한 형태의 제도 디자인에 관한 논쟁뿐만 아니라 이메일, 세미나, 그리고 일대일 토론을 통해 이루어졌다. 때로는 비평과 논평에 의해서 또는 일상적 질문에 의해 촉발되었다.

비판에 대해 답변하는 과정에서 공화주의의 이상들을 재고하고 나의 견해가 이 책에서 서술했던 것과 어떤 지점에서부터 변했는지를 지적하고 싶었다. 그래서 나의 주장에 대해 제기된 다양한 모든 문제들을 검토함으로써 지루한 독서로 만들어버리기보다는 핵심적인 공화주의 이상을 개괄하고자 한다. 나는 이 책을 읽지 않은 사람도 이 후기는 읽을 수 있기를 바란다. 그리고 이 책을 아는 사람들에게는 최근 사조에서의 나의 위치를 확인할 수 있도록 도움을 줄 수 있기를 바란다. 마지막으로 내가 그동안 경청했던 대담자들에게 이것이 하나의 표식이 되기를 바란다. 내가 반드시 덧붙여야 할 그러한 수정들은 이 책의 주장들을 더 복잡하게 만들지 않고 단순화하는 데 도움을 줄 것이다. 특히 나로 하여금 공화주의 전통이 일반적으로 오늘날 동시대의 정치 이론가들 사이에서 지금의 수준 이상으로 더 많은 관심을 끌 만한 가치가 있다고 굳게 믿게 만든다.[1)]

1. 로마적 전통

공화주의를 정교화했던 로마 저술가들이 고대 그리스로부터 내려온 다양한 사상—특히 아리스토텔레스적 특징을 지닌 사상—을 물려받았지만, 공화주의 전통은 그 기원과 성격에서 로마적이다. 이 전통은 로마공화정의 제도를 정당화하고 그 형성에 영향을 미치면서 함께 출현했으며, 법률가이자 웅변가이고 철학가인 키케로의 저술뿐만 아니라 폴리비우스, 리비우스, 플루타르크, 타키투스, 살루스트와 같은 역사가들의 저술을 통해 정교화되었다.

이들은 노예로부터 시민이 구별되는 일종의 지위, 즉 다른 사람의 노예가 된 상태(*potestate domini*) 하에서 삶을 영위하지 않는 지위로 시민적 자유를 이해했다. 그리고 정부가 공공선, 즉 공적인 것(*the res publica*)에 초점을 맞추고 작동하도록 법적·정치적 제도들이 갖추어져야만 시민들이 이런 지위를 누릴 수 있다고 믿었다. 법치, 관료와 기구들 간의 권력분산, 개별 사회계급에 대한 상이한 형태의 대표

1) 이 책에서 계속되는 공화주의 이상들에 대해 생각하는 데 도움을 준 감사해야 할 많은 사람들이 있다. 그러나 나는 단지 이 후기에서 직접적으로 영향을 준 몇몇 사람만을 소개한다. 제프리 브레넌, 조슈아 코헨, 존 페레존, 리처드 뮬건, 티모시 오헤이건, 필립 반 파리즈, 토마스 포기, 새무얼 세플러, 이언 샤피로, 퀜틴 스키너, 나디아 우르비나티, 마우리치오 비롤리다. 나는 1997년 말에 공화주의에 대한 세미나를 했던 컬럼비아대학의 수강생들과 내가 공화주의 주제에 대해 지도해왔던 호주 국립대학의 학생들에게 특히 도움을 받았다.

성, 종신임기의 제한, 서로 다른 시민들간 공직의 순환 등과 같은 구속들을 만족시킬 경우에만 정부가 공공선에 초점을 맞출 수 있다는 것이다. '로마의 자유는 무엇보다도 노예 또는 누군가의 지배(*dominatio*)에 예속되는 데에 있지 않다. 하지만 리비우스, 타키투스, 살루스트와 키케로 모두는 정치에서 자유가 공화주의 헌법의 보호를 필요로 한다는 데 동의했다'(Sellers, 1995: 97).

공화주의 전통에서 3개의 축이 되는 관념은 비지배 자유 개념, 비지배 자유가 공공선에 초점을 맞추는 정체를 지닌 헌법을 필요로 한다는 주장, 그리고 특정 제도적 형태—특징상 로마적인—들은 이러한 헌법의 일부가 될 수 있다는 믿음이다. 이러한 관점에서 비지배 자유는 어느 누구도 그들을 주인처럼 감독할 수 없다는 점에서 사람들에 의해 향유될 수 있는 지위이다. 그 밖에 어느 누구도 그들의 삶을 자의적으로 간섭할 수 없다—예를 들어, 의도적으로 어떠한 선택을 제거하거나 선택에 수반하는 보수를 줄일 수는 없다. 다시 말해서, 어느 누구도 간섭받는 사람들이 인정하는 선을 따르도록 강요받지 않은 채 그들을 간섭할 수 없다. 그러한 경우 세금을 부과하고 강압적인 법들을 강제하면서 정부는 시민들의 삶을 간섭한다. 그러므로 만약 정부가 이를 행함에 있어 공공선을 추구하지 않도록 허용된다면—사실상 만약 정부가 인민들의 공통되고 인정될 수 있는 이해를 따르지 않도록 허락된다면—그러한 간섭의 힘은 성격상 자의적인 것이 될 것이다. 그리고 정부는 그 자체로 주인(*dominus*)이 될 것이다.

이러한 로마의 이상은 르네상스 이탈리아에서 새로운 삶을 부여받았다. 리비우스가 서술한 역사서에 대한 강의인 마키아벨리의 《로마사 강론》은 그 대표적 작품이라 할 수 있다. 마키아벨리는 고대 로마를 사랑하였고, 자유가 지배받지 않는 것과 동등한 것이라는 이러한 이상을 열광적으로 지지하였다. 비지배는 단지 레스 푸블리카(*res publica*), 즉 공공선이 공적 삶에서 발생하는 것에 영향을 미치는 특정 정체에의 소속을 통해 달성될 수 있다. 그리고 그러한 정체는 법치, 권력의 분산, 각기 다른 계급의 대표 등과 같은 로마의 제도에 의해서 특징될 수 있다(Viroli, 1998).

신로마 공화주의의 유산은 17세기 영국에 중요한 영향을 미쳤다. 해링턴과 시드니 같은 옹호자들은 자유에 대한 로마와 르네상스의 개념들을 받아들였고 "오직 자유로운 국가에서 자유로울 수 있다"고 주장했다. 반면 초기 영국 신로마주의자들은 반왕당파였지만, 후에 그러한 이상들을 옹호하였던 사람들은 만일 군주제가 법에 종속되고 의회의 힘에 의해 견제받는다면 자유로운 국가도 군주제가 될 수 있다는 생각을 지지하였다.

그러나 영국의 미대륙 식민지인들이 그들 삶에서 영국 의회의 지배를 견제받지 않는 자의적인 것으로 바라보면서 이러한 공화주의의 이상은 미대륙의 식민지에서 폭발적인 효과를 얻었다. 비록 영국 의회가 그들을 잘 대우했을지라도—예를 들어, 그들이 과도하게 세금을 부과하지 않았을지라도—여전히 의회는 자신이 바라는 것을 할 수 있는 힘을 가지고 있었다. 즉, 이것은 바로 절대적 통치자의 사례였다. 그러한 이상은 혁명의 시기 동안 원래의 로마적인 형태로 극화되고 찬양받았다. "미대륙의 공화주의자들은 그들의 고전적 선조들을 자랑으로 여겼다. 그리고 그들의 혁명에 로마적 유풍을 입혔다"(Sellers, 1995: 19).

이 짧은 이야기는 이 책의 설명에 잘 부합한다. 하지만 공화주의 전통이 지닌 로마적 성격을 좀더 분명히 강조한다. 마이클 샌들의 저서 《민주주의의 불만》이 다른 방식으로 나에게 그러한 확신을 가지게 했던 것처럼, 그러한 책들에 대한 모티머스 셀러스, 스키너 그리고 비롤리의 해석은 나에게 이것이 정확한 강조였음을 확신하게 했다. 내가 다음에 보여주는 것처럼 나는 샌들의 책으로부터 많은 것을 배웠다. 그러나 나는 그가 실수로 공화주의를 신아테네주의적으로 해석한 것에 의해 강한 충격을 받았다(Pettit, 1998). 그는 미국적 공화주의의 핵심을 참여민주주의의 이익에 대한 강조에 있다고 여긴다. 특히 이와 같은 민주주의는 — 비록 그것이 실수로 나타났을지라도 (Manin, 1997: 제1장) — 광범위하게 고대 아테네와 연결되어 있다.

샌들이 놓친 것 — 그리고 그가 해석자들의 기나긴 라인에 속한다는 것(Arendt, 1958; Habermas, 1995; Uhr, 1998: 제1장 참조) — 은 로마인들과 그들을 따랐던 사람들은 아테네 민주주의라고 그가 표현했던 것에 대한 폴리비우스의 강력한 혐오를 차용함으로써, 대개 그와 같은 적대적 논평가의 눈을 통하여 고대 아테네인들을 보았다는 사실이다(Springborg, 1992: ch. 3). 그들은 로마의 헌정체제에 대한 그의 선호를 공유했다. 로마의 헌정체제에서 민주적 선거와 참여는 중시되었다. 그러나 법치, 많은 공직과 권력기구들 사이의 권력의 분산, 다른 형태에서 서로 다른 사회계급의 대표 등도 의식적으로 동일하게 그 중요성을 물려받았다.

폴리비우스와 다른 논평가들이 아테네를 바라본 것처럼, 아테네의 영광은 아테네 사람들에게서 기인한 것이지, 그들의 헌정체제에 의한 것은 아니었다(Polybius, 1954: Bk 6, 43~44). 폴리비우스가 설명한 것처럼, 그러한 헌정체제하에서는 "대중의 통제되지 않는 충동에 의해 모든 것들이 다루어질 수 있고" 국가는 "선장 없는 배"와 유사하게 될 수 있기 때문이다. 폴리비우스의 표현에 의하면, 이것은 "데모크라티아"(*democratia*) 또는 "인민"(*demos*)의 통치 — 엄격한 절차하에서의 민중의 통치 — 가 아니다. 오히려 "오클로크라티아"(*ochlocratia*) 또는 "우중"(*ochlos*)의 통치이다. 즉, 이것은 다수의 감정 또는 의견이 어떤 시점에서 구체화될 때, 그 앞에 있는 모든 것을 압도하게 만드는 대중통치의 한 부류이다(Polybius, 1954: Bk 6, 57). 그들의 전통에서 다른 사람들은 순수한 민주주의를 비난하였던 것처럼, 미국의 건국자들이 선거에 의한 전제정치를 비난하였을 때, 그들은 공화주의를 임기응변으로 처리하지 않았다. 단지 그들은 오랜 공화주의적 전통이 항상 선호해왔던 길을 따라 나아갔었다.

2. 공화주의의 과정과 정책

공화주의·신로마주의 저술가들 모두는 어떤 국가가 있다면, 그 국가가 국내외적 특정한 목적을 추구하는 것은 당연하다고 생각했다. 국가는 확실히 국내적 평화를 보장하기를 추구할 것이고, 아마 정복과 식민지화를 통해 다른 국가와의 관계에서 자신의 위치를 확립하고자 노력할 것임을 당연하게 생각했던 것이다. 그들은 두 가지 목적을 위해 자유에 대한 공화주의적 이상과 좋은 헌정체제에 대한 공화주의적 이미지를 끌어들였다. 첫째, 그들이 국가가 독립적으로 존재하고 독립적으로 동기를 부여받게 된다고 생각했던 구속의 윤곽을 그리기 위해 국가는 자신의 시민들과의 관계를 원만하게 하고자 노력해야 한다. 그리고 둘째, 국내외적 영역에서 인민의 보호와 같은 목적을 추구하기 위한 국가의 노력을 이론적으로 설명하기 위해서 〔공화주의의 이상과 표상을 끌어들였다〕 이러한 종류의 보호는 비지배 자유의 광범위한 향유를 위해 분명 필수적인 것이었다.

첫 번째 목적은 공화주의 저술에서 두드러진다. 이러한 저술가들의 주장은 만약 국가가 국내외적 영역에서 업무수행의 결정을 단지 군주 또는 파당의 희망만을 고려했다면, 그러한 국가는 시민들과의 관계에서 도미누스, 즉 지배자의 지위를 갖게 된다는 것이다. 문제는 모든 국가가 그렇게 할 수 있어야 했던 것처럼, 국가가 시민들을 강제하고 세금을 부과할 수 있어야 한다는 것이 아니다. 만약 국가가 강제당하고 세금을 부여받는 시민들의 바람을 고려하지 않고 이러한 일을 한다면, 그것은 세르부스〔노예〕에 대한 도미누스〔주인〕와 같은 시민과의 관계를 형성할 것이다. 마치 도미니움, 즉 다른 사람의 사적 권력이 지배의 원천이 될 수 있는 것처럼, 국가의 임페리움, 즉 권위도 도미나티오의 한 근원이 될 수 있다. 국가는 사람들을 감시할 수 있고, 강제와 징세의 수단을 — 다른 수단은 언급하지 않고라도 — 사용하여 사람들의 삶을 간섭할 수 있고 "여러분의 양해"를 구하지 않고도 그렇게 할 수 있다.

공화주의가 만약 국가가 단지 공공선, 공공복지, 그리고 레스 푸블리카〔공적인 것〕로부터 도출된 목적과 수단을 구하고자 한다면, 국가는 그 자체로 시민들을 지배하지 않으며 국내외 적들의 사적 권력에 기초한 지배에 대항하기 위한 독특한 보호책을 제공할 수 있다. 사실 그들의 관점은 다음과 같다. 비지배 자유의 요구를 만족시키기 위해 국가는 시민들의 공통의 이익 — 마치 공통의 인정받을 수 있는 이익으로 가정되었던 — 을 쫓는 한까지 구속되어야만 한다.

시민들의 공통의 이익을 알 수 있는 방법은 무엇인가? 나는 특수한 이익과는 구별되는 인민들의 정치적으로 연관된 이익에 대한 이 책의 언급에 기반한 특정 노선을 제안한다(이 책, 제2장). 인민이 공통의 이익을 가졌을 때, 그들 모두는 전혀 협력하지 않거나 하위집단에서 협력하는 것보다 관계 속에서 다른 사람과 연대하여 협력을 추구함으로서 틀림없이 이익을 얻을 수 있다. 그들의 공통이익은 그러한 협력의 과정에서 인정될 수 있는 고려들 — 필연적으로 모든 사람들의 행복을 고려하는 — 이 그들에게 집단적으로 제공하는 선(*goods*)이 될 것이다.

이러한 원칙은 스캔론(1982)과 배리(1995)의 저술에서 발전한 롤즈적 계약론의 해석에 많이 의지한다. 그러나 이것은 상대적으로 직접적이고 자연스럽게 공공선의 전통적 이상과 연결된다. 이것은 어떤 것은 단지 그것이 모든 사람의 이익 안에 있을 때만 공통의 이익을 따르는 접근과는 대조된다. 그러한 최소 공통분모적 접근하에서도 로버트 굿인(1996: 338)의 비판을 인용하자면, "공동체의 누군가는 사적으로 그것을 남용하는 것에서 이익을 얻을 수 있기 때문에" 심지어 중요한 사회적 또는 환경적 자원의 보호는 공통의 이익이 될 수 없는 가능성도 있다.

전통적 공화주의자들에게 국내적 평화와 대외적 방어를 누릴 수 있는 것이 시민들로부터 공통적으로 인정받을 수 있는 이익이었음은 말할 것도 없다. 그들은 만약 그러한 평화와 방어가 보장되지 않거나 그와 같은〔위에서 말한〕 기초 위에서 보장되지 않는다면 어떤 사람도 다른 사람과의 관계에서 비지배 자유를 누릴 수 없다고 주장함으로써 이러한 가정을 정당화시킬 수 있었다. 그 다음 그들은 2개의 중요한 확신을 중심으로 결합하였다. 국가는 평화와 방어 그리고 몇몇 다른 목적을 제공함으로써 사적 영역에서—사적 도미니움의 측면에서—자신의 시민들이 지배받지 않도록 보호해야만 한다. 그리고 국가는 공적으로 인정받을 수 있는 시민의 이익에 의해 이끌어지도록 하는 제약들을 구체화함으로써, 공적 영역에서—국가 자신의 임페리움에 직면할 때—시민들이 지배받지 않도록 보호해야 한다. 이러한 제약들이 바로 법치, 권력의 분산, 서로 다른 계급의 대표 등과 같은 것이다.

공화주의 전통에 대한 이러한 설명과 재구성은 이 책에서 희미했던 구분을 분명히 드러내준다. 그 구분이 바로 공적 삶에서 의사가 결정되어야 한다는 과정에 대한 공화주의적 헌신과 그러한 결정들이 수행되어야만 하는 정책에 대한 공화주의적 헌신의 차이다. 절차에 대한 헌신은 공적 결정이 공통의 인정받을 수 있는 시민의 이익을 따르는 어떤 방식에서 내려질 수 있기를 요구했다. 전통적 공화주의자들이 이해하는 것처럼, 정책에 대한 헌신은 공공의 결정이 국내의 평화와 대외적 방어 그리고 예를 들어 해링턴(1992)이 "토지 균등 분할론"이라고 불렀던 토지분배 시스템과 같은 다른 선들을 촉진시키도록 요구했다.

만약 공화주의가 비지배 자유가 사람들을 위해 실제로 국가가 고려해야만 하는 어떤 선이라는 믿음으로부터 시작한다면, 공화주의자들은 분명 자신들이 정치적 과정과 정책 둘 다에 관련될 것이라고 깨닫게 될 것이다. 그러나 내가 이 책(제6장)에서 넌지시 얘기했던 과정에 대한 헌신은 전통적 공화주의에서 우선되는 것이었고, 이 전통을 어떻게 쇄신하더라도 여기에 우선성이 부여되어야 한다는 점을 언급할 필요가 있다. 국가의 힘을 고려할 때 대부분의 환경에서 비지배라는 공화주의적 목표를 촉진시키기 위해 국가가 공화주의적 과정—인민들이 공통적으로 인정받을 수 있는 이익에 권한을 부여하도록 고안된 과정이라 가정하자—을 위반한다면 인민들의 비지배라는 대의에 순전히 손해를 가져올 것이다.

내가 제6, 7, 8장에서 가장 좋은 사회·정치적 제도들의 부류에 대한 공화주의적 관점을 약술할 때—그리고 경험적으로 알려진 공화주의에 대한 중요한 연구프로그램을 가리킬 때—, 나는 과정에 대한 공화주의적 헌신을 상세하게 하기 위한 작업을 했다. 내가 제5장에서 예상되는 연구프로그램을 제시하면서 국가가 촉진해야 하는 목적의 종류를 약술했을 때, 나는 정책에 대한 공화주의적 헌신에 대해 상술하는 작업을 했다. 그러나 나는 내 관점에서—그리고 실제로 설득력 있는 공화주의적 관점에서—선호된 정책은 단지 선호되는 과정에 순응하는 방식에서 국가에 의해 수행되어야만 한다는 것을 명확하게 했어야만 했다.

공화주의적 과정을 고려할 때, 정책들이 국가에 의해 수행되어야만 한다는 주장은 〔정책집행이〕 공통으로 인정받을 수 있는 시민들의 이익으로 수락될 것이라는 예측, 더욱 그럴듯하게 공통이익으로 그러한 정책을 취급하기 위해 시민들간에 제시될 수 있는 고려로 이해되어야 할 것이다. 이러한 주장은 다음과 같은 관찰에 의해 자연스럽게 지지될 수 있을 것이다. 즉, 공통의 이익에 대한 인민들간의 중요한 문제는 다른 사람에 의한 지배를 피하는 데 있어 정확히 그들 각각이 가지고 있는 이익이라는 관점을 지지하는 관찰 말이다. 나는 제3장에서 이와 같은 몇몇 종류의 고려들에 대해 개설하였다.

비지배 자유의 핵심 고려사항이 어떤 정부가 되어야 하느냐는 문제뿐만 아니라 정부가 무엇을 해야 하느냐는 문제에 대한 동기도 부여할 수 있다는 것이 공화주의 전통의 강점이다. 과정뿐만 아니라 정책에 대해서도 나의 주장은 그러한 전통에 완벽하게 조화된다고 생각한다. 그러나 나의 정책접근과 지적할 가치가 있을지도 모르는 좀더 전통적 노력 사이에는 두 가지 차이점이 있다.

나는 공화국이 인민들의 삶으로부터 지배를 제거하려 해야 할 뿐만 아니라—인민들의 자유에 대한 그런 훼손을 줄이고자 노력해야 한다—, 공화국 또한 인민들이 지배받지 않는 선택을 누릴 수 있는 범위와 용이성을 증가시키도록 노력해야만 한다고 주장한다. 공화국은 장애, 빈곤, 그리고 무지와 같은 요소들이 실제로 비지배 자유를 훼손하지 않더라도, 인민들의 비지배 자유의 조건을 이루는 이러한 요소들의 영향을 줄이려고 해야 한다. 다시 말해서, 공화국은 단지 형식적인 비지배 자유가 아닌 인민들의 실질적인 비지배 자유를 조성해야만 한다.

이것이 나의 정책접근과 좀더 전통적인 것과의 첫 번째 차이이다. 그리고 이것은 두 번째 차이가 발생하는 이유도 설명하자면, 이것은 내가 비지배 자유에 대한 공화주의의 고려는 공통이익의 사안으로 명기되어야 하고 국가정책으로 수행되어야 한다는 주장을 가능케 하는 토대를 제공하는 것 이상을 가정하고 있음을 의미한다. 나는 또한 일반적으로 인정받을 수 있는 이익의 모든 잠재적 문제들은 그러한 기초 위에서 도출될 수 있다고 제안한다. 나는 그러한 제안을 믿는다. 이를 뒷받침하는 근거가 부족할지라도 그러한 공화주의적 방식의 사고는 여전히 흥미로운 것이다.

마지막 논평은 공화주의의 정도와 관련된다. 과정이건 정책에 관한 주장이건 간에, 공화주의는 인민들이 비지배 자유를 어떤 중립적 이상으로 이해해서 관심을 가질 것이라고 가정할 필요가 없다. 가정해야 하는 것은 인민들 각자가 다른 사람의 자의적 권력에 그들 스스로 종속되지 않게끔 하는 것에 관심을 갖는다는 것이다. 이러한 관심으로부터 그들은 자의적 권력에 예속되지 않아야 한다는 다른 누군가의 관점으로부터 나온 개인적 가치, 그리고 인민이 지배에 종속되지 않아야 한다는 비개인적 가치를 일반화하지 않을 수도 있다(이 책, 제3장 제1절). 그리고 그들은 그러한 비개인적 가치에 공공의 인정을 주는 것이 이롭다는 것을 알지 못할 수도 있다. 여전히 그들 각자가 적어도 지배받고 있지 않다고 생각하는 한, 일반 시민에게 인정받을 수 있는 이익에 의한, 그러한 이익을 반영할 수 있는 어떤 정책들을 채택해야만 한다는 주장을 할 수 있는 여지가 국가에 남겨져 있을 것이다.

3. 전부이자 유일한 일반 시민에게 인정받을 수 있는 이익에 봉사해야

나는 절차중심적 방식에서 이해되는 공화국은 공공선, 공공복지, 그리고 레스 푸블리카를 더 촉진시킨다고 말했다. 즉, 내가 좀더 오늘날의 언어로 설명한 것처럼, 공화국은 자기 시민들의 공통의 이익, 특히 당연히 받아들여지는 것으로써 공통적이고 인정받을 수 있는 이익을 좇도록 강요된 국가이다. 만약 국가가 이러한 요구들을 만족시킬 수 없다면, 국가는 세금을 부과하고 강제하는 인민들의 도미누스로 생각될 수밖에 없다. 이런 국가는 인민들의 삶을 자의적 기초에서 간섭할 것이다. 즉, 시민에게 인정받을 수 있는 이익에 대한 고려 없이 그러한 행동을 할 것이다.

어떤 국가가 공화국이 되기 위한 이러한 공식은 비지배 국가가 정치적으로 연관된 시민들의 이익을 따르도록 강요되어야만 한다는 것을 얘기할 때 이 책에서 채택한 공식과 같다. 그러나 이러한 공식은 이 책에서 이해한 것보다 더 유용하게 작동할 수 있다. 특히, 자신의 인민을 위해 모든 것을 할 수 있는 공화국을 만들기 위한 방법이라고 할 수 있다. 즉, 이것은 국가가 자신의 시민들 공통으로부터 인정받을 수 있는 이익을 따르도록 강제하기 위한 방법이다. 그리고 여타의 다른 방법과 마찬가지로 암시적인 소극적 제한을 포함한다. 그리고 국가가 어떤 것도 하지 못하게 만든다. 좀더 자세히 설명하자면, 그러한 공식은 국가는 단지 일반 시민들에게 인정받을 수 있는 이익을 따르도록 강요받아야 한다고 요구한다. 국가는 전부이자 유일한 시민들의 공통적이고 인식가능한 이익을 추구해야 한다고 주장한다.

이렇게 이해해 보면, 이 공식은—특히 소극적 구조에서—세 가지 중요한 함의를 가진다. 이 공식은 국가가 시민의 이익이라고 추정되지 않는 선(善)에 대해 고려하는 것을 금한다. 국가가 인정가능한 이익이 아닌 선에 대해 고려하는 것을 금한다. 그리고 이 공식은 국가가 공통의 이익의 문제가 아닌 선에 대해 고려하는 것을 금지한다. 그러므로 이것은 시민의 이익에 대한 고려 없이 추정되는 어떤 선을 지지하는 완전주의적 국가를 배제한다. 그리고 모든 것 중 가장 두드러지는 것으로, 이 공식은 전체로서의 시민을 제외한 몇몇 개인 또는 단체의 인정받을 수 있는 것에 대해 고려하는 국가를 금지한다.

완전주의적 국가를 금하는 것은 필연적으로 외국의 원조를 받거나 어떤 높은 목표를 추구하는 국가를 배제하는 것은 아니다. 그것은 단지 그러한 원인들이 시민 공통의 인정을 받을 수 있는 이익에 응답하기를 요구한다. 유사하게, 가부장적인 국가를 금하는 것이 국가가 자신의 이익에 대한 인민들의 인식을 변화시키고자 하는 노력을 배제하는 것은 아니다. 그러므로 처음의 2개의 금지가 별다른 중요한 함의를 가지고 있는 것은 아니다. 하지만 세 번째 금지는 공화주의적 관심의 중심에 항상 존재했다는 점에서 상당히 중요한 함의를 가진다. 이러한 금지는 부패한 국가, 당파적 국가 그리고 식민지 국가에 대한 공화주의적 비판을 설명한다.

알려진 바에 의하면 부패한 국가는 공통의 이익이 필연적으로 인민들의 이익이 아니라 국가를 운영하는 사람들의 이익에 봉사하는 방식으로 운영되는 국가다. 당파적 국가는 당파적 이익이—그리고 이러한 이익은 개인 또는 다수의 이익이 될 수 있다—공익의 위치를 차지하는 국가다. 그리고 식민지 국가는 외세의 이익이 정부의 행위를 지배하는 국가다. 공화주의자들의 이와 같은 격론은 항상 이러한 종류의 폐해를 배제했다. 공화주의 국가를 위한 우리의 공식에서 그 이유를 찾는 것은 쉽다. 왜냐하면 부패적, 당파적 또는 식민지적 국가는 자신의 시민들이 공통적으로 인정받을 수 있는 이익을 따르기를 강요받지 않기 때문이다. 그러한 국가는 심지어 대중과 갈등할 때조차도 사적인 목적을 가지고 임하는 데 있어 자유롭다.

이러한 공식은 전통적 공화주의자들의 관심을 설명하는 데 도움을 준다. 또한 공화국이 시민들을 합법적으로 강제하고, 세금을 부과하며 심지어 시민들을 감옥으로 보낼 때조차도 그들의 자유를 빼앗지 않는다는 시각에서 좋은 견해를 제공한다. 그러한 행동을 취할 때, 공화국은 확실히 인민들의 삶을 간섭한다. 하지만 적어도 그러한 이상에서 실천되는 간섭은 그들이 공통적으로 인정받을 수 있는 이익을 따르도록 강요되고 지배력의 행사로서 고려되지 않는다. 내가 위에서 얘기한 것처럼, 그러한 간섭은 자연적인 방해물과 자연적 제한이 〔인민의 비지배 자유를 조건 짓거나 제한하는〕 것처럼 인민의 비지배 자유를 조건 짓거나 제한한다. 이러한 간섭은 우리가 일상의 삶 속에서 얘기하는 것처럼, 그들이 더 이상 어떤 것을 할 자유를 가지지 않도록 하기 위해 지배받지 않은 선택의 범위 또는 그 용이성을 줄인다. 그러나 지배가 그렇게 행사될 것이라는 관점에서의 자와 타협할 필요는 없다. 노예상태와 같은 어떤 것에 자유를 조건 짓는 인민을 줄일 필요는 없다.

그러한 전부이자 유일한 공식이 우리에게 보여줄 수 있는 것은 만약 국가가 개별 개인에 대해 상이한 태도를 취한다면 국가는 실제로 지배적 측면을 가정하고 있다는 것이다. 만약 국가가 강제되지 않거나 세금이 부과되지 않거나 구속되지 않는 것에 대해 개별 이해관계에 특별한 주의를 기울인다면 — 만약 국가가 나를 다른 사람과 다르게 대우한다면 —, 국가는 인민이 공통적으로 인정받을 수 있는 이익이 아닌 다른 어떤 것을 따르고 있음을 발견할 것이다. 국가는 적어도 다른 사람의 관점으로부터 자의적이고 지배적인 국가로서 여겨질 것이다.

이러한 관찰은 또한 자연스럽게 또 다른 제안으로 이어진다. 일관되게 인민 공통의 인정받을 수 있는 이익에 의해 이끌리는 국가는 종종 다른 사람과의 관계에서 몇몇 사람들이 불리한 결정을 내릴 수 있다. 세금체계가 좀더 효율적으로 만들어져야 하거나 새로운 발전소가 건설되어야만 하거나 다양한 공해방지 수단들이 실행되어야 하는 등 공통의 인정받을 수 있는 이익의 문제일 수 있다. 그러나 그러한 주장을 추진하는 일련의 방법은 특정인들에게 다른 이들보다 많은 상처를 준다. 그러나 이러한 결정이 시민 공통의 인정받을 수 있는 이익에서 선택된 어떤 절차—아마 전문가 충고, 동전던지기, 타협을 위한 공식 등(Bellamy, 1999)—를 따르면서 취해지는 한, 국가는 여전히 공통의 이익에 의해서만 이끌어질 것이다. 이 같은 경우 불이익을 받은 사람들은 그들 스스로를 불행하다고 여길 것이다. 그러나 그러한 것들이 공화주의적 이상에 따르는 한, 그들은 그들 자신이 지배받고 있다고 여길 필요는 없다. 즉, 그들은 운명(*fortuna*)의 손에서 고통을 겪을지 모르나 누군가의 아르비트리움하에서 고통을 겪지는 않는 것이다.

이 공식의 사용은 공화주의적 메시지를 단순화하는 중요한 방법에 도움을 준다. 이것은 내가 이 책에서 말한 것의 명백한 수정을 나타내는 것은 아닐지라도 적어도 깊숙이 흐르는 변화를 위한 전망을 제공한다. 또한 우리가 지금 살펴볼 것처럼, 이 책은 그려진 견제적 민주주의의 개념을 좀더 발전시켜야 하는 근거를 제공한다.

4. 선거적이고 견제적인 민주주의

공화주의에 대한 우선적인 절차중심적 도전은 시민 공통의 인정받을 수 있는 이익을 추진하는 데 도움을 줄 제도와 〔공화주의를〕 동일시하는 것이다. 이러한 목표는 규칙적이고 결과론적 관점에서 추구된다. 즉, 사물은 좀더 나은 실현을 위해 조직된다. 그리고 물론 나는 여기서 시민권은 다음의 포괄적 범주로서 취해지는 것이라 가정할 것이다. 즉, 시민은 공화주의자이건 아니건 간에 전통적 사고의 모든 형태에서 특권을 누린 남성, 주류 엘리트만을 지칭하는 것은 아니다.

이렇게 요구되는 제도가 방어해야 하는 어려움이 두 가지 있다. 하나는 어떤 공통의 인정받을 수 있는 이익을 증명하고 권한을 부여하는 데 실패한, 잘못된 소극적 〔자유〕의 위험이다. 그리고 다른 하나는 잘못된 적극적 〔자유〕의 위험이다. 이것은 공통의 인정받을 수 있는 이익을 제외한 다른 요소들이 정부에 대한 영향력으로서 권위를 가질 수 있게끔 한다.

이러한 관찰은 우리가 다음의 두 차원에서 작동할 공화주의적 제도를 추구해야 한다고 제안한다. 첫째, 공화주의 제도들은 후보자에 대한 지지가 관대함에 치우치지 않고 공통의 인정받을 수 있는 이익의 문제를 위해 ― 정부를 이끌 정책을 위하도록 ― 취해지도록 함으로써 소극적 자유의 잘못을 경계할 것이다. 그리고 둘째, 공화주의 제도들은 최종적으로 권한을 부여받은 후보자들과 통치에 영향을 미치는 다른 요소들에게 오직 공익만이 영향력을 가질 수 있다는 점을 명심하도록 견제함으로써 적극적 자유의 잘못을 경계할 것이다. 첫 번째 차원에서 그러한 제도들은 모두 공적으로 인정받을 수 있는 것들이 구체화되거나 인정되는 것을 보장할 것이다. 두 번째 차원에서 제도는 오직 공통의 인정받을 수 있는 이익만이 구체화되거나 인정되도록 보장할 것이다.

첫 번째 효과를 얻기 위한 명백한 방식은 공통의 인정을 받을 수 있는 이익과 관련된 문제에 대한 제안을 할 수 있도록 대중에게 모든 가능한 통로들을 열어놓는 것이다. 그리고 여기에서 소개된 두드러진 제도는 어떤 시민이라도 어떤 태도를 취함에 있어 자유롭고 모든 시민들은 동등한 투표권을 가지는 선거제도이다. 경쟁 후보자가 다수의 지지를 요청할 수 있는 공약을 찾고자 할 때, 이러한 환경에서 선거경쟁은 잠재적으로 공통의 인정받을 수 있는 이익과 관련된 사안들이 알려지고 청취될 수 있도록 해야 한다. 특히 이는 선거유세가 모든 의견에 발언기회를 주는 방식에서 조성되거나 촉진되어야 함을 의미한다.

그러나 공통의 인식가능한 이익이 지닌 모든 잠재적 문제들이 주목받도록 보장해야만 하는—그리고 잘못된 소극적 자유에 대항하여 그러한 방법을 고수해야만 하는—그러한 선거제도는 적극적 자유의 측면에서 실패할 수도 있다. 선거는 특성상 다수결주의이기 때문에, 단지 다수의 이익에 답하는 것으로 공통의 인정받을 수 있는 이익의 문제를 해결할지도 모르기 때문이다. 그리고 선거는 단지 정부에 의해 결과적으로 추구된 정책의 매우 느슨한 통제를 허락하는 것이기 때문에, 대중의 이익에 부합하지 못한 정책을 양육하는 것으로부터 또는 대중의 이익에 답하지 않는 방식으로 정책을 추구하는 것으로부터 선출된 이들을 막는 일에 실패할지도 모른다. 이러한 선거 민주주의 국가는 선거 전제국가가 될 수 있다. 또는 다수 독재를 나타낼 수도 있거나 실제로 다수, 엘리트 또는 배타적인 소집단의 독재를 나타낼 수 있다.

권력의 회랑에 만연한 그런 잘못된 적극적 자유에 대항하여 〔공화적 목표를) 수호할 방법은 무엇인가? 어떻게 선거를 통해 위임받은 사람이나 정책이 견제를 받아 잘못된 적극적 자유의 기회들을 현저하게 감소시킬 수 있는가? 공통의 인정을 받을 수 있는 이익의 문제만이 정부 행동에서 채택되는 목적과 수단을 지시하도록 할 수 있는 방법은 무엇인가?

선거에서 집단으로서 인민의 지위는 그들에게 정부의 법과 의사결정과의 관계에서 간접적 저자로서의 권력을 부여한다. 그들은 정부에서 말하거나 행하는 바의 저자들은 아닐 것이다. 그러나 그들은 누가 저자들이 될지 또는 적어도 누가 그러한 저자들의 감독이 될지를 결정한다. 선거 민주주의와 동일시되는 문제점은 두 가지 근거로부터 산출된다. 한편으로는, 이러한 저자로서의 통제가 집단적으로 행사된다는 사실에서 소수자들의 목소리가 무시될 수 있다는 점이다. 그리고 다른 한편으로는, 이러한 통제가 간접적으로 행사된다는 사실, 그래서 특히 권한을 부여받은 공통의 이익이 아닌 다른 요소들이 영향을 받을지도 모른다는 점이다.

저자라는 은유는 언급된 문제들을 방지하는 방법 — 궁극적으로 적극적 자유의 잘못을 막을 방법 — 이 보통 인민들이 개인적으로나 집단적으로나 정부와의 관계에서 저자의 권력뿐만 아니라 편집자의 권력도 가지도록 보장하는 것이거나 그러기를 노력해야 한다는 점을 제시한다. 그들은 정부가 행한 것에 대해 잡지나 신문에 나온 기사에 편집자가 가지는 권력과 같은 종류의 힘을 가져야 한다.

인민들은 결코 개인적 거부권을 가질 수 없다. 왜냐하면 이를 통해 통치가 불가능해질 수도 있기 때문이다. 우리가 살펴본 것처럼, 공통의 인정받을 수 있는 이익을 촉진하는 많은 정책들은 몇몇 사람들에게 불이익을 줄 것이다. 만약 사람들이 거부권을 갖는다면, 어떤 제안하에서 불이익을 받는 사람들은 상대적 비용을 다른 사람들에게 떠넘기기를 희망하면서 그것을 저지하고자 할지도 모른다. 그러나 모든 편집자가 거부권을 가지는 것은 아니다. 단지 일부 사람들은 편집위원회의 판단에 호소함으로써 자신들이 반대하는 제출을 견제할 수 있다. 그리고 통치에 있어 인민들에게 편집권을 주는 하나의 방식은 견제력과 유사한 것을 만듦으로써 가능하다.

이러한 편집자 비유는 이 책의 제6장에서 내가 주장한 견제적 민주주의 이면에 존재하는 관념을 포착한 것이다. 그러나 이것은 두 가지 이익을 지닌다. 이는 모두 나의 최근 작업에서 다룬 것이다(Pettit, 1999; Pettit, forthcoming-*a*; Pettit, forthcoming-*b*). 첫째, 선거 민주주의가 명백하게 보완이 필요하다는 맥락에서 견제적 민주주의를 설정했다. 이 책에서 나는 선거 민주주의에 독자적 지위를 주기보다 오히려 견제적 이상으로부터 도출한다(위의 책, 191). 둘째, 견제적 민주주의가 요구할 바에 대한 사고를 위해 유용한 토대를 제시한다.

두 번째 이점을 바르게 이해하기 위해, 신문 또는 잡지에서 편집자에게 적절한 견제력을 주기 위해 편집위원회가 취할 수 있는 단계들을 고려해 보자. 편집위원회에 호소하는 견제는 매우 많은 요구—엄청난 시간과 정력을 소모할 수 있다—를 하는 것일 수 있는데, 이는 매우 효율적이지 않다. 즉, 견제를 위한 적절한 근거는 상황에 따라 다르게 일어나야 할 것이다. 그러나 우리가 즉시 취할 수 있는 그러한 잡지 또는 신문을 상상해 볼 수 있는 두 단계가 있다.

첫 번째 단계는 도전을 위한 특정 근거의 확정성, 기사의 제출이 특정 가이드라인을 따라 준비될 필요, 투고자들이 특정 이해관계에 귀속되지 않는다는 기대, 그리고 아마 심지어 모든 출판물이 만족시켜야 할 세부적 제약들에까지 편집자들과 편집위원회가 동의해야 한다는 것이다. 그들은 저자들이 따를 수 있는 절차를 통해 이러한 동의들을 구체화할 것이다.

두 번째 단계는 사후(事後)적 견제뿐만 아니라 사전(事前)적 견제를 위한 여지를 허락하는 것이다. 편집자가 편집위원회에 제출이 완료된 것에만 이의를 제기할 수 있는 대신, 저자들이 편집진의 요구와 충고를 받아들일 수 있도록 초기단계에서 편집자들이 말할 수 있도록 하는 것이다. 이를 통해 편집자의 힘과 사후 항소를 보완하기 위해 절차적 장치뿐만이 아니라 심의적인 장치들을 도입할 수 있다.

통치에 대한 잘못된 적극적 자유의 영향력을 감소시키기 위해 공화주의적 제도로 돌아가면서, 우리는 인민들이 절차적, 심의적 그리고 항소적 종류의 유사한 자원들을 수용함으로써 편집자와 유사한 힘을 누릴 수 있는 수단들을 생각해 보았다. 이것들은 정부의 행사에 대한 공적 견제력을 강화할 수 있고, 잘못된 적극적 자유의 기회가 줄어들게 만드는 수단들이다.

편집자에게 허용된 권한과 유사한 절차적 자원은 공화주의자들이 항상 선호했던 여러 수단들에 의해 예시된다. 이들은 정부가 행할 수 있는 것들을 억제하고 선별하며, 그리하여 결과적으로 보통의 인민들에게 권력을 주도록 고안된다. 그것들은 헌법과 권리장전이 촉진하는 것처럼 의사결정과정에 대한 제한뿐만 아니라 정부 결정의 내용에 대한 제한을 포함할 것이다. 후자는 오늘날 많은 민주주의 국가에서 발견되는, 일부는 전통적이고 일부는 좀더 현재적인 다양한 장치들에 의해 설명된다. 여기에는 법적 제약에 의한 통치, 권력분립, 이성에 의해 내려진 공적 결정에 대한 지지의 필요성, 입법에 대한 양원제적 승인의 필요성, 특정 결정에서의 법적 권위와의 연관성, 독립된 감시인에 대한 정부의 책임성, 정보의 자유를 위한 규정과 같은 제도들이 포함된다.

그러나 정부 행동에 대한 견제력만이 이러한 종류의 절차적 규정에 의해 향상될 수 있는 것은 아니다. 최근에 많은 나라에서 정부는 보통 인민들의 영향력이 선거와 선거 사이에서도 고려되고 반영될 수 있도록 노력했다. 뿐만 아니라 의회가 대중의 일원에 의해 청원을 받을 수도 있고, 유권자에 의해 의원들이 평가될 수 있으며, 대중의 압력에 의해 의회 조사와 위원회가 활성화될 수 있도록 노력했다. 또한 종종 정부 관계자들이 상의해야 할 자문단이나 공동체 조직을 설정하기도 하고, 정부의 여러 기획과 연관된 공청회와 조사를 요구하기도 하며, 정부 제안의 공표 — 말하자면 정부의 견해를 발표하는 녹서(*green paper*) 또는 정식보고서(*white paper*) — 와 공중으로부터 반응 도출을 명기(明記)하기도 하며, 정부가 취하려는 행동에 대한 포커스 집단의 의견 또는 관련연구를 위한 규정을 적시하기도 한다.

나는 지금 이러한 절차적이고 협의적 수단들을 견제적 민주주의를 위한 세 가지 측면 중의 두 가지로 이해한다 — 여기서는 그것들이 어떻게 발전되고 또는 개선될 수 있는지에 대해 아무것도 말하지 않았다(Pettit, forthcoming-*a* *참조*). 물론 세 번째 측면은 내가 이 책에서 집중적으로 다룬 사후 항소부분과 관련된다. 이것은 내가 여기서 강조하는 것처럼, 사법적 제도뿐만 아니라 행정적이고 의회적인 형태를 취할 수도 있다. 그리고 사법적 형태는 그 자체로 많은 것을 포괄한다. 왜냐하면 많은 사회에서 실제 제도들은 정부 결정의 적법성이 사법적으로 검토될 수 있다는 것을 보여주기 때문이다. 뿐만 아니라 행정재판에 의해 그들의 공과가 검토될 수 있거나, 좀더 일반적인 불만이 받아들여질 수 있을 때 옴부즈맨과 같은 제도에 의해 조사될 수 있음을 보여주기 때문이다(Cane, 1996).

우리 논의의 결론은 만약 우리가 시민들의 모든 그리고 유일한 공통의 인정받을 수 있는 이익과 동일시되거나 이것에 권한을 부여한 제도를 가지길 원하는 공화주의적 요구에 초점을 맞춘다면, 우리는 자연스럽게 민주주의의 2차원적 이상에 기울어진다는 것이다. 이러한 이상하에서 인민들은 한편으로는 작가적이고 또 한편으로는 편집자적인 두 종류의 힘을 가진다. 그리고 이러한 이상하에서, 한편으로는 선거 민주주의 제도를 위해 그리고 다른 한편으로는 전통적 공화주의자들이 항상 강조해왔던 수단들의 절차적, 심의적 그리고 항소적 자원을 위해 적절한 공간이 만들어질 것이다.

따라서 공화주의의 우선적 교훈은, 정체는 선거적이고 동시에 견제적인 민주주의의 이상을 구체화하는 제도를 추구해야 한다는 것이다. 그러한 제도는 공통의 인정받을 수 있는 이익에 의해 이끌어지지 않는 공공정책 수립을 어렵게 함으로써 국가가 도미누스가 되는 위험을 경계해야 할 것이다. 뿐만 아니라 인민의 비지배 자유를 증진시키도록 고안된 정책의 도입을 장려해야 한다.

양쪽 영역에 대한 보장을 언급함은 첨언하려는 의도는 아니다. 어떤 정책은 가장 적합한 제도적 절차를 통해 완수될 수도 있지만 진정으로 공통의 인정받을 수 있는 이익의 문제가 아닐 수도 있다. 또한 정책은 공통의 인정받을 수 있는 이익의 문제로서 바라볼 수도 있지만, 인민의 비지배 자유라는 목적을 위해 많은 것을 하지 않을 수도 있다. 그래서 공화주의적 가치를 고수하는 사람들을 항상 만족시키는 제도는 없다. 달리 말하자면, 공화주의적 자유는 순수하거나 완벽한 절차적 이상은 아니라는 것이다(Rawls, 1971: 81). 그러나 중요한 제도적 절차는 단지 그러한 이상이 만족된다는 생각에 불완전한 근거를 제공할 뿐이라는 〔점을 강조하고 싶다〕.

5. 자유주의를 넘어

(1) 핵심적 차이

공화주의 사상과 연관되어 제기된 — 특히 공화주의의 로마적 모델에서 — 하나의 주제는 공화주의가 근본적으로 자유주의와 구별되느냐 구별되지 않느냐이다. 아테네적 — 사실 의사(*pseudo*)-아테네적 — 〔공동체주의 공화주의〕 모델은 공화주의를 벤저민 콩스탕이 현저히 매혹적인 것으로 만든 자유주의와 맞서게 만들었다. 이 대립에서 공화주의자들은 전체로서 각각의 통치를 추구한 반면 — 집단적 자기결정이 이상이었다 —, 자유주의는 개별 인자로서 각각의 통치 — 개인이 불간섭의 영역을 향유하는 것 — 와 집단적 자기결정에 일부 역할만 부여하는 것으로 이해되었다. 그러나 어디서 공화주의의 로마적 표현에서 두 전통의 가장 큰 분기점은 어디인가?

비록 18세기 말까지 사상의 모든 학파와 마찬가지로 공화주의자들도 시민권을 남성 엘리트에게 국한했음에도 불구하고, 개별 시민은 자유주의자들이 그러한 것처럼 공화주의들에게도 관심의 초점이었다. 그러나 그들은 어떤 사람도 그들과의 관계에서 간섭할 수 있는 자의적인 힘을 가지지 않는 한 개별 시민들은 자유로울 수 있다고 주장했다. 즉, 개별 시민들이 지배자를 가지지 않는 한 자유로울 수 있다는 것이다. 공화주의자들은 개별 시민들이 법과 사회적 도덕의 상호 보호장치와의 결합을 통해, 특히 그 자체가 인민들을 예속시키지 않고 그들을 신민의 상태로 전락시키지 않는 어떤 장치와의 결합을 통해 권한을 부여받을 수 있을 것이라 생각했다. 물론, 비자의적인 법이 이용가능한 비지배적 선택의 범위를 축소시킴으로써 누군가의 자유를 제약할 것이다. 그러나 이러한 조건적 영향은 자연적 제한이 부과하는 것과 비슷하고, 다른 사람의 의지에 의한 지배를 나타내지 않는다. 즉, 이것은 인민의 자유의 전면적 훼손에 해당되는 것은 아니다.

그러한 공화주의적 전망과 벤담과 페일리와 같은 인물들과 함께 등장했던 자유주의적 사고방식의 차이는 말하자면 권력이라는 한 단어로 요약된다. 특히 이러한 차이는 두 부분으로 나뉜다. 공화주의자들에게 사람은 타인이 그들을 간섭할 수 있는 자의적 권력을 가지고 있다는 사실에 의해, 비록 그러한 권력이 그들에게 행사되지 않더라도 완전한 자유를 누리지 못한다. 자유는 그러한 권력을 행사하지 않는 것이 아니라 그러한 권력의 부재를 요구한다. 그러나 두 번째 차이점으로, 권력이 적절하게 견제되고 비자의적인 한 공화주의자들에게서 그 사람은 부자유하지 않다.

만약 나의 설명이 정확하다면, 페일리와 벤담이 소개한 새로운 사유방식은 이 두 가지 지적 모두에서 공화주의에 도전한 것이었다. 의식적인 혁신—물론 홉스에 의해 어렴풋이 윤곽을 드러낸—이라는 맥락에서, 그 사유는 자유를 불간섭으로서 정의하고 두 주장을 부인하기 위해 이러한 정의를 사용했다. 첫째, 견제받지 않은 힘은 그 자체로 자유에 해로운 것이 아니라, 그것이 간섭을 이끌거나 그러한 가능성을 높일 때 해로운 것이 된다. 왜냐하면 그러한 힘의 문제는 그 힘의 행사이지 그 힘의 존재가 아니다. 그리고 둘째, 견제된 법과 정부는 전반적인 비지배의 수준과 기대를 축소시키는 한 불간섭 자유에 호의적이지 않다. 반면 견제되지 않은 법과 정부는 그 자체로 징세, 강제, 구류와 같은 간섭의 자원이다.

이 새로운 학파는 다양한 개혁을 주장하기 위해 효용증대라는 이상을 사용했다. 그러나 자유에 대한 요구의 재공식화는 상대적으로 그러한 이상을 취약하게 만들었다. 물론 정치에서 단지 의미 있는 가치로서 그러한 약한 이상을 취할 준비가 되었던 많은 사람들—고전적 자유주의자거나 자유방임주의자들 — 도 있었다. 불간섭 자유는 주인과 하인 또는 남편과 아내의 동시대의 관계를 비판하기 위해 사용될 수 없기 때문에 사회적 전선에서는 취약했다. 〔사실〕 그들은 무기력했다. 왜냐하면 〔그들의 견해를 따르면〕 주인이나 남편이 자신의 힘을 자제하면 하인이나 부인도 자유롭다고 〔이해될〕 것이기 때문이다. 모든 법률제정을 그 자체로서 인민의 자유 — 이것은 최소국가를 위한 방식에서 주장되었다 — 에 적대적인 것으로 만들었기 때문에, 그리고 인민들이 법에 대한 어떤 통제를 가지고 있는 정치체제와 법이 외세에 의해 통제되는 식민지 정치체제 사이의 구별을 할 수 없게 했기 때문에, 불간섭 자유는 정치적 영역에서도 취약했다. 내가 이 책의 첫 번째 장에서 주장한 것처럼, 이 두 가지 취약함은 자유에 대한 새로운 개념의 대중성에 중요한 것이었다.

요약하자면, 적어도 그들이 시민권의 새롭게 확장된 그림을 채택하는 한, 새로운 자유주의적 이상은 사회적 영역에서 공화주의자들의 주장보다 그 열성적 지지자들에게 더 적은 불만을 가져다주었다. 그리고 동일하게 그들은 모든 법과 정부는 자유를 훼손한다고 간주했기 때문에, 정치적 영역에서 더 적은 열망을 가져다주었다. 국가 강제와 징세에 대해 어떤 견제를 하든지 간에, 그러한 행동은 여전히 이유 없는 괴롭힘이나 도둑질처럼 자유에 적대적인 간섭의 형태를 보였다.

공화주의와 자유주의 — 또는 적어도 고전적 자유주의 — 사이의 대조적인 이러한 이미지는 《민주주의의 불만》에서 마이클 샌들에 의해 정리된 몇몇 증거에 의해 간접적으로 대두되었다. 나는 내 책에서 다음과 같이 주장했었다. 즉, 공화주의의 이상은 독립을 옹호하는 확고한 사례를 제공함으로써 미국 식민지인들에게 도움을 주었고 영국 의회는 식민지인들에 대한 정책에서 견제를 받지 않았다. 그래서 그들은 그것이 자비롭든 아니든 간에, 그것은 그들의 삶을 지배하고 노예화시키는 권력을 상징했다고 주장할 수 있었다. 그러나 샌들이 보여준 것은 공화주의 이상의 정치적 힘이 미국 독립에 의미심장한 역할을 했다는 것뿐만은 아니다. 공화주의 이상의 사회적 힘도 그 새로운 공화국에서의 사상과 실천에 흥미로운 결과를 가져왔다는 것이다. 이것은 미국인, 특히 고전적 자유주의자들에게 거의 일어나지 않았던 정책의 문제와 폭넓은 사회적 관심사를 가져다주었다.

산업 노동자들이 그들의 강력한 고용주의 지배에 예속될 것이라는 견해가 일반적으로 수용되었을 때, 공화주의는 미국에서 널리 보급된 제조업의 존재 여부 — 자영농의 경제와는 구별되는 — 에 대해 의문을 가지도록 이끌었다(Pettit, 1998). 이러한 전망에 대한 염려로, 제퍼슨은 공화국의 초창기에 산업화에 반대하는 다음과 같은 주장을 했다. "종속은 비굴과 매수를 낳고 덕성의 싹을 질식시키며 야망의 기획에 적합한 도구를 준비한다"(Sandel, 1996: 144). 그러나 잭슨 시대의 로웰 산업모델이 어떤 희망을 제공하지 않았는가? 노동자들이 고용주에게서 찾은 "오만, 건방진 성향, 돈 자랑하는 오만불손함"에 반대했던 1834년의 저항자들에 따르지 않는다면 말이다(153). 공화주의자들이 보여주는 것처럼 산업 노동자의 위치는 종종 남부 노예의 그것과 다를 바 없었다. 즉, 그들은 "가재(家財) 노예"라기보다는 "임금노예"였다. 그러나 그럼에도 불구하고 그들이 겪은 종속은 현실이었다(172~174).

여전히, 팽창하던 미국에서 자유로운 노동자로서 산업 노동자가 자신의 땅을 소유하고 경작하는 것에 열망할 수 있었던 사실은 위로의 기반이 되지 않겠는가? 1850년대와 1860년대에 자유노동운동의 옹호자들에 따르면 그러했다. 그러나 슬프게도 그러한 자유의 땅은 빠르게 고갈되었다. 1870년에 이르러 생산적인 일에 종사하는 미국인의 2/3가 임금 생활자였다(183~184). 노동기사단(the Knights of Labour)[2]은 그러한 임금 생활자의 위치에 대한 폭넓은 불만족을 구체화했다. 그러나 조합을 결성하려던 그들의 시도는 실패하고 불만은 해소되지 못했다. 그들이 본 것처럼, 노동자들은 결코 자영할 수 없었고, 시민에 대한 적절한 지위를 향유할 희망도 없었다. "빵과 그의 아이들이 다른 사람의 의지에 종속된 사람, 또는 고용주를 만족시키는 것 외에 자신의 일에 아무런 관심도 없는 사람은 이러한 조건들을 충족시킬 수 없다. 그러나 자영농은 그럴 수 있다"(187).

이는 19세기에 등장했던 그리고 결국 모든 진영에서 지배적인 견해가 된 자유에 대한 새로운 사유가 전통적 공화주의 이상보다 정치적 뿐만 아니라 사회적으로도 취약했다는 견해를 옹호하는 흥미로운 근거를 제시한다. 더 오래된 이상이 살아남았던 곳에서, 새로운 미대륙의 공화국에서처럼 — 유럽의 어떤 좀더 급진적 집단에서처럼 —, 전통적 공화주의는 새로운 자유주의적 사고방식 내에서 동일한 반향을 가지지 않았던 염원과 요구를 지지했다.

---

2) 〔역주〕 1869년 설립된 미국 최초의 전국노동조직. 이 조직은 구성원들이 사용자의 보복을 피하고 강한 정신적 유대를 갖기 위해 처음에는 비밀조직으로 출발했다. 상인·농민·노동자 등 모든 생산자집단의 이해관계가 일치한다는 믿음에 바탕을 두고 자본주의를 대신할 노동자들의 협동조합체제를 제안하는 강령을 내세웠다. 미국경제가 1870년대의 불황에서 벗어남에 따라 노동기사단 조직원도 급속히 늘어나 1886년에는 70만 명에 이르렀다. 그러나 천6백 건이나 되는 파업, 잦은 폭력투쟁, 시카고에서 헤이마켓 폭동 등이 일어난 1886년을 기점으로 이들의 영향력은 눈에 띄게 줄어들기 시작했다. 무리한 투쟁으로 노동조합에 대한 반감이 생겨나고 조직이 여러 분파로 나누어진 데 대한 조합원들의 불만이 커짐에 따라 노동기사단은 순식간에 쇠퇴했고 1886년 12월 미국노동총연맹(AFL)이 결성되었다.

(2) 스키너의 관점

내가 나의 책에서 감사를 표한 것처럼, 공화주의 사상에 대한 나의 역사분야 연구는 퀜틴 스키너로부터 많은 영감을 받았다. 그러나 최근까지 그는 공화주의자들이 불간섭 자유라는 소극적 이상을 지지했고, 공적 봉사에 대한 어떤 보편적 헌신—한마디로 시민적 덕성—이 그들의 자유를 누리는 것을 보장하기 위해 모든 사람에게 필수적이라고 믿는다는 점에서 이후의 자유주의자들과는 구별된다고 말했다. 그러나 내 책이 출판되고 여섯 달 후에 스키너(1997)는 케임브리지대학의 왕립석좌교수 취임기념으로 《자유주의 이전의 자유》에 대한 강연을 하였는데, 그 강연에서 나의 작업에 대해 관대하게 언급하면서 신로마 공화주의자들은 실제로 자유에 대해 다른 생각을 가졌다고 주장했다. 그는 다른 사람의 호의—결국, 지배—에 의지하는 것은 비록 어떤 실제적 간섭이 일어나지 않더라도 자유에 해로운 것이라고 말한다. "당신의 시민적 자유를 박탈하려는 이러한 종류의 노골적 강제를 겪을 필요가 없다. 만약 당신이 단지 정치적 복종 또는 종속의 상태에 들어간다면, 당신은 또한 자유롭지 못한 상태가 된다" (Skinner, 1997: 69).

나는 나의 역사적 지식을 훨씬 능가하는 사람이 보내는 이러한 지지를 환영하지만, 공화주의자들이 자유주의자들과 얼마나 다른가라는 문제에서는 여전히 차이가 존재한다. 내가 공화주의자들의 자유는 비지배—다른 사람의 호의에 대한 비의존(*non-dependency*)—와 동일한 것이었다고 말한 반면, 그는 로마인들과 신로마주의자들이 적합한 법의 지배가 갖는 비자의적 간섭을 포함한 모든 형태의 지배와 모든 형태의 간섭을 동일하게 사악한 것으로 취급했다고 제안했다.

이러한 차이는 크게 중요하지 않다. 왜냐하면 나의 해석에서 그러한 간섭은 공화주의적 자유라는 관점에서는 부차적인 해악이기 때문이다. 이는 자유의 훼손 — 그것은 지배를 나타내지 않을 수도 있다 — 을 수반하는 것이 아니라, 항상 자연적 제한이 그것을 조건지울 수 있는 방식에서 자유의 향유를 조건지울 것이다. 비자의적 법치의 간섭은 그것하에 사는 사람들을 지배하는 것이 아니라 그들이 지배받지 않는 선택을 행사할 수 있는 범위와 용이성을 줄일 것이다. 그것은 육체적 허약함 또는 환경의 적대감, 어떤 자원의 부족이 그러한 영역을 제한할 수 있는 것처럼, 사람들이 지배받지 않는 자유를 누리는 영역을 제한할 것이다. 그것은 인민의 선택의 자유로서 종종 묘사되는 것을 줄일 것이다.

나의 접근은 공화주의적 자유의 이상을 본질적으로 복합적인 것으로 만든다. 일차적으로 모든 형태의 지배를 해악으로 간주한다. 이차적으로 비지배적 선택의 범위 또는 용이함을 제한하는 모든 방식을 해악으로 본다. 자연적인 장애물, 비자의적 간섭 또는 사실상 실제 자발적 억제이건 무관하게 말이다. 일단 이것이 이해되면, 스키너와 나의 차이는 상당히 줄어든다. 그는 공화주의적 자유에 대해 지배와 간섭이라는 수평적으로 복합적인 대조개념을 가진다. 대신 나는 수직적으로 복합적인 대조개념을 가진다. 일차적으로는 지배를 고려하고, 이차적이고 부차적으로는 간섭을 포함해서 조건을 짓는 요소들을 고려하는 것이다.[3)]

3) 놀랍게도 티모시 오헤이건이 나를 깨닫게 한 것처럼, 롤즈도 때때로 여기서 스키너에 의해 특징되는 것과 같은 자유의 관점을 채택한다. 나는 그가 자유를 빼앗아가는 것으로서 법을 바라보는 그러한 관점(Rawls, 1971: 302)에서 자유와 불간섭을 동일하게 봤다고 주장했다. 그러나 그가 말한 것은 불간섭일 뿐만 아니라 비지배를 요구하는 자유와 일치한다. 그리고 그가 자유는 제한의 부재와 법적 보호의 존재 모두가 요구된다고 말할 때, 그는 다른 경우에 그가 이러한 동일함을 받아들인다고 제안한다(Rawls, 1971: 202). 그러나 비록 롤즈가 이러한 방식에서 자유

그러나 비록 우리 사이에 차이점이 크지 않더라도, 이것은 흥미로운 함의를 가진다. 그리고 이러한 것들을 고려하는 것이 공화주의 텍스트 독서에서 나를 강화시킨다(Viroli, forthcoming). 만약 스키너가 옳다면, 공화주의자들은 간섭 없는 지배가 존재한다는 어떤 정치체제를 선호할 이유를 가지지 못할 것이다. 만약 내가 옳다면, 그들은 두 번째가 지배에 대한 근본적 악을 포함하는 것인 반면에, 첫 번째는 단지 간섭의 2차적 해악만을 포함하기 때문에 첫 번째를 선호할 것이다.

이러한 함의에 의해 판단해 볼 때, 나의 견해가 공화주의 전통에 더 맞는 것 같다. 첫 번째 시나리오는 사람들이 비자의적 법의 간섭에 고통받고는 있지만 어느 누구에게도 지배받지 않는 완벽한 법치에 의해 대표될 수 있다. 두 번째 시나리오는 종속된 자들을 간섭하지 않지만 그들의 삶에 대해 견제받지 않는 간섭의 힘을 보유한 완벽하게 친절한 주인의 지배에 의해 대표될 수 있다. 그리고 내 설명으로 예측하자면, 이 두 시나리오 사이에 전통적 공화주의자들이 첫 번째를 선호한다는 것은 명백하다. 그들은 법치 — 사람이 아닌 법의 제국 — 에 대해 열성적으로 찬성한다. 반면에 그들은 어떠한 친절하거나 자애로운 주인 또는 지배에 대해서라도 흔들리지 않는 적개심을 유지했다. 이러한 지적은 제1장에서 적절히 설명되었고 나는 공화주의적 관점에 대한 나의 설명을 고수할 것이다.

나는 스키너가 마지못해 내 책을 읽은 것 같다고 생각한다. 왜냐하면 그는 만약 공화주의자들이 내 방식을 따랐다면, 법에 복종하는 것이 인간을 자유롭게 만들고 또는 그와 비슷한 종류의 무엇인가를 만든다는 역설적 관점에 헌신해야 한다고 잘못 생각했기 때문이다

를 생각한다 할지라도, 그의 행위는 어떤 독특한 방식에서 그의 이론을 그렇게 형성할 수 없다고 언급되어야 한다.

(Skinner, 1997: 83). 그러나 우리가 봐왔던 것처럼 그렇지는 않다. 비자의적인 법이 지배적이지 않을 수도 있고 인민들의 자유를 훼손시키지 않을 수도 있다. 비자의적인 법은 그 법 아래 사는 인민들의 이용가능한 지배받지 않는 선택의 범위를 제한함으로써 불가피하게 자유를 제한할 수 있다. 법은 인민들을 자유롭지 못하게 하는 것이 아니라 그들에게 자유가 없도록 만드는 것이다(위의 책, 26, 56, 104). 내가 취하는 접근은 법에 대한 복종이 자기 해방의 어떠한 형태라는 결과에 대한 루소식 역설을 지지하지 않는다. 오히려 자유를 제한하는 법의 양식과 무뢰배 또는 도둑을 동일하게 여기는 것에 대한 전통적 공화주의적 거부를 지지한다. 이것은 후에 종종 공화파들 사이에서 인용되었던 로크주의적 주장만큼 불길한 반향을 일으킨다. "그러한 해악은 오직 늪지와 절벽으로부터 우리를 가둬두는 데 일조하는 감금이라는 이름을 가질 만하다"(Locke, 1965: 348).

이러한 연계에서 방법론에 대한 하나의 논평이 있다. 자유에 대한 공화주의적 개념은 받아들일 수 없는 용례상의 역설을 만드는 데 잘못한 것은 없지만, 나는 어찌되었던 간에 자유에 대한 정치적 개념은 그러한 용법의 순응에 기초하여 판단되지 말아야만 한다는 점을 말하는 것은 가치 있는 일이라 생각한다. 이는 다음과 같은 이유에서이다. "자유롭다", "자유를 가진다", "제멋대로 해도 된다"와 같은 표현들과 그와 비슷한 것들은 이들과 대조적인 것들을 구분하는 데 도움을 준다. 그리고 문제의 그 맥락에 의존하여 이러한 표현들은 다양한 대조적인 표현들을 의미할 수 있다. 예를 들어, 그것들은 어떤 것을 할 수 있는 보통의 능력을 가진 사람과 장애 때문에 하지 못하는 사람과의 차이를 나타낼 수도 있다. 또는 어떤 것을 하도록 다른 사람에 의해 허락된 어떤 사람(심지어 장애가 있는 사람)과 그것을 하는 것으로부터 힘 또는 강압에 의해 방해받는 사람(아마 일반적 능력을 가진 사람), 또는 어떤 선택(아마 자연 또는 법에 의해 봉쇄된 선택)에 대하여, 자기 자신이 주인인 사람과 주인의 명백하거나 또는 내재적인 허가에 의해 그러한 선택을 할 수 있는 사람과의 차이를 나타낼 수도 있다.

자유에 관한 모든 정치적 개념에는 일상적 용법에서 사용되는 하나 또는 그 이상의 대조적 차원들이 취해질 것이다. 이렇게 선택된 차원을 상대적으로 보다 체계적인 방법으로 명확하게 만들려는 시도가 수반될 것이다. 그리고 정치에서의 중요성, 아마 보다 일반적으로 이러한 고려가 만족되는 것이 얼마나 중요한지가 주장될 것이다. 이것이 바로 벤담 이후의 자유주의가 타인에 의한 불간섭에 관한 고려에 특권을 부여할 때 한 작업이었다. 예를 들면, 사회적으로 제약된 개인과 자연상태에서의 고독한 개인을 구분하는 차원을 중요시하는 것이다. 이러한 방법은 적어도 나의 해석에서, 비지배를 우선적으로 고려할 때 공화주의가 하는 작업이기도 하다. 즉, 하인과 주인을 구별하거나 실제로 공화국의 시민과 전제정치의 신민을 구별하는 것이다. 그러나 정치철학이 이러한 방식으로 한 가지 차원만을 고려할 때, 그 정치철학은 필연적으로 일상용어의 미묘한 차이들을 반영하지 못할 수밖에 없다. 정치철학이 "자유롭다"와 우선적으로 고려된 차원이 쟁점이 아닌 대조적인 경우를 특징짓는 이와 유사한 단어들의 용례에서만 반영되어야 할 이유는 없는 것이다.

권 리

공화주의와 자유주의에 대한 이러한 토론을 결론지으면서 나는 또 다른 문제를 다루려 한다. 이것은 권리의 중요성을 주장하는 어떤 한 자유주의로부터 공화주의가 얼마나 멀리 분화되었는가의 문제이다.

내가 이 책에서 주장한 것처럼, 권리의 개념은 공화주의적 전통에서 중요한 위치를 차지한다. 이 전통은 인민들의 고대의 권리와 이후의 자연적 권리에 대한 대화에서 나타난다(Skinner, 1997: 19~21도 참조). 그러나 공화주의는 아무리 상상의 나래를 펴도—또는 그릇된 설명을 위한 어떤 의지에 의해서라도—때때로 자유주의와 연관된 유사한 권리의 어떤 전통으로서 상징될 수 없다.

첫째, 일반적으로 권리에 대한 자유주의의 저술에서—그들이 일반적으로 취하는 것으로서, 간섭에 대한 소극적 권리—중요하다고 여겨지는 것은 권리가 실제로 침해당하지 않는다는 것이다. 그러나 권리의 불가침성은 상대적으로 자의적인 기초 위에서 그러한 권리를 침해하는 권력을 가진 누군가의 존재와 일치한다. 그래서 공화주의자들에게는 그것들이 침해받지 않는다는 사실뿐만 아니라, 오히려 그것들이 제도적으로 수행되고 보호된다는 사실이 중요한 것이다. 즉, 그들은 힘이 있는 자에 의한 간섭에 반대하여 권리보유자가 가지는 자원을 나타낸다는 사실이 중요하다고 말했음이 틀림없다.

둘째, 공화주의적 전통에서는, 인민들이 비지배를 향유할 수 있게 하는 권리는 정부와 다른 파당과의 관계 속에서 법이 스스로 제공할 수 있는 것을 훨씬 넘어선다는 것에 대해 일반적으로 인정한다. 필요한 권리는 법이 홀로 지원할 수 있는 그 어떤 것보다 더 풍부할 것이다. 그리고 예를 들어, 그것들은 사회운동이 활발한 어떤 사회에서만 그리고 사람들이 다른 사람의 도움에 다가감을 기꺼워하는 마음을 보이는 활발한 시민사회에서만 가능한 일종의 비공식적 수행에 의존할 것이다. 이것이 공화주의적 전통이 항상 자유로운 국가의 안정을 위해 시민적 덕성의 제공의 중요성에 대해 주장했던 이유이다. 내 책의 마지막 장에서 이 주제에 대해 자세히 논했다.

셋째, 공화주의자들은 인민들이 보호될 수 있고 그들의 비지배를 보장받을 수 있는 유일한 자원으로 권리를 생각 — 그러나 풍부하게 재상상하는 — 할 어떤 이유도 가지고 있지 않다. 그들은 자연적으로 인민들이 인민을 지배했을 사람들에 반하는 대항력으로써 행사할 수 있는 주어진 권력에 의해 동일하게 보호받을 수 있음을 인정하길 원했다. 산업 노동자들의 비지배 자유는 노동자 권리의 인정에 의해 생겨난 노동조합 형성의 결과로서 그들이 발전시킨 권력에 의해 보다 효과적으로 증진되었다. 그리고 그들의 동등한 권리에 대한 공식적 인정에 의해 촉진되었던 것만큼 여성의 비지배 자유도 분명 문화와 권력의 변환에 의해 증진 — 선의에 의한 정치적 활동의 결과로서 달성되었던 — 되었다.

▪ 참고문헌

Bellamy, Richard(1999), *Liberalism and Pluralism: Towards a Politics of Compromise*(London: Routledge).

Cane, Petter(1996), *An Introduction to Administrative Law.* 3rd ed. (Oxford: Oxford University Press).

Goodin, Robert E. (1996), "Institutionalizing the Public Interest: The Defense of Deadlock and Beyond," *American Political Science Review*, 90: 331~343.

Manin, Bernard(1997), *The Principles of Representative Government* (Cambridge: Cambridge University Press).

Pettit, Philip(1998), "Reworking Sandel's Republicanism," *Journal of Philosophy*, 95: 73~96.

______(1999), "Republican Liberty, Contestatory Democracy," in C. Hacker-Cordon and I. Shapiro(eds.), *Democracy's Value*(Cambridge: Cambridge University Press).

______(forthcoming-*a*), "Demcracy, Contestatory and Electoral," Nomos.
______(forrthcoming-*b*), "Minority Claims under Two Conceptions of Democracy," in *Political Theory and the Rights of Indigenous People*, D. Ivison, P. Patton, and W. Sanders(eds.) (Cambridge: Cambridge University Press).
Polybius(1954), *The Histories*, trans. W. R. Paton, 6 vols. (Cambridge, Mass: Harvard University Press).
Sandel, Michael(1996), *Democracy's Discontent: America in Search of a Public Philosophy* (Cambridge, Mass.: Harvard University Press).
Sellers, M. N. S. (1995), *American Republicanism: Roman Ideology in the United States Constitution* (New York: New York University Press).
Skinner, Quentin(1997), *Liberty before Liberalism* (Cambridge: Cambridge University Press).
Springborg, Patricia(1992), *Western Republicanism and the Oriental Prince* (Austin: University of Texas Press).
Uhr, John(1988), *Deliberative Democracy in Australia: The Changing Place of Parliament* (Cambridge: Cambridge University Press).
Viroli, Maurizio(1998), *Machiavelli* (Oxford: Oxford University Press).
______(forthcoming), "Introduction," id. (ed.), *Libertà e virtù civile* (Turin: Fondazione Agnelli).

—옮긴이 해제—

1

페팃(Philip Pettit)은 미국 프린스턴대학 정치학과 교수로, 1990년대 말부터 영미뿐만 아니라 전 세계 정치이론 및 정치사상학계의 최대의 화두로 떠오른 신로마 공화주의(*Neo-Roman Republicanism*)의 가장 정교한 이론가로 손꼽히는 학자다. 아일랜드 태생으로 벨파스트(Belfast)에 있는 퀸스(Queen's)대학에서 박사학위를 받았고, 더블린(Dublin)에 있는 국립대학 육성 칼리지에서의 강의를 시작으로, 케임브리지대학 연구원, 브래드포드(Bradford)대학 교수(1977~1983), 오스트레일리아 국립대학 교수(1983~2002)를 거쳐, 2002년부터 프린스턴대학 교수로 재직하고 있다.

그의 정치철학적 배경은 그의 학문적 여정이 말해주듯 복잡하다. 아일랜드에서 그는 분석철학과 인지과학에 심취했고, 케임브리지대

* 이 옮긴이 해제는 역자가 《경계와 편견을 넘어서: 우리시대 정치철학자들과의 대화》(한길사, 2010)에서 페팃의 공화주의를 소개하면서 기술했던 부분을 조금 수정한 것이다. 수정게재를 허락한 한길사에 감사드린다. 보다 깊이 있는 독서를 위해 이 책의 페팃 부분을 함께 읽기를 권한다.

학에서 구체화한 방법론적 개인주의와 결과론적 구성주의를 바탕으로 사회정의와 법철학을 탐구했으며, 오스트레일리아 국립대학에서 보다 안정적인 교편을 잡고 퀜틴 스키너(Quentin Skinner)를 비롯한 여러 학자들과의 본격적인 교분을 나누면서 자신의 정치이론을 신로마 공화주의로 체계화했다. 우리가 특히 주목해야 할 부분은 바로 그의 공화주의를 지탱하는 방법론적 개인주의와 결과론적 구성주의이다.

페팃의 방법론적 개인주의는 이기적 동기뿐만 아니라 관계적 사고의 능력을 가진 행위자로서 개인과 사회와의 상호작용으로 사회현상과 집단의식을 설명하려는 인식론적·해석학적 틀을 말한다.[1] 이러한 방법론적 개인주의는 분석의 출발이 개인이라는 점에서, 최종 판

1) 여기에서 방법론적 개인주의(*methodological individualism*)는 전체와 개체를 대립적 관계로 설정하거나, 사회를 개인들의 조합으로 설명하는 존재론적 원자주의(*ontological atomism*)와는 전혀 다른 인식론적 틀을 의미한다. 주지하다시피 방법론적 개인주의의 역사는 소피스트(*the Sophists*)의 계약론적 사고로 거슬러 올라갈 정도로 역사가 오래되었다. 따라서 방법론적 개인주의를 한마디로 정의하기는 힘들다. 다만 페팃이 "포괄적 개인주의"(*holistic individualism*)라고 부른 방법론적 개인주의는 한편으로는 인간의 사회성과 상호 주관적 실체로서 사회를 인정한다는 점에서 사회적 개인주의(*social individualism*)의 성격, 다른 한편으로는 개인이 사회구조에 수동적으로 응답하기보다 사고의 자율적 능력을 통해 공적·제도적 구조를 재구성할 수 있다는 주관주의적 개인주의(*subjective individualism*)라는 성격을 동시에 가지고 있다고 할 수 있다. 페팃을 비롯한 신로마 공화주의가 갖고 있는 인식론적 특징과 그러한 특징의 정치사회적 반영은 곽준혁(2008b)을 참조, 페팃의 개인주의 일반에 대한 종합적인 견해는 페팃의 초기 정치철학적 견해가 담긴 연구(Pettit, 1980: 43~72)를 참조, 그리고 방법론적 개인주의를 표방하는 입장들의 미묘한 차이는 우덴(Udehn, 2001 & 2002)을 참조.

단자로서 고립된 개인의 동기에 초점을 두면서 그러한 개인들의 상호작용으로 사회현상을 설명하려는 사회계약론이나 실증주의 경제학의 입장과 유사해 보인다. 그러나 관계적 인간과 사회 전반에 대한 이해 없이 사회현상을 설명하고 평가하는 것이 불가능하다고 보고, 개인의 심리상태를 중시하면서도 개개인이 어떻게 사회적으로 관계를 맺으며 동시에 어떻게 그들이 구성한 사회적 실체와 연관되는지를 설명하고자 한다는 점에서 이들 입장과 뚜렷이 구별된다(Pettit, 1993: vii~ix). 이러한 차이는 한편으로는 개인적 차원의 심리적 경향과 상호주관적 관계를 통해 형성되는 문화적 특성의 상호작용을 살펴봄으로써 자율성과 공공성의 조화가 가능한 정치적 조망을 제시하고, 다른 한편으로는 고립된 개인에게만 초점을 맞춘 극단적 자유주의와 전체에 매몰된 극단적 공동체주의의 오류들을 피할 수 있는 단초를 제공한다. 아울러 이러한 차이는 개인의 자율성과 사회의 공공성을 조화시키는 제 3의 길이 단순히 좋은 것들의 조합이나 절충이 아니라, 일관성을 유지할 수 있는 또 다른 철학적·인식론적 해석의 틀이 요구된다는 것을 말해준다.

페팃의 결과론적 구성주의는 거듭된 설명에도 불구하고 많은 비판을 불러일으키는 부분이다. 사실 페팃의 결과주의는 결과론과 의무론이라는 이분법적 구분으로는 설명할 수 없는 복잡한 내용을 갖고 있다.[2] 첫째, 페팃은 잠재적으로 공유된 가치가 있을 수 있고 그것

---

2) 페팃은 자신의 결과론을 '제한적 결과주의'(*restricted consequentialism*)라고 부른다(Pettit, 1986). 그가 정의한 제한적 결과주의는 여러 대안들 중 어느 하나를 선택하는 데 기준을 제공하는 것과 동일한 목적을 갖고 있지만, 무엇이 옳은 결정이냐를 결정하는 것 또는 그러한 선택을 평가

을 통해 사안의 우선순위를 결정할 수 있다고 보지만, 어떤 특정한 의무 또는 행위의 패턴이 모든 행위자의 행동이나 심리, 또는 관계에 항상 내재되어야 한다는 도덕적 요구는 거부한다. 그는 어떤 공동체 구성원들이 공유하는 가치가 정언적 명제(*categorical imperative*)와 같은 것일 수도 있고, 행위자로부터 독립된 행위 패턴 또는 중립적 규정으로 표현될 수 있다고 본다. 다만 절대적 가치가 있다거나, 어떤 가치의 실현까지 그 가치를 통해 평가받아야 한다는 것에 동의할 수는 없는 것이다. 예를 들면, 전쟁을 종식시키기 위해 전쟁을 할 수도 있다는 것이다. 둘째, 페팃은 심의를 통해 공공선이 구성되어야 한다는 견해를 가지고 있다. 우선 그는 어떤 천부적 권리나 자연적 가치도 인정하지 않는다. 또한 그는 공리주의의 효용과 같이 다른 모든 원칙들이 파생되고 그 내용이 좌우되는 제 1원칙(*the first principle*)을 제시함으로써 심의를 통한 공공선의 구성이 사실상 불가능한 상황을 원하지 않는다. 즉, 심의를 가능하게 하고, 심의를 통해 어떤 가치가 선택될 수 있도록 조정하는 원칙은 있을 수 있지만, 무엇을 선택해야 하는지

하는 데 기여하는 가치가 곧 정책 결정과정에서 반드시 적용되어야 하는 바를 선택하는 데 결정적 기준이 되는 것은 아니라는 점에서 일반적 결과론과는 차이가 있다. 이러한 차이는 한편으로는 공리주의적 결과론과 스스로를 구분하고 싶은 의도를 갖고 있고, 다른 한편으로는 자신의 결과론을 심의를 통한 공공선의 구성이라는 목적에 부합하도록 조정한 결과라고 할 수 있다. 칸트적 의무론보다 결과론이 자유를 보호하는 데 더 기여할 것이라는 페팃의 주장은 벤(Stanley Benn)의 연구에 대한 비판(Pettit, 1989)을 참조, 결과론에 대한 일반적 논의는 그가 정리한 결과주의(Pettit, 1991)를 참조, 그리고 그의 결과론적 구성주의가 법철학에서 어떻게 적용되는지를 살펴보기 위해서는 형법에 대한 그의 연구(Braithwait & Pettit, 1993)를 참조.

가 심의 이전에 결정되는 것은 거부하는 것이다. 그의 결과론적 구성주의는 아래 다섯 번째 질문에 대한 대답에서 잘 드러난다. 심의를 가능하게 만드는 조건으로서 비지배 자유, 그리고 비지배 자유를 정당화하는 정치적 근거 모두 결과론적 구성주의에 기초하고 있다.

2

전 세계적으로 페팃의 공화주의가 주목받는 이유는 그가 자유주의 이전의 자유의 의미로 구체화한 비지배(*non-domination*) — 타인의 자의적 의지로부터의 자유 — 라는 개념이 한편으로는 자유주의와 공화주의의 오랜 논쟁을 끝낼 수 있다는 기대를 갖게 했고, 다른 한편으로는 신자유주의가 가져온 지구적 어려움을 극복할 수 있는 새로운 사상적 지평을 열어줄 수 있다는 확신을 제공하기 때문이다. 전자가 학문적 · 이론적 기대라면, 후자는 실천적 · 운동적 신념이다.

학문적 · 이론적 측면에서 살펴보면, 비지배 자유는 반집합적(*anti-collective*)이면서도 반원자적(*anti-atomist*)인 공화주의가 존재할 수 있다는 점을 환기시킴으로써, 기존에 공동체주의를 통해 형성된 공화주의에 대한 자유주의자들의 우려를 불식시키는 데 크게 기여했다. 즉, 다름 아닌 자유를 통해서도 공동체, 시민적 덕성, 공유된 가치, 자율(*self-rule*), 그리고 정치참여와 같은 공화주의적 이상을 논의할 수 있다는 사실을 널리 확인시켜 준 것이다.[3] 사실 자유주의의 대안

3) 비지배 자유가 구체화되기 이전, 자유주의와 공화주의의 논쟁은 전자의 승리로 일단락되는 듯했다. 1990년대 동유럽 사회주의 국가의 몰락이 자유주의 시장경제의 승리로 인식되는 분위기에서, 개인의 자율성과 자연

적 요소를 중심으로 공화주의를 몇 가지 특성으로 설명하는 일반적 추세와는 달리, 오랜 전통을 가진 공화주의는 내부적으로 매우 다양한 모습을 가지고 있다.[4] 단순화의 위험은 있지만, 아리스토텔레스의 '정치적 동물'(*zoon politikon*) 테제를 확대적용하거나 시민적 덕성과 시민의 적극적 정치참여를 강조하는 르네상스 시민적 인문주의(*civic*

적 권리보다 공동체적 연대와 적극적인 정치참여를 강조함으로써 자유주의 진영으로부터 전체주의적이라는 비난을 받았던 공동체주의가 대안적 능력을 상실한 것처럼 인식되었던 것이다. 이런 분위기에서 1990년대 초반부터 공동체주의가 기반하는 아리스토텔레스적 전통과는 달리 개인적 자유와 시민적 참여가 대립되지 않는 전통이 있다는 지적이 대두되었다. 이런 지적은 1980년대 스키너가 처음 제기한 것이지만, 이를 체계적으로 정리하고 발전시킨 사람이 페팃이다. 이들과 같이 로마공화국에서 공화주의의 기원을 찾는 입장을 '신로마 공화주의'라고 부른다. 여기에 이탈리아의 마우리치오 비롤리(Maurizio Viroli)와 프랑스의 장 파비안 스피츠(Jean-Fabian Spitz) 등이 가세함으로써 새로운 공화주의 논쟁을 유발했다.

4) 흥미로운 사실은 대부분이 고전적 공화주의(*Classical Republicanism*)라는 표현을 종종 사용한다는 것이다. 즉, 근대 자유주의의 출현을 기준으로 한다면, 아리스토텔레스로부터 기원을 찾는 시민적 공화주의나 키케로로부터 기원을 찾는 신로마 공화주의나 모두 고전적 공화주의라고 할 수 있다. 예를 들면, 보수의 원조라는 평가와 민주주의 이론의 정신적 지주라는 평가가 공존하는 아렌트(Hannah Arendt), 미국 역사학계의 공화주의적 수정주의를 대표하는 포콕(John Pocock), 그리고 공동체주의의 대표적인 정치철학자 맥킨타이어(Alasadir MacIntyre)가 전자의 입장을 대변한다고 할 수 있다. 후자의 입장은 신로마 공화주의자들을 통해 잘 드러나고, 종종 '고전적'이라는 표현은 거부하지만 선스타인(Cass Sunstein)과 같은 자유주의적 공화주의자들도 비슷한 입장을 보이는 경우가 있다. 고전적 공화주의에 대해서는 곽준혁(2007)을 참조.

humanism)의 전통을 계승한 공동체주의는 시민적 공화주의(*civic republicanism*)로 분류되며, 시민적 공화주의가 선험적이고 자연발생적인 연대감을 지나치게 강조함으로써 개인의 자유를 파괴하고 다양성을 해칠 수 있다는 비판을 받아들여 아리스토텔레스가 아니라 로마공화국으로부터 공화주의의 전통을 찾아야 한다고 주장하는 신로마 공화주의자들은 개인의 자율성과 공공선의 추구를 조화시키려는 자유주의적 공화주의(*liberal republicanism*)에 속한다. 페팃은 후자의 입장에서 있는데, 한편으로는 자유주의가 추구하는 개인의 자유와 다양성이라는 조건을 충족시킴으로써 자유주의와의 공존의 틀을 제공하고, 다른 한편으로는 자유를 향유하는 사람들이 자의적 지배에 대한 저항을 체화하여 상호 호혜적인 관계를 형성하는 과정으로 민주적 심의를 부각시켜, 자유주의와 공동체주의의 문제점들을 극복할 수 있는 가장 적절한 대안으로 인정받게 된 것이다.

실천적·운동적 신념이라는 측면에서 볼 때, 페팃이 정의한 비지배 자유가 사회운동에 미친 영향은 그가 최초에 의도했던 것과는 다소 다른 방향으로 진행되고 있다. 물론 신로마 공화주의의 등장은 신자유주의의 확산이라는 흐름 속에 시민적 삶의 질적 추락에 대한 불만과, 시장경제의 지구적 고도화라는 흐름 속에서 복지를 위한 국가의 역할이 제고되어야 한다는 요구에 대한 하나의 응답이다. 그러나 신로마 공화주의에 대한 민주주의 이론가들과 실천가들의 환호 속에, 페팃을 비롯한 신로마 공화주의자들이 정치참여에 대해 가진 입장이 등한시되는 경향이 있다. 그 결과 페팃의 비지배 자유가 시민적 공화주의의 적극적인 시민성을 강조하는 도구로 사용되기도 하고, 그가 자신의 헌정적 구상에서 보여준 반민중주의적(*anti-populist*) 태도가 혁명적 동원의 이유를 제공하기도 한다. 한편으로는 '유력시민' 또는 '권력집단'이 공적 영역과 공적 자산을 독점 또는 오용하는 것을 방지하고자 하는 공화주의 전통에서의 시민적 권리가 적극적 정치참여로 해석되고, 다른 한편으로는 민주적 절차 또는 시민적 합의로부터 독립된 절대적 기준에 호소하지 않으면서도 다수결에 의해 개인의 자율성이 훼손될 수 없도록 조정하는 비지배 자유가 내재적 원칙으로서 갖는 가치가 축소되기도 하는 것이다.[5] 그는 신자유주의 또는 자유주의와 민중주의 또는 공동체주의의 중간에 자신을 위치하고 있다. 비지배 자유에 대한 다양한 해석이 있을 수 있겠지만, 페팃의 공화주의가 갖는 위치는 그가 의도한 바에 따라 정확하게 평가해야 할 것이다.

5) 이러한 경우는 특히 라틴아메리카 학자들의 연구에서 잘 나타난다. 그러나 '공적인 것'(*res publica*)으로 대표되는 공공영역과 공적 자산에 대한 시민적 권리는 시민의 적극적 참여를 주문하는 시민적 공화주의 또는 공동체주의, 그리고 참여민주주의를 강조하는 학자들이 오래전부터 다루었던 주제다. 따라서 시민적 공화주의와 자유주의적 공화주의를 뚜렷이 구분하지 않는 채, 공화주의의 부활 그 자체를 민주주의의 실질적인 심화의 계기로 삼고자 하는 것이다. 심지어 2003년 ECPR(European Consortium for Political Research)가 주관한 'Republican Theory, Republican Practice'라는 워크숍에서 발표된 논문들 중에서도, 신로마 공화주의자들을 필두로 제기된 고전적 공화주의 또는 자유주의적 공화주의를 시민적 공화주의와 혼동하는 경우를 발견하게 된다. 라틴아메리카 학자들 사이에서 시민적 공화주의의 인식론적 배경을 가지고 공화주의의 부활을 논의한 대표적인 경우는 페테이라의 연구(Bresser-Pereira, 2002)를 참조, 그리고 ECPR의 워크숍 결과물은 호노한과 예닝스가 편집한 책을 참조(Honohan & Jennings, 2006).

3

페팃의 《신공화주의》는 지금까지 공화주의에 대한 다양한 출판물 중에서 가장 정교하고 체계적인 이론서라는 점에 이견이 없다. 스키너가 밝히고 있듯이 이 책은 이후에 등장하는 공화주의 관련서적에 큰 영향을 미쳤으며(Skinner, 1998: xi), 라모가 언급하듯이 자유주의와 공동체주의의 진부한 논쟁을 새로운 단계로 끌어올린 중요한 학술서다(Larmore, 2003: 96). 따라서 최근 공화주의와 관련된 내부와 외부의 비판과 논쟁이 페팃의 이론을 중심으로 전개되는 것은 크게 놀랄 일이 아니다.

그럼에도 불구하고, 최근 주요 정치이론가들의 대부분이 페팃을 둘러싼 논쟁에 가담하고 있다는 사실은 페팃의 이론에 동조하는 학자나 반대하는 학자나 모두 조금 당황스럽다는 반응이다(Goodin, 2003: 56). 일찍이 사회적으로 주변화된 사람들을 위한 포용(*inclusion*)의 원칙으로 영이 비지배를 받아들였고(Young, 2002), 자율성에 바탕을 둔 민주주의 이론가 대거는 시민경제(*civic economy*)라는 개념을 통해 비지배를 사회경제적 조건으로 구체화했으며(Dagger, 2006), 심의민주주의 이론가인 보먼은 비지배를 지구적 차원에서의 민주적 거버넌스를 만드는 원칙으로 확대시키고 있다(Bohman, 2007). 또한 최근 여러 학회지에서 페팃의 공화주의를 특집으로 다루고 있고, 그의 이론에 대한 여러 학자들의 평가를 담은 단행본도 여럿 출판되었다.[6]

6) 학술잡지의 경우, *Politics, Philosophy & Economics*는 2006년 특집으로 페팃의 공화주의를 다루었고, 2002년 몬트리올(Montréal) 대학에서 있었던 컨퍼런스의 결과가 *Critical Review of International Social and Political*

게다가 페팃의 이론에 비판적인 학자들이 그와 공통의 주제를 가지고 저서를 낸 경우도 종종 보게 된다.7)

이렇듯 페팃의 이론에 대한 관심이 증폭되면서, 그의 이론에 대한 비판도 거세게 일고 있다. 특히 우리가 주목해야 할 비판들은 크게 두 가지다. 첫째는 그가 기반한 텍스트 해석과 관련된 비판이다. 이러한 비판은 특히 마키아벨리의 저작에 대한 그의 해석에 집중되는데, 이러한 추세를 대표하는 학자가 맥코믹(John McCormick)이다. 맥코믹은 마키아벨리가 인민의 폭력적 견제까지 용인했었다는 점을 부각시킴으로써, 마키아벨리의 비지배 자유라는 개념을 통해 시민적 공화주의의 문제점을 극복하려던 페팃의 공화주의는 자유주의적 왜곡이라고 단정한다(McCormick, 2003). 표면적으로 이러한 비판은 마키아벨리의 텍스트가 다르게 해석될 수 있다는 주장처럼 보이지만, 실제로는 페팃의 반민중적 태도에 대한 불만이 표출된 것이다(곽준혁, 2008). 즉, 다수의 폭력을 비롯한 그 어떤 형태의 자의적인 권력

Philosophy 2003년 특집으로 출판된 후 이듬해에 단행본으로 출간되었으며(Weinstock & Nadeau, 2004), 2009년에는 *European Journal of Political Theory*가 "공화주의와 지구적 정의"(Republicanism and Global Justice)라는 주제로 특집을 구성했다. 단행본의 경우, 앞서 언급한 ECPR의 결과 이외에도 여러 권이 출간되었는데, 이 중 2008년에 출간된 책을 주목할 필요가 있다. 이 책을 통해 우리는 주요 정치이론가들의 페팃의 공화주의에 대한 평가와 공화주의의 부활이 정치이론에 미친 영향을 동시에 살펴볼 수 있다(Laborde and Maynor, 2008).

7) 페팃의 주요 비판자들이면서도 그와 함께 특정 주제를 잡아 단행본을 낸 대표적인 경우로는 경제학자 브레넌이 페팃과 함께 존중(*esteem*)에 대해 쓴 단행본을 참조(Brennan & Pettit, 2004). 브레넌의 페팃에 대한 비판은 로마스키와 함께 쓴 논문을 참조(Brennan & Lomasky, 2006).

의 행사도 방지해야 한다는 취지에서 법을 강조하는 것은 이해되지만, 법의 지배에만 집착하는 것은 제도 안에서 행해지는 지배집단의 자의적 행위에 대한 인민의 견제력을 무력화시키는 결과를 초래할 수도 있다는 것이다(McCormick, 2001; 2003: 626).[8] 이렇게 텍스트 해석과 관련된 비판들은 거의 대부분 페팃의 공화주의와 구별되는 이론을 제시하고자 하는 목적을 의도로 갖고 있다. 마키아벨리의 비지배를 어떤 형태의 이상적 정체 또는 근원적 기준도 거부하는 무정부적 또는 반정초적 민주주의 이론으로 해석한 배터의 비판(Vatter, 2005), 키케로의 공화주의를 정부의 형태나 특정 입장에 국한시키는 경향에 반대함으로써 시민의 권리라는 부분을 좀더 강화하려는 입장(Digeser, 2004), 그리고 아리스토텔레스를 시민적 공화주의가 아니라 자유주의적 공화주의에 더 적합한 사상가로 해석하는 견해(Duvall & Dotson, 1998), 이들 모두가 저마다 꿈꾸는 새로운 이념적 지평이 있는 것이다.[9]

8) 사실 마키아벨리의 정치사상이 갖는 민중주의적 성격을 애써 피하려는 페팃의 태도는 민주주의 이론가들과 고전연구자들 모두에게 지적받고 있다. 비록 페팃이 스스로를 마키아벨리 전문가로 규정하지는 않지만, 매디슨(Madison)적 반다수결주의를 마키아벨리가 공유하지 않았다는 사실을 인정할 필요는 있다. 물론, 페팃이 비지배 자유의 법제화를 고민한 만큼, 마키아벨리도 인민의 폭력적 견제가 항상 좋은 결과를 가져올 수 없기에 법과 리더십을 동시에 논의했다는 점을 새삼 강조해도 지나치지 않을 것이다. 이에 대해서는 곽준혁(2008a)을 참조. 그리고 페팃의 해석을 매디슨적이라고 비판한 경우는 보쉐(Bosche, 1998)를 참조.

9) 비록 뚜렷하게 페팃의 공화주의 또는 신로마 공화주의의 문제점을 지적하지는 않지만, 스트라우스(Leo Strauss)의 제자들을 중심으로 마키아벨리의 텍스트를 통해 미국식 자유주의적 공화주의의 전형을 찾으려는

보다 직접적인 비판은 자유주의 또는 신자유주의의 입장에서 페팃의 공화주의의 문제점을 찾아내는 것이다. 자유주의와 신자유주의 진영에서의 비판은 거의 대부분 세 가지 범주에 들어간다. 첫째, 벌린(Isaiah Berlin)의 소극적(*negative*) 자유도 비지배 자유를 내포하고 있다는 주장이다. 사실 페팃은 간섭이 없는 지배가 가져다주는 해악이 지배가 없는 간섭이 가져오는 불편보다 더 나은 정치적 결과를 가져온다는 입장을 견지하고 있다. 이에 대해 자유주의 학자들은 소극적 자유, 즉 불간섭(*non-interference*)으로 규정되는 근대적 자유의 개념도 법과 제도에 의한 간섭을 이미 인정하고 있고, 실질적인 간섭의 유무만큼이나 잠재적인 학대와 부당한 처우에 대해서도 민감하게 반응한다고 주장한다(Larmore, 2003). 종종 이러한 비판은 자유주의를 방어하는 선에서 그치지 않고, 페팃의 공화주의의 실효성과 존재이유까지 공격이 확대되는 경우도 있다.[10)]

둘째, 페팃의 공화주의가 비지배 자유를 갈등중에 있는 개인 또는 집단이 모두 합의할 수 있는 단일 최상의 이상(*supreme ideal*)처럼 제시하고 있다는 비판이다(Kwak, 2004; Bader, 2005). 일차적으로 이런 비판은 그의 결과론적 구성주의에 대한 오해에서 비롯되었을 수도 있다. 즉, 앞서 설명한 바 그대로, 페팃의 결과론을 공리주의의 '효

노력도 이와 유사한 의도를 갖고 있다고 생각된다. 이에 대해서는 라에가 편집한 책(Rahe, 2006)을 참조.

10) 예를 들면, 굿인(Robert Goodin)은 페팃이 주장하는 시민적 견제력은 자유주의뿐만 아니라 다른 여러 이념들도 제공할 수 있고, 시민들에게 내면화된 규범과 군사적 덕성을 요구할 수 있는 여지를 남겨둠으로써 공동체주의의 전체주의적 경향을 완전히 극복하지 못했다고 비난한다(Goodin, 2003).

용'과 같은 제1원칙으로 비지배 자유를 제시하고 있다고 보고 비판을 제기할 수도 있다는 것이다. 이 경우는 어떤 최종적이거나 고정적인 원칙을 고수하는 것이 아니라 행위자들을 통해 지속적으로 재구성되는 조건과 규범을 지향하는 것이며, 비지배 자유도 절대적 개념으로 이해되어서는 곤란하다는 반론을 통해 충분히 해소된다. 그러나 페팃의 거듭된 응답에서 알 수 있듯이, 정치적으로는 일원론(*monism*)을 고수한다는 것이 갖는 의문에 대해서는 여전히 많은 설명이 필요할 것이다.

셋째, 경제학자들이나 신자유주의 진영에서 제기되는 비판으로, 페팃의 공화주의가 반시장적이라는 것이다. 이러한 의구심은 무엇보다 페팃의 공유된 선(*shared good*)이라는 개념, 그리고 비지배 자유를 보장하는 데 있어 국가의 역할로부터 비롯된다. 전자의 경우는 경제학자들의 비판이 주축을 이루는데, 경제활동에서 최종 판단자로서 개인의 선택은 존중되어야 하며, 이러한 개인의 선호가 존중되는 가운데 공적 영역과 제도적 보조의 정당성이 인정된다는 것이다(Brennan & Lomasky, 2006: 224~226). 후자의 경우는 페팃의 공화주의를 실패한 사회주의 또는 사회민주주의의 얄팍한 위장으로 간주하는 신자유주의자들의 비판에서 나타나는데, 페팃은 비지배 자유를 보장한다는 이유로 국가의 반시장적 역할을 용인 또는 조장할 수 있다는 것이다(Gaus, 2003: 64, 68~69). 이러한 비판에 대한 평가는 신자유주의에 대한 페팃의 신랄한 비판이 곧 반시장의 표식이 될 수는 없다는 일반적 정치철학자들의 판단을 따르는 것이 더 바람직하다고 생각된다.

4

우리나라에서도 이미 '미국식', '자유주의적', '귀족적', '보수적', '민중적', 그리고 '시민적'이라는 표현을 가지고 공화주의 내부의 이념적 대립과 분화가 시작되었다. 이런 가운데, 정치권 일각에서 나타나는 한 가지 흥미로운 점은 '사회적 재분배를 위한 공적 가치의 부각'이라는 측면에서 공화주의의 가치를 찾는 경향이 발견된다는 사실이다. 사회경제적 재분배가 비지배적 조건의 구축이라는 측면에서 매우 중요한 주제라는 점은 분명하다. 그러나 사회적 재분배 또는 사회민주주의의 심화를 위해 공화주의의 수단적 가치만을 언급하는 경우는 문제가 다르다. 왜냐하면, 공화(共和)를 위한 조건의 구축을 위해 사회적 재분배의 필요성이 역설되는 것이 아니라 재분배를 위해 공화주의를 빌려올 경우, 구태여 '공화주의'라는 표현을 사용할 이유가 없기 때문이다. 그럼에도 불구하고, 공화주의의 수단적 가치를 강조하는 경향은 점점 강화되고 있다. 고전적 공화주의 입장에서 볼 때, 이러한 경향은 시민적 기풍의 퇴보이자 시민적 다양성의 파괴다. 이러한 현상을 서구의 공화주의에 대한 고민과 비교해 볼 때 다음과 같은 특징이 발견된다.

첫째, 서구에서 공화주의는 추상적인 개념보다 구체적인 원칙을 제시하는 데 비해, 한국 사회에서 논의되는 공화주의는 한국 사회의 당면과제를 거의 대부분 해결할 수 있는 만능처럼 추상화되는 경향이 있다. 공화란 '자유롭고 평등한 사람들이 법치와 참여를 통해 조화와 화합 속에서 공동의 이익을 추구하는 것'이라는 주장 속에서 우리는 이러한 사회를 어떻게 실현할 수 있는지에 대해서는 애국심 이외에 아무것도 들을 수 없다는 사실에 망연자실하게 된다. 동시에 '공동체주의' 또는 '시민적 공화주의'와 '고전적 공화주의' 또는 '현대 공화주의'가 구별되지 않고 무분별하게 사용된다. 여기에서는 프랑스혁명 이후의 공화주의를 민족주의로 전락한 이데올로기라며 거부하고, 공동체 구성원이라면 직관적으로 인식할 수 있는 객관적 공공선이 있다는 공동체주의의 인식론적 근거를 부정해야 했던 최근 공화주의자들의 고뇌는 찾아볼 수 없다. 또한 시민의 힘을 민주적 변화의 동력으로 전환시킬 제도적 장치를 고민하면서도, 제도에 매몰되거나 제도 밖의 힘만을 강조하는 극단적 처방으로부터 시민의 자유를 지켜내려고 했던 공화주의의 축적된 지혜들은 오히려 추상적이고 무의미한 담론에 그치게 된다. 당면한 한국적 정치상황에 대처하기 위해 보다 중요한 것이 희생될 가능성이 커지고 있는 것이다.

둘째, 서구의 공화주의의 부활이 개인의 자율성과 공공의 시민성을 결합하려는 오랜 학문적 논의에서 비롯되었다면, 한국 사회에서 공화주의는 이미 어떤 사회적 신념을 표현하고 전달하는 이념적 잣대로 채색되어 있다. 1990년대 영미의 공화주의 논쟁은 자유주의와 공동체주의의 오랜 논쟁을 종식시키고자 하는 노력의 일환이었고, 이러한 노력은 개인의 자율성을 희생시킨다는 공동체주의에 대한 자유주의적 비판을 극복하는 하나의 대안이자 인식론적 탈출구를 의미했다. 반면 한국 사회에서 요구된 공화주의는 인식론적 탈출구가 아니라 현상을 타개하기 위한 이념적 응급처방이다. 조금만 깊이 들여다보면, 서구에서의 개인의 자율성과 시민적 공공성의 결합에 대한 인식론적 논의는 언급되지 않은 채, 한편에서는 신자유주의에 대응하는 시민적 덕성의 함양이, 다른 한편에서는 개인주의에 대응하는 공적 영역의 확보가 전면에 등장한다. 이런 가운데 한쪽에서는 민중주의적 요소를 억제하면서 시민적 애국심으로 무장한 시민적 미덕을 공화의 핵심으로 주장하고, 다른 쪽에서는 시민의 정치참여를 통해 형성되는 시민적 연대를 통해 사회적 재분배를 위한 조건을 형성할 것을 요구한다. 아마도 각각의 진영 내부에서 전개되는 자기비판이 공화주의를 통해 바꾸지 못한 그들의 인식론적 근거를 말하고 있는지도 모른다.

지금 우리의 공화주의에 대한 논쟁은 이러한 두 가지 우려를 불식시킬 필요가 있다. 그러기 위해서는 공화주의에 대한 관심 그 자체가 인간과 제도에 대한 보다 깊은 정치적 사려를 요구하는 심의가 있어야 하고, 충분한 학문적 검토와 진지한 토론을 겪은 후에 공화주의의 한국적 변용이 구체화되어야 한다. 그렇지 않으면, 자유주의의 한계를 보완하고자 공화주의를 찾는 입장에서는 수사적 기교와 전략적 선택 이상을 기대할 수 없고, 자유주의의 한계를 극복하고자 공화주의에 호소하는 입장에서는 규범적 판단과 감정적 극단 이상을 기대할 수 없다. 만약 이렇게 된다면, 공화주의가 지적 반성과 창조를 위한 반성적 회고의 계기를 제공하기는커녕, 오랜 세월동안 축적해 온 삶의 지혜마저 우리의 현재적 필요에 의해 왜곡될 수 있을 것이다. 이런 맥락에서, 이 번역서에 거는 기대가 적지 않다.

▪ 참고문헌

곽준혁(2008a), "《로마사 논고》에 기술된 민주적 권위(*autorità*)," 〈한국정치학학보〉 제 42집 2호, pp. 23~44.

______(2008b), "공화주의," 한국정치학회 편, 《정치학 이해의 길잡이: 정치학핸드북》 Vol. 1, 법문사.

______(2007), "키케로의 공화주의," 〈정치사상연구〉 제 13집 2호, pp. 126~148.

Bader, Veit(2005), "Against Monism: Pluralist Critical Comments on Danielle Allen and Philip Petit," in Melissa Wiliams and Stephen Macedo(eds.), *Political Exclusion and Domination*(NY: New York University Press).

Bellamy, Richard(1992), *Liberalism and Modern Society: A Historical Argument*(University Park: Pennsylvania State Univ. Press).

Bohman, James(2007), *Democracy across Borders: From Demos to Demoi*(Cambridge: MIT Press).

Bosche, Roger(1998), "Thinking about Freedom," *Political Theory* 26, No. 6, pp. 855~873.

Braithwaite, John and Philip Petit(1993), *Not Just Deserts: A Republican Theory of Criminal Justice*(NY: Oxford University Press).

Brennan, Geoffrey and Loren Lomasky(2006), "Against reviving Republicanism," *Politics, Philosophy & Economics* 5, No. 2, pp. 221~252.

______ and Philip Petit(2004), *The Economy of Esteem*(NY: Oxford University Press).

Bresser-Pereira, Luiz Carlos(2002), "Citizenship and *Res Publica*: The Emergence of Republican Rights," *Citizenship Studies* 6, No. 2, pp. 221~252.

Dagger, Richard (2006), "Neo-republicanism and the Civic Economy," *Politics, Philosophy and Economics* 5, No. 2, pp. 151~173.

Gaus, Gerald (2003), "Backwards into the Future: Neorepublicansim as a Postsocialist Critique of Market Society," *Social Philosophy & Policy* 20, No. 1, pp. 59~91.

Goodin, Robert (2003), "Folie Rèpublicaine," *Annual Review of Political Science* 6, No. 1, pp. 55~76.

Honohan, Iseult and Jeremy Jennings (2006), *Republicanism in Theory and Practice* (NY: Routledge).

Kwak, Jun-Hyeok (2004), "Nondomination and Contestability: Machiavelli Contra Neo-Roman Republicanism," *Korean Political Science Review* 38, No. 4, pp. 219~239.

Laborde, Cècile and John Maynor (2008), *Republicanism and Political Theory* (Malden: Blackwell Publishing Co.).

Larmore, Charles (2003), "Liberal and Republican Conceptions of Freedom," *Critical Review of International Social and Political Philosophy* 6, pp. 96~119.

McCormick, John (2001), "Machiavellian Democracy: Controlling Elites with Ferocious Populism," *American Political Science Review* 95, No. 2, pp. 297~313.

______(2003), "Machiavelli against Republicanism: On the Cambridge School's Guicciardinian Moments," *Political Theory* 31, No. 5, pp. 615~643.

Petit, Philip and Geoffrey Brennan (1986), "Restrictive Consequentialism," *Australasian Journal of Philosophy* 64, No. 4, pp. 438~455.

______(1980), *Judging Justice* (Boston: Routledge & Kegan Paul).

______(1989), "Consequentilism and Respect for Persons," *Ethics* 100,

No. 1, pp. 116~126.

______(1991), "Consequentialism," in Peter Singer(ed.), *A Companion to Ethics*(Oxford: Blackwell Publishers).

______(1996[1993]), *The Common Mind, An Essay on Psychology, Society, and Politics*(NY: Oxford Univ. Press).

______(2000), "Neo-Consequentialism and Universalizability," *The Philosophical Quarterly* 50, No. 199, pp. 175~190.

Rahe, Paul(2006), *Machiavelli's Liberal Republican Legacy*(NY: Cambridge University Press).

Skinner, Quentin(1998), *Liberty before Liberalism*(NY: Cambridge University Press).

Udehn, Lars(2001), *Methodological Individualism: Background, History and Meaning*(NY: Routledge).

______(2002), "The Changing Face of Methodological Individualism," *Annual Review of Sociology* 28, pp. 479~507.

Vatter, Miguel(2005), "Petit and Modern Republican Political Thought," in Melissa Williams and Stephen Macedo(eds.), *Political Exclusion and Domination*(NY: New York Univ. Press).

Weinstock, Daneil and Christian Nadeau(2004), *Republicanism: History, Theory, and Practice*(Portland: Frank Cass).

Young, Iris(2002), *Inclusion and Democracy*(NY: Oxford Univ. Press).

Abramson, Jeffrey (1994), *We, the Jury: The Jury System and the Ideal of Democracy* (New York: Basic Books).

Ackerman, Bruce (1991), *We the People, i: Foundations* (Cambridge, Mass.: Harvard University Press).

Arendt, Hannah (1958), *The Human Condition* (Chicago: University of Chicago Press).

______ (1973), *On Revolution* (Harmondsworth: Pelican).

Arrow, Kenneth (1963), *Social Choice and Individual Values*, 2nd edn. (New York: Wiley).

Atiyah, P. S. (1979), *The Rise and Fall of Freedom of Contract* (Oxford: Oxford University Press).

Ayres, Ian, and Braithwaite, John (1992), *Responsive Regulation* (New York: Oxford University Press).

Baier, Annette (1986), "Trust and Antitrust," *Ethics*, 96: 231~260.

Bailyn, Bernard (1965), *The Ideological Origins of the American Revolution* (Cambridge, Mass.: Harvard University Press).

Baldwin, Tom (1984), "MacCallum and the Two Concepts of Freedom," *Ratio*, 26: 125~142.

Ball, Terence (1993), "Power," in Goodin and Pettit (1993).

Bardach, Eugene, and Kagan, Robert A. (1982), *Going by the Book: The Problem of Regulatory Unreasonableness* (Philadelphia: Temple University Press).

Baron, Hans (1966), *The Crisis of the Early Italian Renaissance*, 2nd edn. (Princeton, NJ: Princeton University Press).

Barry, Brian (1965), *Political Argument* (London: Routledge).

______ (1995), *Justice as Impartiality* (Oxford: Oxford University Press).

Baumeister, Roy F., and Leary, Mark R. (1995), "The Need to Belong: Desire for International Attachments as a Fundamental Human Motivation," *Psychological Bulletin*, 117: 497~529.

Bentham, Jeremy (1843), "Anarchical Fallacies," in *The Works of Jeremy Bentham*, ii, ed. J. Bowring (Edinburgh: W. Tait).

______ (1871), *Theory of Legislation*, 2nd edn. (London: Truebner).

Berlin, Isaiah (1958), *Two Concepts of Liberty* (Oxford: Oxford University Press).

Berman, Harold J. (1983), *Law and Revolution* (Cambridge, Mass.: Harvard University Press).

______ (1994), "The Origins of Historical Jurisprudence: Coke, Selden, Hale," *Yale Law Journal*, 103: 1651~1738.

Blackstone, William (1978), *Commentaries on the Laws of England*, 9th edn. (New York: Garland, fascimile of 1783 edn.).

Blau, Peter (1964), *Exchange and Power in Social Life* (NY: Wiley).

Blom, Hans W. (1995), *Causality and Morality in Politics: The Rise of Naturalism in Dutch Seventeenth-Century Political Thought* (The Hague: CIP-Gegevens Koninklijke Bibliotheek).

Bock, G., Skinner, Q., and Viroli, M. (eds.) (1990), *Machiavelli and Republicanism* (Cambridge: Cambridge University Press).

Boswell, James (1970), *Journal of a Trip to the Hebrides with Samuel Johnson* (ed.) R. W. Chapman (Oxford: Oxford University Press).

Bradshaw, Brendan (1991), "Transalpine humanism," in J. H. Burns and M. Goldie (eds.), *The Cambridge History of Political Thought* (Cambridge: Cambridge University Press).

Braithwaite, John (1989), *Crime, Shame and Reintegration* (Cambridge: Cambridge University Press).

______ (1993), "Shame and Modernity," *British Journal of Criminology*, 33: 1~18.

______ and Pettit, Philip (1990), *Not Just Deserts: A Republican Theory of Criminal Justice* (Oxford: Oxford University Press).

Braitwaite Valerie (forthcoming). "Games of Engagement: Postures within the Regulatory Committee," *Law and Policy*.

Bratman, Michael E. (1987), *Intentions and Plans, and Practical Reason* (Cambridge, Mass.: Harvard University Press).

Brehm, Sharon S., and Brehm Jack W. (1981), Psychological Reactance: A Theory of Freedom and Control (New York: Academic Press).

Brennan, Geoffrey (1996), "Selection and the Currency of Reward," in R. E. Goodin (ed.), *The Theory of Institutional Design* (Cambridge: Cambridge University Press).

______ and Buchanan, James (1981), "The Normative Purpose of Economic 'Science': Rediscovery of an Eighteenth Century Method," *International Review of Law and Economics*, 1: 155~166.

______ and Lomasky, Loren (1993), *Democracy and Decision: The Pure Theory of Electoral Preference* (Oxford: Oxford University Press).

______ and Pettit, Philip (1990), "Unveiling the Vote," *British Journal of Political Science*, 20: 311~333.

______ (1993), "Hands Invisible and Intangible," *Synthèse*, 94: 191~225.

Brien, Andrew (forthcoming), "Regulating Virtue," *Business and Professional Ethics Journal*, 16.

Buchanan, James (1975), *The Limits of Liberty* (Chicago: Chicago University Press).

Burns, J. H., with Goldie, Mark (eds.) (1991), *The Cambridge History of Political Thought 1450-1700* (Cambridge: Cambridge University Press).

Burtt, Shelley (1993), "The Politics of Virtue Today: A Critique and a Proposal," *American Political Science Review*, 87: 360~368.

Campbell, T. D. (1996), *The Legal Theory of Ethical Positivism* (Brookfields, Vt.: Dartmouth).

Caplow, Theodore (1994), *Perverse Incentives: The Neglect of Social Technology in the Public Sector* (Westport, Conn.: Praeger).

Clegg, Stewart (1989), *Frameworks of Power* (London: Sage).

Coady, C. A. (1993), "Dirty hands," in Goodin and Pettit (1993).

Cohen, G. A. (1993), "Equality of What? On Welfare, Goods, and Capabilities," in Nussbaum and Sen (1993).

Cohen, Joshua (1986), "An Epistemic Conception of Democracy," *Ethics*, 97: 26~38.

______(1989), "Deliberation and Democratic Legitimacy," in Hamlin and Pettit(1989).

Cohen, Morris(1933), "The Basis of Contract," *Harvard Law Review*, 4: 553~592.

Coleman, James(1974), *Power and the Structure of Society*(NY: Norton).

______(1990), *The Foundations of Social Theory*(Cambridge, Mass.: Harvard University Press).

Coleman, Jules, and Ferejohn, John(1986), "Democracy and Social Choice," *Ethics*, 97: 6~25.

Colish, Marcia L. (1971), "The Idea of Liberty in Machiavelli," *Journal of the History of Ideas*, 32: 323~350.

Connolly, William(1983), *The Terms of Political Discourse*, 2nd edn. (Princeton, NJ: Princeton University Press).

Constant, Benjamin(1998), *Political Writings*, (ed.) B. Fontana(Cambridge: Cambridge University Press).

Cornish, W. R., and Clark, G. De N. (1989), *Law and Society in England 1750-1950*(London: Sweet and Maxwell).

Crawford, Michael(1993), *The Roman Republic*, 2nd edn. (Cambridge, Mass.: Harvard University Press).

D'agostino, Fred(1996), *Free Public Reason: Making it Up As We Go* (New York: Oxford University Press).

Dahl, Robert(1956), *A Preface to Democratic Theory*(Chicago: University of Chicago Press).

Dicey, A. V. (1960), *An Introduction to the Law of the Constitution*, (ed.) E. C. S. Wade, 10th edn. (London: Macmillan).

Dworkin, Gerald(1988), *The Theory and Practice of Autonomy*(Cambridge: Cambridge University Press).

Dworkin, Ronald(1978), *Taking Rights Seriously*(London: Duckworth).

Elkin, Stephen L. (1987), *City and Regime in the American Republic* (Chicago: Chicago University Press).

Elster, Jon(1983), *Sour Grapes*(Cambridge: Cambridge University Press).

______(1986), "The Market and the Forum: Three Varieties of Political Theory," J. Elster and A. Hilland(eds.), *Foundations of Social Choice Theory*(Cambridge: Cambridge University Press).

Ely, J. H. (1981), *Democracy and Distrust: A Theory of Judicial Review*

(Cambridge, Mass.: Harvard University Press).

Evans, Caleb(1775), *British Constitutional Liberty. A Sermon Preached in Broad-mead, Bristol, Nov 5 1775*(Bristol).

Feinberg, Joel(1972), *Social Philosophy*(Englewood Cliffs, NJ: Prentice Hall).

______(1986), *Harm to Others*, i(Oxford: Oxford University Press).

Ferguson, Adam(1767), *An Essay on the History of Civil Society*(Edinburgh: Millar and Caddel; repr. Now York: Garland, 1971).

Ferry, Luc, and Renaut, Alain(1985), *Philosophie politique: des droits de l'homme a l'idee republicaine*(Paris: Presses Universitaires Françaises).

Filmer, Sir Robert(1991), *Patriarcha and Other Writings*, (ed.) J. P. Sommerville(Cambridge: Cambridge University Press).

Fink, Z. S. (1962), *The Classical Republicans: An Essay in the Recovery of a Pattern of Thought in Seventeenth Century England*, 2nd edn. (Evanston, Ill.: Northwestern University Press).

Finley, Moses(1973), "The Freedom of the Citizen in the Greek World," in M. Finley(ed.), *Democracy: Ancient and Modern* (London: Chatto and Windus).

Finn, Paul(1993), *Abuse of Official Trust: Conflict of Interest and Related Matters*, Second Report on Integrity in Government (Research School of Social Sciences, Australian National University).

Fishkin, James(1991), *Democracy and Deliberation: New Directions for Democratic Reform*(New Haven, Conn.: Yale University Press).

______(1995), "Bringing Deliberation to Democracy: The British Experiment," *The Good Society*, 5/3: 45~49.

Foner, Eric(1970), *Free Soil, Free Labor, Free Men: The Ideology of the Republican Party Before the Civil War*(Oxford: Oxford University Press).

Fontana, Biancamaria(ed.) (1994), *The Invention of the Modern Republic* (Cambridge: Cambridge University Press).

Fraser, Nancy(1992), "Rethinking the Public Sphere," in Craig Calhoun(ed.), *Habermas and the Public Sphere*(Cambridge, Mass.: MIT Press).

______ and Gordon, Linda (1994), "A Genealogy Dependency: Tracing a Keyword of the U. S. Welfare State," *Journal of Women in Culture and Society*, 19: 309~336.

Fuller L. L. (1971), *The Morality of Law* (New Haven, Conn.: Yale University Press).

Fustel De Coulanges, N. D. (1920), *La Cité antique: étude sur le culte, le droit, les institutions de la Grèce et de Rome* (Paris: Hachette).

Gambetta, Diego (1988), "Mafia: the Price of Distrust," in Gambetta (ed.), *Trust: Making and Breaking Cooperative Relations* (Oxford: Blackwell).

Gaus, G. F. (1983), *The Modern Liberal Theory of Man* (London: Croom helm).

______ (1990), *Value and Justification: The Foundations of Liberal Theory* (New York: Cambridge University Press).

Gauthier, David (1986), *Morals by Agreement* (Oxford: Oxford University Press).

Gellner, Ernest (1994), *Conditions of Liberty: Civil Society and Its Rivals* (London: Hamish Hamilton).

Geuss, Raymond (1981), *The Idea of Critical Theory* (Cambridge: Cambridge University Press).

Goodin, Robert (1984), *Protecting the Vulnerable* (Chicago: University of Chicago Press).

Goodin, R. E. (1992a), *Motivating Political Morality* (Cambridge, Mass.: Blackwell).

______ (1992b), *Green Political Theory* (Oxford: Polity).

______ and Pettit, P. (eds.) (1993), *A Companion to Contemporary Political Philosophy* (Oxford: Blackwell).

Grabosky, Peter N. (1995), "Counterproductive Regulation," *International Journal of the Sociology of Law*, 23: 347~369.

Gray, John (1986), *Hayek on Liberty*, 2nd edn. (Oxford: Oxford University Press).

Guarini, E. F. (1990), "Machiavelli and the Crisis of the Italian Republics," in Bock *et al.* (1990).

Gwyn, William B. (1965), *The Meaning of the Separation of Powers* (The Hague: Nijhoff).

Haakonssen, Knud(1991), "From Natural Law to the Rights of Man: A European Perspective on American Debates," in Lacey and Haakonssen(1991).

______(1994), "Introduction," in Hume(1994).

______(1995), *Moral Philosophy and Natural Law: From Hugo Grotious to the Scottish Enlightenment*(Cambridge: Cambridge University Press).

Habermas, Juergen(1989), *Habermas on Society and Politics: A Reader*, (ed.) S. Seidman(Boston: Beacon Press).

______(1990), *Moral Consciousness and Communicative Action*, tr. C. Lenhardt and S. W. Nicolsen(Cambridge: Polity).

______(1994), "Three Normative Models of Democracy," Constellations, 1: 1~10.

______(1995), *Between Facts and Norms: Contributions to a Discourse Theory of Law and Democracy*, tr. W. Rehg(Cambridge, Mass.: MIT Press).

Hamlin, Alan, and Pettit, Philip(eds.) (1989), *The Good Polity*(Oxford: Blackwell).

Hardin, Russel(1992), "The Street-Level Epistemology of Trust," *Politics and Society*, 21: 505~529.

Harrington, James(1992), *The Commonwealth of Oceana and A System of Politics*, (ed.) J. G. A. Pocock(Cambridge: Cambridge University Press).

Hart, H. L. A. (1982), *Essays on Bentham*(Oxford: Oxford University Press).

Hayek, F. A. (1978), *New Studies in Philosophy, Politics, Economics, and the History of Ideas*(London: Routledge).

______(1988), *The Fatal Conceit: The Errors of Socialism*, (ed.) W. W. Bartley III(Chicago: University of Chicago Press).

Hey, Richard(1776), *Observations on the Nature of Civil Liberty and the Principles of Government*(London).

Hill, Bridget(1986), *The First English Feminist: Reflections upon Marriage and other writing by Mary Astell*(Aldershot: Gower).

Hindess, Barry(1996), *Discourses of Power*(Oxford: Blackwell).

Hirschman, Albert O. (1977), *The Passions and the Interests: Political*

Arguments for Capitalism before Its Triumph(Princeton, NJ: Princeton University Press).

______(1984), "Against Parsimony: Three Ways of Complicating Some Categories of Economic Discourse," *American Economic Review Proceedings*, 74: 88~96.

Hobbes, Thomas(1968), *Leviathan*, (ed.) C. B. MacPherson(Harmondsworth: Penguin).

Holmes, Stephen(1988), "Gag Rules or the Politics of Omission," in J. Elster and R. Slagstad(eds.), *Constitutionalism and Democracy* (Cambridge: Cambridge University Press).

______(1989), "The Permanent Structure of Antiliberal Thought," in Rosenblum(1989).

______(1995), *Passions and Constraint: On the Theory of Liberal Democracy*(Chicago: University of Chicago Press).

Homans, George(1961), *Social Behavior: Its Elementary Forms*(New york: Harcourt, Brace, & World).

Horowitz, Morton J. (1977), *The Transformation of American Law 1780-1860*(Cambridge, Mass.: Harvard University Press).

Hume, David(1994), *Political Essays*, (ed.) K. Haakonssen(Cambridge: Cambridge University Press).

Hutton, Will(1995), *The State We're In*(London: Cape).

Ingram, Attracta(1994). *A Political Theory of Rights*(Oxford: Oxford University Press).

Jackson, Frank, and Pettit, Philip(1995), "Moral Functionalism and Moral Motivation," *Philosophical Quarterly*, 45: 20~40.

James, Susan(1992), "The Good-enough citizen: Citizenship and Independence," in Gisela Bock and Susan James(eds.), Beyond *Equality and Difference: Citizenship, Feminist Politics and Female Subjectivity*(London: Routledge).

Karstedt-Henke, Susanne(1991), "Risks of Being Detected, Chances of Getting Away," in J. Junger-Tas, L. Boedermaker, and P. van der Laan(eds.), *The Future of the Juvenile Justice System* (Leuven: Acco).

Kelly, Donald R. (1991), "Law," in Burns and Goldie(1991).

Kelman, H. C. (1958), "Compliance, Identification and Internalization:

Three Processes of Attitude Change," *Journal of Conflict Resolution*, 2: 51~60.

Kelman, Mark (1987), *A Guide to Critical Legal Studies* (Cambridge, Mass.: Harvard University Press).

Kinder, D. R., and Kiewiet, D. R. (1979), "Economic Discontent and Political Behavior: The Rile of Personal Grievances and Collective Economic Judgements in Congressional Voting," *American Journal of Political Science*, 23: 495~527.

______(1981), "Sociotropic Politics: The American Case," *British Journal of Political Science*, 11: 129~161.

Korsgaard, Christine (1993), "Commentary on Cohen and Sen," in Nussbaum and Sen (1993).

Kriegel, Blandine (1995), *The State and the Rule of Law*, tr. M. A. LePain and J. C. Cohen (Princeton, NJ: Princeton Univ. Press).

Krygier, Martin (1990), "Marxism and the Rule of Law: Reflections After the Collapse of Communism," *Law and Social Inquiry*, 15: 663~663.

Kukathas, Chandran (1989), *Hayek and Modern Liberalism* (Oxford: Oxford University Press).

Kumar, Krishan (1993), "Civil Society: An Inquiry into the Usefulness of an Historical Term," *British Journal of Sociology*, 44: 375~395.

Kymlicka, Will (1995), *Multicultural Citizenship* (Oxford: Oxford University Press).

Lacey, M. J., and Haakonssen, Knud (eds.) (1991), *A Culture of Rights: The Bill of Rights in Philosophy, Politics and Law, 1791 and 1991* (Cambridge: Cambridge University Press).

Larmore, Charles (1987), *Patterns of Moral Complexity* (New York: Cambridge University Press).

______(1993), *Modernité et morale* (Paris: Presses Universitaires de France).

Le Grand, Julian (1996), "Knights, Knaves or Pawns? Human Behavior and Social Policy," *Journal of Social Policy*, 26.

Levin, Michael (1984), "Negative Liberty," *Social Philosophy and Policy*, 2: 84~100.

Lewis, David (1969), *Convention* (Cambridge, Mass.: Harvard Univ. Press).

_____ (1983), *Philosophical Papers*, i (Oxford: Oxford University Press).

Lind, E. Allen, and Tyler Tom R. (1988), *The Social Psychology of Procedural Justice* (New York: Plenum).

Lind, John (1776), *Three Letters to Dr Price* (London: T. Payne).

Locke, John (1965), *Two Treatises of Government*, (ed.) Peter Laslett (New York: Mentor).

_____ (1975), *An Essay Concerning Human Understanding*, (ed.) P. H. Nidditch (Oxford: Oxford University Press).

Long, Douglas C. (1977), *Bentham on Liberty* (Toronto: University of Toronto Press).

Lukes, Steven (1974), *Power: A Radical View* (London: Macmillan).

_____ (1992), "Power," in L. C. Becker and C. B. Becker (eds.), *Encyclopedia of Ethics* (New York: Garland).

Lyons, David (1982), "Utility and Rights," *Nomos*, 24: 107~138.

Maccallum, Gerald C. (1967), "Negative and Positive Freedom," *Philosophical Review*, 74: 312~334.

Macdonagh, Oliver (1958), "The 19th Century Revolution in Government: A Reappraisal," *Historical Journal*, 1: 52~67.

_____ (1980), "Pre-transformations: Victorian Britain," in E. Kamenka and A. Erh-Soon Tay (eds.), *Law and Social Control* (London: Edward Arnold).

Machan, Tibor R., and Rasmussen, Douglas R. (1995), *Liberty for the 21st Century: Contemporary Libertarian Thought* (Lanham, Md.: Rowman and Littlefield).

Machiavelli, Niccolò (1965), *The Complete Works and Others*, tr. Allan Gilbert (3 vols., Durham, NC: Duke University Press).

Macintyre, Alasdair (1987), *After Virtue*, 2nd edn. (London: Duckworth).

_____ (1994), "A Partial Response to My Critics," in John Horton and Susan Mendus (eds.), *After MacIntyre* (Cambridge: Policy).

Madison, James, Hamilton, Alexander, and Jay, John (1987), *The Federalist Papers*, (ed.) Isaac Kramnik (Harmondsworth: Penguin).

Maitland, F. W. (1981), "A Historical Sketch of Liberty and Equality," in *Collected Papers*, I, (ed.) H. A. L. Fisher (Buffalo, NY: W.

S. Hein).

Majone, Giandomenico(1996), "Regulatory Legitimacy," in Majone (ed.), *Regulating Europe*(London: Routledge).

Mandeville, Bernard(1731), *Free Thoughts on Religion, the Church and National Happiness*, 3rd edn. (London).

______(1924), *The Fable of the Bees, or Private Vices, Public Benefits*, (ed.) F. B. Kaye(Oxford: Oxford University Press).

Manent, Pierre(1987), *Histoire intellectuelle du libéralisme: dix leçons* (Paris: Calmann-Lévy).

Manin, Bernard(1994), "Checks, Balances and Boundaries: The Separation of Power in the Constitutional Debate of 1787," in Fontana(1994).

Mansbridge, Jane, and Okin, Susan Moller(1993), "Feminism," in Goodin and Petit(1993).

Marx, Karl(1970), *Capital: A Critique of Political Economy*, i, tr. from the 3rd German edn. (London: Lawrence and Wishart).

Mccloskey, H. J. (1963), "A Note on Utilitarian Punishment," *Mind*, 72: 599.

Mccubbins, M. D., and Schwartz, T. (1984), "Congressional Oversight Overlooked: Police Patrols vs Fire Alarms," *American Journal of Political Science*, 28: 165~179.

Mclean, Iain(1987), *Public Choice: An Introduction*(Oxford: Blackwell).

Meyerson, Denise(1991), *False Consciousness*(Oxford: Oxford University Press).

Michelaman, Frank(1986), "The Supreme Court 1985 Term," *Harvard Law Review*, 100: 4~77.

Mill, J. S. (1969), *Essays on Ethics, Religion and Society*, vol. x of *Collected Works*(London: Routledge).

______(1970), "The Subjection of Women," in A. S. Rossi(ed.), *Essays on Sex Equality*(Chicago: University of Chicago Press).

______(1977), *Essays on Politics and Society*, vol. xviii of *Collected Works*(London: Routledge).

Miller, David(1990), *Market, State and Community*(Oxford: Oxford University Press).

______(1995), *On Nationality*(Oxford: Oxford University Press).

Montesquieu, Charles De Secondat(1989), *The Spirit of the Laws*, tr.

and (ed.) A. M. Cohler, B. C. Miller, and H. S. Stone (Cambridge: Cambridge University Press).

Morange, Jean (1979), *Les Libertés politiques* (Paris: Presses Universitaires de France).

Nicolet, Claude (1982), *L'Idée républicaine en France(1789-1924)* (Paris: Gallimard).

Nippel, Wilfried (1994), "Ancient and Modern Republicanism," in Fontana (1994).

Nozick, Robert (1974), *Anarchy, State, and Utopia* (New York: Basic Books).

Nussbaum, Martha C., and Sen, Amartya (eds.) (1993), *The Quality of Life* (Oxford: Oxford University Press).

Oldfield, Adrian (1990), *Citizenship and Community: Civic Republicanism and the Modern World* (London: Routledge).

O'leary-hawthorne, John, and Pettit Philip (1996), "Strategies for Free-Will Compatibilists," *Analysis*, 56: 191~201.

Pagden, Anthony (ed.) (1987), *The Languages of Political Theory in Early Modern Europe* (Cambridge: Cambridge University Press).

Paine, Tom (1989), *Political Writings*, (ed.) Bruce Kuklick (Cambridge: Cambridge University Press).

Paley, William (1825), *The Principles of Moral and Political Philosophy*, vol. iv of *Collected Works* (London: C. and J. Rivington).

Parfit, Derek (1984), *Reasons and Persons* (Oxford: Oxford University Press).

Passmore, John (1993), "Environmentalism," in Goodin and Pettit (1993).

Pasquino, Pasquale (1994), "The Constitutional Republicanism of Emmanuel Sieyes," in Fontana (1994).

______(1996). "Popular Sovereignty: What Does It Mean?" mimeo, CREA, École Polytechnique, Paris.

______(forthcoming), "Political Theory, Order and Threat," Nomos.

Pateman, Carole (1988), *The Sexual Contract* (Oxford: Polity Press).

Patten, Alan (1996), "The Republican Critique of Liberalism," *British Journal of Political Science*, 26: 25~44.

Paterson, A. B. (1921), *The Collected Verse of A. B. Paterson* (Sydney: Angus and Robertson).

Patterson, Orlando(1991), *Freedom in the Making of Western Culture* (New York: Basic Books).

Patton, Paul(1994), "Metamorpho-logic: Bodies and Powers in *A Thousand Plateaus*," *Journal of the British Society for Phenomenology*, 25: 157~169.

Pettit, Philip(1982), "Habermas on Truth and Justice," in G. H. R. Parkinson(ed.), *Marx and Marxisms*(Cambridge: Cambridge University Press).

_____(1986), "Free Riding and Foul Dealing," *Journal of Philosophy*, 83: 361~379.

_____(1989a), "The Freedom of the City: A Republican Ideal," in Hamlin and Pettit(1989).

_____(1989b), "A Definition of Negative Liberty," *Ratio*, n. s. 2: 153~168.

_____(1990), "*Virtus Normativa*: A Rational Choice Perspective," *Ethics*, 100: 725~755.

_____(1991), "Consequentialism," in P. Singer(ed.), *A Companion to Ethics*(Oxford: Blackwell).

_____(1992), "Instituting a Research Ethic: Chilling and Cautionary Tales," *Bioethics*, 6: 89~112.

_____(1993a), *The Common Mind: An Essay on Psychology, Society and Politics*(New York: Oxford University Press).

_____(1993b), "Negative Liberty, Liberal and Republican," *Europe Journal of Philosophy*, 1: 15~38.

_____(1993c), "Liberalism and Republicanism," *Australasian Journal of Political Science*, 28(special issue on Australia's Republican Question): 162~189.

_____(1994a), Review of John Rawls, *Political Liberalism*, *Journal of Philosophy*, 91: 215~220.

_____(1994b), "The Enfranchisement of Silence: An Argument for Freedom of Speech," in Tom Campbell and Wojciech Sadurksi (eds.), *Freedom of Communication*(Aldershot: Dartmouth).

_____(1994c), "Liberal/Communitarian: MacIntyre's Mesmeric Dichotomy," in John Horton and Susan Mendus(eds.), *After MacIntyre: Critical Perspectives on the Work of Alasdair MacIntyre*(Cambridge: Polity Press).

______(1995a), "The Cunning of Trust," *Philosophy and Public Affairs*, 24: 202~225.

______(1995b), "The Economic Mind: Homo Economicus as Virtual Reality," *Monist*, 78: 308~329.

______(1996a), "Freedom as Antipower," *Ethics*, 106: 576~604.

______(1996b), "Institutional Design an Rational Choice," in R. E. Goodin(ed.), *The Theory of Institutional Design*(Cambridge: Cambridge University Press).

______(1996c), "Our Republican Heritage," *Eureka Street*, 6/6.

______(1997), "The Consequentialist Perspective on Ethics," in Marcia Baron, Philip Pettit, and Michael Slote, *Consequentialism, Kantianism, Virtue Ethics*(Oxford: Blackwell).

______(forthcoming), "Republican Theory and Criminal Punishment," *Utilitas*.

______ and Smith, Michael(1990), "Backgrounding Desire," *Philosophical Review*, 99: 565~592.

______(1996), "Freedom in Thought and Action," *Journal of Philosophy*, 93.

______ with Braithwaite, John(1993), "Not Just Deserts, Even in Sentencing," *Current Issues in Criminal Justice*, 4: 225~239.

______(1994), "The Three Rs of Republican Sentencing," *Current Issues in Criminal Justice*, 5: 318~325.

Philips, Anne(1995), *The Politics of Presence*(Oxford: Oxford University Press).

Philip, Mark(1985), "Power," in A. Kuper and J. Kuper(eds.), *Encyclopedia of the Social Sciences*(London: Routledge).

______(1996), "Republicanism and Liberalism: On Leadership and Political Order," *Democratization*, 3.

Pitkin, Hanna(1988), "Are Freedom and Liberty Twins?" *Political Theory*, 16: 523~552.

Pocock, J. G. A.(1975), *The Machiavellian Moment: Florentine Political Theory and the Atlantic Republican Tradition*(Princeton, NJ: Princeton University Press).

______(ed.)(1977), *The Political Works of James Harrington*(Cambridge: Cambridge University Press).

______(1987), *The Ancient Constitution and the Feudal Law: A Reissue* (Cambridge: Cambridge University Press).

Postema, Gerald (1995), "Public Practical Reason: An Archaeology," *Social Philosophy and Policy*, 12: 43~86.

Price, Richard (1991), *Political Writings*, (ed.) D. O. Thomas (Cambridge: Cambridge University Press).

Priestley, Joseph (1993), *Political Writings*, (ed.) P. N. Miller (Cambridge: Cambridge University Press).

Putnam, Robert D. (1993), *Making Democracy Work: Civic Traditions in Modern Italy* (Princeton, NJ: Princeton University Press).

Raab, Felix (1965), *The English Face of Machiavelli: A Changing Interpretation 1500-1700* (London: Routledge).

Rahe, Paul Anthony (1992), *Republics, Ancient and Modern: Classical Republicanism and the American Revolution* (Chicago: University of Chicago Press).

Ransom, R. L., and Sutch, Richard (1977), *One Kind of Freedom* (Cambridge: Cambridge University Press).

Raz, Joseph (1986), *The Morality of Freedom* (Oxford: Oxford University Press).

Rawls, John (1971), *A theory of Justice* (Oxford: Oxford Univ. Press).

______(1993), *Political Liberalism* (NY: Columbia Univ. Press).

Reid, John Phillip (1988), *The Concept of Liberty in the Age of the American Revolution* (Chicago: Chicago University Press).

Rials, Stephane (1983), *Textes politiques français* (Paris: Presses Universitaires de France).

Riker, Williams (1982), *Liberalism Against Populism* (San Francisco: W. H. Freeman).

Robbins, Caroline (1959), *The Eighteenth Century Commonwealthman* (Cambridge, Mass.: Harvard University Press).

Rosenblum, Nancy L. (ed.) (1989), *Liberalism and the Moral Life* (Cambridge, Mass.: Harvard University Press).

Rubenstein, Nicolai (1991), "Italian Political Thought 1450-1530," in Burns and Goldie (1991).

Ryan, Alan (1993), "Liberalism," in Goodin and Pettit (1993).

Sandel, Michael (1984), *Liberalism and Its Critics* (Oxford: Blackwell).

Scanlon, T. M. (1982), "Contractualism and Utilitarianism," in A. Sen and B. Williams (eds.), *Utilitarianism and Beyond* (Cambridge: Cambridge University Press).

Schauer, Frederick (1991), *Playing by the Rules* (Oxford: Oxford University Press).

Selznick, Philip (1992), *The Moral Commonwealth: Social Theory and the Promise of Community* (Berkeley, Calif.: University of California Press).

Sen, Amartya (1983), "Poor, Relatively Speaking," Oxford *Economic Papers*, 35: 153~168.

______(1985), *Commodities and Capabilities* (Amsterdam: North-Holland).

Shapiro, Ian (1990), *Political Criticism* (Berkeley, Calif: University of California Press).

Shklar, Judith (1989), "The Liberalism of Fear," in Rosenblum (1989).

Skinner, Quentin (1974), "The Principles and Practice of Opposition: The Case of Bolingbroke versus Walpole," in Neil McKendrick (ed.) *Historical Perspectives: Studies in English Thought and Society in Honour of J. H. Plumb* (London: Europa).

______(1978), *The Foundations of Modern Political Thought* (2 vol., Cambridge: Cambridge University Press).

______(1983), "Machiavelli on the Maintenance of Liberty," *Politics*, 18: 3~15.

______(1984), "The Idea of Negative Liberty," in R. Rorty, J. B. Schneewind, and Q. Skinner (eds.), *Philosophy in History* (Cambridge: Cambridge University Press (1984).

______(1990a), "Thomas Hobbes on the Proper Signification of Liberty," *Transactions of the Royal Historical Society*, 40: 121~151.

______(1990b), "Pre-Humanist Origins of Republican Idea," Bock *et al.* (1990).

______(1996), *Reason and Rhetoric in the Philosophy of Hobbes* (Cambridge: Cambridge University Press).

Smith, Adam (1976), *An Inquiry into The Nature and Causes of the Wealth of Nations*, (ed.) R. H. Campbell, A. S. Skinner, and W. B. Todd (Oxford: Oxford University Press).

______(1982), *The Theory of the Moral Sentiments*, (ed.) D. D. Raphael and A. L. McFie(Indianapolis: Liberty Classics).

Spinoza, Benedict De(1951), *A Theologico-Political Treatise and A Political Treatise*, tr. R. H. M. Elwes(New York: Dover).

Spitz, Jean-fabian(1994), "The Concept of Liberty in 'A Theory of Justice' and Its Republican Version," *Ratio Juris*, 7: 331~347.

______(1995a), *La Liberté politique*(Paris: Presses Universitaires de France).

______(1995b). "Le Républicainisme, une troisième voie entre libé ralisme et communautarianisme," *Le Banquet*, 7/2: 215~238.

Springborg, Patricia(1995), "Mary Astell(1666~1731), Critic of Locke," *American Political Science Review*, 89: 621~633.

Stigler, George(1971), "The Theory of Economic Regulation," *Bell Journal of Economics and Management Science*, 2: 3~21.

Stoljar, S. J. (1975), *A History of Contract at Common Law*(Canberra: Australian National University Press).

Sugden, Robert(1996), "The Metric of Opportunity," mimeo, Faculty of Social Sciences, University of East Anglia, Norwich.

Sunstein, Cass R. (1990a), *After the Rights Revolution: Reconceiving the Regulatory State*(Cambridge, Mass.: Harvard Univ. Press).

______(1990b), "Paradoxes of the Regulatory State," *University of Chicago Law Review*, 57: 407~441.

______(1993a), *The Partial Constitution*(Cambridge, Mass.: Harvard University Press).

______(1993b), *Democracy and the Problem of Free Speech*(New York: Free Press).

______(1993c), "The Enduring Legacy of Republicanism," in S. E. Elkin and K. E. Soltan(eds.), *A New Constitutionalism: Designing Political Institutions for a Good Society*(Chicago: University of Chicago Press).

Swanton, Christine(1992), *Freedom: A Coherence Theory*(Indianapolis: Hackett).

Sydney, Algernon(1990), *Discourses Concerning Government*, (ed.) T. G. West(Indianapolis: Liberty Classics).

______(1996), *Court Maxims*, (ed.) H. W. Blom, E. H. Muller, and Ronald Janse(Cambridge: Cambridge University Press).

Sylvan, Richard (1984-5), "A Critique of Deep Ecology," *Radical Philosophy*, 40: 2~12; 41: 10~22.

Taylor, Charles (1985), *Philosophy and the Human Sciences* (Cambridge: Cambridge University Press).

______(1989), "Cross-Purposes: The Liberal-Communitarian Debate," in Rosenblum (1989).

______(1995), *Philosophical Arguments* (Cambridge, Mass.: Harvard University Press).

Taylor, Michael (1987), *The Possibility of Cooperation* (Cambridge: Cambridge University Press).

Ten, C. L. (1993), "Constitutionalism and the Rule of Law," in Goodin and Pettit (1993).

Thompson, E. P. (1975), *Whigs and Hunters: The Origin of the Black Act* (London: Allen Lane).

Thompson, William (1970), *Appeal of One Half of the Human Race, Women, Against the Pretensions of the Other Half, Men, to Retain Them in Political, and Thence in Civil and Domestic, Slavery* (New York: Source Book Press).

Toennies, F. (1887), *Community and Society* (New York: Harper and Row).

Trenchard, John, and Gordon, Thomas (1971), *Cato's Letters*, 6th edn. (1755) (New York: Da Capo).

Truman, D. (1951), *The Governmental Process* (New York: Knopf).

Tuck, Richard (1979), *Natural Rights Theories: Their Origin and Development* (Cambridge: Cambridge University Press).

______(1989), *Hobbes* (Oxford: Oxford University Press).

______(1993), *Philosophy and Government 1572-1651* (Oxford: Oxford University Press).

Tucker, Abraham (1834), *The Light of Nature Pursued*, (ed.) John Mildman (2 vols., London: T. Tegg and Son).

Tully, James (1993), "Placing the Two Treatises," in Nicholas Phillipson and Quentin Skinner (eds.), *Political Discourse on Early Modern Britain* (Cambridge: Cambridge University Press).

Turner, J. C. (1987), *Rediscovering the Social Group: A Self-categorization Theory* (Oxford: Blackwell).

Tyler, Tom R. (1990), *Why People Obey the Law* (NH, Conn.: Yale University Press).

______ (1992), "A Relational Model of Authority in Groups," *Advances in Experimental Social Psychology*, 25: 115~191.

______ and Mitchell G. (1994), "Legitimacy and the Empowerment of Discretionary Legal Authority: The United States Supreme Court and Abortion Rights," *Duke Law Journal*, 43: 703~815.

Van Parijs, Philippe (1995), *Real Freedom for All* (Oxford: Oxford University Press).

Vile, M. J. C. (1967), *Constitutionalism and the Separation of Powers* (Oxford: Oxford University Press).

Viroli, Maurizio (1990), "Machiavelli and the Republican Idea of Politics," Bock *et al.* (1990).

______ (1992), *From Politics to Reason of State: The Acquisition and Transformation of the Language of Politics 1250-1600* (Cambridge: Cambridge University Press).

______ (1995), *For Love of Country* (Oxford: Oxford University Press).

Waldron, Jeremy (1989), "The Rule of Law in Contemporary Liberal Theory," *Ratio Juris*, 2: 79~96.

______ (1993), *Liberal Rights: Collected Papers 1981-1991* (Cambridge: Cambridge University Press).

Wartenberg, Thomas E. (1990), *The Forms of Power: From Domination to Transformation* (Philadelphia: Temple University Press).

Weber, Max (1978), *Economy and Society*, (ed.) G. Roth and C. Wittich (Berkeley, Calif.: University of California Press).

Weinstein, W. L. (1965), "The Concept of Liberty in Nineteenth-Century Political Thought," *Political Studies*, 13: 156~157.

Weintraub, Jeff (1988), *Freedom and Community: The Republican Virtue Tradition and the Sociology of Liberty* (MS).

West, David (1990), *Authenticity and Empowerment* (Brighton: Harvester).

White, Morton (1987), *Philosophy, The Federalist, and the Constitution* (New York: Oxford University Press).

Winch, Donald (1978), *Adam Smith's Politics: An Essay in Historiographic Revision* (Cambridge: Cambridge University Press).

Wirszubski, C. (1968), *Libertas as a Political Idea at Rome* (Oxford:

Oxford University Press).

Wollstonecraft, Mary (1982), *A Vindication of the Rights of Women*, (ed.) Ulrich H. Hardt (New York: Whitston).

Worden, Blair (1991), "English Republicanism," in Burns and Goldie (1991).

Young, I. M. (1990), *Justice and the Politics of Difference* (Princeton, NJ: Princeton University Press).

Zuckert, Michael P. (1994), *National Rights and the New Republicanism* (Princeton, NJ: Princeton University Press).

찾아보기

(용 어)

ㄱ ~ ㄴ

ㄷ ~ ㄹ

ㅁ ~ ㅂ

ㅅ ~ ㅇ

ㅈ ~ ㅊ

ㅋ ~ ㅌ

ㅍ ~ ㅎ

찾아보기

(인 명)

ㅅ ~ ㅇ

ㅈ ~ ㅊ

ㅋ ~ ㅌ

ㅍ ~ ㅎ

필립 페팃(Philip Pettit, 1945~)
미국 프린스턴대학 정치학과 록펠러 석좌교수이다. 1990년대 말부터 영미뿐만 아니라 전 세계 정치이론 및 정치사상학계의 최대의 화두로 떠오른 신로마 공화주의의 가장 정교한 이론가로 손꼽히는 학자다. 아일랜드 태생으로 영국 브래드포드대학, 호주국립대학을 거쳐 2002년부터 프린스턴대학에서 교편을 잡고 있다. 미국학술원 회원, 왕립아일랜드학술원 명예회원이며, 2010년 구겐하임 펠로십을 받았다. 대표 저서로는《공통의 의식》(1993),《신공화주의》(1996),《자유론》(2001) 등이 있다.

곽준혁(郭峻赫)
미국 시카고대학에서 마키아벨리에 관한 연구로 정치학 박사학위를 받았으며, 경북대 정치외교학과 교수와 고려대 정치외교학과 교수를 역임했다. 현재 숭실대 가치와 윤리연구소 공동소장으로 있다.
저서로는《경계와 편견을 넘어서: 우리시대 정치철학자들과의 대화》(2010)가 있으며, 논문으로는 "공화주의와 인권"(2009), "열망의 정치: 마키아벨리와 고전적 공화주의"(2009), "Coexistence without Principle: Reconsidering Multicultural Policies in Japan"(2009), "《로마사 논고》에 기술된 민주적 권위(*autorità*)"(2008), "Democratic Leadership: Machiavelli supplementing Populist Republicanism"(2007), "공화주의와 민주주의: 헌정체제의 두 가지 원칙"(2005), "Nondomination and Contestability: Machiavelli contra Neo-Roman Republicanism"(2004) 등이 있다.